Schriften zum Reise- und Verkehrsrecht

Herausgegeben von

Prof. Dr. Hans-Werner Eckert
Prof. Dr. Ernst Führich
Prof. Dr. Ronald Schmid
Prof. Dr. Arndt Teichmann
Dr. Otto Tempel
Prof. Dr. Klaus Tonner

Band 10

Michael Otto

Die öffentliche Finanzierung und die Genehmigung des ÖPNV (ÖSPV) im Binnenmarkt

 Nomos Verlagsgesellschaft
Baden-Baden

Bibliografische Information Der Deutschen Bibliothek

Die Deutsche Bibliothek verzeichnet diese Publikation in
der Deutschen Nationalbibliografie; detaillierte bibliografische
Daten sind im Internet über http://dnb.ddb.de abrufbar.

Zugl.: Rostock, Univ., Diss., 2001

ISBN 3-7890-8023-3

1. Auflage 2003
© Nomos Verlagsgesellschaft, Baden-Baden 2003. Printed in Germany. Alle Rechte,
auch die des Nachdrucks von Auszügen, der photomechanischen Wiedergabe und der
Übersetzung, vorbehalten. Gedruckt auf alterungsbeständigem Papier.

Für meinen Vater

Vorwort

Die Rahmenbedingungen für den öffentlichen Personennahverkehr haben sich in den letzten Jahren sowohl in rechtlicher als auch in finanzieller Hinsicht erheblich geändert. Nachdem bereits die hervorragenden Arbeiten von Werner und Barth ausgehend von dem deutschen Recht einige Auswirkungen des europäischen Rechts auf den gesamten deutschen ÖPNV festgestellt haben, folgt diese Untersuchung weitestgehend der Normenhierachie und beschränkt sich auf den Bereich des Straßenpersonennahverkehrs. Ausgehend von den Bestimmungen des europäischen Primärrechts wird das Sekundärrecht „*kommentarartig*" (so der Erstgutachter, Prof. Dr. Klaus Tonner) dargestellt und die Vereinbarkeit der deutschen Vorschriften und der deutschen Praxis mit den europäischen Bestimmungen untersucht. Durch diesen Ansatz werden volkswirtschaftliche und politologische Fragestellungen weitestgehend ausgeschlossen, da es ausschließlich um die juristischen Vorgaben geht - die ihrerseits natürlich u.a. von den ökonomischen Vorstellungen des jeweiligen Gesetzgebers abhängen. Durch diesen systematischen Ansatz werden die Abweichungen der deutschen Praxis in aller Klarheit herausgearbeitet und „*den betroffenen Eigentümern der öffentlichen Unternehmen in aller Deutlichkeit vorgeführt*" (Prof. Dr. Klaus Tonner). Andererseits wird aufgezeigt, dass die Einhaltung der europäischen Vorgaben keinesfalls zu einer Verschlechterung des ÖPNV führen muss und zur Entlastung der öffentlichen Haushalte beitragen kann.

Die vorliegende Untersuchung wurde im Frühjahr 2001 von der Juristischen Fakultät der Universität Rostock als Dissertation angenommen.

Neben all denen, die mich bei der Literaturrecherche unterstützt haben, danke ich besonders Frau Dr. Regina Schlotmann, die mir auf Grund ihres viel zu frühen Todes im November 1998 leider nur zu Beginn der Arbeit hilfreich zur Seite stand, und Frau Fürstenau für die unermüdliche Korrektur des Manuskriptes.
Mein aufrichtiger Dank gilt Prof. Dr. Klaus Tonner für die Betreuung der Arbeit und die wertvollen Anregungen - gerade zum Abschluss meiner Untersuchung - sowie die ausführliche Erstbegutachtung im Promotionsverfahren. Des Weiteren danke ich Prof. Dr. Wilfried Erbguth für die Erstellung des Zweitgutachtens und die konstruktive Kritik sowie Prof. Dr. Harald Koch für die Übernahme des Vorsitzes bei der Disputation.

Braunschweig, im Herbst 2002   RA Michael Otto

Inhaltsverzeichnis

Vorbemerkung 15

Teil 1: ÖPNV im System des EU-Primärrechts 21

I. Besondere Bestimmungen zur Verkehrspolitik, Art. 70-80 EG 21
  1. Aufgabe der gemeinsamen Verkehrspolitik, Art. 70 EG 21
     a.) Anwendungsbereich 21
     b.) Ziele der gemeinsamen Verkehrspolitik 23
        aa.) Ziele der Präambel und der Art. 2 und 3 EG 23
        bb.) Einschränkungen durch das Subsidiaritätsprinzip 32
        cc.) Zwischenergebnis 36
     c.) Mittel der gemeinsamen Verkehrspolitik 37
     d.) Bedeutung für den ÖPNV 40
  2. Beseitigung nationaler Diskriminierungen und Öffnung der Verkehrsmärkte für nicht in dem Mitgliedstaat ansässige Unternehmer anderer Mitgliedstaaten, Art. 71 EG 41
     a.) Verfahrensvorschriften des Art. 71 EG 41
        aa.) Regelfall: Mehrheitsbeschluß, Art. 71 Abs. (1) EG 41
        bb.) Ausnahme: Einstimmigkeitserfordernis, Art. 71 Abs. (2) EG 42
        cc.) Besonderheiten des Verkehrs 44
        dd.) Rechtsakte 46
     b.) Die Sachaufgaben, Art. 71 Abs. (1) EG 46
        aa.) Internationaler Verkehr, Art. 71 Abs. (1) lit. a EG 46
        bb.) Kabotage, Art. 71 Abs. (1) lit. b EG 47
        cc.) Maßnahmen zur Verbesserung der Verkehrssicherheit, Art. 71 Abs. (1) lit. c EG 48
        dd.) Sonstige zweckdienliche Vorschriften, Art. 71 Abs. (1) lit. d EG 49
     c.) Regelungsbefugnisse im Hinblick auf den ÖPNV 49
  3. Regelungsbeschränkung für die Mitgliedstaaten, Art. 72 EG 50
     a.) Inhalt des Verbots der Schlechterstellung 50
     b.) Verfahrensfragen 52
     c.) Regelungsbeschränkung bzgl. des ÖPNV ? 52
  4. Zulässigkeit von Beihilfen, Art. 73 i.V.m. Art. 87 f. EG 52
     a.) Das Beihilfeverbot des Art. 87 Abs. (1) EG 53
        aa.) Begriff der Beihilfe 53
        bb.) Wettbewerbsverfälschung 58
        cc.) Beeinträchtigung des zwischenstaatlichen Handels 60
        dd.) Zwischenergebnis 62
     b.) Zulässige Beihilfen im Verkehrsbereich, Art. 73 EG 62
     c.) Ausnahmen vom Beihilfeverbot nach Art. 87 Abs. (2), (3) EG 65
        aa.) Legalausnahmen des Art. 87 Abs. (2) EG 66
        bb.) Ausnahmen nach Art. 87 Abs. (3) EG 67
     d.) Verfahren 70
        aa.) Verfahren bei bestehenden Beihilfen 70

	bb.) Verfahren bei neuen oder umgestalteten Beihilfen	72
	cc.) Folgen einer rechtswidrigen Beihilfegewährung	73
e.)	Auswirkungen für den ÖPNV	80
5.	Maßnahmen auf dem Gebiet der Beförderungsentgelte und -bedingungen, Art. 74 EG	81
a.)	Zielsetzung	81
b.)	Beförderungsentgelte und -bedingungen	82
c.)	Die wirtschaftliche Lage der Verkehrsunternehmer	82
d.)	Bedeutung für den ÖPNV	83
6.	Zusammenfassung	83

II. Allgemeine Bestimmungen des EG-Vertrages 84
    1. Mit besonderen Aufgaben betraute Unternehmen, Art. 86 EG 84
        a.) Pflichten der Mitgliedstaaten gegenüber öffentlichen Unternehmen und Unternehmen mit besonderen Rechten 84
            aa.) Öffentliche Unternehmen 84
            bb.) Unternehmen mit besonderen oder ausschließlichen Rechten 86
            cc.) Mitgliedstaatliche Pflichten 88
            dd.) Bedeutung für den ÖPNV 90
        b.) Bereichsausnahme des Absatzes (2) 91
            aa.) Allgemeines wirtschaftliches Interesse 91
            bb.) Betrauung mit der Dienstleistung 92
            cc.) Verhinderung der Aufgabe 94
            dd.) Beeinträchtigung des Handelsverkehrs, die dem Interesse der Gemeinschaft zuwiderläuft 96
            ee.) Beschränkte Legalausnahme für den ÖSPV? 97
        c.) Unmittelbare Anwendbarkeit 98
        d.) Aufgabe der Kommission 98
        e.) Konsequenzen für den ÖPNV 99
    2. Niederlassungsfreiheit, Art. 43 ff. EG 100
        a.) Begünstigter Personenkreis 100
        b.) Recht auf freie Niederlassung 102
            aa.) Diskriminierungsverbot 102
            bb.) Verbot der umgekehrten Diskriminierung? 103
            cc.) Art. 43 EG als allgemeines Behinderungsverbot? 104
        c.) Auswirkungen im ÖPNV 106
    3. Wettbewerbsbeschränkungen, Art. 81, 82 EG 106
    4. Zusammenfassung 107
III. Ergebnis zu Teil 1 107

Teil 2: Überprüfung des nationalen Rechtsrahmens für den ÖPNV 109

I. Organisation des ÖPNV in der Bundesrepublik Deutschland 109
    1. Aufgabe des ÖPNV 109
        a.) Aufgabe der Daseinsvorsorge 109
        b.) Ausreichende Verkehrsbedienung 110

		aa.) Begriff	110
		bb.) Öffentliche Interessen an Leistungen im Bereich des ÖPNV	112
		cc.) Subsidiarität	114
	c.)	Zusammenfassung	115
	2.	ÖPNV-Gesetze der Länder	116
		a.) Aufgabenträger	116
		b.) Genehmigungsbehörden	118
		c.) Nahverkehrspläne	120
		aa.) Inhalt eines Nahverkehrsplans	121
		bb.) Mitwirkung der Verkehrsunternehmer	124
		cc.) Rechtliche Einordnung des Nahverkehrsplans	125
		d.) Zwischenergebnis	126
II.	Eigenwirtschaftliche Verkehre		127
	1.	Begriff, § 8 Abs. 4 Satz 2 PBefG	127
	2.	Finanzleistungen und Eigenwirtschaftlichkeit	128
		a.) Sonstige Erträge im handelsrechtlichen Sinn	129
		b.) Steuervergünstigungen	131
		c.) Investitionsfördermittel	132
		d.) Ausgleichszahlungen nach §§ 45a PBefG, 62 SchwbG	133
		e.) Vertragliche Zuschüsse	135
		f.) Ausgleichszahlungen aus anderen Unternehmensbereichen - Querverbund	136
		g.) Tarifverbünde	138
		h.) Zwischenergebnis	139
	3.	Genehmigungsvoraussetzungen	140
		a.) Genehmigungserfordernis	140
		b.) Antrag auf Genehmigung	141
		c.) Genehmigungsvoraussetzungen	142
		aa.) Subjektive Voraussetzungen	142
		bb.) Objektive Versagungsgründe	144
		d.) Dauer der Genehmigung	148
		e.) Widerruf der Genehmigung	150
	4.	Bestandsschutz bei mehreren Bewerbern	152
		a.) Allgemeine Voraussetzungen des Besitzstandsschutzes	152
		b.) Verweis auf § 13 Abs. 2 Nr. 2 PBefG	155
		c.) Einschränkung durch den Hinweis auf § 8 Abs. 3 PBefG	155
		d.) Zusammenfassung	157
	5.	Betriebspflicht, § 21 PBefG	157
		a.) Inhalt der Betriebspflicht	158
		b.) Änderung des Umfangs der Betriebspflicht nach § 21 Abs. 3 PBefG	159
		c.) Entbindung von der Betriebspflicht nach § 21 Abs. 4 PBefG	161
	6.	Beförderungspflicht, § 22 PBefG	165
	7.	Beförderungsentgelte und -bedingungen, § 39 PBefG	166
		a.) Beförderungsentgelte	166
		b.) Beförderungsbedingungen	169
	8.	Fahrpläne	169

9. Ausgleich bei der Beibehaltung eines Verkehrsdienstes trotz Kündigung 170
10. Zusammenfassung 171
III. Gemeinwirtschaftliche Verkehre 175
 1. Begriff 175
 2. Genehmigungsvoraussetzungen, § 13a PBefG 175
  a.) Subjektive Zulassungsvoraussetzungen 176
  b.) Objektive Zulassungsvoraussetzungen 176
   aa.) Sicherheitsrelevante Voraussetzungen 176
   bb.) Öffentliche Verkehrsinteressen 176
   cc.) Geringste Kosten für die Allgemeinheit 178
   dd.) Ausschreibung von Verkehrsleistungen und Anwendbarkeit des Vergaberechts 179
   ee.) Vereinbarung von Verkehrsleistungen 184
   ff.) Auferlegung von Verkehrsleistungen 188
  c.) Zusammenfassung 189
 3. Änderung der Konzession 189
 4. Zusammenfassung 191
IV. Ausgleich für gemeinwirtschaftliche Verpflichtungen zu Gunsten bestimmter Bevölkerungsgruppen 193
 1. Ausgleich für Beförderungsleistungen im Ausbildungsverkehr 193
  a.) Die Ausgleichsregelung des § 45a PBefG 193
  b.) Vereinbarkeit von § 45a PBefG mit den europarechtlichen Vorgaben 196
 2. Ausgleich für die kostenlose Beförderung Schwerbehinderter 198
  a.) Regelung der §§ 59, 62 SchwbG 198
  b.) Vereinbarkeit der Ausgleichsregelung der §§ 59, 62 SchwbG mit den europarechtlichen Vorgaben 199
 3. Zusammenfassung 200
V. Ergebnis zu Teil 2 200

Teil 3: Weitere Vorschriften des Sekundärrechts für den ÖPNV 205

I. Überblick 205
II. Subjektive Zulassungsbeschränkungen 207
 1. Richtlinie 96/26 EG 207
  a.) Zugang zum Beruf des Kraftverkehrsunternehmers 207
  b.) Gegenseitige Anerkennung der Diplome, Prüfungszeugnisse und sonstigen Befähigungsnachweise 208
 2. Die Umsetzung: Berufszugangsverordnung für den Straßenpersonenverkehr 209
  a.) Persönliche Zuverlässigkeit 209
  b.) Finanzielle Leistungsfähigkeit 210
  c.) Fachliche Eignung 211
 3. Zwischenergebnis 212

III.	Objektive Zulassungsbeschränkungen	215
	1. Grenzüberschreitender Personenverkehr	215
	a.) Die Gemeinschaftslizenz	216
	b.) Genehmigungspflicht	217
	aa.) Ablehnungsgründe	218
	bb.) Genehmigungsverfahren	220
	cc.) Erteilung der Genehmigung	221
	dd.) Ablehnung der Genehmigung	221
	c.) Regelung im nationalen Recht	221
	d.) Zwischenergebnis	223
	2. Zulassung von Verkehrsunternehmen zum Verkehr in einem Mitgliedstaat, in dem sie nicht ansässig sind	224
	3. Zusammenfassung	225
IV.	Transparenzpflichten	227
	1. Mitgliedstaatsbezogene Transparenzpflicht	227
	2. Unternehmensbezogene Transparenzpflicht	228
	3. Aufbewahrungs- und Informationspflichten	233
	4. Bedeutung für den ÖSPV?	233
V.	Pläne der Kommission	237
	1. Zu den mit dem Begriff des öffentlichen Dienstes verbundenen Verpflichtungen	237
	a.) Gewährleistung der Qualität	237
	b.) Öffentliche Dienstleistungsaufträge	238
	c.) Mindestkriterien für öffentliche Verkehrsdienste	243
	d.) Verfahrensvorschriften	243
	e.) Zusammenfassung	244
	2. Beihilfen im Eisenbahn-, Straßen- und Binnenschiffsverkehr	245
	a.) Zulässige Beihilfen	246
	b.) Allgemeine Vorschriften	247
	c.) Zusammenfassung	248
VI.	Ergebnis zu Teil 3	249

Teil 4: Ergebnisse und Ausblick		251
I.	Ergebnisse	251
	1. ÖPNV im System des EU-Primärrechts	251
	2. Überprüfung des nationalen Rechtsrahmens für den ÖPNV	254
	3. Weitere Vorschriften des Sekundärrechts für den ÖPNV	258
II.	Ausblick	260
Literaturverzeichnis		265

Vorbemerkung

Deregulierung - das Stichwort, das in den letzten Jahren zur Abschaffung bzw. zur Öffnung verschiedener Dienstleistungsmonopole durch die Europäische Union und zur schrittweisen Verwirklichung des Binnenmarktes geführt hat[1]. Nachdem der Post- und Telekommunikationsbereich[2], die Energiewirtschaft[3], die Arbeitsvermittlung[4], der Güterkraftverkehr[5] sowie der Eisenbahnverkehr[6] durch marktöffnende Gemeinschaftsakte unter Beibehaltung notwendiger regulatorischer Maßnahmen in mehr oder minder weiten Teilen dem Wettbewerb geöffnet worden sind, mehren sich die Anzeichen und wohl auch Ängste bei den betroffenen Unternehmen und ihren Angestellten, dass auch der Personennahverkehr eine derartige, weitreichende gemeinschaftsrechtliche Regelung erfahren wird. Es existieren bereits Gemeinschaftsrechtsakte, die diesen Bereich betreffen[7].

Auf der nationalen Ebene kommen hohe Haushaltsdefizite bei den Kommunen und Landkreisen hinzu[8], die zu einer Neuordnung des Personennahverkehrs zwingen. Diese können als Aufgabenträger und Eigner der kommunalen Verkehrsbetriebe die ständig steigenden Defizite der Verkehrsunternehmen irgendwann nicht mehr ausgleichen. Dabei wird eine weitere Verschlechterung der Finanzierungsmöglichkeiten infolge der

---

1   S. *Jansen*, 1992: Das Ende der Dienstleistungsmonopole?, EuZW 1991, 609.
2   Dazu: *Emmerich*, Nationale Postmonopole und Europäisches Gemeinschaftsrecht, EuR 1983, 216 ff.; *Gramlich*, Ende gut, alles gut? - Anmerkungen zum neuen Postgesetz, NJW 1998, 866 ff.; *Bartosch*, Europäisches Telekommunikationsrecht im Jahr 1998, EuZW 1999, 421 ff.; *Ehlermann*, Telekommunikation und Europäisches Wettbewerbsrecht, EuR 1993, 134 ff.; *Schnelle*, Remailing im Licht des Europarechts - eine Zwischenbilanz, BB 1999, S. 2465 ff.; *Bierwagen*, Läutet der Europäische Gerichtshof das Ende des Remailing ein?, ZIP 2000, 569 ff.
3   Vgl. *Ehlermann*, EG-Binnenmarkt für die Energiewirtschaft, EuZW 1992, 689 ff.; *Rapp-Jung*, Der Energiesektor zwischen sozialer Marktwirtschaft und öffentlicher Aufgabe, EuZW 1994, 464 ff.; *Lukes*, Stromlieferverträge im liberalisierten Strommarkt, BB Beilage 8/ 1999, 1 ff. *Büdenbender*, Energierecht nach der Energierechtsreform, JZ 1999, 62 ff. (zur deutschen Umsetzung der gemeinschaftsrechtlichen Vorgaben); *Gellermann*, Das Stromeinspeisungsgesetz auf dem Prüfstand des Europäischen Gemeinschaftsrechts, DVBl. 2000, 509 ff.
4   Überblick bei: *Eichenhofer*, Das Arbeitsvermittlungsmonopol der Bundesanstalt für Arbeit und das EG-Recht, NJW 1991, 2857 ff.; *Emmerich*, Internationale Personalberatung im Lichte des EWG-Vertrages, BB Beilage 3/ 1989, 9 ff.
5   S. z.B. *Brandt/ Bausch*, Zum Güterkraftverkehrsrecht der Europäischen Gemeinschaften, AWD 1974, 590 ff.; *Busch*, Die Verkehrspolitik der EG unter dem Einfluß der Binnenmarktvollendung, 1991, S. 7 ff.; *Aberle*, Europäische Verkehrspolitik. Harmonisierung der Wettbewerbsbedingungen im Kraftverkehr, Schriftenreihe der Klaus-Dieter-Arndt-Stiftung, Heft 14, 1988.
6   S. nur *Schmuck*, Die Eisenbahnen in der Gemeinsamen Verkehrspolitik der EG, TranspR 1992, 41 ff.; *Seitz*, Die deutsche Bahnreform in der gemeinsamen Verkehrspolitik der EG, EuZW 1994, 33; *Fromm*, Die Reorganisation der Deutschen Bahnen, DVBl. 1994, 187 ff.
7   Diese werden später zu erörtern sein.
8   *Rösler*, Möglichkeiten und Grenzen wettbewerblicher Verkehrslösungen im Regionalverkehr der neuen Bundesländer, in: DVWG (Hrsg.), B 191, Reformkonzepte im Nahverkehr: Deregulierung, Privatisierung, Regionalisierung, 96 (101 f.); *VDV/ ÖTV* (Hrsg.), Der Nahverkehr und seine Unternehmen im Verkehrsmarkt der Zukunft, S. 3, 6; *Muthesius*, Die gesetzlichen Regelungen für den regionalisierten Nahverkehr: Ein Überblick, in: Püttner (Hrsg.), Der regionalisierte Nahverkehr, 71 (86).

Öffnung des Strommarktes befürchtet[9]. Der - steuerlich vorteilhafte - Ausgleich zwischen Verlusten im Bereich des öffentlichen Personennahverkehrs und den Gewinnen aus dem Strombereich unter dem Dach einer Holdinggesellschaft ist durch die Öffnung des Energiemarktes gefährdet. Gleichzeitig steigt der Druck auf die Gemeinden und Landkreise auf Grund der Umweltverschmutzung und der Verstopfung gerade der Innenstädte durch PKW, den Individualverkehr zu Gunsten des Personennahverkehrs zurückzudrängen[10]. Außerdem wurde der nationale Rechtsrahmen infolge bereits bestehender europarechtlicher Vorgaben verändert und der Personennahverkehr regionalisiert[11]. Schon aus diesen Gründen ist eine Neuordnung des Personennahverkehrs bzw. der in diesem Bereich tätigen Unternehmen unbedingt erforderlich.

Gegen die Öffnung des Personennahverkehrs werden verschiedene Argumente vorgebracht: Ein ungehemmter Wettbewerb würde Billiganbietern, u.a. aus Frankreich, den Zugang zum deutschen Markt verschaffen[12]. Diese Billiganbieter könnten ihre Kosten nur niedrig halten, wenn sie an der Sicherheit der Fahrzeuge, der Ausbildung ihrer Angestellten, dem Service usw. sparen[13] und nur lukrative Strecken bedienen[14]. Die Verkehrsunternehmen, die sich im kommunalen Eigentum befänden, könnten dagegen außerhalb der jeweiligen Kommune nicht tätig werden, da dies keine Aufgabe der Daseinsvorsorge mehr wäre und die jeweiligen Gemeindeordnungen dies verbieten[15]. Daneben wird die Aufgabe der Daseinsvorsorge angeführt, die dann nicht mehr zu bewälti-

---

9 Vgl. Pressemitteilung des VDV vom 06.12.1999, unter www.vdv.de [VDV-News]; *Knieps*, Neue Perspektiven für die Gemeinden als Anbieterinnen von Verkehrs- und Versorgungsnetzen, in: DVWG (Hrsg.), B 213, Die zukünftige Rolle der Kommunen bei Verkehrs- und Versorgungsnetzen, 7 (15 f.); *Welge*, Die Zukunft des ÖPNV aus städtischer Sicht, in: DVWG (Hrsg.), B 213, Die zukünftige Rolle der Kommunen bei Verkehrs- und Versorgungsnetzen, 117 (126).

10 *VDV/ ÖTV* (Hrsg.), Der Nahverkehr und seine Unternehmen im Verkehrsmarkt der Zukunft, S. 6 f.

11 Ausführlicher Überblick bei: *Batzill/ Zuck*, Personenbeförderungsrecht im Spannungsfeld von Bahnstrukturreform, PBefG-Novelle, ÖPNV-Recht der Länder und EG-Recht; *Barth*, Nahverkehr in kommunaler Verantwortung.

12 So: *Klink*, Konsequenzen der Deregulierungs- und Regionalisierungspolitik für den privaten regionalen Busunternehmer, in: DVWG (Hrsg.), B 191, Reformkonzepte im Nahverkehr: Deregulierung, Privatisierung, Regionalisierung, 46 (52); *VDV/ ÖTV* (Hrsg.), Der Nahverkehr und seine Unternehmen im Verkehrsmarkt der Zukunft, S. 24; *Räpple*, Probleme des regionalisierten ÖPNV aus der Sicht eines kommunalen Verkehrsunternehmens auf dem Hintergrund gegebener Rahmenbedingungen, in: Püttner (Hrsg.), Der regionalisierte Nahverkehr, 135 (147).

13 *Klink*, a.a.O., S. 47; *Knieps*, Regionalisierung, Privatisierung und Deregulierung im Nahverkehr: Neue Institutionen und neue Lösungsansätze, in: DVWG (Hrsg.), B 191, Reformkonzepte im Nahverkehr: Deregulierung, Privatisierung, Regionalisierung, 7 (14); *Welge*, Die Zukunft des ÖPNV aus städtischer Sicht, in: DVWG (Hrsg.), B 213, Die zukünftige Rolle der Kommunen bei Verkehrs- und Versorgungsnetzen, 117 (127 f.); *VDV/ ÖTV* (Hrsg.), Der Nahverkehr und seine Unternehmen im Verkehrsmarkt der Zukunft, S. 21.

14 Klink, a.a.O., S. 47.

15 *VDV/ ÖTV* (Hrsg.), Der Nahverkehr und seine Unternehmen im Verkehrsmarkt der Zukunft, S. 20; zum ÖPNV als Daseinsvorsorgeaufgabe: *Aberle*, Öffentlicher Personennahverkehr in der Fläche, S. 70 f. Zu den Einschränkungen durch die Gemeindeordnungen: *Klein*, Strategien für neue Betätigungsfelder der Kommunen im Nahverkehr, in der Telekommunikation und in der Energieversorgung, in: DVWG (Hrsg.), B 213, Die zukünftige Rolle der Kommunen bei Verkehrs- und Versorgungsnetzen, 181 (182 f.); *Hill*, In welchen Grenzen ist kommunalwirtschaftliche Betätigung Daseinsvorsorge?, BB 1997, 425 (428 ff.); *Badura*, Wirtschaftliche Betätigung der Gemeinde zur Erledigung von Angelegenheiten der örtlichen Gemeinschaft im Rahmen der Gesetze, DÖV 1998, 818 ff.

gen wäre. Insbesondere könnten mit dem Personennahverkehr keine weiteren Ziele, wie die Raumgestaltung, soziale Umverteilungen oder Beschäftigungsprogramme mehr verbunden werden[16]. Vielmehr würde der Wettbewerb zum Aussterben kleinerer und mittlerer Unternehmen und dem Verlust von zahlreichen Arbeitsplätzen in Deutschland führen[17]. Statt dessen würden marktbeherrschende Unternehmen entstehen, die dem öffentlichen Auftraggeber die Bedingungen diktieren könnten und europaweit den Personennahverkehr bestreiten würden[18].

Ob diese Ängste wirtschaftswissenschaftlich begründet sind, kann nicht Gegenstand dieser Arbeit sein. Dagegen ist zu untersuchen, inwieweit die gegebenen nationalen und gemeinschaftlichen Vorschriften die Öffnung des ÖPNV-Marktes für den Wettbewerb überhaupt verlangen, und, ob bei einer etwaigen Öffnung des ÖPNV-Marktes die Aufgabe der Daseinsvorsorge überhaupt noch erfüllt werden kann. Dabei wird insbesondere der bereits bestehende Einfluß des Gemeinschaftsrechts auf die nationale Ordnung des Personennahverkehrs zu erörtern sein.

ÖPNV - öffentlicher Personennahverkehr. Wie schon der Wortbestandteil „nah" nahezulegen scheint, kann der ÖPNV wohl nur schwerlich eine europarechtliche Dimension aufweisen. Dieser erste Eindruck wird durch eine genauere Bestimmung des „ÖPNV" unterstützt: Der Begriff des „öffentlichen Personennahverkehrs" wird erstmals in Art. 2 Abs. 4 Verkehrsfinanzgesetz von 1971 verwendet[19]. Danach ist unter diesem Begriff „die Beförderung von Personen
- im Verkehr mit Kraftfahrzeugen auf Linien, auf denen die Mehrzahl der Beförderungen eine Strecke von 50 Kilometern nicht übersteigt" und
- „im Schienenverkehr mit den für den Nahverkehr bestimmten Zügen" zu verstehen.

Wenn es auch keine allgemein gültige Definition des Begriffes gibt, sondern einzelne Gesetze die Definition nach der Art des Verkehrsmittels oder der Art der Beförderung bestimmen, so umschreibt vorgenannte Definition den Wesensgehalt des ÖPNV weitestgehend und gilt auch heute noch[20].

Die Kommission stellte - wohl ausgehend von dieser bzw. einer ähnlichen Definition - dann auch - eher in einem Nebensatz - fest, dass dem ÖPNV nur eine geringe grenzüberschreitende Bedeutung zukomme[21]. Bedenkt man aber die Höhe öffentlicher Gel-

---

16 S. *Rösler*, Möglichkeiten und Grenzen wettbewerblicher Verkehrslösungen im Regionalverkehr der neuen Bundesländer, in: DVWG (Hrsg.), B 191, Reformkonzepte im Nahverkehr: Deregulierung, Privatisierung, Regionalisierung, 96 (100).

17 In diese Richtung: *Baumeister*, Erteilung von Linienverkehrsgenehmigungen, LKV 1999, 12 (14); Pressemitteilung des VDV vom 20.01.2000, unter www.vdv.de [VDV-News].

18 *VDV/ ÖTV* (Hrsg.), Der Nahverkehr und seine Unternehmen im Verkehrsmarkt der Zukunft, S. 22.

19 Gesetz über die weitere Finanzierung von Maßnahmen zur Verbesserung der Verkehrsverhältnisse der Gemeinden und des Bundesfernstraßenbaus vom 28.02.1972 (BGBl. I S. 201).

20 Zur genauen Definition des Begriffs des ÖPNV siehe: *Grafberger*, Der öffentliche Personennahverkehr - Aufgabe, Organisation und verkehrsgewerberechtlicher Rahmen, S. 3 ff.; *Fromm*, Der öffentliche Personennahverkehr als pflichtige Selbstverwaltungsaufgabe der Landkreise?, ZögU 1986, S. 73 ff. Vgl. auch § 2 Regionalisierungsgesetz (Gesetz zur Regionalisierung des öffentlichen Personennahverkehrs, Art. 4 des Gesetzes zur Neuordnung des Eisenbahnwesens vom 27.12.1993, BGBl. I S. 2378).

21 Mitteilung der Kommission „Die künftige Entwicklung der gemeinsamen Verkehrspolitik", KOM (92) 494 endg. vom 02.12.1992, Rn. 177 (in Bezug auf Beihilfen für den öffentlichen Personenverkehr); ähnlich: *Metz*, Ein „Bosman"-Urteil gegen Kommunen und Verkehrsunternehmen, Bus & Bahn 7-8/ 1998, S. 2, unter Hinweis auf die regionale Begrenzung der Nahverkehrsleistungen.

der, die europaweit in den öffentlichen Personennahverkehr investiert werden[22], so stellt sich die Frage, ob diese Einschätzung zutreffend sein kann.

An anderer Stelle weist die Kommission auf die Bedeutung des ÖPNV für die Regenerierung der Umwelt, die wirtschaftliche Entwicklung und die soziale Bedeutung hin[23]. Zu letzteren wird ausgeführt, dass der ÖPNV für benachteiligte Bevölkerungsgruppen, wie ältere Menschen, Jugendliche, Behinderte, Arbeitslose und Frauen[24], die Möglichkeit einräumt mobil zu sein, ohne einen eigenen PKW zu besitzen. Sowohl der Umweltschutz als auch die Förderung des sozialen Zusammenhalts sind in Art. 3 EG[25] in Abs. 1 lit. k) und l) genannt und somit als Zielbestimmung für die Organe zwingend[26], so dass diese möglicherweise bereits ein Eingreifen der EU in das Recht des ÖPNV rechtfertigen könnten.

Vorliegende Arbeit untersucht deshalb zunächst, inwieweit der EG-Vertrag[27] zwingende Regeln auch für den ÖPNV enthält und die EU auf Grund des Primärrechts zur Deregulierung des ÖPNV berechtigt ist. Dabei werden allerdings bereits sekundärrechtliche Vorschriften erörtert, soweit diese zum Verständnis der entsprechenden Bestimmung des Vertrages erforderlich sind. Im zweiten Abschnitt wird geprüft, ob bzw. inwieweit das deutsche Recht des ÖPNV den zuvor dargestellten Maßgaben des Europarechts standhält. Dabei richtet sich das Augenmerk jedoch nur auf einen Teil des ÖPNV: Dieser wird üblicherweise in den Schienenpersonenverkehr (SPNV) und den Straßenpersonennahverkehr (ÖSPV) unterteilt[28]. Im ersten Bereich wurde durch die

---

22   Allein im Rahmen des Regionalisierungsgesetzes werden den Bundesländern für 1996 8,7 Mrd. DM und ab 1997 jährlich 12 Mrd. DM (dann fallen aber 3 Mrd. DM, die auf Grund des Gemeindeverkehrsfinanzierungsgesetzes (vom 28.01.1988, BGBl. I S. 100, geändert durch das Eisenbahnneuordnungsgesetz vom 27.12.1993, BGBl. I S. 2378) gezahlt werden, weg) für die Regionalisierung des Personennahverkehrs zur Verfügung gestellt, mit entsprechender Dynamisierung entsprechend dem Zuwachs des Mehrwertsteueraufkommens - wobei der größte Anteil dieser Summen dem Schienenpersonennahverkehr zugute kommen dürfte, s. § 7 Regionalisierungsgesetz; dazu kritisch: *Aberle*, Intermodaler Wettbewerb zwischen Bus und Bahn im Regionalverkehr, in: DVWG (Hrsg.), B 191, Reformkonzepte im Nahverkehr: Deregulierung, Privatisierung, Regionalisierung, 39 (41 f.); *Klink*, Konsequenzen der Deregulierungs- und Regionalisierungspolitik für den privaten regionalen Busunternehmer, ebda., 46 (52 f.). Hinzu kommen Investitionshilfen durch die Bundesländer und die Gemeinden! Nach dem Folgekostenbericht der Bundesregierung (BT-Drucks. 13/ 7552, 3) betrugen die Finanzleistungen der öffentlichen Hand für den Personennahverkehr im Jahr 1993 32,4 Mrd. DM !
23   Mitteilung der Kommission „Die Entwicklung des Bürgernetzes", KOM (1998) 431 endg. vom 10.07.1998, S.5.
24   M.E. dürfte dies für Frauen im Hinblick auf den „Zweitwagen" aber nur sehr begrenzt richtig sein - zumindest bezüglich der mitteleuropäischen Staaten.
25   Die Bestimmungen des EG-Vertrages werden der Zitierweise des EuGH seit Inkrafttreten des Vertrages von Amsterdam folgend mit „EG" für EG-Vertrag zitiert (s. dazu die Pressemitteilung Nr. 57/ 99 des Gerichtshofs vom 30.07.1999, ABl. EG Nr. C 246/ 1 vom 28.08.1999). Bei Quellen, die sich noch auf die Numerierung der Artikel beziehen, wird der entsprechende neue Artikel in eckigen Klammern angegeben.
26   EuGH, Rs. 6/ 72, Slg. 1973, 215 (244 u. 246) - *Europemballage*; verb. Rs. 41-44/ 70, Slg. 1971, 411 (427) - *Fruit Company*.
27   Konsolidierte Fassung des Vertrages zur Gründung der Europäischen Gemeinschaft (97/ C 340/ 03), ABl. EG Nr. L 340/ 173 vom 10.11.1997.
28   Zu den Begriffen s.: *Berschin/ Werner*, Begriffserklärungen im Verkehrsbereich, ZUR 1997, 26 f.

Neuordnung des Eisenbahnwesens[29] u.a. auf Grund der VO (EWG) Nr. 1191/ 69 des Rates vom 26. Juni 1969[30] eine weitgehende Deregulierung erreicht. Dieser Bereich wurde in der Literatur auch bereits umfassend erörtert[31], ehemals offene Fragen dürften geklärt sein. Mit Rücksicht auf den Umfang dieser Arbeit wird dieser Bereich weitgehend außer Acht gelassen und nur gelegentlich zum Zwecke des Vergleichs herangezogen bzw. wenn es um die Rolle der Deutschen Bahn AG (DB AG) als Anbieter im Bereich des ÖSPV geht. Auf die Besonderheiten, die sich aus der Schienengebundenheit der Straßen- und Untergrundbahnen ergeben, wird ebenfalls nur am Rande eingegangen. Der Bereich des ÖSPV wird dagegen eingehend untersucht.

Die Genehmigung von Leistungen im ÖSPV ist im Personenbeförderungsgesetz (PBefG)[32] geregelt. Dort wird in § 8 Abs. 4 zwischen eigenwirtschaftlichen und gemeinwirtschaftlichen Verkehren unterschieden. Eigenwirtschaftlich sind demnach Verkehre, deren Aufwand durch Beförderungsentgelte, Erträge aus gesetzlichen Ausgleichs- und Erstattungsregeln im Tarif- und Fahrplanbereich sowie sonstige Unternehmenserträge im handelsrechtlichen Sinn gedeckt ist. Genehmigt werden diese Verkehre gem. § 13 PBefG, der in Abs. 3 einen Besitzstandsschutz bei der Neuvergabe eines bestehenden Verkehrs nach Ablauf der (zeitlich befristeten) Konzession vorsieht. Für alle Verkehre, die nicht gem. vorgenannter Definition eigenwirtschaftlich sind, gilt die VO (EWG) 1191/ 69 i.d.F. der VO (EWG) 1893/ 91. Demnach sind Leistungen gemeinwirtschaftlich, die zur Sicherstellung einer ausreichenden Verkehrsbedienung im Sinne dieser VO erforderlich sind, aber nicht eigenwirtschaftlich erbracht werden können und deshalb von der zuständigen Behörde einem Verkehrsunternehmen auferlegt bzw. mit diesem vereinbart werden. Gemeinwirtschaftliche Verkehre werden gem. § 13a PBefG genehmigt, d.h. die VO (EWG) 1191/ 69 i.d.F. der VO (EWG) 1893/ 91 muss beachtet und die Lösung gewählt werden, die die geringsten Kosten für die Allgemeinheit mit sich bringt. Einen Besitzstandsschutz sieht § 13a PBefG nicht vor.

---

29 Durch das Gesetz zur Änderung des Grundgesetzes vom 20.12.1993 (BGBl. I S. 2089) und das Gesetz zur Neuordnung des Eisenbahnwesens (ENeuOG) vom 27.12.1993 (BGBl. I S. 2378).

30 Verordnung über das Vorgehen der Mitgliedstaaten bei den mit dem Begriff des öffentlichen Dienstes verbundenen Verpflichtungen auf dem Gebiet des Eisenbahn-, Straßen- und Binnenschiffsverkehrs (ABl. EG Nr. L 156/ 1 vom 28.06.1969) in der Fassung der Verordnung (EWG) Nr. 1893/ 91 des Rates vom 20.06.1991 (ABl. EG Nr. L 169/ 1 vom 29.06.1991). Diese VO soll nach Vorstellung der Kommission durch eine neue ersetzt werden, vgl. Vorschlag für eine Verordnung des Europäischen Parlamentes und des Rates über Maßnahmen der Mitgliedstaaten im Zusammenhang mit Anforderungen des öffentlichen Dienstes und der Vergabe öffentlicher Dienstleistungsaufträge im Personenverkehr auf der Schiene, der Straße und auf Binnenschiffahrtswegen, KOM (2000) 7 endg. vom 26.07.2000.

31 S. nur: *Eiermann*, Rechtsbeziehungen im Schienenpersonennahverkehr (SPNV) zwischen Aufgabenträgern, Dienstleistungserbringern und Fahrwegbetreibern; in: Püttner (Hrsg.), Der regionalisierte Nahverkehr, 115 ff.; *Fischer*, Die neue Rolle der DB AG im SPNV; in: DVWG (Hrsg.), B 191, Reformkonzepte im Nahverkehr: Deregulierung, Privatisierung, Regionalisierung, 32 ff.; *Fromm*, Die Reorganisation der Deutschen Bahn, DVBl. 1994, 187 ff.; *Heinze*, Das Gesetz zur Änderung des Verfassungsrechts der Eisenbahnen vom 20.12.1993, BayVBl. 1994, 266 ff.; *Hommelhoff/ Schmidt-Aßmann*, Die Deutsche Bahn AG als Wirtschaftsunternehmen, ZHR 160 (1996), 521 ff.; *Schmidt-Aßmann/ Röhl*, Grundpositionen des neuen Eisenbahnverfassungsrechts (Art. 87e GG), DÖV 1994, 577 ff., alle m.w.N.

32 In der Fassung der Bekanntmachung vom 08.08.1990 (BGBl. I S. 1690), zuletzt geändert durch Art. 6 Abs. 116 ENeuOG vom 27.12.1993 (BGBl. I S. 2378) und Art. 7 Gesetz zur Änderung des Straßenverkehrsgesetzes und anderer Gesetze vom 24.04.1998 (BGBl. I S. 747).

Vorbemerkung

Die öffentliche Finanzierung des ÖSPV erfolgt auf Grund verschiedener Gesetze (Regionalisierungsgesetz und Gemeindeverkehrsfinanzierungsgesetz), durch Ausgleichszahlungen nach §§ 45a PBefG, 62 SchwbG[33] für den Transport von Schülern und Schwerbehinderten, steuerliche Vergünstigungen, Investitionshilfen, vertragliche Zuschüsse und Ausgleichszahlungen öffentlicher Eigentümer der Verkehrsunternehmen. Beide Bereiche werden einer eingehenden Überprüfung anhand des zuvor behandelten Europarechts unterzogen.

Im dritten Abschnitt erfolgt noch eine Beurteilung des deutschen ÖSPV-Rechts anhand des übrigen EU-Sekundärrechts und eine Darstellung von Änderungsvorschlägen der Kommission zu den sekundärrechtlichen Vorgaben für den ÖSPV, im vierten Abschnitt wird das geltende deutsche ÖSPV-Recht abschließend beurteilt und ein Ausblick für das Recht des ÖSPV in Europa gegeben.

---

33 Schwerbehindertengesetz in der Fassung vom 26.08.1986 (BGBl. I S. 1550), zuletzt geändert durch das Einigungsvertragsgesetz vom 23.09.1990 (BGBl. II S. 885).

Teil 1: ÖPNV im System des EU-Primärrechts

I. Besondere Bestimmungen zur Verkehrspolitik, Art. 70-80 EG

Zum Bereich Verkehr enthält der EG-Vertrag im V. Titel in den Art. 70-80 EG eine Reihe von besonderen Vorschriften.
Der Kreis der für den ÖPNV möglicherweise relevanten Artikel des V. Titels lässt sich schon durch eine einfache Lektüre dieser einschränken. Art. 75 EG spricht von Frachten und Beförderungsbedingungen für Güter, nicht jedoch von solchen für Personen. In Art. 76 EG wird von Frachten und Beförderungsbedingungen gesprochen, wobei „Frachten" ebenfalls auf den Transport von Gütern hinweist[34]. Gleiches gilt sinngemäß für Art. 77 EG. Eine analoge Anwendung dieser Artikel über ihren eindeutigen Wortlaut hinaus ist nicht möglich[35]. In Art. 79 EG wird lediglich die Bildung eines beratenden Ausschusses geregelt, der je nach Bedarf von der Kommission in Verkehrsfragen anzuhören ist. Dies hat für die materielle Regelung des ÖPNV keine Bedeutung, sondern bedeutet nur, dass der beratende Ausschuss gegebenenfalls im Verfahren zur Regelung zu hören ist. Art. 78 EG privilegiert Maßnahmen der Bundesrepublik, die zum Ausgleich teilungsbedingter Nachteile für bestimmte Gebiete erforderlich sind. Abgesehen davon, dass derartige Maßnahmen bei bundeseinheitlicher Regelung bzw. Praxis bei der Genehmigung und Finanzierung des ÖPNV nicht vorliegen, kam und kommt Art. 78 EG keine weitere Bedeutung zu[36]. Mithin sind die Artikel 70, 71, 72, 73, 74 und 80 EG auf ihre Bedeutung für den ÖPNV zu untersuchen. Ob darüber hinaus weitere Bestimmungen des EG-Vertrages für den ÖPNV anwendbar und relevant sind, bleibt zunächst dahingestellt.

1. Aufgabe der gemeinsamen Verkehrspolitik, Art. 70 EG

Gem. Art. 70 EG verfolgen die Mitgliedstaaten auf dem im V. Titel genannten Sachgebiet die Ziele des Vertrages im Rahmen einer gemeinsamen Verkehrspolitik.
a.) Anwendungsbereich
Aus der Überschrift des V. Kapitels „Verkehr" könnte geschlossen werden, dass nach der Theorie der Verkehrswirtschaft die Überwindung[37] von Raum durch Personen, Gü-

---

[34] S. Groeben/ Thiesing/ Ehlermann - *Erdmenger*, EU-, EG-Vertrag, Art. 79 [a.F., Art. 75 EG] Rn. 15; Schwarze - *Stadler*, EU-Kommentar, Art. 76 EG Rn. 1; *Wägenbaur*, Unterstützungstarife, Regionalpolitik und Wettbewerb im gemeinsamen Markt, ZHR 128 (1966), 180 (189), der auf weitere Auslegungsmöglichkeiten in anderssprachigen, verbindlichen Fassungen des EWGV hinweist, diese aber nach dem Grundsatz, dass von der engsten Auslegung auszugehen ist, verwirft.
[35] Im Ergebnis wegen des eindeutigen Wortlauts ähnlich: *Schweitzer/ Hummer*, Europarecht Rn. 1386.
[36] Vgl. Groeben/ Thiesing/ Ehlermann - *Erdmenger*, EU-, EG-Vertrag, Art. 82 [a.F., Art. 78 EG] Rn. 3 ff.; *Basedow/ Dolfen*, in: Dauses, Handbuch des EU-Wirtschaftsrechts, Teil L, Rn. 76, halten die Vorschrift wegen der erfolgten Wiedervereinigung für gegenstandslos.
[37] S. Groeben/ Thiesing/ Ehlermann - *Erdmenger*, EU-, EG-Vertrag, Art. 74 [a.F., Art. 70 EG] Rn. 1, m.w.N.

ter und Nachrichten geregelt sein könnte. Art. 80 Abs. (1) EG regelt dagegen, dass der V. Titel nur für die Beförderungen im Eisenbahn-, Straßen- und Binnenschiffsverkehr[38] gilt. Eine Anwendung auf den Nachrichten- und Telekommunikationsverkehr ist demnach nicht möglich[39]. „Beförderung" in Art. 80 Abs. (1) EG scheint den Anwendungsbereich des V. Titels darüber hinaus im Gegensatz zur Überschrift „Verkehr" weiter zu beschränken: Wenn nur die Beförderung letztlich geregelt werden soll und darf, würde das Umfeld (z.B. Infrastruktur, Lenkzeiten), in dem diese Beförderung erbracht wird, herausgenommen. Wäre dies zutreffend, so wäre die Aufgabe der gemeinsamen Verkehrspolitik nicht zu bewältigen. Deshalb wird der gewerbliche Verkehr der genannten Verkehrsträger, einschließlich etwaiger technischer und organisatorischer Einrichtungen, der hoheitlichen Maßnahmen zur Regelung der Beförderungen in diesen Bereichen bis zur Erstellung und Durchführung der Beförderungsleistung für Personen und Güter, umfassend von dem Anwendungsbereich des V. Kapitels erfasst[40]. Da der ÖPNV grundsätzlich in den in Art. 80 Abs. (1) EG genannten Verkehrsarten erbracht wird und den Transport von Personen zum Gegenstand hat, ist der sachliche Anwendungsbereich des V. Titels eröffnet.

Anzuwenden ist der V. Titel auf alle Unternehmen bzw. Personen, die ihren Geschäftssitz in einem oder mehreren Mitgliedstaaten haben und ihre Verkehrsleistungen innerhalb des Gebietes der Europäischen Union erbringen, wobei letzeres auch den räumlichen Anwendungsbereich des Titels Verkehr definiert[41].

Der ÖPNV fällt folglich unter den im V. Titel geregelten „Verkehr". Damit ist allerdings noch nicht entschieden, ob der EU eine entsprechende Regelungskompetenz für den ÖPNV zukommt. Diese könnte bestehen, wenn die gemeinsame Verkehrspolitik oder bestimmte Bestimmungen des EG-Vertrages eine einheitliche, europaweite Regelung auch des ÖPNV erfordern, obwohl dieser regelmäßig nur in den einzelnen Regionen stattfindet.

---

38 Dass auch Seeschiff- und Luftfahrt in den mittelbaren Anwendungsbereich fallen, ist hier nicht weiter zu erörtern, da öffentlicher Personennahverkehr schon rein begrifflich und nach der oben angegebenen Definition des ÖPNV nicht unter diese Verkehrsarten fällt. Zur Seeschiff- und Luftfahrt s. *Oppermann*, Europarecht Rn. 1457 ff.

39 Allg. Meinung, vgl. Bleckmann - *Pieper*, Europarecht Rn. 2408; *Geiger*, EUV/ EGV, Art. 70 EG Rn. 7; Groeben/ Thiesing/ Ehlermann - *Erdmenger*, EU-, EG-Vertrag, Art. 74 [a.F., Art. 70 EG] Rn. 2; Lenz - *Mückenhausen*, EG-Vertrag, Art. 70 EG Rn. 3; *Schmitt*, Die Rechtsgrundlagen der gemeinsamen Verkehrspolitik der EWG, in: KSE 18, S. 1 (9); *Stabenow*, Die Rechtsgrundlagen der europäischen Verkehrsintegration, ZHR 126 (1964), 228 (236 ff.); *Jung*, Der europarechtliche Rahmen der Verkehrspolitik, TranspR 1998, 133 (140), m.w.N.; *Gabler*, Öffentlicher Nahverkehr in Bayern, S. 20; a.A.: *Wägenbaur*, Die Mineralölfernleitungen in der Europäischen Wirtschaftsgemeinschaft, AWD 1964, 206; *ders.*, Die nationale Ordnung des Verkehrs und der EWGV; in: KSE 11, S. 406 (408).

40 Zustimmend: Groeben/ Thiesing/ Ehlermann - *Erdmenger*, EU-, EG-Vertrag, Art. 74 [a.F., Art. 70 EG] Rn. 4; Schwarze - *Stadler*, EU-Kommentar, Art. 80 EG Rn. 3; Grabitz/ Hilf - *Frohnmeyer*, Recht der EU, Art. 70 EG Rn. 1 f., der allerdings zu Unrecht auf die Möglichkeit hinweist, dass die Begriffe in der französischen und in der italienischen Vertragsfassung auch mit „Verkehr" übersetzt werden können. Wenn die deutsche Fassung insoweit enger wäre, wäre diese einer Auslegung zu Grunde zu legen. Siehe auch EuGH, Rs. 97/ 78, Slg. 1978, 2311 - *Schumalla*; Rs. 16/ 78, Slg. 1978, 2293 - *Choquet*.

41 S. Grabitz/ Hilf - *Frohnmeyer*, Recht der EU, Art. 70 EG Rn. 7, und Art. 299 Abs. 1 u. 4 EG.

b.) Ziele der gemeinsamen Verkehrspolitik
Art. 70 EG bestimmt lediglich, dass die Mitgliedstaaten die Ziele des EG-Vertrages im Rahmen einer gemeinsamen Verkehrspolitik verfolgen. Ein besonderer Hinweis auf bestimmte Ziele ist in diesem Artikel genauso wenig enthalten wie spezielle Ziele für die gemeinsame Verkehrspolitik, wie dies z.b. im Rahmen der Agrarpolitik in Art. 33 EG der Fall ist. Deshalb ist anzunehmen, dass dem Rat insoweit ein weites Ermessen zusteht, die gemeinsame Verkehrspolitik inhaltlich auszugestalten[42]. Eine Überprüfung der Maßnahmen durch den EuGH kommt nur in Frage, wenn der EG-Vertrag bestimmte Teilziele näher anspricht[43]. Dies bedeutet, dass eine Klage wegen Vertragsverletzung gegen den Rat, z.B. bei Untätigkeit, nur in diesen Fällen Erfolg versprechend sein kann.

aa.) Ziele der Präambel und der Art. 2 und 3 EG
Die Ziele des EG-Vertrages sind vor allem in der Präambel und den Art. 2, 3, 14 EG festgeschrieben. Der Präambel kommt eine wesentliche Bedeutung bei der Auslegung des EU-Vertrages zu: Da die Entstehungsgeschichte des Vertrages nicht immer ermittelbar ist, wird die Präambel zur Ermittlung des Bedeutungsinhalts einzelner Vorschriften herangezogen[44]. Des Weiteren haben die Gemeinschaftsorgane, soweit ihnen ein politischer Handlungsspielraum zukommt, ihr Ermessen an den in der Präambel festgeschriebenen Grundsätzen auszurichten[45]. Diesen Grundsätzen kommt Verfassungsrang zu, sie sind auch von den Mitgliedstaaten im Anwendungsbereich des Gemeinschaftsrechts zu wahren[46]. Für den Verkehrstitel bedeutet dies, dass sowohl die EU-Organe als auch die Mitgliedsstaaten bei einem Tätigwerden in diesem Bereich die Grundsätze der Präambel zu wahren haben[47]. Insoweit tritt vor allem eine Einschränkung des Ermessens des Rates ein. Für den ÖPNV können folgende Grundsätze relevant werden: die Beseitigung der Europa trennenden Schranken, die Sicherung des wirtschaftlichen und sozialen Fortschritts, die Verbesserung der Lebens- und Beschäftigungsbedingungen, die Beseitigung bestehender (Handels-) Hindernisse und die Beseitigung von Beschränkungen im zwischenstaatlichen Wirtschaftsverkehr.

Konkretisiert werden die Grundsätze der Präambel in den Art. 2 und 3 EG. Wörtlich spricht Art. 2 EG zwar von Aufgaben; ein Vergleich mit Art. 10 EG, der im ersten Absatz von „Aufgabe" und im zweiten von der Verwirklichung der „Ziele" spricht, zeigt

---

42 Vgl. *Lenz*, Die Verkehrspolitik der Europäischen Gemeinschaften im Lichte der Rechtsprechung des Gerichtshofes, EuR 1988, 158 (161); *Lukes*, Zur Geltung der Vertragsbestimmungen über den freien Dienstleistungsverkehr im Verkehrsbereich nach der EuGH-Rechtsprechung, in: FS Börner (1992), S. 195 (206); *Oppermann*, Europarecht Rn. 1423.
43 Grundlegend zum „Verkehrstitel": EuGH Rs. 13/ 83, Slg. 1985, 1513 ff. (Rn. 49-53) - *Untätigkeitsurteil*; kritisch zu diesem Urteil: *Brandt*, Untätigkeit in der Verkehrspolitik, TranspR 1986, 89 (93); *Erdmenger*, Die EG-Verkehrspolitik vor Gericht. Das EuGH-Urteil Rs 13/ 83 vom 22.5.1985 und seine Folgen, EuR 1985, 375 (insbes. 388 ff.).
44 Vgl. EuGH Rs. 43/ 75, Slg. 1976, 455 (473) - *Defrenne/ Sabena*; Rs. 136/ 79, Slg. 1980, 2033 (2057) - *National Panasonic/ Kommission*. Im Übrigen kann nach dem Beitritt weiterer Kandidaten nicht auf die Entstehungsgeschichte des Vertrages zurückgegriffen werden.
45 Groeben/ Thiesing/ Ehlermann - *Zuleeg*, EU-, EG-Vertrag, Präambel EUV Rn. 3.
46 EuGH Rs. 5/ 88, Slg. 1989, 2609 (2639) - *Wachauf/ Bundesamt für Ernährung und Forstwirtschaft*.
47 So ausdrücklich zur Verkehrspolitik: EuGH Rs. 12/ 82, Slg. 1982, 4089 - *Trinon*.

aber, dass in Art. 2 EG durchaus Vertragsziele benannt sind[48]. Die Bezeichnung als Vertragsziele verdeutlicht eher die Entwicklung, die durch die Gemeinschaft herbeigeführt werden soll, als der Begriff der Aufgabe[49]. Den Vertragszielen in Art. 2 EG kommt Verfassungsrang zu[50], sie enthalten ebenfalls Vorgaben für die Organe der Gemeinschaft und dienen als Auslegungshilfen für andere Vertragsbestimmungen[51]. Wie die Präambel schränkt Art. 2 EG den Entscheidungs- bzw. Ermessensspielraum der Gemeinschaftsorgane ein, da dieser nach Maßgabe der Vertragsziele zu gebrauchen ist. Widersprechen sich einzelne Vertragsziele, so gebührt keinem per se der Vorrang. Vielmehr müssen sie unter optimaler Berücksichtigung aller Ziele miteinander abgewogen werden, wobei den zuständigen Organen das Recht zusteht, im Rahmen dieser Ziele wirtschaftspolitische Prioritäten zu setzen[52]. Für den ÖPNV könnte insbesondere die Errichtung eines Gemeinsamen Marktes, die Entwicklung des Wirtschaftslebens, ein hohes Beschäftigungsniveau, der hohe Grad der Wettbewerbsfähigkeit der Wirtschaftsleistungen, der Umweltschutz und der wirtschaftliche und soziale Zusammenhalt relevant sein.

Art. 3 EG konkretisiert die in Art. 2 EG genannten Ziele bzw. Aufgaben durch die Nennung der im Vertrag enthaltenen Tätigkeitsfelder und ist zusätzlich selbst eine Zielbestimmung. In der Praxis des EuGH wird i.d.R. nicht zwischen den beiden Artikeln unterschieden, sondern beide zusammen als Grundsatznormen angeführt[53]. Dabei ist Art. 3 EG wie auch Art. 2 EG für die Gemeinschaftsorgane nicht lediglich ein unverbindlicher Programmsatz, die Verfolgung der dort genannten Ziele ist vielmehr für die Gemeinschaftsorgane zwingend[54]. Für den Bereich des ÖPNV könnte die gemeinsame Handelspolitik, der Binnenmarkt, die gemeinsame Verkehrspolitik, das System, das den Binnenmarkt vor Verfälschungen schützt, die Angleichung innerstaatlicher Rechtsvorschriften, die Stärkung des wirtschaftlichen und sozialen Zusammenhaltes und die Umweltpolitik Vorgaben machen.

Fraglich ist, ob der ÖPNV für den Binnenmarkt (Art. 3 Abs. (1) lit. c EG) bzw. für den Gemeinsamen Markt (Art. 2 EG) relevant ist. Dies würde bedeuten, dass eine europarechtskonforme Regelung zu treffen wäre, nicht aber schon, dass die Gemeinschaft zu einer derartigen Regelung befugt wäre. Überschneidungspunkte mit den genannten Gebieten bestehen bei der gemeinsamen Handelspolitik, dem System, das den Wettbewerb vor Verfälschungen schützen soll, und der Stärkung der Wettbewerbsfähigkeit der Industrie.

---

48 Grabitz/ Hilf - *v.Bogdandy*, Recht der EU, Art. 2 EG Rn. 2; Schwarze - *Hatje*, EU-Kommentar, Art. 2 EG Rn. 2; ähnlich: *Geiger*, EUV/ EGV, Art. 2 EG Rn. 1, der zwischen Fernzielen und Aufgaben unterscheidet.
49 Auch nach dem EuGH dürfen beide Begriffe letztlich gleichgesetzt werden, vgl. EuGH Rs. 126/ 86, Slg. 1987, 3697 (3715) - *Giménez Zaera/ Institutio Nacional de la Seguridad Social*.
50 EuGH: Art. 2 EG „*steht an der Spitze der vertragsprägenden allgemeinen Grundsätze*", „*die Errichtung eines Gemeinsamen Marktes berührt somit das gesamte Wirtschaftsleben innerhalb der Gemeinschaft*", EuGH Rs. 167/ 73, Slg. 1974, 359 (369 f.) - *Kommission/ Frankreich*; s. auch Grabitz/ Hilf - *v.Bogdandy*, Recht der EU, Art. 2 EG Rn. 4.
51 Vgl. Lenz - *Lenz*, EG-Vertrag, Art. 2 EG Rn. 6; *Geiger*, EUV/ EGV, Art. 2 EG Rn. 4.
52 Grabitz/ Hilf - *v.Bogdandy*, Recht der EU, Art. 2 Rn. 58; *Geiger*, EUV/ EGV, Art. 2 EG Rn. 4.
53 S.: EuGH Rs. 6/ 72, Slg. 1973, 215 (245) - *Europemballage*.
54 EuGH, a.a.O., 244 u. 246; *Immenga*, Wettbewerbspolitik contra Industriepolitik nach Maastricht, EuZW 1994, 14 (15 f.).

Der EG-Vertrag enthält sowohl den Begriff „Gemeinsamer Markt" (z.B. in: Art. 2; 3 Abs. (1) lit. h; 15 Abs. 1 EG) als auch „Binnenmarkt" (u.a. in: Art. 3 Abs. (1) lit. c, lit. g; 14; 15 Abs. 2 EG). Dies legt die Frage nahe, ob beide Begriffe identischen Inhalts sind oder aber zwischen ihnen ein Rangverhältnis besteht. Der Binnenmarkt könnte ein „minus" in Bezug auf den Gemeinsamen Markt bedeuten. Begründet wird diese Auffassung u.a. mit dem nebeneinander der Art. 94 und 95 EG. Das Festhalten an Art. 94 EG neben Art. 95 EG müsse bedeuten, dass es Harmonisierungsentscheidungen geben müsse, die zwar den Gemeinsamen Markt aber nicht den Binnenmarkt beträfen, weshalb letzterer Begriff enger zu verstehen sei[55]. Des Weiteren könnten beide Begriffe inhaltsgleich sein[56]. Schließlich könnte der Binnenmarkt eine Weiterentwicklung des Gemeinsamen Marktes sein, also ein „mehr" bedeuten. Zur Begründung könnte die Entscheidung des EuGH im Fall Schul[57] herangezogen werden. Dort stellt er fest, dass der Gemeinsame Markt das Ziel der Verschmelzung zu einem einheitlichen Markt habe, dessen Bedingungen denjenigen eines wirklichen Binnenmarktes möglichst nahekomme. Dies würde bedeuten, dass der Gemeinsame Markt im Verhältnis zum Binnenmarkt ein Minus darstellen würde[58]. Der aufgezeigte Streit kann hier nicht ausführlich diskutiert und entschieden werden. Trotzdem sei Folgendes angemerkt: Letzterer Auffassung könnte entgegengehalten werden, dass das Verständnis der Vertragsparteien nicht mit dem des EuGH identisch sein muss. Andererseits haben die Vertragsparteien die Definition des EuGH gekannt[59], als sie durch die Einheitliche Europäische Akte (EEA)[60] z.B. in Art. 3 Abs. (1) lit. f [a.F.; jetzt: Art. 3 Abs. (1) lit. g EG] EGV den Begriff des Gemeinsamen Marktes durch den „Binnenmarkt" ersetzten. Dies spricht auch gegen die zuerst dargestellte Auffassung. Gegen die zweite Auffassung spricht, dass die Vertragsparteien in Art. 2 EG den „Gemeinsamen Markt" beibehalten haben[61]. Anzeichen für ein Redaktionsversehen sind - vor allem nach der neuerlichen Änderung des Vertrages durch den Vertrag von Amsterdam unter Beibehaltung des Begriffes - nicht ersichtlich. Letztlich dürfte das Binnenmarktprogramm das Konzept des Gemeinsamen Marktes in

---

55 *Streinz*, Europarecht Rn. 953; im Ergebnis ähnlich: *Pescatore*, Die „Einheitliche Europäische Akte" - eine ernste Gefahr für den Gemeinsamen Markt, EuR 1986, 153 (157), mit Hinweis auf das weitreichendere Programm des Gemeinsamen Marktes.
56 Vgl. Groeben / Thiesing/ Ehlermann - *Zuleeg*, EU-, EG-Vertrag, Art. 2 Rn. 13: *„der Binnenmarkt geht aus dem Gemeinsamen Markt hervor"*. Anschließend beschreibt er die Identität der beiden Begriffe. Dem zustimmend: *Bartl*, Tourismus - Liberalisierung und Harmonisierung des Verkehrs in der EG, TranspR 1988, 253 (254); Lenz - *Lenz*, EG-Vertrag, Art. 3 EG Rn. 3.
57 EuGH Rs. 15/ 81, Slg. 1982, 1409 (insbes. 1431 f.) - *Gaston Schul*; dieser Begriff wurde dann vom Rat auf der Brüsseler Tagung vom 29./ 30.03.1985, BullEG 3/ 1985, und von der Kommission in ihrem „Weißbuch über die Vollendung des Binnenmarktes bis 1992", KOM (85) 310 endg., aufgegriffen.
58 *Nettesheim*, Das Umweltrecht der Europäischen Gemeinschaften, Jura 1994, 337 (339); ähnlich: *Ehlermann*, The internal market following the Single European Act, CMLRev. 1987, 361 (369 f.); *Zacker*, Binnenmarkt und Gemeinsamer Markt, RIW 1989, 489 (490); *Dauses*, Die rechtliche Dimension des Binnenmarktes, EuZW 1990, 8 (10).
59 So auch: *Grabitz/ v.Bogdandy*, Vom Gemeinsamen Markt zum Binnenmarkt, JuS 1990, 170 (175).
60 ABl. EG Nr. L 169/ 1 vom 29.06.1987.
61 Im Ergebnis zustimmend: *Beutler/ Bieber/ Pipkorn/ Streil*, Die Europäische Union, S. 54, nach diesen soll sowohl der Binnenmarkt in Teilbereichen weiter sein als der Gemeinsame Markt wie auch umgekehrt.

dem Sinne ergänzen, dass eine „neue Integrationsebene"[62] besteht. Soweit Politikbereiche in das Binnenmarktprogramm fallen, kann eine EU-einheitliche Regelung gem. Art. 95 EG mit einer Mehrheitsentscheidung herbeigeführt werden. In besonders schwierigen und umstrittenen Bereichen bleibt es dagegen bei dem Erfordernis der Einstimmigkeit gem. Art. 94 EG.

Nach der Legaldefinition des Art. 14 Abs. (2) EG umfasst der Binnenmarkt einen Raum ohne Binnengrenzen, in dem der freie Verkehr von Waren, Personen, Dienstleistungen und Kapital gemäß den Bestimmungen des EG-Vertrages gewährleistet ist. Diese Formulierung bedeutet zunächst, dass der von der Rechtsprechung und Gemeinschaftsgesetzgebung entwickelte acquis communautaire gemeinschaftsverfassungsrechtlich abgesichert ist. Insoweit bleibt es bei der direkten Anwendbarkeit der Freizügigkeit sowie der Warenverkehrs-, Niederlassungs- und Dienstleistungsfreiheit, einschließlich der dazu entwickelten Auslegungen und Ausnahmen[63]. Gem. Art. 14 Abs. (1) EG ist der Binnenmarkt u.a. gem. dem Art. 80 EG zu verwirklichen[64]. Letzteres bedeutet, dass der Binnenmarkt auch im Bereich der Verkehrspolitik zu verwirklichen ist, allerdings unter Berücksichtigung der Art. 70-80 EG[65].

Der Binnenmarkt soll u.a. den Herstellern von Waren und den Erbringern von Dienstleistungen den Absatz ihrer Produkte in der gesamten Gemeinschaft und den Verbrauchern bzw. Nachfragern den Zugriff zu allen Angeboten aus sämtlichen Mitgliedstaaten ermöglichen. Eine Dienstleistung, die den Bestimmungen des EG-Herkunftslandes genügt, soll grundsätzlich ohne Einschränkungen in jedem Mitgliedstaat angeboten werden können. Dies gilt allerdings nicht, wenn die abweichenden Regelungen durch dringende Erfordernisse oder Ausnahmen gerechtfertigt sind[66]. Für den inländischen Anbieter derselben Dienstleistung kann dies bedeuten, dass er an die strengeren innerstaatlichen Regelungen gebunden ist, während sein Konkurrent aus einem anderen Mit-

---

62 *Grabitz/ v.Bogdandy*, Vom Gemeinsamen Markt zum Binnenmarkt, JuS 1990, 170 (175); ähnlich: *Geiger*, EUV/ EGV, Art. 2 EG Rn. 7, Art. 14 EG Rn. 5, der den europäischen Binnenmarkt als weitmöglichste Vollendung des Gemeinsamen Marktes bezeichnet; ähnlich: *Schweitzer/Hummer*, Europarecht Rn. 49, die von wichtigen Vertiefungen der Europäischen Gemeinschaften sprechen; Groeben/ Thiesing/ Ehlermann - *Bardenhewer/ Pipkorn*, EU-, EG-Vertrag, Art. 7a [a.F., Art. 14 EG] Rn. 10; *Zeitler*, Der Europäische Binnenmarkt, ZfZ 1993, 338: „*Integrationspolitisch ... ein gewaltiger Schritt.*"

63 Vgl. *Reich*, Binnenmarkt als Rechtsbegriff, EuZW 1991, 203 (204); Groeben/ Thiesing/ Ehlermann - *Bardenhewer/ Pipkorn*, EU-, EG-Vertrag, Art. 7a [a.F., Art. 14 EG] Rn. 6.; *Grabitz/ v.Bogdandy*, Vom Gemeinsamen Markt zum Binnenmarkt, JuS 1990, 170 (174); s. auch: *Immenga*, Binnenmarkt durch europäisches Gemeinschaftsrecht, JA 1993, 257 ff.; *Thieffry/ van Doorn/ Radtke*, Die Vollendung des Europäischen Binnenmarktes bis 1992, RIW 1989, 123 ff.; a.A.: *Pescatore*, Die „Einheitliche Europäische Akte" - eine ernste Gefahr für den Gemeinsamen Markt, EuR 1986, 153 (157).

64 Dies übersieht *Streinz*, Europarecht Rn. 954, wenn er davon spricht, dass der Binnenmarkt von den Materien des Gemeinsamen Marktes die allgemeine Verkehrspolitik nicht erfasst.

65 Zustimmend: *Jung*, Der europarechtliche Rahmen der Verkehrspolitik, TranspR 1998, 133 (134).

66 Zum Herkunftsprinzip: *Dauses*, Die rechtliche Dimension des Binnenmarktes, EuZW 1990, 8 (10); *Thieffry/ van Doorn/ Radtke*, Die Vollendung des Europäischen Binnenmarktes bis 1992, RIW 1989, 123 (125 f.); Groeben/ Thiesing/ Ehlermann - *Bardenhewer/ Pipkorn*, EU-, EG-Vertrag, Art. 7a [a.F., Art. 14 EG] Rn. 27; krit.: *Reich*, Binnenmarkt als Rechtsbegriff, EuZW 1991, 203 (205 ff.), mit Hinweis auf die mit einer Anerkennung höchst verschiedener Regelungen, bei fehlender EU-Regelung, verbundenen Schwierigkeiten u.a. für den Verbraucher, die Konformität mit einheimischen Produkten/ Dienstleistungen festzustellen.

gliedstaat lediglich die Regelungen des Herkunftslandes erfüllen muss. Sind dagegen die Bestimmungen des Herkunftslandes strenger, so kann der Anbieter aus diesem Land, seine Dienstleistung unter Beachtung der Regeln des Bestimmungslandes anbieten. Dadurch entsteht dem inländischen Anbieter ein erheblicher Wettbewerbsnachteil[67]. Im Rahmen des ÖPNV wird dies insbesondere im grenznahen Bereich deutlich. Ein ÖPNV-Anbieter aus Kufstein wird wegen der Nähe zur deutsch-österreichischen Grenze bestrebt sein, ÖPNV nicht nur im Gebiet ca. bis St. Johann anzubieten, sondern auch im deutschen Grenzgebiet, ca. bis Rosenheim - und zwar nicht nur auf der direkten Verbindung Kufstein-Rosenheim, sondern auch auf rein deutschen Strecken. Bei uneingeschränkter Geltung des Herkunftlandsprinzips wäre dies gegebenenfalls möglich.

Vorausgesetzt der grenzüberschreitende Personennahverkehr ist überhaupt zulässig[68], besteht für den Anbieter aus einem anderen EU-Mitgliedstaat, in dem geringere Anforderungen an Sozialstandard, Ausrüstung der Fahrzeuge usw. bestehen oder aber hohe Subventionen seitens des Staates gewährt werden, ein erheblicher Vorsprung gegenüber einem inländischen Anbieter, wenn das Bestimmungsland entsprechend größere Anforderungen stellt oder geringere Subventionen gewährt. Wird dagegen der grenzüberschreitende Personenverkehr generell untersagt, so bleibt insoweit eine Binnengrenze bestehen, was dem Vertragsziel widerspräche. Bleibt es dagegen bei den unterschiedlichen Regelungen, so werden die inländischen Anbieter diskriminiert, eine harmonische, ausgewogene und nachhaltige Entwicklung des Wirtschaftslebens (Art. 2 EG) würde in weite Ferne rücken[69]. Um diese Diskriminierung der inländischen Anbieter zu vermeiden, ist eine EU-einheitliche (Rahmen-) Regelung notwendig. Inhaltlich müssten die Zulässigkeit des grenzüberschreitenden Verkehrs, die technischen, sozialen und sonstigen Voraussetzungen sowie der diskriminierungsfreie Zugang zum ÖPNV-Markt geregelt werden.

Fraglich bleibt allerdings, ob eine EU-einheitliche Regelung sich auf den Grenzbereich beschränken kann bzw. darf. Wäre dies der Fall, so würde sich die Binnengrenze quasi nur verschieben: Während im Grenzbereich z.B. eine einheitliche, diskriminierungsfreie Regelung über den Marktzugang bestände, würde nach der Definition von „ÖPNV" nach ca. 50 km landeinwärts der status quo gewahrt. Werden in diesem Hinterland Vorteile gewährt, die es im grenznahen Bereich nicht gibt, so sind die dortigen Anbieter in der Lage auf Grund dieses Wettbewerbsvorteils auch in der Grenzregion ihre Leistungen zu Bedingungen anzubieten, die sie unter Wettbewerbsbedingungen nicht anbieten könnten[70]. Umgekehrt könnten Anbieter ihre Vorteile aus dem Grenzge-

---

67 So im Rahmen der Bierverordnung vom 02.07.1990 (BGBl. I S. 1332), nach dem nur deutsche Produzenten das Reinheitsgebot einzuhalten haben, wenn das Bier für den deutschen Markt bestimmt ist. Dies ist eine Folge von EuGH Rs. 178/ 84, Slg. 1987, 1227 - *Reinheitsgebot für Bier*.
68 Für den grenzüberschreitenden Verkehr siehe: Art. 71 Abs. (1) lit. a, b EG und Verordnung (EWG) Nr. 684/ 92 des Rates vom 16.03.1992 (ABl. EG Nr. L 74/ 1 vom 20.03.1992) i.d.F. der Verordnung (EG) Nr. 11/ 98 des Rates vom 11.12.1997 (ABl. EG Nr. L 4/ 1 vom 08.01.1998) und Verordnung (EG) Nr. 12/ 98 des Rates vom 11.12.1997 (ABl. EG Nr. L 4/ 10 vom 08.01.1998).
69 So ausführlich zur „umgekehrten Diskriminierung": *Reich*, Binnenmarkt als Rechtsbegriff, EuZW 1991, 203 (204 f.) m.w.N.; *Busch*, Die Verkehrspolitik der EG unter dem Einfluß der Binnenmarktvollendung, S. 16 (zum Güterkraftverkehr).
70 Dafür wäre in Deutschland allerdings erforderlich, dass die Verkehrsunternehmen an einer Expansion ihrer Aktivitäten interessiert wären, woran im Hinblick auf die Versuche, den status quo zu wahren, m.E. aber Zweifel bestehen.

biet oder gar dem Ausland nutzen, um die dort erlangten Vorteile im stärker regulierten Hinterland auszunutzen. Ein Marktzutritt ausländischer Anbieter im Hinterland wäre ohne eine entsprechende EU-Regelung voraussichtlich nicht möglich.

Demnach ist festzuhalten, dass das Ziel der Schaffung eines Binnenmarktes auch für den Bereich des ÖPNV relevant ist[71]. Der Binnenmarkt erfordert eine EU-einheitliche Regelung über den diskriminierungsfreien Zugang jedes EU-Anbieters zum ÖPNV-Markt in jedem Mitgliedstaat.

Nach Art. 3 Abs. (1) lit. g EG ist ein System zu schaffen, das den Wettbewerb innerhalb des Binnenmarktes vor Verfälschungen schützt. Daraus folgt die Verpflichtung der Gemeinschaft, alle privaten und staatlichen Eingriffe zu beseitigen, die die Entstehung eines ungehinderten Wettbewerbs verhindern. Nähere Regeln sind dazu im 1. Kapitel des VI. Titel des EG-Vertrages enthalten, in dessen 1. Abschnitt die Art. 81 ff. EG die Beseitigung privater und die Art. 87 ff. EG die Beseitigung staatlicher Wettbewerbsverzerrungen vorschreiben und in dessen 2. Abschnitt die Zulässigkeit von Beihilfen geregelt ist. Während die Anwendbarkeit u.a. dieser allgemeinen Vorschriften im Bereich der Verkehrspolitik zunächst umstritten war[72], herrscht nunmehr weitgehend Einigkeit, dass die allgemeinen Vorschriften des Vertrages anwendbar sind, soweit nicht ausdrücklich etwas anderes bestimmt ist, wie in Art. 51 Abs. (1) EG für die Dienstleistungsfreiheit[73].

Fraglich ist, ob das Ziel des unverfälschten Binnenmarktes ebenfalls eine EU-einheitliche Regelung des ÖPNV verlangt. Die Beantwortung dieser Frage überschneidet sich mit obiger zur Schaffung eines Binnenmarktes. Zunächst könnte gegen jegliche Bedeutung dieses Zieles sprechen, dass es - wie zur Zeit weitgehend in Deutschland - überhaupt keinen bzw. keinen wirksamen Wettbewerb im Bereich des ÖPNV gibt. Dies wäre jedoch ein Fehlschluss. Vielmehr muss gegebenenfalls soviel Wettbewerb hergestellt werden, dass die grundlegenden Forderungen des Vertrages, insbesondere die Bildung eines gemeinsamen Marktes mit mindestens binnenmarktähnlichen Verhältnissen, er-

---

71 Ähnlich: *Carl*, Der Verkehr im europäischen Binnenmarkt, TranspR 1992, 81: „*aber auch für die Personenbeförderungsunternehmen*", leider ohne nähere Begründung.

72 Für die grundsätzliche Anwendbarkeit: *Kapteyn*, Europa sucht eine gemeinsame Verkehrspolitik, S. 82 ff.; *Stabenow*, Die Rechtsgrundlagen der europäischen Verkehrsintegration, ZHR 126 (1964), 229 (231 f.); *Wägenbaur*, Wettbewerbsregeln für den Verkehr in der EWG, AWD 1968, 415 (415 f.); *Erdmenger*, EG unterwegs - Wege zu einer gemeinsamen Verkehrspolitik, S. 25 f.; *Dolfen*, Der Verkehr im europäischen Wettbewerbsrecht, S. 21; *Basedow*, Wettbewerb auf den Verkehrsmärkten, S. 163; *Schmitt*, Die Rechtsgrundlagen der gemeinsamen Verkehrspolitik der EWG, in: KSE 18, S. 1 (5 ff.); *Müller-Graff*, Grundelemente des Gemeinschaftsrechtsrahmens für Verkehrsdienstleistungen, in: FS Nirk, S. 715 (insbes. 732); *Weinstock*, Einige Gedanken zur gemeinsamen Verkehrspolitik - Vom Legalismus zum Pragmatismus, in: GS Sasse, S. 511 (516); EuGH Rs. 167/ 73, Slg. 1974, 359 (369 ff.) - *Kommission/ Frankreich*; verb. Rs. 209-213/ 84, Slg. 1986, 1425 (1463 ff.) - *Ministère public/ Asjes*; zurückhaltend: *Ophüls*, Grundzüge europäischer Wirtschaftsverfassung, ZHR 124 (1962), 136 (171); dagegen: Stellungnahme der französischen Republik in Rs. 167/ 73, a.a.O., 364 ff.; Stellungnahmen der französischen Republik und der Fluggesellschaften Air France und KLM in verb. Rs. 209-213/ 84, a.a.O., 1432 f.

73 Vgl. *Jung*, Der europarechtliche Rahmen der Verkehrspolitik, TranspR 1998, 133 (136); *Werner*, Nach der Regionalisierung - der Nahverkehr im Wettbewerb, S. 31; Groeben/ Thiesing/ Ehlermann - *Erdmenger*, EU-, EG-Vertrag, Vorbem. zu Art. 74-84 [a.F., Art. 70-80 EG] Rn. 14 ff., m.w.N.; zur Nichtanwendbarkeit der allgemeinen Dienstleistungsfreiheit: *Lukes*, Zur Geltung der Vertragsbestimmungen über den freien Dienstleistungsverkehr im Verkehrsbereich nach der EuGH-Rechtsprechung, in: FS für Börner, S. 195 ff.

reicht werden[74]. Dabei können durchaus ordoliberale Vorstellungen in das System eines unverfälschten Wettbewerbs einfließen, soweit der Wettbewerb nicht vollständig ausgeschaltet wird[75].

Die Schaffung bzw. der Schutz eines Systems unverfälschten Wettbewerbs könnte für den ÖPNV aber unerheblich sein, da die entsprechenden Konkretisierungen der Art. 81 f., 86, 87 ff. EG eine Beeinträchtigung des zwischenstaatlichen Handels als Tatbestandsvoraussetzung aufweisen[76]. Wie bereits in der Vorbemerkung aufgezeigt, erscheint nach der Definition des ÖPNV eine derartige Beeinträchtigung schlechterdings nicht möglich. Andererseits wurde bereits im Rahmen des grenzüberschreitenden Verkehrs im Grenzgebiet eine Beeinträchtigung des zwischenstaatlichen Handels festgestellt. Es sprechen weitere Gründe für die Beeinträchtigung des zwischenstaatlichen Handels durch wettbewerbsbeschränkende nationale Regelungen im ÖPNV: Zum einen addieren sich etwaige Beschränkungen bzw. der Ausschluss jeglichen Wettbewerbs in den jeweiligen ÖPNV-Märkten eines Mitgliedstaates dahingehend, dass überhaupt kein Marktzutritt ausländischer EU-Anbieter möglich ist bzw. erschwert wird[77]. Ein ÖPNV-Anbieter aus einem anderen EU-Mitgliedstaat, der in Deutschland ÖPNV anbieten will, trifft z.B. immer auf den Bestandsschutz des § 13 Abs. 3 PBefG zu Gunsten der Unternehmen, die bereits eigenwirtschaftliche Verkehre anbieten, egal ob er sich um ÖPNV in München oder in Hamburg oder im übrigen Bundesgebiet bemüht. Insoweit ist ihm nirgendwo in Deutschland der Marktzutritt möglich[78]. Zum anderen genügt im Rahmen von Beihilfen bzw. Subventionen deren Wettbewerbswidrigkeit beinahe, um eine ent-

---

74 In diesem Sinn: EuGH Rs. 6/ 72, Slg. 1973, 215 (244 f.) - *Europemballage*; Rs. 26/ 76, Slg. 1977, 1875 (1905) - *Metro*; immerhin würde ohne die Herstellung eines entsprechenden Wettbewerbs der potentielle Wettbewerb ausgeschlossen
75 Vgl. Groeben/ Thiesing/ Ehlermann - *Zuleeg*, EU-, EG-Vertrag, Art. 3 Rn. 7, m.w.N.
76 Folgende Erörterung hätte auch oben bei der Schaffung des Binnenmarktes stattfinden können. Da die hier genannten Normen das Tatbestandsmerkmal aber ausdrücklich nennen, bietet sich auch aus Gründen der Übersicht die Diskussion erst an dieser Stelle an.
77 Zustimmend: *Berschin*, Anmerkung zu OVG Magdeburg, Urteil vom 07.04.1998, A 1/ 4 S 221/ 97, TranspR 1999, 33 (34), der ausdrücklich den ÖPNV-Markt als internationalen und damit grenzüberschreitenden Markt bezeichnet; *ders.*, Europäisches Recht der Finanzierung im ÖPNV bringt Wettbewerb mit Subventionen, ZUR 1997, 4 (5); *Werner*, Nach der Regionalisierung - der Nahverkehr im Wettbewerb, S. 42; dies scheint die Kommission, allerdings ohne nähere Ausführung, mittlerweile genauso zu sehen, wenn sie im Grünbuch „Das Bürgernetz". Wege zur Nutzung des Potentials des öffentlichen Personenverkehrs in Europa" (KOM (95) endg. vom 29.11.1995) auf den Seiten 32 ff. von der Modernisierung des EU-ordnungspolitischen Rahmen für den ÖPNV spricht; a.A.: *Batzill*, Unausweichlicher Wettbewerb, Der Nahverkehr 1-2/ 1995, 81 ff., der die Beihilfvorschriften nur für den grenzüberschreitenden Verkehr für anwendbar hält; *Metz*, Ein „Bosman"-Urteil gegen Kommunen und Verkehrsunternehmen, Bus & Bahn 7-8/ 1998, S. 2.
78 Andererseits bemühen sich mehrere EU-Anbieter, ÖPNV auch in anderen Mitgliedstaaten anzubieten. Vgl. Rede des Kommissars *Kinnock* vom 29.06.1996 in Brüssel „Updating regulatory frameworks for passenger transport"; unter: www.europa.int/en/comm/dg07/sp98144.htm.

Teil 1: ÖPNV im System des EU-Primärrechts

sprechende (potentielle) Beeinträchtigung des zwischenstaatlichen Handels zu vermuten, auf einen bestimmten Grad der Beeinträchtigung kommt es nicht an[79].

Vorstehende Ausführungen werden zusätzlich durch folgende Überlegungen gestützt: Die DB AG besitzt noch immer die Mehrheit der größten Regionalbusgesellschaften und ist deshalb als marktmächtig, häufig als marktbeherrschend anzusehen[80]. Außerdem ist z.B. in Deutschland die Schaffung extrem überdimensionierter Verkehrsverbünde zu beobachten[81]. Innerhalb derartiger Verkehrsverbünde werden „Einigungen" über die Fahrpreise, die von den Verbundmitgliedern zu bedienenden Fahrstrecken usw. erzielt. Dies rechtfertigt m.E. die Annahme eines einheitlichen Marktes innerhalb des betreffenden Verbundes. Außerdem führen die „Verständigungen" innerhalb eines derartigen Verbundes dazu, dass alle Mitglieder durch ihn hinreichend „versorgt" werden; einen Wettbewerb unter den Mitgliedern wird es nicht geben und für außenstehende Wettbewerber wird der Markteintritt zumindest schwierig. Betrachtet man dann z.B. den VRR (Verkehrsverbund Rhein-Ruhr) so wird m.E. ohne weiteres deutlich, dass es sich bei dem Gebiet zwischen Rhein und Ruhr um einen durchaus relevanten Markt für den Gemeinsamen Markt handelt, so dass gegebenenfalls Art. 82 EG zur Anwendung kommen könnte.

Auch das Ziel der Schaffung eines Systems unverfälschten Wettbewerbs im Binnenmarkt tangiert den ÖPNV, da wettbewerbswidrige bzw. -verfälschende Maßnahmen geeignet sind, den zwischenstaatlichen Handel zu beschränken.

Das Ziel der Rechtsangleichung in Art. 3 Abs. (1) lit. h EG, die in den Art. 94-97 EG geregelt ist, soll die Errichtung eines Gemeinsamen Marktes erleichtern und die Herstellung gleicher Wettbewerbsvoraussetzungen fördern. Die Rechtsangleichung soll m.a.W. die Schaffung bzw. Umsetzung von Gemeinschaftsvorschriften ermöglichen, die zur Verwirklichung anderer Ziele nötig sind - daraus folgt auch die Relevanz für den ÖPNV. Das „soweit" in dieser Vorschrift macht deutlich, dass den Gemeinschaftsorga-

---

79 Vgl. EuGH verb. Rs. C-278-280/ 92, Slg. 1994, I-4103 (4159) - *Spanien/ Kommission (Hytasa)*; Grabitz/ Hilf - *v. Wallenberg*, EU-, EG-Vertrag, Art. 92 [a.F., Art. 87 EG] Rn. 28; Lenz - *Rawlinson*, EG-Vertrag, Art. 87 EG Rn. 13 f., beide m.w.N.; *Müller-Graff*, Die Erscheinungsformen der Leistungssubventionstatbestände aus wirtschaftsrechtlicher Sicht, ZHR 152 (1988), 403 (433 f.); *Kahl*, Das öffentliche Unternehmen im Gegenwind des europäischen Beihilferegimes, NVwZ 1996, 1082 (1086). Dies wird mittlerweile wohl auch von Vertretern der Kommunen bzw. Verkehrsunternehmen grds. anerkannt, vgl. *Welge*, Die Zukunft des ÖPNV aus städtischer Sicht, in: DVWG (Hrsg.), B 213, Die zukünftige Rolle der Kommunen bei Verkehrs- und Versorgungsnetzen, 117 (127), der einen Zusammenbruch der deutschen ÖPNV-Finanzierung bei einer entsprechenden Klage eines ausländischen EU-Anbieters prognostiziert; dem zustimmend, *Weiß*, Koordinationsprobleme im ÖPNV: Die Rolle der Verkehrsverbünde im Wettbewerb, ebda, 150 (157); eher zurückhaltend: *Räpple*, Probleme des regulierten ÖPNV aus der Sicht eines kommunalen Verkehrsunternehmens auf dem Hintergrund gegebener Rahmenbedingungen, in: Püttner (Hrsg.), Der regionalisierte Nahverkehr, 135 (140). Der Bereich des Verkehres ist übrigens ausdrücklich aus der Mitteilung der Kommission vom 06.03.1996 über de-minimis-Beihilfen ausgenommen (ABl. EG Nr. C 318/ 3 f.) - dies lässt erkennen, dass auch die Kommission eine derartige Beeinträchtigung des zwischenstaatlichen Handels für möglich hält.
80 Vgl. *Aberle*, Intermodaler Wettbewerb zwischen Bus und Bahn im Regionalverkehr, in: DVWG (Hrsg.), B 191, Reformkonzepte im Nahverkehr: Deregulierung, Privatisierung, Regionalisierung, 39 (41 ff.)
81 *Aberle*, ebda.

nen bei der Rechtsangleichung ein Entscheidungsspielraum zukommt[82]. Im Rahmen des V. Titels des EG-Vertrages ist Art. 71 Abs. (1) EG zu beachten, der auf das besondere Verfahren des Art. 251 EG verweist.

Art. 3 Abs. (1) lit. f EG nennt eine gemeinsame Verkehrspolitik als Ziel der Gemeinschaft. Dies erscheint zunächst merkwürdig. Immerhin bestimmt Art. 70 EG, dass die gemeinsame Verkehrspolitik im Rahmen der Ziele des Vertrages durchzuführen ist. Demnach ist bei der gemeinsamen Verkehrspolitik i.S. des Art. 70 EG das Ziel der gemeinsamen Verkehrspolitik zu berücksichtigen. Die Nennung der gemeinsamen Verkehrspolitik in Art. 3 EG ist aber nötig, damit sie grundsätzlich die gleiche Wertigkeit wie die anderen genannten Ziele erlangt. Im Übrigen wendet sich Art. 70 EG nach dem Wortlaut nur an die Mitgliedstaaten.

Die Bezeichnung als gemeinsame Politik eröffnet dem Gemeinschaftsgesetzgeber aber die Möglichkeit, selbst gesetzliche Anordnungen zu erlassen, ohne auf eine Angleichung der nationalen Rechtssysteme angewiesen zu sein[83]. Während Art. 3 Abs. (1) lit. c, g EG freien Wettbewerb fordern, ist es auf Grund des Art. 3 Abs. (1) lit. f EG möglich, vom Wettbewerbsprinzip abweichende Regelungen auf dem Gebiet des Verkehrs zu treffen, soweit dafür eine Notwendigkeit besteht. Die gegensätzlichen Ziele müssen dann gegeneinander abgewogen werden, wobei dem Gemeinschaftsgesetzgeber ein Ermessensspielraum zukommt[84], der aber nicht einseitig nur zur Berücksichtigung der verkehrsspezifischen Besonderheiten führen kann.

Gem. Art. 3 Abs. (1) lit. k und Art. 2 EG hat die Gemeinschaft den wirtschaftlichen und sozialen Zusammenhalt zu fördern und den Abstand zwischen den Regionen und den Rückstand weniger begünstigter Gebiete abzubauen. Dieses Ziel wird in den Art. 158 ff. EG weiter ausgestaltet. ÖPNV bedeutet - gerade in ländlichen Gebieten - für Menschen ohne eigenen PKW Mobilität. Ohne ÖPNV würden diese Menschen ihren Arbeitsplatz gegebenenfalls nicht oder nur mit großer Mühe erreichen, gleiches gilt sinngemäß für Freizeitaktivitäten und die Beförderung von Schülern und Auszubildenden[85]. Darüber hinaus schließt der ÖPNV diese ländlichen Regionen bzw. Randgebiete der EU an die Ober- und Mittelzentren an. Er sorgt somit für den Anschluss der dort lebenden Bürger und der Region zum Gemeinsamen Markt[86]. Folglich betrifft ÖPNV auch die eben genannten Ziele. Allerdings ist schon an dieser Stelle anzumerken, dass die Verwirklichung dieser Ziele gegebenenfalls eine Einschränkung der völligen Wettbewerbsfreiheit notwendig machen könnte, soweit die Versorgung in den benachteiligten Gebieten ansonsten nicht gewährleistet werden könnte.

Die Umweltpolitik wird in Art. 3 Abs. (1) lit. l und Art. 2 EG als weiteres Ziel genannt und in den Art. 174 ff. EG näher dargelegt. Besondere Bedeutung erlangt darüber hinaus Art. 6 EG, der festlegt, dass die Erfordernisse des Umweltschutzes bei der Festlegung und Umsetzung der in Art. 3 genannten Gemeinschaftspolitiken und

---

82 S. Calliess/ Ruffert - *Ukrow*, EUV/ EGV, Art. 3 EG Rn. 10; Schwarze - *Hatje*, EU-Kommentar, Art. 3 EG Rn. 15.
83 So: *Jung*, Der europarechtliche Rahmen der Verkehrspolitik, TranspR 1998, 133 (134).
84 Zum Grundsatz: Groeben/ Thiesing/ Ehlermann - *Zuleeg*, EU-, EG-Vertrag, Art. 2 Rn. 12; zur Verkehrspolitik: *Immenga*, Binnenmarkt durch europäisches Gemeinschaftsrecht, JA 1993, 258 (263), der eine Begrenzung der Marktfreiheiten mit der Verkehrspolitik für notwendig verbunden hält.
85 S. Mitteilung der Kommission „Die Entwicklung des Bürgernetzes", KOM (1998) 431 endg., S. 5.
86 So bereits: Kommission Grünbuch „Das Bürgernetz", KOM (1995) 601 endg., S. 3.

-maßnahmen insbesondere zur Förderung einer nachhaltigen (umweltverträglichen) Entwicklung einbezogen werden müssen. Damit ist die Umweltpolitik Bestandteil sämtlicher Gemeinschaftspolitiken, also auch der Verkehrspolitik. Der Verkehrssektor ist einer der Hauptverursacher der Energie- und Umweltprobleme, da er nahezu genauso viel - meist nicht erneuerbare - Energie verbraucht wie die Industrie, verbunden mit entsprechenden Umweltbeeinträchtigungen und -schäden (Luft, Wasser, Boden, Gesundheit) durch die Abgase[87]. Dabei liegt der Verbrauch bei voller Auslastung bei Bus und Bahn am niedrigsten[88]. Dies ist schon offensichtlich nachvollziehbar: viele Privat-PKW, die nur mit wenigen Personen besetzt sind, verursachen mehr Abgase und Staus als wenige vollbesetzte Linienbusse. Folglich bewirkt auch die Umweltpolitik, dass der ÖPNV in die gemeinsame Verkehrspolitik einbezogen werden muss.

Weitere Ziele bzw. Bestimmungen, die den ÖPNV betreffen bzw. dessen Regelung erfordern, sind die über die transeuropäischen Netze, Art. 3 Abs. (1) lit. o und Art. 154 EG, über die Beschäftigungs- und Sozialpolitik, Art. 3 Abs. (1) lit. i und j und Art. 136 ff. EG, über Energie Art. 3 Abs. (1) lit. u EG, und über Forschung und technologische Entwicklung, Art. 3 Abs. (1) lit. n und Art. 163 ff. EG.

Die nähere Betrachtung einzelner Ziele des EG-Vertrages zeigt, dass der ÖPNV diese Ziele betrifft und durchaus Bestandteil der gemeinsamen Verkehrspolitik ist, obwohl er lediglich in räumlich eng begrenzten Gebieten stattfindet. Dabei können einige Ziele miteinander kollidieren: Während die Verwirklichung des Binnenmarktes und die Schaffung unverfälschten Wettbewerbs eine weitgehende Liberalisierung des ÖPNV-Marktes verlangen, können insbesondere die Umwelt- und Sozialpolitik Regulierungen verlangen. Außerdem können verkehrsspezifische Besonderheiten (bedingt) berücksichtigt werden.

Eine grundsätzliche, alleinige Regelungsbefugnis der Gemeinschaft bezüglich des ÖPNV im Rahmen des V. Titels folgt daraus noch nicht, da Art. 70 EG zunächst nur von den Mitgliedstaaten spricht. Der Gemeinschaftsgesetzgeber bzw. die -organe haben die Verkehrspolitik aber als ausdrückliche Aufgabe zu konzipieren und zu verwirklichen, wie der Zusammenhang mit Art. 71 EG deutlich macht[89]. Diese Feststellung wird durch Art. 72 EG unterstützt. Die dort festgeschriebene Stillhalteverpflichtung für die Mitgliedstaaten bis zum Erlass der in Art. 71 EG genannten Vorschriften und die Möglichkeit des Rates, einstimmig Ausnahmen zuzulassen, deuten m.E. darauf hin, dass die Gemeinschaft zum Erlass dieser Vorschriften ermächtigt sein soll.

bb.) Einschränkungen durch das Subsidiaritätsprinzip ?
Die Regelungsbefugnis des Gemeinschaftsgesetzgebers im Bereich der Verkehrspolitik könnte durch das Subsidiaritätsprinzip, Art. 5 Abs. 2 EG, eingeschränkt sein. Danach wird die Gemeinschaft in Bereichen, die nicht ihrer ausschließlichen Zuständigkeit unterfallen, nur tätig, sofern und soweit die Ziele der in Betracht gezogenen Maßnahmen auf der Ebene der Mitgliedstaaten nicht ausreichend erreicht werden können und

---

87 Vgl. Kommission Grünbuch „Auswirkungen des Verkehrs auf die Umwelt", KOM (1992) 46 endg., S. 2, 12 f., m.w.N. und Grünbuch „Das Bürgernetz", KOM (1995) 601 endg., S. 4 f.
88 S. Kommission Grünbuch „Auswirkungen des Verkehrs auf die Umwelt", KOM (1992) 46 endg., S. 14.
89 Zustimmend: Groeben/ Thiesing/ Ehlermann - *Erdmenger*, EU-, EG-Vertrag, Art. 74 [a.F., Art. 70 EG] Rn. 8.

daher wegen ihres Umfangs oder ihrer Wirkung besser auf Gemeinschaftsebene erreicht werden können. Diese Vorschrift setzt nach ihrem Wortlaut bereits die Zuständigkeit der Gemeinschaft voraus, so dass es sich um eine Zuständigkeitsausübungsregelung handelt und nicht um eine zuständigkeitsbegründende Norm[90]. Das Subsidiaritätsprinzip kommt nur zur Anwendung, wenn eine konkurrierende Zuständigkeit zwischen der Gemeinschaft und den Mitgliedstaaten besteht. Demnach ist zunächst zu untersuchen, ob und gegebenenfalls inwieweit in der Verkehrspolitik eine konkurrierende Zuständigkeit besteht[91]. Nach der Kommission bestimmt sich die ausschließliche Zuständigkeit der Gemeinschaft nach folgenden Faktoren[92]:

- Es muss eine Verpflichtung vorliegen, die vertraglichen Grundfreiheiten oder bestimmte gemeinsame Politiken zu verwirklichen, die für die Schaffung des Binnenmarktes unerlässlich sind.
- Diese Verpflichtung muss präzise und besonders zwingend formuliert sein,
- und dies möglichst mit einer Zeitvorgabe.

Diese Vorgaben erfüllen nach Ansicht der Kommission die wesentlichen Elemente der Verkehrspolitik - insbesondere die Regelungen der Buchstaben a) und b) des Art. 71 Abs. (1) EG[93].

Nach Ansicht des Gerichtshofs liegt eine ausschließliche Zuständigkeit der Gemeinschaft vor, wenn dieser nach Art. 3 EG eine „gemeinsame Politik" aufgetragen ist und sich aus weiteren Vertragsbestimmungen ergibt, dass die Mitgliedstaaten keinen eigenen Spielraum mehr haben sollen[94]. Ob dies bei der Verkehrspolitik der Fall ist, hat der Gerichtshof - soweit ersichtlich - bisher noch nicht entschieden, dürfte aber bezüglich der Buchstaben a) und b) des Art. 71 Abs. (1) EG der Fall sein.

Fraglich ist dies aber bezüglich der Buchstaben c) und d) des Art. 71 Abs. (1) EG, die ihrem Wortlaut nach sehr allgemein gefasst sind. „Maßnahmen zur Verbesserung der Verkehrssicherheit" und „sonstigen zweckdienlichen Vorschriften" eröffnen einen weiteren Anwendungsbereich als es bei den Buchstaben a) und b) der Fall ist. Nach dem Grundsatz der Kommission wären die Vorgaben der Buchstaben c) und d) demnach nicht präzise und zwingend genug, um eine ausschließliche Zuständigkeit der Gemeinschaft anzunehmen. Möglicherweise könnte sich aus Art. 72 EG aber ergeben, dass den Mitgliedstaaten kein eigener Spielraum mehr gelassen werden soll. Ein Indiz für die ausschließliche Kompetenz der Gemeinschaft wäre nämlich, dass - neben der Zuwei-

---

90 Vgl. Protokoll über die Anwendung der Grundsätze der Subsidiarität und der Verhältnismäßigkeit, ABl. EG 1997 Nr. C 340/ 105, unter 3. (dieses Protokoll gilt gem. Art. 311 EG als Bestandteil des Vertrages); zustimmend: *Müller-Graff*, in: Dauses, Handbuch des EU-Wirtschaftsrechts, Teil A. I, Rn. 178; krit. zur vorgenannten Nr. 3 des Protokolls: *Kenntner*, Das Subsidiaritätsprotokoll des Amsterdamer Vertrages, NJW 1998, 2871 (2875).
91 Dies ist in Bezug auf gemeinsamen Agrarmarkt-, Außenhandels- und Fischereipolitik, bei denen eine ausschließliche Gemeinschaftszuständigkeit besteht, im Bereich der Verkehrspolitik noch nicht abschliessend, d.h. durch den EuGH, geklärt; vgl. *Jung*, Subsidiarität in der europäischen Verkehrspolitik, TranspR 1999, 129 (130, 132).
92 Mitteilung der Kommission an den Rat und das Europäische Parlament „Das Subsidiaritätsprinzip" vom 27.11.1992, SEK (92) 1990 endg.
93 Ebda., Ziff. II.3.
94 Vgl. EuGH, Gutachten 1/ 75, Slg. 1975, 1355 (1363-1365) - *Lokale Kosten*; Gutachten 1/ 78, Slg. 1979, 2871 - *Naturkauschuk*; Gutachten 2/ 91, Slg. 1993, I-1061 - *Abkommen Nr. 170 IAO*; und zusammenfassend: Groeben/ Thiesing/ Ehlermann - *Zuleeg*, EU-, EG-Vertrag, Art. 3b [a.F., Art. 5 EG] Rn. 5.

sung eines Aufgabengebietes an die Gemeinschaft - die Gefahr besteht, dass die Möglichkeiten der zukünftigen Gesetzgebung der Gemeinschaft durch nationales Recht durchkreuzt werden[95]. Durch Art. 72 EG wird diese Gefahr aber gerade ausgeschlossen. Nationale Regelungen dürfen nicht zum Nachteil der Verkehrsunternehmer aus anderen Mitgliedstaaten abgeändert werden[96]. Eine „Verbesserung" oder „Verschlechterung" der nationalen Vorschriften zu Gunsten bzw. zu Ungunsten aller Verkehrsunternehmen oder eine „Verbesserung" nur zu Gunsten von Verkehrsunternehmen aus anderen EU-Mitgliedstaaten ist damit nicht ausgeschlossen[97]. Damit gilt bezüglich der Buchstaben c) und d) des Art. 71 Abs. (1) EG das Subsidiaritätsprinzip, soweit nicht nationale Regeln zu Ungunsten von Verkehrsunternehmen aus anderen EU-Mitgliedstaaten abgeändert werden sollen.

Das Subsidiaritätsprinzip könnte aber durch den Grundsatz des Vorrangs des Gemeinschaftsrechts in seinem Anwendungsbereich beschränkt sein. Nach dem Grundsatz des Vorrangs des Gemeinschaftsrechts ist die Gemeinschaft auch dann ausschließlich zuständig, wenn bereits Gemeinschaftsrecht existiert. Die Mitgliedstaaten dürfen keine Regelungen erlassen, die der Wirksamkeit des Gemeinschaftsrechts zuwiderlaufen oder diese zumindest beeinträchtigen. Für den Busverkehr existieren seit Januar 1998 zwei Verordnungen, die die Kabotage und den internationalen Personentransport[98] abschließend regeln. Insoweit ist die Gemeinschaft ausschließlich zuständig. Diese Bereiche sind allerdings für den hauptsächlich rein innerstaatlich stattfindenden Personennahverkehr nur am Rande bzw. in Randgebieten relevant[99]. Andererseits existieren zwei weitere Verordnungen: die Verordnung (EWG) Nr. 1191/ 69 des Rates vom 26.06.1969 über das Vorgehen der Mitgliedstaaten bei mit dem Begriff des öffentlichen Dienstes verbundenen Verpflichtungen auf dem Gebiet des Eisenbahn-, Straßen- und Binnenschiffsverkehrs[100] und die Verordnung (EWG) Nr. 1107/ 70 des Rates vom 04.06.1970

---

95 Groeben/ Thiesing/ Ehlermann - *Zuleeg*, EU-, EG-Vertrag, Art. 3b [a.F., Art. 5 EG] Rn. 5.
96 Eine derartige Abänderung ist nur auf Antrag des Mitgliedstaates durch einstimmigen Beschluss des Rates möglich (Art. 72 letzter Halbsatz EG). Insoweit besteht eine ausschließliche Kompetenz der Gemeinschaft.
97 Allerdings erscheinen derartige nationale Maßnahmen zu Gunsten ausländischer Verkehrsunternehmen zumindest in einigen EU-Staaten eher unwahrscheinlich, da dort die einheimische Verkehrswirtschaft vor ausländischer Konkurrenz mit allen Mitteln geschützt werden soll. Vgl. dazu z.B. zu Österreich: *Kahl*, Widersprüche zum gemeinschaftsrechtlichen Beihilfeverbot bei der Finanzierung des öffentlichen Personennahverkehrs in Österreich, ZVR 1999, 326.
98 Verordnung (EWG) Nr. 684/ 92 des Rates vom 16.03.1992, ABl. EG Nr. L 74/ 1 vom 20.03.1992, i.d.F. der Verordnung (EG) Nr. 11/ 98 des Rates vom 11.12.1997 zur Änderung der Verordnung (EWG) Nr. 684/ 92 zur Einführung gemeinsamer Regeln für den grenzüberschreitenden Personenverkehr mit Kraftomnibussen, ABl. EG Nr. L 4/ 1 vom 08.01.1998; Verordnung (EG) Nr. 12/ 98 des Rates vom 11.12.1997 über die Bedingungen für die Zulassung von Verkehrsunternehmen zum Personenkraftverkehr innerhalb eines Mitgliedstaates, in dem sie nicht ansässig sind, ABl. EG Nr. L 4/ 10 vom 08.01.1998.
99 S. Art. 3 Nr. 3 Verordnung (EG) 12/ 98 (vorherige Fn.), der Stadt- und Vorortdienste von der Geltung dieser VO ausschließt - also den ÖPNV. Art. 71 Abs. (1) lit. b EG bezieht sich lediglich auf vorübergehende Beförderungsleistungen, wie sich aus Art. 50 Abs. 3 EG ergibt.
100 ABl. EG Nr. L 156/ 1 vom 28.06.1969, geändert durch die VO (EWG) Nr. 3572/ 90 des Rates vom 04.12.1990 (ABl. EG Nr. L 353/ 12 vom 17.12.1990) und die VO (EWG) Nr. 1893/ 91 des Rates vom 20.06.1991 (ABl. EG Nr. L 169/ 1 vom 29.06.1991).

über Beihilfen im Eisenbahn-, Straßen- und Binnenschiffsverkehr[101]. Wenn diese Verordnungen auch nicht ausschließlich auf Art. 70 f. EG gestützt sind, sondern auch auf weitere, allgemeine Regelungen des Vertrages, so besteht in diesen Bereichen bereits wegen des Vorrangs des Gemeinschaftsrechts eine ausschließliche Zuständigkeit der Gemeinschaft.

Eine weitere Beschränkung des Subsidiaritätsprinzips könnte sich aus dem Zusammenhang des ÖPNV mit der Vollendung des Binnenmarktes ergeben. Art. 14 EG könnte insoweit eine tragfähige Grundlage für ein Handeln durch den Gemeinschaftsgesetzgeber sein. Käme Art. 14 EG ein Vorrang zu, so wäre bei Maßnahmen zur Vollendung des Binnenmarktes das Subsidiaritätsprinzip nicht anwendbar, obwohl in einigen Bereichen, die vom Binnenmarktprogramm erfasst werden, grundsätzlich konkurrierende Gemeinschaftszuständigkeit herrscht. Ein derartiger Vorrang lässt sich m.E. nicht aus dem Vertrag entnehmen. Der vermeintliche Widerspruch löst sich aber auf, da der Binnenmarkt nicht unbedingt ein uniformes Handeln auf Gemeinschaftsebene erfordert[102]. Vielmehr ist es ausreichend, wenn die grundlegenden Anforderungen, z.B. zum Schutz der Allgemeinheit, durch Gemeinschaftsrecht verbindlich festgelegt werden, während die Ausformung dieser Rahmenregelungen den Mitgliedstaaten überlassen wird und sonstige nationale Regelungen gegenseitig anerkannt werden. Die inhaltlich beschränkte Gemeinschaftsgesetzgebung zur Verwirklichung des Binnenmarktes ist eine Ausprägung des Subsidiaritätsprinzips. Demnach ist zunächst zu fragen, ob im Hinblick auf die Verwirklichung des Binnenmarktes überhaupt ein Handeln auf Gemeinschaftsebene erforderlich ist, weil das Ziel auf der Ebene der Mitgliedstaaten nicht ausreichend erreicht werden kann. Wird dies bejaht, ist unter Berücksichtigung der Verhältnismäßigkeit weiter das Wie des Gemeinschaftshandelns zu prüfen, wobei dieses effizienter sein muss als das Handeln der Mitgliedstaaten. Im Bereich der Verkehrspolitik sowie im Bereich des ÖPNV wird die Frage nach dem Ob häufig positiv zu beantworten sein, da gerade das Genehmigungssystem und die öffentliche Finanzierung in diesem Bereich transnationale Aspekte aufweisen. Insoweit ist die Gemeinschaft sachlich weitergehender und effizienter in der Lage, die Vertragsziele in der Verkehrswirtschaft durchzusetzen[103]. Die Anwendung des Subsidiaritätsprinzips in diesem Bereich führt demnach

---

101 ABl. EG Nr. L 130/ 1 vom 15.06.1970, geändert durch die VO (EWG) Nr. 1658/ 82 des Rates (ABl. EG Nr. L 184/ 1 vom 29.06.1982) und weiteren Verordnungen (s. Grabitz/ Hilf - *Frohnmeyer*, Recht der EU, Art. 73 EG Rn. 7), die allerdings für die vorliegende Untersuchung nicht relevant sind. Nach der Vorstellung der Kommission soll diese VO durch eine neue ersetzt werden, s. Vorschlag für eine Verordnung des Europäischen Parlaments und Rates über die Gewährung von Beihilfen für die Koordinierung des Eisenbahnverkehrs, des Straßenverkehrs und der Binnenschiffahrt, KOM (2000) 5 endg. vom 26.07.2000.
102 Ausführlich: *Schmidhuber/ Hitzler*, Binnenmarkt und Subsidiaritätsprinzip, EuZW 1993, 8 (9).
103 Vgl. zum allgemeinen Verkehrsbereich: *Jung*, Der europarechtliche Rahmen der Verkehrspolitik, TranspR 1998, 133 (135); Grabitz/ Hilf - *Frohnmeyer*, Recht der EU, Art. 70 EG Rn. 9, der allerdings rein örtliche Verkehre in der Zuständigkeit der Mitgliedstaaten belassen will, da eine Beeinträchtigung der Dienstleistungsfreiheit nicht zu befürchten sei. Dabei übersieht er, dass auch rein örtliche Verkehre für ausländische Anbieter durchaus interessant sind. Die Gewährung der Niederlassungsfreiheit nützt diesen nichts, wenn sie nicht auch die Chance haben, tatsächlich die Dienstleistung anzubieten. Und genau diese Chance kann ihnen durch „Großvaterrechte" bei der Vergabe von Linienkonzessionen oder staatlichen Subventionen für die einheimischen Anbieter genommen werden. Rein örtliche Verkehre sind in einem Binnenmarkt eben nicht mehr denkbar.

lediglich dazu, dass das Gemeinschaftsrecht nur eine Rahmenregelung oder einen Mindeststandard festlegen darf.

Eine weitere Einschränkung des Subsidiaritätsprinzips kann sich durch die Verbindung der allgemeinen Verkehrspolitik mit anderen, allgemeinen Vertragsvorschriften ergeben. Abgesehen von dem Erfordernis der Koordination der einzelnen Bereiche bzw. Politiken, die m.E. eher auf Gemeinschaftsebene möglich erscheint, besteht im Bereich der staatlichen Beihilfen z.b. eine ausschließliche Zuständigkeit der Gemeinschaftsorgane, wie sich aus Art. 88 EG ergibt. Nach Art. 86 Abs. (3) EG achtet ebenfalls die Kommission auf die Einhaltung des Art. 86 EG und erlässt gegebenenfalls Richtlinien und Entscheidungen gegen die Mitgliedstaaten[104]. Art. 83 EG bestimmt schließlich, dass die zweckdienlichen Verordnungen zu den Art. 81 f. EG unter Einhaltung eines bestimmten Verfahrens durch den Rat beschlossen werden[105]. In diesen vorgenannten Bereichen verbleibt den Mitgliedstaaten keine eigene Gesetzgebungskompetenz, demnach auch nicht, soweit sich diese Bereiche mit der gemeinsamen Verkehrspolitik überschneiden.

Insgesamt ist festzustellen, dass dem Subsidiaritätsprinzip im Bereich der Verkehrspolitik nur eine eingeschränkte Bedeutung zukommt, soweit es um die Genehmigung und Finanzierung von ÖPNV geht. Das Subsidiaritätsprinzip kommt nicht zur Anwendung, soweit eine ausschließliche Zuständigkeit der Gemeinschaft auf Grund allgemeiner Normen auch im Bereich des Verkehrs besteht, wie dies insbesondere im Wettbewerbsrecht der Fall ist, und soweit die Gemeinschaft bereits Vorschriften im Bereich des Verkehrs erlassen hat. Das Subsidiaritätsprinzip kann im hier relevanten Bereich nur dazu führen, dass die Gemeinschaft sich in ihrer Gesetzgebung auf das Notwendige beschränkt - also entweder nur eine Rahmenregelung erlässt oder einen Mindeststandard festlegt.

cc.) Zwischenergebnis
Die im Rahmen des Art. 70 EG zu berücksichtigenden Ziele des Vertrages, insbesondere die Verwirklichung des Binnenmarktes und dessen Schutz vor Verfälschungen, bewirken, dass der ÖPNV Teil der gemeinsamen Verkehrspolitik ist. Dabei ist zu berücksichtigen, dass die Ziele des EG-Vertrages möglicherweise widerstrebende Interessen beinhalten und insofern gegeneinander abzuwägen sind.

---

104 Ausschließliche Zuständigkeit der Kommission, vgl. Grabitz/ Hilf - *Pernice*, EU-, EG-Vertrag, Art. 90 [a.F., Art. 86 EG] Rn. 62, d.h. die Kommission kann auch präventiv rechtsgestaltend tätig werden. Vgl. z.B. Richtlinie 80/ 723/ EWG der Kommission über die Transparenz der finanziellen Beziehungen zwischen den Mitgliedstaaten und den öffentlichen Unternehmen vom 25.06.1980 („Transparenzrichtlinie", ABl. EG Nr. L 195/ 35 vom 29.07.1980, geändert durch die Richtlinie 85/ 413/ EWG der Kommission vom 24.07.1985, ABl. EG Nr. L 229/ 20 vom 28.08.1985, die Richtlinie 93/ 84/ EWG der Kommission vom 30.09.1993, ABl. EG Nr. L 254/ 16 vom 12.10.1993, und die Richtlinie 2000/ 52/ EG der Kommission vom 26.07.2000, ABl. EG Nr. L 193/ 75 vom 29.07.2000).

105 S. *Oppermann*, Europarecht Rn. 1027: ausschließliche Gemeinschaftskompetenz; zustimmend: *Schweitzer/ Hummer*, Europarecht Rn. 1260; Bleckmann - *Schollmeier/ Krimphove*, Europarecht Rn. 1789. In diesem Zusammenhang s. auch Verordnung (EWG) Nr. 1017/ 68 des Rates vom 19.07.1968 über die Anwendung von Wettbewerbsregeln auf dem Gebiet des Eisenbahn-, Straßen- und Binnenschiffsverkehrs (ABl. EG Nr. L 175/ 1 vom 23.07.1968).

Wenn im Bereich der Verkehrspolitik außerhalb der Buchstaben a) und b) des Art. 71 Abs. (1) EG auch eine konkurrierende Gesetzgebung besteht, ist die Gemeinschaft bei der Regelung des Rechtsrahmens für die Genehmigung und die öffentliche Finanzierung des ÖPNV nur bedingt an das Subsidiaritätsprinzip gebunden, entweder weil die Gemeinschaft bereits verbindliche Regelungen geschaffen hat oder andere Vorschriften des EG-Vertrages, die neben den Art. 70 ff. EG anwendbar sind, eine ausschließliche Kompetenz der Gemeinschaft vorsehen. Das Subsidiaritätsprinzip kann - ergänzt durch das Verhältnismäßigkeitsprinzip - nur dazu führen, dass nur Rahmenregelungen bzw. Mindeststandards durch die Gemeinschaft festgelegt werden, während die nähere Ausgestaltung den Mitgliedstaaten überlassen bleibt.

c.) Mittel der gemeinsamen Verkehrspolitik
Bedingt durch widerstreitende Interessen der Mitgliedstaaten, insbesondere bezüglich der Rolle der nationalen Eisenbahnen[106], ist die gemeinsame Verkehrspolitik nur schleppend vorangekommen. Die Entwicklung der Verkehrspolitik lässt sich in mehrere Phasen unterteilen:

Die erste Phase (1957-1972) war durch das Ziel der Schaffung eines gemeinsamen Verkehrsmarktes nach marktwirtschaftlichen Grundsätzen geprägt[107]. Zum einen sollten staatliche Interventionen in den Verkehrsmarkt, die die Verwirklichung der Freizügigkeit im Gemeinsamen Markt verhinderten, wenn nicht beseitigt, so doch zumindest in einen gemeinschaftsrechtlichen Rahmen gestellt werden (Liberalisierung). Zum anderen sollten die Wettbewerbsbedingungen zwischen den einzelnen Verkehrsträgern und innerhalb dieser angeglichen werden (Harmonisierung). Dabei wurde sowohl die Rolle des Staates, sprich die Berücksichtigung der öffentlichen Aufgaben, unterschätzt als auch der Widerstand der Mitgliedstaaten, der sich auf den Rat auswirkte, der nur einige Vorschläge übernahm[108].

In der zweiten Phase (1973-1984) wurde das Marktprinzip von der Kommission zwar nicht aufgegeben, aber die Intensivierung der gemeinsamen Verkehrsinfrastrukturpolitik

---

106 Zu den Interessenlagen in den einzelnen Mitgliedstaaten, s. *Basedow*, Wettbewerb auf den Verkehrsmärkten, S. 159 f.; *Erdmenger*, EG unterwegs - Wege zur Gemeinsamen Verkehrspolitik, S. 18 ff.
107 Grundlegend: Kommission, Denkschrift über die Grundausrichtung einer gemeinsamen Verkehrspolitik vom 10.04.1961, KOM (61) 50 endg.; Kommission, Aktionsprogramm für die gemeinsame Verkehrspolitik vom 23.05.1962, KOM (62) 88 endg.
108 Zu dieser Phase - mit ihren Problemen - umfassend: *Basedow*, Verkehrsrecht und Verkehrspolitik als europäische Aufgabe, in: Basedow (Hrsg.), Europäische Verkehrspolitik, 1 (12 f.); *Brandt*, Untätigkeit der europäischen Verkehrspolitik, TranspR 1986, 89; Groeben/ Thiesing/ Ehlermann – *Erdmenger*, EU-, EG-Vertrag, Art. 74 [a.F., Art. 70 EG] Rn. 9 ff.; *Erdmenger*, EG unterwegs - Wege zur gemeinsamen Verkehrspolitik, S. 25 ff.; *Oppermann*, Europarecht Rn. 1438; *Siebert/ Klodt* u.a., Die Strukturpolitik der EG, S. 132 f.; *Weinstock*, Einige Gedanken zur gemeinsamen Verkehrspolitik - Vom Legalismus zum Pragmatismus; in: GS Sasse, S. 511 (insbes. 518 f.); *Schmitt*, Die Harmonisierung der Wettbewerbsbedingungen in der EG-Binnenverkehrspolitik, EuZW 1993, 305 ff.

in den Vordergrund gerückt[109]. Auch in dieser Phase übernahm der Rat die Vorschläge der Kommission nur vereinzelt. Kritisiert wurde vor allem, dass eine klare Aufgabenteilung zwischen der Gemeinschaft, den Mitgliedstaaten und den Gebietskörperschaften in den Vorstellungen der Kommission nicht erkennbar gewesen sei[110]. Die zweite Phase wurde durch Mitteilungen der Kommission abgeschlossen, in denen sie auf Grund ihrer - negativen - Erfahrungen nochmals neue Vorschläge dem Rat unterbreitete[111]. Gleichzeitig schloss sich die Kommission als Streithelferin einer Klage des Parlaments vor dem EuGH an, mit welcher der Rat zu einer aktiven Verkehrspolitik gezwungen werden sollte.

Mit dem Urteil des EuGH[112] in diesem Verfahren bzw. mit dem Verfahren an sich begann die dritte Phase der gemeinsamen Verkehrspolitik (1985-1992). In diesem Urteil stellte der EuGH fest, dass es bis dahin kein zusammenhängendes Regelwerk gab, das als gemeinsame Verkehrspolitik im Sinne der Art. 74 f. EGV (Art. 70 f. EG) hätte bezeichnet werden können[113]. Dies stellt nach Ansicht des EuGH als solches noch keine ausreichend bestimmte Untätigkeit dar, um nach Art. 175 EGV (Art. 232 EG) justiziabel zu sein, obwohl der Vertrag die Verwirklichung der Verkehrspolitik vorschreibt[114]. Die Anwendung der Grundsätze der Dienstleistungsfreiheit müsse durch die Verwirklichung der gemeinsamen Verkehrspolitik erreicht werden, insbesondere durch Festlegung von Regeln zu den Buchstaben a) und b) des Art. 75 Abs. (1) EGV (Art. 71 Abs. (1) EG). Die Art. 59 f. EGV (Art. 49 f. EG) seien dagegen wegen Art. 61 Abs. (1) EGV (Art. 51 Abs. (1) EG) nicht anwendbar. Die in den genannten Buchstaben des Art. 75 EGV genannten Verpflichtungen seien auch hinreichend bestimmt und könnten deshalb Gegenstand einer Untätigkeitsklage sein. Insoweit wird die Untätigkeit des Rates ausdrücklich vom EuGH festgestellt, dem Rat aber noch ein angemessener Zeitraum zur

---

109 Kommission, Mitteilung über die weitere Entwicklung der Gemeinsamen Verkehrspolitik vom 25.10.1973, Bull. EG, Beilage 16/ 1973 sowie die positiven Reaktionen des Parlaments (Grundsätze der gemeinsamen Verkehrspolitik, Ausschussbericht Nr. 215/ 74, Berichterstatter Mursch, ABl. EG 1974 Nr. C 127/ 24) und des Wirtschafts- und Sozialausschusses (ABl. EG 1974 Nr. C 126/ 26 und ABl. EG 1975 Nr. C 286/ 1).

110 Ausführliche Darstellung der Kritik und der entsprechenden Phase: Groeben/ Thiesing/ Ehlermann - *Erdmenger*, EU-, EG-Vertrag, Art. 74 [a.F., Art. 70 EG] Rn. 14 ff. (zur Kritik: Rn. 18); *Erdmenger*, EG unterwegs - Wege zur gemeinsamen Verkehrspolitik, S. 28 ff.; *Oppermann*, Europarecht Rn. 1439; *Siebert/ Klodt* u.a., Die Strukturpolitik der EG, S. 123 f. (diese Autoren unterscheiden die ersten beiden Phasen nicht, sondern sehen diese auf Grund der geringen Ergebnisse als eine an).

111 Für den Bereich des Eisenbahn-, Straßen- und Binnenschiffsverkehrs: Mitteilung der Kommission, Fortschritte auf dem Weg zu einer gemeinsamen Verkehrspolitik, KOM (83) 58 endg., sowie das entsprechende Arbeitsprogramm, ABl. EG 1983 Nr. C 154/ 1.

112 EuGH Rs. 13/ 83, Slg. 1985, 1513 - *Untätigkeitsurteil*, mit Besprechungen: *Brandt*, Untätigkeit in der europäischen Verkehrspolitik, TranspR 1986, 89 (insbes. 92 ff.); *Erdmenger*, Die EG-Verkehrspolitik vor Gericht. Das EuGH-Urteil Rs. 13/ 83 vom 22.5.1985 und seine Folgen, EuR 1985, 375; *ders.*, Die gemeinsame Binnenverkehrspolitik der EG nach dem Gerichtshofurteil vom 22. Mai 1985, in: Basedow (Hrsg.), Europäische Verkehrspolitik, 83 ff.; *Lenz*, Die Verkehrspolitik der Europäischen Gemeinschaften im Lichte der Rechtsprechung des Gerichtshofes, EuR 1988, 158 (insbes. 160 ff.); *Lukes*, Zur Geltung der Vertragsbestimmungen über den freien Dienstleistungsverkehr im Verkehrsbereich nach der EuGH-Rechtsprechung, in: FS Börner, S. 195 (203 ff.). Zum entsprechenden Schlussantrag des GA in diesem Verfahren: *Wildberg*, Quo vadis EuGH: Verkehrspolitik oder Verfahrensrecht?, NJW 1985, 1261 ff.

113 EuGH, a.a.O., Rn. 46.

114 EuGH, a.a.O., Rn. 53.

I. 1. Aufgabe der gemeinsamen Verkehrspolitik, Art. 70 EG

Umsetzung eingeräumt[115]. Damit hat der EuGH zumindest angedeutet, dass er gegebenenfalls bei weiterer Untätigkeit des Rates wegen der hinreichenden Bestimmtheit der Buchstaben a) und b) des Art. 75 Abs. (1) EGV (71 Abs. (1) EG) die Dienstleistungsfreiheit in diesem Bereich selbst vollziehen könnte[116].

Bereits einen Monat später beteiligte sich der Rat - und damit die Mitgliedstaaten - selbst an der Bestimmung der Ziele der gemeinsamen Verkehrspolitik im Rahmen der Gipfelbeschlüsse von Mailand[117]. Kurz zuvor hatte die Kommission in einem Weißbuch ihre Ansichten zur Vollendung des Binnenmarktes dargelegt[118]. Darin sah sie einen freien Verkehrsmarkt in der Gemeinschaft als Bestandteil der Dienstleistungsfreiheit im Binnenmarkt. Durch die EEA wurde 1986 schließlich auch für den Verkehrsbereich die Verwirklichung des Binnenmarktes festgelegt und der Art. 7a EGV (a.F., Art. 15 EG) in den damaligen EWG-Vertrag eingeführt. Außerdem sind seitdem Entscheidungen für alle Verkehrsträger mit qualifizierter Mehrheit grundsätzlich möglich[119]. Mit der Vollendung des Binnenmarktes zum 31.12.1992 waren weite Teile des Verkehrs, insbesondere der Straßengüterverkehr, liberalisiert[120]. Andererseits wurde bis dahin der öffentliche Personennahverkehr vernachlässigt. Erst durch das Grünbuch *„Das Bürgernetz. Wege zur Nutzung des Potentials des öffentlichen Personennahverkehrs in Europa"*[121] der Kommission im Jahr 1995 gelangte der ÖPNV in den Blickpunkt der Gemeinschaft. In diesem Grünbuch stellt die Kommission ausdrücklich fest, dass sich ein Großteil der bestehenden EU-Politik unmittelbar auf das öffentliche Verkehrswesen auswirkt und leistungsfähige Personenverkehrssysteme unverzichtbarer Bestandteil des Wirtschaftslebens Europas und der Lebensqualität der Bürger Europas sind. Die Kommission äußert die Meinung, dass die Entscheidungen möglichst auf einer den Benutzern nahen Ebene

---

115 EuGH, a.a.O., Rn. 66 ff.
116 Ebenso: *Siebert/ Klodt* u.a., Die Strukturpolitik der EG, S. 125; *Lenz*, Die Verkehrspolitik der Europäischen Gemeinschaften im Lichte der Rechtsprechung des Gerichtshofes, EuR 1988, 158 (162); Groeben/ Thiesing/ Ehlermann - *Erdmenger*, EU-, EG-Vertrag, Art. 74 [a.F., Art. 70 EG] Rn. 22.
117 Schlussfolgerung des Vorsitzes des Europäischen Rates zur 31. Ratstagung vom 28./ 29.06.1985, Bull. EG Nr. 78, S. 681 ff. S. auch den Grundsatzbeschluss des Ministerrates vom 14.11.1985, Pressekommunique 10358/ 85 (Presse 169), in dem u.a. die Beseitigung mengenmäßiger Beschränkungen im Güterverkehr beschlossen worden ist.
118 Kommission, Weißbuch „Die Vollendung des Binnenmarktes bis 1992" vom 14.06.1985, KOM (85) 310 endg. (Ziff. 110).
119 Eine Ausnahme bildet insoweit Art. 71 Abs. (2) EG.
120 Überblick über die einzelnen Verordnungen: Grabitz/ Hilf - *Frohnmeyer*, Recht der EU, Art. 70 EG Rn. 79 ff. In diesen Zeitraum fallen auch zwei wichtige Veröffentlichungen der Kommission: das Grünbuch „Auswirkungen des Verkehrs auf die Umwelt", KOM (92) 46 endg. vom 06.04.1992 und die Mitteilung „Die künftige Entwicklung der gemeinsamen Verkehrspolitik", KOM (92) 494 endg. vom 02.12.1992.
121 KOM (95) 601 endg. vom 29.11.1995. S. dazu die Entschließung des Europaparlaments vom 17.01.1997 zum öffentlichen Verkehr und zur staatlichen Förderung (ABl. EG Nr. C 33/ 127 vom 03.02.1997), in der die Auffassungen des Grünbuches weitgehend geteilt werden, und die Mitteilung der Kommission „Die Entwicklung des Bürgernetzes" (KOM (98) 431 endg. vom 10.07.1998) mit dem entsprechenden Arbeitsprogramm der Kommission. Noch deutlicher: Weißbuch der Kommission „Revitalisierung der Eisenbahn in der Gemeinschaft" (KOM (96) 421 endg. vom 30.07.1996), in dem die Kommission feststellt, dass ein verbessertes Angebot an Verkehrsleistungen im ÖPNV für sie vorrangiges Ziel der gemeinsamen Verkehrspolitik ist.

getroffen werden sollten, während die Rolle der Gemeinschaft in der Schaffung bzw. Modernisierung von Rahmenbedingungen und Entwicklungen bestehen solle[122].

Mittlerweile beschränkt sich die Gemeinschaft nicht mehr auf die Regelung des gesetzlichen Rahmens für den Verkehr. Insbesondere führt die Kommission auch im Bereich des ÖPNV planerische Tätigkeiten und Marktbeobachtung durch[123]. Des Weiteren intensiviert die Kommission die Forschung im Bereich des ÖPNV, unterstützt einzelne Investitionen finanziell und arbeitet an dem Aufbau eines transeuropäischen Verkehrsnetzes, das den Nahverkehr insoweit betrifft, als dass ein funktionierender öffentlicher Fernverkehr nur entstehen kann, wenn in der einzelnen Region ein optimaler Anschluss des Reisenden im ÖPNV besteht. Neben diesen Tätigkeiten rückt die Überprüfung der Anwendung des bereits bestehenden Gemeinschaftsrechts immer mehr in den Vordergrund[124], insbesondere die Prüfung staatlicher Beihilfen.

Rechtsetzend wird die Gemeinschaft tätig, indem sie im Verkehrsbereich versucht, europäische Regelungen anstelle der einzelstaatlichen Maßnahmen bei Kapazitäten und Tarifen zu schaffen[125]. Dies wird auch den Bereich des Nahverkehrs treffen.

d.) Bedeutung für den ÖPNV

Der ÖPNV wird von mehreren Zielen des Vertrages betroffen und ist seinerseits teilweise Mittel zur Verwirklichung der Vertragsziele. Deshalb ist der ÖPNV Teil der gemeinsamen Verkehrspolitik des Art. 70 EG und grundsätzlich einer Regelung der Gemeinschaft zugänglich. Für das Subsidiaritätsprinzip bleibt für die öffentliche Genehmigung und Finanzierung auf Grund des Vorranges des Gemeinschaftsrechts und des bereits erlassenen Gemeinschaftsrechts sowie der ausschließlichen Zuständigkeit der Gemeinschaft bezüglich anderer allgemeiner, anwendbarer Vorschriften, insbesondere im Wettbewerbsrecht, und der ausschließlichen Zuständigkeit der Gemeinschaft bezüglich der Buchstaben a) und b) des Art. 71 Abs. (1) EG nur ein eingeschränkter Anwendungsbereich. Das Subsidiaritätsprinzip kann nur bewirken, dass sich die Gemeinschaft auf die Regelung des rechtlichen Rahmens beschränkt, die inhaltliche Ausgestaltung aber den Mitgliedstaaten bzw. den örtlich zuständigen Trägern hoheitlicher Gewalt überlässt. Neben diesen regelnden Maßnahmen wird die Gemeinschaft in Zukunft verstärkt in der Forschung und in der Überprüfung der Anwendung des Gemeinschaftsrechts auch im ÖPNV tätig werden.

---

122 Weißbuch „Das Bürgernetz", a.a.O. (insbes. die Zusammenfassung und die S. 32 ff.).
123 S. dazu z.B. das Benchmarking-Pilotprojekt der Kommission, angeführt in: Mitteilung der Kommission „Die Entwicklung des Bürgernetzes", KOM (98) 431 endg., S. 11 ff.
124 So bereits zum Verkehrsbereich allgemein: Siebter Jahresbericht der Kommission an das Parlament über die Kontrolle der Anwendung des Gemeinschaftsrechts - 1989, vom 17.09.1990, ABl. EG Nr. C 232/ 1, insbesondere S. 28 f.
125 Vgl. Groeben/ Thiesing/ Ehlermann - *Erdmenger*, EU-, EG-Vertrag, Art. 74 [a.F., Art. 70 EG] Rn. 26. In diese Richtung weist auch die Mitteilung der Kommission „Die Entwicklung des Bürgernetzes", KOM (98) 431 endg., S. 18 ff. und das Grünbuch der Kommission „Das Bürgernetz", KOM (95) 601 endg., S. 32 ff., 37 ff.

2. Beseitigung nationaler Diskriminierungen und Öffnung der Verkehrsmärkte für nicht in dem Mitgliedstaat ansässige Unternehmer anderer Mitgliedstaaten, Art. 71 EG

Art. 71 EG enthält in den Abs. (1) und (2) zunächst Verfahrensvorschriften. Durch den Amsterdamer Vertrag[126] wurde der alte Abs. (2) gestrichen, der bestimmte, dass die Vorschriften für den grenzüberschreitenden Verkehr zwischen den Mitgliedstaaten und für die Zulassung nicht ansässiger Unternehmer zur Kabotage im Laufe der Übergangszeit bis zum 31.12.1969 erlassen werden. Diese Frist wurde vom Rat nicht eingehalten, wie im Urteil des EuGH in der Rechtssache 13/ 83 festgestellt worden ist. Die Streichung ist durch den zwischenzeitlichen Erlass entsprechender Verordnungen begründet[127]. Der ehemalige Art. 75 Abs. (3) EGV wurde zu Art. 71 Abs. (2) EG.

Daneben enthält Art. 71 Abs. (1) EG eine nähere Beschreibung der den Gemeinschaftsorganen übertragenen Aufgaben.

a.) Verfahrensvorschriften des Art. 71 EG

aa.) Regelfall: Mehrheitsbeschluss, Art. 71 Abs. (1) EG
Im Regelfall gilt für den Entscheidungsprozess Art. 71 Abs. (1) EG: Der Rat handelt unter Berücksichtigung der Besonderheiten des Verkehrs gem. dem Verfahren des Art. 251 EG, nachdem er den Wirtschafts- und Sozialausschuss und den Ausschuss der Regionen[128] angehört hat. Durch das Verfahren des Art. 251 EG wird die Stellung des Europäischen Parlaments erheblich gestärkt, anstelle der ehemals geltenden einfachen Anhörung und dem zuvor geltenden Verfahren des Art. 252 EG wird das Parlament nunmehr aktiver am Verfahren beteiligt. Insbesondere kann es Änderungsvorschläge einbringen und vom Rat vorgeschlagene Rechtsakte mit absoluter Mehrheit ablehnen, so dass der Akt gem. Art. 251 Abs. (2) S. 2 lit. b EG als nicht erlassen gilt. Noch stärker ist die Position der Kommission: Der Rat kann gem. Art. 251 Abs. (2) EG nur auf Vorschlag der Kommission, von dem er gem. Art. 250 Abs. (1) EG nur durch einstimmigen Beschluß abweichen kann, tätig werden. Im Übrigen entscheidet der Rat im Rahmen des Art. 251 EG grundsätzlich mit qualifizierter Mehrheit[129]. Wenn die verstärkte Einbindung des Parlaments auch aus demokratischen Gründen zu begrüßen ist, lässt sich

---

126 Vertrag von Amsterdam zur Änderung des Vertrages über die Europäische Union, der Verträge zur Gründung der Europäischen Gemeinschaften sowie einiger damit zusammenhängender Rechtsakte vom 02.10. 1997, ABl. EG Nr. L 340/ 1 vom 10.11.1997; die angeführte Änderung erfolgte durch Art. 6 Nr. 40 des Amsterdamer Vertrages.
127 Verordnung (EWG) Nr. 684/ 92 des Rates vom 16.03.1992 (ABl. EG Nr. L 74/ 1 vom 20.03.1992) i.d.F. der Verordnung (EG) Nr. 11/ 98 des Rates vom 11.12.1997 (ABl. EG Nr. L 4/ 1 vom 08.01.1998) zur Änderung der Verordnung (EWG) Nr. 684/ 92 und Verordnung (EG) Nr. 12/ 98 des Rates vom 11.12.1997 (ABl. EG Nr. L 4/ 10 vom 08.01.1998).
128 Anhörung des Ausschusses der Regionen eingefügt durch Art. 2 Nr. 16 des Amsterdamer Vertrages.
129 Ausnahme: Art. 251 Abs. (3) S. 1 2. Halbsatz EG: „....; *über Abänderungen,..., beschließt der Rat jedoch einstimmig.*"

andererseits erahnen, dass der Entscheidungsprozess künftig noch langwieriger sein wird als bisher[130].

bb.) Ausnahme: Einstimmigkeitserfordernis, Art. 71 Abs. (2) EG
Abweichend von Art. 71 Abs. (1) EG werden nach Art. 71 Abs. (2) EG Vorschriften auf Vorschlag der Kommission und nach Anhörung des Parlaments und des Wirtschafts- und Sozialausschusses durch eine einstimmige Entscheidung des Rates erlassen, wenn diese Vorschriften Grundsätze der Verkehrsordnung beinhalten, deren Anwendung die Lebenshaltung und die Beschäftigungslage in bestimmten Gebieten sowie den Betrieb der Verkehrseinrichtungen ernstlich beeinträchtigen könnten. Dabei hat der Rat die sich aus der Entwicklung des gemeinsamen Marktes ergebende wirtschaftliche Entwicklung und die daraus folgende Notwendigkeit von Anpassungen zu berücksichtigen.

Wie das „abweichend" schon deutlich macht, ist Art. 71 Abs. (2) EG eine Ausnahme und folglich sehr zurückhaltend anzuwenden[131]. Wenn der Rat eine Vorschrift plant, hat der Vorsitzende das Vorliegen der Voraussetzungen dieser Bestimmung von Amts wegen zu prüfen. Sieht er die Voraussetzungen als nicht gegeben an, so kann jeder Mitgliedstaat das Vorliegen behaupten und gem. Art. 230 EG gegebenenfalls gerichtlich geltend machen. Allerdings muss dann dieser Mitgliedstaat das Vorliegen der Voraussetzungen des Art. 71 Abs. (2) EG beweisen.

Der Begriff der „Vorschriften über die Grundsätze der Verkehrsordnung" wird nicht weiter definiert. Aus der Stellung der Bestimmung im Art. 71 EG kann zunächst geschlossen werden, dass diese Vorschriften über den Regelungsgehalt des Abs. (1) hinausgehen können[132] oder aber eben diese konkretisieren. Jedenfalls muss es sich um eine Regelung handeln, die eine wesentliche Verringerung oder Erhöhung der mitgliedstaatlichen bzw. gemeinschaftsrechtlichen Eingriffe in die Verkehrswirtschaft beinhaltet. Als solche kommen insbesondere Eingriffe in die Marktordnung in Frage, z.B. Rahmenregelungen für Beihilfe- und Wettbewerbsbedingungen[133]. Beim Erlass etwaiger Rahmenregelungen zur Genehmigung, d.h. über den Zugang zum Markt, und zur öffentlichen Finanzierung (Beihilfen!) des ÖPNV wären demnach Grundsätze der Verkehrsordnung betroffen.

Das Erfordernis der Einstimmigkeit setzt aber zusätzlich eine der in Art. 71 Abs. (2) EG genannten Beeinträchtigungen voraus. Ob die Lebenshaltung und Beschäftigungslage in bestimmten Gebieten ernstlich beeinträchtigt wird, richtet sich nach Kriterien, die zur Regionalpolitik entwickelt worden sind[134]. Negativ abgegrenzt reicht es für eine derartige Beeinträchtigung nicht aus, wenn lediglich die Beschäftigungslage in einem bestimmten Wirtschaftszweig verschlechtert wird, Sozialtarife erhöht oder unrentable Strecken stillgelegt werden, zumindest dann nicht, wenn gleichzeitig durch andere Mittel die verkehrsmäßige Erschließung und Versorgung unter geringeren Kosten für die

---

130 Zur bereits erheblichen Dauer des Entscheidungsprozesses vor dem Amsterdamer Vertrag s.: Groeben/ Thiesing/ Ehlermann - *Erdmenger*, EU-, EG-Vertrag, Art. 75 [a.F., Art. 71 EG] Rn. 10; vgl. auch: Schwarze - *Stadler*, EU-Kommentar, Art. 71 EG Rn. 5.
131 Vgl. Grabitz/ Hilf - *Frohnmeyer*, Recht der EU, Art. 71 EG Rn. 14.
132 Groeben/ Thiesing/ Ehlermann - *Erdmenger*, EU-, EG-Vertrag, Art. 75 [a.F., Art. 71 EG] Rn. 14.
133 Ausführlich: Grabitz/ Hilf - *Frohnmeyer*, Recht der EU, Art. 71 EG Rn. 17; Groeben/ Thiesing/ Ehlermann - *Erdmenger*, EU-, EG-Vertrag, Art. 75 [a.F., Art. 71 EG] Rn. 14.
134 Grabitz/ Hilf - *Frohnmeyer*, Recht der EU, Art. 71 EG Rn. 20.

Allgemeinheit gewährleistet ist[135]. Eine Regelung für den ÖPNV, die den Wettbewerb völlig frei gibt, würde zweifelsohne eine derartige ernsthafte Beeinträchtigung darstellen. Ländliche und Randregionen, in denen ÖPNV rein privatwirtschaftlich nicht gewinnbringend erbracht werden kann, würden durch eine derartige Regelung quasi vom Rest der Welt abgeschnitten, mit entsprechenden Auswirkungen auf die regionale wirtschaftliche und soziale Entwicklung. Andererseits ist eine derartige Regelung seitens der Gemeinschaft nicht zu befürchten, da sie gegen wichtige Ziele der Gemeinschaft verstoßen würde, die eine andere Regelung des ÖPNV verlangen, wie oben erörtert. Wird dagegen der ÖPNV „sozial verträglich" dem Wettbewerb durch eine Gemeinschaftsregelung geöffnet, so besteht keine ernstliche Beeinträchtigung der Lebenshaltung. Werden durch sie Arbeitsplätze in der Region vernichtet, so ist dies eine Folge des gewünschten Gemeinsamen Marktes und betrifft lediglich einen bestimmten Wirtschaftszweig[136], so dass auch keine relevante Beeinträchtigung der Beschäftigungslage vorliegt. Eine etwaige Regelung der öffentlichen Finanzierung des ÖPNV führt zu keiner ernsthaften Beeinträchtigung, sofern ein hinreichendes Angebot an ÖPNV überhaupt gesichert ist. Lediglich das Verbot jeglicher staatlicher Unterstützung könnte eine derartige Beeinträchtigung darstellen. Aber diese wäre mit den Zielen des Vertrages an sich nicht vereinbar und ist deshalb nicht zu befürchten. Insoweit lässt sich das Erfordernis für die Einstimmigkeit bezüglich einer Regelung der Genehmigung und der öffentlichen Finanzierung des ÖPNV nicht begründen.

Verkehrseinrichtungen im Sinne der genannten Vorschrift sind nicht einzelne Verkehrsunternehmen, sondern Verkehrsträger (z.B. die Eisenbahn) und Verkehrsarten (Personenverkehr). Wird durch eine Gemeinschaftsregelung lediglich die Existenz einzelner Betriebe gefährdet, während weiter ÖPNV in hinreichendem Maß angeboten wird, so liegt keine ernsthafte Beeinträchtigung der Verkehrsart ÖPNV oder eines Verkehrsträgers vor.

Dem letzten Halbsatz des Art. 71 Abs. (2) EG kommt allerdings eine Bedeutung über diesen Absatz hinaus zu: Der Rat muss selbst bei einstimmigen Entscheidungen die Notwendigkeit der Anpassung der Verkehrsordnung an die wirtschaftliche Entwicklung des Gemeinsamen Marktes berücksichtigen. Dies setzt eine Abwägung zwischen dem Schutz der Wirtschaft einzelner Regionen und dem Fortgang der europäischen Integration voraus und begrenzt das Ermessen des Rates dahingehend, dass die Entwicklung eines Gemeinsamen Marktes nicht durch ständige Ausübung des Vetorechts verhindert werden darf[137]. Die Abwägung kann insbesondere zu Stufenregelungen oder Übergangsfristen führen. Wenn der Rat bei einstimmigen Beschlüssen diese Notwendigkeit zu berücksichtigen hat, so muss dies auch für Mehrheitsentscheidungen nach Art. 71 Abs. (1) EG gelten[138], da dort über weniger einschneidende Maßnahmen entschieden

---

135 Vgl. Thiesing/ Groeben/ Ehlermann - *Erdmenger*, EU-, EG-Vertrag, Art. 75 [a.F., Art. 71 EG] Rn. 16 f.
136 Die übrige Wirtschaft wird dagegen nicht beeinträchtigt, sofern ÖPNV überhaupt ausreichend erbracht wird - egal ob dies durch einen französischen Anbieter mit französischen Angestellten erfolgt oder durch rein deutsche Unternehmen.
137 S. Grabitz/ Hilf - *Frohnmeyer*, Recht der EU, Art. 71 EG Rn. 22.
138 Zustimmend: Groeben/ Thiesing/ Ehlermann - *Erdmenger*, EU-, EG-Vertrag, Art. 75 [a.F., Art. 71 EG] Rn. 12.

wird. Insoweit unterstreicht Art. 71 Abs. (2) letzter Halbsatz EG die bereits oben festgestellte Relevanz der Verkehrspolitik für den Binnenmarkt.

Das Einstimmigkeitserfordernis des Art. 71 Abs. (2) EG ist für die Genehmigung und Finanzierung des ÖPNV nicht relevant, da bei Beachtung der Ziele des EG-Vertrages bei der Verabschiedung neuer Regelungen keine ernsthafte Beeinträchtigung im Sinne dieses Absatzes vorliegt. Demnach können die entsprechenden Beschlüsse gem. Art. 71 Abs. (1) EG durch Mehrheitsbeschluss nach dem Verfahren des Art. 251 EG gefasst werden. Die Berücksichtigung der Notwendigkeit der Anpassung des Verkehrssystems an die Erfordernisse des Gemeinsamen Marktes ist dabei zu beachten und kann gegebenenfalls durch Stufen- oder Übergangsregelungen erfolgen.

cc.) Besonderheiten des Verkehrs
Bei dem Erlass von Vorschriften nach Art. 71 Abs. (1) EG hat der Rat die Besonderheiten des Verkehrs zu berücksichtigen.

Als derartige Besonderheiten kommen zunächst betriebs- und volkswirtschaftliche in Betracht: Eine Produktion auf Vorrat ist nicht möglich; andererseits müssen Reservekapazitäten vorgehalten werden; es entstehen Leerfahrten; ein Wechseln oder Ausweichen in andere Branchen ist nicht möglich; die Verkehrswege und -verbindungen erfordern hohe Fixkosten und Investitionen; es besteht eine geringe Preis- und Nachfrageelastizität; es existieren viele Teilmärkte mit unterschiedlichen Marktordnungen; es bestehen staatlich veranlasste Wettbewerbsverfälschungen[139]. Abgesehen davon, dass das Vorliegen dieser Besonderheiten bereits von der wirtschaftswissenschaftlichen Seite erheblich in Frage gestellt wird[140], treffen sie für den ÖPNV nicht derart zu, dass ein für die Annahme einer sektorspezifischen Besonderheit notwendiger signifikanter Unterschied zu anderen Wirtschaftsbereichen besteht.

Im Dienstleistungsbereich können Dienstleistungen allgemein nicht auf Vorrat produziert werden und der Zwang zum Vorhalt von Reservekapazitäten trifft alle Bereiche[141]. Das Problem etwaiger Leerfahrten löst sich bei der Einführung von Wettbewerb dadurch, dass derjenige sich am Markt durchsetzt, der das günstigste Angebot, in dieses sind etwaige Leerfahrten eingerechnet bzw. durch eine bessere Kapazitätsplanung (Abstimmung des Fahrplans mit den Kundenströmen) minimiert, erbringt - dies spricht ebenfalls gegen die behauptete geringe Preiselastizität. Dem könnte entgegengehalten werden, dass es zu einem ruinösen Wettbewerb kommt[142], weil jedes Verkehrsunternehmen seine Preise gegenüber denen der Konkurrenz senken wird, nur um irgendwie Kunden und damit Einnahmen zu bekommen. Dies träfe aber nur zu, wenn der Wettbewerb

---

139 Ausführliche Darstellung der Lehre von den Besonderheiten des Verkehrswesens bei: *Kapteyn*, Europa sucht eine gemeinsame Verkehrspolitik, S. 87 ff.; *Laaser*, Wettbewerb im Verkehrswesen: Chancen für eine Deregulierung in der Bundesrepublik, S. 56 ff.; Groeben/ Thiesing/ Ehlermann - *Erdmenger*, EU-, EG-Vertrag, Art. 75 [a.F., Art. 71 EG] Rn. 23; *Aberle*, Die ökonomischen Grundlagen der Europäischen Verkehrspolitik, in: Basedow (Hrsg.), Europäische Verkehrspolitik, 29 (34 ff.).

140 S. vorherige Fn., insbesondere *Laaser*, a.a.O., und *Kapteyn*, a.a.O.; a.A.: *Schweitzer/ Hummer*, Europarecht Rn. 1390, die die Unmöglichkeit der Produktionsumstellung bei Nachfragerückgang als Besonderheit anerkennen.

141 *Laaser*, a.a.O., S. 57; etwas zurückhaltender: Grabitz/ Hilf - *Frohnmeyer*, Recht der EU, Art. 71 EG Rn. 23, der für eine bedingte Berücksichtigung dieser Besonderheiten annimmt.

142 Dies zeigt *Kapteyn*, Europa sucht eine gemeinsame Verkehrspolitik, S. 88, auf.

völlig freigegeben würde, was bekanntlich mit den Zielen des EG-Vertrages nicht zu vereinbaren wäre, oder keine Kontrolle über die Tarifgestaltung bestände. Ein Ausschluss jeglichen Wettbewerbs im Bereich des ÖPNV lässt sich insoweit jedenfalls nicht begründen. Das Argument der fehlenden Ausweichmöglichkeiten ist auch nur bedingt zutreffend: Die Busse der einzelnen ÖPNV-Anbieter sind im Gegensatz zu bodenverbundenen Produktionsanlagen in verschiedenen Gebieten einsetzbar. Lediglich feste Einrichtungen, z.B. Haltestellen und Betriebshöfe, sind gegebenenfalls nicht variabel einsetzbar[143]. Dieses Problem könnte aber leicht durch die Trennung der Infrastruktur von der eigentlichen Transportleistung gelöst werden[144]. Dies gilt auch bezüglich des Arguments der hohen Investitionen und Fixkosten, die auch in anderen Wirtschaftsbereichen vorliegen. Ob das Argument der fehlenden Elastizität der Gesamtnachfrage auf den ÖPNV zutrifft, erscheint m.E. zumindest fraglich. Die Akzeptanz des ÖPNV hängt von dessen Attraktivität, Pünktlichkeit, Sauberkeit der Verkehrsmittel und Abstimmung der Fahrpläne auf der einen und den steigenden Benzin- und Parkplatzgebühren oder sonstigen Beschränkungen für Privat-PKW auf der anderen Seite ab[145]. Für den Bereich des ÖPNV dürfte demnach eine erhebliche Steigerung der Nachfrage möglich sein.

Dass Teilmärkte mit verschiedenen Ordnungen und staatliche Wettbewerbsverfälschungen auf diesen Märkten bestehen, spricht nicht etwa gegen die Einführung EU-einheitlicher Normen und des Wettbewerbs, sondern gerade dafür[146]. Die unterschiedlichen Regelungen in den Mitgliedstaaten stellen keine wirtschaftliche Besonderheit dar, deuten aber auf den Hintergrund der Diskussion über angebliche Besonderheiten des Verkehrswesens: Sie sind Folge der verschiedenen nationalen Interessen in der Verkehrspolitik[147]. Demnach bestehen lediglich, wenn auch erhebliche, Unterschiede bezüglich der nationalen Rechtsordnungen und insoweit eine Besonderheit des Verkehrswesens. Da die gemeinsame Verkehrspolitik aber gerade die Umwandlung der nationalen Verkehrsordnungen zum Gegenstand hat, wie u.a. Art. 71 Abs. (2) EG zeigt, kann diese Besonderheit lediglich dazu führen, dass in einer EU-Rahmenregelung den Mitgliedstaaten eine angemessene (d.h. nicht: eine ausufernde!) Übergangsfrist gewährt wird.

Die tatsächlich im Bereich der Verkehrspolitik bestehenden Besonderheiten sind andere: Wie zuvor aufgezeigt, kommt dem ÖPNV eine erhebliche Bedeutung für die har-

---

143 Zustimmend: *Laaser*, Wettbewerb in Verkehrswesen: Chancen für eine Deregulierung in der Bundesrepublik, S. 57.
144 Dies wurde z.B. bei der Neuregelung des Bustransportes in London nicht beachtet, was die zuständige (staatliche) London Transport Busses (LTB) mittlerweile bereut, weil Betreiber mit einem eigenen Depot im Ausschreibungsgebiet über einen erheblichen Wettbewerbsvorteil verfügen, vgl. *Nitsche*, Liberalisierung und Privatisierung des „London Transport", in: DVWG (Hrsg.), B 213, Die zukünftige Entwicklung der Kommunen bei Verkehrs- und Versorgungsnetzen, 83 (108 f.).
145 Vgl. Feststellungen der Kommission in: Grünbuch „Das Bürgernetz", KOM (95) 601 endg., S. 14 ff. und 8 f.
146 *Laaser*, a.a.O., S. 58; ähnlich: Grabitz/ Hilf - *Frohnmeyer*, Recht der EU, Art. 71 EG Rn. 23; *Kapteyn*, Europa sucht eine gemeinsame Verkehrspolitik, S. 91.
147 Eingehend: Groeben/ Thiesing/ Ehlermann - *Erdmenger*, EU-, EG-Vertrag, Vorb. Art. 74-84 [a.F., Art. 70-80 EG] Rn. 7; zu den widerstreitenden Interessen (allerdings zum Güterverkehr): *Weinstock*, Einige Gedanken zur gemeinsamen Verkehrspolitik - Vom Legalismus zum Pragmatismus, in: GS Sasse, S. 511 (519 ff.), der allerdings zum Ende des Beitrages eine m.E. höchst problematische, abgestufte Integration vorschlägt.

monische Entwicklung in der Gemeinschaft, die Umwelt und weitere Ziele der Gemeinschaft zu. Lediglich zum Wohl der Allgemeinheit kann demnach das Binnenmarkt- und Wettbewerbsprinzip eingeschränkt werden[148].

dd.) Rechtsakte
Die Termini bezüglich der Handlungsformen des Rates sind in Art. 71 Abs. (1) EG unterschiedlich: in lit. a „gemeinsame Regeln", in lit. b „Bedingungen", in lit. c „Maßnahmen" und in lit. d „Vorschriften". Der Verweis auf das Verfahren des Art. 251 EG verdeutlicht, dass damit verbindliche Rechtsakte des Rates i.S. des Art. 249 EG gemeint sind, also Verordnungen, Entscheidungen und Richtlinien[149]. Wegen des Subsidiaritätsprinzips, das in weiten Teilen der Verkehrspolitik nur die Regelung des rechtlichen Rahmens zulässt, wurden bzw. werden vermehrt Richtlinien, aber auch Verordnungen erlassen, insbesondere in dem relevanten Bereich der Genehmigung und öffentlichen Finanzierung des ÖPNV.

b.) Die Sachaufgaben, Art. 71 Abs. (1) EG
Neben den Verfahrensbestimmungen in den Abs. (1) und (2) enthält Art. 71 EG in Abs. (1) die Zuweisung von Sachaufgaben, für die die Gemeinschaft - unter Wahrung des Subsidiaritätsprinzips - zuständig ist.

aa.) Internationaler Verkehr, Art. 71 Abs. (1) lit. a EG
Nach dieser Bestimmung hat der Rat gemeinsame Regeln für den internationalen Verkehr aus oder nach dem Hoheitsgebiet eines Mitgliedstaates oder für den Durchgangsverkehr durch das Hoheitsgebiet eines oder mehrerer Mitgliedstaaten aufzustellen. Über den Inhalt dieser gemeinsamen Regeln besagt der EG-Vertrag nichts, so dass auf Art. 70 EG und damit auf die Vertragsziele zurückgegriffen werden muss. Der EuGH hat in seinem „Untätigkeitsurteil" dazu festgestellt, dass diese Bestimmung (neben der des Art. 71 Abs. (1) lit. b EG) die Funktion habe, die Grundsätze der Dienstleistungsfreiheit (Art. 49 und 50 EG) auch im Bereich der Verkehrspolitik durchzusetzen, da insoweit die Bestimmungen über die Dienstleistungsfreiheit gem. Art. 51 Abs. (1) EG nicht gelten[150]. Demnach muss der Rat gemeinsame Regeln erlassen, die die Beseitigung von Diskriminierungen auf Grund der Staatsangehörigkeit oder des Betriebssitzes, die sich

---

148 In diese Richtung: Grabitz/ Hilf - *Frohnmeyer*, Recht der EU, Art. 71 EG Rn. 24. Ähnlich: *Schmitt*, Die Rechtsgrundlagen der gemeinsamen Verkehrspolitik der EG, in: KSE 18, S. 1 (7, 15), der von Arteigenheiten der Verkehrspolitik spricht, die berücksichtigt werden können und müssen, aber die Ausrichtung des Verkehrswesens am Wettbewerbsprinzip nicht hindern; *Oppermann*, Europarecht Rn. 1427.
149 Übereinstimmend: Grabitz/ Hilf - *Frohnmeyer*, Recht der EU, Art. 71 EG Rn. 9; Groeben/ Thiesing/ Ehlermann - *Erdmenger*, EU-, EG-Vertrag, Art. 75 [a.F., Art. 71 EG] Rn. 3, zu weiteren Befugnissen des Rates s. dort unter Rn. 4.
150 EuGH Rs. 13/ 83, Slg. 1985, 1513 (1599, Ziff. 62). Insoweit sei die Verpflichtung des Rates auch hinreichend bestimmt, so dass deren Nichterfüllung Gegenstand einer Untätigkeitsklage sein könnte (EuGH, a.a.O., S. 1600, Ziff. 66 f.)

u.a. im Straßenverkehr aus bilateralen Verträgen oder nationalen Vorschriften ergeben, beinhalten[151].

Für die Genehmigung und Finanzierung des ÖPNV hat diese Vorschrift nur eingeschränkte Bedeutung: Nach der Definition des ÖPNV findet dieser nur in einem Rahmen von ca. 50 km statt, d.h. die Vorschrift kann gegebenenfalls nur in grenznahen Regionen zu einer Änderung der Genehmigungsvoraussetzungen führen. Demnach muss in diesen Regionen die Zulassung von Anbietern aus anderen Mitgliedstaaten unter denselben Voraussetzungen möglich sein wie für inländische Unternehmen. Neben den Regelungen über die Zulassung an sich können auch solche über das Tarifsystem im zwischenstaatlichen Verkehr auf Art. 71 Abs. (1) lit. a EG gestützt werden, da entsprechende Tarifsysteme ausländische Unternehmen genauso benachteiligen oder faktisch von der Erbringung der Dienstleistung ausschließen können wie nationale Regelungen über den Marktzugang.

Im Hinterland eines Mitgliedstaates kann diese Bestimmung dagegen keine (direkte) Wirkung entfalten: Die Dienstleistung ÖPNV setzt eine Niederlassung voraus[152], d.h. zumindest einen Betriebshof, da die Nähe zum relevanten Absatzgebiet aus Kostengründen notwendig ist. Damit liegt dann aber kein grenzüberschreitender Verkehr i.S. des Art. 71 Abs. (1) lit. a EG mehr vor. Andererseits erfordert möglicherweise die harmonische Entwicklung innerhalb der Gemeinschaft eine ähnliche Regelung gerade der Genehmigungsvorschriften auch für das Hinterland. Diese wäre allerdings auf andere Vorschriften des Vertrages zu stützen.

Der Rat ist inzwischen seiner Verpflichtung nachgekommen und hat eine überarbeitete Verordnung zur Einführung gemeinsamer Regeln für den grenzüberschreitenden Personenverkehr mit Omnibussen erlassen[153].

bb.) Kabotage, Art. 71 Abs. (1) lit. b EG
Der Rat hat gemäß dieser Bestimmung für die Zulassung von Verkehrsunternehmen zum Verkehr innerhalb eines Mitgliedstaates, in dem sie nicht ansässig sind (Kabotage), die Bedingungen festzulegen. Die Formulierung „Bedingungen" weist ausdrücklich

---

151 Vgl. *Erdmenger*, Die gemeinsame Binnenverkehrspolitik der EG nach dem Gerichtsurteil vom 22.5.1985, in: Basedow (Hrsg.), Gemeinsame Verkehrspolitik, 83 (85 f.); *Lukes*, Zur Geltung der Vertragsbestimmungen über den freien Dienstleistungsverkehr im Verkehrsbereich nach der EuGH-Rechtsprechung, in: FS Börner, S. 195 (203 ff.).
152 Gem. Art. 50 Abs. 3 EG liegt eine Dienstleistung i.S. des Abschnittes über die Dienstleistungsfreiheit u.a. vor, wenn eine Tätigkeit nur vorübergehend in einem anderen Mitgliedstaat ausgeübt wird. Da in Deutschland langjährige Konzessionen für genau bezeichnete Strecken vergeben werden, fehlt es am Merkmal der vorübergehenden Tätigkeit. Dagegen reicht ein Betriebshof bereits aus, um eine Niederlassung i.S. des Art. 43 EG anzunehmen, vgl. Groeben/ Thiesing/ Ehlermann - *Troberg*, EU-, EG-Vertrag, Art. 52 [a.F., Art. 43 EG] Rn. 3 f.; *Erdmenger*, Die EG-Verkehrspolitik vor Gericht. Das EuGH-Urteil Rs. 13/ 83 vom 22.5.1985 und seine Folgen, EuR 1985, 375 (385).
153 Verordnung (EWG) 684/ 92 des Rates vom 16.03.1992, ABl. EG Nr. L 74/ 1 vom 20.03.1992, i.d.F. der Verordnung (EG) Nr. 11/ 98 des Rates vom 11.12.1997 zur Änderung der Verordnung (EWG) Nr. 684/ 92 zur Einführung gemeinsamer Regeln für den grenzüberschreitenden Personenverkehr mit Kraftomnibussen, ABl. EG Nr. L 4/ 1 vom 08.01.1998. Diese Verordnung und deren etwaige Auswirkungen auf das deutsche ÖPNV-Recht werden in Teil 3 (unter III. 1.) der Arbeit näher untersucht.

darauf hin, dass die Kabotage nicht völlig freigegeben werden muss[154]. Der ausdrücklichen Erwähnung hätte es allerdings nicht bedurft, da die gemeinsame Verkehrspolitik die Ziele des Vertrages zu berücksichtigen und zu verwirklichen hat - zu einer völligen Freigabe der Kabotage wäre es demnach im Hinblick auf die wichtigen Funktionen des Verkehrs keinesfalls gekommen[155].

Während der Art. 71 Abs. (1) lit. a EG den internationalen Verkehr betrifft, wird durch die Bestimmung des Art. 71 Abs. (1) lit. b EG der rein innerstaatliche Verkehr betroffen. Für die Durchführung von ÖPNV mit Bussen ist - mit Ausnahme des grenznahen Bereichs - zumindest ein eigenes Depot notwendig, so dass es zu einer Niederlassung im fremden Mitgliedstaat kommt. Wie bereits angemerkt, liegt insoweit keine vorübergehende Dienstleistung i.S. des Vertrages vor, Art. 71 Abs. (1) lit. b EG ist nicht einschlägig. Dagegen kann ein ÖPNV-Anbieter, der im grenznahen Bereich ansässig ist, durchaus im Nachbarstaat rein innerstaatliche Strecken bedienen, so dass Art. 71 Abs. (1) lit. b EG insoweit einschlägig ist. Auf Grund der Definition von ÖPNV kann diese Bedeutung allerdings nur gering sein.

Der Verpflichtung aus dieser Vorschrift ist der Rat mit der Verordnung über die Bedingungen für die Zulassung von Verkehrsunternehmen zum Personenkraftverkehr innerhalb eines Mitgliedstaates, in dem sie nicht ansässig sind, nachgekommen[156].

cc.) <u>Maßnahmen zur Verbesserung der Verkehrssicherheit, Art. 71 Abs. (1) lit. c EG</u>
Diese Bestimmung, die durch Art. G Ziff. 6 EUV eingefügt worden ist, stellt klar, dass der Rat auch solche Maßnahmen - unter Wahrung des Grundsatzes der Subsidiarität - zur Verbesserung der Verkehrssicherheit erlassen kann, die nicht im Zusammenhang mit der wirtschaftlichen Integration stehen[157]. Für die Genehmigung und Finanzierung des ÖPNV ist diese Vorschrift insoweit relevant, als z.B. einheitliche Regelungen in der EU bezüglich der Lenk- und Ruhezeiten, der Voraussetzungen an Personen zum Führen von Bussen und der technischen Normen für den Bau von Fahrzeugen[158] zu einer Harmonisierung der Wettbewerbsbedingungen führen.

---

154 Lenz - *Mückenhausen*, EG-Vertrag, Art. 71 EG Rn. 10; Grabitz/ Hilf - *Frohnmeyer*, Recht der EU, Art. 71 EG Rn. 30.
155 Dies hat der EuGH im Grundsatz anerkannt: vgl. EuGH Rs. C-17/ 90, Slg. 1991, I-5253 - *Pinaud Wieger*, nach diesem Urteil hat die Verwirklichung der Dienstleistungsfreiheit im Rahmen einer gemeinsamen Verkehrspolitik zu erfolgen, die die wirtschaftlichen, sozialen und ökologischen Probleme berücksichtigt.
156 Verordnung (EG) Nr. 12/ 98 des Rates vom 11.12.1997 über die Bedingungen für die Zulassung von Verkehrsunternehmen zum Personenkraftverkehr innerhalb eines Mitgliedstaates, in dem sie nicht ansässig sind, ABl. EG Nr. L 4/ 10 vom 08.01.1998. Diese wird im Teil 3 (unter III. 2.) der Arbeit erörtert.
157 Genaue Darstellung bei: Groeben/ Thiesing/ Ehlermann - *Erdmenger*, EU-, EG-Vertrag, Art. 75 [a.F., Art. 71 EG] Rn. 42 f.; Lenz - *Mückenhausen*, EG-Vertrag, Art. 71 EG Rn. 12. Besteht dagegen ein Zusammenhang mit dem Ziel der wirtschaftlichen Integration, so könnte die Kompetenz der Gemeinschaft auch zum Erlass von Vorschriften zur Verkehrssicherheit bereits aus anderen Bestimmungen des Vertrages, z.B. aus Art. 70, 71 Abs. (1) lit. d EG oder aus den Wettbewerbsregeln hergeleitet werden.
158 Nachweis der einzelnen Maßnahmen der Gemeinschaft bei: Groeben/ Thiesing/ Ehlermann - *Erdmenger*, EU-, EG-Vertrag, Art. 75 [a.F., Art. 71 EG] Rn. 45; Grabitz/ Hilf - Frohnmeyer, Recht der EU, Art. 70 EG Rn. 44 f., 54, 105 ff..

dd.) Sonstige zweckdienliche Vorschriften, Art. 71 Abs. (1) lit. d EG
Art. 71 Abs. (1) lit. d EG enthält eine Generalklausel für den Bereich der Verkehrspolitik, der Rat kann alle sonstigen zweckdienlichen Vorschriften erlassen, eine scheinbar unbegrenzte Zuständigkeit für die Gemeinschaft. Eine Einschränkung erfolgt aber bereits durch das Subsidiaritätsprinzip. Demnach darf der Rat nur Maßnahmen auf Art. 71 Abs. (1) lit. d EG stützen, soweit die Mitgliedstaaten das angestrebte Ziel nicht verwirklichen können und die Gemeinschaft das Ziel umfassender verwirklichen kann[159].

Da die gemeinsame Verkehrspolitik die Ziele des Vertrages zu wahren hat, sind alle Maßnahmen zur Verwirklichung dieser Ziele zweckdienlich i.S. der genannten Bestimmung[160]. Maßnahmen zur Vollendung des Binnenmarktes oder zum Schutz des Wettbewerbs vor Verfälschungen können folglich auf diese Ermächtigung gestützt werden. Bei derartigen Regelungen existieren im Vertrag allgemeine Bestimmungen, die ergänzend zu Art. 71 Abs. (1) lit. d EG herangezogen werden müssen. Rechtsgrundlage für eine Vorschrift über Beihilfen im Bereich des ÖPNV könnte demnach Art. 71 Abs. (1) lit. d, 77 EG i.V.m. Art. 87, 89 EG sein[161]. Die Einbeziehung von Art. 71 EG bewirkt, dass bei derartigen Maßnahmen der Rat - unter Wahrung des Subsidiaritätsprinzips - zuständig ist und die oben näher skizzierten Besonderheiten des Verkehrs berücksichtigt werden können bzw. müssen, aber mit den allgemeinen Grundsätzen des Vertrages abzuwägen sind[162].

c.) Regelungsbefugnisse im Hinblick auf den ÖPNV
Rahmenregelungen des Rates für den Bereich der Genehmigung und der Finanzierung des ÖPNV sind gem. Art. 71 Abs. (1) EG nach Anhörung des Wirtschafts- und Sozialausschusses und des Ausschusses der Regionen unter Mitarbeit des Europäischen Parlaments durch Mehrheitsbeschluss zu fassen. Insoweit werden zwar Grundsätze der Verkehrsordnung geregelt, die bei einer ordnungsgemäßen Abwägung der Ziele des EG-Vertrages im Rahmen der Verkehrspolitik aber keine Beeinträchtigung i.S. des Art. 71 Abs. (2) EG darstellen können. Letztgenannte Vorschrift stellt ausdrücklich für die gesamte Verkehrspolitik klar, dass sie den Erfordernissen des Gemeinsamen Marktes Rechnung tragen muss. Die Besonderheiten des Verkehrs bestehen dabei nicht in wirtschaftlicher Hinsicht, sondern lediglich in seiner Bedeutung für die Allgemeinheit, soweit sich deren Schutzwürdigkeit aus den Vertragszielen ergibt.

---

159 S. Grabitz/ Hilf - *Frohnmeyer*, Recht der EU, Art. 71 EG Rn. 33; Groeben/ Thiesing/ Ehlermann - *Erdmenger*, EU-, EG-Vertrag, Art. 75 [a.F., Art. 71 EG] Rn. 52.
160 Zustimmend: Schwarze - *Stadler*, EU-Kommentar, Art. 71 EG Rn. 17; Groeben/ Thiesing/ Ehlermann - *Erdmenger*, EU-, EG-Vertrag, Art. 75 [a.F., Art. 71 EG] Rn. 48; Lenz - *Mückenhausen*, EG-Vertrag, Art. 71 EG Rn. 16.
161 Dies geschieht so auch in der Praxis. So hat der Rat z.B. die Verordnung (EWG) Nr. 1191/ 69 vom 26.06. 1969 (ABl. EG Nr. L 156/ 1 vom 28.06.1969) sowohl auf Art. 75 EGV [Art. 71 EG] als auch auf Art. 94 EGV [Art. 89 EG] gestützt. Einzelne, mögliche bzw. erforderliche Maßnahmen werden im Zusammenhang mit den allgemeinen Vorschriften erörtert. Bei Art. 71 Abs. (1) EG wird vielfach nicht nach den Buchstaben unterschieden, weil Überschneidungen möglich sind, vgl. Groeben/ Thiesing/ Ehlermann - *Erdmenger*, EU-, EG-Vertrag, Art. 75 [a.F., Art. 71 EG] Rn. 49.
162 Sog. Konkurrenzverhältnis der Addition, vgl. Groeben/ Thiesing/ Ehlermann - *Erdmenger*, EU-, EG-Vertrag, Vorb. Art. 74 - 84 [a.F., Art. 70 - 80 EG] Rn. 17. Dabei sind Beschränkungen der Befugnisse der Gemeinschaft in den allgemeinen Vorschriften zu beachten: Wenn der Rat gem. Art. 93, 94, 90 f. EG im Bereich der Steuern z.B. nur koordinierende Maßnahmen erlassen darf, so gilt dies auch im Bereich des Verkehrs, s. Bleckmann - *Pieper*, Europarecht Rn. 2408.

Die Bestimmungen des Art. 71 Abs. (1) lit. a, b EG haben für die Genehmigung und die Finanzierung des ÖPNV auf Grund der Gebundenheit des ÖSPV an Depots in Nähe des Streckennetzes nur eine geringe Bedeutung, da dann entweder kein internationaler Verkehr mehr vorliegt oder Kabotage lediglich im grenznahen Bereich möglich ist. Daneben kommt Art. 71 Abs. (1) lit. c EG eine mittelbare Wirkung zu, da Maßnahmen zur Verbesserung der Verkehrssicherheit zu einer Harmonisierung der Wettbewerbsbedingungen führen können.

Dagegen kommt Art. 71 Abs. (1) lit. d EG eine zentrale Bedeutung zu: Maßnahmen zur Verwirklichung anderer Ziele und Politiken sind zweckdienlich i.S. der Vorschrift, so dass der Rat unter Wahrung des Subsidiaritätsprinzips sämtliche Richtlinien und Verordnungen im Bereich des Verkehrs zumindest auch auf diese Norm stützen kann. Inhaltlich hat er dabei die bestmögliche Lösung durch die Verknüpfung der einzelnen Bestimmungen des Verkehrstitels mit den allgemeinen Vertragsvorschriften, die sich gegenseitig ergänzen, zu suchen.

3. Regelungsbeschränkung für die Mitgliedstaaten, Art. 72 EG

Art. 72 EG enthält als besondere Ausprägung des Art. 10 Abs. 2 EG eine „Stillhalteverpflichtung" für die Mitgliedstaaten. Sie dürfen die nationalen Bestimmungen auf dem in Art. 71 EG geregelten Gebiet in ihren mittelbaren und unmittelbaren Wirkungen nicht einseitig zu Lasten ausländischer Verkehrsunternehmer abändern. Bezugspunkt dafür ist der Zeitpunkt des Inkrafttretens des Vertrages oder des Beitritts des betreffenden Mitgliedstaates. Nur ausnahmsweise kann der Rat etwas Anderes einstimmig beschließen.

a.) Inhalt des Verbots der Schlechterstellung
Die Stillhalteverpflichtung erfasst sämtliche Aufgaben, die Art. 71 EG der Gemeinschaft zuweist. Da Art. 71 Abs. (1) lit. d EG den Rat ermächtigt, alle sonstigen zweckdienlichen Vorschriften zu erlassen, ist damit der Anwendungsbereich sehr weitreichend und umfasst letztlich den gesamten Bereich der gemeinsamen Verkehrspolitik. Die Anwendbarkeit wird jedoch für die Rechtslage vor Inkrafttreten des Amsterdamer Vertrages bezüglich der Niederlassungsfreiheit mit dem Argument bestritten, dass insoweit gegebenenfalls Art. 53 EGV anzuwenden sei[163]. Dabei wird m.E. verkannt, dass der Rat nach Art. 71 Abs. (1) EG sonstige zweckdienliche Vorschriften erlassen kann und sämtliche Ziele und Politiken des Vertrages diese Zweckdienlichkeit begründen und vom Rat mit den Besonderheiten des Verkehrs abzuwägen sind. Demnach kann der Rat eine Vorschrift nach den Art. 71 Abs. (1) lit. d EG i.V.m. Art. 43 EG zur Regelung der Niederlassungsfreiheit im Verkehrsbereich erlassen, vorausgesetzt, er wägt die Erfordernisse der einzelnen Sachgebiete vertragsgemäß gegeneinander ab. Der ehemalige Art. 53 EGV hatte demnach nur eine ergänzende Funktion für den Bereich der Verkehrspolitik: Einen Ausschluss der Niederlassungsfreiheit im Verkehrsbereich hätte auch der Rat

---

163 So: Groeben/ Thiesing/ Ehlermann - *Erdmenger*, EU-, EG-Vertrag, Art. 76 [a.F., Art. 72 EG] Rn. 2. Mit der Streichung des Art. 53 EGV durch den Amsterdamer Vertrag dürfte sich die entsprechende Stillhalteverpflichtung heute aus den Art. 43, 10 EG ergeben.

nicht genehmigen dürfen[164]. Für die Mitgliedstaaten bleibt es bei der Stillhalteverpflichtung - egal woraus diese folgt.

Aus dem Wortlaut des Art. 72 EG wird nicht deutlich, welche Unternehmen als Unternehmen anderer Mitgliedstaaten gelten sollen. Denkbar ist zunächst, dass die Staatsangehörigkeit den Anknüpfungspunkt darstellt[165]. Diese ist aber bei juristischen Personen nicht unbedingt eindeutig feststellbar[166]. Richtigerweise ist deshalb an den Sitz anzuknüpfen. Verkehrsunternehmen anderer Mitgliedstaaten sind demnach diejenigen, die ihren Sitz in einem anderen Mitgliedstaat haben als dem Mitgliedstaat, in dem die Leistung erbracht wird[167]. Der Sitz bestimmt sich dabei nach Art. 48 EG. Zusätzlich muss das Unternehmen die „Staatsangehörigkeit" eines Mitgliedstaates besitzen, Unternehmen aus Drittstaaten werden durch die Stillhalteverpflichtung des Art. 72 EG nicht geschützt.

Die Stillhalteverpflichtung ist für den ÖPNV relevant, soweit es um den (potentiellen) Marktzutritt von Verkehrsunternehmern aus anderen Mitgliedstaaten in Deutschland geht. Bezüglich der öffentlichen Finanzierung des ÖPNV gilt Art. 72 EG, weil eine Erhöhung der staatlichen Subventionierung für inländische Unternehmen ausländische Unternehmen vom Marktzutritt abhalten kann. In beiden Bereichen dürfen die Vorschriften, die in Deutschland zum Zeitpunkt des Inkrafttretens des Vertrages galten, nicht zu Ungunsten ausländischer Verkehrsunternehmen abgeändert werden.

Art. 72 EG enthält nur ein relatives Verbot. Die Mitgliedstaaten dürfen weiterhin neue Vorschriften erlassen, wenn diese inländische und ausländische Unternehmen gleichermaßen betreffen[168]. Dagegen dürfen die Mitgliedstaaten weder Regelungen erlassen, die die Position der einheimischen Unternehmen gegenüber ausländischen verbessern, noch Regelungen, die die bessere Position ausländischer Unternehmen gegenüber den inländischen reduzieren[169]. Die Befürchtung, dass den Mitgliedstaaten dadurch verkehrspolitisch weitgehend die Hände gebunden werden[170], ist unbegründet bzw. verfehlt. Die Mitgliedstaaten können letztlich nur keine Maßnahmen erlassen, die die Schaffung eines Binnenmarktes im Bereich des Verkehrs verhindern. Diese Verpflichtung folgt für die Mitgliedstaaten aber bereits aus Art. 10 EG und ist keine Besonderheit im Rahmen des Verkehrs. Lediglich wegen des Bestrebens einiger Mitgliedstaaten,

---

164 Dies ergibt sich zusätzlich aus der Berücksichtigung der Notwendigkeit einer Anpassung an die wirtschaftliche Entwicklung, die sich aus der Errichtung des Gemeinsamen Marktes ergibt, s. Art. 71 Abs. (2) letzter Halbsatz EG.
165 Zustimmend: *Geiger*, EUV/ EGV, Art. 72 EG Rn. 3.
166 So: Grabitz/ Hilf - *Frohnmeyer*, Recht der EU, Art. 72 EG Rn. 3.
167 Übereinstimmend: Grabitz/ Hilf - *Frohnmeyer*, Recht der EU, Art. 72 EG Rn. 3; Groeben/ Thiesing/ Ehlermann - *Erdmenger*, Art. 76 [a.F., Art. 72 EG] Rn. 7; Lenz - *Mückenhausen*, EG-Vertrag, Art. 72 EG Rn. 3; *Geiger*, EUV/ EGV, Art. 72 EG Rn. 3, der bzgl. juristischer Personen diese Meinung teilt.
168 Vgl. Groeben/ Thiesing/ Ehlermann - *Erdmenger*, EU-, EG-Vertrag, Art. 76 [a.F., Art. 72 EG] Rn. 9; Grabitz/ Hilf - *Frohnmeyer*, Recht der EU, Art. 72 EG Rn. 4 ff.
169 Bestätigt durch: EuGH Rs. C-195/ 90, Slg. 1992, I-3141 - *Straßenbenutzungsgebühren*, mit Anmerkung *Basedow* JZ 1992, 870. Zustimmend: Grabitz/ Hilf - *Frohnmeyer*, Recht der EU, Art. 72 EG Rn. 5 f.; Groeben/ Thiesing/ Ehlermann - *Erdmenger*, EU-, EG-Vertrag, Art. 76 [a.F., Art. 72 EG] Rn. 10; Lenz - *Mückenhausen*, EG-Vertrag, Art. 72 EG Rn. 4; a.A.: *Geiger*, EUV/ EGV, Art. 72 EG Rn. 4.
170 So aber: *Jung*, Der europarechtliche Rahmen der Verkehrspolitik, TranspR 1998, 133 (142).

ihren nationalen Verkehrsmarkt gegen Konkurrenz aus anderen Mitgliedstaaten abzuschotten, ist die besondere Betonung der Stillhaltepflicht in Art. 72 EG notwendig.

Vorschriften, die die Genehmigung und Finanzierung des ÖPNV in Deutschland regeln, dürfen im Vergleich zu der Rechtslage, die vor dem 1.1.1958 bestand, nicht zu Ungunsten von EU-ausländischen Verkehrsunternehmen abgeändert werden. Dies gilt sowohl bezüglich einer Schlechterstellung dieser Unternehmen wie auch bezüglich einer Reduzierung der günstigeren Rechtsposition dieser.

b.) Verfahrensfragen
Art. 72 EG enthält ein unmittelbares Verbot[171], so dass ein Verkehrsunternehmen dessen Verletzung vor den nationalen Gerichten geltend machen kann. Daneben wacht die Kommission gem. Art. 211 EG darüber, dass die Mitgliedstaaten die Stillhalteverpflichtung einhalten. Gegebenenfalls kann die Kommission bei einer Verletzung gem. Art. 226 EG - und jeder Mitgliedstaat gem. Art. 227 EG - den EuGH anrufen.

c.) Regelungsbeschränkung bzgl. des ÖPNV?
Nach Art. 72 EG ist es der Bundesrepublik Deutschland verboten, Vorschriften über die Finanzierung und Genehmigung des ÖPNV im Vergleich zu der Rechtslage vor dem 1.1.1958 zu Ungunsten von Unternehmen abzuändern, die ihren Sitz in einem anderen Mitgliedstaat haben und irgendeinem Mitgliedstaat angehören. Dies gilt auch, wenn diese Unternehmen eine günstigere Position innehaben als die einheimischen. Widrigenfalls käme eine Klage der Kommission oder anderer Mitgliedstaaten vor dem EuGH oder die Geltendmachung vor einem nationalen Gericht durch ein ausländisches Verkehrsunternehmen in Betracht.

4. Zulässigkeit von Beihilfen, Art. 73 i.V.m. Art. 87 f. EG

Gem. Art. 73 EG sind Beihilfen im Verkehrsbereich mit dem EG-Vertrag vereinbar, die den Erfordernissen der Koordinierung des Verkehrs oder der Abgeltung bestimmter, mit dem Begriff des öffentlichen Dienstes zusammenhängender Leistungen entsprechen. Bereits diese Formulierung deutet auf die generelle Geltung des allgemeinen Beihilfeverbots des Art. 87 Abs. (1) EG im Verkehrsbereich hin. Auf die Vereinbarkeit mit dem Vertrag kann es nur ankommen, wenn Beihilfen grundsätzlich verboten sind. Deshalb gilt Art. 87 Abs. (1) EG ebenfalls im Bereich des V. Titels des EG-Vertrages. Nur wenn eine Beihilfe i.S. des Art. 87 Abs. (1) EG vorliegt, ist zu prüfen, ob diese Beihilfe nach Art. 73 EG zulässig ist. Ist die Beihilfe nicht auf Grund der verkehrsspezifischen Ausnahmeregelung des Art. 73 EG mit dem Vertrag vereinbar, so ist weiterhin zu prüfen, ob sich die Vereinbarkeit nicht aus den allgemeinen Bestimmungen der Abs. (2)

---

171 *Geiger*, EUV/ EGV, Art. 72 EG Rn. 2; Grabitz/ Hilf - *Frohnmeyer*, Recht der EU, Art. 72 EG Rn. 7. Zur unmittelbaren Geltung des Vertrages: EuGH Rs. 26/ 62, Slg. 1963, 1 - *Van Gend/ Niederländischer Finanzminister*.

und (3) des Art. 87 EG ergibt[172]. Die europarechtliche Zulässigkeit der öffentlichen Finanzierung des ÖPNV bzw. einiger Finanzierungsmittel wird durch die vorgenannten Artikel entscheidend bestimmt.

a.) Das Beihilfeverbot des Art. 87 Abs. (1) EG

Unvereinbar mit dem Gemeinsamen Markt sind nach dieser Bestimmung staatliche oder aus staatlichen Mitteln gewährte Beihilfen gleich welcher Art, die durch die Begünstigung bestimmter Unternehmen oder Produktionszweige den Wettbewerb verfälschen oder zu verfälschen drohen, soweit sie den Handel zwischen den Mitgliedstaaten beeinträchtigten und der Vertrag nicht etwas anderes bestimmt. Wörtlich wird zwar nur von der Unvereinbarkeit dieser Beihilfen gesprochen, gemeint ist damit aber ein Verbot, welches allerdings nicht unmittelbar wirkt[173].

aa.) Begriff der Beihilfe

Im Gegensatz zum EGKSV verwendet Art. 87 Abs. (1) EG nicht den Begriff „Subvention", sondern den der „Beihilfe". Der Zusatz „gleich welcher Art" deutet darauf hin, dass der Begriff der Beihilfe sehr weit auszulegen ist und nicht nur Subventionen umfasst, die zumindest im allgemeinen Sprachgebrauch lediglich die Zuwendungen von Geld- oder/ und Sachmitteln umfassen. Neben diesen Zuwendungen kann eine Beihilfe in dem Verzicht des Staates auf Abgaben oder allgemein, in der Verringerung von Belastungen für ein Unternehmen liegen[174]. Eine allgemein gültige, abschließende Definition des Beihilfebegriffs ist nicht möglich - die Möglichkeiten, Unternehmen finanziell zu begünstigen, sind einfach zu vielfältig. Als entlastende Maßnahmen kommen in Frage: die (teilweise) Befreiung von Abgaben oder Steuern, Zinszuschüsse, Übernahme von Bürgschaften zu besonders günstigen Konditionen oder Garantien, unentgeltliche Überlassung von Grundstücken oder Gebäuden oder Überlassung unter Marktwert,

---

172 Allg. Meinung zum Verhältnis der Art. 87 zu 73 EG: vgl. Groeben/ Thiesing/ Ehlermann - *Erdmenger*, EU-, EG-Vertrag, Art. 77 [a.F., Art. 73 EG] Rn. 1 f.; Grabitz/ Hilf - *Frohnmeyer*, Recht der EU, Art. 73 EG Rn. 1; *Geiger*, EUV/ EGV, Art. 73 EG Rn. 1; Lenz - *Mückenhausen*, EG-Vertrag, Art. 73 EG Rn. 1; *Jung*, Der europarechtliche Rahmen der Verkehrspolitik, TranspR 1998, 133 (145). Eine Einschränkung der Anwendbarkeit der Beihilfebestimmungen könnte sich noch aus Art. 86 Abs. (2) EG (Art. 90 Abs. (2) EGV) ergeben, soweit die Erfüllung der dort näher bezeichneten Aufgaben ansonsten verhindert würde. Dies wird erst später im Rahmen des Art. 86 EG erörtert werden.

173 Unstreitig: s. EuGH Rs. 77/ 72, Slg. 1973, 611 (622) - *Capolongo/ Maya*; Rs. 78/ 76, Slg. 1977, 595 (609 f.) - *Steinike und Weinlig*; verb. Rs. C-149/ 91 u. C-150/ 91, Slg. 1992, I-3899 (3918) - *Sanders*; Grabitz/ Hilf - *v. Wallenberg*, EU-, EG-Vertrag, Art. 92 [a.F., Art. 87 EG] Rn. 2; *Deckert/ Schroeder*, Öffentliche Unternehmen und EG-Beihilferecht, EuR 1998, 291 (292); *Frisinger/ Behr*, Staatsbürgschaften, Banken und EU-Beihilfenverbot, RIW 1995, 708 (709 f.); *Hakenberg/ Tremmel*, Die Rechtsprechung des EuGH und EuGeI auf dem Gebiet der staatlichen Beihilfen in den Jahren 1997 und 1998, EWS 1999, 167 (171); *Klanten*, Staatliche Kreditabsicherung durch Bürgschaft oder Exportkreditversicherung und EG-Beihilfeverbot, ZIP 1995, 535 (539); *Schroeder*, Vernünftige Investition oder Beihilfe?, ZHR 161 (1997), 805 (811 f.).

174 Ebenfalls unstreitig, vgl.: Groeben/ Thiesing/ Ehlermann - *Wenig*, EU-, EG-Vertrag, Art. 92 [a.F., Art. 87 EG] Rn. 4; *Geiger*, EUV/ EGV, Art. 87 EG Rn. 8; *Deckert/ Schroeder*, Öffentliche Unternehmen und EG-Beihilferecht, EuR 1998, 291 (293); s. auch EuGH Rs. C-256/ 97, EuZW 1999, 506 (507, Rn. 19) - *Déménagements-Manutention Transport SA (DMT)*; EuGH Rs. C-295/ 97, EuR 1999, 547 (554, Rn. 34 f.) - *Industrie Aeronautiche e Meccaniche Rinaldo Piaggio/ Dornier Luftfahrt GmbH u.a.*

Lieferung von Gütern oder Dienstleistungen zu Vorzugsbedingungen, Bevorzugung bei öffentlichen Aufträgen, Verlustübernahme, Ausnahmen im Konkursrecht oder auch die Belastung anderer Produktionszweige oder -unternehmen[175]. Kennzeichnend für beide Varianten von Beihilfen ist, dass einem Unternehmen oder Produktionszweig aus staatlichen Mitteln oder durch Verzicht auf Staatseinnahmen ein wirtschaftlicher Vorteil gewährt wird, dem keine marktgerechte Gegenleistung des begünstigten Unternehmens gegenüber steht, so dass es sich um einen (weitgehend) unentgeltlichen Vorteil handelt[176].

Der Adressatenkreis muss bestimmt bzw. bestimmbar sein[177]. Eine allgemeine Maßnahme der Wirtschaftsförderung stellt keine Beihilfe dar. Demnach können nur Finanzierungsinstrumente des „Produktionszweiges"[178] ÖPNV als Beihilfe eingestuft werden, die spezifisch in diesem Bereich und gegebenenfalls in anderen Bereichen vorkommen, nicht aber in der gesamten Wirtschaft. Eine Beihilfe liegt ebenfalls vor, wenn Unternehmen, die ÖPNV betreiben, im Vergleich zur Gesamtwirtschaft Steuervorteile oder ähnliches gewährt werden.

Die Beihilfe erfolgt aus staatlichen Mitteln, wenn öffentliche Mittel verwandt werden und eine staatliche Stelle oder eine öffentlich-rechtliche oder private Einrichtung mit entsprechendem Auftrag die Maßnahme durchführt[179]. Darunter fallen mittelbare und unmittelbare Interventionen sämtlicher Organisationen, die über öffentliche Finanzmittel verfügen, wenn die staatliche Einflussnahme den Entscheidungsspielraum dieser Organisation weitgehend einschränkt. Andererseits kann sich die staatliche Zurechenbarkeit dadurch ergeben, dass staatliche Stellen lediglich eine Abgabe anordnen, die Dritte zu leisten haben und dem begünstigten Unternehmen bzw. Produktionszweig zugute kommt - ohne Belastung eines öffentlichen Haushaltes[180]. Eine Beihilfe im Bereich des ÖPNV kann demnach sowohl von Trägern hoheitlicher Gewalt als auch von Unterneh-

---

175 Die Aufzählung ist selbstverständlich nicht abschließend; zu den Möglichkeiten von Begünstigungen: *Geiger*, EUV/ EGV, Art. 87 EG Rn. 8; Schwarze - *Bär-Bouyssière*, EU-Kommentar, Art. 87 EG Rn. 27; Lenz - *Rawlinson*, EG-Vertrag, Art. 87 EG Rn. 15 ff.; Grabitz/ Hilf - *v. Wallenberg*, EU-, EG-Vertrag, Art. 92 [a.F., Art. 87 EG] Rn. 4; *Herdegen*, Die vom Bundesrat angestrebte Festschreibung der Privilegien öffentlich-rechtlicher Kreditinstitute: Gefahr für die EG-Wettbewerbsordnung, WM 1997, 1130 (1131), zur unbegrenzten Einstandspflicht der öffentlichen Hand für ihr öffentliches Unternehmen; *Müller-Graff*, Eigenkapitalerhöhung öffentlicher Banken durch Fusion in den beihilferechtlichen Wettbewerbsregeln des EG-Vertrages, in: FS Vieregge, S. 661 (666 ff.).

176 Ausreichend für die Annahme einer Beihilfe ist, dass das begünstigte Unternehmen eine geringwertigere Leistung erbringt. Der Leistungsaustausch ist dann kein normaler wirtschaftlicher Vorgang mehr.

177 *Geiger*, EUV/ EGV, Art. 87 EG Rn. 12; *Klanten*, Staatliche Kreditabsicherung durch Bürgschaft oder Exportkreditversicherung und EG-Beihilfeverbot, ZIP 1995, 535 (539).

178 Unter diesen Begriff fallen auch Dienstleistungsanbieter, wie die Verkehrsunternehmen, die ÖPNV anbieten, s. *Geiger*, EUV/ EGV, Art. 87 EG Rn. 12.

179 Lenz - *Rawlinson*, EG-Vertrag, Art. 87 EG Rn. 5 f., der insbesondere Quersubventionen als Beihilfen einstuft; Calliess/ Ruffert - *Cremer*, EUV/ EGV, Art. 87 EG Rn. 10; ausführlich: *Müller-Graff*, Die Erscheinungsformen der Leistungssubventionstatbestände aus wirtschaftsrechtlicher Sicht, ZHR 152 (1988), 403 (412 ff.); *Falk*, Die materielle Beurteilung des deutschen Stromeinspeisungsgesetzes nach europäischem Beihilferecht, ZIP 1999, 738 (739 f.); *Kahl*, Das öffentliche Unternehmen im Gegenwind des europäischen Beihilferegimes, NVwZ 1996, 1082 (1084).

180 EuGH Rs. 47/ 69, Slg. 1970, 487 - *Frankreich/ Kommission*; Rs. 78/ 76, Slg. 1977, 595 (609 f.) - *Steinike und Weinlig*; Groeben/ Thiesing/ Ehlermann - *Wenig*, EU-, EG-Vertrag, Art. 92 [a.F., Art. 87 EG] Rn. 8.

men des Privatrechts geleistet werden, wenn die entsprechenden Mittel als öffentliche Finanzmittel zu qualifizieren sind.

Ob die Zuwendung ohne marktgerechte Gegenleistung, also unentgeltlich, erfolgt und eine beihilferechtlich relevante Begünstigung enthält, ist insbesondere bei finanziellen Zuwendungen von Trägern hoheitlicher Gewalt an Unternehmen, die nicht unbedingt öffentliche Unternehmen sein müssen, problematisch, an denen der jeweilige Träger zumindest eine Kapitalbeteiligung hält. Gerade im Bereich des ÖPNV sind zahlreiche Verkehrsbetriebe tätig, die sich im Besitz der Kommunen oder Landkreise, also der öffentlichen Hand, befinden. Die Zuwendung kann einen normalen wirtschaftlichen Vorgang darstellen, da auch private Gesellschafter ihren Unternehmen Gelder zur Kapitalaufstockung oder als Darlehen etc. zufließen lassen. Es kann sich aber auch um eine Beihilfe handeln. In derartigen Fällen nimmt die Kommission eine Abgrenzung nach dem Prinzip des marktwirtschaftlich handelnden Kapitalgebers vor[181]. Danach wird zwischen den Bedingungen, zu denen der Staat einem öffentlichen Unternehmen Finanzmittel zur Verfügung stellt, und den Bedingungen, nach denen ein Privatinvestor unter normalen marktwirtschaftlichen Kriterien handelt, unterschieden.

Demgegenüber beurteilt der Gerichtshof staatliche Finanzhilfen danach, *„ob ein privater Gesellschafter in vergleichbarer Lage unter Zugrundelegung der Rentabilitätsaussichten und unabhängig von allen sozialen und regionalpolitischen Überlegungen oder Erwägungen einer sektorbezogenen Politik eine solche Kapitalhilfe...vernünftigerweise...gewährt hätte"*[182]. Die Abweichung zur Auffassung der Kommission besteht darin, dass nicht auf das den normalen marktwirtschaftlichen Bedingungen entsprechende staatliche Verhalten abgestellt wird. Vielmehr wird berücksichtigt, dass die öffentliche Hand kein gewöhnlicher Investor ist, der sein Kapital nur zur Erlangung eines mehr oder weniger kurzfristigen Gewinns anlegt. Vergleichspunkt ist deshalb das Verhalten einer großen Unternehmensgruppe, *„die eine globale oder sektorale Strukturpolitik verfolgt und sich von längerfristigen Rentabilitätsaussichten leiten läßt"*[183]. Für ein derartiges Unternehmen komme auch die Verlustübernahme für eine Tochterge-

---

181 Ausdrücklich im „Stahlbeihilfenkodex", Art. 1 Abs. 2 der Kommissionsentscheidung Nr. 3855/ 91/ EGKS vom 27.11.1991 zur Einführung gemeinschaftlicher Vorschriften über Beihilfen an die Eisen- und Stahlindustrie, ABl. EG Nr. L 362/ 57; s. auch Mitteilung der Kommission an die Mitgliedstaaten über die Anwendung der Artikel 92 und 93 EWG-Vertrag und des Artikels 5 der Kommissionsrichtlinie 80/ 723/ EWG über öffentliche Unternehmen in der verarbeitenden Industrie, ABl. EG 1993 Nr. C 307/ 3 (6); zur besseren Nachprüfbarkeit wurde die „Transparenzrichtlinie", Richtlinie 80/ 723/ EWG, ABl. EG Nr. L 195/ 35 vom 29.07.1980, geänd. durch die Richtlinie der Kommission 85/ 413/ EWG, ABl. EG Nr. L 229/ 20 vom 28.08.1985, und die Richtlinie 93/ 84/ EWG, ABl. EG Nr. L 254/ 16 vom 12.10.1993, i.d.F. der Richtlinie 2000/ 52/ EG vom 26.07.2000, ABl. EG Nr. L 193/ 75 vom 29.07.2000, erlassen. Diese wird im dritten Teil dieser Untersuchung behandelt.
182 EuGH Rs. 40/ 85, Slg. 1986, 2321 (2345) - *Belgien/ Kommission (Boch)*, s. aber EuG Rs. T-358/ 94, Slg. 1996, II-2109 (2134) - *Air France/ Kommission*, der auf das Kriterium des Verhaltens eines unter normalen Marktbedingungen handelnden umsichtigen Privatanlegers abstellt und nur Mittel nicht als Beihilfe einstuft, die der Staat einem Unternehmen direkt oder indirekt unter normalen Marktbedingungen zur Verfügung stellt; krit.: *Schroeder*, Vernünftige Investition oder Beihilfe?, ZHR 161 (1997), 805 (831 f.), mit dem sicherlich zutreffenden Hinweis, dass private Unternehmer nicht unbedingt rational handeln.
183 EuGH Rs. 305/ 89, Slg. 1991, I-1603 (1640) - *Italien/ Kommission (Alfa Romeo)*; und ausführliche Erläuterung: Schlussantrag von GA van Gerven im vorgenannten Verfahren, Slg. 1991, I-1616 (1626).

sellschaft zur Imagepflege[184], zur Neuorientierung des Konzerns oder aus sonstigen Erwägungen jenseits der Erwartung eines materiellen Gewinns in Frage[185]. Folgerichtig sind Finanzhilfen der öffentlichen Hand bei entsprechender Intention keine Beihilfen.

Die eigentliche Abgrenzung von Beihilfen und normalen Kapitalhilfen erfolgt anhand einer Reihe von Faktoren, wobei auf den Zeitpunkt der Finanzierungsentscheidung[186] abgestellt wird: Wichtigstes Kriterium ist die Finanzlage des begünstigten Unternehmens, die zumeist schon eine zuverlässige Einordnung der Finanzhilfe ermöglicht[187]. Die Finanzlage des Unternehmens wird durch die aufgelaufenen Verluste und die Höhe der Verschuldung, den cash-flow als Grad der Selbstfinanzierungsmöglichkeiten, die bisherige Verzinsung des von Gesellschaftern eingesetzten Kapitals, die zu erwartende zukünftige Rentabilität und die existierenden Finanzplanungen zur Rechtfertigung einer Investition geprägt[188]. Würde ein privater, vergleichbarer Investor bei der festgestellten Finanzlage dem Unternehmen kein Kapital mehr zuführen, so liegt eine Beihilfe vor - allerdings besteht im Hinblick auf Art. 295 EG für den öffentlichen Kapitalgeber ein (begrenzter) Bewertungsspielraum. Hätte das begünstigte Unternehmen dagegen die Möglichkeit gehabt, sich den entsprechenden Geldbetrag auf dem privaten Kapitalmarkt zu beschaffen, so liegt keine Beihilfe vor. Dies gilt insbesondere für Darlehen[189]. Gleicht der öffentliche Gesellschafter Verluste des Unternehmens aus, so ist dies zunächst grundsätzlich unbedenklich, weil der Verlustausgleich im Rahmen der gesellschaftsrechtlichen Treuepflicht in der Privatwirtschaft üblich ist, wenn mittelfristig die Rentabilität des Unternehmens wieder hergestellt werden kann[190]. Besteht keine Aussicht auf die Wiederherstellung der Rentabilität, so liegt in der Kapitalhilfe der öffentlichen Hand an ein Unternehmen, an dem es beteiligt ist, eine Beihilfe.

Ein weiteres Kriterium für das Vorliegen einer Beihilfe sind wiederholte Kapitalhilfen innerhalb kurzer Abstände, da sie auf die mangelnde Lebensfähigkeit des begünstigten Unternehmens hindeuten[191]. Sind neben dem Staat private Investoren an dem begünstigten Unternehmen beteiligt, so kann deren Verhalten zur Beurteilung des Charakters der Finanzhilfe herangezogen werden. Investieren die privaten Anteilseigner nicht in demselben Maß wie der staatliche, so deutet dies auf das Vorliegen einer Beihilfe

---

184 Die Kommission versteht Imagepflege lediglich unter dem Aspekt des „good will" des Unternehmenskennzeichens, vgl. Mitteilung der Kommission (Fn. 181), ABl. EG 1993 Nr. C 307/ 3 (29); und dazu: *Martin-Ehlers*, Der „Private Investor" als Maßstab für das Vorliegen staatlicher Beihilfen, EWS 1999, 244 (245, 247); Koenig/ Ritter, Die EG-beihilfenrechtliche Behandlung von Gesellschafterdarlehen, ZIP 2000, 769 (771).
185 Vgl. EuGH Rs. C-303/ 88, Slg. 1991, I-1433 (1476) - *Italien/ Kommission (ENI/ Lanerossi)*; verb. Rs. C-278 bis 280/ 92, Slg. 1994, I-4103 (4154) - *Spanien/ Kommission (Hytasa)*.
186 Und nicht etwa auf eine Betrachtung ex-post, vgl. Mitteilung der Kommission (Fn. 181), ABl. EG 1993 Nr. C 307/ 3 (10); zustimmend: *Kahl*, Das öffentliche Unternehmen im Gegenwind des europäischen Beihilferegimes, NVwZ 1996, 1082 (1085).
187 Dazu: Entscheidung der Kommission vom 04.12.1987, Nr. 87/ 418/ EWG, ABl. EG Nr. L 227/ 45 (46) - *Tubemeuse*.
188 *Schroeder*, Vernünftige Investitionen oder Beihilfe?, ZHR 161 (1997), 805 (819 f.), m.w.N.; zur praktischen Bedeutung (im öffentlichen Bankensektor): *v. Friesen*, Umgestaltung des öffentlich-rechtlichen Bankensektors angesichts des Europäischen Beihilfenrechts, EuZW 1999, 581 (583 f).
189 Einzelheiten: Mitteilung der Kommission (Fn. 181) ABl. EG 1993 Nr. C 307/ 3 (13).
190 EuGH Rs. C-303/ 88, Slg. 1991, I-1433 (1476) - *Italien/ Kommission (ENI/ Lanerossi)*.
191 EuGH Rs. C-303/ 88, Slg. 1991, I-1433 (1476) - *Italien/ Kommission (ENI/ Lanerossi)*.

hin[192]. Außerdem werden strukturelle Bedingungen berücksichtigt. Ist das Unternehmen z.B. auf Grund der Marktsituation ohne Perspektiven und nur auf Grund wettbewerbsverzerrender Maßnahmen überlebensfähig, so spricht dies für das Vorliegen einer Beihilfe[193]. Neben der allgemeinen Marktsituation sind produkt- und absatztechnische Faktoren in die Beurteilung einzubeziehen: Veraltete Produktionsanlagen, überhöhter Personalstand, geringe Produktivität, ungünstiger Produktionsstandort und eine wettbewerbsunfähige Produktpalette begründen die Annahme, dass das Unternehmen in einem absehbaren Zeitraum keine Rendite erwirtschaften kann[194]. Zahlungen durch die öffentliche Hand stellen dann gegebenenfalls Beihilfen dar, weil ein privater Investor in ein derartiges Unternehmen kein Kapital mehr stecken würde. Eine Ausnahme gilt dabei, wenn die Zahlungen das begünstigte Unternehmen aus einer Krisensituation retten sollen. Existieren dazu detaillierte und realistische Umstrukturierungs- und Sanierungspläne[195], so würde ein privater Investor dem Unternehmen Kapital zufließen lassen. Eine Beihilfe liegt dann nicht vor. Dabei wird berücksichtigt, ob es in der Vergangenheit bereits Sanierungserfolge durch die Unterstützung der öffentlichen Hand gegeben hat.

Im Bereich des ÖPNV liegen Beihilfen vor, wenn Leistungen aus staatlichen Finanzmitteln nur an Unternehmen aus diesem Bereich - oder aber auch aus anderen Bereichen, nicht aber in der gesamten Wirtschaft - oder nur an einzelne Unternehmen dieses Bereichs ohne eine marktgerechte Gegenleistung erfolgen oder der Staat diese durch einen entsprechenden Verzicht auf Einnahmen im weiteren Sinn entlastet, so dass die begünstigten Unternehmen einen weitgehend unentgeltlichen Vorteil erhalten. Dies lässt sich dahingehend zusammenfassen, dass jegliche Zahlung des Staates an ein Unternehmen des ÖPNV außerhalb von Austauschverträgen eine Beihilfe darstellt. Ist eine staatliche Stelle (Mit-) Eigentümerin des begünstigten Verkehrsbetriebes, so liegt eine Beihilfe vor, wenn unter Berücksichtigung der Finanzlage, der bisherigen finanziellen Unterstützung, des Verhaltens weiterer, privater Anteilseigner, der Marktsituation, der Produktions- und Absatzfaktoren und etwaiger Umstrukturierungs- oder Sanierungschancen zum Zeitpunkt der Gewährung der Kapitalhilfe deutlich wird, dass ein entsprechend großer, privater Investor dem Unternehmen kein Kapital mehr hätte zukommen lassen. Dabei muss dem staatlichen Kapitalgeber allerdings ein Bewertungsspielraum verbleiben, da auch die Entscheidungen eines privaten Investors nicht unbedingt rational erfolgen. Ansonsten liegt nur eine in der gesamten Wirtschaft übliche Kapitalzufuhr des (öffentlichen) Anteilseigners an sein Unternehmen vor.

---

192 Vgl. EuGH Rs. 40/ 85, Slg. 1986, 2321 (2345) - *Belgien/ Kommission (Boch)*; Entscheidung der Kommission vom 21.10.1995, ABl. EG Nr. L 253/ 22 (29) - *Neue Marxhütte Stahlwerke GmbH*; dabei muss das private Parallelverhalten aber auch aussagekräftig sein, s. *Martin-Ehlers,* Der „Private Investor" als Maßstab für das Vorliegen staatlicher Beihilfen, EWS 1999, 244 (245, 247).

193 Entscheidung der Kommission vom 04.12.1987, Nr. 87/ 418/ EWG, ABl. EG Nr. L 227/ 45 (46 f.) - *Tubemeuse.*

194 Vgl. EuGH Rs. 142/ 87, Slg. 1990, I-959 (1012) - *Belgien/ Kommission (Tubemeuse).*

195 Besonders deutlich: GA van Gerven, Slg 1991, I-1616 (1626): „hinreichend ausgearbeiteten, überzeugenden und realistischen Umstrukturierungsplan"; zu diesem Kriterium s. auch: EuGH Rs. 40/ 85, Slg. 1986, 2321 (2346) - *Belgien/ Kommission (Bloch)*; Rs. C-305/ 89, Slg. 1991, I-1603 (1641) - *Italien/ Kommission (Alfa Romeo)* .

bb.) Wettbewerbsverfälschung

Die Beihilfe muss wettbewerbsverfälschend bzw. verfälschungsdrohend sein. Dieses Tatbestandsmerkmal verweist auf das Ziel des Art. 3 Abs. (1) lit. g EG, nach dem ein System zu errichten ist, das den Wettbewerb des Binnenmarktes vor Verfälschungen schützt, und ist unabhängig vom Begriff der Wettbewerbsverfälschung in Art. 81 Abs. (1) EG auszulegen[196].

Eine Wettbewerbsverfälschung liegt vor, wenn die Wettbewerbsposition des begünstigten Unternehmens gegenüber bestehenden anderen Unternehmen im Inland[197] oder in anderen Mitgliedstaaten verstärkt oder der Marktzutritt für neue Unternehmen erschwert wird[198]. Da jede Beihilfe die Stellung des begünstigten Unternehmens am Markt stärkt, wird durch die Gewährung der Beihilfe deren Eignung, den Wettbewerb zu verfälschen, bereits impliziert[199], entbindet aber nicht von einer Marktanalyse, um die tatsächliche oder drohende Beeinträchtigung des Wettbewerbs festzustellen. Dazu muss zunächst der relevante Produktmarkt ermittelt werden: Soweit Waren oder Dienstleistungen aus der Sicht der Nachfrager austauschbar sind, besteht ein für Art. 87 Abs. (1) EG relevantes Wettbewerbsverhältnis[200].

Die Unternehmen des ÖPNV konkurrieren intermodal mit dem Individualverkehr und intramodal mit anderen Anbietern des ÖPNV[201]. Außerdem ist der relevante räumliche Markt festzustellen, bei dem es sich allerdings nicht um einen wesentlichen Teil des Gemeinsamen Marktes handeln muss[202]. Im Bereich des ÖPNV bezieht sich der räumlich relevante Markt immer auf den Bereich, in dem die konzessionierende Behör-

---

196 So: *Müller-Graff*, Die Erscheinungsformen der Leistungssubventionstatbestände aus wirtschaftsrechtlicher Sicht, ZHR 152 (1988), 403 (431); Groeben/ Thiesing/ Ehlermann - *Wenig*, EU-, EG-Vertrag, Art. 92 [a.F., Art. 87 EG] Rn. 17; Lenz - *Rawlinson*, EG-Vertrag, Art. 87 EG Rn. 11.

197 Grabitz/ Hilf - *v.Wallenberg*, EU-, EG-Vertrag, Art. 92 [a.F., Art. 87 EG] Rn. 24; *Kahl*, Das öffentliche Unternehmen im Gegenwind des europäischen Beihilferegimes, NVwZ 1996, 1082 (1085); a.A.: Bleckmann - *Bleckmann/ Koch*, Europarecht Rn. 2059, die die Meinung vertreten, der Wettbewerb müsse zwischen Unternehmen verschiedener Mitgliedstaaten bestehen. Dabei wird übersehen, dass dies erst im Rahmen der Eignung zur Beeinträchtigung des zwischenstaatlichen Handels von Bedeutung ist.

198 Groeben/ Thiesing/ Ehlermann - *Wenig*, EU-, EG-Vertrag, Art. 92 [a.F., Art. 87 EG] Rn. 18; *Geiger*, EUV/ EGV, Art. 87 EG Rn. 13; Calliess/ Ruffert - *Cremer*, EUV/ EGV, Art. 87 EG Rn. 12; *Müller-Graff*, Die Erscheinungsformen der Leistungssubventionstatbestände aus wirtschaftsrechtlicher Sicht, ZHR 152 (1988), 403 (431); EuGH Rs. 730/ 79, Slg. 1980, 2671 (2688) - *Philip Morris*.

199 *Deckert/ Schroeder*, Öffentliche Unternehmen und EG-Beihilferecht, EuR 1998, 291 (293); *Hakenberg/ Tremmel*, Die Rechtsprechung des EuGH und EuGeI auf dem Gebiet der staatlichen Beihilfen in den Jahren 1997 und 1998, EWS 1999, 167 (170); *Koenig/ Kühling*, Grundfragen des EG-Beihilfenrechts, NJW 2000, 1065 (1069); Groeben/ Thiesing/ Ehlermann - *Wenig*, EU-, EG-Vertrag, Art. 92 [a.F., Art. 87 EG] Rn. 20; Calliess/ Ruffert - *Cremer*, EUV/ EGV, Art. 87 EG Rn. 12 f.; EuGH verb. Rs. 296 und 318/ 82, Slg. 1985, 809 (Rn. 24) - *Niederlande u. Leeuwarder Papierwarenfabriek/ Kommission*.

200 Groeben/ Thiesing/ Ehlermann - *Wenig*, EU-, EG-Vertrag, Art. 92 [a.F., Art. 87 EG] Rn. 18; *Oppermann*, Europarecht Rn. 1114; s. auch: Schwarz - *Bär-Bouyssière*, EU-Kommentar, Art. 87 EG Rn. 38.

201 Ausführlich: *Werner*, Nach der Regionalisierung - der Nahverkehr im Wettbewerb, S. 10 ff.

202 Groeben/ Thiesing/ Ehlermann - *Wenig*, EU-, EG-Vertrag, Art. 92 [a.F., Art. 87 EG] Rn. 18: Lenz - *Rawlinson*, EG-Vertrag, Art. 87 EG Rn. 11 (allerdings nicht so deutlich).

de zuständig ist[203]. Eine Verfälschungsdrohung ist gegeben, wenn diese ernsthaft ist und ein konkreter Kausalzusammenhang zwischen der Beihilfe und der potentiellen Wettbewerbsverfälschung festgestellt werden kann[204]. Eine lediglich abstrakt denkbare bzw. mögliche Eignung der fraglichen Maßnahme zur Wettbewerbsverfälschung ist nicht ausreichend.

Fraglich ist, ob die Wettbewerbsverfälschung - wie bei Art. 81 EG - eine bestimmte Spürbarkeit bzw. Intensität erfordert. Im Zusammenhang mit Beihilfeprogrammen hat der EuGH dazu festgestellt, dass die Kommission sich darauf beschränken könne, die Merkmale des Programms zu untersuchen, um zu beurteilen, ob es wegen hoher Beihilfesätze, wegen der Merkmale der geförderten Investitionen oder wegen anderer Modalitäten den Beihilfeempfängern gegenüber den Wettbewerbern einen spürbaren Vorteil sichere[205]. Für neue Beihilfeprogramme scheint der EuGH damit von dem Erfordernis der Spürbarkeit auszugehen. Dem kann nur bedingt zugestimmt werden. Liegt keine Marktbeeinflussung vor, so fehlt es bereits an der notwendigen Wettbewerbsverfälschung, so dass es auf die Frage der Spürbarkeit überhaupt nicht mehr ankommt[206]. Dagegen begründet bereits eine unbedeutende Marktbeeinflussung eine Wettbewerbsverfälschung - auf die Art. 87 Abs. (1) EG einzig abstellt. Auf die Spürbarkeit kann es demnach bezüglich des Vorliegens einer Wettbewerbsverfälschung nicht ankommen[207]. Dennoch hat die Kommission ein vereinfachtes Anmelde- und Genehmigungsverfahren für sog. de-minimis-Fälle in bestimmten Wirtschaftsbereichen eingeführt[208]. Der Bereich des Verkehrs ist aus der Anwendung der de-minimis-Regelung aber ausgenommen. Auf die

---

203 Dabei ist zu berücksichtigen, dass die Konzessionierung und Finanzierung in der gesamten Bundesrepublik im Wesentlichen identisch erfolgt, so dass sich etwaige regionale Wettbewerbsverzerrungen auf das gesamte Bundesgebiet auswirken. Nirgends hat ein ÖPNV-Anbieter ohne entsprechende staatliche Unterstützung eine faire Wettbewerbschance.

204 *Müller-Graff*, Die Erscheinungsformen der Leistungssubventionstatbestände aus wirtschaftsrechtlicher Sicht, ZHR 152 (1988), 403 (431 f.); Groeben/ Thiesing/ Ehlermann - *Wenig*, EU-, EG-Vertrag, Art. 92 [a.F., Art. 87 EG] Rn. 19.

205 EuGH Rs. 248/ 84, Slg. 1987, 4013 (4041) - *Deutschland/ Kommission*; zustimmend: Grabitz/ Hilf - v.Wallenberg, EU-, EG-Vertrag, Art. 92 [a.F., Art. 87 EG] Rn. 26; gegen die Annahme einer Spürbarkeitsschwelle spricht dagegen EuGH Rs. 142/ 87, Slg. 1990, I-959 (1015) - *Belgien/ Kommission (Tubemeuse)*.

206 Dies übersieht Groeben/ Thiesing/ Ehlermann - *Wenig*, EU-, EG-Vertrag, Art. 92 [a.F., Art. 87 EG] Rn. 21.

207 Zustimmend: *Müller-Graff*, Die Erscheinungsformen der Leistungssubventionstatbestände aus wirtschaftsrechtlicher Sicht, ZHR 152 (1988), 403 (434), mit Hinweis auf die den Mitgliedstaaten abverlangte Gemeinschaftstreue, Art. 10 Abs. 2 EG; differenzierend: *Bast/ Blank*, Beihilfen in der EG und Rechtsschutzmöglichkeiten für Wettbewerber, WuW 1993, 181 (183); a.A.: Groeben/ Thiesing/ Ehlermann - *Wenig*, EU-, EG-Vertrag, Art. 92 [a.F., Art. 87 EG] Rn. 21.

208 Mitteilung der Kommission, Gemeinschaftsrahmen für staatliche Beihilfen an kleinere und mittlere Unternehmen vom 20.05.1992, ABl. EG Nr. C 213/ 2, ausgeweitet durch die Mitteilung der Kommission vom 24.01.1996, ABl. EG Nr. C 68/ 9. Im Hinblick auf die beschränkten Ressourcen und die Effizienz der Beihilfeaufsicht mag dies auch im Hinblick auf Art. 88 EG, nach dem die Kommission die Vereinbarkeit einer Beihilfe festzustellen hat, durchaus gerechtfertigt sein, ist hier aber nicht weiter zu untersuchen. Einzelheiten bei: Calliess/ Ruffert - *Cremer*, EUV/ EGV, Art. 87 EG Rn. 15. Zur Bindungswirkung derartiger Gemeinschaftsrahmen: *Schüttrle*, Die Beihilfenkontrollpraxis der Europäischen Kommission im Spannungsfeld zwischen Recht und Politik, EuZW 1995, 391 (393 f.); *Jestaedt/ Häsemeyer*, Die Bindungswirkung von Gemeinschaftsrahmen und Leitlinien im EG-Beihilfenrecht, EuZW 1995, 787 ff.

Spürbarkeit einer Wettbewerbsverfälschung im Bereich des Verkehrs kommt es demnach keinesfalls an.

Bezüglich der intermodalen Konkurrenz ist zu untersuchen, ob durch die mittels der Beihilfe bewirkte Ausweitung des Leistungsangebots des ÖPNV Verkehrsanteile des Individualverkehrs auf den Nahverkehrsmarkt substituiert und dadurch Unternehmen aus den Wirtschaftszweigen des Individualverkehrs direkt behindert werden. Im Hinblick auf den intramodalen Wettbewerb ist zu untersuchen, ob eine Beihilfe vorliegt, die die begünstigten Unternehmen derart fördert, dass diese bessere Voraussetzungen haben, um Konzessionen im Bereich des ÖPNV zu erlangen und andere Anbieter, denen keine derartige Förderung zukommt, an der Erbringung der konzessionierten Leistung hindern. Werden derartige Behinderungen festgestellt, so liegt eine Wettbewerbsverfälschung i.S. des Art. 87 Abs. (1) EG vor.

cc.) Beeinträchtigung des zwischenstaatlichen Handels

Schließlich muss die fragliche Maßnahme den zwischenstaatlichen Handel beeinflussen, d.h. die Ein- bzw. Ausfuhr erschweren bzw. erleichtern. Für das Vorliegen einer derartigen Beeinträchtigung besteht eine Vermutung, wenn eine vom Staat gewährte Kapitalhilfe die Stellung des begünstigten Unternehmens gegenüber anderen Wettbewerbern im innergemeinschaftlichen Warenaustausch oder Dienstleistungsverkehr verstärkt[209]. Während bei einer rein innerstaatlichen Wettbewerbsverfälschung keine Beeinträchtigung besteht, liegt diese Beeinträchtigung bei einer lokalen oder regionalen Konkurrenzsituation vor, wenn Unternehmen aus anderen Mitgliedstaaten zwar auf diesem Markt anbieten könnten, aber durch die Beihilfe keine oder nur eine geringe Chance haben, ihre Dienstleistungen tatsächlich dort anzubieten[210]. Für die Anwendung des Art. 87 Abs. (1) EG genügt nämlich bereits die Eignung zur Handelsbeeinträchtigung, ohne dass eine derartige tatsächlich besteht[211]. Diese Eignung würde nur nicht bestehen, wenn zum Zeitpunkt der Beihilfegewährung zwischen den Mitgliedstaaten keine Handelsbeziehungen für die betroffene Dienstleistung oder Ware existieren und in Zukunft auch nicht zu erwarten sind.

---

209 So zur entspr. Vermutung: Grabitz/ Hilf - *v. Wallenberg*, EU-, EG-Vertrag, Art. 92 [a.F., Art. 87 EG] Rn. 28; Groeben/ Thiesing/ Ehlermann - *Wenig*, EU-, EG-Vertrag, Art. 92 [a.F., Art. 87 EG] Rn. 24; *Hakenberg/ Tremmel*, Die Rechtsprechung des EuGH und EuGeI auf dem Gebiet der staatlichen Beihilfen in den Jahren 1997 und 1998, EWS 1999, 167 (170); *Koenig*, Fremd- und Eigenkapitalzufuhr an Unternehmen durch die öffentliche Hand auf dem Prüfstand des EG-Beihilfenrechts, ZIP 2000, 53 (54); „Handel" umfasst sowohl den Warenaustausch als auch den Dienstleistungsverkehr, vgl. Calliess/ Ruffert - *Cremer*, EUV/ EGV, Art. 92 Rn. 6.
210 Zustimmend: Grabitz/ Hilf - *v. Wallenberg*, EU-, EG-Vertrag, Art. 92 [a.F., Art. 87 EG] Rn. 28; *Stein/ Martius*, Kommunale Wirtschaftsförderung und europäisches Beihilferecht, der städtetag 1998, 362 (364); *Werner*, Nach der Regionalisierung - der Nahverkehr im Wettbewerb, S. 42; s. auch EuGH Rs. 102/ 87, Slg. 1988, 4067 (4087 f.) - *Frankreich/ Kommission*; Rs. C-303/ 88, Slg. 1991, I-1433 (1477) - *Italien/ Kommission (ENI/ Lanerossi)*; a.A.: *Metz*, Ein „Bosman"-Urteil gegen Kommunen und Verkehrsunternehmen, Bus & Bahn 7-8/ 1998, S. 2; Groeben/ Thiesing/ Ehlermann - *Wenig*, EU-, EG-Vertrag, Art. 92 [a.F., Art. 87 EG] Rn. 25, beide konkret zum ÖPNV bzw. lokalen Verkehrsunternehmen.
211 EuGH Rs. 730/ 79, Slg. 1980, 2671 (2688) - *Philip Morris*; Groeben/ Thiesing/ Ehlermann - *Wenig*, EU-, EG-Vertrag, Art. 92 [a.F., Art. 87 EG] Rn. 24; *Müller-Graff*, Die Erscheinungsformen der Leistungssubventionstatbestände aus wirtschaftsrechtlicher Sicht, ZHR 152 (1988), 403 (433 f.).

ÖPNV findet zwar lediglich in den Kommunen und Landkreisen, also lokal oder regional, statt, durch staatliche Beihilfen wird es Verkehrsunternehmen aus anderen Mitgliedstaaten aber zumindest erschwert, in diesen regionalen Märkten die Dienstleistung ÖPNV anzubieten. Die eigentliche Dienstleistung ÖPNV erfolgt dabei zwar lediglich in einem eng umgrenzten Gebiet, um die Vergabe der entsprechenden Konzessionen können sich aber Unternehmen aus der gesamten Gemeinschaft bemühen[212]. Diese Beeinträchtigung wird dadurch gesteigert, dass die Finanzierung des ÖPNV im gesamten Bundesgebiet weitgehend ähnlich erfolgt. Werden auf allen ÖPNV-Märkten Beihilfen gewährt, so verstärkt sich deren Wirkung auf den zwischenstaatlichen Handel. Zusätzlich besteht ein Interesse dieser ausländischen Unternehmen, auf deutschen ÖPNV-Märkten tätig zu werden[213], vereinzelt bieten Unternehmen aus anderen Mitgliedstaaten bereits ÖPNV in Deutschland an. Damit liegt eine Beeinträchtigung des zwischenstaatlichen Handels vor.

Auch im Rahmen der Handelsbeeinträchtigung wird das Spürbarkeitserfordernis diskutiert. Hierzu gelten zunächst die Ausführungen im Rahmen der Wettbewerbsverfälschung sinngemäß. Das für das Spürbarkeitserfordernis angeführte Argument, dass ansonsten die vom EuGH der Kommission abverlangte genaue Prüfung der möglichen Auswirkungen einer Maßnahme auf den innerstaatlichen Handel überflüssig wäre, überzeugt jedenfalls nicht[214]. Die Anforderungen des EuGH verlangen lediglich eine bestimmte Prüfungsdichte, sagen aber nichts über die Spürbarkeit einer Handelsbeeinträchtigung aus. Dies entspricht dem Wortlaut des Art. 87 Abs. (1) EG. Im Übrigen können geringfügige Handelsbeeinträchtigungen zumindest nach Art. 87 Abs. (3) EG[215] durch die Kommission als mit dem Gemeinsamen Markt vereinbar angesehen werden, so dass es an der Notwendigkeit fehlt, bereits das Vorliegen einer Beihilfe zu negieren. Nebenbei sei trotzdem angemerkt, dass das Erfordernis der Spürbarkeit, selbst wenn es dieses tatsächlich gäbe, im Bereich der Beihilfen im deutschen ÖPNV wohl erfüllt sein dürfte, da entsprechende wettbewerbsverfälschende Beihilfen bundesweit gewährt würden.

---

212 Dies übersieht *Metz*, Ein „Bosman"-Urteil gegen Kommunen und Verkehrsunternehmen, Bus & Bahn 7-8/ 1998, S. 2, der nur auf die - tatsächlich - räumlich begrenzte Erbringung der Dienstleistungen im ÖSPV abstellt, die Möglichkeit einer europaweiten Ausschreibung der entsprechenden Konzession dabei aber nicht berücksichtigt. Ebenso: *Metz*, Finanzielles Engagement kommunaler Gebietskörperschaften zugunsten ihrer Nahverkehrsunternehmen und europäisches Beihilferecht, in: Püttner (Hrsg.), ÖPNV in Bewegung. Konzepte, Probleme, Chancen, 53 (58). Dagegen der hier geäußerten Auffassung zustimmend: *Berschin*, Europäisches Recht der Finanzierung im ÖPNV bringt Wettbewerb um Subventionen, ZUR 1997, 4 (5).

213 S. die Übersicht bei: *Räpple*, Probleme des regulierten ÖPNV aus Sicht eines kommunalen Verkehrsunternehmens auf dem Hintergrund gegebener Rahmenbedingungen, in: Püttner (Hrsg.), Der regionalisierte Nahverkehr, S. 138 (139); zustimmend: *Berschin*, Anmerkung zu OVG Magdeburg, Urteil vom 07.04.1998, A 1/ 4 S 221/ 97, TranspR 1999, 33 (34).

214 So aber: Groeben/ Thiesing/ Ehlermann - *Wenig*, EU-, EG-Vertrag, Art. 92 [a.F., Art. 87 EG] Rn. 25; *Keßler*, Zur Auslegung des Art. 92 Abs. 1 EWGV, DÖV 1977, 619 (621 f.). Gegen das Spürbarkeitserfordernis: Grabitz/ Hilf - *v.Wallenberg*, EU-, EG-Vertrag, Art. 92 [a.F., Art. 87 EG] Rn. 31; *Müller-Graff*, Die Erscheinungsformen der Leistungssubventionstatbestände aus wirtschaftsrechtlicher Sicht, ZHR 152 (1988), 403 (432); *Falk*, Die materielle Beurteilung des deutschen Stromeinspeisungsgesetzes nach europäischem Beihilferecht, ZIP 1999, 738 (741).

215 S. dort lit. c, der letztlich eine geringfügige Handelsbeeinträchtigung voraussetzt. Die Bestimmung wäre überflüssig, wenn bei einer derartigen Beeinträchtigung überhaupt keine Beihilfe vorliegt.

Folglich beeinträchtigen wettbewerbsverzerrende Beihilfen im Bereich des ÖPNV den zwischenstaatlichen Handel, so dass sie gem. Art. 87 Abs. (1) EG - zunächst - mit dem Gemeinsamen Markt unvereinbar sind.

dd.) Zwischenergebnis
Beihilfen im Bereich des ÖPNV können wettbewerbsverfälschend i.S. des Art. 87 Abs. (1) EG sein und den zwischenstaatlichen Handel beeinträchtigen und deshalb zumindest zunächst mit dem Gemeinsamen Markt unvereinbar sein. Ob dem so ist, muss anhand der jeweils gewährten Beihilfe näher untersucht werden. Eine Beihilfe liegt in diesem Bereich vor, wenn staatliche Mittel an ein Unternehmen des ÖPNV außerhalb von Austauschverträgen geleistet werden, der Bereich des ÖPNV im Vergleich zur gesamten Wirtschaft von bestimmten Abgaben oder sonstigen Lasten befreit wird oder der Staat einem Unternehmen, an dem er zumindest Anteile besitzt, eine Kapitalhilfe zukommen lässt, obwohl bei Berücksichtigung aller Faktoren keine Rentabilität zu erwarten ist, ein vergleichbarer privater Investor die Kapitalhilfe folglich nicht mehr vorgenommen hätte.

b.) Zulässige Beihilfen im Verkehrsbereich, Art. 73 EG
Trotz Vorliegens der Voraussetzungen des Art. 87 Abs. (1) EG sind Beihilfen im Bereich des Verkehrs gem. Art. 73 EG ausnahmsweise mit dem Gemeinsamen Markt vereinbar, wenn sie den Erfordernissen der Koordinierung des Verkehrs oder der Abgeltung bestimmter, mit dem Begriff des öffentlichen Dienstes zusammenhängender Leistungen entsprechen. Diese Ausnahmevorschrift ist durch die oben näher gekennzeichneten Besonderheiten des Verkehrs begründet.

Der Wortlaut des Art. 73 EG ist relativ unbestimmt, insbesondere wird nicht deutlich, was unter der Koordinierung des Verkehrs und unter der Abgeltung von Leistungen, die mit dem Begriff des öffentlichen Dienstes zusammenhängen, zu verstehen ist. Allgemein kann zunächst festgestellt werden, dass der Begriff der „Koordination" der französischen Rechtssprache (coordination) entnommen wurde und die ordnungspolitische Gestaltung des Verkehrs meint[216]. Der Begriff des „öffentlichen Dienstes" wurde ebenfalls der französischen Rechtssprache (obligations de service public) entnommen und meint gemeinwirtschaftliche Leistungen[217]. Trotz dieser ersten Auslegung der Begriffe bleibt unklar, in welchem Umfang Beihilfen gewährt werden können. Bezüglich der Abgeltung erscheint darüber hinaus die Behandlung im Rahmen staatlicher Beihilfen zunächst merkwürdig, da die staatlich gewährte Abgeltung scheinbar einer vom Verkehrsunternehmen erbrachten Gegenleistung entspricht. Da es sich insoweit aber um ein öffentlich-rechtliches Institut handelt, liegt keine Gegenleistung im Sinne des Privatrechts vor, so dass die Einordnung als Beihilfe zutreffend ist[218].

Der Umfang der zulässigen Beihilfegewährung soll nach einer Auffassung in der Literatur nach den Grundsätzen zu bestimmen sein, die der EuGH zu Art. 86 EG ent-

---

216 *Geiger*, EUV/ EGV, Art. 73 EG Rn. 3.
217 Grabitz/ Hilf - *Frohnmeyer*, Recht der EU, Art. 73 EG Rn. 4; Groeben/ Thiesing/ Ehlermann - *Erdmenger*, EU-, EG-Vertrag, Art. 77 [a.F., Art. 73 EG] Rn. 12.
218 Vgl. Grabitz/ Hilf - *Frohnmeyer*, Recht der EU, Art. 73 EG Rn. 3; Groeben/ Thiesing/ Ehlermann - *Erdmenger*, EU-, EG-Vertrag, Art. 77 [a.F., Art. 73 EG] Rn. 13.

wickelt hat[219]. Die Zulässigkeit einer Beihilfe würde sich demnach nach der Eignung, Erforderlichkeit und Verhältnismäßigkeit zur Erreichung des Koordinierungsziels oder zur Abgeltung der Belastungen richten[220]. Diese Auffassung ist im Ansatz sicherlich zutreffend. Insbesondere die Erforderlichkeit bewirkt, dass nur der genau zu errechnende Mehraufwand aus der gemeinwirtschaftlichen Verpflichtung nach Art. 73 EG ersetzt werden darf. Eine pauschale Abgeltung ist dagegen nicht möglich, da es dann an der Erforderlichkeit fehlen würde. Durch die Anwendung der vorgenannten Grundsätze wird zwar eine weitere Eingrenzung des Tatbestandes des Art. 73 EG bezüglich des Umfanges etwaiger Beihilfen bewirkt, welche Beihilfen zulässig sind, ist aber noch immer nicht erkennbar.

Zur Konkretisierung des Art. 73 EG sind mehrere Rechtsakte der Gemeinschaft ergangen. Durch die Harmonisierungsentscheidung 65/ 271/ EWG vom 13.05.1965[221], die VO (EWG) Nr. 1107/ 70 des Rates vom 04.06.1970 über Beihilfen im Eisenbahn-, Straßen- und Binnenschiffsverkehr[222], die VO (EWG) Nr. 1191/ 69 des Rates vom 28.06.1969 über das Vorgehen der Mitgliedstaaten bei dem mit dem Begriff des öffentlichen Dienstes verbundenen Verpflichtungen auf dem Gebiet des Binnenverkehrs[223] und die VO (EWG) Nr. 1192/ 69 des Rates vom 26.06.1969 über gemeinsame Regeln für die Normalisierung der Konten der Eisenbahnunternehmen[224] wurde Art. 73 EG konkretisiert[225]. Diese vom Rat vorgenommene Konkretisierung wird teilweise als problematisch empfunden: aus Art. 3 S. 1 und Erwägungsgrund Nr. 5 der VO (EWG) 1107/ 70 und Art. 9 Abs. (1) der Harmonisierungsentscheidung wird deutlich, dass die Aufzählung der nach Art. 73 EG zulässigen Beihilfen in den zuvor genannten Verordnungen abschließend sein soll[226]. Dagegen wird eingewandt, dass der Rat den Anwendungs-

---

219 *Basedow/ Dolfen*, in: Dauses, Handbuch des EU-Wirtschaftsrechts, Teil L Rn.70.
220 EuGH Rs. 66/ 86, Slg. 1989, 803 (853) - *Ahmed Saeed*.
221 ABl. EG Nr. 88/ 1500 vom 24.05.1965. Zur Bedeutung der Harmonisierungsentscheidung s.: *Scheuner*, Fragen des internationalen Verkehrs in der Europäischen Gemeinschaft, FS Jahreiß, S. 209 (211).
222 ABl. EG Nr. L 130/ 1 vom 15.06.1970, geänd. durch VO (EWG) Nr. 1473/ 75 vom 20.05.1975, ABl. EG Nr. L 152/ 1 vom 12.06.1975; VO (EWG) Nr. 1658/ 82 vom 10.06.1982, ABl. EG Nr. L 184/ 1 vom 29.06.1982; VO (EWG) Nr. 1100/ 89 vom 27.04.1989, ABl. EG Nr. L 116/ 4 vom 28.04.1989; VO (EWG) Nr. 3578/ 92 vom 07.12.1992, ABl. EG Nr. L 364/ 11 vom 12.12.1992.
223 ABl. EG Nr. L 156/1 vom 28.06.1969, zuletzt geänd. durch die VO (EWG) 1893/ 91 vom 20.06.1991, ABl. EG Nr. L 169/ 1 vom 29.06.1991. Zur Entwicklung von der VO (EWG) 1191/ 69 bis zur VO (EWG) 1893/ 91 vgl. die Darstellung bei: *Gabler*, Öffentlicher Nahverkehr in Bayern, S. 20 ff.
224 ABl. EG Nr. L 156/ 8 vom 28.06.1969 mit Änderungen, zuletzt durch VO (EWG) Nr. 3572/ 90 vom 04.12.1990, ABl. EG Nr. L 353/ 12 vom 17.12.1990, und VO (EWG) Nr. 1893/ 91 vom 20.06.1991, ABl. EG Nr. L 169/ 1 vom 29.06.1991. Für den ÖSPV ist diese VO nicht einschlägig, so dass sie nicht weiter erörtert wird - gleiches gilt für die Richtlinie 91/ 440/ EWG des Rates vom 29.07.1991 zur Entwicklung der Eisenbahnunternehmen in der Gemeinschaft, ABl. EG Nr. L 237/ 25 vom 24.08.1991, die hier auch noch zu erwähnen wäre.
225 Die vorgenannten Rechtsakte der Gemeinschaft werden - soweit sie den ÖSPV betreffen - im Rahmen der Vereinbarkeit des nationalen Rechts mit den Vorgaben des Europarechts im 2. Teil dieser Untersuchung ausführlich behandelt. An dieser Stelle wird nur insoweit auf sie eingegangen, als dies für das Verständnis des Art. 73 EG notwendig ist.
226 Zustimmend: *Berschin*, Europäisches Recht der Finanzierung im ÖPNV bringt Wettbewerb um die Subventionen, ZUR 1997, 4 (5); *Jung*, Der europarechtliche Rahmen der Verkehrspolitik, TranspR 1998, 133 (145), der dies allerdings kritisch sieht.

bereich des EG-Vertrages durch sekundäres Gemeinschaftsrecht weder beschränken noch verändern kann[227]. Dies ist zwar im Grundsatz zutreffend, aber im Rahmen der Konkretisierung des Art. 73 EG durch die Verordnungen des Rates auch nicht der Fall. Selbstverständlich hat das Sekundärrecht das Primärrecht zu beachten und zu befolgen. Aus Art. 71 Abs. (1) lit. d EG ergibt sich, dass der Rat alle zweckdienlichen Vorschriften erlassen darf. Wie bereits erwähnt, sind sämtliche Vorschriften zur Verwirklichung der Vertragsziele zweckdienlich i.S. dieser Bestimmung. Folglich ist der Rat auch berechtigt, in diesem Rahmen Vorschriften zur Konkretisierung des Art. 73 EG zu erlassen. Dabei hat er die allgemeinen Ziele des Vertrages - insbesondere die Errichtung eines Binnenmarktes und eines Systems, das innerhalb des Binnenmarktes vor Wettbewerbsverfälschungen schützt - mit denen der gemeinsamen Verkehrspolitik abzuwägen. Dies kann auch dazu führen, dass eine an sich nach Art. 73 EG mögliche Beihilfe, sekundärrechtlich ausgeschlossen wird, um so im Rahmen der gemeinsamen Verkehrspolitik einem anderen Vertragsziel Geltung zu verschaffen. Beachtet der Rat vorgenannte Grundsätze, so sind die Vorschriften zur Konkretisierung des Art. 73 EG vertragsgemäß[228], da der EG-Vertrag die entsprechende Kompetenz dem Rat zuschreibt.

Auf Grund der vorgenommenen Konkretisierung sind im Bereich des straßengebundenen Personennahverkehrs gem. Art. 73 EG zur Abgeltung von Belastungen, die mit dem Begriff des öffentlichen Dienstes verbunden sind, nur noch folgende Beihilfen möglich:

- sofern sie zur Sicherstellung der ausreichenden Bedienung der Bevölkerung mit Verkehrsleistungen unerlässlich sind, Art. 1 Abs. (4), (5) S.1 VO (EWG) 1191/ 69 i.d.F. der VO (EWG) 1893/ 91;
- für Tarifermäßigungen, die im Interesse bestimmter sozialer Gruppen vorzuhalten sind, Art. 1 Abs. (6) VO (EWG) 1191/ 69 i.d.F. der VO (EWG) 1893/ 91[229];
- gem. Art. 3 Nr. 2 1.Alt. der VO (EWG) 1107/ 70 für Tarifpflichten, die nicht in Art. 2 Abs. (5) der VO (EWG) 1191/ 69 i.d.F. der VO (EWG) 1893/ 91 enthalten sind;
- und gem. Art. 3 Nr. 2 2.Alt. VO (EWG) 1170/ 70 für Unternehmen, die ausschließlich im Stadt-, Vorort und Regionalpersonenverkehr tätig sind, soweit der jeweilige Mitgliedstaat, von der Möglichkeit, diese aus dem Anwendungsbereich der VO (EWG) 1191/ 69 i.d.F. der VO (EWG) 1893/ 91 gem. des Art. 1 Abs. 1 S. 2 auszu-

---

227 *Jung*, a.a.O.; Grabitz/ Hilf - *Frohnmeyer*, Recht der EU, Art. 73 EG Rn. 8, der von einer eingegangenen Selbstverpflichtung der Mitgliedstaaten bis zum Erlass von Gemeinschaftsvorschriften spricht.

228 Im Ergebnis zustimmend: Groeben/ Thiesing/ Ehlermann - *Erdmenger*, EU-, EG-Vertrag, Art. 77 [a.F., Art. 73 EG] Rn. 14, mit dem Hinweis darauf, dass im Rahmen der gemeinsamen Verkehrspolitik den Mitgliedstaaten sekundärrechtlich aufgegeben werden kann, von einer primärrechtlichen Möglichkeit keinen Gebrauch zu machen. *Berschin*, Europäisches Recht der Finanzierung im ÖPNV bringt Wettbewerb um Subventionen, ZUR 1997, 4 (5), allerdings ohne nähere Begründung, mit Hinweis auf die Art. 75 Abs.1 EGV und Art. 94 EGV [a.F., Art. 71, 89 EG]. Gründe, die gegen die Vertragsmäßigkeit der genannten Verordnungen sprechen, sind nicht ersichtlich. Lediglich die Einschränkung des Art. 73 EG war insoweit zu erörtern.

229 Im Bereich des ÖPNV können diese auch auf Art. 1 Abs. (5) VO (EWG) 1191/ 69 i.d.F. der VO (EWG) 1893/ 91 gestützt werden.

nehmen, Gebrauch gemacht hat. In Deutschland besteht diese Herausnahme mit Wirkung vom 01.01.1996 nicht mehr[230].
Zur Koordinierung sind im Bereich des ÖSPV nur folgende Beihilfen zulässig:
- Wegekostendeckungsbeiträge der öffentlichen Hand gem. Art. 3 Nr. 1 lit. b der VO (EWG) 1107/ 70, bis zum Inkrafttreten einer gemeinsamen Regelung, die für den ÖSPV noch nicht existiert, und
- zu Forschungszwecken gem. Art. 3 Nr. 1 lit. c der VO (EWG) 1107/ 70, allerdings nur außerhalb der kommerziellen Betriebsführung, und
- gem. Art. 3 Nr.1 lit. d der VO (EWG) 1107/ 70 bis zur Harmonisierung des Konzessionswesens vorübergehend und ausnahmsweise zum Abbau einer Überkapazität im Rahmen eines Sanierungsplans, wenn die Überkapazität ernste strukturelle Schwierigkeiten zur Folge hat.

Weitere Möglichkeiten eine Beihilfe nach Art. 73 EG von dem allgemeinen Beihilfeverbot des Art. 87 Abs. (1) EG freizustellen, bestehen nicht. Dies gilt insbesondere für Verpflichtungen des öffentlichen Dienstes, die in der VO (EWG) 1191/ 69 i.d.F. der VO (EWG) 1893/ 91 nicht genannt werden. Für diese Bereiche muss das öffentliche Interesse an der entsprechenden gemeinwirtschaftlichen Leistung marktkonform durch Austauschverträge sichergestellt werden, wie dies nach Möglichkeit auch bei Beihilfen, die nach Art. 73 EG zulässig sind, geschehen soll[231].

c.) Ausnahmen vom Beihilfeverbot nach Art. 87 Abs. (2), (3) EG
Beihilfen im Verkehrsbereich, die nicht unter die Ausnahme des Art. 73 EG fallen, können nach Maßgabe des Art. 87 Abs. (2) EG mit dem Gemeinsamen Markt vereinbar sein oder nach Art. 87 Abs. (3) EG mit dem Gemeinsamen Markt als vereinbar angesehen werden. Während die in Abs. (2) genannten Ausnahmen von vornherein gelten und nur der Verfahrenskontrolle der Kommission nach Art. 88 EG unterliegen[232], werden Beihilfen nach Abs. (3) durch die Kommission nach pflichtgemäßem Ermessen von dem Beihilfeverbot des Art. 87 Abs. (1) EG freigestellt.

---

230 S. § 3 VO zur Festlegung des Anwendungsbereichs der VO (EWG) 1191/ 69 i.d.F. der VO (EWG) 1893/ 91 vom 31.07.1992, BGBl. I S. 1442, i.d.F. der Änderungs-VO vom 29.11.1994, BGBl. I S. 3630, auf Grundlage der Rechtsverordnungskompetenz des § 57 Abs.1 Nr. 7 PBefG; a.A.: *Metz*, Ein „Bosman"-Urteil gegen Kommunen und Verkehrsunternehmen?, Bus & Bahn 7-8/ 1998, S. 2 (3), der in § 8 Abs. 4 S. 2 PBefG eine Herausnahme aus dem Bereich der VO (EWG) 1191/ 69 i.d.F. der VO (EWG) 1893/ 91 erblickt, falls diese Bestimmung mit der VO nicht vereinbar sein sollte. Wenn auch der entsprechende Paragraph zeitgleich mit der vorgenannten Aufhebung erlassen wurde, so kann dies nicht zutreffen. Sollte es bei einer weiteren Herausnahme des ÖPNV nach dem Willen des Bundesgesetzgebers bleiben, so hätte die entsprechende Bundes-VO nur verlängert werden müssen. Einer Regelung im PBefG und in den verschiedenen LandesÖPNV-Gesetzen hätte es nicht bedurft. Metz übersieht weiter, dass bei der von ihm angenommenen Nichtanwendbarkeit der VO (EWG) 1191/ 69 i.d.F. der VO (EWG) 1893/ 91 die VO (EWG) 1107/ 70 mit ihren strengen Vorgaben im ÖPNV gelten würde.
231 Erwägungsgrund Nr. 2 der VO (EWG) 1191/ 69 i.d.F. der VO (EWG) 1893/ 91.
232 Groeben/ Thiesing/ Ehlermann - *Wenig*, EU-, EG-Vertrag, Art. 92 [a.F., Art. 87 EG] Rn. 28.

aa.) Legalausnahmen des Art. 87 Abs. (2) EG
Nach dieser Vorschrift sind Sozial- und Katastrophenbeihilfen sowie Beihilfen für die Wirtschaft bestimmter durch die Teilung Deutschlands betroffener Gebiete mit dem Gemeinsamen Markt vereinbar.

Ob eine Sozialbeihilfe vorliegt, richtet sich nach dem Kreis der Begünstigten. Da weder allgemeine Sozialmaßnahmen noch Hilfen für einzelne Endverbraucher unter den Beihilfebegriff des Art. 87 Abs. (1) EG fallen, sind nur zwei Arten von Sozialbeihilfen denkbar[233]:

- unmittelbare Beihilfen an eine bestimmte Gruppe von Endverbrauchern[234], die sich mittelbar bei bestimmten Unternehmen oder Produktionszweigen auswirken, oder
- unmittelbare Zahlungen an bestimmte Unternehmen oder Produktionszweige, die sich mittelbar bei einer bestimmten Endverbrauchergruppe auswirken, diese also begünstigen[235]. Tritt die begünstigende Wirkung dagegen bei den Unternehmen oder einzelnen Produktionszweigen ein, liegt keine Sozialbeihilfe mehr vor.

Zulässig sind derartige Beihilfen nur, wenn nicht nach der Herkunft der Waren unterschieden wird, da ansonsten die Bevorzugung inländischer Unternehmen möglich wäre, was zu einer erheblichen Beeinträchtigung des zwischenstaatlichen Handels führen würde. Nicht ausgeschlossen ist jedoch, dass einzelne Waren oder Dienstleistungen[236] gegenüber Substitutionsprodukten bevorzugt werden. Die Bestimmung des Art. 87 Abs. (2) lit. a EG hat auf Grund des Art. 1 Abs. (6) VO (EWG) 1191/ 69 i.d.F. der VO (EWG) 1893/ 91 im Bereich des ÖSPV keine eigenständige Bedeutung mehr, da Beihilfen für Tarifermäßigungen zu Gunsten bestimmter sozialer Gruppen bereits durch die VO geregelt werden.

Die nach Art. 87 Abs. (2) lit. b EG zulässigen Beihilfen zum Ausgleich der Schäden durch eine Naturkatastrophe oder sonstiger außergewöhnlicher Ereignisse, sind im Rahmen dieser Untersuchung nicht einschlägig. Insbesondere fallen plötzlich auftretende Probleme im Wirtschaftsbereich nicht unter diese Bestimmung[237].

Gem. Art. 87 Abs. (2) lit. c EG fallen Beihilfen nicht unter das generelle Verbot, die der Wirtschaft bestimmter, durch die Teilung Deutschlands benachteiligter Gebiete gewährt werden, um teilungsbedingte Nachteile auszugleichen. Zu diesen benachteiligten Gebieten zählten bis zur Wiedervereinigung das Zonenrandgebiet, West-Berlin und das Saarland, nach der Wiedervereinigung bzw. heute zählen nur noch die neuen Bundes-

---

233 Vgl. Groeben/ Thiesing/ Ehlermann - *Wenig*, EU-, EG-Vertrag, Art. 92 [a.F., Art. 87 EG] Rn. 29.
234 Obwohl in Art. 87 Abs. (2) EG nur von Verbrauchern die Rede ist, muss es sich um (private) Endverbraucher handeln, vgl. Calliess/ Ruffert - *Cremer*, EUV/ EGV, Art. 87 EG Rn. 20.
235 A.A.: Grabitz/ Hilf - *v.Wallenberg*, EU-, EG-Vertrag, Art. 92 [a.F., Art. 87 EG] Rn. 38, insoweit widersprüchlich, als dass er zunächst die Verteilung von Schulmilch als Beispiel nennt und dann meint, die Zahlung dürfe nicht direkt an ein Unternehmen erfolgen - auch wenn dadurch private Endverbraucher begünstigt würden. Die Beihilfe im Rahmen des genannten Beispiels „Schulmilch" erfolgt aber direkt an den Hersteller, so dass die Schüler die Schulmilch verbilligt einkaufen können!
236 Art. 87 Abs. (2) lit. a EG ist auch auf Dienstleistungen anwendbar, vgl. Groeben/ Thiesing/ Ehlermann - *Wenig*, EU-, EG-Vertrag, Art. 92 [a.F., Art. 87 EG] Rn. 30; zustimmend: Calliess/ Ruffert - *Cremer*, EUV/ EGV, Art. 87 EG Rn. 20 (Fn. 130).
237 Groeben/ Thiesing/ Ehlermann - *Wenig*, EU-, EG-Vertrag, Art. 92 [a.F., Art. 87 EG] Rn. 33; Calliess/ Ruffert - *Cremer*, EUV/ EGV, Art. 87 EG Rn. 21; Lenz - *Rawlinson*, EG-Vertrag, Art. 87 EG Rn. 24.

länder zu diesen Gebieten[238]. Da es in der vorliegenden Untersuchung um bundesweit praktizierte Finanzierungsmaßnahmen im Bereich des ÖPNV geht, ist auch diese Vorschrift nicht einschlägig[239].

Im Bereich des ÖSPV gewährte Beihilfen, die nicht unter Art. 73 EG fallen, können nicht nach Art. 87 Abs. (2) EG mit dem Gemeinsamen Markt vereinbar sein, da Sozialbeihilfen bereits abschließend in der VO (EWG) 1191/ 69 i.d.F. der VO (EWG) 1893/ 91 geregelt und die anderen Ausnahmevorschriften des Art. 87 Abs. (2) EG nicht einschlägig sind.

bb.) Ausnahmen nach Art. 87 Abs. (3) EG

Diese Vorschrift regelt, dass bestimmte Arten von Beihilfen unter den genannten Voraussetzungen als mit dem Gemeinsamen Markt vereinbar angesehen werden können, obwohl sie wettbewerbsverfälschend und handelsbeeinträchtigend sind[240]. Aus Art. 88 EG ergibt sich, dass die Kommission für diese Feststellung zuständig ist; aus dem „können" in Art. 87 Abs. (3) EG wird deutlich, dass ihr dabei ein Ermessensspielraum zukommt. Dieses Ermessen hat die Kommission nach Maßgabe sozialer und wirtschaftlicher Wertungen aus der Sicht der Gemeinschaft, und nicht etwa aus der Sicht des Mitgliedstaates, insbesondere unter Beachtung des Art. 3 Abs. (1) lit. g EG auszuüben[241]. Sie unterliegt insoweit nur einer eingeschränkten Kontrolle durch den EuGH, der nur prüft, ob die Erwägungen der Kommission in sich schlüssig sind[242]. Aus dem generellen Verbot des Art. 87 Abs. (1) EG und dem Ermessen der Kommission im Rahmen des Art. 87 Abs. (3) EG folgt, dass der einzelne Mitgliedstaat keinen Anspruch auf eine Vereinbarkeitserklärung seitens der Kommission hat[243].

---

238 Vgl. Calliess/ Ruffert - *Cremer*, EUV/ EGV, Art. 87 EG Rn. 22 f.; wohl a.A.: Kommission, 24. Bericht über die Wettbewerbspolitik 1994, 1995, Ziff. 354, die diese Bestimmung nur noch in Ausnahmefällen anwenden will und ansonsten Art. 87 Abs. 3 lit. a EG. Ebenfalls a.A.: Groeben/ Thiesing/ Ehlermann - *Wenig*, EU-, EG-Vertrag, Art. 92 [a.F., Art. 87 EG] Rn. 37, der - m.E. zu eng - darauf abstellt, dass die Unternehmen in den neuen Bundesländern durch die Aufhebung der Teilung betroffen seien und dies nicht unter den Tatbestand des Art. 87 Abs. 2 lit. c EG subsumieren will; *Koenig/ Kühling*, Grundfragen des EG-Beihilfenrechts, NJW 2000, 1065 (1070).

239 Zu den besonderen Problemen der Verkehrsunternehmen in den neuen Bundesländern s.: *Rösler*, Möglichkeiten und Grenzen wettbewerblicher Verkehrslösungen im Regionalverkehr der neuen Bundesländer, in: DVWG (Hrsg.), B 191, Reformkonzepte im Nahverkehr: Deregulierung, Privatisierung, Regionalisierung, S. 96 ff.

240 Art. 87 Abs. (3) lit. d EG wird nicht weiter angesprochen, da eine Kulturförderung offensichtlich nicht einschlägig ist. Nach Art. 87 Abs. (3) lit. e EG kann der Rat auf Vorschlag der Kommission weitere Beihilfen bestimmen, die dann die Kommission als mit dem Gemeinsamen Markt vereinbar ansehen kann. Im Bereich des Verkehrs bleibt wegen Art. 73, 71 Abs. (1) lit. d EG wohl kein eigenständiger Anwendungsbereich. Im Hinblick auf die Aktivitäten der Gemeinschaft zur Öffnung des ÖPNV-Marktes sind derartige Maßnahmen auch nicht zu erwarten.

241 Dazu: EuGH Rs. 730/ 79, Slg. 1980, 2671 (2690 f.) - *Philip Morris*; verb. Rs. C-278-280/ 92, Slg. 1994, I-4103 (4162) - *Spanien/ Kommission (Hytasa)*; zustimmend: Grabitz/ Hilf - *v.Wallenberg*, EU-, EG-Vertrag; Art. 92 [a.F., Art. 87 EG] Rn. 46; *Geiger*, EUV/ EGV, Art. 87 EG Rn. 20 f.; Lenz - *Rawlinson*, EG-Vertrag, Art. 87 EG Rn. 27; *Kahl*, Das öffentliche Unternehmen im Gegenwind des europäischen Beihilferegimes, NVwZ 1996, 1082 (1086); gegen die Hervorhebung des Prinzips des Art. 3 Abs. (1) lit. g EG: Calliess/ Ruffert - *Cremer*, EUV/ EGV, Art. 87 EG Rn. 30.

242 Einzelheiten bei: Groeben/ Thiesing/ Ehlermann - *Wenig*, EU-, EG-Vertrag, Art. 92 [a.F., Art. 87 EG] Rn. 40.

243 Vgl. Grabitz/ Hilf - *v.Wallenberg*, EU-, EG-Vertrag, Art. 92 [a.F., Art. 87 EG] Rn. 46.

Inhaltlich trägt die Kommission die Darlegungs- und Beweislast dafür, dass eine Beihilfe trotz Wettbewerbsverfälschung und Handelsbeeinträchtigung nicht den gemeinschaftlichen Interessen zuwiderläuft, wenn sie entscheidet, dass eine Beihilfe als mit dem Gemeinsamen Markt vereinbar angesehen werden kann[244]. Dies setzt voraus, dass die fragliche Beihilfe geeignet und erforderlich ist, um ein in Art. 87 Abs. (3) EG genanntes Ziel zu erreichen[245]. Erfüllt die Beihilfe diese Voraussetzungen nicht, kann die Kommission die Vereinbarkeit nicht feststellen, da ansonsten eine vermeidbare Wettbewerbsverzerrung hingenommen würde.

Nach Art. 87 Abs. (3) lit. a EG können Beihilfen mit dem Gemeinsamen Markt vereinbar sein, wenn sie der Förderung wirtschaftlicher Entwicklungen von Gebieten dienen, in denen die Lebenshaltung außergewöhnlich niedrig ist oder eine erhebliche Unterbeschäftigung herrscht. Bereits aus dem Wortlaut wird ersichtlich, dass es sich dabei nur um extrem unterentwickelte Gebiete handeln kann. Eine derartige Unterentwicklung liegt in Gebieten vor, in denen das Bruttoinlandsprodukt 75% des Gemeinschaftsdurchschnitts nicht übersteigt[246]. Damit ist eine Anwendung des Art. 87 Abs. (3) lit. a EG innerhalb Deutschlands nur in Bezug auf die neuen Bundesländer möglich[247]. Die Beihilfe muss der Förderung dieser benachteiligten Gebiete dienen. Daraus folgt, dass es sich um eine auf die betroffene Region begrenzte Beihilfe handeln muss, die im Hinblick auf die harmonische Entwicklung des Wirtschaftslebens und den wirtschaftlichen und sozialen Zusammenhalt auch im Gemeinschaftsinteresse erfolgt. Die vorgenannten Kriterien könnten nur Beihilfen erfüllen, die ausschließlich in bestimmten Bereichen der neuen Bundesländer den Unternehmen des ÖPNV gewährt werden, nicht aber für Beihilfearten, die bundesweit den Verkehrsunternehmen gewährt werden. Art. 87 Abs. (3) lit. a EG hat damit für die allgemeine Finanzierung des ÖPNV in Deutschland keine Bedeutung.

Gem. Art. 87 Abs. (3) lit. b EG können Beihilfen zur Förderung wichtiger Vorhaben von gemeinsamen europäischen Interesse oder zur Behebung einer beträchtlichen Störung im Wirtschaftsleben eines Mitgliedstaates mit dem Gemeinsamen Markt vereinbar sein. Unter diese Bestimmung fallen zunächst Vorhaben mit transnationalem Charakter und Vorhaben zum Umweltschutz, wobei auf die Ziele der Gemeinschaft abzustellen ist[248]. Eine Beihilfe liegt insbesondere im Gemeinschaftsinteresse, wenn entsprechende

---

244 Groeben/ Thiesing/ Ehlermann - *Wenig*, EU-, EG-Vertrag, Art. 92 [a.F., Art. 87 EG] Rn. 41; Grabitz/ Hilf - *v.Wallenberg*, EU-, EG-Vertrag, Art. 92 [a.F., Art. 87 EG] Rn. 42.
245 Vgl. Entscheidung der Kommission Nr. 84/ 497/ EWG vom 27.06.1984, ABl. EG Nr. L 276/ 37 (38); Entscheidung der Kommission Nr. 91/ 500/ EWG vom 28.05.1991, ABl. EG Nr. L 262/ 29 (31); Calliess/ Ruffert - *Cremer*, EUV/ EGV, Art. 87 EG Rn. 28 f.
246 Mitteilung der Kommission an die Mitgliedstaaten über die Methode zur Anwendung von Art. 92 Abs. 3 lit. a und c auf Regionalbeihilfen, ABl. EG Nr. C 212/ 2 vom 12.08.1988; Leitlinien für staatliche Beihilfen mit regionaler Zielsetzung, ABl. EG Nr. C 74/ 9 vom 10.03.1998; dazu: *Erlbacher*, Die neuen Leitlinien der Kommission für die Vergabe staatlicher Regionalbeihilfen, EuZW 1998, 517 (insbes. 518).
247 S. *Kahl*, Das öffentliche Unternehmen im Gegenwind des europäischen Beihilferegimes, NVwZ 1996, 1082 (1086), mit Schilderung der Entwicklung bis zur entsprechenden Einordnung der neuen Bundesländer durch die Kommission; noch a.A.: Entscheidung der Kommission Nr. 91/ 389/ EWG vom 18.07.1990, ABl. EG Nr. L 215/ 1 (6); a.A.: Groeben/ Thiesing/ Ehlermann - *Wenig*, EU-, EG-Vertrag, Art. 92 [a.F., Art. 87 EG] Rn. 46.
248 Lenz - *Rawlinson*, EG-Vertrag, Art. 87 EG Rn. 29; Grabitz/ Hilf - *v.Wallenberg*, EU-, EG-Vertrag, Art. 92 [a.F., Art. 87 EG] Rn. 50; beide m.w.N.; *Oppermann*, Europarecht Rn. 1131.

Aktionsprogramme der Kommission oder Entschließungen des Rates existieren und die Mitgliedstaaten diese ausfüllen oder wenn ein entsprechendes Programm eines Mitgliedstaates besteht, an dem die Gemeinschaft entscheidend mitgewirkt hat. Wesentlich ist, dass diese Vorhaben anderen Mitgliedstaaten zugute kommen[249]. Eigentlicher Anwendungsbereich dieser Ausnahmevorschrift sind Forschungs- und Entwicklungsvorhaben (FuE Vorhaben) in der Gemeinschaft. Derartige FuE Arbeitsgruppen bestehen zwar auch im Bereich des ÖPNV auf europäischer Ebene[250], die Leistung ÖPNV wird durch diese aber nicht beeinflusst, so dass schon deshalb keine Finanzierungsmaßnahmen im (kommerziellen) ÖPNV auf die Vorschrift des Art. 87 Abs. (3) lit. b EG gestützt werden können. Darüber hinaus enthält Art. 3 Nr. 1 lit. c der VO (EWG) 1107/ 70 bereits eine entsprechende Regelung für Forschungsvorhaben, so dass die Anwendung des Art. 87 Abs. (3) lit. b 1.Alt. EG nicht mehr möglich ist.

Beträchtliche Störungen im Wirtschaftsleben müssen entweder die gesamte Wirtschaft oder mehrere Regionen bzw. Wirtschaftsbereiche betreffen[251]. Eine Beihilfe an Anbieter im ÖPNV kann nicht auf Art. 87 Abs. (3) lit. b 2.Alt. EG gestützt werden, da entsprechende Schwierigkeiten überhaupt nicht ersichtlich sind.

Beihilfen zur Förderung der Entwicklung gewisser Wirtschaftszweige oder Wirtschaftsgebiete können gem. Art. 87 Abs. (3) lit. c EG mit dem Gemeinsamen Markt vereinbar sein, soweit sie die Handelsbedingungen nicht in einer Weise verändern, die dem gemeinsamen Interesse zuwiderläuft. Der Förderung der Entwicklung dient eine Beihilfe, wenn sie die Umstrukturierung in dem betroffenen Wirtschaftszweig oder Wirtschaftsgebiet positiv beeinflusst[252]. Dies kann auch durch umweltschützende Maßnahmen erfolgen[253]. An der positiven Beeinflussung fehlt es dagegen, wenn die Beihilfen lediglich den status quo sichern sollen[254], namentlich bei reinen Betriebsbeihilfen. Für derartige Beihilfen enthält Art. 3 Nr. 1 lit. d der VO (EWG) 1107/ 70 bereits eine Regelung, so dass auch Art. 87 Abs. (3) lit. c EG nicht im Rahmen von Beihilfen im ÖPNV herangezogen werden kann[255].

---

249 Groeben/ Thiesing/ Ehlermann - *Wenig*, EU-, EG-Vertrag, Art. 92 [a.F., Art. 87 EG] Rn. 49. Dies kann für die Finanzierungsmittel im Bereich des ÖPNV schwerlich angenommen werden, da diese eher zu einer Abschottung des inländischen Marktes führen.
250 Vgl. Kommission Grünbuch „Das Bürgernetz", KOM (95) 601 endg., S. 26.
251 Unstreitig, vgl.: Groeben/ Thiesing/ Ehlermann - *Wenig*, EU-, EG-Vertrag, Art. 92 [a.F., Art. 87 EG] Rn. 60; Calliess/ Ruffert - *Cremer*, EUV/ EGV, Art. 87 EG Rn. 34; Grabitz/ Hilf - *v. Wallenberg*, EU-, EG-Vertrag, Art. 92 [a.F., Art. 87 EG] Rn. 51. Entsprechende Störungen in Deutschland würden wohl nicht zur Anwendung des Art. 87 Abs. (3) lit. b EG führen, da die wirtschaftliche Lage in Deutschland im Vergleich zu anderen Mitgliedstaaten zu günstig ist.
252 Grabitz/ Hilf - *v.Wallenberg*, EU-, EG-Vertrag, Art. 92 [a.F., Art. 87 EG] Rn. 53; Groeben/ Thiesing/ Ehlermann - *Wenig*, EU-, EG-Vertrag, Art. 92 [a.F., Art. 87 EG] Rn. 64; ausführlich zu Rettungs- und Umstrukturierungsbeihilfen: *Jestaedt/ Miehle*, Rettungs- und Umstrukturierungsbeihilfen für Unternehmen in Schwierigkeiten, EuZW 1995, 659 ff.
253 Entscheidung der Kommission 92/ 316/ EWG vom 11.03.1992, ABl. EG Nr. L 170/ 34 (38) vom 25.06.1992; dem zustimmend: *Frenz*, Energiesteuer und Beihilfenverbot, EuZW 1999, 616 (618).
254 So z.B.: EuGH Rs. 301/ 87, Slg. 1990, I-307 (Rn. 52-57) - *Frankreich/ Kommission*.
255 Dies könnte lediglich für Beihilfen, die wegen des Art. 7 der VO (EWG) 1107/ 70 nicht unter diese VO fallen, anders sein. Derartige Beihilfen sind aber im Bereich des ÖPNV nicht vorhanden und werden - soweit ersichtlich - auch nicht diskutiert. Anscheinend a.A.: *Metz*, Finanzielles Engagement kommunaler Gebietskörperschaften zugunsten ihrer Nahverkehrsunternehmen und europäisches Beihilferecht, in: Püttner (Hrsg.), ÖPNV in Bewegung. Konzepte, Probleme, Chancen, 53 (59 ff.), der nur die Anwendung von Art. 87 Abs. (3) EG diskutiert.

Art. 87 Abs. (3) EG ist für Beihilfen im Bereich des ÖPNV nicht anwendbar, da entweder die Voraussetzungen nicht vorliegen oder aber Regelungen im Zusammenhang mit Art. 73 EG bestehen, die die Anwendung des Art. 87 Abs. (3) EG verhindern.

d.) Verfahren
Da das Beihilfeverbot des Art. 87 Abs. (1) EG nicht unmittelbar gilt, bedarf es eines Verfahrens, in dem die Unvereinbarkeit einer Beihilfe mit dem Gemeinsamen Markt festgestellt wird. Dieses Kontrollverfahren ist in Art. 88 EG geregelt[256]. Dort wird zwischen dem Verfahren bei bestehenden Beihilfen in Abs. (1) und dem für neue oder umgestaltete Beihilfen in Abs. (3) unterschieden. Zuständig für beide Verfahren ist die Kommission[257].

aa.) Verfahren bei bestehenden Beihilfen
Nach Art. 88 Abs. (1) EG überprüft die Kommission fortlaufend in Zusammenarbeit mit den Mitgliedstaaten die in diesen bestehenden Beihilferegelungen und schlägt diesen gegebenenfalls zweckdienliche Maßnahmen vor, welche durch die fortschreitende Entwicklung und das Funktionieren des Gemeinsamen Marktes erforderlich sind. Der Begriff der bestehenden Beihilfe wird in der VO (EG) Nr. 659/ 99 des Rates vom 22.03.1999 über Vorschriften für die Anwendung von Art. 93 EGV [a.F., Art. 88 EG][258] in Art. 1 lit. b definiert, darunter fallen:

- alle Beihilfen, die vor Inkrafttreten des Vertrages in dem jeweiligen Mitgliedstaat existierten (i.);
- von der Kommission oder dem Rat genehmigte Beihilferegelungen und Einzelbeihilfen (ii.);
- nach Art. 4 Abs. (6) dieser VO als genehmigt geltende Beihilfen (iii.)[259];
- Beihilfen, die gem. Art. 15 dieser VO als bestehend gelten, wenn die Kommission in der Frist von 10 Jahren keine Rückforderung verlangt (iv.);
- Beihilfen, bei denen nachgewiesen werden kann, dass sie zum Zeitpunkt ihrer Einführung keine Beihilfe waren und dies erst später auf Grund von Änderungen im Gemeinsamen Markt dazu wurden, ohne dass der Mitgliedstaat diese verändert hat.

---

256 Da Art. 88 EG nur sehr allgemeine Vorgaben für die Aufsicht über die Beihilfen der Mitgliedstaaten enthält, ist die Erörterung der entsprechenden sekundärrechtlichen Vorschrift bereits im Rahmen des Primärrechts geboten.
257 Zum Umfang der Befugnisse der Kommission bei der Feststellung eines Beihilfetatbestandes s.: *Danwitz v.*, Grundfragen der Europäischen Beihilfeaufsicht, JZ 2000, 429 (432 f.); und zur Überprüfung der Kommissionsentscheidung durch den Europäischen Gerichtshof: *Pache*, Die Kontrolldichte in der Rechtsprechung des Gerichtshofs der Europäischen Gemeinschaften, DVBl. 1998, 380 ff.
258 Verfahrensordnung in Beihilfesachen, ABl. EG Nr. L 83/ 1 vom 27.03.1999; zur Entwicklung und zum Inhalt: *Sinnaeve*, Der Kommissionsvorschlag zu einer Verfahrensordnung für die Beihilfenkontrolle, EuZW 1998, 268 ff.; *dies.*, Die neue Verfahrensordnung in Beihilfensachen, EuZW 1999, 270 ff.; *Sinnaeve/ Slot*, The new Regulation on State aid procedures, CMLRev. 1999, 1153 ff.; *Fischer*, Die neue Verfahrensordnung zur Überwachung staatlicher Beihilfen nach Art. 93 (jetzt 88) EGV, ZIP 1999, 1426 ff.; zur Rechtslage vor Erlass der Verfahrensordnung: *Ossenbühl*, Europarechtliche Beihilfenaufsicht und nationales Gesetzgebungsverfahren, DÖV 1998, 811 ff.; *Seidel*, Das Verwaltungsverfahren in Beihilfesachen, EuR 1985, 22 ff. (37 ff.).
259 Dies ist der Fall, wenn die Kommission im Vorprüfungsverfahren keine Entscheidung trifft.

Dies gilt nicht, wenn die Beihilfen erst im Anschluss an eine gemeinschaftsrechtliche Liberalisierung zu Beihilfen wurden (v.).

Da Art. 88 Abs. (3) EG für Beihilfen, die sich aus der Anwendung der VO (EWG) 1191/ 69 i.d.F. der VO (EWG) 1893/ 91 ergeben, gem. des Art. 17 Abs. (2) der genannten VO nicht anwendbar ist, sind die entsprechenden Beihilfen im Bereich des ÖPNV bestehende Beihilfen und können durch die Kommission nur im Verfahren nach Art. 88 Abs. (1) EG kontrolliert werden. Auf die allgemeine Definition der „bestehenden" Beihilferegelung[260] kommt es demnach im Bereich des ÖPNV nicht an. Beihilfen, bei denen die VO (EWG) 1107/ 70 wegen deren Art. 7 nicht anwendbar ist, sind bestehende Beihilfen i.S. des Art. 1 lit. b der VO (EG) 659/ 99, weil dann die Kommission bereits deren (ursprüngliche) Vereinbarkeit mit dem Gemeinsamen Markt festgestellt hat - derartige Beihilfen sind allerdings im Bereich des ÖPNV nicht ersichtlich.

Liegt eine bestehende Beihilfe vor, so überprüft die Kommission sie darauf, ob sie jederzeit mit dem Gemeinsamen Markt vereinbar ist und nicht missbräuchlich angewandt wird. Eine ursprünglich mit dem Gemeinsamen Markt vereinbare Beihilfe kann z.B. nunmehr gegen den Gemeinsamen Markt verstoßen, wenn das begünstigte Unternehmen oder der begünstigte Produktionszweig seine Marktstellung mittlerweile verbessert hat, sich die allgemeine wirtschaftliche Lage in einem Fördergebiet positiv verändert hat oder sich veränderte Marktstrukturen im betroffenen Sektor eingestellt haben[261].

Die laufende Kontrolle durch die Kommission erfordert ein enges Zusammenwirken zwischen ihr und den Behörden der Mitgliedstaaten[262]. Die Kommission kann deshalb gem. Art. 17 der VO (EG) 659/ 99 i.V.m. Art. 17 Abs. (1) der VO (EWG) 1191/ 69 i.d.F. der VO (EWG) 1893/ 91 von dem betroffenen Mitgliedstaat die notwendigen Auskünfte zur Beurteilung der bestehenden Beihilferegelungen im Bereich des ÖPNV verlangen, nicht aber bezüglich bestehender Einzelbeihilfen[263]. Kommt die Kommission nach Prüfung einer Beihilfe zu dem Ergebnis, dass diese nicht mehr mit dem Gemeinsamen Markt vereinbar ist, so soll sie gem. Art. 18 der VO (EG) 659/ 99 dem Mitgliedstaat zweckdienliche Maßnahmen vorschlagen, die zunächst unverbindlich sind[264]. Die empfohlene Maßnahme kann vom Mitgliedstaat angenommen werden, wodurch er zur Durchführung verpflichtet wird, Art. 19 Abs. (1) VO (EG) 659/ 99. Anderenfalls leitet die Kommission das förmliche Prüfungsverfahren ein, das nach Möglichkeit innerhalb von 18 Monaten abgeschlossen sein soll und innerhalb von 20 Monaten zum Abschluss kommen muss, wenn der betroffene Mitgliedstaat dies verlangt, Art. 7 Abs. (6) u. (7)

---

260 Zu dieser allgemeinen Definition: Calliess/ Ruffert - *Cremer*, EUV/ EGV, Art. 88 EG Rn. 3; Schwarze - *Bär-Bouyssière*, EU-Kommentar, Art. 88 EG Rn. 8.

261 Ausführlich: Grabitz/ Hilf - *v.Wallenberg*, Recht der EU, Art. 88 EG Rn. 111; Calliess/ Ruffert - *Cremer*, EUV/ EGV, Art. 88 EG Rn. 4; *Oppermann*, Europarecht Rn. 1139.

262 S. dazu: EuGH Rs. C-135/ 93, Slg. 1995, I-1651 ff. - *Spanien/ Kommission*.

263 Dies liegt daran, dass Art. 88 EG die ständige Prüfung auf bestehende Beihilfebeschränkungen beschränkt. Genehmigte Einzelbeihilfen sind zwar bestehende Beihilfen, können aber nie Gegenstand zweckdienlicher Maßnahmen i.S. des Art. 88. Abs. 1 EG sein. S. dazu: Schwarze - *Bär-Bouyssière*, EU-Kommentar, Art. 88 EG Rn. 9.

264 Diese dürften als Empfehlung i.S. des Art. 249 Abs. 5 EG zu werten sein; so zur Rechtslage vor Erlass der VO (EG) 659/ 99: Calliess/ Ruffert - *Cremer*, EUV/ EGV, Art. 88 EG Rn. 6; Bleckmann - *Bleckmann/ Koch*, Europarecht Rn. 2076.

VO (EG) 659/ 99. Dieses kann durch folgende Maßnahmen beendet werden, Art. 19 Abs. (2) VO (EG) 659/ 99:
- durch die Feststellung, dass die Maßnahme doch keine Beihilfe darstellt, Art. 7 Abs. (2) VO (EG) 659/ 99;
- Erklärung, dass die Beihilfe mit dem Gemeinsamen Markt vereinbar ist, Art. 7 Abs. (3) VO (EG) 659/ 99; diese Erklärung kann gem. des Abs. (4) des genannten Art. mit Auflagen oder Bedingungen versehen werden;
- Feststellung der Unvereinbarkeit der Beihilfe mit dem Gemeinsamen Markt, Art. 7 Abs. (5) VO (EG) 659/ 99.

Wurden die Vorgaben der VO (EWG) 1191/ 69 i.d.F. der VO (EWG) 1893/ 91 bei der Finanzierung des ÖPNV beachtet, so wird die Kommission nicht das formelle Prüfverfahren eröffnen. Anderenfalls wird die Kommission die Unvereinbarkeit der entsprechenden Beihilfen feststellen. Entscheidungen nach Art. 7 Abs. (2) u. (3) der VO (EG) 659/ 99 erscheinen in diesem Bereich wegen des eindeutigen Wortlauts der VO (EWG) 1191/ 69 i.d.F. der VO (EWG) 1893/ 91 als unwahrscheinlich. Dagegen wären bei Beihilfen, die wegen Art. 7 der VO (EWG) 1107/ 70 nicht dieser VO unterfallen, alle Entscheidungsmöglichkeiten denkbar.

bb.) Verfahren bei neuen oder umgestalteten Beihilfen
Neue oder geänderte Beihilfen sind gem. Art. 88 Abs. (3) S. 1 EG der Kommission rechtzeitig zu melden (Notifizierungspflicht). Bis zu einer abschließenden Entscheidung darf die beabsichtigte Einführung oder Änderung der Beihilfe nicht erfolgen (Durchführungsverbot). Dieses Verbot gilt unmittelbar, so dass es von den nationalen Behörden und Gerichten anzuwenden ist[265].

Neue Beihilfen sind gem. Art. 1 lit. c der VO (EG) 659/ 99 Beihilfen, die keine bestehenden sind, einschließlich Änderungen bestehender Beihilfen. Demnach sind Beihilfen, die nach dem Inkrafttreten des Vertrages am 01.01.1958 zugesagt bzw. gewährt und der Kommission noch nicht angezeigt worden sind, neue Beihilfen. Für Beihilferegelungen gilt dies entsprechend. Beihilfen im Rahmen der VO (EWG) 1107/ 70 unterfallen Art. 88 Abs. (3) EG[266], so dass Beihilfen, die nach Inkrafttreten der VO (EWG) 1107/ 70 gewährt werden sollen, der Notifizierungspflicht und dem Durchführungsverbot unterliegen[267]. Diese Pflicht wird in Art. 5 Abs. (1) der VO (EWG) 1107/ 70 dahingehend präzisiert, dass die Mitgliedstaaten die Kommission von Plänen zur Einführung und Änderung von Beihilfen unterrichten und dabei sämtliche Einzelheiten mitteilen, die zum Nachweis der Vereinbarkeit der Beihilfen mit der VO (EWG) 1107/ 70 erfor-

---

265 Allg. Meinung, vgl. EuGH Rs. 120/ 73, Slg. 1973, 1471 (1481 ff.) - *Lorenz*; Calliess/ Ruffert - *Cremer*, EUV/ EGV, Art. 88 EG Rn. 11; Grabitz/ Hilf - *v.Wallenberg*, Recht der EU, Art. 88 EG Rn. 101; *Oppermann*, Europarecht Rn. 1141; *Schweitzer/ Hummer*, Europarecht Rn. 1317; *Ossenbühl*, Europarechtliche Beihilfenaufsicht und nationales Gesetzgebungsverfahren, DÖV 1998, 811 (insbes. 816); *Steindorff*, Rückabwicklung unzulässiger Beihilfen nach Gemeinschaftsrecht, ZHR 152 (1988), 474 (477 f.); *ders.*, Nichtigkeitsrisiko bei Staatsbürgschaften, EuZW 1997, 7 (7 f.); *Hopt/ Mestmäcker*, Die Rückforderung staatlicher Beihilfen nach europäischem und deutschem Recht, Teil I, WM 1996, 753 (760 f.).
266 Mit Ausnahme von Beihilfen nach Art. 4 der VO (EWG) 1107/ 70.
267 Gleiches gilt für Beihilfen, die vor dem Inkrafttreten der VO (EWG) 1107/ 70 gewährt worden sind, soweit sie der Kommission nicht gemeldet worden sind, da diese auch den Art. 87 ff. EG unterliegen.

derlich sind. Diese Pflicht greift bereits ein, wenn möglicherweise der Tatbestand einer Beihilfe vorliegt[268], das Vorliegen einer Beihilfe hat dann die Kommission festzustellen. Die Informationen des Mitgliedstaates leitet die Kommission an den beratenden Ausschuss gem. Art. 6 Abs. 3 VO (EWG) 1107/ 70 weiter. Dieser Ausschuss unterstützt die Kommission bei der Prüfung von Beihilfen u.a. im Bereich des Straßenverkehrs.

Mit der Mitteilung an die Kommission beginnt das Vorprüfungsverfahren. In diesem entscheidet die Kommission anhand einer summarischen Prüfung der vorliegenden Informationen, ob ein Hauptverfahren eingeleitet wird. Sind die Angaben eines Mitgliedstaates unvollständig, so kann die Kommission gem. Art. 5 der VO (EG) 659/ 99 weitere Auskunft verlangen und dazu unter Umständen eine Frist setzen, deren endgültiges Verstreichen die Rücknahme der Anmeldung fingiert. Das Vorprüfungsverfahren kann - möglichst in einer Zeit von 2 Monaten - gem. Art. 4 VO (EG) 659/ 99 mit folgenden Möglichkeiten abgeschlossen werden:
- Entscheidung, dass die Maßnahme keine Beihilfe darstellt;
- Entscheidung, keine Einwände zu erheben, da hinsichtlich der Vereinbarkeit der Beihilfe mit dem Gemeinsamen Markt keine Bedenken bestehen;
- Entscheidung, das Verfahren des Art. 88 Abs. (2) EG zu eröffnen, da die Beihilfe Anlass zu Bedenken bezüglich ihrer Vereinbarkeit mit dem Gemeinsamen Markt gibt.

Entscheidungen der ersten beiden Arten heben das Durchführungsverbot auf. Die Entscheidung, das Hauptverfahren zu eröffnen, ist mit einer Zusammenfassung der wesentlichen Sach- und Rechtsfragen und einer vorläufigen rechtlichen Würdigung der Maßnahme zu versehen, Art. 6 VO (EG) 659/ 99. Hierzu können die Mitgliedstaaten und andere Beteiligte innerhalb von einem Monat Stellung nehmen. Im Übrigen entspricht das Verfahren dem bei einer bestehenden Beihilfe, bei der die Kommission das Hauptprüfungsverfahren eröffnet hat.

cc.) Folgen einer rechtswidrigen Beihilfegewährung
Rechtswidrige Beihilfen sind gem. Art. 1 lit. f der VO (EG) 659/ 99 Beihilfen, die entgegen dem Durchführungsverbot des Art. 88 Abs. (3) EG eingeführt worden sind, also vor einer abschließenden Entscheidung der Kommission. Erlangt die Kommission von derartigen Beihilfen Kenntnis, so kann sie vom betroffenen Mitgliedstaat gem. Art. 2 Abs. (2), 5 Abs. (1), 10 der VO (EG) 659/ 99 die notwendigen Auskünfte verlangen. Werden die Auskünfte auch nach weiterer Aufforderung nicht erteilt, so entscheidet die Kommission anhand des ihr vorliegenden Materials, Art. 13 Abs. (1) der VO (EG) 659/ 99.

Bis zu einer abschließenden Entscheidung hat die Kommission die Möglichkeit, eine Aussetzungsanordnung (Art. 11 Abs. (1) der VO (EG) 659/ 99) oder eine Rückforderungsanordnung (Art. 11 Abs. (2) der VO (EG) 659/ 99) zu erlassen. Bei der ersten hat der Mitgliedstaat die Beihilfegewährung solange auszusetzen bis die Kommission eine abschließende Entscheidung getroffen hat. Bei der zweiten werden die Mitgliedstaaten

---

[268] Zustimmend: Calliess/ Ruffert - *Cremer*, EUV/ EGV, Art. 88 EG Rn. 8; Grabitz/ Hilf - *v.Wallenberg*, Recht der EU, Art. 88 EG Rn. 10 ff.; *Werner*, Nach der Regionalisierung - der Nahverkehr im Wettbewerb, S. 250.

verpflichtet, die rechtswidrig gewährten Beihilfen einstweilig zurückzufordern. Diese Anordnung ist aber nur zulässig, wenn
- unter Berücksichtigung der bisherigen Beihilfepraxis hinsichtlich des Beihilfecharakters der Maßnahme keinerlei Bedenken bestehen und
- ein Tätigwerden dringend geboten ist und
- eine erheblicher, nicht wieder gutzumachender Schaden für einen Konkurrenten ernsthaft zu befürchten ist[269].

Im Rahmen von bestehenden, aber nicht der Kommission gemeldeten Beihilfen im Bereich des ÖPNV dürften diese Voraussetzungen i.d.R. nicht erfüllt sein.

Entscheidet die Kommission, dass die Beihilfe nicht nur formell, sondern auch materiell rechtswidrig ist, weil sie nicht mit dem Gemeinsamen Markt vereinbar ist, so hat sie gem. Art. 14 Abs. (1) der VO (EG) 659/99 unter Beachtung der allgemeinen Grundsätze des Vertrauensschutzes und der Verhältnismäßigkeit zu entscheiden, dass der betroffene Mitgliedstaat alle notwendigen Maßnahmen zu ergreifen hat, um die Beihilfe vom Empfänger zurückzufordern[270]. Damit stellt sich die Frage, wie die Umsetzung dieser Entscheidung nach dem deutschen Recht zu erfolgen hat.

Wenn die Beihilfe durch einen Verwaltungsakt gewährt worden ist, ist der Verwaltungsakt wegen Verstoßes gegen Art. 87 Abs. (1) EG rechtswidrig, so dass die Rücknahme des Verwaltungsaktes sich nach § 48 VwVfG richtet. Dabei besteht allerdings kein Ermessen der gewährenden Behörde mehr, ob und in welchen Umfang sie den Verwaltungsakt zurücknimmt. Dieses Ermessen ist durch die Rückforderungsentscheidung der Kommission auf Null reduziert[271]. Auf Vertrauensschutz gem. § 48 Abs. 2 VwVfG kann sich das begünstigte Unternehmen i.d.R. nicht berufen, da eine Beihilfegewährung unter Nichtbeachtung des gemeinschaftsrechtlichen Verfahrens bereits (zumindest) grobfahrlässige Unkenntnis des Unternehmens bezüglich der formellen Rechtswidrigkeit des beihilfegewährenden Verwaltungsaktes bedeutet[272]. Nach § 48 Abs. 2 S. 1 Nr. 3 VwVfG kann sich das Unternehmen nicht auf den Vertrauensschutz berufen.

Problematisch ist in diesem Zusammenhang die Frist des § 48 Abs. 4 S. 1 VwVfG, nach der die Rücknahme innerhalb eines Jahres an Kenntnis der Umstände, die die Rechtswidrigkeit begründen, erfolgen muss. Im Verfahren nach Art. 88 Abs. (2) EG steht die Rechtswidrigkeit der Beihilfegewährung erst mit der Zustellung der endgülti-

---

269 Krit.: *Kruse*, Bemerkungen zur gemeinschaftsrechtlichen Verfahrensverordnung für die Beihilfekontrolle, NVwZ 1999, 1049 (1054), unter Hinweis auf die Rechtsprechung des EuGH, der die Kompetenz, Konkurrenten vor Verletzungen des Art. 88 Abs. (3) EG zu schützen, den nationalen Gerichten übertragen habe. Eine Durchführungsverordnung könne diese Rechtserkenntnis des EuGH nicht zur Disposition stellen. Gegen diese Meinung: *Sinnaeve*, Die neue Verfahrensordnung in Beihilfensachen, EuZW 1999, 270 (273).

270 Von dieser Regelung sind allerdings rechtswidrige Beihilfen nach Ablauf von 10 Jahren ab dem Tag, an dem dem Begünstigten die Beihilfe gewährt worden ist, ausgenommen, Art. 15 der VO (EG) 659/99. Diese Frist wird allerdings durch jede Maßnahme der Kommission oder des Mitgliedstaates auf Antrag der Kommission bezüglich der rechtswidrigen Beihilfe unterbrochen, so dass letztlich nicht viele Beihilfen existieren dürften, die unter die 10-Jahres-Frist fallen. Zur Rechtslage vor der VO (EG) 659/99 vgl.: Calliess/Ruffert - *Cremer*, EUV/EGV, Art. 88 EG Rn. 21.

271 Zustimmend: Bleckmann - *Bleckmann/Koch*, Europarecht Rn. 2097; BVerwG NJW 1993, 2764 (2766); OVG Münster EuZW 1992, 286 (288).

272 Grabitz/Hilf - *v.Wallenberg*, Recht der EU, Art. 88 EG Rn. 95; BVerwG NJW 1993, 2764 (2765); OVG Münster EuZW 1992, 286 (287); grds. ist aber Vertrauensschutz denkbar, vgl. *Ress*, EG-Beihilfenaufsicht und nationales Privatrecht, EuZW 1992, 161.

gen Entscheidung der Kommission fest, da die formelle Rechtswidrigkeit allein nicht zur Rückforderung ausreicht[273]. Zu diesem Zeitpunkt wird die entsprechende Kenntnis bezüglich der Rechtswidrigkeit erlangt. Fraglich ist, ob eine Rücknahme des Verwaltungsaktes nach Ablauf dieser Frist noch möglich ist. Da die Entscheidungen der Kommission sich grundsätzlich an den Mitgliedstaat richten, ist eine entsprechende Zeitverzögerung bis zur Mitteilung an die zuständige Behörde denkbar, dürfte allerdings bei entsprechender Vertragstreue des Mitgliedstaates und seiner Behörden eher die Ausnahme sein[274]. Problematisch ist es dagegen, wenn die Behörde die Frist des § 48 Abs. 4 S. 1 VwVfG (absichtlich) verstreichen lässt. Nach dem Wortlaut dieser Bestimmung wäre dann die Rücknahme des Verwaltungsaktes nicht mehr möglich[275], die rechtswidrige Beihilfe bliebe dem Unternehmen erhalten und die Beihilfevorschriften des EG-Vertrages wären nahezu wirkungslos. Lediglich gegen den Mitgliedstaat könnte ein Vertragsverletzungsverfahren gem. Art. 88 Abs. (2) S. 2, 226 EG eingeleitet werden, die Wettbewerbsverzerrung bliebe bestehen. Dies steht im offensichtlichen Widerspruch zu den Art. 87 ff., 10 EG und zur Auffassung des EuGH, dass die Anwendung des nationalen Rechts die gemeinschaftsrechtlich vorgeschriebene Rückforderung nicht „praktisch unmöglich" machen dürfe[276]. Der EuGH hat dazu entschieden, dass die Rücknahme selbst dann doch erfolgen muss, wenn die zuständige Behörde die nach nationalem Recht bestehende Ausschlussfrist hat verstreichen lassen[277]. Dagegen wird der eindeutige Wortlaut des § 48 Abs. 4 S.1 VwVfG eingewandt, der Eingriff in die Rechtsposition des Begünstigten könne auf keine ausreichend bestimmte Rechtsgrundlage gestützt werden[278]. Dabei wird übersehen, dass § 48 Abs. 4 S.1 VwVfG Rechtssicherheit herstellen soll und bereits in Fällen, in denen der Begünstigte den Verwaltungsakt durch arglistige Täuschung etc. erlangt hat, nicht anwendbar ist. Der Grundsatz der Rechtssicherheit wird also bereits im nationalen Recht eingeschränkt, wenn der Begünstigte keinen Vertrauensschutz verdient. Wenn sich Art. 88 Abs. (3) EG bzw. die Kommissionsentscheidung zur Unvereinbarkeit lediglich an den Mitgliedstaat wenden, enthalten sie dennoch unmittelbar geltende Verbote[279], so dass diese bereits eine Einschränkung des § 48 Abs.

---

273 So: Grabitz/ Hilf - *v.Wallenberg*, Recht der EU, Art. 88 EG Rn. 89; BVerwG NJW 1993, 2764 (2766); OVG Münster EuZW 1992, 286 (288); *Jestaedt*, Das Rückzahlungsrisiko bei „formell rechtswidrigen" Beihilfen, EuZW 1993, 49 (50 f.); auf die Bestandskraft abstellend: OVG Koblenz EuZW 1992, 349 (351).
274 Eine derartige Ausnahme war Gegenstand von EuGH Rs. 24/ 95, Slg. 1997, I-1591 - *Alcan* (= EuZW 1997, 276).
275 Dies wird von Calliess/ Ruffert - *Cremer*, EUV/ EGV, Art. 88 EG Rn. 24, unter Hinweis auf den Wortlaut des § 48 Abs. 4 S. 1 VwVfG vertreten.
276 EuGH Rs. 142/ 87, Slg. 1990, I-959 (1019) - Belgien/ Kommission (*Tubemeuse*); dazu: *Niemeyer*, Recent Developments in EC State Aid Law, EuZW 1993, 273 (277); *Ehlers*, Die Einwirkungen des Rechts der Europäischen Gemeinschaften auf das Verwaltungsrecht, DVBl. 1991, 605 (612) und die Vorlage des BVerwG an den EuGH, EuZW 1995, 314 ff.
277 EuGH Rs. C-24/ 95, EuZW 1997, 276 (277), auf die Vorlage des BVerwG (vorherige Fn.), mit Anm. *Hoenike*, EuZW 1997, 278 f.; dem Urteil zustimmend: *Hakenberg/ Tremmel*, Die Rechtsprechung des EuGH und EuGeI auf dem Gebiet der staatlichen Beihilfen in den Jahren 1997 und 1998, EWS 1999, 167 (173); *Gündisch*, Rückforderung von nationalen Beihilfen - Kein Konflikt zwischen europäischem Gemeinschaftsrecht und deutschem Verfassungsrecht, NVwZ 2000, 1125 (1126); vgl. auch BVerwG EuZW 1998, 730; BVerfG WM 2000, 621 (622).
278 Calliess/ Ruffert - *Cremer*, EUV/ EGV, Art. 88 EG Rn. 24; m.w.N.
279 Vgl. nur: *Steindorff*, Nichtigkeitsrisiko bei Staatsbürgschaften, EuZW 1997, 7 (7 f.); *Deckert/ Schroeder*, Öffentliche Unternehmen und EG-Beihilferecht, EuR 1998, 291 (314).

4 S.1 VwVfG erfordern. Darüber hinaus ist dem Begünstigten durchaus erkennbar, wenn die Notifizierungspflicht nicht erfüllt worden ist. Deshalb verdient er grundsätzlich genauso wenig Vertrauensschutz wie der arglistig Täuschende[280]. § 48 Abs. 4 S. 1 VwVfG ist demnach nicht anwendbar, wenn die Rückforderung einer gemeinschaftsrechtswidrigen Beihilfe dadurch verhindert würde[281].

Dieses Ergebnis wird durch Art. 14 Abs. (3) der VO (EG) 659/ 99 gestützt, nach dem nationales Verfahrensrecht so anzuwenden ist, dass hierdurch die sofortige und tatsächliche Vollstreckung der Kommissionsentscheidung ermöglicht wird. Schon diese Regelung bedeutet, dass nationale Vorschriften, die dem entgegenstehen, außer Acht gelassen werden müssen[282]. Im Bereich des öffentlichen Rechts ist die Rückforderung einer Beihilfe demnach relativ unproblematisch.

Erfolgt die Beihilfegewährung dagegen in Formen des Privatrechts, so wird zunächst diskutiert, ob das zu Grunde liegende Rechtsgeschäft wegen Verstoßes gegen ein gesetzliches Verbot gem. § 134 BGB nichtig ist[283]. Im Mittelpunkt dieser Auseinandersetzung steht die Frage, ob das Durchführungsverbot des Art. 88 Abs. (3) S. 3 EG als gesetzliches Verbot i.S. des § 134 BGB zu werten ist[284]. Dies ist nach dem Sinn und Zweck des Art. 88 Abs. (3) S. 3 EG zu bestimmen. Das Durchführungsverbot soll dem Wortlaut nach nicht den Abschluss beihilfegewährender Verträge hindern, sondern lediglich deren Durchführung. Nach dem in Deutschland geltenden Abstraktionsprinzip könnte dies bedeuten, dass die Wirksamkeit des Verpflichtungsgeschäftes, z.B. des Kaufvertrages über ein Grundstück zu einem subventionierten Preis, durch das Durchführungsverbot nicht betroffen würde. Lediglich die dingliche Erfüllung dieses Geschäftes könnte gegen das Durchführungsverbot verstoßen. Demnach wäre das Erfüllungsgeschäft, das entgegen dem Durchführungsverbot des Art. 88 Abs. (3) S. 3 EG durchgeführt wird, wegen Verstoßes gegen ein gesetzliches Verbot gem. § 134 BGB nichtig. Der EuGH hat allerdings zum Durchführungsverbot festgestellt, dass es das Wirksamwerden vertragswidriger Beihilfen verhindern soll[285]. Erfolgt die Beihilfegewährung dadurch, dass der Staat einer Bank einen Kreditauftrag (§ 778 BGB) erteilt, so liegt ledig-

---

280 Das BVerwG EuZW 1998, 730 (732) weist darauf hin, dass der Vertrauensschutz nur im Grundsatz verneint wird. In entsprechend gelagerten Fällen wird der Vertrauensschutz in das Klageverfahren gegen die Kommission nach Art. 230 EG verlagert. Klagt das begünstigte Unternehmen nicht gegen die Kommissionsentscheidung verliert es jegliches Vertrauensschutz.
281 Im Ergebnis zustimmend: Schwarze - *Bär-Bouyssière*, EU-Kommentar, Art. 88 EG Rn. 31.
282 So: *Fischer*, Die neue Verfahrensordnung zur Überwachung staatlicher Beihilfen nach Art. 93 (jetzt Art. 88) EGV, ZIP 1999, 1426 (1431); *Kruse*, Bemerkungen zur gemeinschaftlichen Verfahrensordnung für die Beihilfekontrolle, NVwZ 1999 1049 (1053); *Sinnaeve*, Die neue Verfahrensordnung in Beihilfesachen, EuZW 1999, 270 (274).
283 Für die Nichtigkeit: *Deckert/ Schroeder*, Öffentliche Unternehmen und EG-Beihilferecht, EuR 1998, 291 (313 ff.); *Schütterle*, EG-Beihilfenkontrolle und kommunale Grundstücksverkäufe, EuZW 1993, 625 (627); *Steindorff*, Nichtigkeitsrisiko bei Staatsbürgschaften, EuZW 1997, 7 ff.; *Remmert*, Nichtigkeit von Verwaltungsverträgen wegen Verstoßes gegen das EG-Beihilfenrecht, EuR 2000, 469 (476 ff.); dagegen: *Hopt/ Mestmäcker*, Die Rückforderung staatlicher Beihilfen nach europäischem und deutschen Recht, Teil I-II, WM 1996, 753 (761); 1996, 801 (805 f.), zu Staatsbürgschaften; *Pechstein*, Nichtigkeit beihilfegewährender Verträge nach Art. 93 III 3 EGV, EuZW 1998, 495 (496); *Kruse*, Die Rechtsstellung Dritter im Beihilfekontrollverfahren, EuR 1999, 119 (124 f.).
284 Zum Grundsatz vgl. MüKo - *Mayer-Maly*, § 134 Rn. 38.
285 EuGH Rs. 120/73, Slg. 1973, 1471 (Rn. 4) - *Lorenz*.

lich ein Verpflichtungsgeschäft vor. Dieses führt regelmäßig dazu, dass die Bank dem begünstigten Unternehmen den Kredit gewährt. Damit würde die Beihilfe bereits wirksam. Ähnliches gilt bezüglich des subventionierten Grundstücks: Wäre der Verpflichtungsvertrag ohne Einschränkungen wirksam, so besteht die Gefahr, dass er erfüllt wird. Damit könnte das begünstigte Unternehmen das Grundstück bereits nutzen, die Beihilfe würde wirksam. Deshalb bezieht sich das Durchführungsverbot bereits auf das Verpflichtungsgeschäft[286] und gilt auch für das entsprechende Erfüllungsgeschäft[287].

Fraglich ist demnach, ob das beihilfegewährende Verpflichtungsgeschäft gegen § 134 BGB verstößt. Beihilfen, die unter Nichtbeachtung des Art. 88 Abs. (3) S. 3 EG gewährt werden, sind endgültig formell rechtswidrig. Eine Heilung durch eine spätere Vereinbarkeitsentscheidung der Kommission ist nicht möglich[288]. Damit scheint ein Verbot i.S. des § 134 BGB vorzuliegen. Diese Annahme wird durch die zentrale Funktion des Durchführungsverbotes zur Verwirklichung des Ziels des Art. 3 Abs. (1) lit. g EG und den Gedanken unterstützt, dass Verbote des Gemeinschaftsrechts ohne Konsequenzen im jeweiligen nationalen Zivilrecht kaum durchsetzbar sind[289]. Gegen die Einordnung als gesetzliches Verbot könnte sprechen, dass das Durchführungsverbot sich eigentlich nur gegen den Mitgliedstaat richtet, nicht aber gegen das begünstigte Unternehmen. Insoweit könnte es an dem für § 134 BGB i.d.R. notwendigen beidseitigen Gesetzesverstoß fehlen. Seinem Zweck nach richtet sich dieses Verbot aber auch gegen den Begünstigten[290], wie dies aus den oben skizzierten Grundsätzen des EuGH zum Vertrauensschutz deutlich wird.

Gegen die Einordnung als gesetzliches Verbot wird noch eingewandt, dass das Durchführungsverbot nach seinen Wirkungen im nationalen Recht nicht weitergehen könne als die abschließende Entscheidung der Kommission, die die Unvereinbarkeit feststellt[291]. Diese Auffassung übersieht den eigenständigen Verbotscharakter des Durchführungsverbots[292]: Die Entscheidung der Kommission kann nämlich nur für die Zukunft wirken, eine rückwirkende Heilung der formellen Rechtswidrigkeit tritt nicht ein[293]. Andererseits reicht die formelle Rechtswidrigkeit nicht zur Rückforderung der

---

286 In diese Richtung: Calliess/ Ruffert - *Cremer*, EUV/ EGV, Art. 88 EG Rn. 7: „... *gemeinschaftsrechtswidrigen Bewilligung und Auszahlung* ..."
287 *Pechstein*, Nichtigkeit beihilfegewährender Verträge nach Art. 93 III 3 EGV, EuZW 1998, 495 (496).
288 S. Schlussantrag des GA Jacobs, EuGH Slg.1991, I-5505 (5520); EuGH Rs. C-354/ 90, Slg. 1991, I-5505 (Rn. 16) – *Fédération nationale du commerce extérieur/ Frankreich*.
289 Grundlegend: *Deckert/ Schroeder*, Öffentliche Unternehmen und EG-Beihilferecht, EuR 1998, 291 (315). Dies bedeutet allerdings nicht, dass § 134 BGB die einzig denkbare zivilrechtliche Konsequenz ist.
290 *Steindorff*, Rückabwicklung unzulässiger Beihilfen nach Gemeinschaftsrecht, ZHR 152 (1988), 474 (488); *Deckert/ Schroeder*, Öffentliche Unternehmen und EG-Beihilferecht, EuR 1998, 291 (315); vgl. auch MüKo - *Mayer-Maly*, § 134 Rn. 45, der darauf hinweist, dass der Adressatenkreis einer Norm nicht das stets ausschlaggebende Abgrenzungskriterium sei.
291 *Hopt/ Mestmäcker*, Die Rückforderung staatlicher Beihilfen nach europäischem und deutschem Recht, Teil I, WM 1996, 753 (761).
292 Dies übersieht auch *Ress*, EG-Beihilfenaufsicht und nationales Privatrecht, EuZW 1992, 161, der einzig auf Art. 92 EGV [Art. 87 EG] abstellt.
293 Vgl. dazu *Deckert/ Schroeder*, Öffentliche Unternehmen und EG-Beihilferecht, EuR 1998, 291 (313 f.).

Beihilfe aus[294]. Das Durchführungsverbot soll dem Rechtsakt, der die Beihilfegewährung vor der Vereinbarkeitserklärung umsetzt, die rechtliche Wirkung nehmen[295]. Soll der Beihilfegewährung aber nur die Wirksamkeit genommen werden, so verlangt das Durchführungsverbot nach seinem Sinn und Zweck nicht die Nichtigkeit des Rechtsgeschäfts, das der Beihilfegewährung zu Grunde liegt. Ein nach § 134 BGB nichtiges Rechtsgeschäft ist endgültig nichtig, ein späteres Wirksamwerden für die Zukunft durch eine Vereinbarkeitsentscheidung der Kommission wäre nicht möglich[296]. Dies spricht gegen die Einordnung des Art. 88 Abs. (3) S. 3 EG als gesetzliches Verbot. Damit korrespondiert die Einordnung einer Beihilfegewährung unter Missachtung des Art. 88 Abs. (3) S. 3 EG als „nur" rechtswidrig im öffentlichen Recht[297]. Folglich stellt Art. 88 Abs. (3) S. 3 EG kein gesetzliches Verbot i.S. des § 134 BGB dar.

Alternativ wäre die Annahme eines Vorbehaltes bezüglich des beihilfegewährenden Rechtsgeschäftes denkbar: Das Rechtsgeschäft ist bis zu einer entsprechenden Vereinbarkeitsentscheidung der Kommission schwebend unwirksam. Die Vereinbarkeitserklärung der Kommission könnte als aufschiebende Bedingung i.S. des § 158 BGB angesehen werden[298]. Im Beihilfekontrollverfahren kann der Schwebezustand jedoch nicht durch die Beteiligten beendet werden, sondern nur durch eine Entscheidung der Kommission. Damit liegt eine Rechtsbedingung vor, auf die § 158 BGB nicht anwendbar ist[299].

Fraglich ist, ob die Genehmigungsvorschriften der §§ 182 ff. BGB anwendbar sind. Dort werden zum einen nur rechtsgeschäftliche Zustimmungen behandelt. Zum anderen stimmt die Kommission einer Beihilfe nicht zu, sondern stellt nur deren Vereinbarkeit oder Unvereinbarkeit mit dem Gemeinsamen Markt fest. Dies spricht alles gegen die Anwendung der §§ 182 ff. BGB. Andererseits hängt die Wirksamkeit einer Beihilfe gem. Art. 88 Abs. (3) S. 3 EG von einer Entscheidung der Kommission ab. Damit ist die Rechtslage mit der der §§ 182 ff. BGB vergleichbar. Das Verbot des Art. 88 Abs. (3) S. 3 EG gilt, wie dargelegt, unmittelbar. Dies rechtfertigt m.E. eine entsprechende Anwendung der §§ 182 ff. BGB, wie dies zu anderen Hoheitsakten vertreten wird[300]. Mit der Vereinbarkeitsentscheidung der Kommission wird das Rechtsgeschäft gem. § 184 Abs. 1 BGB analog wirksam und der Zustand der schwebenden Unwirksamkeit beendet[301]. Allerdings gebietet der Zweck des Art. 88 Abs. (3) S. 3 EG und die fehlende Möglich-

---

294 Dies gilt allerdings nur für die Kommission. Nationale Gerichte können dagegen die Erstattung von Beihilfen anordnen, wenn die Kommission über die Beihilfen nicht unterrichtet worden ist, vgl. *Ossenbühl*, Europarechtliche Beihilfenaufsicht und nationales Gesetzgebungsverfahren, DÖV 1998, 811 (817); *Bartosch*, Beihilfenrechtliches Verfahren und gerichtlicher Rechtsschutz, ZIP 2000, 601 (603 f.).
295 EuGH Rs. 120/73, Slg. 1973, 1471 (Rn.4) - *Lorenz*.
296 Ähnlich: *Kruse*, Die Rechtsstellung Dritter im Beihilfekontrollverfahren, EuR 1999, 119 (124), der darauf hinweist, dass bei einer Nichtigkeit nach § 134 BGB überhaupt keine Beihilfe mehr bestehen würde, so dass die Kommission keine Grundlage mehr habe, über deren materielle Vereinbarkeit mit dem Vertrag zu entscheiden. *Hopt/ Mestmäcker*, Die Rückforderung staatlicher Beihilfen nach europäischem und deutschem Recht, Teil II, WM 1996, 801 (805).
297 Vgl. oben, die Ausführungen zu § 48 VwVfG, Rücknahme eines rechtswidrigen Verwaltungsaktes.
298 So: *Kruse*, Die Rechtsstellung Dritter im Beihilfekontrollverfahren, EuR 1999, 119 (125).
299 S. MüKo - *Westermann*, § 158 Rn. 54; Palandt - *Heinrichs*, Einf. v. § 158 Rn. 5.
300 Zustimmend: MüKo - *Schramm*, Vor § 182 Rn. 21; a.A.: Palandt - *Heinrichs*, Einf. v. § 182 Rn. 6.
301 Erfolgt die Beihilfegewährung dagegen durch einen öffentlich-rechtlichen Vertrag, so wird dieser gem. § 58 Abs. s VwVfG erst wirksam, wenn die Kommission entschieden hat.

keit einer rückwirkenden Heilung bei Verstoß gegen diese Norm, dass die Wirksamkeit nicht rückwirkend eintritt, sondern erst ab der Vereinbarkeitserklärung der Kommission. Leistungen, die vorher erbracht worden sind, erfolgten ohne rechtlichen Grund, so dass sie gem. § 812 Abs. 1 S. 1 1.Alt. BGB herausverlangt werden können und müssen. Dabei kann sich das Unternehmen grundsätzlich nicht auf den Fortfall der Bereicherung nach § 818 Abs. 3 BGB berufen[302]. Gleiches gilt sinngemäß, wenn die Kommission die Unvereinbarkeit feststellt, wodurch der Vertrag endgültig unwirksam wird.

Fraglich ist auch die Beurteilung des Gesetzesverstoßes in einem Dreipersonenverhältnis. Dazu wird ausgeführt, Art. 88 Abs. (3) S. 3 EG erfasse nur das Verhältnis zwischen dem Beihilfegeber und dem Beihilfeempfänger und Anhaltspunkte für die Ausdehnung auf Rechtsverhältnisse mit Dritten, die im Zusammenhang mit der Beihilfegewährung stehen, von diesem aber rechtlich getrennt sind, seien nicht ersichtlich[303]. Bei dieser Einschätzung wird übersehen, dass die Wirksamkeit des Durchführungsverbotes ein Umgehungsverbot erfordert. Der EuGH hat zum Durchführungsverbot festgestellt, dass es das Wirksamwerden vertragswidriger Beihilfen verhindern soll[304]. Dieser Funktion würde es beraubt, wenn der Staat durch die Zwischenschaltung (Kreditauftrag i.S. des § 778 BGB) einer Bank es umgehen könnte. Der Bank ist die Pflicht zur Notifizierung bzw. deren Nichteinhaltung regelmäßig bekannt oder gegebenenfalls grob fahrlässig unbekannt, so dass ihr kein Vertrauensschutz zukommen kann[305]. Schließlich untersucht eine Bank regelmäßig die ihr angebotenen Sicherheiten[306]. Solange die Kommission nicht die Vereinbarkeit der Beihilfe mit dem Gemeinsamen Markt festgestellt hat, ist der Kreditauftrag nicht wirksam[307]. Demnach bereitet die Rückforderung im Bereich des Privatrechts zwar einige dogmatische Probleme; letztlich sind aber sowohl formell rechtswidrige als auch formell und materiell rechtswidrige Beihilfen vom Unternehmen an den Staat zurückzuführen.

Unabhängig davon, ob die rechtswidrige neue oder geänderte Beihilfe in öffentlich-rechtlicher oder privatrechtlicher Form gewährt worden ist, ist sie auf jeden Fall vom

---

302 EuGH Rs. C-24/95, EuZW 1997, 276 (278).
303 *Deckert/ Schroeder*, Öffentliche Unternehmen und EG-Beihilferecht, EuR 1998, 291 (316); *Hopt/ Mestmäcker*, Die Rückforderung staatlicher Beihilfen nach europäischem und deutschem Recht, Teil I-II, WM 1996, 753 ff., 1996, 801 ff.
304 EuGH Rs. 120/73, Slg. 1973, 1471 (Rn. 4) - *Lorenz*.
305 Im Ergebnis zustimmend: *Steindorff*, Nichtigkeitsrisiko bei Staatsbürgschaften, EuZW 1997, 7 (12); a.A.: *Frisinger/ Behr*, Staatsbürgschaften, Banken und EU-Beihilfeverbot, RIW 1995, 708 ff., die davon ausgehen, dass die Bank und der Beihilfeempfänger bei Abschluss des Darlehensvertrages „redlicherweise" von der Rechtmäßigkeit der Beihilfegewährung ausgehen. Dies ist im Hinblick auf die oben genannte Rechtsprechung des EuGH nicht haltbar.
306 *Frisinger/ Behr*, Staatsbürgschaften, Banken und EU-Beihilfeverbot, RIW 1995, 708 (713), meinen dazu, es spiele für die Bank keine Rolle, ob sie die Sicherheit in diesem Fall überprüft hat, da sie den Bürgen auf keinen Fall in Anspruch nehmen kann, wenn die Bürgschaft von der Rechtswidrigkeit der Beihilfe umfaßt wäre. Dabei übersehen sie, dass eine Bank bei Kenntnis der mangelhaften Sicherheit überhaupt keinen Kredit gewährt hätte. Im Übrigen wurde die zu Grunde liegende Problematik durch die Kommission mit der Mitteilung, ABl. EG Nr. C 307/3 (Ziff. 38) vom 13.11.1993, - zumindest für Altfälle - entschärft. Danach sind bei der Rückabwicklung einer Bürgschaft die Ansprüche der Gläubiger zu erfüllen.
307 In diese Richtung: *Klanten*, Staatliche Kreditabsicherung durch Bürgschaft oder Exportkreditversicherung und EG-Beihilfeverbot, ZIP 1995, 535 (544), allerdings nur für die Zukunft nach einer entsprechenden Bekanntmachung der Kommission. Für Altfälle bevorzugt er dagegen eine „praxisgerechte" Lösung.

Staat zurückzufordern. Das begünstigte Unternehmen kann dagegen i.d.R. keinen Vertrauensschutz und keinen Fortfall der Bereicherung geltend machen. Es hat die Begünstigung zurückzugewähren. Dies ist jedoch im Bereich des ÖPNV nur für Beihilfen im Rahmen der VO (EWG) 1107/ 70 relevant. Beihilfen im Rahmen der VO (EWG) 1191/ 69 i.d.F. der VO (EWG) 1893/ 91 sind davon nicht betroffen, da sie nicht der Notifizierungspflicht unterliegen. Bei diesen kann die Kommission u.U. allerdings die einstweilige Einstellung anordnen.

Nur am Rande sei noch erwähnt, dass Konkurrenten des begünstigten Unternehmens im Beihilfekontrollverfahren recht umfassende Rechte sowohl auf Anhörung[308] als auch bezüglich einer Klage[309] haben. Außerdem können diese vor nationalen Gerichten die rechtswidrige Beihilfegewährung geltend machen[310] und gegebenenfalls vom Staat Schadensersatz verlangen[311].

e.) Auswirkungen für den ÖPNV
Staatliche Leistungen an Unternehmen außerhalb von Austauschverträgen und Kapitalhilfen, die ein vergleichbar großer, privater Investor nicht vornehmen würde, an Unternehmen, an denen der Staat zumindest beteiligt ist, im Bereich des ÖPNV sind Beihilfen i.S. des Art. 87 Abs. (1) EG. Diese Beihilfen verfälschen den Wettbewerb, wenn durch sie die Marktchancen der begünstigten ÖPNV-Anbieter im Vergleich zu anderen Verkehrsträgern oder zu anderen ÖPNV Betrieben verbessert werden. Da entsprechende Beihilfen interessierten Anbietern aus anderen Mitgliedstaaten den Marktzutritt zumindest erschweren, beeinträchtigen sie den zwischenstaatlichen Handel und sind mit dem Gemeinsamen Markt grundsätzlich nicht vereinbar.

Ausnahmsweise können derartige Beihilfen nach Art. 73 EG bzw. nach den zu diesem Artikel ergangenen VO (EWG) 1191/ 69 i.d.F. der VO (EWG) 1893/ 91 und VO (EWG) 1107/ 70 mit dem Gemeinsamen Markt vereinbar sein. Für die Anwendung der Ausnahmen des Art. 87 Abs. (2), (3) EG bleibt für die allgemeine öffentliche Finanzierung des ÖPNV kein Raum. Verpflichtungen des öffentlichen Dienstes, die in den Verordnungen nicht genannt werden, sind nicht auflegbar, sondern müssen im Rahmen von Austauschverträgen marktkonform geregelt werden.

Beihilfen, die unter die VO (EWG) 1191/ 69 i.d.F. der VO (EWG) 1893/ 91 fallen, unterliegen nicht der Notifizierungspflicht des Art. 88 Abs. (3) EG und gelten als bestehende Beihilfen. Sie unterliegen der Kontrolle der Kommission nach Art. 88 Abs. (1)

---

308 S. *Sinnaeve*, Die neue Verfahrensordnung in Beihilfensachen, EuZW 1999, 270 (275 f.); *Fischer*, Die neue Verfahrensordnung zur Überwachung staatlicher Beihilfen nach Art. 93 (jetzt Art. 88) EGV, ZIP 1999, 1426 (1431).
309 Vgl. *Nowak*, Grundrechtlicher Drittschutz im EG-Beihilfenkontrollverfahren, DVBl. 2000, 20 ff.; *Schneider*, Konkurrentenklagen als Instrumente der europäischen Beihilfeaufsicht, DVBl. 1996, 1301 ff.; *Nunez Müller/ Kamann*, Erweiterter Beteiligtenschutz im Beihilfenrecht der EG - die Untätigkeitsklage, EWS 1999, 332 ff.; *Harings*, Europäische Beihilfenkontrolle zwischen Konkurrentenschutz und Staatenbezogenheit, EWS 1999, 286 ff.; *Leibrock*, Der Rechtsschutz im Beihilfeaufsichtsverfahren des EWG-Vertrages, EuR 1990, 20 (22 ff.).
310 Vgl. EuGH Rs. C-354/ 90, Slg. 1991, I-5505 (5528) - *Fédération nationale du commerce extérieur/ Frankreich*.
311 Zustimmend: *Schneider*, Konkurrentenklagen als Instrumente der europäischen Beihilfeaufsicht, DVBl. 1996, 1301 (1307), allerdings unter Hinweis auf die strengen Anforderungen an die Kausalität zwischen der Verletzung von Art. 88 Abs. (3) S. 3 EG und dem eingetretenen Schaden.

EG. Bestehende Beihilfen können nur für die Zukunft von der Kommission im Verfahren nach Art. 88 Abs. (2) EG als mit dem Gemeinsamen Markt für unvereinbar erklärt werden. Bis zum Zeitpunkt der Entscheidung kann die Kommission die vorläufige Aussetzung der Maßnahme verlangen.

Dagegen unterfallen Beihilfen nach der VO (EWG) 1107/70 als neue Beihilfen der Notifizierungspflicht und unterliegen dem Durchführungsverbot, Art. 88 Abs. (3) EG. Sie dürfen erst durchgeführt werden, wenn die Kommission deren Vereinbarkeit mit dem Gemeinsamen Markt festgestellt hat. Vorher gewährte Begünstigungen sind vom Mitgliedstaat nach Aufforderung durch die Kommission zurückzufordern, wenn die Maßnahme auch materiell rechtswidrig ist. Im nationalen Recht richtet sich diese Rückforderung entweder nach § 48 VwVfG, bei dem der gewährenden Behörde kein Ermessen zukommt, die Frist des § 48 Abs. 4 S. 1 VwVfG bei Überschreitung unbeachtlich ist und dem begünstigten Unternehmen kein Vertrauensschutz zukommt, oder nach § 812 Abs. 1 S. 1 1.Alt. BGB i.V.m. § 184 BGB analog, wobei das begünstigte Unternehmen sich nicht auf den Fortfall der Bereicherung berufen kann.

5. Maßnahmen auf dem Gebiet der Beförderungsentgelte und -bedingungen, Art. 74 EG

Nach Art. 74 EG hat jede Maßnahme auf dem Gebiet der Beförderungsentgelte und -bedingungen, die im Rahmen des EG-Vertrages getroffen wird, der wirtschaftlichen Lage der Verkehrsunternehmen Rechnung zu tragen.

a.) Zielsetzung
Aus dem Fehlen einer Rechtsfolge wird deutlich, dass dieser Artikel nur im Zusammenhang mit anderen Vertragsvorschriften Bedeutung haben kann[312]. Wie zu Art. 70 EG festgestellt wurde, dient die Verkehrspolitik der Verwirklichung der Ziele des EG-Vertrages. Art. 74 EG verpflichtet nur die Gemeinschaftsorgane[313] neben diesen Zielen die wirtschaftlichen Interessen der Verkehrsunternehmen zu berücksichtigen, wenn Maßnahmen bezüglich der Beförderungsentgelte und -bedingungen getroffen werden. Dieses Handlungsziel haben sie mit den allgemeinen Vertragszielen abzuwägen. Neben den Interessen der Gemeinschaft und der Verkehrsnutzer werden folglich auch die Interessen der Unternehmen berücksichtigt[314]. Aus dem unbestimmten Wortlaut des Art. 74 EG kann geschlossen werden, dass dieser Artikel den einzelnen Verkehrsunternehmen keine subjektiven Rechte einräumt, so dass diese sich vor Gericht nicht auf Art. 74 EG berufen können.[315]

---

312 „*Unvollständiger Rechtssatz*", Groeben/ Thiesing / Ehlermann - *Erdmenger*, EU-, EG-Vertrag, Art. 78 [a.F., Art. 74 EG] Rn. 1; s. auch Schwarze - *Stadler*, EU-Kommentar, Art. 74 EG Rn. 2.
313 A.A.: *Geiger*, EUV/ EGV, Art. 74 EG Rn. 1, der Art. 74 EG auch auf tarifpolitische Maßnahmen der Mitgliedstaaten anwenden will.
314 Grabitz/ Hilf - *Frohnmeyer*, Recht der EU, Art. 74 EG Rn. 1; zustimmend: *Jung*, der europarechtliche Rahmen der Verkehrspolitik, TranspR 1998, 133 (146).
315 Lenz - *Mückenhausen*, EG-Vertrag, Art. 74 EG Rn. 3; *Jung*, Der europarechtliche Rahmen der Verkehrspolitik, TranspR 1998, 133 (146).

Art. 74 EG ist vor allem bei gesetzgeberischen Akten und Einzelentscheidungen, die auf die Art. 70, 71 EG gestützt werden, zu berücksichtigen. Er gilt aber auch für Maßnahmen, die auf allgemeine Vorschriften des Vertrages gestützt werden und Auswirkungen im Bereich des Verkehrs entfalten[316].

b.) Beförderungsentgelte und -bedingungen
Beförderungsentgelte sind die Gegenleistung, die das Verkehrsunternehmen für eine entsprechende Beförderung von einem anderen erhält[317]. Beförderungsbedingungen sind die gesetzlichen und vertraglichen Bedingungen, die den Abschluss des Beförderungsvertrages und dessen Erfüllung betreffen[318]. Andere Maßnahmen der Gemeinschaft, die nicht die Beförderungsentgelte und -bedingungen direkt betreffen, sich aber trotzdem auf die Kosten der Verkehrsunternehmen auswirken, fallen nicht in den Anwendungsbereich des Art. 74 EG[319].
Die VO (EWG) 1191/ 69 i.d.F. der VO (EWG) 1893/ 91 regelt die Abgeltung von Verpflichtungen, die mit dem Begriff des öffentlichen Dienstes verbunden sind, und nennt
- in Art. 2 Abs. (1) die Betriebspflicht bzw. deren Umfang,
- in Art. 2 Abs. (4) ausdrücklich die Beförderungsentgelte und -bedingungen, die den Unternehmen auf Grund der Beförderungspflicht auferlegt werden, und
- in Art. 2 Abs. (5) nicht kostendeckende Tarife auf Grund der Tarifpflicht.

Sie regelt, dass den Verkehrsunternehmen unwirtschaftliche Pflichten auferlegt werden können, und ist damit eine Maßnahme, die Art. 74 EG zu beachten hat. Gleiches gilt sinngemäß für die VO (EWG) 1107/ 70, soweit dort die Möglichkeit weiterer Tarifpflichten geregelt ist.

c.) Die wirtschaftliche Lage der Verkehrsunternehmer
Unter den Begriff der Verkehrsunternehmer fallen alle juristischen und natürlichen Personen, die gewerbsmäßig Beförderungsleistungen erbringen. Früher wurde die Geltung für Personenbeförderungsleistungen bestritten[320]. Begründet wurde dies mit dem Begriff „vrachtprijzen" im niederländischen Vertragstext. Würde dieser Begriff tatsächlich nur Preise in der Güterbeförderung umfassen, so wäre diese Auffassung zutreffend, da bei unterschiedlichen Bedeutungen der einzelnen Vertragsfassungen von der engsten Bedeutung auszugehen ist[321]. Da „vrachtprijzen" aber die gleiche Bedeutung hat wie „Be-

---

316 Vgl. Groeben/ Thiesing/ Ehlermann - *Erdmenger*, EU-, EG-Vertrag, Art. 78 [a.F., Art. 74 EG] Rn. 4. Die in diesen Vorschriften enthaltenen Ziele sind gegebenenfalls mit Art. 74 EG abzuwägen.
317 Groeben/ Thiesing/ Ehlermann - *Erdmenger*, EU-, EG-Vertrag, Art. 78 [a.F., Art. 74 EG] Rn. 6.
318 Groeben/ Thiesing/ Ehlermann - *Erdmenger*, EU-, EG-Vertrag, Art. 78 [a.F., Art. 74 EG] Rn. 6.
319 *Jung*, Der europarechtliche Rahmen der Verkehrspolitik, TranspR 1998, 133 (147); Grabitz/ Hilf - *Frohnmeyer*, Recht der EU, Art. 74 EG Rn. 4.
320 Groeben/ Thiesing/ Ehlermann - *Stabenow*, Kommentar zum EWG-Vertrag, 3. Aufl. 1983, Art. 78 [a.F., Art. 74 EG] Anm. II.
321 Grundsätzlich: EuGH Rs. 97/ 78, Slg. 1978, 2311 - *Schumalla*; Rs. 16/ 78, Slg. 1978, 2293 - *Choquet*.

förderungsentgelte", fallen sowohl Entgelte für den Güter- als auch für den Personentransport unter Art. 74 EG[322].

Die wirtschaftliche Lage der Verkehrsunternehmen bestimmt sich durch das Verhältnis von Ausgaben und Einnahmen. Sind die Einnahmen höher als die Ausgaben oder zumindest gleichhoch, so ist das Unternehmen wirtschaftlich eigenständig[323]. Gemeinschaftsrechtliche Maßnahmen, die in das Verhältnis zwischen Einnahmen und Ausgaben eingreifen und z.B. die Kosten erhöhen, müssen demnach die Interessen der Unternehmen berücksichtigen. Wird die Gemeinschaft gesetzgeberisch tätig, so ist die wirtschaftliche Lage eines durchschnittlichen Unternehmens und die der Verkehrsunternehmen insgesamt maßgeblich[324].

Die VO (EWG) 1191/ 69 i.d.F. der VO (EWG) 1893/ 91 und die VO (EWG) 1107/ 70 regeln gerade den Ausgleich für auferlegte Verpflichtungen, die nicht den kommerziellen Interessen der Unternehmen entsprechen, und erfüllen damit die Maßgaben des Art. 74 EG. Weitere Maßnahmen, die in die Preisfreiheit eingreifen, sind für die Zukunft nicht ersichtlich.

d.) Bedeutung für den ÖPNV

Die Maßgaben des Art. 74 EG wurden in der VO (EWG) 1191/ 69 i.d.F. der VO (EWG) 1893/ 91 und der VO (EWG) 1107/ 70 umgesetzt, so dass auferlegte Verpflichtungen, die nicht den kommerziellen Interessen der ÖPNV-Anbieter entsprechen, nach diesen Verordnungen auszugleichen sind. Eine darüber hinausgehende Bedeutung wird Art. 74 EG im Bereich des ÖPNV nicht haben.

6. Zusammenfassung

ÖPNV ist sowohl Gegenstand als auch Mittel der Integration und deshalb Gegenstand der gemeinsamen Verkehrspolitik gem. Art. 70 EG. Gemeinschaftsrechtliche Regelungen für den ÖPNV können wegen des Subsidiaritätsprinzips nur einen rechtlichen Rahmen vorgeben, der von den Mitgliedstaaten auszufüllen ist. Zentrale Vorschrift für diese Regelungen ist Art. 71 Abs. (1) lit. d EG. Zweckdienlich i.S. dieser Vorschrift sind alle anderen Politiken und Ziele des Vertrages. Stehen diese im Widerspruch zur gemeinsamen Verkehrspolitik, so muss eine Abwägung stattfinden.

Staatliche Beihilfen für den ÖPNV können wettbewerbsverfälschend und handelsbeeinträchtigend und damit mit dem Gemeinsamen Markt unvereinbar sein. Ausnahmen

---

322 Im Ergebnis mittlerweile unstreitig: Grabitz/ Hilf - *Frohnmeyer*, Recht der EU, Art. 74 EG Rn. 1; Groeben/ Thiesing/ Ehlermann - *Erdmenger*, EU-, EG-Vertrag, Art. 78 [a.F., Art. 74 EG] Rn. 7; *Jung*, Der europarechtliche Rahmen der Verkehrspolitik, TranspR 1998, 133 (146).

323 Manche Autoren (z.B. Lenz - *Mückenhausen*, EG-Vertrag, Art. 74 EG Rn. 1) bezeichnen dies als eigenwirtschaftliche Stellung des Unternehmens. Da der Begriff „eigenwirtschaftlich" im Bereich des ÖSPV in § 8 Abs. 4 PBefG eine eigenständige Bedeutung hat, erscheint dies zumindest ungeschickt. Eigenwirtschaftliche Verkehre i.S. PBefG sind nicht unbedingt wirtschaftlich eigenständige Unternehmen.

324 Groeben/ Thiesing/ Ehlermann - *Erdmenger*, EU-, EG-Vertrag, Art. 78 [a.F., Art. 74 EG] Rn. 9; *Geiger*, EUV/ EGV, Art. 74 EG Rn. 1; zu weitgehend: Lenz - *Mückenhausen*, EG-Vertrag, Art. 74 EG Rn. 1, der auf durchschnittlich gesunde Unternehmen abstellen will. Damit wird nicht mehr auf den Durchschnitt abgestellt.

vom Beihilfeverbot des Art. 87 Abs. (1) EG für die (allgemeine) Finanzierung des ÖPNV sind in Art. 73 EG i.V.m. der VO (EWG) 1191/ 69 i.d.F. der VO (EWG) 1893/ 91 und der VO (EWG) 1107/ 70 abschließend geregelt. Während Beihilfen im Rahmen der VO (EWG) 1107/ 70 der Notifizierungspflicht und dem Durchführungsverbot des Art. 88 Abs. (3) EG unterliegen, gilt dies für Beihilfen nach der VO (EWG) 1191/ 69 i.d.F. der VO (EWG) 1893/ 91 nicht, so dass nur erstere neue Beihilfen darstellen und der „Gefahr" der Rückforderung unterliegen. Formell und materiell rechtswidrige Beihilfen sind vom Staat zurückzufordern - entgegenstehende Vorschriften wie die Jahresfrist in § 48 Abs. 4 S. 1 VwVfG oder § 818 Abs. 3 BGB sind dabei nicht anwendbar.

Art. 74 EG verlangt, dass den Verkehrsunternehmen die Verpflichtungen, die sich aus den vorgenannten Verordnungen ergeben, auszugleichen sind, wie dies in den Verordnungen auch umgesetzt worden ist. Eine weitere Bedeutung für den ÖPNV erlangt dieser Artikel nicht.

II. Allgemeine Bestimmungen des EG-Vertrages

1. Mit besonderen Aufgaben betraute und öffentliche Unternehmen, Art. 86 EG

In allen Mitgliedstaaten wird der „öffentliche Sektor" als Instrument staatlicher Wirtschafts- und Strukturpolitik benutzt. Dies gilt für Deutschland im besonderen Maße auf der Ebene der Bundesländer und Gemeinden. Durch den öffentlichen Sektor können aber die Schaffung eines Gemeinsamen Marktes erheblich behindert und die Wettbewerbsbedingungen verfälscht werden. Deshalb bezieht Art. 86 Abs. (1) EG öffentliche Unternehmen und Unternehmen, denen besondere oder ausschließliche Rechte gewährt worden sind, in die Geltung des Vertrages ein und betont die mitgliedstaatlichen Pflichten in diesem Zusammenhang. Art. 86 Abs. (2) EG enthält eine abwägende Ausnahmeregelung im Hinblick auf Dienstleistungen, die von allgemeinem wirtschaftlichem Interesse sind.

a.) Pflichten der Mitgliedstaaten gegenüber öffentlichen Unternehmen und Unternehmen mit besonderen oder ausschließlichen Rechten
Gem. Art. 86 Abs. (1) EG dürfen die Mitgliedstaaten in Bezug auf öffentliche Unternehmen und auf Unternehmen, denen sie besondere oder ausschließliche Rechte gewähren, keine dem EG-Vertrag und insbesondere dessen Artikeln 12 und 81 bis 89 widersprechende Maßnahmen treffen oder beibehalten.

aa.) Öffentliche Unternehmen
Art. 86 Abs. (1) EG setzt zunächst voraus, dass ein Unternehmen von der staatlichen Maßnahme betroffen wird. Der Begriff des Unternehmens entspricht dabei grundsätzlich dem der Art. 81 ff. EG. Er umfasst im Rahmen des Wettbewerbsrechts *„jede eine wirtschaftliche Tätigkeit ausübende Einheit, unabhängig von ihrer Rechtsform und der Art ihrer Finanzierung"*[325]. Die Wirtschaftlichkeit der Tätigkeit kann sich aus einem

---

325 EuGH Rs. C-41/ 90, Slg. 1991, I-1979 (Rn. 21) - *Höfner*.

Vergleich mit anderen Mitgliedstaaten ergeben: Wird die Tätigkeit dort durch Wirtschaftsunternehmen erbracht, so ist dies ein starkes Indiz für das Vorliegen einer wirtschaftlichen Tätigkeit[326]. Gleiches gilt sinngemäß, wenn die Tätigkeit durch Gebühren oder Beiträge und nicht ausschließlich aus Steuermitteln abgegolten wird[327]. Auf die Absicht der Gewinnerzielung kommt es dabei nicht an[328].

Verkehrsunternehmen, die ÖPNV in privatrechtlicher Form als AG oder GmbH, gegebenenfalls unter dem Dach einer Holdinggesellschaft, anbieten, sind Unternehmen im vorgenannten Sinn, da es sich um eine wirtschaftliche Einheit handelt, der eine eigene Rechtspersönlichkeit zukommt. ÖPNV kann aber auch durch einen sog. Eigenbetrieb durchgeführt werden[329]. Eigenbetriebe sind eine Rechtsform des öffentlichen Rechts und besitzen keine eigene Rechtspersönlichkeit. Sie besitzen jedoch eine besondere organisatorische Form und sind als Sondervermögen auszuweisen. Damit sind sie Unternehmen i.S. des Art. 86 Abs. (1) EG.

Öffentlich ist ein Unternehmen gem. Art. 2 lit. b) der Richtlinie 80/ 723/ EWG der Kommission vom 25.06.1980 („Transparenzrichtlinie")[330], wenn die öffentliche Hand auf Grund Eigentums, finanzieller Beteiligung, Satzung oder sonstiger Bestimmungen, die die Tätigkeit des Unternehmens regeln, unmittelbar oder mittelbar einen beherrschenden Einfluss ausüben kann. Die Beherrschung wird nach dem Abs. 2 dieser Vorschrift vermutet, wenn die öffentliche Hand unmittelbar oder mittelbar

- die Mehrheit des gezeichneten Kapitals des Unternehmens besitzt oder
- über die Mehrheit der mit den Anteilen des Unternehmens verbundenen Stimmrechte verfügt oder
- mehr als die Hälfte der Mitglieder des Verwaltungs-, Leitungs- oder Aufsichtsorgans des Unternehmens bestellen kann.

Der EuGH[331] hat zu dieser Definition zwar hervorgehoben, dass diese Definition des öffentlichen Unternehmens für Art. 86 Abs. (1) EG nicht allgemein gültig ist, unter die Definition fallende Unternehmen sind aber öffentliche Unternehmen i.S. des Art. 86 Abs. (1) EG, da die Richtlinie den Anwendungsbereich des Art. 86 Abs. (1) EG weder

---

326 EuGH Rs. C-41/ 90, Slg. 1991, I-1979 (Rn. 22) - *Höfner*; *Eichenhofer*, Das Arbeitsvermittlungsmonopol der Bundesanstalt für Arbeit und das EG-Recht, NJW 1991, 2857 (2858 f.); s. auch: *Mestmäcker*, Staat und Unternehmen im europäischen Gemeinschaftsrecht, RabelsZ 52 (1988), 526 (536); *Emmerich*, Internationale Personalberatung im Lichte des EWG-Vertrages, BB Beilage 3/ 1989, 9 (12).
327 Schwarze - *v.Burchard*, EU-Kommentar, Art. 86 EG Rn. 14; Grabitz/ Hilf - *Pernice*, EU-, EG-Vertrag, Art. 90 [a.F., Art. 86 EG] Rn. 14.
328 So: *Nicolaysen*, Europarecht II, S. 269; Groeben/ Thiesing/ Ehlermann - *Hochbaum*, EU-, EG-Vertrag, Art. 90 [a.F., Art. 86 EG] Rn. 16.
329 Dazu ausführlich: *Grafberger*, Der öffentliche Personennahverkehr - Aufgabe, Organisation und verkehrsgewerberechtlicher Rahmen, S. 97 ff.
330 ABl. EG Nr. L 195/ 35 vom 29.07.1980, deren Anwendungsbereich durch die Richtlinie 85/ 413/ EWG der Kommission vom 24.07.1985, ABl. EG Nr. L 229/ 20 vom 28.08.1985, auf den Verkehrsbereich ausgedehnt worden ist. Weitere Änderungen erfolgten durch die Richtlinie 93/ 84/ EWG der Kommission vom 30.09.1993, ABl. EG Nr. L 254/ 16 vom 12.10.1993, und die Richtlinie 2000/ 52/ EG vom 26.07.2000, ABl. EG Nr. L 193/ 75 vom 29.07.2000. Auf diese Richtlinie wird im Teil 3 (unter IV.) der Untersuchung näher eingegangen.
331 EuGH verb. Rs. 188 - 190/ 80, Slg. 1982, 2545 (2578) - *Transparenzrichtlinie*.

erweitern konnte noch wollte[332]. Verkehrsunternehmen, die in Form einer GmbH oder einer AG betrieben werden, sind öffentliche Unternehmen, wenn die Mehrheit des stimmberechtigten Kapitals von der Gemeinde oder dem Landkreis gehalten wird oder mindestens die Hälfte der Aufsichtsratsmitglieder und der Aufsichtsratsvorsitzende und/ oder der Vorstand bzw. die Geschäftsführung durch die Gemeinde oder den Landkreis bestimmt werden. Bei Holdinggesellschaften üben diese Träger hoheitlicher Gewalt einen beherrschenden Einfluss aus, wenn die Holdinggesellschaft gegenüber der Verkehrsgesellschaft einen beherrschenden Einfluss innehat. In diesem Fall liegt eine mittelbare Beherrschung vor[333]. Bei der Mehrheit der ÖSPV-Anbieter in Deutschland liegt die aufgezeigte Beherrschung vor. Im Bereich des ÖSPV entfallen ca. 90 % der Fahrgäste auf kommunale oder gemischtwirtschaftliche[334], d.h. mit Beteiligung kleinerer privater Verkehrsunternehmen, Unternehmen[335]. Nur 20 % von diesen werden in der Form eines Eigenbetriebes geführt[336]. Da der Eigenbetrieb eine Einrichtung des öffentlichen Rechts ist, ist auch er ein öffentliches Unternehmen i.S. des Art. 86 Abs. (1) EG[337].

bb.) <u>Unternehmen mit besonderen oder ausschließlichen Rechten</u>
Bezüglich der privaten Verkehrsunternehmen stellt sich die Frage, ob es sich bei diesen um Unternehmen mit ausschließlichen oder besonderen Rechten handelt. Während früher nicht zwischen ausschließlichen und besonderen Rechten getrennt worden ist[338], ist spätestens infolge der EuGH-Entscheidung[339] zur Richtlinie 90/ 388/ EWG über den

---

332 Zustimmend: Grabitz/ Hilf - *Pernice*, EU-, EG-Vertrag, Art. 90 [a.F., Art. 86 EG] Rn. 17. Im Übrigen wird der Begriff des öffentlichen Unternehmens auch außerhalb der Richtlinie ähnlich definiert, vgl. Groeben/ Thiesing/ Ehlermann - *Hochbaum*, EU-, EG-Vertrag, Art. 90 [a.F., Art. 86 EG] Rn. 9 ff., m.w.N.
333 Zum Grundsatz: Grabitz/ Hilf - *Pernice*, EU-, EG-Vertrag, Art. 90 [a.F., Art. 86 EG] Rn. 19.
334 Vgl. dazu: *Eichhorn/ Greiling*, Öffentlicher Personennahverkehr durch öffentliche und/ oder private Unternehmen?, in: Püttner (Hrsg.), Der regionalisierte Nahverkehr, 51 (56 ff.). Bei diesen Unternehmensformen kann dem Minderheitspartner zwar eine Sperrminorität zustehen, dies ändert aber nichts an der beherrschenden Stellung der öffentlichen Hand.
335 Nach Angabe von: *VDV/ ÖTV* (Hrsg.), Der Nahverkehr und seine Unternehmen im Verkehrsmarkt der Zukunft, S. 19. Dagegen entfällt nach *Muthesius*, Das deutsche Genehmigungsrecht für den straßengebundenen Nahverkehr im Lichte der Bestimmungen des Vertrages zur Gründung der Europäischen Gemeinschaft (EGV), in: Püttner (Hrsg.), ÖPNV in Bewegung. Konzepte, Probleme, Chancen, 71, je die Hälfte der Linienkilometer auf private und öffentliche Unternehmen. Vgl. auch *Püttner*, Öffentliche Unternehmen als Instrument staatlicher Politik, DÖV 1983, 697 (701) und *Eichhorn/ Greiling*, Öffentlicher Personennahverkehr durch öffentliche und/ oder private Unternehmen?, in: Püttner (Hrsg.), Der regionalisierte Nahverkehr, 51 (55 f.).
336 Vgl. *Eichhorn/ Greiling*, a.a.O., S. 56. Diese Zahl bezieht sich allerdings nur auf die Mitglieder des VDV, dürfte aber darüber hinaus repräsentativ sein.
337 Im Ergebnis bzgl. der Eigenbetriebe zustimmend: *Burgi*, Die öffentlichen Unternehmen im Gefüge des primären Gemeinschaftsrechts, EuR 1997, 261 (266).
338 So noch 1993: *Ehricke*, Der Art. 90 EWGV - eine Neubetrachtung, EuZW 1993, 211 (211 f.); anders dagegen Groeben/ Thiesing/ Ehlermann - *Hochbaum*, EU-, EG-Vertrag, Art. 90 [a.F., Art. 86 EG] Rn. 21.; Lenz - *Grill*, EG-Vertrag, Art. 86 EG Rn. 8 f.
339 EuGH verb. Rs. C-271,281 und 289/ 90, Slg. 1992, I-5833 (Rn. 29 ff.) - *Telekommunikationsdienste*. Die in der entsprechenden Richtlinie gegebene Definition von ausschließlichen und besondere Rechte erkannte der EuGH nur bzgl. der ausschließlichen Rechte an. Damit wird die Rechtsprechung von EuGH Rs. C-202/ 88, Slg. 1991, I-1223 (1267 ff.) - *Endgeräte-Richtlinie*, bestätigt. Zustimmend: *Bartosch*, Europäisches Telekommunikationsrecht im Jahr 1998, EuZW 1999, 421 (425).

Wettbewerb auf dem Markt für Telekommunikationsdienste[340] zwischen beiden zu trennen. Nach Art. 1 dieser Richtlinie sind ausschließliche Rechte „*die Rechte, die von einem Mitgliedstaat oder einer Behörde einer oder mehreren öffentlichen oder privaten Einrichtungen auf dem Gesetzes- oder Verwaltungswege gewährt werden und diesen die Erbringung einer Dienstleistung oder die Erbringung einer bestimmten Tätigkeit vorbehalten*".

Die Erbringung von Beförderungen im ÖPNV ist von einer Genehmigung abhängig, die einen Verwaltungsakt darstellt[341], also dem öffentlichen Recht zuzuordnen ist, und gem. § 11 Abs. 1, 2 PBefG von einer von den Landesregierungen zu bestimmenden Behörde erteilt wird. Fraglich ist, ob in der Genehmigung eine Gewährung i.S. des Art. 86 Abs. (1) EG liegt. Dies wird für Fälle bestritten, in denen die Konzessionserteilung nur von der Erfüllung der gesetzlichen Auflagen abhängig ist, bei deren Erfüllung ein Rechtsanspruch besteht[342]. Dagegen hängt die Konzession im ÖSPV von weiteren Faktoren ab: u.a. den öffentlichen Verkehrsinteressen (§ 13 Abs. 2 Nr. 2 PBefG, dem Nahverkehrsplan (§ 13 Abs. 2a PBefG) und gemeinwirtschaftlichen Interessen (§ 13a Abs. 1 PBefG). Im Rahmen des § 13 Abs. 2 Nr. 2 PBefG besteht ein erheblicher Beurteilungsspielraum für die Genehmigungsbehörde[343] und im Rahmen des § 13a Abs. 1 PBefG für den öffentlichen Auftraggeber, der dort die planerischen Vorgaben für die Verkehrsgestaltung setzt, die die Genehmigungsbehörde umzusetzen hat. Mit der Konzession erhält das Verkehrsunternehmen das (i.d.R.) alleinige Recht, die festgelegte Strecke zu bedienen[344] und bei eigenwirtschaftlichen Verkehren auch das Recht, Subunternehmer einzuschalten[345]. Unternehmen ohne die entsprechende Konzession handeln gem. §§ 2 Abs. 1 Nr. 2, 61 Abs. 1 Nr. 1 PBefG ordnungswidrig. Dies spricht für eine

---

340 Vom 28.06.1990, ABl. EG Nr. L 192/ 10 vom 24.07.1990.
341 Dies ergibt sich eindeutig aus dem Wortlaut der §§ 13 ff. PBefG, insbesondere werden dort Auflagen und Bedingungen bei der Erteilung und der mögliche Widerruf genannt. Dies gilt auch, wenn eine Vereinbarung bezüglich gemeinwirtschaftlicher Verkehre zuvor abgeschlossen worden ist, vgl. § 13a Abs. 1 PBefG, da der Besteller der Leistung mit der Genehmigungsbehörde nicht identisch ist.
342 Einen Rechtsanspruch auf Konzessionen nach dem PBefG bejahend: BVerwG DVBl. 2000, 1614 (1615); und zu Taxikonzessionen: Groeben/ Thiesing/ Ehlermann - *Hochbaum*, EU-, EG-Vertrag, Art. 90 [a.F., Art. 86 EG] Rn. 19, die Einschätzung, dass es sich bei Taxikonzessionen nicht um ausschließliche Rechte handelt, dürfte zutreffend sein, da sämtliche Konzessionsinhaber einer Stadt sämtliche Strecken befahren können und insoweit miteinander im Wettbewerb stehen; zu unechten Konzessionen allgemein: Grabitz/ Hilf - *Pernice*, EU-, EG-Vertrag, Art. 90 [a.F., Art. 86 EG] Rn. 28. *Metz*, Europäische Kommission will mehr Transparenz, Bus & Bahn 9/ 97, S. 3, sieht auch in der Konzession nach dem PBefG kein Recht i.S. des Art. 86 Abs. (1) EG, übersieht dabei aber, dass eben nicht jeder einen Rechtsanspruch auf eine Konzession hat, und belegt die angeführte Auffassung der europarechtlichen Literatur nicht.
343 Zustimmend: *Werner*, Nach der Regionalisierung - der Nahverkehr im Wettbewerb, S. 173.
344 Vgl. § 13 Abs. 2 Nr. 2 lit. a-c PBefG, wonach vorhandene Verkehrsmittel bevorzugt werden, und *Batzill/ Zuck*, Personenbeförderungsrecht im Spannungsfeld von Bahnstrukturreform, PBefG-Novelle, ÖPNV-Recht der Länder und EG-Recht, S. 56, 62. Deshalb bejaht *Muthesius*, Das deutsche Genehmigungsrecht für den straßengebundenen Nahverkehr im Lichte der Bestimmungen des Vertrages zur Gründung der Europäischen Gemeinschaft (EGV), in: Püttner, ÖPNV in Bewegung. Konzepte, Probleme, Chancen, 71 (79), das Vorliegen ausschließlicher oder besonderer Rechte.
345 Vgl. *Werner*, Nach der Regionalisierung - der Nahverkehr im Wettbewerb, S. 192, der darauf hinweist, dass bzgl. der Subunternehmerleistungen tatsächlich Wettbewerb im Bereich des ÖPNV herrscht.

Gewährung i.S. des Art. 86 Abs. (1) EG - und zwar die eines ausschließlichen Rechtes. Unterstützt wird letztere Annahme durch §§ 21 f., 41, 39, 40 PBefG. Nach diesen Vorschriften trifft die Unternehmen eine Betriebs- und Beförderungspflicht; Änderungen der Beförderungsentgelte und -tarife sowie der Fahrpläne sind von einer Zustimmung der Genehmigungsbehörde abhängig. Durch diese Regelungen verschafft das Gesetz der Behörde erheblichen Einfluss auf die Geschäftspolitik des Unternehmens, so dass die für die Annahme eines ausschließlichen Rechts i.S. des Art. 86 Abs. (1) EG notwendigen Voraussetzungen[346] vorliegen. Dieses ausschließliche Recht erhalten auch öffentliche Verkehrsunternehmen im Bereich des ÖSPV. Auf die umstrittene Definition der „besonderen" Rechte kommt es demnach nicht an[347].

Demnach sind alle im Bereich des ÖSPV tätigen Verkehrsunternehmen Unternehmen i.S. des Art. 86 Abs. (1) EG, da sie zumindest mit ausschließlichen Rechten versehen sind.

cc.) Mitgliedstaatliche Pflichten
Die Bundesrepublik darf bezüglich der Verkehrsunternehmen im ÖSPV keine Maßnahmen treffen, die dem EG-Vertrag widersprechen. Da Art. 86 Abs. (1) EG bereits von der Existenz öffentlicher Unternehmen sowie ausschließlicher und besonderer Rechte ausgeht, kann die Gründung bzw. Verleihung dieser keine Maßnahme i.S. des Art. 86 Abs. (1) EG sein. Die Zulässigkeit der Verleihung dieser Rechte richtet sich vielmehr nach den allgemeinen Vorschriften des EG-Vertrages[348]. Insbesondere sind die Mitgliedstaaten nach Art. 10 Abs. 2 EG verpflichtet, alle Maßnahmen zu unterlassen, welche die Verwirklichung der Ziele des EG-Vertrages gefährden könnten. Unzulässig ist demnach - zumindest grundsätzlich - die Gewährung eines ausschließlichen Rechtes, die gegen die Ziele des Art. 3 EG, insbesondere die Schaffung eines Binnenmarktes und eines unverfälschten Wettbewerbs, verstößt[349]. Andererseits verfolgt Art. 3 EG Ziele, die eine

---

346 Grabitz/ Hilf - *Pernice*, EU-, EG-Vertrag, Art. 90 [a.F., Art. 86 EG] Rn. 28, spricht von speziellen Verpflichtungen und Einflussmöglichkeiten; s. auch: Kommission, Vorschlag für eine Verordnung des Europäischen Parlaments und des Rates über Maßnahmen der Mitgliedstaaten im Zusammenhang mit Anforderungen des öffentlichen Dienstes und der Vergabe öffentlicher Dienstleistungsaufträge für den Personenverkehr auf der Schiene, der Straße und auf Binnenschiffahrtswegen, KOM (2000) 7 endg., Begründung Ziff. 2.3.2.
347 S. dazu: Groeben/ Thiesing/ Ehlermann - *Hochbaum*, EU-, EG-Vertrag, Art. 90 [a.F., Art. 86 EG] Rn. 21; Grabitz/ Hilf - *Pernice*, EU-, EG-Vertrag, Art. 90 [a.F., Art. 86 EG] Rn. 25; *Bartosch*, Neubestimmung des EG-Wettbewerbsrechts in liberalisierten Märkten, ZIP 1999, 1787 (1789 ff.).
348 EuGH Rs. 155/ 73, Slg. 1974, 409 (430 f.) - *Sacchi*; Rs. C-179/ 90, Slg. 1991, I-5889 (5928) - *Hafen von Genua*; Grabitz/ Hilf - *Pernice*, EU-, EG-Vertrag, Art. 90 [a.F., Art. 86 EG] Rn. 29; Groeben/ Thiesing/ Ehlermann - *Hochbaum*, EU-, EG-Vertrag, Art. 90 [a.F., Art. 86 EG] Rn. 20; Lenz - *Grill*, EG-Vertrag, Art. 86 EG Rn. 6; *Badura*, Das öffentliche Unternehmen im europäischen Binnenmarkt, ZGR 1997, 291 (296); *Burgi*, Die öffentlichen Unternehmen im Gefüge des primären Gemeinschaftsrechts, EuR 1997, 261 (273 f.); *Hailbronner*, Öffentliche Unternehmen im Binnenmarkt - Dienstleistungsmonopole und Gemeinschaftsrecht, NJW 1991, 593 (597 ff.); a.A.: *Ehricke*, Der Art. 90 EWGV - eine Neubetrachtung, EuZW 1993, 211 (212); *Bartosch*, Neubestimmung des EG-Wettbewerbsrechts in liberalisierten Märkten, ZIP 1999, 1787 (für die Einräumung einer Monopolstellung).
349 Vgl. Groeben/ Thiesing/ Ehlermann - *Hochbaum*, EU-, EG-Vertrag, Art. 90 [a.F., Art. 86 EG] Rn. 28.

Einschränkung der Wettbewerbsfreiheit zulassen[350], wie oben bereits erörtert. Insoweit ist die Auffassung des EuGH konsequent, wenn er feststellt, dass Art. 86 Abs. (1) EG in Verbindung mit Art. 86 Abs. (2) EG zu lesen sei, *„wonach für Unternehmen, die mit Dienstleistungen von allgemeinem wirtschaftlichem Interesse betraut sind, die Wettbewerbsregeln gelten, soweit deren Anwendung nicht die Erfüllung der ihnen übertragenen besonderen Aufgabe rechtlich oder tatsächlich verhindert"*[351]. Ausschließliche Rechte können die Mitgliedstaaten demnach nur verleihen, *„soweit die Wettbewerbsbeschränkung oder gar der Ausschluß jeglichen Wettbewerbs [...] erforderlich sind, um die Erfüllung der den Unternehmen, die über die ausschließlichen Rechte verfügen, übertragenen besonderen Aufgaben sicherzustellen"*[352]. Damit unterstreicht der EuGH das Prinzip, dass bei Kollision verschiedener Ziele des Art. 3 EG diese gegeneinander abzuwägen sind. Demnach muss die Gewährung ausschließlicher Rechte objektiv gerechtfertigt sein[353]. Ob für die Gewährung ausschließlicher Rechte im Bereich des ÖSPV eine derartige Rechtfertigung besteht, wird später im Zusammenhang mit Art. 86 Abs. (2) EG untersucht[354].

Der Begriff der Maßnahme i.S. des Art. 86 Abs. (1) EG umfasst jeden öffentlich-rechtlichen oder privaten Rechtsakt und tatsächliches Verhalten, das einen konkreten Bezug zu den in Art. 86 Abs. (1) EG genannten Unternehmen aufweist[355]. Als derartiges Verhalten kommt insbesondere die Zuführung von Kapital in Betracht[356]. Bei einer Kapitalgewährung durch die öffentliche Hand stellt sich die zu Art. 87 Abs. (1) EG erörterte Frage, ob sie eine Beihilfe oder eine reine Kapitalzufuhr im Rahmen des unternehmerischen Engagements der öffentlichen Hand darstellt. Die Frage ist nach den oben aufgezeigten Kriterien zu beantworten. Bezüglich der Unternehmen mit ausschließlichen Rechten hat die öffentliche Hand die Beihilfevorschriften ebenfalls zu beachten - insoweit hat Art. 86 Abs. (1) EG nur feststellende Wirkung. Eine Kapitalzuführung verstößt demnach gegen Art. 86 Abs. (1) EG, wenn sie dem betreffenden Unternehmen einen Wettbewerbsvorteil verschafft oder zu verschaffen geeignet ist, wenn der zwischenstaatliche Handel beeinträchtigt ist und - bezüglich öffentlicher Unternehmen - ein entsprechender privater Kapitalgeber von entsprechender Größe in derselben Situation sich die notwendigen Mittel auf dem privaten Kapitalmarkt nicht beschaffen könnte

---

350 Dieser Gedanke wird auch von *Burgi*, Die öffentlichen Unternehmen im Gefüge des primären Gemeinschaftsrechts, EuR 1997, 261 (277), aufgegriffen.
351 EuGH Rs. C-320/ 91, Slg. 1993, I-2533 (2568) - *Corbeau*.
352 EuGH, a.a.O.
353 Zustimmend: Lenz - *Grill*, EG-Vertrag, Art. 86 EG Rn. 18; *Ehricke*, Der Art. 90 EWGV - eine Neubetrachtung, EuZW 1993, 211 (213 f.); Grabitz/ Hilf - *Pernice*, EU-, EG-Vertrag, Art. 90 [a.F., Art. 86 EG] Rn. 46; ähnlich: Groeben/ Thiesing/ Ehlermann - *Hochbaum*, EU-, EG-Vertrag, Art. 90 [a.F., Art. 86 EG] Rn. 30; a.A.: *Hailbronner*, Öffentliche Unternehmen im Binnenmarkt - Dienstleistungsmonopole und Gemeinschaftsrecht, NJW 1991, 593 (601), der die strengen Anforderungen des Art. 86 Abs. (2) EG nicht auf die Entscheidung der Mitgliedstaaten, besondere öffentliche Aufgaben auf Monopolunternehmen zu übertragen, anwenden will; *Nicolaysen*, Europarecht II, S. 271.
354 Auch *Emmerich*, Nationale Postmonopole und Europäisches Gemeinschaftsrecht, EuR 1983, 216 (224, 226), weist auf die Bedeutung des Art. 86 Abs. (2) EG für die Begründung von Ausschließlichkeitsrechten hin.
355 Lenz - *Grill*, EG-Vertrag, Art. 86 EG Rn. 10; Bleckmann - *Schollmeier/ Krimphove*, Europarecht Rn. 1976; *Burgi*, Das öffentliche Unternehmen im Gefüge des primären Gemeinschaftsrechts, EuR 1997, 261 (280).
356 Vgl. zu Folgendem auch: *Nicolaysen*, Europarecht II, S. 271 ff.

oder sich ein entsprechendes Verhalten, wie den jahrelangen Verzicht auf Gewinn, nicht erlauben könnte[357].

Eine „Maßnahme" darf nicht gegen Art. 81 f. EG, also die unternehmensgerichteten Wettbewerbsvorschriften, verstoßen. Dies wäre der Fall, wenn ein Mitgliedstaat einem Unternehmen verbotene Kartellabsprachen vorschreibt, diese erleichtert oder deren Auswirkungen verstärkt oder einen Verstoß gegen das Verbot des Missbrauchs einer marktbeherrschenden Stellung begünstigt[358] bzw. die Gefahr eines derartigen Missbrauchs durch die Gewährung heraufbeschworen wird[359]. Ein Verstoß gegen Art. 81 EG könnte gegebenenfalls in der Genehmigung von Tarifverbünden liegen, an denen die Unternehmen mit ausschließlichen Rechten beteiligt sind, da diese bei einer entsprechenden Größe durchaus den Handel zwischen den Mitgliedstaaten i.S. dieses Artikels beeinflussen und den Wettbewerb verfälschen könnten. Dies hat mit der Konzession, also der Genehmigung, im ÖSPV allerdings keinen direkten, zwingenden Zusammenhang[360]. Auch ein Verstoß gegen Art. 82 EG scheint unwahrscheinlich: Zunächst dürfte das Bestehen einer marktbeherrschenden Stellung in den meisten Fällen zweifelhaft sein[361]. Darüber hinaus kann die Erbringung des Angebots im Rahmen der Konzession nicht als Missbrauch der beherrschenden Stellung gewertet werden, da der Konzessionsinhaber nur die Leistungen erbringt, zu denen ihn die Konzession berechtigt. Denkbar ist dagegen ein Missbrauch, wenn ein marktbeherrschendes Unternehmen andere Verkehrsunternehmen vom Zugang zu ihrer Infrastruktur ausschließt oder für diesen unangemessene Bedingungen verlangt. Diese Gefahr resultiert allerdings nicht zwangsläufig aus der Konzessionsvergabe[362] und kann durch die Trennung der eigentlichen Beförderungsleistung von der Infrastruktur gegebenenfalls leicht behoben werden.

Die „Maßnahmen" dürfen nicht gegen das allgemeine Diskriminierungsverbot des Art. 12 Abs. 1 EG verstoßen. Da die Maßnahmen ein bestehendes ausschließliches Recht voraussetzen, ist dies für die Genehmigung zunächst nicht relevant. Allerdings ist das Diskriminierungsverbot auch bei der Begründung des ausschließlichen Rechtes zu beachten - dies ergibt sich jedoch nicht aus Art. 86 Abs. (1) EG, sondern direkt aus Art. 12 Abs. 1 EG.

dd.) Bedeutung für den ÖPNV

Art. 86 Abs. (1) EG stellt ausdrücklich fest, dass die Bundesrepublik bezüglich der Verkehrsunternehmen im ÖSPV, die über Konzessionen verfügen, keine dem EG-Vertrag widersprechenden Maßnahmen treffen darf. Damit wird gleichzeitig die Geltung des Vertrages für diese Unternehmen festgestellt. Beide Feststellungen gelten vorbehaltlich

---

357 S. Groeben/ Thiesing/ Ehlermann - *Hochbaum*, EU-, EG-Vertrag, Art. 90 [a.F., Art. 86 EG] Rn. 42.
358 Ausführlich: Lenz - *Grill*, EG-Vertrag, Art. 86 EG Rn. 12; Schwarze - *v.Burchard*, EU-Kommentar, Art. 86 EG Rn. 34.
359 EuGH Rs. C-260/ 89, Slg. 1991, I-2925 (2962) - *ERT*; Rs. C-41/ 90, Slg. 1991, I-1979 (2017) - *Höfner*; Rs. C-179/ 90, Slg. 1991, I-5889 (5929) - *Hafen von Genua*; Ehricke, Der Art. 90 EWGV - eine Neubetrachtung, EuZW 1993 (213); Lenz - *Grill*, EG-Vertrag, Art. 86 EG Rn. 13.
360 Diese Problematik kann hier nicht weiter vertieft werden, da dafür eine eigene, umfangreiche Untersuchung notwendig wäre.
361 Der Nachweis könnte nur gegenüber der DB AG bzgl. deren Tochterunternehmen gegebenenfalls möglich sein. Solange diese Unternehmen ihre Leistungen im Rahmen der Konzession anbieten, liegt darin kein Missbrauch der marktbeherrschenden Stellung durch die DB AG.
362 Deshalb wird dies im Rahmen dieser Untersuchung nicht weiter erörtert.

des Art. 86 Abs. (2) EG. So darf die Bundesrepublik (bzw. deren Bundesländer oder Gebietskörperschaften) kein ausschließliches Recht gewähren, wenn dieses gegen Art. 10 Abs. 2, Art. 3 EG oder Art. 12 Abs. 1 EG verstoßen würde, es sei denn, dass ein besonderes öffentliches Interesse i.S. des Art. 86 Abs. (2) EG an der Gewährung besteht.

b.) Bereichsausnahme des Absatzes (2)
Für Unternehmen, die mit Dienstleistungen von allgemeinem wirtschaftlichem Interesse betraut sind oder den Charakter eines Finanzmonopols haben, gelten gem. Art. 86 Abs. (2) EG die Vorschriften des EG-Vertrages, insbesondere die Wettbewerbsregeln, insoweit als die Anwendung dieser Vorschriften nicht die Erfüllung der ihnen übertragenen Aufgabe rechtlich oder tatsächlich verhindert[363]. Dabei darf die Entwicklung des Handelsverkehrs aber nicht in einem Ausmaß beeinträchtigt werden, das dem Interesse der Gemeinschaft zuwiderläuft.

aa.) Allgemeines wirtschaftliches Interesse
Verkehrsunternehmen im Bereich des ÖSPV erbringen Dienstleistungen i.S. des Art. 86 Abs. (2) EG[364]. Schwieriger ist die Beantwortung der Frage, wann eine Dienstleistung von allgemeinem wirtschaftlichem Interesse ist. Da es sich um ein wirtschaftliches Interesse handeln muss, fallen Dienstleistungen, die rein karitativen, sozialen, fürsorgerischen, religiösen und kulturellen Zwecken dienen und bezüglich dieser Tätigkeit nicht im Wettbewerb mit anderen Unternehmen stehen, nicht unter Art. 86 Abs. (2) EG[365].

Nach Auffassung des EuGH kann die Rentabilität eines Versorgungsunternehmens ein allgemein wirtschaftliches Interesse darstellen und somit die Schaffung eines Monopols begründen, verbunden mit entsprechenden Wettbewerbsbeschränkungen[366]. Vorgenannte Auffassung wurde zu einem nationalen Postmonopol vertreten, das den Ausgleich zwischen rentablen und unrentablen Tätigkeitsbereichen notwendig machen soll. Aus der zitierten Entscheidung kann ein Verbot der „Rosinenpickerei" abgeleitet werden[367]. In einer weiteren Entscheidung hat der EuGH zu Verkehrsunternehmen festgestellt, dass Art. 86 Abs. (2) EG auf diese Anwendung finden könne, wenn sie von nationalen Behörden verpflichtet worden seien, Linien zu bedienen, die aus kommerzieller

---

363 Adressaten dieser Bestimmung sind neben den genannten Unternehmen die Mitgliedstaaten, vgl. *Ehricke*, Zur Konzeption von Art. 37 I und Art. 90 II EGV, EuZW 1998, 741 (744).

364 Vgl. *v. Wilmowsky*, Mit besonderen Aufgaben betraute Unternehmen unter dem EWG-Vertrag, ZHR 155 (1991), 545 (549); Groeben/ Thiesing/ Ehlermann - *Hochbaum*, EU-, EG-Vertrag, Art. 90 [a.F., Art. 86 EG] Rn. 46.

365 Wohl überwiegende Meinung in der Lit., s.: Bleckmann - *Schollmeier/ Krimphove*, Europarecht Rn. 1981; *Ehricke*, Der Art. 90 EWGV - eine Neubetrachtung, EuZW 1993, 211 (214); Groeben/ Thiesing/ Ehlermann - *Hochbaum*, EU-, EG-Vertrag, Art. 90 [a.F., Art. 86 EG] Rn. 48; Grabitz/ Hilf - *Pernice*, EU-, EG-Vertrag, Art. 90 [a.F., Art. 86 EG] Rn. 37, mit dem Hinweis, dass nichtwirtschaftliche Interessen im Rahmen der Art. 36, 56 EGV [a.F., Art. 30, 46 EG] und der „zwingenden Erfordernisse" im Rahmen der „Cassis"-Rechtsprechung berücksichtigt werden. Kritisch: *Mestmäcker*, Staat und Unternehmen im europäischen Gemeinschaftsrecht, RabelsZ 52 (1988), 526 (567 f.), unter dem Hinweis darauf, dass besondere Aufgaben regelmäßig auf Grund „*anderer als nur wirtschaftlicher Ziele*" übertragen werden.

366 EuGH Rs. C-320/ 91, Slg. 1993, I-2533 (2569) - *Corbeau*.

367 Zustimmend: *Oppermann*, Europarecht Rn. 1057; Lenz - *Grill*, EG-Vertrag, Art. 86 EG Rn. 27, der dies allerdings im Rahmen der Verhinderung der übertragenen Aufgabe erörtert.

Sicht nicht rentabel seien, aber die Bedienung aus Gründen des allgemeinen Interesses erforderlich sei[368].

Bei Verkehrsunternehmen im Bereich des ÖSPV trifft dies für Unternehmen zu, denen nach § 13a PBefG gemeinwirtschaftliche Verkehre auferlegt worden sind. Nach Art. 2 Abs. (1) der VO (EWG) 1169/ 69 i.d.F. der VO (EWG) 1893/ 91, die § 13a PBefG umsetzen soll, sind nämlich Verpflichtungen des öffentlichen Dienstes solche, die die Verkehrsunternehmen im eigenen wirtschaftlichen Interesse nicht oder nicht im gleichen Umfang und nicht unter den gleichen Bedingungen übernehmen würden. Mit dieser Legaldefinition werden auch die allgemeinen wirtschaftlichen Interessen i.S. des Art. 86 Abs. (2) EG für den Bereich des ÖSPV festgelegt[369], so dass die Ausnahmevorschrift gegebenenfalls anwendbar ist.

Dies gilt nicht für Verkehre, die eigenwirtschaftliche Verkehrsleistungen i.S. des § 13 PBefG erbringen, da die Auferlegung gemeinwirtschaftlicher Verpflichtungen, also Verpflichtungen aus allgemein wirtschaftlichem Interesse, abschließend in der VO (EWG) 1169/ 91 i.d.F. der VO (EWG) 1893/ 91 geregelt ist[370] bzw. in der VO (EWG) 1107/ 70, soweit erstgenannte VO nicht anwendbar ist. Aufgaben von allgemeinem wirtschaftlichem Interesse nehmen demnach nur Unternehmen wahr, die gemeinwirtschaftliche Verkehre betreiben. Nur diese können in den Anwendungsbereich des Art. 86 Abs. (2) EG fallen, während tatsächlich eigenwirtschaftliche Verkehre grundsätzlich nicht von der Anwendbarkeit des Vertrages befreit werden können, so dass für diese bzw. bezüglich dieser die Wettbewerbsregeln, einschließlich der entsprechenden Ziele des Art. 3 EG, und das Diskriminierungsverbot uneingeschränkt gelten. Die Mitgliedstaaten sind bezüglich dieser Unternehmen insbesondere uneingeschränkt an die Beihilfevorschriften gebunden.

bb.) Betrauung mit der Dienstleistung
Die Verkehrsunternehmen müssten mit der Dienstleistung von allgemeinem wirtschaftlichem Interesse betraut worden sein. Für die Annahme einer derartigen Betrauung ist es nicht ausreichend, dass ein Unternehmen eine behördliche Genehmigung, wie z.B. im Gewerberecht, besitzt. Vielmehr müssen die unternehmerischen Rentabilitätsinteressen

---

368 EuGH Rs. 66/ 86, Slg. 1989, 803 (853) - *Ahmed Saeed*; zustimmend: Grabitz/ Hilf - *Pernice*, EU-, EG-Vertrag, Art. 90 [a.F., Art. 86 EG] Rn. 37.
369 Dafür spricht zusätzlich, dass der Begriff der allgemeinen wirtschaftlichen Interessen gemeinschaftsrechtlich zu definieren ist, d.h. die Kriterien müssen zumindest einheitlich für alle Mitgliedstaaten gelten, vgl.: EuGH Rs. 41/ 83, Slg. 1985, 873 (888) - *British Telecom*; *Mestmäcker*, Staat und Unternehmen im europäischen Gemeinschaftsrecht, RabelsZ 52 (1988), 526 (564 f.).
370 Ähnlich: *Werner*, Nach der Regionalisierung - der Nahverkehr im Wettbewerb, S. 52; ders., Die Verantwortung der öffentlichen Hand für das Verkehrsleistungsangebot im ÖPNV, ZUR 1997, 12; *Berschin*, Europäisches Recht der Finanzierung im ÖPNV bringt Wettbewerb um die Subventionen, ZUR 1997, 4 (5); a.A.: *Batzill/ Zuck*, Personenbeförderungsrecht im Spannungsfeld von Bahnstrukturreform, PBefG-Novelle, ÖPNV-Recht der Länder und EG-Recht, S. 18 ff., die die genannte VO nicht als Instrument für die Umsetzung des Wettbewerbs im Bereich des ÖPNV ansehen.

durch einen Hoheitsakt der Verpflichtung untergeordnet werden, einen von der Rechtsordnung oder dem Hoheitsakt formulierten Auftrag zu erfüllen[371].

Mit der Konzessionserteilung treffen die Verkehrsunternehmen die Betriebs- und Beförderungspflicht; Änderungen der Beförderungsentgelte und -tarife sowie der Fahrpläne sind von einer behördlichen Genehmigung abhängig, wie sich dies für gemeinwirtschaftliche Verkehre aus der VO (EWG) 1191/69 i.d.F. der VO (EWG) 1893/91 ergibt[372], verbunden mit einem entsprechenden staatlichen Ausgleich. Die entsprechende Konzessionserteilung stellt einen Verwaltungsakt und folglich einen Hoheitsakt dar. Problematisch könnte jedoch sein, dass die Auferlegung oder die Vereinbarung, die ein verwaltungsrechtlicher Vertrag wäre[373], vom Aufgabenträger getroffen und die Konzession gem. § 13a PBefG von einer anderen staatlichen Stelle[374], der zuständigen Genehmigungsbehörde, erteilt wird. Auf diese Unterscheidung kann es aber nicht ankommen, da das Verkehrsunternehmen in jedem Fall die oben genannten Verpflichtungen auf Grund eines hoheitlichen Aktes trifft. Dabei wird der Umfang der Pflichten von einer anderen staatlichen Stelle, nämlich der Gemeinde oder dem Landkreis, festge-

---

371 EuGH Rs. 10/71, Slg. 1971, 723 (730) - *Hafen von Mertert*; Rs. 127/73, Slg. 1974, 313 (318) - *BRT/SABAM*; Rs. 172/80, Slg. 1981, 2021 (2030) - *Banküberweisungsgebühren*; Rs. 41/83, Slg. 1985, 873 (881) - *British Telecom*; der Rspr. zustimmend: *Badura*, Das öffentliche Unternehmen im europäischen Binnenmarkt, ZGR 1997, 291 (300); Grabitz/ Hilf - *Pernice*, EU-, EG-Vertrag, Art. 90 [a.F., Art. 86 EG] Rn. 33; Groeben/ Thiesing/ Ehlermann - *Hochbaum*, EU-, EG-Vertrag, Art. 90 [a.F., Art. 86 EG] Rn. 49; *Mestmäcker*, Staat und Unternehmen im europäischen Gemeinschaftsrecht, RabelsZ 52 (1988), 526 (561); *v.Wilmowsky*, Mit besonderen Aufgaben betraute Unternehmen unter dem EWG-Vertrag, ZHR 155 (1991), 545 (551 f.).

372 Für eigenwirtschaftliche Verkehre i.S. des PBefG ergibt sich dies aus den §§ 21 f., 45, 39, 40 PBefG. *Werner*, Nach der Regionalisierung - der Nahverkehr im Wettbewerb, S. 52 (Fn. 294), sieht dies allerdings nicht als Betrauung an. Dabei unterscheidet er m.E. nicht hinreichend zwischen dem Vorliegen eines allgemeinen wirtschaftlichen Interesses, welches bei eigenwirtschaftlichen Verkehren nicht vorliegt, und der Betrauung. Im Ergebnis ergibt dies allerdings keine Differenz, da Art. 86 Abs. (2) EG keinesfalls auf eigenwirtschaftliche Verkehre anwendbar ist. Dabei sei schon hier angedeutet, dass die „eigenwirtschaftlichen" Verkehre i.S. des PBefG größtenteils unter die genannte VO fallen, und dass die sich aus den genannten §§ ergebenden Pflichten grundsätzlich außerhalb der VO nicht auferlegt werden dürfen.

373 So ausdrücklich unter Hinweis auf die §§ 1, 4 RegG und § 54 VwVfG: *Barth/ Baumeister*, Umweltwirksame Gestaltung des öffentlichen Personennahverkehrs durch die kommunalen Aufgabenträger, ZUR 1997, 17 (25); mittlerweile davon abweichend: *Barth*, Nahverkehr in kommunaler Verantwortung, S.144 f., die aber bei einer nicht erkennbaren Formwahl von einem verwaltungsrechtlichen Vertrag ausgeht; ebenfalls a.A.: *Heinze*, Der Ausgleich gemeinwirtschaftlicher Leistungen und Aspekte künftiger Regulierung des ÖPNV, S. 34 (Fn. 36); *Werner*, Nach der Regionalisierung - der Nahverkehr im Wettbewerb, S. 186, der von der Kontrolle mit Mitteln des Zivilrechts spricht, also von einem privatrechtlichen Vertrag ausgeht - ohne nähere Begründung. Wäre die Ansicht zutreffend, so würde der angeblich zivilrechtliche Vertrag, in dem auch die Beförderungsentgelte festgelegt werden, die Dritte zu zahlen haben, wohl ein Vertrag zu Lasten Dritter sein, da die Genehmigungsbehörde nicht über die Tarife entscheidet (vgl. § 13a PBefG). Dies ist nicht zulässig. Im Übrigen ist die Sicherstellung der ausreichenden Verkehrsbedienung eine Aufgabe der Daseinsvorsorge, also eine öffentliche Aufgabe; vgl. auch *Pieper*, Keine Flucht ins öffentliche Recht, DVBl. 2000, 160 (163) - zum baurechtlichen Erschließungsvertrag. *Eiermann*, Rechtsbeziehungen im Schienenpersonennahverkehr (SPNV) zwischen Aufgabenträger, Dienstleistungserbringern und Fahrwegbetreibern, in: Püttner (Hrsg.), Der regionalisierte Nahverkehr, 115 (122), geht zumindest von der Möglichkeit eines öffentlich-rechtlichen Vertrages aus.

374 *Burgi*, Die öffentlichen Unternehmen im Gefüge des primären Gemeinschaftsrechts, EuR 1997 261 (276), verlangt für derartige Fälle einen konkreten Nachweis der Betrauung.

legt³⁷⁵. Ob dabei zwischen privaten und öffentlichen Unternehmen zu unterscheiden ist³⁷⁶, kann hier dahingestellt bleiben, da die Genehmigung für beide Unternehmensarten nach denselben Vorschriften erfolgt.

cc.) <u>Verhinderung der Aufgabe</u>
Die Geltung des Vertrages muss die Erfüllung der allgemeinen wirtschaftlichen Aufgabe rechtlich oder tatsächlich verhindern. Eine Behinderung oder Beeinträchtigung der Aufgabenerfüllung reicht dazu nicht aus³⁷⁷. Eine Verhinderung liegt vor, wenn ein tatsächlicher Konflikt zwischen der Aufgabenerfüllung und den Vertragsvorschriften besteht³⁷⁸, dieser Konflikt nachweislich ist³⁷⁹ und die Abweichung von den Vertragsvorschriften sich im Bereich des Erforderlichen bewegt³⁸⁰. Im Zusammenhang mit gemeinwirtschaftlichen Verkehren ist die Erbringung von Leistungen zur Daseinsvorsorge aber schon deshalb nicht gefährdet, weil die Erbringung durch die VO (EWG) 1191/69 i.d.F. der VO (EWG) 1893/91 gewährleistet ist - und zwar in einem wettbewerbsorientierten Umfeld³⁸¹. Für eine Ausnahme nach Art. 86 Abs. (2) EG bleibt kein Raum. Insoweit lässt auch Art. 16 EG keine andere Deutung zu: In dieser neuen Bestimmung wird zwar die Gemeinschaftskonformität der Leistungen der Daseinsvorsorge generell bejaht³⁸², dies besagt aber nichts darüber, ob diese Leistungen eine Abweichung vom Vertrag notwendig machen, so dass Art. 86 Abs. (2) EG für die entsprechenden Unternehmen und für die Begründung ausschließlicher Rechte relevant bleibt, wie Art. 16 EG mit dem Passus „*unbeschadet der Art. ...86...*" ausdrücklich feststellt. Damit betrifft Art. 16 EG nur die Betrauung an sich und nicht die Frage, ob die Anwendbarkeit des Vertrages die Aufgabenerfüllung verhindert.

---

375 Nach § 13a Abs. 2 PBefG hat die Genehmigungsbehörde die Genehmigung allerdings zu versagen, wenn nicht die Lösung gewählt worden ist, die die geringsten Kosten für die Allgemeinheit bedeutet, oder der Grundsatz der Gleichbehandlung verletzt worden ist.
376 Für die grds. Unterscheidung: *Birkenmaier*, Gemeinsamer Markt, nationales Interesse und Art. 90 EWGV, EuR 1988, 144 (151); a.A.: Grabitz/ Hilf- *Pernice*, EU-, EG-Vertrag, Art. 90 [a.F., Art. 86 EG] Rn. 34, mit dem Hinweis, dass auch für öffentliche Unternehmen ein gesonderter Übertragungsakt notwendig ist, um die Gleichbehandlung von privaten und öffentlichen Interessen zu gewährleisten.
377 Groeben/ Thiesing/ Ehlermann - *Hochbaum*, EU-, EG-Vertrag, Art. 90 [a.F., Art. 86 EG] Rn. 55, unter Hinweis auf den Wortlaut der französischen und englischen Fassung des EG-Vertrages; *v.Wilmowsky*, Mit besonderen Aufgaben betraute Unternehmen unter dem EWG-Vertrag, ZHR 155 (1991), 545 (553 f.).
378 Vgl. EuGH Rs. 258/ 78, Slg. 1982, 2015 (2056) - *Nungesser*; Rs. 41/ 83, Slg. 1985, 873 (888) - *British Telecom*; Grabitz/ Hilf - *Pernice*, EU-, EG-Vertrag, Art. 90 [a.F., Art. 86 EG] Rn. 52.
379 EuGH Rs. 155/ 73, Slg. 1974, 409 (431) - *Sacchi*; Rs. 41/ 83, Slg. 1985, 873 (888) - *British Telecom*; Grabitz/ Hilf - *Pernice*, EU-, EG-Vertrag, Art. 90 [a.F., Art. 86 EG] Rn. 53; *Badura*, Das öffentliche Unternehmen im europäischen Binnenmarkt, ZGR 1997, 291 (302).
380 EuGH Rs. C-320/ 91, Slg. 1993, I-2533 (2568) - *Corbeau*; Rs. 66/ 86, Slg. 1989, 803 (853) - *Ahmed Saeed*; Grabitz/ Hilf - *Pernice*, EU-, EG-Vertrag, Art. 90 [a.F., Art. 86 EG] Rn. 54; Bleckmann - *Schollmeier/ Krimphove*, Europarecht Rn. 1983; *Hailbronner*, Öffentliche Unternehmen im Binnenmarkt - Dienstleistungsmonopole und Gemeinschaftsrecht, NJW 1991, 593 (600).
381 So ausdrücklich: *Werner*, Nach der Regionalisierung - der Nahverkehr im Wettbewerb, S. 52.
382 So: *Steindorff*, Mehr staatliche Identität, Bürgernähe und Subsidiarität in Europa, ZHR 163 (1999), 395 (426).

Für den ÖSPV bedeutet dies zunächst, dass entsprechende ausschließliche Rechte zur Erfüllung von Aufgaben im allgemeinen wirtschaftlichen Interesse nur im Rahmen der VO (EWG) 1191/ 69 i.d.F. der VO (EWG) 1893/ 91 begründet werden dürfen.

Um eine „Rosinenpickerei" zu vermeiden, kann ein Mitgliedstaat jedoch unter Beachtung des Vertrages, insbesondere der Beihilfevorschriften[383], zusätzlich ausschließliche Rechte für die rentablen Strecken vergeben, um unrentable Strecken damit zu finanzieren[384]. Dabei ist nicht zwingend, dass rentable und unrentable Strecken von nur einem Unternehmen bedient werden. Denkbar ist vielmehr auch, dass Betreiber rentabler Strecken für die entsprechende Konzession ein angemessenes Entgelt zahlen, welches die staatliche Stelle dann zum Ausgleich für gemeinwirtschaftliche Verkehre nutzt. Dies entspricht dem Grundsatz der Verhältnismäßigkeit, der besagt, dass ein Mitgliedstaat unter mehreren geeigneten Mitteln dasjenige zu wählen hat, das den innergemeinschaftlichen Handel und Dienstleistungsverkehr am wenigsten belastet[385]. Eine Ausnahme von den Vorschriften des Vertrages liegt darin nicht.

Gegen den hier vertretenen Ansatz könnte eingewandt werden, dass den Betreibern von eigenwirtschaftlichen Verkehren immense Verluste entstehen, wenn die „Großvaterrechte", also der Besitzstandsschutz, wegfallen. Derartige Verluste könnten entstehen, wenn die Unternehmen Investitionen in die Infrastruktur, z.B. Haltestellen und Betriebshöfe sowie Fahrzeuge, vorgenommen haben, die sich nicht mehr rentieren, wenn die Konzession ein anderes Unternehmen erhält. Diese Argumentation ist m.E. schon nicht stichhaltig. Beispielsweise werden die Haltestellen in Rostock von einem privaten Unternehmen, das auch in anderen Städten in der Bundesrepublik tätig ist, unterhalten. Sollte also ein anderes Verkehrsunternehmen die entsprechende Linie bedienen, würde sich für die städtische Verkehrs-AG nichts ändern, selbst wenn sie Eigentümerin der Anlagen wäre und diese an das Privatunternehmen verpachtet hätte. Außerdem können Betriebshöfe entweder als selbständige Unternehmen weitergeführt[386] oder an den

---

383 Eine Konzessionierung unter Nichtbeachtung des Diskriminierungsverbots würde z.B. zu einer Begünstigung des Unternehmens (Bevorzugung bei einem öffentlichen Auftrag) führen, die zu einer Wettbewerbsverfälschung und Handelsbeeinträchtigung geeignet wäre und nicht durch die Verordnungen i.A. Art. 73 EG von dem Beihilfeverbot ausgenommen wäre, so dass eine nach Art. 87 Abs. (1) EG verbotene Beihilfe vorläge.

384 Die Zulässigkeit des Ausgleichs zwischen unrentablen und rentablen Strecken hat der EuGH im Grundsatz anerkannt, vgl. EuGH Rs. C-320/ 91, Slg. 1993, I-2533 (2569) - *Corbeau*. Dort allerdings bezüglich des Ausgleichs innerhalb eines Unternehmens, der belgischen Post. Im Gegensatz zu einem nationalen Postmonopol sind die Verkehrsleistungen im Bereich des ÖSPV schon auf Grund der regionalen Begrenzung in einzelne Leistungen aufteilbar, so dass die getrennte Verteilung unrentabler und rentabler Strecken auf gegebenenfalls verschiedene Unternehmen möglich ist.

385 Ähnlich zum Grundsatz der Verhältnismäßigkeit: EuGH Rs. 72/ 83, Slg. 1984, 2727 (2754 f.) - *Campus Oil Limited*. Art. 73 EG weist für den Verkehrsbereich im Übrigen darauf hin, dass die Beihilfegewährung Vorrang vor der Einschränkung der Wettbewerbsregeln erhalten soll, vgl. *Rapp-Jung*, Der Energiesektor zwischen Marktwirtschaft und öffentlicher Aufgabe, EuZW 1994, 464 (465).

386 In diese Richtung wird z.B. bei der Braunschweiger Verkehrs-AG, einem Tochterunternehmen der (kommunalen) Stadtwerke Braunschweig AG, tatsächlich nachgedacht - allerdings z.Zt. wohl nur, um Kosten zu senken, also zur Aushebelung des geltenden Tarifvertrages. Allgemein zur Erschließung neuer Geschäftsfelder: *Räpple*, Probleme des regulierten ÖPNV aus der Sicht eines kommunalen Verkehrsunternehmens auf dem Hintergrund gegebener Rahmenbedingungen, in: Püttner (Hrsg.), Der regionalisierte Nahverkehr, 135 (145 f.).

neuen Anbieter verpachtet o.ä. werden[387]. Fahrzeuge können im Gegensatz zu bodenverbundenen Anlagen an anderen Orten eingesetzt[388] oder vermietet werden[389]. Damit ist zunächst die wirtschaftliche Grundlage zweifelhaft. Darüber hinaus ergibt sich das wirtschaftliche Risiko bereits aus den nationalen Regelungen, in denen der Besitzstandsschutz bereits aufgeweicht ist[390]. Schließlich ist zu berücksichtigen, dass der Rentabilität der einheimischen Unternehmen im EG-Vertrag kein selbständiger Stellenwert eingeräumt wird[391]. Nur die Verhinderung der Aufgabe von allgemeinem wirtschaftlichem Interesse kann eine Ausnahme von den Regeln des EG-Vertrages begründen.

Insgesamt bleibt demnach festzuhalten, dass die Gewährung ausschließlicher Rechte im Bereich des ÖSPV nach Art. 86 Abs. (1) EG nicht auf Art. 86 Abs. (2) EG gestützt werden kann, wenn sie nicht der ausreichenden Bedienung der Bevölkerung mit Verkehrsleistungen dient.

dd.) Beeinträchtigung des Handelsverkehrs, die dem Interesse der Gemeinschaft zuwiderläuft

Gegen vorgenannte Auffassung könnte noch eingewandt werden, dass die VO (EWG) 1191/ 69 i.d.F. der VO (EWG) 1893/ 91 lediglich die Zulässigkeit von Beihilfen im Rahmen des Art. 73 EG regeln soll.

Eine Befreiung nach Art. 86 Abs. (2) EG darf den Handelsverkehr nicht in einem Ausmaß beeinträchtigen, das dem Interesse der Gemeinschaft zuwiderläuft. Dabei ist die Beeinträchtigung des Handelsverkehrs nicht mit der „Beeinträchtigung der Entwicklung des Handelsverkehrs" in anderen unternehmensrelevanten Vertragsbestimmungen gleichzusetzen, da ansonsten das Tatbestandsmerkmal im Rahmen des Art. 86 Abs. (2) EG keine eigenständige Bedeutung hätte. Eine Beeinträchtigung des Handelsverkehrs i.S. des Art. 86 Abs. (2) EG liegt demnach vor, wenn die Verwirklichung der Ziele des

---

387 Dies erwägen der VDV und die ÖTV im Übrigen auch im Zusammenhang mit der Ausschreibung gemeinwirtschaftlicher Leistungen, s. *VDV u. ÖTV* (Hrsg.), Der Nahverkehr und seine Unternehmen im Verkehrsmarkt der Zukunft, S. 24.

388 Dies gilt allerdings nicht für kommunale Unternehmen, die durch die Gemeindeordnungen an einer Tätigkeit außerhalb der Gemeinde grundsätzlich gehindert sind. Vgl. *Räpple*, Probleme des regulierten ÖPNV aus der Sicht eines kommunalen Verkehrsunternehmens auf dem Hintergrund gegebener Rahmenbedingungen, in: Püttner (Hrsg.), Der regionalisierte Nahverkehr, 135 (146 f.). Im Bereich des Gemeindewirtschaftsrechts bestehen jedoch Reformbestrebungen. S. zu den Ansätzen (u.a. Lockerung des Territorialgrundsatzes) in Nordrhein-Westfalen: *Moraing/ Püttner*, Entwicklungen des Gemeindewirtschaftsrechts, in: Püttner (Hrsg.), ÖPNV in Bewegung. Konzepte, Probleme, Chancen, S. 45 ff.

389 Für Straßen- und Untergrundbahnen dürfte die Vermietung die einzige Möglichkeit für den Unternehmer, der ein Konzession an einen Mitbewerber verliert, sein, diese Fahrzeuge weiter wirtschaftlich zu nutzen. Wegen deren Schienengebundenheit kommt ein Einsatz an anderen Orten letztlich nicht in Frage, da die Kosten für einen an sich möglichen Transport unwirtschaftlich sind. Andererseits ist der Neuinhaber der Konzession auf die vor Ort vorhandenen Schienenfahrzeuge angewiesen, da auch für ihn der Transport der Fahrzeuge unwirtschaftlich wäre.

390 Einzelheiten bei: *Barth/ Baumeister*, Umweltwirksame Gestaltung des öffentlichen Personennahverkehrs durch die kommunalen Aufgabenträger, ZUR 1997, 17 (21 f.).

391 *V.Wilmowsky*, Mit besonderen Aufgaben betraute Unternehmen unter dem EWG-Vertrag, ZHR 155 (1991), 545 (567), unter Berufung auf die Campus Oil-Entscheidung des EuGH.

Vertrages, insbesondere die in Art. 2 EG genannten, beeinträchtigt wird[392]. Dies lässt sich dahin konkretisieren, dass eine Beeinträchtigung vorliegt, wenn durch die Abweichung vom Vertrag nicht nur der Handels- bzw. Dienstleistungsverkehr bezüglich eines Produktes oder einer Dienstleistung beeinträchtigt wird, sondern der Gemeinsame Markt insgesamt[393].

Die Bedeutung des ÖPNV für den Gemeinsamen Markt und die in den Art. 2, 3 EG genannten Ziele wurde bereits oben zu Art. 70 EG dargestellt, so dass eine Beeinträchtigung des Handelsverkehrs i.S. des Art. 86 Abs. (2) EG denkbar erscheint, wenn dieser Bereich von der Geltung des Vertrages ausgenommen wäre. Zusätzlich müsste die Beeinträchtigung den Interessen der Gemeinschaft zuwiderlaufen. Dies erfordert an sich eine Abwägung der mitgliedstaatlichen Interessen mit denen der Gemeinschaft[394]. Einer Abwägung bedarf es allerdings nicht, wenn das Diskriminierungsverbot verletzt würde oder Gemeinschaftsregeln bestehen, die der Mitgliedstaat durch die Übertragung der Aufgabe wieder einseitig zurücknehmen würde[395]. Da die VO (EWG) 1191/69 i.d.F. der VO (EWG) 1893/91 ausdrücklich die allgemeinen wirtschaftlichen Interessen im Bereich des ÖSPV bestimmt, besteht kein Raum für die Herausnahme der entsprechenden Verkehre aus dem Geltungsbereich einzelner Vertragsbestimmungen. Das Argument, dass die Verordnung nur die Beihilfegewährung regeln soll, geht damit fehl.

An dieser Stelle muss vielmehr festgestellt werden, dass die VO (EWG) 684/92 i.d.F. der VO (EG) 11/98, die VO (EG) 12/98, die VO (EWG) Nr. 1191/69 i.d.F. der VO (EWG) 1893/91 und die VO (EWG) 1107/70 die Dienstleistungs- und Wettbewerbsfreiheit im Bereich des ÖPNV weitgehend verwirklicht haben und Einschränkungen nur auf Grund solcher öffentlicher Interessen zulässig sind, die die genannten Verordnungen näher bestimmen[396]. Die diskriminierungsfreie Vergabe von Strecken, die die Unternehmen eigenwirtschaftlich betreiben sollen, stellt zwar eine Beschränkung der Wettbewerbsfreiheit dar, verstößt aber nicht gegen den Vertrag, insbesondere weil ein berechtigtes Interesse an der Finanzierung des gemeinwirtschaftlichen Verkehrs besteht[397].

ee.) Beschränkte Legalausnahme für den ÖSPV?
Ein Mitgliedstaat kann die Begründung ausschließlicher Rechte im Bereich des Art. 86 Abs. (1) EG und die damit verbundene Beschränkung des Wettbewerbs bzw. der

---

392 Groeben/ Thiesing/ Ehlermann - *Hochbaum*, EU-, EG-Vertrag, Art. 90 [a.F., Art. 86 EG] Rn. 57, allerdings mit Zweifeln, ob Art. 2 EG im konkreten Fall Kriterien zur Auslegung des Art. 86 Abs. (2) EG bietet.
393 Ähnlich: Grabitz/ Hilf - *Pernice*, EU-, EG-Vertrag, Art. 90 [a.F., Art. 86 EG] Rn. 55 f.
394 Lenz - *Grill*, EG-Vertrag, Art. 86 EG Rn. 28.
395 Groeben/ Thiesing/ Ehlermann - *Hochbaum*, EU-, EG-Vertrag, Art. 90 [a.F., Art. 86 EG] Rn. 61; Grabitz/ Hilf - *Pernice*, EU-, EG-Vertrag, Art. 90 [a.F., Art. 86 EG] Rn. 58; *Mestmäcker*, Staat und Unternehmen im europäischen Gemeinschaftsrecht, RabelsZ 52 (1988), 526 (570). Insoweit kann keine rechtliche Verhinderung i.S. des Art. 86 Abs. (2) EG bestehen, weil die dem Vertrag entgegenstehenden nationalen Regelungen durch das erlassene Gemeinschaftsrecht verdrängt werden.
396 *Kahl*, Widersprüche zum gemeinschaftsrechtlichen Beihilfeverbot bei der Finanzierung des öffentlichen Personenverkehrs in Österreich, ZVR 1999, 326 (328), spricht deshalb zu Recht davon, dass es je nach Verkehrsart (eigen- oder gemeinwirtschaftlich) zu einem Genehmigungs- oder Ausschreibungswettbewerb kommt.
397 Die Dienstleistungsfreiheit richtet sich eben für den Bereich des Verkehrs gem. Art. 51 Abs. 1 EG nach den Bestimmungen des Titels über den Verkehr.

Dienstleistungsfreiheit nicht auf Art. 86 Abs. (2) EG stützen, weil die allgemeinen wirtschaftlichen Interessen in diesem Bereich bereits durch die VO (EWG) 1191/ 69 i.d.F. der VO (EWG) 1893/ 91 bzw. durch die VO (EWG) 1107/ 70 hinreichend und vor allem abschließend berücksichtigt werden; eine darüber hinausgehende Aufgabenübertragung würde auf jeden Fall das Gemeinschaftsinteresse in einem nicht hinnehmbaren Maß beeinträchtigen, da der betreffende Mitgliedstaat einseitig Gemeinschaftsregelungen zurücknehmen würde. Zulässig bleibt jedoch die Gewährung ausschließlicher Rechte, soweit diese der Finanzierung bzw. Absicherung der Verkehre der VO (EWG) 1191/ 69 i.d.F. der VO (EWG) 1893/ 91 dienen. Damit sind gleichzeitig die Dienstleistungs-, Niederlassungs- und Wettbewerbsfreiheit im Bereich des ÖSPV weitgehend verwirklicht - in Verbindung mit den Verordnungen zu Art. 71 Abs. (1) lit. a, b EG.

c.) Unmittelbare Anwendbarkeit
Art. 86 Abs. (1) EG ist als Verweisungsnorm nicht unmittelbar anwendbar. Die unmittelbare Anwendbarkeit kann sich nur in Verbindung mit unmittelbar anwendbaren anderen Vertragsvorschriften ergeben[398]. Demnach gilt für die Gewährung eines ausschließlichen Rechtes unter Verletzung der Beihilfevorschriften das dort Gesagte, die Verletzung des allgemeinen Diskriminierungsverbots wäre darin enthalten.
Auf die Frage der unmittelbaren Anwendbarkeit des Art. 86 Abs. (2) EG[399] kommt es nicht an, da die Herausnahme der entsprechenden Unternehmen aus den Vorschriften des Vertrages auf diese Bestimmungen nicht gestützt werden kann.

d.) Aufgabe der Kommission
Nach Art. 86 Abs. (3) EG achtet die Kommission auf die Anwendung des Art. 86 EG und richtet gegebenenfalls geeignete Richtlinien oder Entscheidungen an die Mitgliedstaaten. Sie hat demnach darüber zu wachen, dass die Mitgliedstaaten keine Maßnahmen treffen, die dem Vertrag widersprechen, und kann gegebenenfalls die sich aus dem Vertrag ergebenden Pflichten präzisieren[400]. Fraglich ist demnach zunächst, ob sie die Begründung ausschließlicher Rechte aus allgemeinen wirtschaftlichen Interessen im Bereich des ÖPSV, die außerhalb der VO (EWG) 1191/ 69 i.d.F. der VO (EWG) 1893/ 91 bzw. der VO (EWG) 1107/ 70 begründet werden, durch Richtlinien oder Entscheidungen bekämpfen kann.
Dagegen sprechen Art. 71 Abs. (1) EG, der dem Rat in Zusammenarbeit mit dem Europäischen Parlament die Gesetzgebungskompetenz im Bereich des Verkehrs verleiht, und der Umstand, dass die genannten Verordnungen keine derartigen Kompetenzen der Kommission zukommen lassen. Folglich wird die Kommission in Fällen, in denen Verpflichtungen des öffentlichen Dienstes, verbunden mit ausschließlichen Rech-

---

398 Vgl. Groeben/ Thiesing/ Ehlermann - *Hochbaum*, EU-, EG-Vertrag, Art. 90 [a.F., Art. 86 EG] Rn. 63; *Oppermann*, Europarecht Rn. 1056, spricht dagegen von einem „unmittelbar anwendbaren Charakter".
399 Nur unmittelbar durch die nationalen Gerichte anwendbar, wenn die Interessen der Gemeinschaft eindeutig festgestellt werden können. S. Groeben/ Thiesing/ Ehlermann - *Hochbaum*, EU-, EG-Vertrag, Art. 90 [a.F., Art. 86 EG] Rn. 64 f.; *Nicolaysen*, Europarecht II, S. 277, der von einer unmittelbaren innerstaatlichen Wirkung spricht, wenn die gemeinschaftsrechtlich definierten Voraussetzungen einer Ausnahme vorliegen. Ohne entspr. Einschränkung: *Oppermann*, Europarecht Rn. 1057.
400 S. dazu: *v.Burchard*, Die Kompetenzen der EG-Kommission nach Art. 90 III EWGV, EuZW 1991, 339 (340).

ten, auferlegt werden, die in der Verordnung nicht vorgesehen sind, den Weg des Vertragsverletzungsverfahrens gem. Art. 226 EG beschreiten müssen. Alternativ kann sie, wenn mit der Begründung des ausschließlichen Rechtes Beihilfen verbunden sind, nach Art. 88 Abs. (2) EG vorgehen, wie dies oben näher beschrieben ist. Dies gilt für die VO (EWG) 1107/70 entsprechend.

Werden dagegen ausschließliche Rechte für Strecken gewährt, die von dem Unternehmen eigenwirtschaftlich betrieben werden, und findet kein Wettbewerb um diese Konzession statt, so liegt eine Diskriminierung bezüglich der anderen nicht berücksichtigten Verkehrsunternehmen und damit wieder eine Begünstigung i.S. des Art. 87 Abs. (1) EG des konzessionierten Unternehmens vor, so dass das Verfahren des Art. 88 Abs. (2) EG zu beschreiten ist. Werden zwar die Vorgaben der vorgenannten Verordnungen eingehalten, die entsprechende Konzession aber nicht im Wettbewerb vergeben, so liegt ebenfalls eine Begünstigung vor, die das Verfahren nach Art. 88 Abs. (2) EG eröffnet. Neben dem spezielleren Verfahren des Art. 88 Abs. (2) EG bleibt kein Anwendungsbereich für Art. 86 Abs. (3) EG, wenn die Kommission über Beihilfen nach der VO (EWG) 1107/70 im Voraus unter Beachtung des Art. 88 Abs. (3) EG unterrichtet wird[401]. Nur wenn dies nicht geschieht, ist Eile geboten, so dass die Kommission an sich nach Art. 86 Abs. (3) EG tätig werden könnte. Bezüglich dieser Beihilfen kann die Kommission nunmehr jedoch eine Aussetzungsanordnung gem. Art. 11 Abs. (1) der VO (EG) 659/99 erlassen, so dass Art. 86 Abs. (3) EG nicht anzuwenden ist. Dies gilt allerdings nicht für Beihilfen nach der VO (EWG) 1191/69 i.d.F. der VO (EWG) 1893/91, die der Notifizierungspflicht nicht unterliegen und deshalb keine rechtswidrigen Beihilfen i.S. des Art. 11 Abs. (1) der VO (EG) 659/99 sind. Für diese Beihilfen sieht die Verordnung aber ein spezielles Verfahren vor, so dass für Art. 86 Abs. (3) EG ebenfalls kein eigenständiger Anwendungsbereich bleibt. Dagegen kann die auf Grund des Art. 86 Abs. (3) EG erlassene Transparenzrichtlinie das Aufspüren von Beihilfen erleichtern[402].

e.) Konsequenzen für den ÖPNV
Art. 86 EG hat für den Bereich des ÖSPV keine eigenständige Bedeutung. Die Konzessionsinhaber im ÖSPV sind zwar Inhaber ausschließlicher Rechte i.S. des Art. 86 Abs. (1) EG, eine Abweichung von den Bestimmungen des Vertrages nach Art. 86 Abs. (2) EG zu deren Gunsten ist aber nicht möglich, da die allgemeinen wirtschaftlichen Interessen bereits durch die VO (EWG) 1191/69 i.d.F. der VO (EWG) 1893/91 bzw. die VO (EWG) 1107/70 ausreichend berücksichtigt sind und die Anerkennung weiterer Interessen gegen das Gemeinschaftsinteresse verstoßen würde. Demnach gilt sowohl für alle Konzessionsinhaber als auch für den Staat bei der Gewährung ausschließlicher Rechte im Bereich des ÖSPV der Vertrag uneingeschränkt. Bei jeglicher Konzessionsvergabe hat der Mitgliedstaat deshalb insbesondere das allgemeine Diskriminierungsverbot und die Beihilfevorschriften zu beachten. In diesem Rahmen ist die Gewährung eines ausschließlichen Rechtes für einen Verkehr zulässig, der zwar selbst eigenwirtschaftlich betrieben wird, aber zur Finanzierung bzw. Absicherung des gemeinwirt-

---
401 Bezüglich des Grundsatzes zustimmend: Groeben/ Thiesing/ Ehlermann - *Hochbaum*, EU-, EG-Vertrag, Art. 90 [a.F., Art. 86 EG] Rn. 95; *Nicolaysen*, Europarecht II, S. 274 (allerdings sehr pauschal).
402 Siehe dazu: Teil 3 IV.

schaftlichen dient. Insoweit ist die Wettbewerbsfreiheit im ÖSPV weitgehend verwirklicht.

2. Niederlassungsfreiheit, Art. 43 ff. EG

Gem. Art. 43 EG ist die Beschränkung der freien Niederlassung von Staatsangehörigen eines Mitgliedstaates im Hoheitsgebiet eines anderen Mitgliedstaates nach Maßgabe der Art. 43 ff. EG verboten. Gleiches gilt für Beschränkungen der Gründung von Agenturen, Zweigniederlassungen oder Tochterunternehmen durch Angehörige eines Mitgliedstaates, die im Hoheitsgebiet eines Mitgliedstaates ansässig sind. Im Bereich des ÖSPV werden natürliche Personen, also Einzelunternehmer, in der Regel nicht tätig sein.

Im Gegensatz zu den Regeln über die Dienstleistungsfreiheit sind die Regeln über die Niederlassungsfreiheit im Bereich des Verkehrs anwendbar, da eine dem Art. 51 Abs. (1) EG entsprechende Bestimmung für die Niederlassungsfreiheit fehlt[403]. Allerdings sind für den Verkehrsbereich die Art. 70 ff. EG neben den Art. 43 ff. EG zu beachten, da diese eventuell eine differenzierte Betrachtung bzw. eine Abwägung der widerstreitenden Ziele und Interessen verlangen[404].

a.) Begünstigter Personenkreis
Neben den in Art. 43 Abs. 1 EG genannten natürlichen Personen werden durch Art. 48 EG Gesellschaften in den Kreis der Begünstigten einbezogen, sofern sie die dort genannten Kriterien erfüllen. Dazu müssen sie ihren satzungsmäßigen Sitz und zusätzlich ihre Hauptverwaltung oder Hauptniederlassung innerhalb der Gemeinschaft haben und nach den Rechtsvorschriften eines Mitgliedstaates gegründet worden sein. Auf die Kontrolle der Gesellschaft durch einen Staatsangehörigen eines Mitgliedstaates kommt es demnach nicht an[405]. Nach Art. 48 Abs. 2 EG ist weiter erforderlich, dass die Gesellschaft einem Erwerbszweck nachgeht, also am allgemeinen Wirtschaftsleben teilnimmt[406]. Auf die eigenständige Rechtspersönlichkeit der Gesellschaft kommt es entgegen der undeutlichen Formulierung nicht an, vielmehr sind alle Gesellschaften des öffentlichen und privaten Rechts mit oder ohne eigene Rechtspersönlichkeit (potentiell)

---

403 Insoweit zumindest missverständlich: Grabitz/ Hilf - *Randelzhofer*, EU-, EG-Vertrag, Art. 52 [a.F., Art. 43 EG] Rn. 5, der davon spricht, dass die Verkehrsunternehmen die für sie einschlägigen Regelungen außerhalb des Kapitels zur Niederlassungsfreiheit in den Art. 74 ff. EGV [Art. 70 ff. EG] finden.
404 Vgl. Groeben/ Thiesing/ Ehlermann - *Erdmenger*, EU-, EG-Vertrag, Vorb. Art. 74-78 [a.F., Art. 70-84 EG] Rn. 21, der insoweit vom Konkurrenzverhältnis der Addition ausgeht; a.A.: *Jung*, Der europarechtliche Rahmen der Verkehrspolitik, TranspR 1998, 133 (138), der der Niederlassungsfreiheit den Vorrang einräumt.
405 Zustimmend: Groeben/ Thiesing/ Ehlermann - *Troberg*, EU-, EG-Vertrag, Art. 58 [a.F., Art. 48 EG] Rn. 20 ff.; Grabitz/ Hilf - *Randelzhofer*, EU-, EG-Vertrag, Art. 52 [a.F., Art. 43 EG] Rn. 3; *Schweitzer/ Hummer*, Europarecht Rn. 1167; noch a.A.: *Bleckmann*, Zur Dogmatik des Niederlassungsrechts im EWG-Vertrag, WiVerw 1987, 119 (120); in Bleckmann - *Bleckmann*, Europarecht Rn. 1617 ff., nicht mehr vertreten.
406 *Schweitzer/ Hummer*, Europarecht Rn. 1171; Groeben/ Thiesing/ Ehlermann - *Troberg*, EU-, EG-Vertrag, Art. 58 [a.F., Art. 48 EG] Rn. 4.

Begünstigte der Niederlassungsfreiheit[407]. Damit sind letztlich sämtliche - öffentlichen - Verkehrsunternehmen, die in einem Mitgliedstaat tätig sind, potentiell Begünstigte der Niederlassungsfreiheit.

In Abgrenzung zur Dienstleistungsfreiheit bezieht sich die Niederlassungsfreiheit auf die Niederlassung in dem Gebiet eines Mitgliedstaates zu wirtschaftlichen Zwecken, d.h. auf eine „andauernde Integration"[408]. Die Dienstleistungsfreiheit bezieht sich dagegen auf eine Dienstleistung, die ein in einem Mitgliedstaat Ansässiger in einem anderen Mitgliedstaat erbringt, ohne dort eine Niederlassung zu errichten[409]. Voraussetzung für die Erbringung von ÖSPV-Leistungen ist, wie dargestellt, zumindest ein Betriebshof in der Nähe der Beförderungsstrecken für die Zeit, in der das Unternehmen eine entsprechende Konzession innehat. Eine andauernde Integration liegt damit vor. Fraglich ist, ob ein entsprechender Betriebshof in dem anderen Mitgliedstaat als Niederlassungsform i.S. des Art. 43 Abs. 1 EG ausreicht. Dieser Betriebshof wird i.d.R. mit einer Verwaltungseinheit verbunden sein, die den Einsatz der Fahrzeuge etc. koordiniert. Eine primäre Niederlassung[410] i.S. des Art. 43 Abs. 1 S. 1 EG stellt dies nicht dar. Satz 2 des Art. 43 Abs. 1 EG bezieht aber auch „sekundäre Niederlassungen" in den Schutz ein. Sekundäre Niederlassungen werden begründet, wenn neue oder ausgegliederte Betriebsteile, Zweigniederlassungen, Agenturen, Tochterunternehmen, Montagewerke, Kundendienststellen oder Auslieferungslager in einem anderen Mitgliedstaat errichtet werden, ohne dass der Standort des (Haupt-) Unternehmens aus dem anderen Mitgliedstaat verlagert wird[411]. Bei der Gründung eines Tochterunternehmens in dem anderen Mitgliedstaat ist die Subsumtion unter Art. 43 Abs. 1 S. 2 EG eindeutig. Wird dagegen lediglich ein Betriebshof in dem anderen Mitgliedstaat gegründet, so ist dies ein Betriebsteil, der unmittelbar am Produktionsprozess beteiligt ist[412], und eine Zweigniederlassung i.S. des Art. 43 Abs. 1 S. 1 EG. Gleiches gilt erst recht, wenn neben dem Betriebshof auch eine Verwaltungseinheit in dem anderen Mitgliedstaat errichtet wird. Die vorgenommene Unterscheidung entscheidet über den Inhalt des Schutzes durch die Niederlassungsfreiheit. Während Tochterunternehmen grundsätzlich den Regeln des Gastlandes unterworfen sind, kommen bezüglich der Zweigniederlassungen bestimmte gemeinschaftsrechtliche Koordinierungsmaßnahmen in Betracht[413].

---

407 *Nicolaysen*, Europarecht II, S. 187; *Oppermann*, Europarecht Rn. 1587; Bleckmann - *Bleckmann*, Europarecht Rn. 1611 (zu Eigenbetrieben der öffentlichen Hand), der allerdings in Rn. 1615 öffentliche Unternehmen, die lediglich öffentliche Interessen durchsetzen sollen, von der Anwendung des Art. 43 EG ausnimmt, weil ansonsten mittelbar hoheitliche Gewalt in einem anderen Mitgliedstaat ausgeübt würde. Diese Gefahr besteht bei öffentlichen Unternehmen im Bereich des ÖSPV nicht, weil der jeweilige nationale Aufgabenträger bzw. Besteller den Leistungsumfang festlegt.
408 Grabitz/ Hilf - *Randelzhofer*, EU-, EG-Vertrag, Art. 52 [a.F., Art. 43 EG] Rn. 8; ähnlich: Groeben/ Thiesing/ Ehlermann - *Troberg*, EU-, EG-Vertrag, Art. 52 [a.F., Art. 43 EG] Rn. 5.
409 Vgl. *Oppermann*, Europarecht Rn. 1592; *Streinz*, Europarecht Rn. 755.
410 Zum Begriff der „primären Niederlassung": Groeben/ Thiesing/ Ehlermann - *Troberg*, EU-, EG-Vertrag, Art. 52 [a.F., Art. 43 EG] Rn. 14; Schwarze - *Schlag*, EU-Kommentar, Art. 43 EG Rn. 19.
411 Grabitz/ Hilf - *Randelzhofer*, EU-, EG-Vertrag, Art. 52 [a.F., Art. 43 EG] Rn. 2; und ausführlich: Groeben/ Thiesing/ Ehlermann - *Troberg*, EU-, EG-Vertrag, Art. 52 [a.F., Art. 43 EG] Rn. 14 ff.
412 Vgl. zum Grundsatz: Groeben/ Thiesing/ Ehlermann - *Troberg*, EU-, EG-Vertrag, Art. 52 [a.F., Art. 43 EG] Rn. 17.
413 Ausführlich: Groeben/ Thiesing/ Ehlermann - *Troberg*, EU-, EG-Vertrag, Art. 52 [a.F., Art. 43 EG] Rn. 21; darauf wird später zurückzukommen sein.

Festzuhalten ist zunächst, dass sämtlichen Verkehrsunternehmen des ÖSPV, die in einem Mitgliedstaat ihren Sitz haben und eine Niederlassung, sei es ein Tochterunternehmen, ein Betriebshof oder ein Betriebshof mit Verwaltung, in einem anderen Mitgliedstaat begründen, die Niederlassungsfreiheit des Art. 43 EG zukommt.

b.) Recht auf freie Niederlassung
Die Niederlassungsfreiheit umfasst gem. Art. 43 Abs. 1 EG ein Verbot der Beschränkung der freien Niederlassung nach Maßgabe der Art. 43 ff. EG und gem. Art. 43 Abs. 2 EG die Aufnahme und Ausübung selbständiger Erwerbstätigkeiten sowie die Gründung und Leitung von Unternehmen, insbesondere der Gesellschaften i.S. des Art. 48 Abs. 2 EG, nach den Bestimmungen des Aufnahmestaates für seine eigenen Angehörigen[414].

aa.) Diskriminierungsverbot
Art. 43 EG stellt eine konkrete Ausformung des allgemeinen Diskriminierungsverbots des Art. 12 EG dar[415] und gilt seit Ablauf der Übergangsfrist unmittelbar[416]. Das spezielle Diskriminierungsverbot fordert, dass alle Angehörigen der Mitgliedstaaten der Gemeinschaft, die sich in einem anderen Mitgliedstaat niederlassen wollen, so behandelt werden wie die dort Niedergelassenen. Dieses Gebot der Inländergleichbehandlung verbietet demnach offene Diskriminierungen, d.h. nationale Regelungen, die Niederlassungsbereite auf Grund ihrer Herkunft aus einem anderen Mitgliedstaat bei der Aufnahme bzw. Ausübung ihrer selbständigen Erwerbstätigkeit gegenüber Inländern benachteiligen[417]. Verboten sind aber auch versteckte Diskriminierungen, d.h. Regelungen, die sich zwar formal auf Inländer und Ausländer gleichermaßen beziehen, deren Voraussetzungen Inländer aber automatisch erfüllen und für Ausländer zumindest Schwierigkeiten bedeuten[418], und indirekte Diskriminierungen, d.h. Regelungen, die den Berufszugang und die Berufsausübung zwar nicht direkt behindern, aber auf Begleitumstände der Niederlassung erhebliche Auswirkung haben[419], wie z.B. Zuzugsbehinderungen für die Familie[420]. Demnach darf die öffentliche Finanzierung des ÖSPV nicht danach differenzieren, ob das Unternehmen ein „rein" innerstaatliches ist, d.h. die Finanzierung muss auch Unternehmen aus anderen Mitgliedstaaten ohne Unterschied zukommen[421]. Verbo-

---

414 Ausgenommen davon ist der Kapitalverkehr nach Maßgabe der Art. 56 ff. EG.
415 Vgl. Groeben/ Thiesing/ Ehlermann - *Troberg*, EU-, EG-Vertrag, Art. 52 [a.F., Art. 43 EG] Rn. 36.
416 EuGH Rs. 2/ 74, Slg. 1974, 631 (Rn. 29 ff.) - *Reyners*; Nicolaysen, Europarecht II, S. 189; Bleckmann - *Bleckmann*, Europarecht Rn. 1660. Nach der Änderung des Wortlauts des Art. 43 Abs. 1 EG ergibt sich dies auch aus diesem.
417 Grabitz/ Hilf - *Randelzhofer*, EU-, EG-Vertrag, Art. 52 [a.F., Art. 43 EG] Rn. 36; Bleckmann - *Bleckmann*, Europarecht Rn. 1659.
418 Groeben/ Thiesing/ Ehlermann - *Troberg*, EU-, EG-Vertrag, Art. 52 [a.F., Art. 43 EG] Rn. 38; Bleckmann - *Bleckmann*, Europarecht Rn. 1659; *Nicolaysen*, Europarecht II, S. 186.
419 Groeben/ Thiesing/ Ehlermann - *Troberg*, EU-, EG-Vertrag, Art. 52 [a.F., Art. 43 EG] Rn. 38; Beispiele bei: Grabitz/ Hilf - *Randelzhofer*, EU-, EG-Vertrag, Art. 52 [a.F., Art. 43 EG] Rn. 36.
420 Ob derartige Diskriminierungen bei der Genehmigung und der Finanzierung des ÖSPV tatsächlich vorliegen, ist im zweiten Teil der Arbeit zu untersuchen.
421 Ähnlich: Kommission, Vorschlag für eine Verordnung des Europäischen Parlaments und des Rates über Maßnahmen der Mitgliedstaaten im Zusammenhang mit Anforderungen des öffentlichen Dienstes und der Vergabe öffentlicher Dienstleistungsaufträge für den Personenverkehr auf der Schiene, der Straße und auf Binnenschiffahrtswegen, KOM (2000) 7 endg., Begründung, Ziff. 2.3.2.

ten wäre eine öffentliche Finanzierung ebenfalls, wenn die Finanzmittel nur den zugelassenen Verkehrsunternehmen zukommen und Anbieter aus anderen Mitgliedstaaten tatsächlich keine faire Chance haben, eine derartige Zulassung zu erlangen. Bezüglich der Genehmigung sind daneben Voraussetzungen verboten, die nur von den Anbietern aus anderen Mitgliedstaaten gefordert werden oder die von allen gefordert werden, aber von den inländischen automatisch erfüllt werden. Außerdem dürfen die Randbedingungen, wie der Familienzuzug der Angehörigen der ausländischen Verkehrsunternehmen, nicht verhindert werden.

Dagegen verbietet Art. 43 EG dem einzelnen Mitgliedstaat nicht, die Aufnahme der Erwerbstätigkeit von Befähigungsnachweisen, polizeilichen Führungszeugnissen, Qualifikationen oder Kreditwürdigkeitsbescheinigungen abhängig zu machen[422]. Die insoweit bestehende Schwierigkeit der Anerkennung derartiger Nachweise, die vom Heimatstaat ausgegeben wurden, ist im Bereich des Verkehrs zunächst durch die Richtlinie 77/ 796/ EWG des Rates vom 12.12.1977[423] und die Richtlinie 74/ 562/ EWG des Rates vom 12.11.1974[424] gelöst worden, die die Anerkennung bestimmter ausländischer Zeugnisse und Befähigungsnachweise und den Zugang zum Beruf des Kraftverkehrsunternehmers in einem anderen Mitgliedstaat gemeinschaftsrechtlich harmonisieren. Beide Richtlinien wurden durch die Richtlinie 96/ 26/ EG des Rates vom 29.04.1996[425] abgelöst.

bb.) Verbot der umgekehrten Diskriminierung?
Ein Verbot der umgekehrten Diskriminierung, also der Schlechterstellung der einheimischen Unternehmen gegenüber den Unternehmen aus anderen Mitgliedstaaten, aus

---

422 Grabitz/ Hilf - *Randelzhofer*, EU-, EG-Vertrag, Art. 52 [a.F., Art. 43 EG] Rn. 42. Die dort diskutierte Anerkennung von Fahrerlaubnissen aus anderen Mitgliedstaaten dürfte mit der Einführung des „Euro-Führerscheins" erledigt sein. Insbesondere sind die Voraussetzungen für das Fahren eines Omnibusses in den Führerscheinklassen D1, D, DE1, DE einheitlich geregelt.
423 Über die gegenseitige Anerkennung der Diplome, Prüfungszeugnisse und sonstigen Befähigungsnachweise für die Beförderung von Gütern und die Beförderung von Personen im Straßenverkehr und über Maßnahmen zur Förderung der tatsächlichen Inanspruchnahme der Niederlassungsfreiheit der betreffenden Verkehrsunternehmen, ABl. EG Nr. L 334/ 37 vom 24.12.1977.
424 Über den Zugang zum Beruf des Personenkraftverkehrsunternehmers im innerstaatlichen und grenzüberschreitenden Verkehr, ABl. EG Nr. L 308/ 23 vom 19.11.1974. Insoweit sollte die Dienstleistungsfreiheit im grenzüberschreitenden Verkehr verwirklicht werden, deren mangelnde Umsetzung zuvor zur Untätigkeitsklage (EuGH Rs. 13/ 83, Slg. 1985, 1513, 1600 f.) führte.
425 Über den Zugang zum Beruf des Güter- und Personenkraftverkehrsunternehmers im innerstaatlichen und grenzüberschreitenden Verkehr sowie über die gegenseitige Anerkennung der Diplome, Prüfungszeugnisse und sonstigen Befähigungsnachweise für die Beförderung von Gütern und die Beförderung von Personen im Straßenverkehr und über Maßnahmen zur Förderung der tatsächlichen Inanspruchnahme der Niederlassungsfreiheit der betreffenden Verkehrsunternehmer, ABl. EG Nr. L 124/ 1 vom 23.05.1996, geänd. durch die Richtlinie 98/ 76/ EG des Rates vom 01.10.1998, ABl. EG Nr. L 277/ 17 vom 14.10.1998. Diese Richtlinie wird im Teil 3 (unter II.) der Arbeit bearbeitet.

Art. 43 EG wird (wohl) überwiegend verneint[426]. Eine derartige Diskriminierung der Inländer dürfte allerdings mit dem Ziel einer harmonischen, ausgewogenen und nachhaltigen Entwicklung des Wirtschaftslebens nur schwerlich in Einklang zu bringen sein, wie bereits näher dargelegt worden ist. Andererseits dürfte die Problematik bei einer konsequenten Anwendung des nationalen deutschen Rechts nicht bestehen: Der Gleichheitsgrundsatz des Art. 3 Abs. 1 GG dürfte dagegen sprechen, dass eine nationale Regelung, die wegen des entgegenstehenden EU-Rechts gegenüber Angehörigen anderer Mitgliedstaaten nicht angewandt werden darf, weiter gegenüber den inländischen natürlichen und juristischen Personen angewandt wird[427]. Bei der Tendenz zumindest einiger Mitgliedstaaten, ihre heimische Wirtschaft zu stützen, dürfte die Anpassung des nationalen Rechts im Übrigen nicht schwierig sein, wenn die Wirtschaft darauf drängt[428]. Gegen eine Anpassung der nationalen Regelungen an die Vorgaben des Gemeinschaftsrechts spricht auch Art. 72 EG nicht: Wenn die Gemeinschaft Regelungen im Verkehrsbereich erlassen hat, besteht die Stillhalteverpflichtung nach dem Wortlaut des Art. 72 EG nicht mehr - soweit die Vorgaben der Regelungen eingehalten werden.

cc.) Art. 43 EG als allgemeines Behinderungsverbot?
Eine neuere Ansicht in der Literatur sieht in Art. 43 EG neben dem Gebot der Inländergleichbehandlung ein Beschränkungs- oder Behinderungsverbot[429]. Begründet wird diese Auffassung mit Passagen aus Urteilen des EuGH. In der Rechtssache 107/ 83[430] stellte der EuGH fest, dass Vorschriften zur Ausübung des Rechtsanwaltsberufs im Interesse einer geordneten Rechtspflege grundsätzlich zulässig seien, das Verbot von Zweigniederlassungen für Inländer mit der Niederlassungsfreiheit aber nicht vereinbar sei, wenn dieses sich auf EG-Ausländer erstreckt, da die Niederlassungsfreiheit in diesem Fall jeglicher Wirksamkeit beraubt sei. Derartige Anzeichen für die Anerkennung eines allgemeinen Behinderungsverbots finden sich in einer Vielzahl weiterer Entschei-

---

426 *Roth*, in: Dauses, Handbuch des EU-Wirtschaftsrechts, Teil E. I, Rn. 22; Groeben/ Thiesing/ Ehlermann - *Troberg*, EU-, EG-Vertrag, Art. 52 (a.F., Art. 43 EG] Rn. 63, m.w.N.; *Everling*, Das Niederlassungsrecht in der Europäischen Gemeinschaft, DB 1990, 1853 (1857); *Schöne*, Die „umgekehrte Diskriminierung" im EWG-Vertrag nach der Rechtsprechung des Europäischen Gerichtshofs, RIW 1989, 450 (454); *Kleier*, Freier Warenverkehr (Art. 30 EWG-Vertrag) und die Diskriminierung inländischer Erzeugnisse, RIW 1988, 623 (628); *Schweitzer/ Hummer*, Europarecht Rn. 1173; a.A.: *Bleckmann*, Die umgekehrte Diskriminierung (discrimination à rebours) im EWG-Vertrag, RIW 1985, 917 (921); *Kewenig*, Niederlassungsfreiheit, Freiheit des Dienstleistungsverkehrs und Inländerdiskriminierung, JZ 1990, 20 (24); *Reich*, Binnenmarkt als Rechtsbegriff, EuZW 1991, 203 (204 f.).
427 So z.B.: *Kleier*, Freier Warenverkehr (Art. 30 EWG-Vertrag) und die Diskriminierung inländischer Erzeugnisse, RIW 1988, 623 (628 ff.); a.A.: BVerwG DVBl. 1970, 620, soweit die deutschen Durchführungsvorschriften nur der Beseitigung indirekter Diskriminierungen von Angehörigen anderer Mitgliedstaaten dienen.
428 Anders ist dies bei dem Reinheitsgebot nach der Bierverordnung (oben Fn. 67). Dies dürfte allerdings daran liegen, dass dies zumindest europaweit und vor allem im nationalen Markt als Qualitätsmerkmal gilt. Die deutschen Brauereien haben demnach keinen Grund, sich über diese Vorschrift in irgendeiner Form zu beschweren.
429 *Knobbe-Keuk*, Niederlassungsfreiheit: Diskriminierungs- oder Beschränkungsverbot, DB 1990, 2573 ff.; Bleckmann - *Bleckmann*, Europarecht Rn. 1655; *Roth*, in: Dauses, Handbuch des EU-Wirtschaftsrechts, Teil E. I, Rn. 69; Groeben/ Thiesing/ Ehlermann - *Troberg*, EU-, EG-Vertrag, Art. 52 [a.F., Art. 43 EG] Rn. 60; *Schweitzer/ Hummer*, Europarecht Rn. 1175.
430 EuGH Rs. 107/ 83, Slg. 1984, 2971 (2989 f.) - *Klopp*.

dungen[431]. In einem Urteil aus dem Jahr 1995[432] stellt der EuGH schließlich unter Hinweis auf die Rechtsprechung zu den „grundlegenden Freiheiten" des Vertrages fest, dass nationale Maßnahmen, die die Niederlassungsfreiheit „*behindern oder weniger attraktiv machen können*", „*aus zwingenden Gründen des Allgemeininteresses*" gerechtfertigt sein müssen. Aus diesem Urteil könnte tatsächlich auf eine Anerkennung des Art. 43 EG als allgemeines Beschränkungs- oder Behinderungsverbot geschlossen werden.

Die Gegenmeinung in der Literatur[433], die Art. 43 EG als reines Diskriminierungsverbot auffasst und sich dabei ebenfalls auf Entscheidungen des EuGH[434] berufen kann, begründet ihre Auffassung mit der föderalen Struktur der Gemeinschaft und dem Subsidiaritätsprinzip. Dem einzelnen Mitgliedstaat müsse die Regelungskompetenz bezüglich der niederlassungsrelevanten Vorschriften vorbehalten sein.

Abgesehen davon, dass der Meinungsstreit heute wohl als überwunden zu bezeichnen sein dürfte[435] und die Meinungen sich bezüglich des Ergebnisses im Einzelfall nicht unterscheiden[436], dürfte der ersten Meinung zuzustimmen sein. Lediglich Art. 43 Abs. 2 EG deutet mit dem Passus „*nach den Bestimmungen des Aufnahmelandes für seine Angehörigen*" auf den Grundsatz der Inländergleichbehandlung hin. Dagegen betrifft Art. 43 Abs. 1 EG die freie Standortwahl, also insbesondere den Marktzutritt und die Freiheit des Wegzuges. Existieren aber für alle geltende Niederlassungsbeschränkungen, so wird der Marktzutritt von vornherein ausgeschlossen. Dies lässt sich im Rahmen des EG-Vertrages nur mit dahinterstehenden berechtigten Interessen der Allgemeinheit rechtfertigen[437]. Diese Annahme wird durch die Einfügung „*sind nach Maßgabe der folgenden Bestimmungen verboten*" in Art. 43 Abs. 1 EG unterstützt[438]. Danach ist eine

---

431 EuGH Rs. 96/ 85, Slg. 1986, 1475 (Rn. 10 f.) - *Zweitniederlassung Ärzte (Frankreich)*; Rs. 292/ 86, Slg. 1988, 111 (Rn. 28 ff.) - *Gullung*; Rs. C-61/ 89, Slg. 1990, I-3551 - *Bouchoucha*; Rs. C-351/ 90, Slg. 1992, I-3945 (Rn. 29) - *Zweitniederlassung Ärzte (Luxemburg)*; Rs. C-19/ 92, Slg. 1993, I-1663 (Rn. 32) - *Kraus*.
432 EuGH Rs. C-55/ 94, Slg. 1995, I-4165 (inbes. Rn. 37) - *Gebhardt*.
433 *Everling*, Das Niederlassungsrecht in der Europäischen Gemeinschaft, DB 1990, 1853 (1857 f.); *Hailbronner*, Prüfungspflicht der Mitgliedstaaten zur Vergleichbarkeit ausländischer Diplome und Prüfungszeugnisse - EuGH NJW 1991, 2073, JuS 1991, 917 (919 f.).
434 EuGH Rs. 63/ 86, Slg. 1988, 29 (52) - *Kommission/ Italien*; Rs. 221/ 85, Slg. 1987, 719 - *Kommission/ Belgien*; Rs. 198/ 86, Slg. 1987, 4469 (4484 f.) - *Conradi*; Rs. 305/ 87, Slg. 1989, 1461 (1478) - *Kommission/ Griechenland*; Rs. C-340/ 89, Slg. 1991, I-2357 (2382 ff.) - *Vlassopoulou*. In diesen Entscheidungen wurde die Niederlassungsfreiheit lediglich als besondere Ausprägung des allgemeinen Diskriminierungsverbots zur Anwendung gebracht.
435 So: Calliess/ Ruffert - *Bröhmer*, EUV/ EGV, Art. 43 EG Rn. 28, m.w.N. Die Niederlassungsfreiheit wird demnach auch als Beschränkungsverbot angesehen.
436 Vgl. Groeben/ Thiesing/ Ehlermann - *Troberg*, EU-, EG-Vertrag, Art. 52 [a.F., Art. 43 EG] Rn. 53.
437 Zustimmend: *Roth*, in: Dauses, Handbuch des EU-Wirtschaftsrechts, Teil E. I, Rn. 69 f.; Groeben/ Thiesing/ Ehlermann - *Troberg*, EU-, EG-Vertrag, Art. 52 [a.F., Art. 43 EG] Rn. 58.
438 So: Calliess/ Ruffert - *Bröhmer*, EUV/ EGV, Art. 43 EG Rn. 28.

Beschränkung der Niederlassungsfreiheit nur gem. Art. 45 f. EG[439] und zum Schutz berechtigter Interessen der Allgemeinheit möglich.

Demnach gelten auch hier die Ausführungen, die im Rahmen des Art. 86 EG zuvor gemacht worden sind, entsprechend. Die Bundesrepublik hat bei der Genehmigung und Finanzierung des ÖPNV die Niederlassungsfreiheit zu beachten und darf diese nur aus Gründen beschränken, die dem Schutz eines berechtigten öffentlichen Interesses dienen. Diese Interessen werden durch die VO (EWG) 1191/ 69 i.d.F. der VO (EWG) 1893/ 91 und die VO (EWG) 1107/ 70 hinreichend berücksichtigt und abschließend geregelt.

c.) Auswirkungen im ÖPNV
Die Niederlassungsfreiheit des Art. 43 EG verbietet sämtliche diskriminierenden Regeln bezüglich der Genehmigung und Finanzierung des ÖPNV, die ausländische Unternehmen im Gegensatz zu den einheimischen Unternehmen bei der Niederlassung und anschließenden Ausübung der Tätigkeit irgendwie schlechter stellen. Eine Beschränkung der Niederlassungsfreiheit, die für alle Unternehmen gilt, ist nur aus berechtigten Gründen des Allgemeinwohls zulässig.

3. Wettbewerbsbeschränkungen, Art. 81, 82 EG

Die Regeln der Art. 81 f. EG[440] richten sich an die Unternehmen und sind deshalb für die Genehmigung bzw. die Finanzierung des ÖSPV durch die öffentliche Hand irrelevant, wie im Rahmen des Art. 86 EG bereits erörtert. Die Frage, ob die Bildung von Tarifverbünden, die regelmäßig mit „gegenseitiger Rücksichtnahme" und mit Absprachen über die Tarife, Strecken, Taktzeiten und Fahrpläne verbunden ist, gegen einen der genannten Artikel verstoßen könnte, kann hier nicht erörtert werden. Andererseits sei wenigstens kurz angemerkt, dass die gesetzliche Aufforderung, die Zusammenarbeit zwischen den verschiedenen Verkehrsunternehmen anzustreben[441], einen Ausschluss des Wettbewerbs zwischen den Verkehrsunternehmen bedeutet bzw. dem nahe kommt und gemeinschaftsrechtlich zumindest bedenklich erscheint, da die Mitgliedstaaten verpflichtet sind, alles zu unterlassen, was den Wettbewerbsregeln ihre praktische Wirk-

---

439 Wenn die Tätigkeit mit der Ausübung öffentlicher Gewalt verbunden ist oder Gründe der öffentlichen Sicherheit und Ordnung oder der Gesundheit dies erfordern, sind Einschränkungen der Niederlassungsfreiheit nach diesen Vorschriften möglich. Diese Bestimmungen haben im Bereich des ÖSPV keine Bedeutung, da die subjektiven Zulassungsvoraussetzungen gemeinschaftsrechtlich harmonisiert sind, also die öffentliche Sicherheit und Ordnung durch Anbieter aus anderen Mitgliedstaaten nicht beeinträchtigt wird, wenn sie die Bestimmungen des Heimatlandes erfüllen, und die Leistungserbringung kein Akt öffentlicher Gewalt ist. Die Beschränkungen im Bereich der Konzessionen sind eben nur durch die Erbringung von gemeinwirtschaftlichen Leistungen zu rechtfertigen.

440 Zur Bedeutung dieser Art. im Bereich des Verkehrs allgemein: *Dolfen*, Der Verkehr im europäischen Wettbewerbsrecht, 1991. Zu den möglichen rechtlichen Gestaltungen der Verkehrsverbünde: *Weiß*, Koordinationsprobleme im ÖPNV: Die Rolle der Verkehrsverbünde im Wettbewerb, in: DVWG (Hrsg.), B 213, Die zukünftige Rolle der Kommunen bei Verkehrs- und Versorgungsnetzen, 150 ff.; *Müller*, Chancen und Herausforderungen an einen Verkehrsverbund, in DVWG (Hrsg.), B 191, Reformkonzepte im Nahverkehr: Deregulierung, Privatisierung, Regionalisierung, 80 ff.

441 Einzelheiten zu der gesetzlichen Regelung bei: *Püttner*, Die künftigen Träger des Nahverkehrs, deren Organisation und Kooperation, in: Püttner (Hrsg.), Der regionalisierte Nahverkehr, 89 (101).

samkeit nehmen könnte[442]. Widrigenfalls würde der Mitgliedstaat seine Pflichten aus Art. 10 i.V.m. Art. 81 f. EG verletzen.

4. Zusammenfassung

Die Konzessionsvergabe sowohl an öffentliche wie auch private Unternehmen im Bereich des ÖSPV stellt eine Gewährung ausschließlicher Rechte i.S. des Art. 86 Abs. (1) EG dar und hat die Vorschriften des EG-Vertrages zu beachten. Eine Einschränkung der Geltung des Vertrages i.S. des Art. 86 Abs. (2) EG ist nicht möglich, da die berechtigten Interessen der Allgemeinheit bereits im Sekundärrecht abschließend berücksichtigt worden sind. Insbesondere hat die Bundesrepublik (bzw. die öffentlichen Auftraggeber und Genehmigungsbehörden) die Niederlassungsfreiheit EG-ausländischer Verkehrsunternehmen bei der Genehmigung und Finanzierung zu beachten. Einschränkungen des Marktzutritts und der Ausübung der Tätigkeit über den Regelungsgehalt des erlassenen Sekundärrechts hinaus sind nicht zulässig.

Die Art. 81 f. EG haben dagegen für die Genehmigung und Finanzierung des ÖSPV kaum Bedeutung, da diese sich gegen die Unternehmen richten. Im Einzelfall ist aber denkbar, dass ein Mitgliedstaat gegen Art. 86 Abs. (1) EG verstößt, wenn er ein Unternehmen, dem er ein ausschließliches Recht verliehen hat, in eine Situation bringt, die nur zum Missbrauch der marktbeherrschenden Stellung führen kann.

III. Ergebnis zu Teil 1

Obwohl ÖSPV als Teil des ÖPNV nur regional erbracht wird, weist er eine europarechtliche Dimension auf. Er ist sowohl Mittel als auch Gegenstand der Integration und damit Gegenstand der gemeinsamen Verkehrspolitik i.S. des Art. 70 EG, für die gem. Art. 71 EG der Rat in Zusammenarbeit mit dem Europäischen Parlament zuständig ist. Auf Grund des Subsidiaritätsprinzips darf der Rat allerdings nur Rahmenregelungen oder Mindeststandards festlegen.

Beihilfen an Verkehrsunternehmen im Bereich des ÖPNV, die wettbewerbsverfälschend und handelsbeeinträchtigend sind, sind mit dem Gemeinsamen Markt unvereinbar und damit verboten, soweit die VO (EWG) 1191/ 69 i.d.F. der VO (EWG) 1893/ 91 oder die VO (EWG) 1107/ 70 diese nicht vorsehen.

Eine eingeschränkte Anwendung des Vertrages auf Grund allgemeiner wirtschaftlicher Interessen i.S. des Art. 86 Abs. (2) EG ist nicht möglich, da diese Interessen durch die vorgenannten Verordnungen hinreichend berücksichtigt sind. Die Konzessionierung stellt eine Gewährung eines ausschließlichen Rechtes an das entsprechende öffentliche oder private Unternehmen dar und darf nur vorgenommen werden, wenn die in den Verordnungen genannten Interessen dies verlangen. Eine darüber hinausgehende Regelung

---

442 Zu diesem Grundsatz: EuGH verb. Rs. 209-213/ 84, Slg. 1986, 1471 (Rn. 70 ff.) - *Ministère public/ Asjes*; Rs. 311/ 85, Slg. 1987, 3801 (Rn. 9) - *Vereiniging van Vlaamse Reisbureaus*; Rs. 26/ 86, Slg. 1989, 852 (Rn. 49) - *Ahmed Saeed*.

wäre mit den Freiheiten des Vertrages, namentlich der Dienstleistungsfreiheit, die durch das Sekundärrecht auch im Bereich des Verkehrs mittlerweile verwirklicht ist, der Wettbewerbsfreiheit und der Niederlassungsfreiheit, nicht vereinbar. Insbesondere sind sämtliche Verkehre bzw. Konzessionen für diese in der Regel im Wettbewerb zu vergeben.

Teil 2: Überprüfung des nationalen Rechtsrahmens für den ÖPNV

I. Organisation des ÖPNV in der Bundesrepublik Deutschland

Gem. § 1 RegG ist die Sicherstellung einer ausreichenden Bedienung der Bevölkerung mit Verkehrsleistungen im öffentlichen Personennahverkehr eine Aufgabe der Daseinsvorsorge[443], die durch die Stellen wahrzunehmen ist, die durch das jeweilige Landesrecht bestellt werden. Zur Stärkung der Wirtschaftlichkeit der Verkehrsbedienung im öffentlichen Personennahverkehr ist gem. § 3 RegG dabei anzustreben, die Zuständigkeit für Planung, Organisation und Finanzierung des öffentlichen Personennahverkehrs zusammenzuführen. Das Nähere soll durch das jeweilige Landesrecht geregelt werden. Eine Verpflichtung zur Zusammenführung der Zuständigkeiten auf nur eine Stelle folgt daraus allerdings nicht, so dass den Ländern bei der Festlegung der Träger ein Spielraum verbleibt[444].

§ 4 RegG regelt schließlich, dass gemeinwirtschaftliche Leistungen nach Maßgabe der VO (EWG) 1191/ 69 i.d.F. der VO (EWG) 1893/ 91 mit einem Verkehrsunternehmen vertraglich vereinbart oder einem Verkehrsunternehmen auferlegt werden können. Zuständig ist dafür die nach dem Landesrecht bestimmte Stelle.

1. Aufgabe des ÖPNV

a.) Aufgabe der Daseinsvorsorge
Mit dem Begriff der Daseinsvorsorge, der sich auf das Sozialstaatsgebot des Art. 20 Abs. 1 GG stützt, wird die staatliche Aufgabe umschrieben, die für ein sinnvolles menschliches Dasein notwendigen Güter und Leistungen bereitzustellen[445]. Abzustellen ist dabei auf den gewöhnlichen, d.h. durchschnittlichen, Bedarf des „Normalbürgers" und nicht nur auf das Existenzminimum. Demnach hat der Staat im Bereich des ÖPNV die Mobilitätsbedürfnisse zu gewährleisten, die im Durchschnitt im Bereich der Versorgung, des Berufs und der Arbeit, der Familie und der Freizeit bestehen[446]. Darüber hinausgehende Bedürfnisse bleiben im Rahmen der Daseinsvorsorge unberücksichtigt.

---

443 Dazu kritisch: *Fromm/ Sellmann*, Die Entwicklung des öffentlichen Verkehrsrechts, NVwZ 1994, 547 (552), unter Hinweis darauf, dass ÖPNV grundsätzlich eine unternehmerische und keine öffentliche Aufgabe sei. Dies trifft bezüglich des tatsächlichen Angebots der Verkehrsleistung, also deren Erbringung, zweifellos zu. Die Planung der ausreichenden Bedienung im Vorfeld ist dagegen durchaus eine öffentliche Aufgabe; dazu ausführlich: *Barth*, Nahverkehr in kommunaler Verantwortung, S. 82 ff.

444 Vgl. *Püttner*, Die künftigen Träger des Nahverkehrs, deren Organisation und Kooperation, in: Püttner (Hrsg.), Der regionalisierte Nahverkehr, 89 (91).

445 *Ossenbühl*, Daseinsvorsorge und Verwaltungsprivatrecht, DÖV 1971, 513 ff.; *Jacob*, Nahverkehrsgesetze der neuen Bundesländer im Vergleich, LKV 1996, 262 (263); *Batzill/ Zuck*, Personenbeförderungsrecht im Spannungsfeld von Bahnstrukturreform, PBefG-Novelle, ÖPNV-Recht der Länder und EG-Recht, S. 11.

446 S. *Werner*, Nach der Regionalisierung - der Nahverkehr im Wettbewerb, S. 91; *ders.*, Die Verantwortung der öffentlichen Hand für das Verkehrsleistungsangebot im ÖPNV, ZUR 1997, 12 (13).

Andererseits darf das Angebot an ÖPNV-Leistungen bzw. dessen Qualität nicht wesentlich hinter dem motorisierten Individualverkehr zurückbleiben[447].

b.) Ausreichende Verkehrsbedienung
Der Auftrag der Daseinsvorsorge wird dadurch begrenzt, dass lediglich eine ausreichende Verkehrsbedienung sicherzustellen ist.

aa.) Begriff
Der Begriff der ausreichenden Verkehrsbedienung entstammt der VO (EWG) 1191/ 69 bzw. deren Art. 3 Abs. (2) und gilt im Bereich des ÖSPV entsprechend[448]. Die ausreichende Verkehrsbedienung ist nach dieser Bestimmung anhand folgender Kriterien zu beurteilen:
- dem öffentlichen Interesse (lit. a);
- der Möglichkeit, andere Verkehrsmittel einzusetzen, sowie der Feststellung, ob diese Verkehrsmittel geeignet sind, die betreffenden Verkehrsbedürfnisse zu befriedigen (lit. b);
- den Beförderungsentgelten und -bedingungen, welche den Verkehrsnutzern angeboten werden können (lit. c).

Aus dieser Legaldefinition folgt, dass der Begriff der ausreichenden Bedienung nicht die Qualität des ÖPNV-Angebots umschreibt, sondern den Umfang, in dem den bestehenden Mobilitätsinteressen entsprochen wird[449].

Fraglich ist, ob die „ausreichende" Verkehrsbedienung ein Minus im Hinblick auf die „befriedigende" Verkehrsbedienung im § 8 Abs. 3 Nr. 1 PBefG a.F. bzw. § 13 Abs. 2 Nr. 2 lit. a PBefG darstellt[450]. Eine derartige Interpretation könnte sich aus dem Vergleich zu Schul- oder Hochschulnoten ergeben, bei denen „befriedigend" eine Stufe besser als „ausreichend" ist. Anhaltspunkte für eine derartige Intension des Gesetzgebers bei der Gesetzesänderung sind aber ebenso wenig ersichtlich wie Anhaltspunkte im Gesetz, die eine derartige Interpretation begründen könnten[451]. Bei dem aufgezeigten Wi-

---

447 *Werner*, a.a.O. (vorherige Fn.).
448 Zustimmend: *Welge*, Regionalisierung des ÖPNV, der städtetag 1996, 681 (683); *Werner*, Nach der Regionalisierung - der Nahverkehr im Wettbewerb, S. 91; a.A.: *Batzill/ Zuck*, Personenbeförderungsrecht im Spannungsfeld von Bahnstrukturreform, PBefG-Novelle, ÖPNV-Recht der Länder und EG-Recht, S. 45 ff.
449 Vgl. *Berschin*, Europäisches Recht der Finanzierung im ÖPNV bringt Wettbewerb um Subventionen, ZUR 1997, 4 (6); *Werner*, Nach der Regionalisierung - der Nahverkehr im Wettbewerb, S. 91; *ders.*, Die Verantwortung der öffentlichen Hand für das Verkehrsleistungsangebot im ÖPNV, ZUR 1997, 12 (13); *Müller*, Chancen und Herausforderungen an einen Verkehrsverbund, in: DVWG (Hrsg.), B 191, Reformkonzepte im Nahverkehr: Deregulierung, Privatisierung, Regionalisierung, 80 (88), versteht „ausreichend" i.S. von bedarfsgerecht.
450 Ausführlich: *Werner*, Nach der Regionalisierung - der Nahverkehr im Wettbewerb, S. 91 f., mit dem Ergebnis, dass diese Begriffe unabhängig von einander sind; *Zuck*, Eigenwirtschaftliche und gemeinwirtschaftliche Verkehrsleistungen und geringste Kosten für die Allgemeinheit, DÖV 1994, 941 (944), sieht in der befriedigenden Bedienung die maximale Ausgestaltungsgrenze, während die ausreichende Bedienung Maßnahmen zur Verbesserung noch ermöglicht. *Fromm*, Die Neuordnung des Personenbeförderungsrechts, TranspR 1994, 425 (430), geht von einer Herabsetzung des Gewährleistungsmaßstabes aus.
451 Vgl. *Werner*, Die Verantwortung der öffentlichen Hand für das Verkehrsleistungsangebot im ÖPNV, ZUR 1997, 12 (13).

derspruch handelt es sich vielmehr um einen sprachlichen, der mit dem Ursprung der „ausreichenden" Verkehrsbedienung in der VO (EWG) 1191/ 69, die auf Grund der VO (EWG) 1893/ 91 nunmehr auch für den ÖPNV gilt, und dem der „befriedigenden" Verkehrsbedienung im alten PBefG ausreichend erklärt ist[452]. Beide Begriffe stimmen im Übrigen insoweit überein, als dass sie ein wertendes und planerisches Element beinhalten. Mit anderen Worten stellt sich die Frage, wann eine Verkehrsbedienung ausreichend bzw. befriedigend ist. Die VO (EWG) 1191/ 69 i.d.F. der VO (EWG) 1893/ 91 enthält dazu zwei Anhaltspunkte: Art. 1 Abs. (4) nennt soziale, umweltpolitische und landesplanerische Faktoren für die Bestimmung einer ausreichenden Verkehrsbedienung und im 2. Erwägungsgrund wird festgelegt, dass die ausreichende Verkehrsbedienung nach dem Angebot und der Nachfrage im Verkehr und den Bedürfnissen der Allgemeinheit zu beurteilen ist. Durch diesen Erwägungsgrund erübrigt sich die Diskussion, ob die ausreichende Verkehrsbedienung angebots-[453] oder nachfrageorientiert[454] zu bestimmen ist. Eine ausreichende Verkehrsbedienung liegt demnach vor, wenn sowohl die aktuelle, finanzierbare Nachfrage im ÖPNV als auch die potentielle Nachfrage, die sich nach der Umsetzung der sozialen, umweltpolitischen und landesplanerischen Ziele im Rahmen der finanziellen Möglichkeiten ergibt, befriedigt werden[455]. Die potentielle Nachfrage ist Folge des Angebots, so dass insoweit die ausreichende Bedienung auch angebotsorientiert zu verstehen ist.

Gerade die Beurteilung dieser potentiellen Nachfrage bzw. der ihr zu Grunde liegenden sozialen, umweltpolitischen und landesplanerischen Ziele erfordert eine wertende und prognostische Entscheidung des zuständigen Aufgabenträgers. Wie bei anderen wertenden und prognostischen Entscheidungen ist dem Aufgabenträger deshalb ein Einschätzungs- und Beurteilungsspielraum zuzubilligen[456]. Diese Feststellung wird dadurch gestützt, dass die Zuständigkeit des Aufgabenträgers im Bereich des ÖSPV bezüglich der Kommunen ein Ausfluss der Selbstverwaltungsgarantie des Art. 28 Abs. 2 GG[457] ist

---

452 Zustimmend: *Werner*, Nach der Regionalisierung - der Nahverkehr im Wettbewerb, S. 92; *ders.*, Die Verantwortung der öffentlichen Hand für das Verkehrsleistungsangebot im ÖPNV, ZUR 1997, 12 (13).

453 Diesen Aspekt beziehen insbes. *Kirchhoff*, Methodische Grundlagen und Inhalte von Nahverkehrsplänen für den ÖPNV, Internationales Verkehrswesen 1997, 306 (307); und *Werner*, Nach der Regionalisierung - der Nahverkehr im Wettbewerb, S. 95 f.; *ders*, Die Verantwortung der öffentlichen Hand für das Verkehrsleistungsangebot im ÖPNV, ZUR 1997, 12 (15), in ihre Überlegungen ein, mit dem zutreffenden Hinweis, dass für soziale, umweltpolitische und landesplanerische Bedürfnisse eben keine Nachfrage bestehe.

454 So: *Sellmann*, Das neue Personenbeförderungsrecht, NVwZ 1995, 1167 (1170); *Zuck*, Eigenwirtschaftliche und gemeinwirtschaftliche Verkehrsleistungen und geringste Kosten für die Allgemeinheit, DÖV 1994, 941 (944); *Fey*, Zur Verordnung „Geringste Kosten" als Abschluß des Gesetzeswerkes zur Regionalisierung des ÖPNV-Marktes sowie zu anderen Fragen des novellierten PBefG, NZV 1996, 132 (134).

455 Ähnlich: *Gabler*, Öffentlicher Nahverkehr in Bayern, S. 65 f.

456 Zustimmend: *Barth/ Baumeister*, Umweltwirksame Gestaltung des öffentlichen Personennahverkehrs durch die kommunalen Aufgabenträger, ZUR 1997, 17 (25); *Werner*, Nach der Regionalisierung - der Nahverkehr im Wettbewerb, S. 92; a.A.: *Sellmann*, Das neue Personenbeförderungsrecht, NVwZ 1995 1167 (1170). Vgl. auch BVerwGE 82, 260 (265) zur Entscheidung der Genehmigungsbehörde.

457 Vgl. *Grafberger*, Der öffentliche Personennahverkehr - Aufgabe, Organisation und verkehrsgewerberechtlicher Rahmen, S. 14 ff., *Barth/ Baumeister*, a.a.O.; *Werner*, Nach der Regionalisierung - der Nahverkehr im Wettbewerb, S. 106 f.

und im Rahmen der politischen Entscheidung auch die Frage der Finanzierbarkeit zu beantworten ist, soweit die Verkehrsbedienung nicht eigenwirtschaftlich erfolgen kann. Der nach Landesrecht zuständige Aufgabenträger hat die ausreichende Verkehrsbedienung anhand von öffentlichen Interessen, insbesondere sozialen, umweltpolitischen und landesplanerischen, zu beurteilen, wobei ihm ein Einschätzungs- und Beurteilungsspielraum zusteht. Dabei hat er zu berücksichtigen, inwieweit diese Verkehrsbedienung mit anderen, geeigneten Verkehrsmitteln erfolgen kann, und ob die entsprechende Verkehrsbedienung zu angemessenen Beförderungsbedingungen und -entgelten möglich ist.

bb.) Öffentliche Interessen an Leistungen im Bereich des ÖPNV
Dass im Rahmen des (offenen) Rechtsbegriffs „ausreichende Verkehrsbedienung" öffentliche Interessen, insbesondere soziale, umweltpolitische und landesplanerische, zu berücksichtigen sind, besagt noch nichts Konkretes über die Kriterien zur Bemessung dieser „öffentlichen Interessen". Derartige Kriterien können sich aus den Zielen der Art. 2, 3 EG, der VO (EWG) 1191/ 69 i.d.F. der VO (EWG) 1893/ 91 und der bundesdeutschen Rechtsordnung, insbesondere den Nahverkehrsgesetzen der Länder, ergeben.

Wie oben erwähnt ist die Befriedigung der (durchschnittlichen) Mobilitätsbedürfnisse der zentrale Gegenstand der Aufgabe der Daseinsvorsorge im Bereich des ÖPNV, der von einigen LandesÖPNV-Gesetzen aufgegriffen wird[458]. Neben der Befriedigung der „normalen" Mobilitätsbedürfnisse verlangen sowohl das Sozialstaatsprinzip des Art. 20 Abs. 1 GG als auch die VO (EWG) 1191/ 69 i.d.F. der VO (EWG) 1893/ 91 die Berücksichtigung weiterer sozialer Belange, d.h. besonderer Mobilitätsbedürfnisse. Derartige

---

[458] § 5 BW-ÖPNVG (Gesetz zur Umsetzung der Bahnstrukturreform und zur Gestaltung des öffentlichen Personennahverkehrs in Baden-Württemberg vom 08.06.1995, GVBl. S. 417); § 2 Abs. 1 BbgÖPNVG (Gesetz über den öffentlichen Personennahverkehr im Land Brandenburg vom 26.10.1995, GVBl. I S. 252, zuletzt geänd. durch Art. 1 des Haushaltsstrukturgesetzes 1998 vom 22.12.1997, GVBl. I S. 163); § 2 Abs. 1 S. 1 BremÖPNVG (Gesetz über den öffentlichen Personennahverkehr im Land Bremen vom 15.05.1995, GVBl. S. 317); § 2 Abs. 2 NdsÖPNVG (Niedersächsischen Gesetz zur Neuordnung des öffentlichen Personennahverkehrs vom 28.06.1995, GVBl. S. 180); § 4 Abs. 1 S. 1 NVG-Rh-Pf (Landesgesetz über den öffentlichen Personennahverkehr vom 17.11.1995, GVBl. S. 450); § 1 Abs. 1 S. 1 SH-ÖPNVG (Gesetz über den öffentlichen Personennahverkehr Schleswig-Holstein vom 26.06.1995, GVOBl. S. 262, zuletzt geänd. durch Art. 2 der Landesverordnung vom 16.06.1998, GVOBl. S. 210); vgl. auch § 3 Abs. 1, 3 MV-ÖPNVG (Gesetz über den öffentlichen Personennahverkehr in Mecklenburg-Vorpommern vom 15.11.1995, GVBl. S. 550); dagegen § 2 Abs. 1 S. 1 SaarÖPNVG (Gesetz Nr. 1361 über den öffentlichen Personennahverkehr im Saarland vom 29.11.1995, ABl. 1996 S. 74): ausreichendes Angebot; § 1 Abs. 1 ÖPNVG-SachsAnh (Gesetz über die Gestaltung des Öffentlichen Personennahverkehrs im Land Sachsen-Anhalt vom 24.11.1995, GVBl. S. 339, zuletzt geänd. durch § 1 des Gesetzes zur Änderung des Gesetzes zur Gestaltung des Öffentlichen Personennahverkehrs im Land Sachsen Anhalt vom 27.04.2000, GVBl. S. 226): Sicherstellung einer dem öffentlichen Interesse entsprechenden Bedienung.

I. 1. Aufgabe des ÖPNV

besondere Bedürfnisse bestehen für Behinderte[459] und Familien[460] auf Grund eingeschränkter Mobilität und für ärmere Bevölkerungskreise[461], da der ÖPNV im Gegensatz zum motorisierten Individualverkehr zumindest bezogen auf einzelne Fahrten mit geringerem Kapitaleinsatz möglich ist.

Neben diesen sozialen Bestandteilen des öffentlichen Interesses werden auch die landesplanerischen näher in den Nahverkehrsgesetzen ausgeführt[462], die sich allerdings teilweise mit den sozialen[463] und umweltpolitischen[464] Bestandteilen überschneiden.

Die Erfordernisse des Umweltschutzes sind gem. Art. 6, 3 Abs. (1) lit. l EG im Rahmen der Gemeinschaftspolitiken und -maßnahmen zu berücksichtigen und werden national durch das in Art. 20a GG statuierte Staatsziel Umweltschutz zusätzlich geschützt. Ergänzend zu diesen Bestimmungen enthalten einzelne ÖPNV-Gesetze der Länder Bestimmungen zum Umweltschutz[465].

Neben den vorgenannten öffentlichen Interessen zur Wahrung sozialer, landesplanerischer und umweltpolitischer Belange ist die Verfolgung weiterer Einzelziele möglich: Senkung der Unfallzahlen, die im ÖPNV geringer als im Individualverkehr sind[466], und die Verbesserung der Verkehrsinfrastruktur, insbesondere durch Maßnahmen zur Stei-

---

459 Diese Pflicht folgt auch aus dem Gebot der Förderung der Gleichbehandlung des Art. 3 Abs. 3 S. 2 GG und wurde in einigen LandesÖPNV-Gesetzen statuiert, vgl. z.B. § 2 Abs. 8 BlnÖPNVG (Gesetz über die Aufgaben und die Weiterentwicklung des öffentlichen Personennahverkehrs im Land Berlin vom 27.06.1995, GVBl. S. 390); § 10 Abs. 5 HessÖPNVG (Gesetz zur Weiterentwicklung des öffentlichen Personennahverkehrs in Hessen vom 21.12.1993, GVBl. I 726, i.d.F. der Neubekanntmachung vom 19.01.1996, GVBl. I S. 50); § 2 Abs. 8 RegGNW (Gesetz zur Regionalisierung des öffentlichen Schienenpersonennahverkehrs sowie zur Weiterentwicklung des ÖPNV vom 07.03.1995, GV NW S. 196, zuletzt geänd. durch Art. 1 des Gesetzes zur Änderung des Gesetzes zur Regionalisierung des öffentlichen Schienenpersonennahverkehrs sowie zur Weiterentwicklung des ÖPNV vom 02.07.1996, GV NW S. 234); § 2 Abs. 6 SächsÖPNVG (Gesetz über den öffentlichen Personennahverkehr im Freistaat Sachsen vom 14.12.1995, GVBl. S. 412, berichtigt am 21.12.1995, GVBl. S. 449); § 2 Abs. 7 ThürÖPNVG (Thüringer Gesetz über den öffentlichen Personennahverkehr vom 08.12.1995, GVBl. S. 357).
460 Der Schutz der Familie wird durch Art. 6 Abs. 1 GG besonders gewährleistet. Auch dieser Aspekt ist in einigen LandesÖPNV-Gesetzen aufgegriffen worden, vgl. § 2 Abs. 11 BW-ÖPNVG; § 3 Abs. 7 NVG-Rh-Pf. Vgl. dazu: *Werner*, Die Verantwortung der öffentlichen Hand für das Verkehrsleistungsangebot im ÖPNV, ZUR 1997, 12 (14).
461 § 2 Abs. 1 MV-ÖPNVG nennt ausdrücklich die sozialpolitische Verantwortung.
462 § 1 BW-ÖPNVG: Verbesserung des Wirtschaftsstandortes; § 1 Abs. 2 Nr. 3 ÖPNVG-SachsAnh: Verbesserung der regionalen Wirtschaftsstruktur; § 1 Abs. 2 Nr. 5 ÖPNVG-SachsAnh: Förderung der Funktionsfähigkeit der Regionen, Städte und Gemeinden.
463 Z.B.: Art. 2 Abs. 1 BayÖPNVG (Gesetz über den öffentlichen Personennahverkehr in Bayern in der Fassung der Bekanntmachung vom 30.07.1996, GVBl. S. 336): Herstellung und Sicherung gleichwertiger Lebensbedingungen.
464 § 2 Abs. 1 SaarÖPNVG: umweltverträgliche Siedlungs- und Raumentwicklung.
465 Vgl. § 1 BW-ÖPNVG: Energieeinsparung; § 1 Abs. 1 HessÖPNVG: Verbesserung der Umweltqualität und Schutz von Natur und Kulturlandschaft; § 2 Abs. 1 NdsÖPNVG: Schutz der natürlichen Lebensgrundlagen. S. dazu auch: *Barth/ Baumeister*, Umweltwirksame Gestaltung des öffentlichen Personennahverkehrs durch die kommunalen Aufgabenträger, ZUR 1997, 17 ff.
466 Dies wird auch in einigen LandesÖPNV-Gesetzen aufgeführt bzw. angedeutet, vgl. § 2 Abs.1 BremÖPNVG: Gesundheitsschutz und Erhöhung der Verkehrssicherheit. Letzteres wird auch in § 2 Abs. 1 NdsÖPNVG genannt. Zur Bedeutung des ÖPNV für den Umweltschutz: *Eichhorn/ Greiling*, Öffentlicher Personennahverkehr durch öffentliche und/ oder private Unternehmen?, in: Püttner, Der regionalisierte Nahverkehr, 51 (54).

gerung der Attraktivität des ÖPNV[467]. In den meisten LandesÖPNV-Gesetzen werden die Aufgabenträger deshalb zur Koordination des ÖPNV-Angebotes verpflichtet[468]. Diese Koordination sorgt z.B. dafür, dass die Fahrpläne benachbarter ÖPNV-Anbieter aufeinander abgestimmt werden, damit der Kunde gegebenenfalls ohne größeren Zeitaufwand Anschluss an Verkehre des benachbarten Anbieters erlangt. Schließlich berücksichtigen einige Gesetze, dass durch die zumindest allgemein gewünschte Einführung von Wettbewerb im Bereich des ÖPNV eine Vielzahl verschiedener Unternehmen tätig sein wird, und übertragen den Aufgabenträgern die Aufgabe, für eine einheitliche Form des Marketings und der Informationsbereitstellung zu sorgen[469].

Die ausreichende Verkehrsbedienung hat sowohl die normalen, durchschnittlichen als auch erhöhte besondere Mobilitätsbedürfnisse sowie umweltpolitische und landesplanerische Interessen zu berücksichtigen. Um diese ausreichende Verkehrsbedienung zu erreichen, sind abgeleitete Anforderungen, insbesondere an die Verkehrsinfrastruktur, zu erfüllen.

cc.) Subsidiarität

Aus dem Nebeneinander von privaten und öffentlichen Trägern bei der Erfüllung einer Aufgabe der Daseinsvorsorge wird geschlossen, dass die öffentliche Daseinsvorsorge subsidiär sei[470]. Das Nebeneinander von privaten und öffentlichen Leistungserbringern im Bereich des ÖPNV habe das RegG nicht beseitigen wollen[471]. Die zweite Aussage ist zwar zutreffend, besagt aber nichts über die Aufgabenverantwortung. Die Aufgabe der öffentlichen Daseinsvorsorge obliegt allein den zuständigen öffentlichen Aufgabenträgern, d.h. diese haben darüber zu wachen, ob eine nach ihren Ansichten ausreichende Verkehrsbedienung vorliegt. Dies berührt allerdings nicht die Frage, ob die Verkehrsleistungen von privaten oder öffentlichen Unternehmen erbracht werden[472]. Allerdings kann der Aufgabenträger nur gemeinwirtschaftliche Verkehrsleistungen vereinbaren

---

467 Zu den Optionen zur Verbesserung der Attraktivität: *Werner*, Nach der Regionalisierung - der Nahverkehr im Wettbewerb, S. 19 ff.; Grünbuch der Kommission „Das Bürgernetz", KOM (95) 601 endg., S. 16 ff.
468 § 4 Abs. 2, 4 BW-ÖPNVG; Art. 4, 5 BayÖPNVG; §§ 2 Abs. 6, 4 Abs. 4 BlnÖPNVG; § 2 Abs. 9 Bbg-ÖPNVG; § 4 Abs. 2 BremÖPNVG; § 10 Abs. 1, 3 HessÖPNVG; § 2 Abs. 4 MV-ÖPNVG; § 2 Abs. 3 RegGNW; § 3 Abs. 1 S. 1 NVG-Rh-Pf; §§ 2 Abs. 5, 4 Abs. 3 SaarÖPNVG; § 2 Abs. 5 SächsÖPNVG; § 1 Abs. 6 S. 2 ÖPNVG-SachsAnh; § 3 Abs. 3 SH-ÖPNVG; §§ 2 Abs. 3, 4 Abs. 2 S. 1 ThürÖPNVG.
469 § 4 Abs. 4 BW-ÖPNVG; § 4 Abs. 4 BlnÖPNVG; § 5 Abs. 2 BbgÖPNVG; § 7 Abs. 2 Nr. 4 HessÖPNVG; § 6 Abs. 2 Nr. 3 NVG-Rh-Pf; § 2 Abs. 5 SaarÖPNVG; §§ 5 Abs. 3 i.V.m. § 10 Abs. 1 S. 3 ÖPNVG-SachsAnh.
470 So: *Batzill/ Zuck*, Personenbeförderungsrecht im Spannungsfeld von Bahnstrukturreform, PBefG-Novelle, ÖPNV-Recht der Länder und EG-Recht, S. 11 ff.
471 *Batzill/ Zuck*, a.a.O.
472 Das PBefG ist insoweit trägerneutral, vgl. *Grafberger*, Der öffentliche Personennahverkehr - Aufgabe, Organisation und verkehrsgewerberechtlicher Rahmen, S. 129; *Fromm/ Sellmann*, Die Entwicklung des öffentlichen Verkehrsrechts, NVwZ 1994, 547 (552). Zur generellen Zulässigkeit und Grenzen kommunaler Wirtschaftstätigkeit s.: *Knemeyer*, Vom kommunalen Wirtschaftsrecht zum kommunalen Unternehmensrecht, BayVBl. 1999, 1 ff.; *Schliesky*, Über Notwendigkeit und Gestalt eines öffentlichen Wettbewerbsrechts, DVBl. 1999, 78 ff.; *Moraing/ Püttner*, Entwicklungen im Gemeindewirtschaftsrecht, in: Püttner (Hrsg.), ÖPNV in Bewegung. Konzepte, Probleme, Chancen, 45 ff.

oder auferlegen, wenn mit eigenwirtschaftlichen Verkehren keine ausreichende Verkehrsbedienung erreicht werden kann. Insoweit ist die Aufgabe der Sicherstellung der Daseinsvorsorge tatsächlich subsidiär[473]. Die Verteilung der Aufgaben und die Abgrenzung der Rechtspositionen wird durch § 8 Abs. 3 PBefG im Übrigen gesetzlich festgelegt. Aus dieser Norm folgt die strikte Trennung zwischen der Besteller- bzw. Aufgabenträger- und der Unternehmerebene[474].

Andererseits besagt die Subsidiarität der öffentlichen Daseinsvorsorge nicht, dass die Genehmigungsbehörde bei der Genehmigung eigenwirtschaftlicher Verkehre nicht die bestehenden gemeinwirtschaftlichen berücksichtigen darf. Insbesondere kann ein beantragter, eigenwirtschaftlicher Verkehr nicht in den Bereich eines anderen gemeinwirtschaftlichen hineinreichen, da ansonsten die Aufwendungen für den gemeinwirtschaftlichen größer werden, während der eigenwirtschaftliche sich lediglich die „Rosinen herauspickt". Insoweit läge eine Beeinträchtigung der öffentlichen Verkehrsinteressen i.S. des § 13 Abs. 2 Nr. 2 PBefG vor.

Mit der Einordnung des durch die ausreichende Verkehrsbedienung begrenzten Daseinsvorsorgeauftrages als subsidiär ist - nebenbei angemerkt - noch keine Aussage darüber getroffen, ob eigenwirtschaftliche Verkehre weiter so bestehen bzw. genehmigt werden können wie bisher.

c.) Zusammenfassung
ÖPNV ist als subsidiäre Aufgabe der Daseinsvorsorge den zuständigen öffentlichen Stellen zugewiesen. Die Wahrnehmung dieser Aufgabe bedingt das Fehlen einer ausreichenden Verkehrsbedienung. Ob die Verkehrsbedienung ausreichend ist, hat die zuständige Stelle unter Berücksichtigung sozialer, umweltpolitischer und landesplanerischer Interessen und der gegenwärtigen bzw. zu erwartenden Nachfrage seitens der Kunden zu entscheiden, wobei ihr ein Einschätzungs- und Beurteilungsspielraum zukommt. Dabei hat sie zu berücksichtigen, inwieweit die Beförderung mit anderen geeigneten Verkehrsmitteln möglich ist und zu welchen Preisen oder Bedingungen die Beförderung erfolgt. Mit anderen Worten ist eine Verkehrsbedienung nicht ausreichend, wenn sie (gegebenenfalls in Kombination mit weiteren Verkehrsmitteln) durch verbesserte Fahrplan- und/ oder Tarifgestaltung, durch geänderte Beförderungsbedingungen oder durch eingeschränkte bzw. erweiterte Linienführung verbessert werden kann und dies im sozialen, umweltpolitischen oder landesplanerischen Interesse und im Rahmen der finanziellen Möglichkeiten liegt.

---

473 Deshalb im Ergebnis zutreffend: *Batzill/ Zuck*, Personenbeförderungsrecht im Spannungsfeld von Bahnstrukturreform, PBefG-Novelle, ÖPNV-Recht der Länder und EG-Recht, S. 12. Vgl. auch §§ 13 Abs. 2 Nr. 2 lit. b; 13a; 21 Abs. 3 PBefG. Ähnlich: *Muthesius*, Zukünftiger Ordnungsrahmen für den allgemeinen öffentlichen Personennahverkehr in Deutschland, in: Püttner (Hrsg.), ÖPNV in Bewegung. Konzepte, Probleme, Chancen, 13 (19 f.).
474 Vgl. *Sellmann*, Das neue Personenbeförderungsrecht, NVwZ 1995, 1167 (1168); *Barth/ Baumeister*, Umweltwirksame Gestaltung des öffentlichen Personennahverkehrs durch die kommunalen Aufgabenträger, ZUR 1997, 17 (17 f.).

2. ÖPNV-Gesetze der Länder

Zur näheren Ausgestaltung der ihnen vom RegG zugeschriebenen Kompetenzen haben die Bundesländer - mit Ausnahme der Freien und Hansestadt Hamburg, die auf eine gesetzliche Regelung verzichtete - eigene ÖPNV-Gesetze, allerdings mit recht unterschiedlicher Bezeichnung, erlassen[475]. Auch inhaltlich bestehen zwischen den Regelungen - teilweise erhebliche - Unterschiede.

a.) Aufgabenträger
Während die Aufgabenträgerschaft für den SPNV in den einzelnen Bundesländern unterschiedlich geregelt ist[476], sind in fast allen Bundesländern die kreisfreien Städte und die Landkreise - in Einzelfällen auch die kreisangehörigen Gemeinden - als Aufgabenträger des kommunalen ÖPNV (ohne den SPNV) bestimmt[477]. Teilweise wird darüber hinaus bestimmt, dass die Wahrnehmung dieser Aufgabe in kommunaler Zusammenarbeit erfolgen soll[478]. Damit soll eine über die einfache Abstimmung benachbarter Verkehre hinausgehende Vereinheitlichung der Verkehrsplanung, der Fahrpläne und des Erscheinungsbildes des ÖSPV erreicht werden[479]. Die kommunale Zusammenarbeit ist dabei allerdings nicht mit der „Verkehrskooperation" identisch, die ihrerseits zwischen den Aufgabenträgern und den Verkehrsunternehmen oder zwischen Verkehrsunternehmen stattfinden soll.
Mit Ausnahme des hessischen ÖPNVG[480] ist die Aufgabenträgerschaft im ÖPNV als freiwillige Selbstverwaltungsaufgabe[481] der Aufgabenträger definiert. Zur Übernahme

---

475 S. Fn. 458, 459, 463.
476 Es existieren 5 verschiedene Modelle, vgl. *Bundesministerium für Verkehr, Bau- und Wohnungswesen* (Hrsg.), Bericht der Bundesregierung über den Öffentlichen Personennahverkehr in Deutschland nach der Vollendung der deutschen Einheit, 1999, S. 32 ff.; *Sellmann*, Die Entwicklung des öffentlichen Verkehrsrechts, NVwZ 1996, 857 (862).
477 § 6 Abs. 1 S. 1 BW-ÖPNVG (Ausnahme: Verband Region Stuttgart); Art. 8 Abs. 1 S. 1 BayÖPNVG; § 3 Abs. 3 BbgÖPNVG; § 4 Abs. 1 S. 1 HessÖPNVG (auch kreisangehörige Gemeinden mit mehr als 50.000 Einwohnern); § 3 Abs. 3 S. 1 MV-ÖPNVG; § 4 Abs. 1 Nr. 2 NdsÖPNVG; § 3 Abs. 1 RegGNW (auch mittlere und große kreisangehörige Gemeinden, die eigene ÖPNV-Unternehmen betreiben oder an einem solchen beteiligt sind; dies ist im Hinblick auf die im PBefG verankerte Trennung von Aufgabenträgerschaft und Unternehmen m.E. nicht unproblematisch; s. dazu: *Püttner*, Die künftigen Träger des Nahverkehrs, deren Organisation und Kooperation, in Püttner (Hrsg.), Der regionalisierte Nahverkehr, 89 (95)); § 5 Abs. 1 S. 1 NVG-Rh-Pf; § 5 Abs. 2 S. 1 SaarÖPNVG; § 3 Abs. 1 S. 1 SächsÖPNVG; § 3 Abs. 1 ÖPNVG-SachsAnh; § 2 Abs. 2 SH-ÖPNVG (auch rein kommunale Zweckverbände); § 3 Abs. 1 Nr. 2 ThürÖPNVG (auch große kreisangehörige Städte für den Stadtverkehr nach einem entsprechenden Stadtratsbeschluss). Die Stadtstaaten sind Aufgabenträger für den gesamten ÖPNV, vgl. § 3 Abs. 2, 3 BlnÖPNVG; § 6 Abs. I, II BremÖPNVG.
478 § 5 Abs. 1 HessÖPNVG (Erfüllung der Aufgaben im Regionalverkehr erfolgt gemeinsam in Verkehrsverbünden); § 6 Abs. 9 NVG-Rh-Pf (für den SPNV zuständiger Zweckverband kann im Einvernehmen mit den Aufgabenträgern des ÖSPV die Gestaltung regionaler Busverkehre übernehmen).
479 Vgl. *Püttner*, Die künftigen Träger des Nahverkehrs, deren Organisation und Kooperation, in: Püttner (Hrsg.), Der regionalisierte Nahverkehr, 89 (96 f.).
480 § 4 Abs. 1 HessÖPNVG bestimmt, dass es sich bei der Durchführung des ÖPNV um eine Pflichtaufgabe handelt; dazu unter Hinweis auf Art. 72 Abs. 1 GG kritisch: *Fromm*, Zur Neuordnung des Personenbeförderungsrechts, TranspR 1994, 425 (428).

freiwilliger Aufgaben sind die Träger nicht verpflichtet, die Übernahme ist für sie jedoch jederzeit möglich. Dabei ist eine Einschränkung zu beachten: Die Erfüllung von Pflichtaufgaben ist vorrangig, so dass deren Erfüllung gesichert sein muss, ehe ein Aufgabenträger freiwillige Aufgaben erfüllt[482]. Im Gegensatz zu Pflichtaufgaben, für deren Erfüllung der Kommune aus kommunalverfassungsrechtlichen Gründen Ausgleichszahlungen zustehen, sind die Kosten zur Erfüllung einer freiwilligen Aufgabe grundsätzlich aus den allgemeinen Haushaltsmitteln des Aufgabenträgers zu tragen[483]. Für den ÖPNV bedeutet dies, dass der jeweilige Aufgabenträger nur eine ausreichende Verkehrsbedienung anbieten kann, wenn er über die notwendigen finanziellen Mittel verfügt oder der Verkehr eigenwirtschaftlich betrieben werden kann.

Gegen die Einordnung als freiwillige Selbstverwaltungsaufgabe wird eingewandt, dass sich durch die kontinuierliche Aufgabenstellung, die durch eine gemeinsame Rechtsüberzeugung der Gemeindebürger getragen werde, ein pflichtiger Charakter der Aufgabe kraft kommunaler Selbstbindung herausgebildet habe und die gesetzliche Zuweisung dem entsprechen müsse[484]. Entgegen dieser Auffassung liegt eine Pflichtaufgabe wegen der damit verbundenen Inanspruchnahme der Verwaltungskraft und der gegebenenfalls erheblichen finanziellen Belastung für die Gemeinde nur bei einer ausdrücklichen gesetzlichen Regelung vor[485]. Eine Selbstbindung der Kommune reicht zur Annahme einer pflichtigen Aufgabe nicht.

Die Aufgabenträger i.S. des PBefG sind mit einer Ausnahme auch die zuständigen Stellen zur Bestellung von Verkehrsleistungen im Rahmen der VO (EWG) 1191/ 69 i.d.F. der VO (EWG) 1893/ 91, so dass der Vorgabe des § 8 Abs. 4 S. 4 PBefG weitgehend entsprochen wird[486].

---

481 S. *Sellmann*, Die Entwicklung des öffentlichen Verkehrsrechts, NVwZ 1996, 857 (862); *Barth/ Baumeister*, Umweltwirksame Gestaltung des öffentlichen Personennahverkehrs durch die kommunalen Aufgabenträger, ZUR 1997, 17 (18). Dazu kritisch: *Fromm*, Zur Neuordnung des Personenbeförderungsrechts, TranspR 1994, 425 (429), mit dem Hinweis, dass der Sicherstellungsauftrag bundesrechtlich vorgegeben sei.

482 Zustimmend: *Werner*, Die Verantwortung der öffentlichen Hand für das Verkehrsleistungsangebot im ÖPNV, ZUR 1997, 12 (16); *Jacob*, Nahverkehrsgesetze der neuen Bundesländer im Vergleich, LKV 1996, 262 (264).

483 Vgl. *Batzill/ Zuck*, Personenbeförderungsrecht im Spannungsfeld von Bahnstrukturreform, PBefG-Novelle, ÖPNV-Recht der Länder und EG-Recht, S. 14; *Barth/ Baumeister*, Umweltwirksame Gestaltung des öffentlichen Personennahverkehrs durch die kommunalen Aufgabenträger, ZUR 1997, 17 (19).

484 So: *Jacob*, Nahverkehrsgesetze der neuen Bundesländer im Vergleich, LKV 1996, 262 (264). Und zum kulturellen Bereich: *Pappermann*, Grundzüge eines kommunalen Kulturverfassungsrechts, DVBl 1980, 701 ff.

485 Zustimmend: *Fromm*, Der öffentliche Personennahverkehr in der kommunalen Verkehrspolitik, Festgabe für Unruh, S. 703 (704).

486 Die Ausnahme besteht in Sachsen-Anhalt. Nach § 10 Abs. 1 ÖPNVG-SachsAnh wird die Bestellerfunktion auch nach einer möglichen Kommunalisierung der Aufgabenverantwortung vom Land wahrgenommen. Problematisch ist die Stellung kreisangehöriger Gemeinden, wenn die Aufgabenträgerschaft dem Landkreis ohne die Möglichkeit einer Übertragung zugewiesen ist, da dann diese Gemeinden den ÖPNV wegen der VO (EWG) 1191/ 69 i.d.F. der VO (EWG) 1893/ 91 nicht legal fördern können und der Landkreis diese Förderung gegebenenfalls nicht vornimmt; Einzelheiten bei: *Werner*, Nach der Regionalisierung - der Nahverkehr im Wettbewerb, S. 106 f.; *Barth/ Baumeister*, Umweltwirksame Gestaltung des öffentlichen Personennahverkehrs durch die kommunalen Aufgabenträger, ZUR 1997, 17 (19).

b.) Genehmigungsbehörden

Die gewerbliche, d.h. wirtschaftliche, Betätigung im Bereich des ÖPNV im Rahmen des PBefG bedarf gem. § 2 Abs. 1 PBefG einer staatlichen Genehmigung. Diese Genehmigung, die von den nach dem Landesrecht zuständigen Behörden erteilt wird, regelt den Marktzugang und bindet das Unternehmen bzw. den Unternehmer im Bereich des ÖSPV gem. §§ 21 Abs. 1, 22 , 45 Abs. 2, 39 Abs. 3, 40 PBefG an die genehmigte Linienführung, die Haltestelleneinrichtungen, den genehmigten Fahrplan sowie die genehmigten Beförderungsentgelte und -bedingungen und verpflichtet ihn, den Betrieb aufrechtzuerhalten und die Beförderungen vorzunehmen. Dabei wird der Inhalt bzw. der Umfang der Linienführung etc. nicht von der Genehmigungsbehörde im Rahmen der Genehmigung bestimmt, sondern bei einer Genehmigung eines Verkehrs nach § 13 PBefG von dem Unternehmen in dessen Genehmigungsantrag gem. § 12 PBefG und im Rahmen eines Verkehrs nach § 13a PBefG durch den Inhalt der Auferlegung bzw. Vereinbarung.

Gem. § 8 Abs. 3 S. 1 PBefG hat die Genehmigungsbehörde im Zusammenwirken mit den Aufgabenträgern des öffentlichen Personennahverkehrs und mit den Verkehrsunternehmen im Interesse einer ausreichenden Bedienung der Bevölkerung mit Verkehrsleistungen im öffentlichen Personennahverkehr sowie einer wirtschaftlichen Verkehrsgestaltung für eine Integration der Nahverkehrsbedienung zu sorgen. Aus dieser Vorschrift wird vielfach geschlossen, dass die Genehmigungsbehörde ihrerseits prüfen könne, ob eine ausreichende Verkehrsbedienung vorläge[487]. Dagegen spricht - neben dem Wortlaut, der die Integration der Nahverkehrsbedienung als Aufgabe benennt - in Bezug auf gemeinwirtschaftliche Verkehrsleistungen der eindeutige Wortlaut des § 13 a Abs. 2 PBefG, der der Genehmigungsbehörde lediglich die Möglichkeit einräumt, die Genehmigung zu versagen, wenn nicht diejenige Lösung gewählt worden ist, die die geringsten Kosten für die Allgemeinheit mit sich bringt, oder wenn bei der Auferlegung oder Vereinbarung der Grundsatz der Gleichbehandlung verletzt worden ist[488]. Von einer weiteren Kompetenz der Genehmigungsbehörde ist dort nicht die Rede. Für die ausreichende Verkehrsbedienung hat vielmehr der zuständige Aufgabenträger zu sorgen, der die damit verbundenen finanziellen Lasten zu tragen hat. Diesem Aufgabenträger steht ein Einschätzungs- und Beurteilungsspielraum bezüglich der ausreichenden Verkehrsbedienung zu, da es sich dabei um einen Vorgang mit planerischen und wertenden Elementen handelt[489]. Diese Entscheidung ist weder durch die Genehmigungsbehörde

---

487 So: *Fey*, Zur Verordnung „Geringste Kosten" als Abschluß des Gesetzeswerkes zur Regionalisierung des ÖPNV-Marktes sowie zu anderen Fragen des novellierten PBefG, NZV 1996, 132 (135); *Pützenbacher*, Rechtliche Auswirkungen von Nahverkehrsplänen i.S. des § 8 III PBefG auf die Erteilung von Genehmigungen für Verkehrsleistungen, NZV 1998, 104 (106); *Bundesministerium für Verkehr, Bau- und Wohnungswesen* (Hrsg.), Bericht der Bundesregierung über den Öffentlichen Personennahverkehr in Deutschland nach der Vollendung der deutschen Einheit, 1999, S. 29.
488 Zustimmend: *Fromm*, Zur Neuordnung des Personenbeförderungsrechts, TranspR 1994, 425 (430); ähnlich: *Burgbacher*, Vergaberegeln und Nahverkehr, TranspR 1999, 1 (3): „*grundsätzliches Bestimmungsrecht des Auftraggebers*"; *Lange*, Erste Erfahrungen bei der Durchführung des Gesetzes über den öffentlichen Personennahverkehr im Land Brandenburg, LKV 1997, 117 (119). Dies korrespondiert im Übrigen mit den §§ 1, 4 RegG.
489 S. zusätzlich: *Barth/ Baumeister*, Umweltwirksame Gestaltung des öffentlichen Personennahverkehrs durch die kommunalen Aufgabenträger, ZUR 1997, 17 (25).

noch durch Gerichte voll überprüfbar[490]. Nachprüfbar kann nur sein, ob entgegen der Auffassung des Aufgabenträgers ohne den beantragten Verkehr bereits eine ausreichende Verkehrsbedienung vorhanden ist[491]. Dabei sind die planerischen und wertenden Vorgaben des Aufgabenträgers zu berücksichtigen. Wenn § 13 Abs. 2 Nr. 2 PBefG für gemeinwirtschaftliche Verkehre auch nicht anwendbar ist, so hat die Genehmigungsbehörde z.B. trotzdem die Genehmigung zu versagen, wenn mit ihr in einen anderen eigenwirtschaftlichen Verkehr erheblich eingegriffen wird, weil insoweit eine ausreichende Verkehrsbedienung vorliegen dürfte[492].

Die örtliche Zuständigkeit der Genehmigungsbehörde bestimmt sich nach dem Bezirk, in dem der Verkehr stattfinden soll (§ 11 Abs. 2 Nr. 1 PBefG). Soll ein Linienverkehr mit Kraftfahrzeugen, also ÖSPV, innerhalb der Bezirke mehrerer Genehmigungsbehörden (§ 11 Abs. 3 PBefG) oder in verschiedenen Bundesländern (§ 11 Abs. 4 PBefG) betrieben werden, ist die Genehmigungsbehörde zuständig, in deren Bezirk die Linie ihren Ausgangspunkt hat. Ausgangspunkt einer Linie ist der Ort, an dem auf der Hinfahrt zum ersten Mal die Möglichkeit besteht, Fahrgäste aufzunehmen[493]. Lässt sich dieser Ort eindeutig bestimmen[494], so ist die zuständige Genehmigungsbehörde gehalten, Einvernehmen mit den Genehmigungsbehörden zu erzielen, deren Bezirke vom Linienverkehr betroffen sind. Nicht betroffen sind die Bezirke, die die Linie nur im Transit durchfährt. Lässt sich mit den anderen Genehmigungsbehörden kein Einvernehmen erzielen, so entscheidet eine andere nach dem Landesrecht bestimmte, übergeordnete Behörde. Letzteres gilt sinngemäß für den Fall, dass sich die von einer Linie betroffenen Bundesländer nicht einigen - nur dass anstelle einer Landesbehörde der Bundesminister für Verkehr zur Entscheidung berufen ist[495].

Gem. § 9 Abs. 1 PBefG ist die Genehmigung grundsätzlich für eine bestimmte Linienführung zu erteilen. Abweichend davon bestimmt § 9 Abs. 2 PBefG, dass u.a. beim

---

490 Zustimmend: *Barth/ Baumeister*, a.a.O. (vorherige Fn.); *Werner*, Nach der Regionalisierung - der Nahverkehr im Wettbewerb, S. 92, spricht von einer „*planerischen Abwägung*", und auf S. 173 von einem Beurteilungsspielraum; so auch BVerwGE 82, 260 (265); a.A.: *Heinze*, Zur Rechtsstellung der Unternehmen in dem seit 1. Januar 1996 geltenden Personenbeförderungsrecht, DÖV 1996, 977 (983); *Fey*, Zur Verordnung „Geringste Kosten" als Abschluß des Gesetzeswerkes zur Regionalisierung des ÖPNV-Marktes sowie zu anderen Fragen des novellierten PBefG, NZV 1996, 132 (135); bei beiden Autoren allerdings bezogen auf die (m.E. nicht bestehende) Kompetenz der Genehmigungsbehörde, über die ausreichende Verkehrsbedienung zu befinden. Wohl auch a.A.: *Fromm*, Zur Neuordnung des Personenbeförderungsrechts, TranspR 1994, 425 (430); *Sellmann*, Das neue Personenbeförderungsrecht, NVwZ 1995, 1167 (1170), die beide allerdings den Umfang der gerichtlichen Nachprüfung nicht weiter ausführen.
491 In diese Richtung: *Fromm*, Zur Neuordnung des Personenbeförderungsrechts, TranspR 1994, 425 (420); *Sellmann*, Das neue Personenbeförderungsrecht, NVwZ 1995, 1167 (1170).
492 Ähnlich: *Batzill/ Zuck*, Personenbeförderungsrecht im Spannungsfeld von Bahnstrukturreform, PBefG-Novelle, ÖPNV-Recht der Länder und EG-Recht, S. 79; *Werner*, Nach der Regionalisierung - der Nahverkehr im Wettbewerb, S. 184 f., der wegen § 8 Abs. 4 PBefG zum gleichen Ergebnis gelangt. Die Aufgaben und Kompetenzen der Genehmigungsbehörde werden im Zusammenhang mit der Genehmigung eigenwirtschaftlicher und gemeinwirtschaftlicher Verkehrsleistungen genauer erörtert.
493 Ähnlich: *Fromm/ Fey*, Personenbeförderungsrecht, § 11 PBefG Rn. 3.
494 Ist dies nicht möglich, so entscheidet die übergeordnete Landesbehörde über die zuständige Genehmigungsbehörde.
495 Der im Übrigen auch eine Entscheidung bei Zweifeln bzgl. der Zuständigkeit seitens der obersten Landesbehörden zu treffen hat, wenn diese sich nicht einigen.

Linienverkehr mit Kraftfahrzeugen die Genehmigung für eine oder mehrere Linien gebündelt erteilt werden kann, wenn es die Zielsetzung des § 8 PBefG erfordert[496]. Nach dem Willen des Gesetzgebers soll dadurch ein unternehmensinterner Ausgleich zwischen rentablen und unrentablen Strecken ermöglicht und dadurch die Notwendigkeit einer öffentlichen Subventionierung vermieden werden[497]. Durch diese Regelung wird den Beihilfevorschriften des EG-Vertrages entsprochen, so dass sie europarechtlich nicht zu beanstanden ist[498].

Durch die neue Regelung des § 15 Abs. 1 S. 2-5 PBefG soll eine Beschleunigung des Genehmigungsverfahrens erreicht werden. Danach hat die Genehmigungsbehörde innerhalb einer Frist von drei Monaten, die höchstens um drei weitere Monate verlängerbar ist, über die Genehmigung zu entscheiden. Nach dem Ablauf der Frist gilt die Genehmigung als erteilt[499]. Ob die gewünschte Verfahrensbeschleunigung tatsächlich eintritt, muss jedoch bezweifelt werden. Vielmehr ist zu befürchten, dass die Genehmigungsbehörden beim geringsten Zweifel im Verfahren die Genehmigung ablehnen, um die fingierte Genehmigung zu vermeiden.[500]

c.) Nahverkehrspläne
Durch die PBefG-Novelle wurde das Instrument des Nahverkehrsplans neu in das Personenbeförderungsrecht eingeführt. § 8 Abs. 3 S. 2 PBefG bestimmt, dass der vom Aufgabenträger zu beschließende Nahverkehrsplan die vorhandenen Verkehrsstrukturen beachten und unter Mitwirkung der vorhandenen Unternehmer zustande gekommen sein muss und nicht zur Ungleichbehandlung der Unternehmer führen darf. Der so erstellte Nahverkehrsplan bildet gem. § 8 Abs. 3 S. 3 PBefG den Rahmen für die Entwicklung des öffentlichen Nahverkehrs und ist von der Genehmigungsbehörde gem. § 8 Abs. 3 S. 2 PBefG bei der Wahrnehmung ihrer Aufgabe nach § 8 Abs. 3 S. 1 PBefG zu berücksichtigen[501]. Die Aufstellung der Nahverkehrspläne haben gem. § 8 Abs. 3 S. 3 PBefG die Länder zu regeln[502].

Aus den vorgenannten Bestimmungen folgt keine Pflicht für die Aufgabenträger, tatsächlich Nahverkehrspläne aufzustellen. Andererseits kann der Aufgabenträger die Verhältnisse im Bereich des ÖSPV nur beeinflussen, wenn er einen Nahverkehrsplan auf-

---

496 Näheres bei: *Fromm*, Zur Neuordnung des Personenbeförderungsrechts, TranspR 1994, 425 (433).
497 Vgl. BT-Drucks. 12/ 6269, 143.
498 Es sei aber auch auf die alternative Möglichkeit hingewiesen, dass rentable Strecken an den Meistbietenden versteigert und die unrentablen Strecken an das kostengünstigste Unternehmen vergeben werden. Möglicherweise könnte diese Alternative nicht nur eine erhöhte Transparenz, sondern auch eine höhere Wettbewerbsintensität erzeugen und die Kosten für den Nutzer senken. Jedenfalls wäre die Chance größer, dass mehrere Unternehmen sich die vorhandenen Strecken teilen.
499 Zu den Anforderungen an den Genehmigungsantrag für die Genehmigungsfiktion vgl.: OVG Magdeburg NZV 1996, 383; dazu krit.: *Bidinger/ Müller-Bidinger*, Überblick über neue Entscheidungen zum Personenbeförderungsrecht im Jahre 1996, NZV 1997, 383 (384).
500 Diese Bedenken äußert vor allem: *Fromm*, Zur Neuordnung des Personenbeförderungsrechts, TranspR 1994, 425 (433).
501 Adressat dieser Vorschrift ist also die Genehmigungsbehörde und nicht der Aufgabenträger oder das Verkehrsunternehmen, vgl. *Muthesius*, Das mit der Novelle zum Personenbeförderungsgesetz neu eingeführte Rechtsinstitut des Nahverkehrsplans, in: Püttner (Hrsg.), Der regionalisierte Nahverkehr, 103 (104).
502 S. auch die amtliche Begründung: „*Aufstellungsverfahren und Inhalt richten sich nach Landesrecht*", BT-Drucks. 12/ 6269, 143.

stellt, der den gesetzlichen Vorgaben entspricht. Deshalb haben sämtliche Bundesländer mit Ausnahme des Saarlandes in ihren Nahverkehrsgesetzen eine Pflicht der kommunalen Aufgabenträger zur Nahverkehrsplanung bestimmt[503], teilweise verbunden mit Mittelzuweisungen für die Planaufstellung[504].

aa.) Inhalt eines Nahverkehrsplans
Mit der Beschränkung des Nahverkehrsplans auf einen Rahmen zur Entwicklung des ÖPNV in § 8 Abs. 3 S. 3 PBefG wird der bundesrechtlich zulässige Inhalt vorgegeben, da der Bundesgesetzgeber die Materie des PBefG, die Gegenstand der konkurrierenden Gesetzgebung ist, gem. Art. 72 Abs. 1, 74 Abs. 1 Nr. 11 und 22 GG[505] abschließend geregelt hat[506]. Diese Annahme wird durch die Begründung zum Gesetzentwurf des § 8 Abs. 3 der PBefG-Novelle gestützt, nach der der Nahverkehrsplan den Rahmen für die Entwicklung des ÖPNV bilden soll, ohne dass sämtliche Einzelheiten für die konkrete Ausgestaltung und Durchführung einzelner Linienverkehre oder Teile derselben sowie Struktur und Höhe der ÖPNV-Tarife enthalten sein müssten, die Kernelemente der unternehmerischen Eigenverantwortung und von den Verkehrsunternehmen in erster Linie unter wirtschaftlichen Aspekten eigenverantwortlich festzulegen seien[507]. Wenn dort auch nur festgestellt wird, dass die Einzelheiten nicht festgehalten werden müssen, so ist der Hinweis auf die Kernelemente unternehmerischer Verantwortung eindeutig: Mit ihm wird an dem gewerberechtlichen Charakter des PBefG festgehalten und die Trennung von Unternehmer- und Aufgabenträgerebene im PBefG ausdrücklich unterstrichen. Durch die Sperrwirkung des Bundesrechts sind deshalb Planinhalte, die über eine Rahmenplanung hinausgehen, im Bereich des PBefG unbeachtlich und können lediglich eine Selbstbindung des Aufgabenträgers bewirken.

Damit stellt sich die Frage, inwieweit der jeweilige Aufgabenträger in der Gestaltung des Nahverkehrsplans frei ist und wo der Bereich der unternehmerischen Verantwortung beginnt. Dazu werden zwei Auslegungen vertreten: die weite und die enge. Nach der

---

503 Art. 13 Abs. 1 BayÖPNVG; § 7 Abs. 2 BbgÖPNVG; § 5 BlnÖPNVG; § 8 Abs. 1 BremÖPNVG; § 11 Abs. 1 BW-ÖPNVG; § 12 Abs. 1 HessÖPNVG; §§ 6 Abs. 1 MV-ÖPNVG, § 6 Abs. 1 S. 1 NdsÖPNVG; § 8 Abs. 1 RegGNW; § 8 Abs. 1 S. 1 NVG-Rh-Pf; § 5 Abs. 1 SächsÖPNVG; § 6 Abs. 1 ÖPNVG-SachsAnh; § 5 Abs. 1 SH-ÖPNVG; § 5 Abs. 1 ThürÖPNVG, wobei teilweise eine Planung für den gesamten ÖPNV vorzunehmen ist, während nach anderen Landesgesetzen vorrangig der ÖSPV zu planen ist. Dagegen ist die Nahverkehrsplanung im Saarland eine fakultative Aufgabe, vgl. § 9 Abs. 1 SaarÖPNVG.

504 Z.B.: § 10 Abs. 1 NVG-Rh-Pf (für die Aufstellung und Umsetzung der Nahverkehrspläne jährlich 2,- DM/ Einwohner, mindestens jedoch 200.000 DM je Landkreis); § 6 Abs. 2 SH-ÖPNVG (150.000 DM Verwaltungsaufwendungspauschale); diese Zahlungen sind europarechtlich nicht zu beanstanden, da sie den Aufgabenträgern zugute kommen, eine Wettbewerbsbeeinträchtigung kann dadurch nicht auftreten.

505 Das PBefG unterfällt als Gewerberecht der Nr. 11 des Art. 74 Abs. 1 GG und als Teil des Straßenverkehrs der Nr. 22 des Art. 74 Abs. 1 GG.

506 Zustimmend: *Barth/ Baumeister*, Umweltwirksame Gestaltung des öffentlichen Personennahverkehrs durch die kommunalen Aufgabenträger, ZUR 1997, 17 (20), die sich auf Art. 74 Abs. 1 Nr. 11 GG beziehen; *Sellmann*, Das neue Personenbeförderungsrecht, NVwZ 1995, 1167 (1169), der sich auf Art. 74 Abs. 1 Nr. 22 GG bezieht. Scheinbar a.A.: *Fromm/ Fey*, Personenbeförderungsrecht, § 8 PBefG Rn. 8, die den Ländern einen Spielraum über den Planungsinhalt zugestehen und von einer „dynamischen" Abgrenzung von Bundes- und Landesrecht sprechen, aber dann immerhin wegen des verfassungsrechtlichen Bestimmtheitsgebots noch Bedenken äußern.

507 BT-Drucks. 12/ 6269, 143; ebenso zuvor die Auffassung des Bundesrats, BR-Drucks. 131/ 93, 83.

weiten Auslegung kommen den Aufgabenträgern weitreichende Gestaltungsspielräume zu. Dieser Auffassung entsprechen z.B. die gesetzlichen Vorgaben für den Inhalt des Nahverkehrsplans in Niedersachsen, Schleswig-Holstein, Bremen, Nordrhein-Westfalen und Rheinland-Pfalz, nach denen der Plan auch Mindestanforderungen für die Betriebszeiten, Zugfolgen und Anschlüsse an wichtigen Verknüpfungspunkten enthalten soll.

Als Beispiel sei hier die Regelung in Niedersachsen näher dargelegt: Der Nahverkehrsplan ist gem. § 6 Abs. 1 S. 1 NdsÖPNVG für den Zeitraum von 5 Jahren aufzustellen und gem. § 6 Abs. 1 S. 4 NdsÖPNVG bei Bedarf vor Ablauf dieser Frist anzupassen und fortzuschreiben. Nach § 6 Abs. 1 S. 3 NdsÖPNVG soll der Nahverkehrsplan das vorhandene Bedienungsangebot mit dafür vorhandenen wesentlichen Verkehrsanlagen (Nr. 1), die Zielvorstellungen bei der weiteren Gestaltung des ÖPNV mit den Maßgaben für ihre Verwirklichung und unter Angabe der auf den SPNV und auf den sonstigen Personennahverkehr entfallenden Anteile der geplanten Investitionen (Nr. 2-4) einschließlich der Folgekosten (Nr. 5), den Finanzbedarf für Betriebskostendefizite des vorhandenen und geplanten Bedienungsangebots (Nr. 6) und die Deckung des jeweils ermittelten Finanzbedarfs (Nr. 7) enthalten. Vordergründig ist diese Regelung nicht zu beanstanden. Berücksichtigt man jedoch das Verständnis des Bedienungsangebots im § 3 NdsÖPNVG, dass das Angebot im SPNV nicht nur definiert, sondern dabei an den Fahrplan für ein bestimmtes Jahr anknüpft, wird deutlich, dass die Aussagen im § 6 Abs. 1 S. 3 Nr. 1-4 NdsÖPNVG auch konkrete, bis ins Detail geregelte Fahrplanvorgaben im Nahverkehrsplan zulassen. Eine weitere, versteckte Erweiterung der Gestaltungsfreiheit der niedersächsischen Aufgabenträger ist mit der Ermittlung des Finanzbedarfs verbunden: Dieser kann nur zuverlässig festgestellt werden, wenn gleichzeitig Aussagen über die Tarifstruktur und -höhe getätigt werden. Sowohl die Ausgestaltung des Fahrplans als auch die Tarifplanung sind nach dem PBefG Aufgabe der Verkehrsunternehmer, die diese in ihrem Antrag nach § 12 Abs. 1 Nr. 2 lit. b PBefG festlegen oder die bei gemeinwirtschaftlichen Verkehren vereinbart oder auferlegt werden. Auf Grund des Vorrangs des Bundesrechts sind deshalb Regelungen bezüglich des Fahrplans und der Beförderungstarife im Nahverkehrsplan, der nach niedersächsischem Recht erlassen worden ist, von der Genehmigungsbehörde nicht zu beachten und binden den Auftraggeber lediglich selbst[508]. Aussagen zur Kooperation können ebenfalls nicht in den Nahverkehrsplänen enthalten sein[509], da diese im Zusammenwirken von Genehmigungsbehörde, Aufgabenträger und Verkehrsunternehmen gem. § 8 Abs. 3 S. 1 PBefG festzulegen ist. Die weite Auslegung entspricht demnach nicht dem PBefG.

Weitere Aussagen in den Nahverkehrsplänen, die der weiten Auslegung folgen, sind mit dem Bundesrecht nicht vereinbar: Die Beförderungsbedingungen werden abschließend in der Verordnung über die allgemeinen Beförderungsbedingungen für den

---

508 Zu ähnlichen gesetzlichen Regelungen in Nordrhein-Westfalen und Rheinland-Pfalz s.: *Pützenbacher*, Rechtliche Auswirkungen von Nahverkehrsplänen i.S. des § 8 III PBefG auf die Erteilung von Genehmigungen für Verkehrsleistungen, NZV 1998, 104 (105 f.), der im Übrigen zur niedersächsischen Lösung die hier geäußerte Auffassung teilt.

509 Vgl. § 8 Abs. 2 NVG-Rh-Pf, der Bestimmungen zur Kooperation im Tarifbereich als Inhalt des Nahverkehrsplans vorsieht.

Straßenbahn- und OBusverkehr sowie den Linienverkehr mit Kraftfahrzeugen[510] geregelt; der Fahrzeugstandard wird bundeseinheitlich durch die StVZO[511] und die BOKraft[512] für den ÖSPV abschließend geregelt.

Die enge Auslegung nimmt an, dass Detailregelungen, wie die konkrete Linienführung, Fahrpläne und Tarife, nicht Inhalt des Nahverkehrsplans sein könnten, weil dies mit dem Begriff eines Rahmenplanes nicht mehr zu vereinbaren wäre und unzulässig in den Bereich der unternehmerischen Aufgabe eingreife[513]. Dieser Auslegung ist das Land Baden-Württemberg in seinem ÖPNVG weitgehend gefolgt. § 11 Abs. 3 BW-ÖPNVG führt nur vier Mindestbestandteile eines Nahverkehrsplans an: eine Bestandsaufnahme der vorhandenen Einrichtungen und Strukturen sowie der Bedienung im ÖPNV, eine Bewertung dieser Bestandsaufnahme, eine Abschätzung des im Planungszeitraum zu erwartenden Verkehrsaufkommens und die Ziele und die Rahmenvorgaben für die Gestaltung des ÖPNV. Als derartige Rahmenvorgaben kommen in Betracht: Angaben zur Netzstruktur, allerdings ohne eine detaillierte Linienführung; Bestimmung der Bereiche, die durch SPNV und ÖSPV versorgt werden sollen; Festlegung der Verknüpfungspunkte zwischen SPNV und ÖSPV; Verpflichtung der Verkehrsunternehmer, an bestimmten Verknüpfungspunkten ihre Fahrpläne aufeinander abzustimmen, und schließlich die Vorgabe, Taktverkehre einzurichten, allerdings ohne die Bestimmung bestimmter Taktfrequenzen[514]. Eine Detailregelung ist danach nicht vorgesehen, so dass der Kernbereich der unternehmerischen Verantwortung nicht im Plan tangiert werden darf. Bei einer derartigen Regelung sind die bundesrechtlichen Vorgaben eingehalten, so dass die Vorgaben eines entsprechenden Nahverkehrsplans von der Genehmigungsbehörde grundsätzlich zu beachten sind[515].

---

510 Vom 27.02.1970 (BGBl. I S. 230), zuletzt geändert durch Art. 6 Abs. 117 ENeuOG, erlassen auf Grund des § 57 PBefG, zuletzt geänd. durch Art. 3 der Verordnung zur Änderung der Straßenverkehrs-Zulassungs-Ordnung und personenbeförderungsrechtlicher Vorschriften vom 26.05.1998 (BGBl. I S. 1159, 1161).
511 Straßenverkehrs-Zulassungs-Ordnung, i.d.F. der Bekanntmachung vom 28.08.1988 (BGBl. I S. 1793), zuletzt geändert durch die 24. VO zur Änderung der Straßenverkehrs-Zulassungs-Ordnung vom 03.02.1999 (BGBl. I S. 82).
512 Verordnung über den Betrieb von Kraftfahrtunternehmen im Personenverkehr vom 21.06.1975 (BGBl. I S. 1573), geändert durch Gesetz vom 27.12.1993 (BGBl. I S. 2378) und zuletzt durch Art. 2 der Verordnung zur Änderung der Straßenverkehrs-Zulassungs-Ordnung und personenbeförderungsrechtlicher Vorschriften vom 26.05.1998 (BGBl. I S. 1159, 1161), die auf § 57 PBefG gestützt ist.
513 So: *Muthesius*, Das mit der Novelle zum Personenbeförderungsgesetz neu eingeführte Rechtsinstitut des Nahverkehrsplans, in: Püttner (Hrsg.), Der regionalisierte Nahverkehr, 103 (107).
514 Vgl. § 12 BW-ÖPNVG.
515 Zustimmend: *Muthesius*, Das mit der Novelle zum Personenbeförderungsgesetz neu eingeführte Rechtsinstitut des Nahverkehrsplans, in: Püttner (Hrsg.), Der regionalisierte Nahverkehr, 103 (108 f.).

Lediglich Inhalte, wie sie die enge Auslegung verfolgt, sind von der Genehmigungsbehörde zu beachten[516]. Darüber hinausgehende dagegen nicht, da diese gegen Bundesrecht verstoßen. Diese weiteren Angaben in den Nahverkehrsplänen stellen lediglich eine Zielvorgabe für den Auftraggeber selbst dar.

bb.) Mitwirkung der Verkehrsunternehmer

Gem. § 8 Abs. 3 S. 2 PBefG hat die Genehmigungsbehörde den Nahverkehrsplan u.a. nur zu beachten, wenn er unter Mitwirkung der vorhandenen Verkehrsunternehmen zustande gekommen ist. Mit Mitwirkung ist dabei mehr als eine Anhörung i.S. des § 14 PBefG gemeint. Die vorhandenen Verkehrsunternehmer müssen die Möglichkeit erhalten, von Beginn des Aufstellungsverfahrens an ihre konzessionsrechtlich geschützten Interessen durch eine Verfahrensbeteiligung zu vertreten[517]. Verfahrensbeteiligung bedeutet, dass die Verkehrsunternehmer über die Absichten des Auftraggebers frühzeitig informiert werden müssen und ihnen Gelegenheit zur schriftlichen und mündlichen Stellungnahme gegeben wird. Zum Abschluss des Planverfahrens ist ihnen schließlich das Ergebnis bekanntzugeben. Negativ abgegrenzt bedeutet Mitwirkung dabei allerdings nicht Einvernehmen oder gar Mitbestimmung[518].

Die Mitwirkung der Verkehrsunternehmer hat nach dem Willen des Gesetzgebers die weitere Funktion, deren Erfahrungen und Sachverstand für die Aufgabenträger nutzbar zu machen[519]. Darüber hinaus ist die Inanspruchnahme des Sachverstandes Dritter möglich[520]. Insbesondere bietet sich eine Einbeziehung der zuständigen Genehmigungsbehörde in das Verfahren an, da diese mit den Aufgabenträgern und den Verkehrsunter-

---

516 Wohl überwiegende Meinung: *Muthesius*, a.a.O.; *Sellmann*, Das neue Personenbeförderungsrecht, NVwZ 1995, 1167 (1168 f.); *Lange*, Erste Erfahrungen bei der Durchführung des Gesetzes über den öffentlichen Personennahverkehr im Land Brandenburg, LKV 1997, 117 (118); *Fromm*, Zur Neuordnung des Personenbeförderungsrechts, TranspR 1994, 425 (427); wohl auch: *Fey*, Zur Verordnung „Geringste Kosten" als Abschluß des Gesetzeswerkes zur Regionalisierung des ÖPNV-Marktes sowie zu anderen Fragen des novellierten PBefG, NZV 1996, 132 (134); *Pützenbacher*, Rechtliche Auswirkungen von Nahverkehrsplänen i.S. des § 8 III PBefG auf die Erteilung von Genehmigungen für Verkehrsleistungen, NZV 1998, 104; *Werner*, Nach der Regionalisierung - der Nahverkehr im Wettbewerb, S. 243; a.A.: *Jacob*, Nahverkehrsgesetze der neuen Bundesländer im Vergleich, LKV 1996, 262 (264); *Barth/ Baumeister*, Umweltwirksame Gestaltung des öffentlichen Personennahverkehrs durch die kommunalen Aufgabenträger, ZUR 1997, 17 (21). Die Auswirkungen des Nahverkehrsplans auf die Genehmigung eigen- und gemeinwirtschaftlicher Verkehre wird später dargestellt.
517 Vgl. *Batzill/ Zuck*, Personenbeförderungsrecht im Spannungsfeld von Bahnstrukturreform, PBefG-Novelle, ÖPNV-Recht der Länder und EG-Recht, S. 38 f.; *Fey*, Zur Verordnung „Geringste Kosten" als Abschluß des Gesetzeswerkes zur Regionalisierung des ÖPNV-Marktes sowie zu anderen Frauugen des novellierten PBefG, NZV 1996, 132 (134).
518 S. *Muthesius*, Das mit der Novelle zum Personenbeförderungsgesetz neu eingeführte Rechtsinstitut des Nahverkehrsplans, in: Püttner (Hrsg.), Der regionalisierte Nahverkehr, 103 (109).
519 Vgl. die Begründung zum Entwurf einer Novelle zum PBefG: BT-Drucks. 12/ 5014, 33.
520 So ausdrücklich in der Begründung des RegGNW festgehalten, s. LT-Drucks. 11/ 8433, 68.

nehmen gem. § 8 Abs. 3 S. 1 PBefG zusammenzuwirken und später die Genehmigung zu erteilen hat[521].

Neben der Mitwirkung der Unternehmer nennt § 8 Abs. 3 S. 2 PBefG als weitere Voraussetzung für die Beachtlichkeit des Nahverkehrsplans, dass dieser nicht zur Ungleichbehandlung der Unternehmen führen dürfe. Dazu wird vertreten, dass bei einem Rahmenplan die Diskriminierung eines Unternehmens schon begrifflich ausgeschlossen sei[522]. Das entsprechende Tatbestandsmerkmal bliebe demnach bedeutungslos. M.E. unterstreicht dieses Tatbestandsmerkmal allerdings, dass es sich bei dem Nahverkehrsplan nur um einen Rahmenplan handeln darf. Bei einem Plan mit Detailregelungen bezüglich des Fahrplans etc. wäre die Ungleichbehandlung von Unternehmern nämlich durchaus möglich.

cc.) <u>Rechtliche Einordnung des Nahverkehrsplans</u>

Über die Rechtsnatur des Nahverkehrsplans enthält das PBefG nur vage Angaben: In § 8 Abs. 3 S. 2 ist festgelegt, dass er vom Aufgabenträger beschlossen wird und von der Genehmigungsbehörde zu berücksichtigen ist, und in § 13 Abs. 2a PBefG, dass ein eigenwirtschaftlicher Verkehr versagt werden kann (also nicht versagt werden muss), wenn er nicht mit dem Nahverkehrsplan übereinstimmt[523]. Aus diesen Bestimmungen wird ersichtlich, dass der Nahverkehrsplan nicht allgemein rechtsverbindlich sein soll, da die Genehmigungsbehörden nicht an diesen gebunden und Rechtswirkungen für die Verkehrsunternehmen nicht vorgesehen sind - diese werden nur mittelbar durch den Plan betroffen, indem die Genehmigungsbehörde im Rahmen des Genehmigungsverfahrens diesen berücksichtigt. Demnach wäre es bundesrechtlich unzulässig, einen Nahverkehrsplan als allgemeinverbindliche Satzung zu beschließen bzw. den Aufgabenträgern landesrechtlich eine derartige Möglichkeit einzuräumen[524]. Die Landesgesetze bestimmen dementsprechend auch nichts Konkretes über die Beschlussform, so dass der Nahverkehrsplan durch einfachen Beschluss zu verabschieden ist[525].

---

521 Ähnlich: *Muthesius*, Das mit der Novelle zum Personenbeförderungsgesetz neu eingeführte Rechtsinstitut des Nahverkehrsplans, in: Püttner (Hrsg.), Der regionalisierte Nahverkehr, 103 (110). Die (informelle) Beteiligung der Genehmigungsbehörde an der Erstellung des Nahverkehrsplans birgt m.E. aber die Gefahr, dass Planinhalte, die an sich unbeachtlich sind, dennoch von der Genehmigungsbehörde beachtet werden.
522 So: *Fromm/ Fey*, Personenbeförderungsrecht, § 8 PBefG Rn. 9.
523 Darüber hinaus sind der Besitzstandsschutz gem. §§ 13 Abs. 3, 8 Abs. 3 PBefG und gem. §§ 16 Abs. 2, 8 Abs. 3 PBefG die Bemessung der Geltungsdauer von Liniengenehmigungen durch den Nahverkehrsplan beeinflusst.
524 Ähnlich: *Wachinger/ Wittemann*, Regionalisierung des ÖPNV: Der rechtliche Rahmen in Bund und Ländern nach der Bahnreform, S. 118, 125 f.; *Barth/ Baumeister*, Umweltwirksame Gestaltung des öffentlichen Personennahverkehrs durch die kommunalen Aufgabenträger, ZUR 1997, 17 (20). *Lange*, Erste Erfahrungen bei der Durchführung des Gesetzes über den öffentlichen Personennahverkehr im Land Brandenburg, LKV 1997, 117 (118), scheint dagegen von der Zulässigkeit einer Satzung auszugehen.
525 *Barth/ Baumeister*, Umweltwirksame Gestaltung des öffentlichen Personennahverkehrs durch die kommunalen Aufgabenträger, ZUR 1997, 17 (20), vergleichen den Nahverkehrsplan deshalb mit dem Flächennutzungsplan des Bauplanungsrechts.

Wenn dem Nahverkehrsplan auch keine unmittelbare rechtliche Bindungswirkung zukommt, so genießt er den Schutz des Art. 28 Abs. 2 GG[526] und kann durch die Berücksichtigung seitens der Genehmigungsbehörde dennoch zu Ungunsten der Verkehrsunternehmen wirken. Deshalb ist der Nahverkehrsplan einer gerichtlichen Überprüfung im Rahmen des Widerspruchsverfahrens gegen die abgelehnte Genehmigung zugänglich. Dies bedeutet für den beschließenden Aufgabenträger, dass er in dem Plan die Grundlagen, wie den Plan für die Verkehrsströme und vorhandene Verkehrsströme, darlegen und seine Schlüsse daraus für die weitere Entwicklung der Verkehrsnachfrage begründen muss[527].

d.) Zwischenergebnis
Träger der - in der Regel - freiwilligen Selbstverwaltungsaufgabe ÖSPV sind meist die kreisfreien Städte und die Landkreise. Im Rahmen dieser Aufgabe haben sie ausschließlich über das Vorliegen einer ausreichenden Verkehrsbedienung zu befinden. Diese Aufgabenträger sind gleichzeitig die zuständigen Behörden i.S. der VO (EWG) 1191/69 i.d.F. der VO (EWG) 1893/91. Außerdem sind die Aufgabenträger berechtigt, Nahverkehrspläne aufzustellen, in denen sie Vorgaben für die zu erbringenden Verkehrsleistungen festlegen können, die die Genehmigungsbehörde weitgehend zu beachten hat, wenn die Unternehmen an der Aufstellung mitgewirkt haben - soweit nicht Aussagen in den Nahverkehrsplänen getroffen werden, die ihrerseits bereits im Bundesrecht festgelegt sind oder die in das Ausgestaltungsrecht der Unternehmen zu stark eingreifen. Letzere Aussagen würden nur den Aufgabenträger selbst binden.

Die Genehmigungsbehörde, die sich jeweils nach Landesrecht bestimmt, regelt den Marktzugang und bindet die Unternehmen durch die Genehmigung an genaue Vorgaben bezüglich der zu erbringenden Verkehrsleistung. Sie kann aber nicht über das Vorliegen einer ausreichenden Verkehrsbedienung entscheiden, soweit in die kommunale Selbstverwaltung eingegriffen würde. Sie hat gem. § 8 Abs. 3 S. 1 PBefG lediglich im Interesse einer ausreichenden Bedienung der Bevölkerung mit Verkehrsdienstleistungen für eine Integration der Nahverkehrsbedienung zu sorgen.

---

526 Zustimmend: *Barth/ Baumeister*, Umweltwirksame Gestaltung des öffentlichen Personennahverkehrs durch die kommunalen Aufgabenträger, ZUR 1997, 17 (19).
527 Vgl. *Fey*, Zur Verordnung „Geringste Kosten" als Abschluß des Gesetzeswerkes zur Regionalisierung des ÖPNV-Marktes sowie zu anderen Fragen des novellierten PBefG, NZV 1996, 132 (134).

II. Eigenwirtschaftliche Verkehre

1. Begriff, § 8 Abs. 4 Satz 2 PBefG

Eigenwirtschaftlich sind Verkehre gem. der Legaldefinition[528] des § 8 Abs. 4 S. 2 PBefG, deren Aufwand durch Beförderungserlöse, Erträge aus gesetzlichen Ausgleichs- und Erstattungsregelungen im Tarif- und Fahrplanbereich sowie sonstigen Erträgen im handelsrechtlichen Sinne gedeckt wird.

Der Begriff der Eigenwirtschaftlichkeit wurde aus § 39 Abs. 2 PBefG a.F. entwickelt[529] und soll nach dem Willen des Gesetzgebers im Rahmen des § 8 Abs. 4 S. 2 PBefG die herkömmlichen Einnahmeformen der Unternehmen umfassen[530]. Nach der Auffassung des BVerfG[531] zum alten § 39 Abs. 2 PBefG sind die Beförderungsentgelte dahingehend zu prüfen, ob diese unter Berücksichtigung der wirtschaftlichen Lage des Unternehmens, einer ausreichenden Verzinsung und Tilgung des Anlagekapitals und der notwendigen technischen Entwicklung angemessen sind. Nach diesem Verständnis der Eigenwirtschaftlichkeit kann von ihr nur die Rede sein, wenn die Fahrgelderlöse die entstandenen Kosten nicht nur decken, sondern darüber hinaus dem Unternehmen die Möglichkeit eröffnen, den notwendigen technischen Fortschritt zu realisieren. Mit diesem Verständnis steht die Legaldefinition des § 8 Abs. 4 S. 2 PBefG nicht im Einklang: Nunmehr werden gesetzliche Ausgleichs- und Erstattungsansprüche sowie sonstige Erträge im handelsrechtlichen Sinn als „*Surrogate für Fahrgeldeinnahmen*"[532] in das PBefG eingeführt. Damit wird der Begriff der Eigenwirtschaftlichkeit völlig verändert. Dazu wird vertreten, dass die Eigenwirtschaftlichkeit i.S. des § 8 Abs. 4 S. 2 PBefG nach handelsrechtlichen Maßstäben, nämlich der wirtschaftlichen Lage eines Unternehmens nach Gewinn- und Verlustrechnung, zu beurteilen sei, während die Eigenwirtschaftlichkeit i.S. des § 39 Abs. 2 PBefG a.F. nach den Grundsätzen der Betriebsbuchhaltung zu ermitteln sei[533]. Dies entspricht zwar dem unterschiedlichen Sinn der jeweiligen Eigenwirtschaftlichkeit, lässt verfassungsrechtliche Zweifel an der unterschiedlichen Verwendung aber nicht verstummen. So wäre die fingierte Eigenwirtschaftlichkeit verfassungswidrig, wenn durch sie eine Gleichstellung von Vorgängen bzw. Verhältnis-

---

528 Im Europarecht existiert der Begriff der Eigenwirtschaftlichkeit dagegen nicht. Art. 2 Abs. (1) VO (EWG) 1191/69 i.d.F. der VO (EWG) 1893/91 definiert lediglich Verpflichtungen des öffentlichen Dienstes damit, dass darunter Verpflichtungen fallen, die der Verkehrsunternehmer aus eigenem wirtschaftlichem Interesse nicht übernehmen würde. Auch in Art. 74 EG, der nur im Zusammenhang mit anderen Rechtsvorschriften Bedeutung haben kann, ist der Begriff der Eigenwirtschaftlichkeit nicht erwähnt, vgl. dazu oben Teil 1 I. 5.
529 So: *Fromm*, Der Fortbestand des Querverbunds - ein steuerliches Problem?, BB 1994, 2366 (2369); *ders.*, Zur Neuordnung des Personenbeförderungsrechts, TranspR 1994, 425 (431); *Fromm/ Fey*, Personenbeförderungsrecht, § 8 PBefG Rn. 10; a.A.: *Zuck*, Eigenwirtschaftliche und gemeinwirtschaftliche Verkehrsleistungen und geringste Kosten für die Allgemeinheit, DÖV 1994, 941 (943).
530 BT-Drucks. 12/6269, 143.
531 BVerfGE 42, 191 (200).
532 *Fromm*, Der Fortbestand des Querverbunds - ein steuerliches Problem?, BB 1994, 2366 (2369).
533 S. *Zuck*, Eigenwirtschaftliche und gemeinwirtschaftliche Verkehrsleistungen und geringste Kosten für die Allgemeinheit, DÖV 1994, 941 (943), m.w.N., der den Begriff der Eigenwirtschaftlichkeit nach der Rechtsprechung und Literatur zu § 39 Abs. 2 PBefG a.F. allerdings falsch definiert, da entgegen seiner Ansicht durchaus auch ein Gewinn abgeworfen werden darf.

sen mit ihrem Gegenteil vorgenommen würde, ohne dass eine höhere Gemeinsamkeit sie verbindet[534]. Gegen diese verfassungsrechtlichen Bedenken könnte eingewandt werden, dass der Gesetzgeber nicht gehindert sei, den Begriff der Eigenwirtschaftlichkeit, den es zuvor im PBefG nicht gab, in das Gesetz einzufügen und ihn eigenständig zu definieren[535]. Wenn auch viel für die Verfassungswidrigkeit, wie die Benachteiligung privater Verkehrsunternehmer, die nicht über sonstige handelsrechtliche Erträge verfügen, und die Konsequenzen der Eigenwirtschaftlichkeit für den Besitzstandsschutz, spricht, so kann die Diskussion in dieser Arbeit nicht vertieft werden - im Übrigen käme es auf die Verfassungswidrigkeit nicht an, wenn die Definition der Eigenwirtschaftlichkeit in § 8 Abs. 4 S. 2 PBefG den höherrangigen, europarechtlichen Vorgaben schon nicht entspricht.

2. Finanzleistungen durch die öffentliche Hand und Eigenwirtschaftlichkeit

Fraglich ist zunächst, welche öffentlichen Zahlungen bzw. Zuwendungen unter die gesetzlichen Ausgleichs- und Erstattungsansprüche und sonstigen handelsrechtlichen Erträge fallen. Während als gesetzliche Ausgleichs- und Erstattungsansprüche nur die Regelungen der § 45a PBefG und § 62 SchwbG in Frage kommen[536], ist der Begriff der sonstigen handelsrechtlichen Erträge klärungsbedürftig. In einem zweiten Schritt ist dann zu untersuchen, ob die einzelnen Zuwendungsarten unter den Beihilfebegriff des Art. 87 Abs. (1) EG und das damit verbundene grundsätzliche Verbot fallen. Nur dann kann es auf die Ausnahmen von dem Verbot ankommen, die in der VO (EWG) 1191/ 69 i.d.F. der VO (EWG) 1893/ 91 und in der VO (EWG) 1107/ 70 festgeschrieben sind - allerdings mit der Folge, dass im Rahmen der erstgenannten Verordnung die Verkehrsleistung zur Erreichung einer ausreichenden Versorgung vereinbart oder auferlegt werden muss und eine Genehmigung als eigenwirtschaftlicher Verkehr nach §§ 13, 8 Abs. 4 S. 2 PBefG nicht zulässig ist. Vielmehr ist dann der Verkehr gem. §§ 13a, 8 Abs. 4 S. 3 PBefG zu genehmigen. Dagegen ist bei der Auferlegung eines Tarifs zu Gunsten bestimmter Bevölkerungsgruppen nach Art. 9 VO (EWG) 1191/ 69 i.d.F. der VO (EWG) 1893/ 91 lediglich ein Ausgleichsanspruch vorgesehen, welcher auch bei eigen-

---

534 So ausdrücklich: *Fromm*, Zur Neuordnung des Personenbeförderungsrechts, TranspR 1994, 425 (431), m.w.N., unter Hinweis auf BVerfGE 31, 314; 48, 220, zwei Entscheidungen mit Gesetzeskraft bzgl. anderer Fiktionen; mit weiterem Hinweis auf einen Bericht des Ausschusses für Verkehr und Post- und Fernmeldewesen, BT-Drucks. III/ 2450, S. 7, der auch von der alten Definition der Eigenwirtschaftlichkeit ausging.
535 Dies vertritt *Zuck*, Eigenwirtschaftliche und gemeinwirtschaftliche Verkehrsleistungen und geringste Kosten für die Allgemeinheit, DÖV 1994, 941 (943, Fn. 14).
536 Vgl. *Fromm/ Fey*, Personenbeförderungsrecht, § 8 PBefG Rn. 10.

wirtschaftlichen Verkehren in Frage kommt[537]. Beihilfen im Rahmen der VO (EWG) 1107/ 70 berühren nicht die Genehmigung als eigenwirtschaftlicher Verkehr, sind aber vorher bei der Kommission anzumelden.

a) Sonstige Erträge im handelsrechtlichen Sinn
Mit dem Begriff der sonstigen Erträge im handelsrechtlichen Sinn wird in § 8 Abs. 4 S. 2 PBefG auf die Vorschriften über die Handelsbücher in den §§ 238 ff. HGB, vor allem auf die Vorschriften über die Gewinn- und Verlustrechnung der §§ 275 ff. HGB, verwiesen. Zu den Unternehmenserträgen im handelsrechtlichen Sinn gehören letztlich sämtliche Unternehmenserträge. Sie umfassen insbesondere gem. § 275 Abs. 2 Nr. 4 HGB bzw. § 275 Abs. 3 Nr. 6 HGB „sonstige betriebliche Erträge" sowie gem. § 275 Abs. 2 Nr. 15 HGB bzw. § 275 Abs. 3 Nr. 14 HGB „außerordentliche Erträge"[538]. Sonstige betriebliche Erträge sind solche Erträge aus der gewöhnlichen Geschäftätigkeit, die nicht unter § 275 Abs. 2 Nr. 1-3, 5-11, 16 HGB bzw. unter § 275 Abs. 3 Nr. 1, 8-10, 14 HGB fallen. Außerordentliche Erträge sind nach § 277 Abs. 4 HGB Erträge, die außerhalb der gewöhnlichen Geschäftätigkeit einer Kapitalgesellschaft anfallen. Ergänzt werden vorgenannte Bestimmungen durch § 277 Abs. 3 S. 2 HGB, nach dem Erträge aus Verlustübernahmen gesondert und unter entsprechender Bezeichnung noch vor Feststellung des entsprechenden Jahresabschlusses bzw. Jahresfehlbetrags aufzuführen sind.

Fraglich ist demnach, ob alle genannten Posten der Gewinn- und Verlustrechnung im Rahmen des § 8 Abs. 4 S. 2 PBefG sonstige Unternehmenserträge im handelsrechtlichen Sinn sein sollen[539]. Für eine derartige Auslegung spricht die Auffassung des Gesetzgebers, dass durch diesen Passus die herkömmlichen Einnahmequellen der Unternehmen umfasst sein sollen[540]. Bedenkt man jedoch, dass dann alle Einnahmequellen der Unternehmen unter diesen Passus fielen, so bleibt für gemeinwirtschaftliche Verkehre nur noch Raum, wenn dieser vereinbart oder auferlegt worden ist[541]. Ein Ergeb-

---

537 Der Ausgleich für ermäßigte Tarife zu Gunsten bestimmter Bevölkerungsgruppen ist nämlich in der VO (EWG) 1191/ 69 i.d.F. der VO (EWG) 1893/ 91 außerhalb der Regelungen über die Aufhebung von Verpflichtungen des öffentlichen Dienstes (II. Abschnitt) und über Vereinbarungen derartige Verpflichtungen (IV. Abschnitt) im III. Abschnitt festgelegt. Einzelheiten dazu im Teil 2 unter IV.
538 S. BVerwG DVBl. 2000, 1617 (1619).
539 So tatsächlich: *Scheele/ Sterzel*, Öffentlicher Personennahverkehr zwischen Gemeinwohlinteressen und Markt, S. 36.
540 BT-Drucks. 12/ 6962, 143. Dem zustimmend: *Fey*, Zur Verordnung „Geringste Kosten" als Abschluß des Gesetzeswerkes zur Regionalisierung des ÖPNV-Marktes sowie zu anderen Fragen des novellierten PBefG, NZV 1996, 132 (133). Vgl. auch *Welge*, Die Zukunft des ÖPNV aus städtischer Sicht, in: DVWG (Hrsg.), B 213, Die zukünftige Rolle der Kommunen bei Verkehrs- und Versorgungsnetzen, 117 (125).
541 *Räpple*, Probleme des regulierten ÖPNV aus der Sicht eines kommunalen Verkehrsunternehmens auf dem Hintergrund gegebener Rahmenbedingungen, in: Püttner (Hrsg.), Der regionalisierte Nahverkehr, 135 (138), hält dies für rechtlich zulässig, indem er feststellt, dass die Gebietskörperschaft bis auf weiteres die Eigenwirtschaftlichkeit ihrer Betriebe durch Einlagen sichern werden, anstatt als zuständige Behörde gemeinwirtschaftliche Verkehre zu bestellen. Mit anderen Worten könnten die Verkehrsbetriebe mit ihrem Genehmigungsantrag (auf eine Genehmigung nach § 13 PBefG) die Wirksamkeit unmittelbar geltenden EU-Rechts aushebeln und den Wettbewerb dadurch gegebenenfalls beschränken oder ausschließen (!) - soweit der Besitzstandsschutz europarechtlich nicht zu beanstanden ist. In diese Richtung auch: *VDV/ ÖTV* (Hrsg.), Der Nahverkehr und seine Unternehmen im Verkehrsmarkt der Zukunft, S. 26.

nis, das im offensichtlichen Widerspruch zum europäischen Primär- und Sekundärrecht sowie zu § 13a PBefG steht: Die öffentliche Finanzierung ist gem. Art. 87 Abs. (1) EG bekanntlich verboten[542], wenn sie eine Beihilfe i.s. dieser Vorschrift darstellt und nicht durch die Verordnungen zu Art. 73 EG ausnahmsweise erlaubt ist. Nach der VO (EWG) 1191/ 69 i.d.F. der VO (EWG) 1893/ 91 soll eine derartige Ausnahme nur zulässig sein, wenn die fragliche Beihilfe auf der Auferlegung oder Vereinbarung eines Verkehrsdienstes zur Sicherstellung einer ausreichenden Verkehrsbedienung beruht und die geringsten Kosten für die Allgemeinheit i.S. von Art. 3 Abs. (1) der genannten VO mit sich bringt[543]. Dieses Merkmal der geringsten Kosten ist ebenfalls in § 13a PBefG enthalten, das von der Genehmigungsbehörde zu überprüfen ist. Die Prüfungskompetenz und § 13a PBefG wären gegenstandslos, wenn sämtliche herkömmlichen Einnahmequellen der Unternehmen als sonstige Unternehmenserträge im handelsrechtlichen Sinn die Eigenwirtschaftlichkeit begründen würden[544]. Die Auslegung der „sonstigen Unternehmenserträge im handelsrechtlichen Sinn" dahin gehend, dass damit sämtliche Erträge ohne Rücksicht auf ihre Herkunft, eine etwaige Gegenleistung, eine vertragliche oder gesetzliche Herkunft, eine Regelmäßigkeit oder deren Handelsüblichkeit gemeint sind, ist damit weder europa- noch bundesrechtlich zulässig[545]. Die Intention des Gesetzgebers, den Verkehrsunternehmen durch diesen Passus die herkömmlichen Einnahmen zu sichern, ohne dass es zu einer Ausschreibung kommen muss, geht deshalb „ins Leere".

Möglicherweise ist aber eine eingeschränkte Auslegung der „sonstigen Unternehmenserträge im handelsrechtlichen Sinn" mit dem Europarecht vereinbar. So könnten Erträge aus Ausgleichsleistungen bei auferlegten und vereinbarten Verkehrsleistungen i.S. der VO (EWG) 1191/ 69 i.d.F. der VO (EWG) 1893/ 91 nicht unter diesen Passus fallen mit der Folge, dass es sich bei den entsprechenden Verkehren nicht um eigenwirtschaftliche handelt[546]. Auch diese Ansicht übersieht den Charakter der genannten VO, die eine Ausnahme vom Beihilfeverbot darstellt, und kann die vorstehenden Bedenken

---

542 Diesen Aspekt übersehen *Batzill/ Zuck*, Personenbeförderungsrecht im Spannungsfeld von Bahnstrukturreform, PBefG-Novelle, ÖPNV-Recht der Länder und EG-Recht, S. 17 f., 58, wenn sie feststellen, dass die Eigenwirtschaftlichkeit u.a. durch Erträge aus anderen Unternehmensbereichen, über Einlagen der [öffentlichen] Eigentümer oder durch freiwillige Zuschüsse der Gebietskörperschaften hergestellt werden könne. Die Zahlungen dürfen vielmehr nur erfolgen, wenn das Europarecht sie zulässt.

543 Zustimmend: *Fromm*, Der Fortbestand des Querverbunds - ein steuerliches Problem?, BB 1994, 2366 (2369); *Fromm/ Fey*, Personenbeförderungsrecht, § 8 PBefG Rn. 11; *Meyer*, Die Ausschreibungspflicht im gemeinwirtschaftlichen Linienverkehr und ihre Auswirkungen auf den Bestand der Genehmigung, DVBl. 1999, 1409 (1410); OVG Magdeburg, TranspR 1999, 27 (32), gegen dieses Urteil hat das BVerwG wegen der Bedeutung der Sache die Revision mit Beschluss vom 31.03.1999, 3 B 112.98, zugelassen und die Sache 3 C 7.99 bezüglich der Vereinbarkeit der Regelungen des PBefG mit der VO (EWG) 1191/ 96 n.F. das Verfahren ausgesetzt und eine Vorabentscheidung des EuGH beantragt, BVerwG DVBl. 2000, 1617 ff.; *Zuck*, Eigenwirtschaftliche und gemeinwirtschaftliche Verkehrsleistungen und geringste Kosten für die Allgemeinheit, DÖV 1994, 941 (946).

544 S. dazu: *Baumeister*, Erteilung von Linienverkehrsgenehmigungen, LKV 1999, 12 (13); *Fromm*, Zur Neuordnung des Personenbeförderungsrechts, TranspR 1994, 425 (431); VG München - M 6 E 97.752, Beschluss vom 19.03.1997.

545 Ähnlich: *Werner*, Nach der Regionalisierung - der Nahverkehr im Wettbewerb, S. 170, jedoch mit der Einschränkung, dass der beschrittene Weg nur im Regelfall rechtswidrig sei.

546 So i.S. einer einschränkenden Auslegung: *Heinze*, Zur Rechtsstellung der Unternehmen in dem seit 1. Januar 1996 geltenden Personenbeförderungsrecht, DÖV 1996, 977 (978 f.).

nicht ausräumen. Nochmals: Der entscheidende Punkt ist nicht die Auferlegung oder Vereinbarung, sondern dass diese zur Erzielung einer ausreichenden Verkehrsbedienung notwendig ist und zu den geringsten Kosten für die Allgemeinheit führt. Weitere staatliche Beihilfen sind unter den Voraussetzungen des Art. 87 Abs. (1) EG verboten, soweit nicht die VO (EWG) 1107/ 70 eine weitere Ausnahme zulässt.

Eine weitere, mögliche Auslegung der „sonstigen Unternehmenserträge im handelsrechtlichen Sinn" wäre, dass darunter ausschließlich die „sonstigen betrieblichen Erträge" i.S. des § 275 Abs. 2 Nr. 4 bzw. § 275 Abs. 3 Nr. 6 HGB fallen[547]. Sonstige betriebliche Erträge könnten periodenfremde Erträge oder solche aus Abgängen oder Zuschreibungen im Anlagevermögen sein. Jedenfalls fallen vertragliche Zuschüsse und sonstige vertragliche Ausgleichszahlungen nicht unter die sonstigen betrieblichen Erträge. Gegen diese Auslegung können vorstehende Bedenken nicht erhoben werden, soweit nicht doch ausnahmsweise verbotene Beihilfen unter den Begriff der sonstigen betrieblichen Erträge fallen. Sie „hilft" jedoch nicht dem Ansinnen des Gesetzgebers, die herkömmlichen Einnahmeformen der Unternehmen (umfassend) zu sichern.

Sonstige Erträge im handelsrechtlichen Sinn, die die Eigenwirtschaftlichkeit des Verkehrs unberührt lassen, können demnach nur solche Geldzuwendungen der öffentlichen Hand sein, die keine Beihilfe darstellen, weil ein vergleichbarer privater Investor die Zuwendung auch getätigt hätte, oder Zuwendungen, die zwar eine Beihilfe darstellen, aber nicht wettbewerbsverfälschend wirken, weil sie allen Verkehrsunternehmen zur Verfügung stehen und damit nicht diskriminierend wirken[548], oder aber Beihilfen nach der VO (EWG) 1107/ 70, die vorab bei der Kommission anzumelden sind.

b.) Steuervergünstigungen
Steuervergünstigungen bestehen für den ÖPNV bei der Kraftfahrzeugsteuer, der Umsatzsteuer[549] sowie den Steuern für Strom und Dieselkraftstoff[550]. Ohne auf diese mittelbaren Förderungen näher einzugehen, kann festgestellt werden, dass es sich bei diesen nicht um Maßnahmen bezüglich der Gesamtwirtschaft handelt, sondern lediglich der ÖPNV diese erhält[551]. Insbesondere erhält der motorisierte Individualverkehr diese Vergünstigungen nicht[552]. Damit dürfte letztlich eine Beihilfe i.S. des Art. 87 Abs. (1) EG

---

547 Vgl. *Zuck*, Eigenwirtschaftliche und gemeinwirtschaftliche Verkehrsleistungen und geringste Kosten für die Allgemeinheit, DÖV 1994, 941 (944).
548 Dagegen kann eine Beihilfe im Verkehrsbereich nicht wegen einer mangelnden Handelsbeeinträchtigung die Eigenwirtschaftlichkeit begründen, da die mangelnde Handelsbeeinträchtigung nicht denkbar ist - wie im ersten Teil der Arbeit nachgewiesen.
549 Zu den Vergünstigungen bei der Kraftfahrzeug- und Umsatzsteuer: vgl. *Aberle*, Öffentlicher Personennahverkehr in der Fläche, S. 17 f.
550 S. dazu: Pressemitteilung des VDV vom 01.07.1999; vom 06.12.199 und vom 20.01.2000, alle unter www.vdv.de [VDV-News], der eine vollständige Befreiung von der gesamten Ökosteuer für die Verkehrsträger im ÖPNV verlangt.
551 Ähnliche Befreiungen bestehen auch in anderen Wirtschaftsbereichen, nicht aber in der gesamten Wirtschaft.
552 Dies korrespondiert allerdings mit den Vorschlägen der Kommission, den motorisierten Individualverkehr gegenüber dem ÖPNV zurückzudrängen. Vgl. Grünbuch „Das Bürgernetz", KOM (95) 601 endg., S. 8 f. - sog. „Push-Maßnahmen".

vorliegen[553]. Diese Beihilfe erhalten jedoch zumindest alle Unternehmen, die im Bereich des ÖPNV tätig sind oder werden, so dass es zwischen diesen den Wettbewerb nicht verfälschen kann. Im Rahmen dieser Arbeit erscheint es deshalb vertretbar, die Diskussion der Vereinbarkeit der Steuervergünstigungen mit dem europäischen Recht nicht näher zu vertiefen. Angemerkt sei trotzdem, dass für die Harmonisierung steuerlicher Vorschriften nach Art. 90 ff. EG eigene Regelungen gelten und insbesondere die VO (EWG) 1161/ 69 i.d.F. der VO (EWG) 1893/ 91 und die VO (EWG) 1107/ 70 nicht in das deutsche Steuerrecht eingreifen wollten, sondern das Wettbewerbsprinzip im Bereich des ÖPNV einführen bzw. durchsetzen wollten. Dennoch dürften die vorgenannten Verordnungen die Privilegierung des ÖPNV gegenüber dem motorisierten Individualverkehr auf der Grundlage des Art. 73 EG stützen[554].

c.) Investitionsfördermittel
Unter den Begriff der Investitionsfördermittel fallen solche nach dem GVFG, dem RegG[555] und sonstige Mittel der Mittelstandsförderung, wie z.B. Mittelstandsförderungszuschüsse nach den landesgesetzlichen Mittelstandsförderungsgesetzen[556], die bislang vor allem zum Aufbau von Infrastruktureinrichtungen gewährt worden sind. Zu diesen Mitteln wird vertreten, dass diese Subventionen lediglich aufwandsmindernd wirkten und deshalb die Eigenwirtschaftlichkeit unberührt ließen[557]. Diese Meinung beruht auf einer weiten Interpretation der sonstigen Erträge im handelsrechtlichen Sinn.

Bei den fraglichen Mitteln handelt es sich um staatliche, Adressaten der Förderung sind einige der Verkehrsunternehmen, die ÖPNV in Deutschland betreiben. Sie wirken zwar „nur" aufwandsmindernd, dies ändert aber nichts an der Begünstigung. Die Zuwendung der Mittel erfolgt auch ohne marktgerechte Gegenleistung der Unternehmen, so dass insgesamt eine Beihilfe i.S. des Art. 87 Abs. (1) EG vorliegt. Diese wirkt wettbewerbsverfälschend, weil Unternehmen, denen diese Mittel zugeflossen sind, einen Vorteil gegenüber Unternehmen, die diese Mittel nicht erhalten haben und so ihre Infrastruktur eigenständig finanzieren mussten, bei der Vergabe und Ausschreibung von Verkehrsleistungen im Wettbewerb haben. Die Beeinträchtigung des zwischenstaatlichen Handels ergibt sich daraus, dass zu den benachteiligten Unternehmen auch solche gehören, die aus anderen Mitgliedstaaten kommen. Damit liegt insgesamt eine (zunächst)

---

553 Zustimmend (allerdings allgemein und nur bzgl. der Ökosteuer): *Frenz*, Energiesteuer und Beihilfeverbot, EuZW 1999, 616 ff., mit dem Hinweis, dass nur vorübergehende Entlastungen als mit dem Gemeinsamen Markt vereinbar angesehen werden können.
554 Ähnlich zur Beurteilung der Beeinträchtigung des intermodalen Wettbewerbs: *Barth*, Nahverkehr in kommunaler Verantwortung, S. 148 (jedoch zur Anwendbarkeit des Vergaberechts).
555 Die auch für Betriebskostenzuschüsse verwendet werden können, s. z.B. § 7 Abs. 5 NdsÖPNVG.
556 S. z.B. §§ 19 ff. BW-MittelstandsförderungsG vom 16.12.1975 (GVBl. 1975, S. 861).
557 So: *Zuck*, Eigenwirtschaftliche und gemeinwirtschaftliche Verkehrsleistungen und geringste Kosten für die Allgemeinheit, DÖV 1994, 941 (942).

nach Art. 87 Abs. (1) EG verbotene Beihilfe vor[558], die nur nach Maßgabe des sekundären EU-Rechts ausnahmsweise zulässig sein kann.

Die Regelung des Art. 3 Nr. 1 lit. b der VO 1107/ 70 (EWG) könnte diese Beihilfen zulassen. Allerdings gilt dies für den ÖSPV nur eingeschränkt: Busfahrspuren, Anlagen zu Beeinflussung von Ampelanlagen, Busbahnhöfe etc. können gefördert werden, nicht aber Investitionen in Busse oder Betriebshöfe[559]. Weitere Voraussetzung ist, dass die begünstigten Unternehmen im Gegensatz zu anderen Unternehmen mit den Ausgaben für die benutzten Verkehrswege belastet sind. Derartige Zuschüsse betreffen im Übrigen nicht die eigentliche Verkehrsleistung, wie sie im Genehmigungsantrag begehrt wird, so dass sie die Eigenwirtschaftlichkeit auch tatsächlich unberührt lassen. Dabei kann jedoch nicht übersehen werden, dass Infrastruktureinrichtungen einen erheblichen Vorteil im Wettbewerb bedeuten. Dieser muss durch einen diskriminierungsfreien Zugang anderer zu den geförderten Anlagen neutralisiert werden[560]. Die Beihilfen sind vorab bei der Kommission anzumelden.

Investitionsförderungen zur Anschaffung von Bussen oder den Ausbau von Betriebshöfen sind dagegen nur unter den Voraussetzungen der VO (EWG) 1191/ 69 i.d.F. der VO (EWG) 1893/ 91 zulässig und begründen die Gemeinwirtschaftlichkeit, da in dieser VO nicht zwischen der Beförderung an sich und dem Betrieb der Infrastruktur unterschieden wird[561].

d.) Ausgleichszahlungen nach §§ 45a PBefG, 62 SchwbG
Gem. § 45 a Abs. 1 PBefG[562] ist dem Unternehmer u.a. im Linienverkehr mit Kraftfahrzeugen ein Ausgleich für die Beförderung von Personen mit Zeitfahrausweisen des Ausbildungsverkehrs auf Antrag hin unter bestimmten weiteren Umständen zu gewähren. Der Ausgleich beträgt 50% des Differenzbetrages zwischen dem Verkaufserlös aus den genannten Zeitfahrausweisen und dem Produkt aus den in diesem Verkehr geleisteten Personenkilometern und den durchschnittlichen verkehrsspezifischen Kosten, § 45a Abs. 2 PBefG. Nach § 62 Abs. 1 SchwbG[563] werden den Unternehmen die Fahrgeldaus-

---

558 Zustimmend: *Werner*, Nach der Regionalisierung - der Nahverkehr im Wettbewerb, S. 240, allerdings nur auf das GFVG bezogen und mit der Einschränkung, dass nur gemeinwirtschaftliche Verkehre im Wettbewerb vergeben werden, und dem Schluss daraus, dass nur insoweit eine wettbewerbsverfälschende Beihilfe vorläge. A.A.: *Berschin*, Europäisches Recht der Finanzierung im ÖPNV bringt Wettbewerb um Subventionen, ZUR 1997, 4 (5), der allerdings zu Unrecht davon ausgeht, dass die entsprechenden Beihilfen allen Unternehmen (jeweils in gleicher Höhe?) zur Verfügung stehen.
559 Ausführlich: *Werner*, Nach der Regionalisierung - der Nahverkehr im Wettbewerb, S. 49.
560 Darüber hinaus könnte eine ungerechtfertigte Weigerung, anderen den Zugang zum Netz zu gewähren, einen Missbrauch einer marktbeherrschenden Stellung i.S. des § 19 Abs. 4 Nr. 4 GWB (Gesetz gegen Wettbewerbsbeschränkungen i.d.F. der Bekanntmachung vom 26.08.1998, BGBl. I S. 2546) darstellen.
561 Dazu: *Barth*, Nahverkehr in kommunaler Verantwortung, S. 137.
562 Zur Entstehungsgeschichte dieser Regelung: *Bidinger/ Haselau/ Krämer*, Ausgleich gemeinwirtschaftlicher Leistungen im Ausbildungsverkehr, S. 9 ff.
563 Mittlerweile § 148 SGB IX, nachdem das SchwbG aufgehoben und Teil des SGB IX wurde. SGB IX - Rehabilitation und Teilhabe behinderter Menschen - vom 19. Juni 2001 (BGBl. I S. 1046) geändert durch Artikel 30 Gesetz zur Änderung des Rechts der Vertretung durch Rechtsanwälte vor den Oberlandesgerichten vom 23. Juli 2002 (BGBl. I S. 2850). Da die Regelung ohne Änderung übertragen wurde, ergeben sich in der rechtlichen Bewertung keine Unterschiede.

fälle, die durch die Pflicht zur kostenlosen Beförderung Schwerbehinderter (§ 59 SchwbG) entstehen, nach einem vom jeweiligen Bundesland jährlich festgelegten Prozentsatz der von den Unternehmen nachgewiesenen Fahrgeldeinnahmen im Nahverkehr erstattet.

Durch beide Regelungen fließen staatliche Mittel an die Verkehrsunternehmen des Nahverkehrs und zwar nur an diese, so dass das Merkmal der Selektivität erfüllt ist. Fraglich ist aber, ob diese auch Begünstigte sind. Schließlich werden durch diese Regelungen Schüler bzw. Auszubildende günstiger und Schwerbehinderte sogar kostenlos im ÖPNV befördert und der Verkehrsunternehmer erhält dafür die Differenz zum eigentlichen Tarif (allerdings nach den komplizierten Berechnungsverfahren nicht vollständig) erstattet. Deshalb dürfte es sich dabei um Sozialbeihilfen i.S. des Art. 87 Abs. (2) EG handeln, der auf Grund der Regelung des Art. 1 Abs. (6) VO (EWG) 1191/ 69 i.d.F. der VO (EWG) 1893/ 91, der besondere Beihilfen für Tarifermäßigungen zu Gunsten bestimmter sozialer Gruppen zulässt[564], keine eigenständige Bedeutung mehr hat. Nach Maßgabe der genannten VO sind diese Ausgleichszahlungen folglich zulässig. Die Gruppenausnahme in Art. 1 Abs. (6) VO (EWG) 1191/ 69 i.d.F. der VO (EWG) 1893/ 91 bewirkt nämlich nur, dass insoweit weder eine Aufhebung nach Art. 1 Abs. (3) VO (EWG) 1191/ 69 i.d.F. der VO (EWG) 1893/ 91 noch eine Vereinbarung über Verkehrsdienste nach Art. 1 Abs. (4) in Betracht kommt. Der Ausgleich für die entsprechende Leistung richtet sich dennoch nach Art. 9 Abs. 1 VO (EWG) 1191/ 69 i.d.F. der VO (EWG) 1893/ 91[565]. Im ÖPNV kann die Auferlegung von besonderen Tarifen zu Gunsten bestimmter Bevölkerungskreise bereits auf Art. 1 Abs. (5) VO (EWG) 1191/ 69 i.d.F. der VO (EWG) 1893/ 91 gestützt werden, so dass es eines Rückgriffs auf den Abs. (6) nicht bedarf[566].

Verfehlt ist dagegen die Annahme, dass diese Zahlungen keine Wettbewerbsverzerrungen befürchten lassen, weil die Zahlungen allen Unternehmen zur Verfügung stehen[567]. Diese Annahme vernachlässigt den konkurrierenden motorisierten Individualverkehr, der diese Leistung nicht erhält[568] - allerdings ist diese Benachteiligung durch die VO (EWG) 1191/ 69 i.d.F. der VO (EWG) 1893/ 91 gerechtfertigt.

---

564 Zustimmend zu grds. Zulässigkeit der Regelungen auf Grund des Sekundärrechts: *Fromm/ Fey*, Personenbeförderungsrecht, § 8 PBefG Rn. 10; *Heinze*, Zur Rechtsstellung der Unternehmen in dem seit 1. Januar geltenden Personenbeförderungsrecht, DÖV 1996, 977 (981); *Berschin*, Europäisches Recht der Finanzierung im ÖPNV bringt Wettbewerb um Subventionen, ZUR 1997, 4 (5); *Meyer*, Die Ausschreibungspflicht im gemeinwirtschaftlichen Linienverkehr und ihre Auswirkungen auf den Bestand der Genehmigungen, DVBl. 1999, 1409 (1410).
565 Vgl. *Fromm*, Die Bedeutung der VO (EWG) Nr. 1893/ 91 für den Ausgleich gemeinwirtschaftlicher Leistungen in Deutschland, TranspR 1992, 256 (258, 262). Ob die deutschen Bestimmungen den Maßgaben standhalten, wird später im Teil 2 unter IV. zu erörtern sein.
566 S. *Werner*, Nach der Regionalisierung - der Nahverkehr im Wettbewerb, S. 62.
567 So: *Fromm/ Fey*, Personenbeförderungsrecht, § 8 PBefG Rn. 10; der hier geäußerten Auffassung zustimmend: *Barth*, Nahverkehr in kommunaler Verantwortung, S. 135 f., im Hinblick auf die Schülerbeförderung.
568 Dass einem Behinderten, der auf sein Auto angewiesen ist, steuerliche Erleichterungen zukommen, führt zu keiner anderen Einschätzung, da ein Autofahrer, der einen Behinderten lediglich mitnimmt, dafür keinen finanziellen Ausgleich erhält.

e.) Vertragliche Zuschüsse
Als solche kommen vertragliche Betriebskostenzuschüsse bzw. sonstige vertragliche Ausgleichsansprüche, kommunale Verlustübernahmen oder auch solche Leistungen, die eine staatliche Stelle auf Grund ihrer (Mit-) Eigentümerstellung im Rahmen des Gesellschaftsvertrages und der eigenen Beteiligung erbringt, in Betracht [569]. Konkret fallen globale Verlustabdeckungen durch den öffentlichen Eigentümer zu Gunsten seines öffentlichen Unternehmens, Zuschüsse für besondere Fahrplanleistungen, insbesondere Fahrplanverdichtungen, Service und Marketing sowie Zuschüsse für besondere Tarifangebote oder ein allgemeines Tarifniveau unter die vertraglichen Zuschüsse. Auch bei der rechtlichen Einordnung dieser Zahlungen kommt es nicht auf die Zugehörigkeit zu den sonstigen betrieblichen Einnahmen im handelsrechtlichen Sinn an, sondern zunächst auf das Vorliegen einer Beihilfe i.S. des Art. 87 Abs. (1) EG.

Globale Verlustabdeckungen kommen lediglich den öffentlichen Unternehmen zugute, so dass das Merkmal der Selektivität erfüllt ist. Fraglich ist jedoch, ob es sich bei diesen um eine Beihilfe handelt[570]. Dies ist anhand eines Vergleichs mit dem Handeln eines ähnlich großen privaten Investors zu beurteilen. Wenn dies auch eine prognostische bzw. hypothetische Entscheidung verlangt, so würde ein privater Konzern ein (Tochter-) Unternehmen, das ohne Rentabilitätsaussichten auf eine andauernde und umfassende Verlustübernahme angewiesen ist, nicht derart finanziell unterstützen. Vielmehr würde der Konzern das Tochterunternehmen aller Wahrscheinlichkeit nach abstoßen. Damit ist die globale Verlustabdeckung als Beihilfe einzustufen, die zu einer Wettbewerbsverzerrung führt, da andere private Konkurrenten nicht über eine „unbegrenzte" Kapitalzufuhr verfügen und die Mittelvergabe in Folge der Konzession erfolgt. Die Handelsbeeinträchtigung ergibt sich daraus, dass dies für Anbieter aus anderen EU - Mitgliedstaaten ebenfalls gilt. Folglich sind globale Verlustabdeckungen als Beihilfen gem. Art. 87 Abs. (1) EG grundsätzlich verboten[571], soweit das Sekundärrecht keine Ausnahme zulässt. Eigenwirtschaftlich können Verkehre, die durch globale Verlustübernahmen finanziert werden, nicht sein, soweit durch sie eine ausreichende Verkehrsbedienung erreicht werden soll. Lediglich vertragliche Zahlungen zur Umstrukturierung

---

569 Der umstrittene Ausgleich im Rahmen des kommunalen Querverbunds sowie der Verlustausgleich in Verkehrsverbünden, die auch unter die vertraglichen Zuschüsse fallen, werden in den nächsten Abschnitten gesondert untersucht.

570 Dies übersieht *Berschin*, Europäisches Recht der Finanzierung im ÖPNV bringt Wettbewerb um Subventionen, ZUR 1997, 4 (9), der gleich die Voraussetzung anspricht, dass diese Leistung nicht im Wettbewerb vergeben wird. Die Frage nach der Wettbewerbsverfälschung ist logisch nachrangig.

571 Zustimmend: OVG Magdeburg TranspR 1999, 27 (32); *Baumeister*, Erteilung von Linienverkehrsgenehmigungen, LKV 1999, 12 (13); *Meyer*, Die Ausschreibungspflicht im gemeinwirtschaftlichen Linienverkehr und ihre Auswirkungen auf den Bestand der Genehmigung, DVBl. 1999, 1409 (1410); *Burgbacher*, Vergaberegeln und Nahverkehr, TranspR 1999, 1 (2); *Barth*, Anmerkung zu OVG Magdeburg, Urteil vom 07.04.1998 - A 1/ 4 S 221/ 97, ZUR 1998, 215 (217); *Zuck*, Eigenwirtschaftliche und gemeinwirtschaftliche Verkehrsleistungen und geringste Kosten für die Allgemeinheit, DÖV 1994, 941 (944), allerdings nur indirekt, indem er die Eigenwirtschaftlichkeit ablehnt; a.A.: *Fey*, Zur Verordnung „Geringste Kosten" als Abschluß des Gesetzeswerkes zur Regionalisierung des ÖPNV-Marktes sowie zu anderen Fragen des novellierten PBefG, NZV 1996, 132 (133); *Metz*, Ein „Bosman"-Urteil gegen Kommunen und Verkehrsunternehmen, Bus & Bahn 7-8/ 1998, S. 2, der allerdings die Handelsbeeinträchtigung zu Unrecht ablehnt, da er nicht auf die Vergabe der Genehmigungen, sondern auf die Durchführung der Verkehrsleistungen abstellt.

eines Unternehmens im Rahmen eines detaillierten Sanierungsplans (z.B. zur Anpassung öffentlicher Unternehmen an den Wettbewerb) berühren die Eigenwirtschaftlichkeit nicht, da diese unter Art. 3 Nr. 1 lit. d der VO (EWG) 1107/ 70 fallen. Sie sind aber vorab der Kommission zu melden.

Vorgesagtes gilt sinngemäß für die Zuschüsse für besondere Fahrplanleistungen, Service und Marketing und Zuschüsse für besondere Tarifangebote und ein allgemeines Tarifniveau. Werden diese staatlichen Mittel nicht auf Grund wettbewerblich vergebener Verträge geleistet, so benachteiligen sie inländische Verkehrsunternehmen wie auch Unternehmen aus den anderen Mitgliedstaaten, so dass sie grundsätzlich verbotene Beihilfen darstellen[572]. Ausgleichszahlungen für einen allgemeinen Tarif fallen unter Art. 3 Nr. 2 1.Alt. der VO (EWG) 1107/ 70[573] und sind deshalb ebenfalls vorab bei der Kommission zu melden. Zuschüsse für besondere Fahrplanleistungen, Service, Marketing und besondere Tarifangebote fallen dagegen unter die VO (EWG) 1191/ 69 i.d.F. der VO (EWG) 1893/ 91 und sind deshalb mit dem Begriff der Eigenwirtschaftlichkeit nicht vereinbar.

f.) Ausgleichszahlungen aus anderen Unternehmensbereichen - Querverbund
Am heftigsten umstritten ist die Frage, ob über den steuerlichen Querverbund mit Energieversorgungsunternehmen durch den Transfer von Überschüssen aus dem Energiebereich eine Eigenwirtschaftlichkeit der an sich nicht rentablen Verkehrsunternehmen erreicht werden kann. Dass dies umstritten ist, kann im Hinblick darauf,

- dass rund 50% der Verkehrsunternehmen im ÖPNV im kommunalen Querverbund geführt werden[574] und
- dass der Querverbund bisher in einer Größenordnung von jährlich rund 3 Mrd. DM (!), von denen ca. 1,8 Mrd. DM auf Steuerersparnisse entfallen, zur Finanzierung des ÖPNV beigetragen hat[575] und
- dass der Kostendeckungsgrad der Unternehmen bei lediglich ca. 40% liegt, wenn nur die Umsatzerlöse berücksichtigt werden[576],

nicht weiter verwundern. Aber auch hier ist nur entscheidend, ob es sich bei dem Querverbund um eine Beihilfe i.S. des Art. 87 Abs. (1) EG handelt, die die Eigenwirtschaftlichkeit ausschließt, und ob die Beihilfe ausnahmsweise durch das Sekundärrecht erlaubt ist.

Zahlungen im Rahmen des Querverbunds erfolgen aus staatlichen Mitteln, da das Versorgungsunternehmen ebenfalls ein öffentliches Unternehmen ist und somit dessen Handeln dem öffentlichen Eigentümer zuzurechnen ist. Sie stellen auch eine Beihilfe dar, da ein vergleichbarer, privater Investor derartige Verlustübernahmen nur vornehmen würde, wenn insgesamt im Konzern ein Gewinn dadurch zu erzielen wäre, und

---

572 Gleicher Ansicht: *Berschin*, Europäisches Recht der Finanzierung im ÖPNV bringt Wettbewerb um Subventionen, ZUR 4 (9); a.A. bzgl. der Zuschüsse zu Tarifen: *Batzill*, Der steuerliche Querverbund bleibt unberührt erhalten, Der Nahverkehr 7-8/ 1994, 12 (15), unter Verkennung der Bedeutung der Tarife für die Qualität der Beförderungsleistung.
573 S. *Werner*, Nach der Regionalisierung - der Nahverkehr im Wettbewerb, S. 45; Grabitz/ Hilf - *Frohnmeyer*, Recht der EU, Art. 73 EG Rn. 8.
574 Einschätzung von: *Welge*, Die Zukunft des ÖPNV aus städtischer Sicht, in: DVWG (Hrsg.), B 213, Die zukünftige Rolle der Kommunen bei Verkehrs- und Versorgungsnetzen, 117 (126).
575 Zahl von: Pressemitteilung des VDV vom 06.12.1999, unter www.vdv.de. [VDV-News].
576 S. Folgekostenbericht der Bundesregierung, BT-Drucks. 13/ 7552, 3, bezogen auf das Jahr 1993.

folglich die Verlustübernahme nicht vornehmen würde[577]. Die entsprechende Beihilfe erhalten nur die kommunalen Verkehrsunternehmen, die im Rahmen eines Querverbunds betrieben werden, so dass sie insgesamt wettbewerbsverfälschend[578] sowie handelsbeeinträchtigend und folglich mit dem Gemeinsamen Markt gem. Art. 87 Abs. (1) EG unvereinbar ist[579], soweit das Sekundärrecht nichts Anderes bestimmt.

Gegen das grundsätzliche Verbot der Quersubventionierung durch den steuerlichen Querverbund wird argumentiert, dass der VO (EWG) 1191/ 69 i.d.F. der VO (EWG) 1893/ 91 ein derartiges nicht zu entnehmen sei[580]. Zutreffend an dieser Annahme ist, dass der Verordnung kein grundsätzliches Verbot von (Quer-) Subventionen entnommen werden kann. Ein derartiges Verbot kann insbesondere nicht aus Art. 1 Abs. (5) S. 2 lit. b) der VO (EWG) 1191/ 69 i.d.F. der VO (EWG) 1893/ 91 entnommen werden. Das dort festgeschriebene Verbot von Transferzahlungen von oder zu anderen Unternehmensbereichen für Unternehmen, die Verkehrsdienste erbringen, die mit Verpflichtungen des öffentlichen Dienstes belastet sind, betrifft nicht die Abgeltung durch den öffentlichen Auftraggeber, sondern die unternehmensinterne Vermischung von Einnahmen aus gemein- und eigenwirtschaftlichen Verkehren und sonstigen Einnahmen[581]. Vielmehr muss Folgendes gelten: Wenn schon staatliche Beihilfen für eine ausreichende Verkehrsbedienung erforderlich sind, sollen diese in einem transparenten Verfahren mit den gleichen Chancen für alle Wettbewerber vergeben werden, wodurch nebenbei das Kriterium der Wettbewerbsverfälschung wegfällt[582]. Zur Abgeltung könnte der Querverbund demnach nach Maßgabe der VO (EWG) 1191/ 69 i.d.F. der VO (EWG) 1893/ 91 benutzt werden.

Ein anderer Einwand gegen das grundsätzliche Verbot des steuerlichen Querverbunds wird daraus hergeleitet, dass es sich dabei um eine Regelung des Steuerrechts handelt, die die VO (EWG) 1191/ 69 i.d.F. der VO (EWG) 1893/ 91 nicht regeln soll

---

577 Vom Vorliegen einer Beihilfe gehen auch aus: *Werner*, Nach der Regionalisierung - der Nahverkehr im Wettbewerb, S. 239, der von der Unzulässigkeit des Querverbunds zur Begründung der Eigenwirtschaftlichkeit ausgeht; *Berschin*, Europäisches Recht der Finanzierung im ÖPNV bringt Wettbewerb um Subventionen, ZUR 1997, 4 (10), der von der Vermeidung einer Wettbewerbsfälschung spricht, wenn der Querverbund auch dem günstigsten Bieter - also im Rahmen eines gemeinwirtschaftlichen Verkehrs - offensteht.
578 Vgl. *Fromm/ Fey*, Personenbeförderungsrecht, § 8 PBefG Rn. 11; *Fromm*, Zur Neuordnung des Personenbeförderungsrechts, TranspR 1994, 425 (430); s. auch: *Gabler*, Öffentlicher Nahverkehr in Bayern, S. 98 f.
579 Vgl. *Schmuck*, Die Eisenbahnen in der Gemeinsamen Verkehrspolitik der EG, TranspR 1992, 41 (52); *Meyer*, Die Ausschreibungspflicht im gemeinwirtschaftlichen Linienverkehr und ihre Auswirkungen auf den Bestand der Genehmigung, DVBl. 1999, 1409 (1410); *Zuck*, Eigenwirtschaftliche und gemeinwirtschaftliche Verkehrsleistungen und geringste Kosten für die Allgemeinheit, DÖV 941 (945) - allerdings indem er die Eigenwirtschaftlichkeit des entsprechenden Verkehrs i.S. des § 8 Abs. 4 S. 2 PBefG verneint; *Aberle*, Intermodaler Wettbewerb zwischen Bus und Bahn im Regionalverkehr, in: DVWG (Hrsg.), B 191, Reformkonzepte im Nahverkehr: Deregulierung, Privatisierung, Regionalisierung, 39 (44).
580 So: *Heinze*, Zur Rechtsstellung der Unternehmen in dem seit dem 1. Januar geltenden Personenbeförderungsrecht, DÖV 1996, 977 (984).
581 In diese Richtung: *Berschin*, Europäisches Recht der Finanzierung im ÖPNV bringt Wettbewerb um die Subventionen, ZUR 1997, 4 (10); *Fromm*, Der Fortbestand des Querverbunds - ein steuerliches Problem?, BB 1994, 2366 (2369).
582 Diesen Ansatz äußern: *Fromm*, Der Fortbestand des Querverbunds - ein steuerliches Problem?, BB 1994, 2366 (2370); sowie die Autoren in Fn. 576.

und kann[583]. Auch diesem Argument ist entgegen zu setzen, dass die Verordnung dem Staat nicht vorschreibt, wie er die Finanzierung der ausreichenden Verkehrsbedienung gewährleistet, sondern eine Vergabe der entsprechend finanzierten Verkehre im Wettbewerb verlangt.

Leistungen, die ein Verkehrsunternehmen gegenwärtig im steuerlichen Querverbund erhält, sind mit dem Begriff der Eigenwirtschaftlichkeit nicht vereinbar und unterliegen der VO (EWG) 1191/ 69 i.d.F. der VO (EWG) 1893/ 91.

g.) Tarifverbünde
Fraglich ist schließlich noch der Einfluss der Angehörigkeit zu einem Tarifverbund, der über einen einheitlichen Tarif verfügt, auf die Beurteilung als eigenwirtschaftlicher Verkehr, da es in derartigen Verbünden zum Ausgleich verbundbedingter Lasten und Harmonisierungsverlusten kommt. Der *Bund/ Länder Fachausschuss Straßenpersonenverkehr* vertritt dazu die Ansicht, dass diese Zahlungen die Gemeinwirtschaftlichkeit nicht begründen, da sie von Art. 2 Abs. (5) 2. Unterabs. VO (EWG) 1191/ 69 i.d.F. der VO (EWG) 1893/ 91 gedeckt seien[584]. Dabei wird übersehen, dass es sich bei der Gründung eines Verbunds nicht um eine Tarifmaßnahme zur Organisation des Verkehrsmarktes handelt[585].

Um das Vorliegen einer Beihilfe beurteilen zu können, muss zunächst festgestellt werden, ob und gegebenenfalls inwieweit die verbundbedingten Kosten die verbundbedingten Mehreinnahmen überwiegen. Diese Kosten und Einnahmen müssen in einem zweiten Schritt mit den (hypothetischen) Kosten und Einnahmen verglichen werden, die bei eigener Gestaltung des Verkehrs durch das Unternehmen entstehen bzw. erzielt würden[586]. Bei dem ersten Vergleich wird festgestellt, ob überhaupt eine Kostenunterdeckung vorliegt und bei dem zweiten der Zusammenhang dieser mit dem Tarifverbund. Harmonisierungsverluste können bei der Gründung des Verbundes durch die Anpassung des Marketings (z.B. Kosten für ein einheitliches Logo des Verbundes auf allen Fahrplänen, an den Haltestellen und Bussen, Werbung für den Verbund etc.) und der Technik sowie durch die Festlegung eines einheitlichen Verbundtarifs entstehen. Letztere Verluste entstehen, wenn der Verbundtarif für die Benutzung zweier Strecken verschiedener Unternehmer geringer ist als zuvor die Summe der beiden Einzelfahrausweise. Gerade dieser Verlust lässt sich durch eine Übergangsregelung, wie sie im Heilbronner Verbund tatsächlich praktiziert wird, auffangen, wenn die Verbundfahrpreise für einzelne Zonen vorübergehend von denen anderer Zonen abweichen und eine Vereinheitli-

---

583 So: *Burgbacher*, Vergaberegeln und Nahverkehr, TranspR 1999, 1 (4); *Berschin*, Europäisches Recht der Finanzierung im ÖPNV bringt Wettbewerb um Subventionen, ZUR 1997, 4 (10), der allerdings den Zweck der entsprechenden VO zutreffend beschreibt und folgert, dass lediglich die Wettbewerbsverzerrung beseitigt werden muss.
584 Abgedruckt in: Der Nahverkehr 6/ 1997, 8 (12). Vgl. auch *Sellmann/ Blume*, Die Entwicklung des öffentlichen Verkehrsrechts, NVwZ 1999, 250 (259), die dies entgegen der Auffassung des Ausschusses für klärungsbedürftig halten.
585 *Baumeister*, Erteilung von Linienverkehrsgenehmigungen, LKV 1999, 12 (13), weist zu Recht darauf hin, dass mit der Bestimmung in der VO allgemeingültige Preisvorschriften gemeint sind.
586 Vgl. dazu und zum Folgenden: *Werner*, Nach der Regionalisierung - der Nahverkehr im Wettbewerb, S. 171.

chung schrittweise erfolgt[587]. Weitere Kosten können durch den Eigenaufwand der Verbünde[588] entstehen, zum einen durch den Verwaltungsaufwand und zum anderen durch die Aufteilung der Einnahmen[589]. Gegen diesen Mehraufwand sind die Mehrerlöse zu rechnen, die z.b. durch eine allgemeine Tariferhöhung bei Gründung des Tarifverbundes und durch Mehrfahrten, zu denen die Vereinheitlichung des ÖPNV-Angebots zumindest führen kann, anfallen können.

Ergibt diese Rechnung im Saldo, dass die verbundbedingten Verluste höher sind als die verbundbedingten Vorteile, und führt dies dazu, dass die Unternehmen ihr Angebot ohne staatliche Mittel nicht aufrechterhalten können, so bedeutet dies, dass die entsprechenden Verkehre nicht eigenwirtschaftlich betrieben werden können[590]. Bei den entsprechenden Ausgleichszahlungen der öffentlichen Hand handelt es sich um Begünstigungen, die nur den an dem Verbund beteiligten Unternehmen zugute kommen und deren Konkurrenten benachteiligen, so dass insgesamt eine an sich nach Art. 87 Abs. (1) EG verbotene Beihilfe vorliegt. Diese kann nur im Rahmen der VO (EWG) 1191/ 69 i.d.F. der VO (EWG) 1893/ 91 zulässig sein[591], d.h. nur im Rahmen der Auferlegung oder Vereinbarung eines gemeinwirtschaftlichen Verkehrs für eine ausreichende Verkehrsbedienung.

h.) Zwischenergebnis
Entgegen der Auffassung des Gesetzgebers können die herkömmlichen Einnahmeformen der Verkehrsunternehmen nicht durch § 8 Abs. 4 S. 2 PBefG gerettet werden, da ein Großteil der Finanzierungsmittel eine Beihilfe i.S. des Art. 87 Abs. (1) EG darstellt und eine Ausnahme von dem grundsätzlichen Verbot nur unter den Voraussetzungen der VO (EWG) 1191/ 69 i.d.F. der VO (EWG) 1893/ 91 bzw. der VO (EWG) 1107/ 70 möglich ist. Zu diesen kritischen Finanzierungsmitteln gehören die Steuervergünstigungen und die Erstattungs- bzw. Ausgleichsansprüche nach den §§ 45a PBefG, 62 SchwbG[592] nicht.

Zu den anmeldepflichtigen Beihilfen, die unter die VO (EWG) 1107/ 70 fallen und damit grundsätzlich erlaubt sind, gehören Investitionsfördermittel für die Einrichtung

---

587 So: *Batzill/ Zuck*, Personenbeförderungsrecht im Spannungsfeld von Bahnstrukturreform, PBefG-Novelle, ÖPNV-Recht der Länder und EG-Recht, S. 87 f., mit weiteren Vorschlägen zur Vermeidung derartiger Verluste bei der Gründung eines Tarifverbunds.
588 *Batzill/ Zuck*, a.a.O., zeigen auf, dass abgesehen von reinen Verbünden von Verkehrsunternehmen (bei denen der Ausgleich wohl durch deren - öffentlichen - Eigentümer erfolgen dürfte) bei Mischverbünden eine Deckung dieses Mehraufwandes zu ca. 50 % durch die Gebietskörperschaften bzw. Gemeinden zu tragen ist (Umkehrschluss daraus, dass die beteiligten Unternehmen ca. 50 % tragen müssen).
589 *Batzill/ Zuck*, a.a.O., S. 88 schlagen dazu folgenden Aufteilungsschlüssel vor: Berechnung der Alteinnahmen der einzelnen Verkehrsunternehmer im Verhältnis zu den Alteinnahmen sämtlicher am Verbund beteiligter Unternehmen in den 12 Monaten vor der Gründung des Tarifverbunds, gegebenenfalls vermindert um eine geringere Betriebsleistung im Verbund bzw. erhöht um eine etwaige Mehrleistung.
590 Zustimmend: *Baumeister*, Erteilung von Linienverkehrsgenehmigungen, LKV 1999, 12 (13 f.); *Werner*, Nach der Regionalisierung - der Nahverkehr im Wettbewerb, S. 171; wohl auch: *Berschin*, Europäisches Recht der Finanzierung bringt Wettbewerb um Subventionen, ZUR 1997, 4 (10).
591 Die VO (EWG) 1107/ 70 ist hier offensichtlich nicht einschlägig.
592 Allerdings bleibt zu prüfen, ob der Ausgleich bzgl. dieser Regelungen auch europarechtskonform ist.

bzw. Anschaffung von Busspuren, Anlagen zur Beeinflussung der Ampelanlagen und Busbahnhöfen, Umstrukturierungsbeihilfen und Ausgleichszahlungen für ein allgemeines Tarifniveau. Da diese Beihilfen außerhalb der VO (EWG) 1191/ 69 i.d.F. der VO (EWG) 1893/ 91 geregelt sind, beeinflussen sie nicht die Einordnung einer Verkehrsleistung als eigenwirtschaftlich und die Einordnung als sonstige Unternehmenserträge im handelsrechtlichen Sinn (§ 8 Abs. 4 S. 2 PBefG). Problematisch dürfte jedoch die Pflicht zur Voranmeldung sein, die in der Mehrzahl der Fälle nicht eingehalten worden sein dürfte. Damit sind die Beihilfegewährungen wegen Verstoßes gegen Art. 88 Abs. (3) EG formell rechtswidrig. Eine Rückforderungsaufforderung an die Bundesregierung seitens der Kommission begründet die formelle Rechtswidrigkeit allein zwar nicht[593], von den nationalen Gerichten müsste diese aber erfolgen, eine entsprechende Klage eines Konkurrenten vorausgesetzt.

Zu den Beihilfen, die unter die VO (EWG) 1191/ 69 i.d.F. der VO (EWG) 1893/ 91 fallen, gehören Investitionsförderungen zur Anschaffung neuer Busse und zum (Aus-) Bau des Betriebshofes und sämtliche vertraglichen Ausgleichs- oder Zuschusszahlungen, mit Ausnahme von Umstrukturierungsbeihilfen und solchen für allgemeine Tarife. Zu den relevanten Beihilfen gehören insbesondere (globale) Verlustabdeckungen seitens der öffentlichen Hand, Zahlungen für besondere Fahrplanleistungen bzw. Tarife, für Marketing und Service, Leistungen aus dem steuerlichen Querverbund und der Ausgleich von Harmonisierungsverlusten und sonstigen verbundbedingten Lasten. Diese öffentlichen Finanzierungsmittel sind zwar grundsätzlich erlaubt, jedoch nur im Rahmen der VO (EWG) 1191/ 69 i.d.F. der VO (EWG) 1893/ 91, also zur Erreichung einer ausreichenden Versorgung der Bevölkerung mit Verkehrsleistungen. Die entsprechenden Verkehrsleistungen sind aufzuerlegen oder zu vereinbaren. Für die Einordnung als eigenwirtschaftliche Verkehre bleibt kein Raum. § 8 Abs. 4 S. 2 PBefG verstößt demnach gegen das europäische Recht, sofern unter den Begriff der sonstigen Unternehmenserträge im handelsrechtlichen Sinn auch vorgenannte Finanzierungsmittel fallen. Diese Auslegung ist jedoch keinesfalls zwingend, so dass § 8 Abs. 4 S. 2 PBefG bei europarechtskonformer Auslegung der sonstigen Unternehmenserträge im handelsrechtlichen Sinn mit dem höherrangigen Europarecht vereinbar ist.

3. Genehmigungsvoraussetzungen, § 13 PBefG

Die Genehmigung eines (tatsächlich) eigenwirtschaftlichen Verkehrs erfolgt unter den Voraussetzungen des § 13 PBefG auf einen entsprechenden Antrag des Verkehrsunternehmers nach § 12 PBefG.

a.) Genehmigungserfordernis
Die entgeltliche oder geschäftsmäßige Beförderung von Personen im Linienverkehr mit Kraftfahrzeugen (§§ 42, 43 PBefG) ist gem. §§ 1 Abs. 1, 2 Abs. 1 PBefG genehmigungspflichtig. Die Genehmigung wird gem. § 3 Abs. 1 PBefG dem entsprechenden Unternehmer für einen bestimmten Verkehr (§ 9 PBefG) und für seine (natürliche oder

---
593 A.A.: *Berschin*, Anmerkung zu OVG Magdeburg, Urteil vom 07.04.1998, A 1/ 4 S 221/ 97, TranspR 1999, 33 (34); die hier vertretene Meinung wurde im 1.Teil der Arbeit unter I 4 d.) cc.) näher dargelegt.

juristische) Person erteilt. Aus dieser Bestimmung folgt, dass nur Unternehmen eine Linienverkehrsgenehmigung erhalten können, wodurch der bereits festgestellte, unternehmerische Charakter des ÖPNV unterstrichen wird.

b.) Antrag auf Genehmigung
Das Genehmigungsverfahren beginnt mit dem Antrag des Verkehrsunternehmers nach § 12 PBefG. In diesem Antrag hat der Unternehmer neben den Angaben zu seiner Person (Abs. 1 Nr. 1) seine Vorstellungen über die Linienführung, die Beförderungsentgelte und den Fahrplan sowie zu den zu verwendenden Fahrzeugen (Abs. 1 Nr. 3) anzugeben. Die Zuverlässigkeit des Antragstellers sowie die Sicherheit und Leistungsfähigkeit sind durch Bescheinigungen, durch Nachweise zur Abführung der Sozialbeiträge und der Beiträge zur Unfallversicherung oder ähnliches nachzuweisen[594], § 12 Abs. 2 PBefG. Benötigt die Genehmigungsbehörde weitere Angaben bzw. Unterlagen, so kann sie diese gem. § 12 Abs. 3 PBefG von dem Unternehmer verlangen, insbesondere auch einen Auszug aus dem Bundeszentralregister oder aus dem Gewerbezentralregister, oder von dem Kraftfahrtbundesamt in Flensburg eine Auskunft erbitten. Diese Vorschriften haben gegebenenfalls weitreichende Konsequenzen für die Verkehrsunternehmen: Sie müssen die Voraussetzungen für das Vorliegen eines eigenwirtschaftlichen Verkehrs beweisen, da nur dann eine Genehmigung nach § 13 PBefG erfolgen kann. Der Beweis müsste durch eine linien- und netzbezogene Ertragsrechnung erfolgen. Dieser Nachweis dürfte einem Verkehrsunternehmen, das einem Tarifverbund angehört, aber so gut wie unmöglich sein, da die im Rahmen der Eigenwirtschaftlichkeit verbotene Subventionierung durch den Ausgleich von Harmonisierungsverlusten und sonstigen verbundbedingten Lasten nicht hinreichend ausgeschlossen werden kann[595]. Gelingt dem Unternehmer der entsprechende Nachweis der Eigenwirtschaftlichkeit im europarechtskonformen Sinn nicht, so darf die Genehmigungsbehörde keine Genehmigung nach § 13 PBefG erteilen. Eine Genehmigung nach § 13a PBefG kommt auch nicht in Frage, da diese zunächst eine Vereinbarung mit oder Auferlegung durch den Aufgabenträger voraussetzt.

Gelegentlich wird behauptet, der Unternehmer habe ein Wahlrecht, ob er einen eigenwirtschaftlichen oder gemeinwirtschaftlichen Verkehr beantragt bzw. betreiben möchte[596]. In dieser Allgemeinheit ist die Behauptung unzutreffend. Zutreffend ist, dass der Unternehmer selbst entscheiden kann, wie er die Verkehrsleistung finanziert. Erfolgt die Finanzierung aber durch öffentliche Mittel, die als Beihilfe einzustufen sind und der VO (EWG) 1191/ 69 i.d.F. der VO (EWG) 1893/ 91 unterfallen, so ist der Verkehr nicht mehr eigenwirtschaftlich - unabhängig davon, ob der Unternehmer trotzdem einen der-

---

594 Vgl. *Fromm/ Fey*, Personenbeförderungsrecht, § 12 PBefG Rn. 2.
595 So zu Recht: *Baumeister*, Erteilung von Linienverkehrsgenehmigungen, LKV 1999, 12 (13 f.); *Barth*, Nahverkehr in kommunaler Verantwortung, S. 242 ff.
596 *Fey*, Zur Verordnung „Geringste Kosten" als Abschluß des Gesetzeswerkes zur Regionalisierung des ÖPNV-Marktes sowie zu anderen Fragen des novellierten PBefG, NZV 1996, 132 (136); *Zeiselmair*, Die Novelle zum PBefG, Der Nahverkehr 11/ 95, 8 (11); *Zuck*, Eigenwirtschaftliche und gemeinwirtschaftliche Verkehrsleistungen und geringste Kosten für die Allgemeinheit, DÖV 1994, 941 (947).

artigen beantragt. Eine Genehmigung nach § 13 PBefG darf wegen des entgegenstehenden Europarechts nicht erteilt werden[597].

c.) Genehmigungsvoraussetzungen
Die Erteilung der Genehmigung ist von dem Vorliegen der subjektiven Voraussetzungen in § 13 Abs. 1 PBefG und der objektiven Voraussetzungen in § 13 Abs. 2, 2a, 3 PBefG abhängig.

aa.) Subjektive Voraussetzungen
Nach § 13 Abs. 1 PBefG darf die Genehmigung nur erteilt werden, wenn
- die Sicherheit und Leistungsfähigkeit des Betriebes gewährleistet sind (Nr. 1),
- keine Tatsachen vorliegen, die die Unzuverlässigkeit des Antragstellers als Unternehmer oder der für die Geschäfte bestellten Personen dartun (Nr. 2), und
- der Antragsteller als Unternehmer oder die für die Führung der Geschäfte bestellte Person fachlich geeignet ist, was durch eine angemessene Tätigkeit in einem Unternehmen des Straßenpersonennahverkehrs oder durch eine Prüfung nachgewiesen wird (Nr. 3).

Diese Voraussetzungen gelten gem. § 13 Abs. 6 PBefG bei juristischen Personen des öffentlichen Rechts als gegeben.

Zwischen der Sicherheit und Leistungsfähigkeit besteht ein Zusammenhang, da erstere nur gewährleistet werden kann, wenn das Unternehmen leistungsfähig ist[598]. Die Einzelheiten zur finanziellen Leistungsfähigkeit, die der Antragsteller erfüllen muss, sind in § 2 Berufszugangsverordnung für den Straßenverkehr (PBZugV)[599] geregelt. Danach ist sie gewährleistet, wenn die zur Aufnahme und ordnungsgemäßen Führung des Betriebes erforderlichen Mittel verfügbar sind, wobei gem. § 2 Abs. 2 Nr. 2, Abs. 3 PBZugV zu diesen Bankguthaben, als Sicherheit verfügbare Mittel und Vermögensgegenstände sowie mögliche Überziehungskredite und Darlehen gehören. Dazu wird vertreten, dass bei einem eigenwirtschaftlichen Verkehr die verbotenen Beihilfezahlungen als solche nicht zu berücksichtigen seien, insbesondere weil jederzeit die Gefahr einer Rückforderung bestehe - mit der Folge, dass die finanzielle Leistungsfähigkeit entfiele[600]. Diese Auffassung übersieht, dass ein Antrag auf eine Genehmigung nach § 13 PBefG bereits einen eigenwirtschaftlichen Verkehr im europarechtskonformen Sinn

---

597 Bzgl. des Nichtbestehens eines derartigen Wahlrechts zustimmend: *Berschin*, Anmerkung zu OVG Magdeburg, Urteil vom 07.04.1998, A 1/ 4 S 221/ 97, TranspR 1999, 33 (35). Ein Wahlrecht besteht dagegen für den Unternehmer, der einen gemeinwirtschaftlichen Verkehr mit dem Aufgabenträger vereinbart hat oder dem dieser auferlegt worden ist, wenn er den Verkehr tatsächlich eigenwirtschaftlich betreiben will, vgl. *Werner*, Nach der Regionalisierung - der Nahverkehr im Wettbewerb, S. 169, der das andere Wahlrecht auch ablehnt.
598 BVerwG VRS 48, 315.
599 Vom 15.06.2000, BGBl. I S. 851; bis zum 01.07.2000 galt § 2 Verordnung über den Zugang zum Beruf des Straßenpersonenverkehrsunternehmers (Berufszugangs-VO PBefG) vom 09.04.1991 (BGBl. I S. 896), mit der die Vorgaben der Richtlinie 74/ 562/ EWG vom 12.11.1974 in der damals geltenden Fassung ins innerstaatliche Recht umgesetzt werden sollten. Mittlerweile muss sich das innerstaatliche Recht an der Richtlinie 96/ 26/EG vom 29.04.1996 messen lassen, die im dritten Teil der Arbeit näher erörtert wird.
600 So: (noch) *Barth*, Anmerkung zu OVG Magdeburg, Urteil vom 07.04.1998 - A 1/ 4 S 221/ 97, ZUR 1998, 215 (217); OVG Magdeburg TranspR 1999, 27 (31 ff.) - beide allerdings noch während der Geltung des § 2 Berufszugangs-VO PBefG.

voraussetzt, da nur dieser nach § 13 PBefG genehmigt werden kann. Die Prüfung hat zwar denselben Inhalt, abzustellen ist aber nicht auf die Leistungsfähigkeit i.S. des § 13 Abs. 1 Nr. 1 PBefG. Vielmehr ist die Genehmigung zu versagen, weil kein eigenwirtschaftlicher Verkehr beantragt wird. Die hier vertretene Ansicht wird durch einen Blick auf § 13 Abs. 6 PBefG bestätigt: Da die Leistungsfähigkeit juristischer Personen des öffentlichen Rechts angenommen wird, findet keine Überprüfung nach § 13 Abs. 1 Nr. 1 PBefG statt. Dies würde bedeuten, dass deren Leistungsfähigkeit bezüglich eines eigenwirtschaftlichen Verkehrs angenommen würde, obwohl gegebenenfalls tatsächlich kein eigenwirtschaftlicher Verkehr vorliegt. Demnach muss die Überprüfung, ob ein eigenwirtschaftlicher Verkehr im europarechtskonformen Sinn vorliegt, im Vorfeld erfolgen, so dass verbotene Beihilfen auch bezüglich der Eigenbetriebe die Eigenwirtschaftlichkeit entfallen lassen und eine Genehmigung nach § 13 PBefG nicht erteilt werden kann[601]. Im Übrigen ist die finanzielle Leistungsfähigkeit zum Zeitpunkt der Antragstellung entscheidend. Die zum Nachweis der finanziellen Leistungsfähigkeit gem. § 2 Abs. 2 PBZugV vorzulegenden Urkunden können nämlich keine zuverlässigen Aussagen über die zukünftige Entwicklung des Antragstellers treffen, sondern nur die gegenwärtige Finanzsituation dokumentieren[602].

Zur finanziellen Leistungsfähigkeit ist noch anzumerken, dass die finanziellen Voraussetzungen in § 2 Abs. 3 Berufszugangs-VO PBefG aus Gründen des europäischen Wettbewerbs recht niedrig gehalten worden sind[603], während die Voraussetzungen im neuen § 2 Abs. 1 PBZugV letztlich verschärft worden sind[604].

Über die Zuverlässigkeit und die fachliche Eignung enthält die § 1 PBZugV und § 3 Berufszugangs-VO PBefG[605] genauere Regelungen. Auch hier gilt für die juristischen Personen des öffentlichen Rechts wieder § 13 Abs. 6 PBefG, so dass das Vorliegen der Voraussetzungen angenommen wird. Diese für Eigenbetriebe geltende Regelung muss meines Erachtens auch zu Gunsten vergleichbarer juristischer Personen des öffentlichen Rechts aus anderen Mitgliedstaaten gelten, da ansonsten eine sachlich nicht zu rechtfertigende Beschränkung der Niederlassungsfreiheit des Art. 43 EG i.V.m. Art. 48 EG vorliegen würde[606].

---

601 Im Ergebnis zustimmend: *Baumeister*, Erteilung von Linienverkehrsgenehmigungen, LKV 1999, 12 (13); *Barth*, Nahverkehr in kommunaler Verantwortung, S. 242, in Abkehr zur früher vertretenen Auffassung (vorherige Fn.).
602 Ähnlich (allerdings zur alten Berufszugangs-VO PBefG): BVerwG DVBl. 2000, 1614 (1616), mit zustimmender Anm. von *Sellmann*, DVBl. 2000, 1619 (1620).
603 S. *Staatssekretär Dr. Knittel* am 22.03.1993 auf die Frage des MdB Adler, BT-Drucks. 12/ 4650, 41. Nach § 2 Abs. 3 Nr. 2 Berufszugangs-VO PBefG müssen Eigenkapital und Reserven mindestens 12.000,- DM pro eingesetzten Bus oder 600,- DM je Sitzplatz betragen, wobei der niedrigere der beiden Beträge maßgebend ist.
604 Fehlende Leistungsfähigkeit, wenn das Eigenkapital weniger als 9.000 Euro (ca. 18.000 DM) für das erste Fahrzeug oder weniger als 5.000 Euro (ca. 10.000 DM) für jedes weitere Fahrzeug beträgt. Da gleichzeitig die Alternative des Betrages pro Sitzplatz weggefallen ist, dürfte insgesamt aber eine Verschärfung der Mindestanforderungen an die finanzielle Leistungsfähigkeit eingetreten sein - gerade für die Unternehmen, die lediglich über kleine Busse verfügen.
605 § 3 PBZugV gilt erst ab dem 01.01.2001, wie auch die §§ 4-8 PBZugV.
606 Mit der Tätigkeit im ÖPNV ist nicht die Ausübung hoheitlicher Gewalt verbunden, so dass Art. 45 EG nicht einschlägig ist.

Die genannten subjektiven Voraussetzungen müssen nicht nur beim Neuzugang zum Beruf des Verkehrsunternehmers im ÖPNV vorliegen, sondern auch bei jeder Wiedererteilung der Genehmigung[607].

bb.) <u>Objektive Versagungsgründe</u>
Die objektiven Versagungsgründe sind in § 13 Abs. 2, 2a PBefG geregelt. Nach § 13 Abs. 2 Nr. 1 PBefG ist die Genehmigung zu versagen, wenn der begehrte Verkehr letztlich selbst einen feststellbar nachteiligen Einfluss auf die Verkehrssicherheit ausübt[608]. Anders gewendet ist dort, wo öffentlicher Straßenverkehr stattfindet, in der Regel auch Linienverkehr möglich[609]. Diese Bestimmung ist europarechtlich unbedenklich.

Die Genehmigung ist gem. § 13 Abs. 2 Nr. 2 PBefG ebenfalls zu versagen, wenn öffentliche Verkehrsinteressen durch den beantragten Verkehr beeinträchtigt würden, wozu in den Buchstaben a)-c) drei Beispiele aufgeführt sind, die allerdings die öffentlichen Verkehrsinteressen nicht abschließend beschreiben[610]. Bei dem Begriff der öffentlichen Verkehrsinteressen handelt es sich um einen unbestimmten Rechtsbegriff, der lediglich in Buchstaben a)-c) des § 13 Abs. 2 PBefG gesetzlich definiert ist. Nur soweit gesetzliche Tatbestandsmerkmale existieren, sind die Tatbestandsvoraussetzungen gerichtlich voll überprüfbar. Soweit die Entscheidung dagegen einen planerischen Einschlag hat, kommt der Genehmigungsbehörde ein Einschätzungs- und Beurteilungsspielraum zu[611] - soweit der kommunale Aufgabenträger das örtliche Verkehrsinteresse nicht abschließend durch den Nahverkehrsplan bestimmt hat[612].

Gem. § 13 Abs. 2 Nr. 2 lit. a) PBefG ist die Genehmigung zu versagen, wenn der Verkehr mit den vorhandenen Verkehrsmitteln befriedigend bedient werden kann. Bereits aus dem Wortlaut folgt, dass der beantragte Verkehr nicht eine befriedigende Verkehrsbedienung ermöglichen muss, sondern nur zu versagen ist, wenn die befriedigende Verkehrsbedienung auch ohne ihn erfolgt[613]. Wenn die befriedigende Verkehrsbedienung gegenüber der ausreichenden in § 8 Abs. 3 S. 1 PBefG auch kein „Plus" darstellt, so ist im Rahmen des § 13 Abs. 2 Nr. 2 lit. a PBefG nur auf die Nachfrage im

---

607 Vgl. OVG Münster VRS 85, 317.
608 S. VGH München VRS 58, 155.
609 *Fromm*, Rechtsprechung zum Personenbeförderungsgesetz, BB 1983, 862, spricht deshalb von keiner praktischen Bedeutung dieser Vorschrift.
610 *Fromm/ Fey*, Personenbeförderungsrecht, § 13 PBefG Rn. 5 f., sprechen von beispielhaft aufgeführten Versagungsgründen; *Werner*, Nach der Regionalisierung - der Nahverkehr im Wettbewerb, S. 173; *Batzill/ Zuck*, Personenbeförderungsrecht im Spannungsfeld von Bahnstrukturreform, PBefG-Novelle, ÖPNV-Recht der Länder und EG-Recht, S. 64.
611 BVerwG NJW 1989, 3233 (3235); OVG Lüneburg VRS 79, 313; VGH Mannheim NVwZ-RR 1993, 291; wohl zustimmend: *Werner*, Nach der Regionalisierung - der Nahverkehr im Wettbewerb, S. 173 f.; krit.: *Fromm/ Fey*, Personenbeförderungsrecht, § 13 PBefG Rn. 5, mit Hinweis auf die frühere Praxis, die von einer vollständigen Nachprüfbarkeit ausgegangen ist; a.A.: *Heinze*, Zur Rechtsstellung der Unternehmen in dem seit 1. Januar geltenden Personenbeförderungsrecht, DÖV 1996, 977 (983), pauschal und leider ohne Nachweis.
612 So zur Recht: *Barth/ Baumeister*, Umweltwirksame Gestaltung des öffentlichen Personennahverkehrs durch die kommunalen Aufgabenträger, ZUR 1997, 17 (22).
613 Vgl. *Batzill/ Zuck*, Personenbeförderungsrecht im Spannungsfeld von Bahnstrukturreform, PBefG-Novelle, ÖPNV-Recht der Länder und EG-Recht, S. 62.

II. 3. Genehmigungsvoraussetzungen, § 13 PBefG

Verhältnis zum vorhandenen Angebot abzustellen[614]. Eine Lücke im Verkehrsangebot, d.h. eine nicht befriedigende Verkehrsbedienung, liegt demnach vor, wenn die Bedürfnisse der potentiellen Benutzer das Angebot der vorhandenen Verkehrsmittel überwiegen[615]. Soll der beantragte Verkehr diese Lücke schließen, so liegt keine Beeinträchtigung der öffentlichen Verkehrsinteressen vor. Diese Bestimmung gilt für jeden Verkehrsunternehmer - unabhängig von seiner Herkunft. Sie ist deshalb europarechtlich letztlich nicht zu beanstanden. Allerdings werden die bereits tätigen Unternehmer bzw. ihre ausschließlichen Rechte hier vor Konkurrenz geschützt. Diese staatliche Wettbewerbsbeschränkung[616], verbunden mit Eingriffen in die Dienstleistungs- und Niederlassungsfreiheit, erfolgt aber zur Sicherung der ausreichenden Bedienung der Bevölkerung mit Verkehrsleistungen, also einem berechtigten Interesse der Allgemeinheit, das durch das europäische Primär- und Sekundärrecht anerkannt wird[617].

Würde der beantragte Verkehr dagegen Aufgaben übernehmen, die bereits vorhandene Verkehrsunternehmen nach dem PBefG oder dem AEG wahrnehmen, beeinträchtigt er die öffentlichen Verkehrsinteressen gem. § 13 Abs. 2 Nr. 2 lit. b) PBefG dann nicht, wenn er eine wesentliche Verbesserung der Verkehrsbedienung verspricht. Eine wesentliche Verbesserung kann z.B. in der Anbindung der Außenbezirke von Gemeinden an das innerörtliche Verkehrsnetz liegen oder aber in dem Angebot eines besseren Tarifsystems für den Benutzer[618]. Die Vorschrift ist im Zusammenhang mit der Prüfungsreihenfolge innerhalb des § 13 Abs. 2 Nr. 2 PBefG zu sehen: Trotz nicht befriedigender Verkehrsbedienung ist die Genehmigung zu versagen, wenn keine wesentliche Verbesserung der Verkehrsbedienung zu erwarten ist. Diese Vorschrift soll dem Schutz der bereits vorhandenen Unternehmer dienen[619]. Abgesehen davon, dass die Vorschrift dann bereits verfassungsrechtlich zumindest bedenklich wäre[620], wäre der Ausschluss des Wettbewerbs europarechtlich so nicht zulässig. Vielmehr dient diese Vorschrift ebenfalls der ausreichenden Bedienung der Bevölkerung mit Verkehrsleistungen. Dies ergibt sich schon aus dem Wortlaut, der von einer Verbesserung der Verkehrsbedienung spricht. Damit ist auch diese Vorschrift europarechtlich nicht zu beanstanden.

---

614 Die planerische Entscheidung des jeweiligen Aufgabenträgers wird dann im Rahmen der unbenannten öffentlichen Interessen und im Rahmen des § 13 Abs. 2a PBefG berücksichtigt.
615 S. *Werner*, Nach der Regionalisierung - der Nahverkehr im Wettbewerb, S. 174; *Fromm/ Fey*, Personenbeförderungsrecht, § 13 PBefG Rn. 7.
616 Gebietsschutz gegenüber den in räumlicher, zeitlicher und funktioneller Hinsicht vergleichbaren beantragten neuen Verkehren. So: *Batzill/ Zuck*, Personenbeförderungsrecht im Spannungsfeld von Bahnstrukturreform, PBefG-Novelle, ÖPNV-Recht der Länder und EG-Recht, S. 43.
617 Vgl. zum verfassungsrechtlichen Hintergrund: BVerfGE 11, 168 (185). Die insoweit vorliegenden objektiven Zulassungsbeschränkungen sind nur dann mit Art. 12 GG vereinbar, wenn sie zur Abwehr nachweisbarer oder höchstwahrscheinlicher Gefahren für ein überragend wichtiges Gemeinschaftsgut zwingend erforderlich sind. Das BVerfG bejaht in diesem Beschluss die Zulässigkeit objektiver Zulassungsschranken für den Linienverkehr und verneint dies für Formen des Gelegenheitsverkehrs. Wie die Konzessionen generell bzw. bei mehreren Bewerbern zu vergeben sind, steht auf einem anderen Blatt und muss noch erörtert werden.
618 BVerwG NJW 1978, 1065.
619 *Batzill/ Zuck*, Personenbeförderungsrecht im Spannungsfeld von Bahnstrukturreform, PBefG-Novelle, ÖPNV-Recht der Länder und EG-Recht, S. 63. In diese Richtung auch OVG Greifswald, Urteil v. 29.05.1997 - 1 L 248/ 96, allerdings zu § 13 Abs. 2 Nr. lit. c und § 13 Abs. 3 PBefG.
620 S. nochmals BVerfGE 11, 168 (185).

Selbst wenn keine befriedigende Verkehrsbedienung vorliegt und der beantragte Verkehr zu einer Verbesserung der Verkehrsbedienung führen würde, ist die Genehmigung gem. § 13 Abs. 2 Nr. 2 lit. c) PBefG dennoch zu versagen, wenn die für diese Bedienung vorhandenen Unternehmen innerhalb einer bestimmten Frist, die die Genehmigungsbehörde diesen setzt, unter den Voraussetzungen des § 8 Abs. 3 PBefG die notwendige Ausgestaltung selbst durchzuführen bereit sind. Nach dem Willen des Gesetzgebers soll diese Vorschrift dafür sorgen, dass die Bedienung eines Verkehrs auf einer Strecke möglichst in der Hand eines Unternehmers liegt[621]. Fraglich an dieser Regelung ist zunächst, inwieweit von einer Ausgestaltung gesprochen werden kann. Dazu wird vertreten, dass der vorhandene Verkehrsunternehmer den beantragten Verkehr entweder selbst anbieten oder den bestehenden Verkehr bezüglich des Tarif- oder Leistungsangebots derart verbessern müsse, dass entweder eine befriedigende Verkehrsbedienung vorläge oder die wesentliche Verbesserung der Bedienung entfalle[622]. Dass der Verkehrsunternehmer den beantragten Verkehr selbst anbieten kann, geht über den Begriff der Ausgestaltung hinaus: Die Ausgestaltung setzt schon dem Wortsinn nach voraus, dass der Kern der bestehenden Verkehrsbedienung erhalten bleibt[623]. Wenn der von einem anderen beantragte Verkehr dagegen selbst von dem vorhandenen Unternehmen angeboten wird, wäre dies ein völlig neuer Verkehr. Es ist anerkannt, dass z.B. selbst die Verlängerung einer bestehenden Linie über die bestehenden Anfangs- und Endhaltepunkte niemals eine Ausgestaltung eines bestehenden Verkehrs darstellen kann[624]. Darüber hinaus wären in dem Fall, dass der Altunternehmer den beantragten Verkehr selbst anbietet, die Voraussetzungen des § 13 Abs. 2 Nr. 2 lit. a), b) PBefG überhaupt nicht gegeben, so dass § 13 Abs. 2 Nr. 2 lit. c) PBefG nach der Gesetzessystematik nicht zur Anwendung gelangen kann. Demnach kann nur einer Verbesserung des Leistungs- und Tarifangebots im Bereich des Ausgestaltungsvorrangs vorgenommen werden - solange der bestehende Verkehr in seinem Kern erhalten bleibt.

Eine weitere Einschränkung erfährt das Ausgestaltungsrecht durch die Bezugnahme auf § 8 Abs. 3 PBefG. Demnach besteht das Ausgestaltungsrecht nicht, wenn die Ausgestaltung den von der Genehmigungsbehörde in Zusammenarbeit mit dem Aufgabenträger und Verkehrsunternehmen entwickelten Zielsetzungen für den ÖPNV widersprechen würde. Ein derartiger Fall liegt z.B. vor, wenn der vorhandene Unternehmer sich grundlos nicht an einer bestehenden Kooperation beteiligt, die diesen Zielsetzungen entspricht. Gleiches gilt sinngemäß, wenn die Ausgestaltung im Widerspruch zu einem den gesetzlichen Vorgaben entsprechenden Nahverkehrsplan steht. Das Ausgestaltungsrecht erscheint im Ergebnis europarechtlich unbedenklich. Wird es wie hier auf den Kern des bestehenden Verkehrs beschränkt, so dient es dem anerkannten Interesse der Bevölkerung an einer ausreichenden Bedienung mit Verkehrsleistungen. Wegen des geringen Umfangs der Ausgestaltung und der Chance jedes Konzessionsinhabers zu einer derarti-

---

621 Einzelheiten zum Sinn der Regelung: *Bidinger*, Personenbeförderungsrecht, § 13 PBefG Ziff. 44; s. auch BVerwGE 30, 257 (262 ff.).
622 So: *Batzill/ Zuck*, Personenbeförderungsrecht im Spannungsfeld von Bahnstrukturreform, PBefG-Novelle, ÖPNV-Recht der Länder und EG-Recht, S. 63.
623 Zustimmend: *Fromm/ Fey*, Personenbeförderungsrecht, § 13 PBefG Rn. 10; *Werner*, Nach der Regionalisierung - der Nahverkehr im Wettbewerb, S. 174; einschränkend bzgl. einer gebündelten Genehmigung: *Barth*, Nahverkehr in kommunaler Verantwortung, S. 253.
624 BVerwG NJW 1989, 3233 (3234); VGH Mannheim DÖV 1993, 443; *Fromm/ Fey*, Personenbeförderungsrecht, § 13 PBefG Rn. 10.

gen Ausgestaltung seines Verkehrs dürfte darüber hinaus auch keine relevante staatliche Wettbewerbsbeschränkung vorliegen. Eine derartige liegt vielmehr in der Konzessionserteilung an den vorhandenen Verkehrsunternehmer.

Neben den beispielhaft in § 13 Abs. 2 Nr. 2 PBefG genannten öffentlichen Interessen kommen weitere unbenannte in Betracht: In Landesentwicklungsplänen, Generalverkehrsplänen, Landesverkehrsprogrammen oder Regionalverkehrsplänen können diese Interessen näher bestimmt sein, die mit den Interessen der Verkehrsunternehmen abzuwägen sind[625].

Schließlich kann gem. § 13 Abs. 2a PBefG die Genehmigung versagt werden, wenn der beantragte Verkehr nicht mit dem Nahverkehrsplan übereinstimmt. Um die Bedeutung dieser Vorschrift zu verstehen, ist zunächst daran zu erinnern, dass der Nahverkehrsplan nur Rahmenvorgaben enthalten darf. Sind im Nahverkehrsplan darüber hinausgehende Details geregelt, so sind sie für die Genehmigungsbehörde unbeachtlich und binden lediglich den Aufgabenträger selbst. Stimmt der beantragte Verkehr mit den (zulässigen) Rahmenvorgaben überein, so hat die Genehmigungsbehörde die Genehmigung zu erteilen, da sie an die planerischen Vorgaben im Nahverkehrsplan gebunden ist[626]. Dies folgt aus der verfassungsrechtlich verbürgten kommunalen Planungshoheit, Art. 28 Abs. 2 GG. Weicht der beantragte Verkehr dagegen von den Vorgaben des Nahverkehrsplans ab[627] und erteilt die Genehmigungsbehörde trotzdem eine Genehmigung, so wird durch diese auch in die Planungsgrundlage der vorhandenen Verkehrsunternehmen eingegriffen. Insoweit würde gegebenenfalls ein Eingriff in den eingerichteten und ausgeübten Gewerbebetrieb dieser Unternehmen vorliegen[628].

Fraglich bleibt, unter welchen Voraussetzungen trotzdem eine Genehmigung erteilt werden kann. Stellt die Genehmigungsbehörde eine Abweichung vom Nahverkehrsplan fest, so steht es in ihrem pflichtgemäßen Ermessen, über die Versagung der Genehmigung zu entscheiden, wobei die Vorgaben des § 8 Abs. 3 S. 1 PBefG zu beachten sind[629]. Demnach hat die Genehmigungsbehörde die divergierenden Interessen an einer ausreichenden, integrierten Verkehrsbedienung und einer wirtschaftlichen Verkehrsgestaltung zu berücksichtigen. Auf Grund der planerischen Hoheit des Aufgabenträgers ist die Genehmigungsbehörde dabei an die Vorgaben des Nahverkehrsplans zur ausreichenden Verkehrsbedienung und integrierten Bedienung zunächst gebunden - auch wenn diese im Widerspruch zur unternehmerischen Handlungsfreiheit bezüglich des beantragenden Unternehmens stehen. Berücksichtigt man jedoch, dass ein Verkehrsunternehmer einen Antrag auf einen eigenwirtschaftlichen Verkehr nur stellt, wenn er auf einen entsprechenden Gewinn hofft, so erscheint es zunächst merkwürdig, dass überhaupt ein Widerspruch zum Nahverkehrsplan vorliegt. Eigentlich müssten Verkehre wirt-

---

625 Einzelheiten bei: *Batzill/ Zuck*, Personenbeförderungsrecht im Spannungsfeld von Bahnstrukturreform, PBefG-Novelle, ÖPNV-Recht der Länder und EG-Recht, S. 64.
626 Zustimmend: *Werner*, Nach der Regionalisierung - der Nahverkehr im Wettbewerb, S. 175; *Barth/ Baumeister*, Umweltwirksame Gestaltung des öffentlichen Personennahverkehrs durch die kommunalen Aufgabenträger, ZUR 1997, 17 (19, 22).
627 Die Abweichung vom Nahverkehrsplan ist Tatbestandsmerkmal und deshalb gerichtlich vollständig nachprüfbar.
628 So zutreffend: *Werner*, Nach der Regionalisierung - der Nahverkehr im Wettbewerb, S. 175.
629 Vgl. *Sellmann*, Das neue Personenbeförderungsrecht, NVwZ 1995, 1167 (1170); *Heinze*, Zur Rechtsstellung der Unternehmen in dem seit 1. Januar 1996 geltenden Personenbeförderungsrecht, DÖV 1996, 977 (983).

schaftlich aussichtslos sein, die dem Plan widersprechen und weder über eine Netzanbindung noch über die damit verbundenen Zubringerwerte verfügen. Beruht die Abweichung des Antrags darauf, dass das beantragende Unternehmen nur Zubringerwerte aus dem Nahverkehrsplan abschöpft, ohne seinerseits den Vorgaben des Plans zu entsprechen, so hat die Genehmigungsbehörde den Antrag abzulehnen[630] - die unternehmerischen Interessen des Antragstellers können in diesem Fall die planerischen Interessen nicht überwiegen. Beruht die Abweichung vom Nahverkehrsplan dagegen auf einer besseren Einschätzung der Fahrgastbedürfnisse oder des Bedarfs an Verkehrsleistungen, so wird die Genehmigungsbehörde den unternehmerischen Interessen den Vorrang vor den planerischen Interessen, die in diesem Fall entweder fehlerhaft (veraltet) oder zumindest unvollständig im Nahverkehrsplan festgehalten sind, einräumen[631]. Allerdings hat die Genehmigungsbehörde in diesem Fall gem. § 8 Abs. 3 S. 1 PBefG mit dem Aufgabenträger und dem Verkehrsunternehmen zusammenzuwirken. Existiert dagegen überhaupt kein (wirksamer) Nahverkehrsplan oder enthält dieser keine Aussagen zum beantragten Verkehr, so hat die Genehmigungsbehörde, wieder gem. § 8 Abs. 3 S. 1 PBefG in Zusammenarbeit mit dem Aufgabenträger und dem Verkehrsunternehmen, eine eigene Entscheidung mit planerischem Einschlag gem. § 13 Abs. 2 Nr. 2 PBefG zu treffen.

Die Vorschrift des § 13 Abs. 2a PBefG gilt unterschiedslos für alle Verkehrsunternehmen und sichert lediglich den planerischen Einfluss des Aufgabenträgers bei der Genehmigung eines eigenwirtschaftlichen Verkehrs. Gerade dieser planerische Einfluss dient aber der ausreichenden Bedienung der Bevölkerung mit Verkehrsleistungen, so dass die damit gegebenenfalls verbundene Einschränkung der Dienstleistungs- bzw. Niederlassungsfreiheit europarechtlich nicht zu beanstanden ist.

Abschließend bleibt zu § 13 Abs. 2, 2a PBefG anzumerken, dass die dort enthaltenen Bestimmungen nur für eigenwirtschaftliche Verkehre - und zwar im europarechtskonformen Sinn - gelten. Damit dürfte die praktische Bedeutung des § 13 Abs. 2, 2a PBefG äußerst gering sein[632].

d.) Dauer der Genehmigung
Die Geltungsdauer der Genehmigung für den Linienverkehr mit Kraftfahrzeugen ist gem. § 16 Abs. 2 S. 1, 2 PBefG unter Berücksichtigung der öffentlichen Verkehrsinteressen zu bemessen und beträgt höchstens acht Jahre. Im öffentlichen Personennahverkehr ist dabei § 8 Abs. 3 PBefG zu beachten, § 16 Abs. 2 S. 3 PBefG.

Die Befristung ist damit zunächst unter den Vorbehalt des öffentlichen Verkehrsinteresses gestellt. Demnach können langfristige Planungen dazu führen, dass eine Genehmigung nicht neu erteilt oder kürzer als acht Jahre befristet wird, wenn sich die Ver-

---

630 Beispiele dafür bei: *Batzill/ Zuck*, Personenbeförderungsrecht im Spannungsfeld von Bahnstrukturreform, PBefG-Novelle, ÖPNV-Recht der Länder und EG-Recht, S. 66 - beantragter Parallelverkehr zu einer Schienenstrecke, obwohl der Plan einen Zubringerverkehr vorsieht; grundlose Verwiegerung der Integration in eine bestehende Verkehrskooperation.
631 So ausführlich wie überzeugend: *Werner*, Nach der Regionalisierung - der Nahverkehr im Wettbewerb, S. 177 - auch zu den anderen denkbaren Konstellationen.
632 Zustimmend: *Fromm/ Fey*, Personenbeförderungsrecht, § 13 PBefG Rn. 11, 14. *Muthesius*, Das deutsche Genehmigungsrecht für den straßengebundenen Nahverkehr im Lichte der Bestimmungen des Vertrages zur Gründung der Europäischen Gemeinschaft (EGV), in: Püttner (Hrsg.), ÖPNV in Bewegung. Konzepte, Probleme, Chancen, 71, geht dagegen von zahlreichen - europarechtskonformen - eigenwirtschaftlichen Verkehren aus.

kehrsplanung von überragendem öffentlichen Interesse nicht anders verwirklichen lässt[633]. Allerdings kann dies nur in Ausnahmefällen in Betracht kommen, während die Erteilung in der Regel für die Laufzeit von acht Jahren zu erfolgen hat[634].

Neu eingefügt in § 16 Abs. 2 PBefG wurde der in S. 3 enthaltene Verweis auf § 8 Abs. 3 PBefG. Dieser Verweis bedeutet, dass sich die Berücksichtigung der Unternehmerinteressen an einer langfristigen Planungssicherheit bei der Bemessung der Genehmigungsdauer relativiert, soweit Nahverkehrskonzeptionen (allgemeine Zielvorgaben gem. § 8 Abs. 3 S. 1 PBefG und der Nahverkehrsplan gem. § 8 Abs. 3 S. 2 PBefG) dem entgegenstehen oder der Aufgabenträger mit anderen Verkehrsunternehmern abweichende vertragliche Regelungen getroffen hat[635]. Insoweit werden die öffentlichen Verkehrsinteressen durch das Gesetz inhaltlich ausgefüllt. Die Auseinandersetzung, ob eine kürzere Befristung im Hinblick auf einen noch zu erstellenden Nahverkehrsplan zulässig ist[636], dürfte m.E. mittlerweile obsolet sein, da nahezu lückenlos Nahverkehrspläne bestehen dürften.

Problematisch ist dagegen folgender Fall: Der beantragte eigenwirtschaftliche Verkehr überschneidet sich (wesentlich)[637] mit einem, der nach den Maßgaben des Nahverkehrsplans als gemeinwirtschaftlicher durchgeführt werden soll, der Auftraggeber hat sich aber noch nicht entschieden, diesen auszuschreiben, oder es kommt zu einer Verzögerung des Ausschreibungsverfahrens. Da die Umsetzung der Nahverkehrskonzeption nicht durch eigenwirtschaftliche Genehmigungen gefährdet werden darf, muss die Genehmigungsbehörde in diesem Fall die Genehmigung derart befristen, dass sie ausläuft, wenn der geplante, gemeinwirtschaftliche Verkehr seinen Betrieb aufnimmt[638]. Eine derartige Befristung ist als Nebenbestimmung gem. § 36 Abs. 1 VwVfG nur zulässig, wenn sie durch Rechtsvorschrift zugelassen ist, oder wenn sichergestellt werden soll, dass die gesetzlichen Voraussetzungen des Verwaltungsaktes erfüllt sind. Eine Rechtsvorschrift, die ausdrücklich eine Befristung einer Genehmigung vorsieht, existiert nicht. § 15 Abs. 3 PBefG sieht lediglich Bedingungen und Auflagen für die Genehmigung vor, nicht aber eine Befristung, und § 15 Abs. 4 PBefG bestimmt ausdrücklich, dass die Genehmigung weder vorläufig noch unter dem Vorbehalt des Widerrufs erteilt werden darf. Folglich ist eine Befristung, also eine weitere nach § 36 Abs. 2 VwVfG mögliche Nebenbestimmung, nur zulässig, wenn sie zur Beachtung der Vorgaben des § 8 Abs. 3 PBefG notwendig ist. Demnach ist eine Bedingung nur zulässig, wenn der Übergang

---

633 S. BVerwG NZV 1992, 165 (166) mit Anm. *Bidinger*, NZV 1992, 166.
634 So: *Fromm/ Fey*, Personenbeförderungsrecht, § 16 PBefG Rn. 3; a.A.: OVG Lüneburg, Urteil vom 19.08.1966, III OVG 192/ 64.
635 Vgl. amtliche Begründung, BT-Drucks. 12/ 6269, 145; *Bidinger*, Änderungen des Personenbeförderungsrechts durch das Planvereinfachungsgesetz und das Eisenbahn-Neuordnungsgesetz, NZV 1994, 209 (214).
636 Für die Unzulässigkeit einer einjährigen Befristung in einem Einzelfall: VG Freiburg, Urteil vom 11.04. 1997 - 6 K 2110/ 95; dagegen sieht das VG Hannover (Hildesheim), Urteil vom 12.03.1997 - 3 A 1399/ 96 Hi., eine zweijährige Befristung als zulässig an. Kritisch zu kürzeren Befristungen in derartigen Fällen: *Sellmann*, Die Entwicklung des öffentlichen Verkehrsrechts, NVwZ 1996, 857 (862); *Fromm*, Zur Neuordnung des Personenbeförderungsrechts, TranspR 1994, 425 (430).
637 Eine vollständige Überschneidung ist nicht möglich, da ansonsten eine Fehlplanung des Aufgabenträgers vorläge, die eine tatsächlich eigenwirtschaftlich zu erbringende Verkehrsleistung als gemeinwirtschaftlich eingestuft hat. In diesem Fall wäre der entgegenstehende Nahverkehrsplan für die Genehmigungsbehörde unbeachtlich.
638 So auch: *Werner*, Nach der Regionalisierung - der Nahverkehr im Wettbewerb, S. 182.

zum geplanten gemeinwirtschaftlichen Verkehr nicht taggenau bestimmbar ist. Wegen des Verbots der Erteilung unter dem Vorbehalt des Widerrufs ist dagegen eine Befristung nicht zulässig, wenn der Aufgabenträger sich lediglich die Möglichkeit einer gemeinwirtschaftlichen Verkehrsleistung offen halten will. Dann läge auch keine Beeinträchtigung der Verkehrskonzeption des Aufgabenträgers mehr vor, so dass die Befristung nicht zur Erfüllung der gesetzlichen Voraussetzungen, sprich der Vorgaben des § 8 Abs. 3 PBefG, notwendig wäre[639].

§ 16 Abs. 2 PBefG regelt nur die Dauer einer Genehmigung. Die Festlegung der Genehmigungsdauer bewirkt für das jeweilige Verkehrsunternehmen Planungssicherheit, schließt andere jedoch für den genehmigten Zeitraum von der Verkehrsbedienung auf der konzessionierten Linie aus. Diese Beschränkung der Dienstleistungs- bzw. Niederlassungsfreiheit dient jedoch der ausreichenden Bedienung der Bevölkerung mit Verkehrsleistungen und ist europarechtlich nicht zu beanstanden. Wie bereits mehrfach angesprochen, ist nicht die Ausgestaltung der Konzessionen im Nahverkehr problematisch, sondern die Vergabe der Konzession an sich, die wegen ihrer wettbewerbsbeschränkenden Wirkung im Wettbewerb erfolgen muss.

e.) Widerruf der Genehmigung
Gem. § 25 Abs. 1 PBefG hat die Genehmigungsbehörde die Genehmigung zu widerrufen, wenn nicht mehr alle Voraussetzungen des § 13 Abs. 1 PBefG vorliegen[640]. Die erforderliche Zuverlässigkeit des Unternehmers ist insbesondere dann nicht mehr gegeben, wenn dieser trotz schriftlicher Mahnung die Vorschriften zur Verkehrssicherheit nicht erfüllt oder den Verpflichtungen zuwiderhandelt, die sich aus dem PBefG oder aus den zu diesem erlassenen Rechtsverordnungen ergeben. Dazu wird vertreten, dass ein Verkehrsunternehmer, der eine Genehmigung für einen eigenwirtschaftlichen Verkehr innehat, diesen aber mit europarechtswidrigen Beihilfen finanziert, nicht mehr finanziell leistungsfähig i.S. des § 13 Abs. 1 Nr. 1 PBefG sei[641]. Zur Begründung dieser Auffassung wird angeführt, dass ein Unternehmen, dessen Finanzierungskonzept auf verbotenen und damit jederzeit zurückzuzahlenden Beihilfen beruht, nicht die Gewähr für eine dauerhafte Erfüllung der Betriebspflicht biete[642]. Diese Argumentation erscheint bezüglich bestehender Verkehre zunächst plausibel. Da die finanzielle Leistungsfähigkeit i.S. des § 2 Abs. 3 Nr. 2 PBZugV aber auch durch Darlehen erreicht werden kann, ist diese Argumentation letztlich nicht zutreffend[643]. Darüber hinaus verfügen einige Verkehrs-

---

639 Insgesamt zustimmend: *Werner*, Nach der Regionalisierung - der Nahverkehr im Wettbewerb, S. 182 f.
640 Nach § 25 Abs. 2 PBefG kann (also Ermessensentscheidung der Genehmigungsbehörde) die Genehmigung widerrufen werden, wenn der Unternehmer sozial-, arbeits- oder steuerrechtliche Pflichten wiederholt nicht erfüllt oder in schwerwiegender Weise gegen diese verstößt.
641 So: *Meyer*, Die Ausschreibungspflicht im gemeinwirtschaftlichen Linienverkehr und ihre Auswirkungen auf den Bestand der Genehmigung, DVBl. 1999, 1409 (1412); *Barth*, Anmerkung zu OVG Magdeburg, Urteil vom 07.04.1998 - A 1/4 S 221/ 97, ZUR 1998, 215 (217).
642 *Barth*, a.a.O. (vorherige Fn.).
643 So mittlerweile: *Barth*, Nahverkehr in kommunaler Verantwortung, S. 240, die feststellt, dass die rechtswidrige Finanzierung allein nicht zum Fehlen der Leistungsfähigkeit führt; ebenfalls zustimmend: *Baumeister*, Erteilung von Linienverkehrsgenehmigungen, LKV 1999, 12 (13).

unternehmen bzw. deren Holdinggesellschaften über erhebliche Rücklagen[644], die ebenfalls gegen den Fortfall der finanziellen Leistungsfähigkeit infolge der rechtswidrigen Beihilfen sprechen. Festzuhalten ist demnach, dass rechtswidrige Beihilfen allein die finanzielle Leistungsfähigkeit nicht entfallen lassen.

Der Widerruf der Genehmigung kommt auch aus einem anderen Grund nicht in Betracht: Die europarechtswidrigen Beihilfezahlungen sind einzustellen[645]. Damit fehlen dem Unternehmen, das einen scheinbar eigenwirtschaftlichen Verkehr betreibt, die Mittel um diesen weiterhin gewinnbringend oder zumindest (annähernd) kostenneutral zu betreiben. Es betreibt einen tatsächlich gemeinwirtschaftlichen Verkehr, kann für diesen aber keine Ausgleichszahlungen erlangen, weil die Vorgaben der VO (EWG) 1191/69 i.d.F. der VO (EWG) 1893/91 nicht eingehalten worden sind. Für diesen Fall sieht Art. 4 Abs. (1) der VO (EWG) 1191/69 i.d.F. der VO (EWG) 1893/91 vor, dass das betroffene Verkehrsunternehmen einen Antrag auf Aufhebung dieser Verpflichtung des öffentlichen Dienstes bei der zuständigen Behörde stellen kann. Dieser Antrag ist gem. Art. 6 Abs. (1) S. 2 der VO (EWG) 1191/69 i.d.F. der VO (EWG) 1893/91 auch nach Ablauf der Jahresfrist nach Inkrafttreten der Verordnung noch möglich. Will die zuständige Behörde, also im Regelfall der kommunale Aufgabenträger, den Verkehr in seinem bisherigen Umfang erhalten, so kann sie sich gem. Art. 6 Abs. (2) der VO (EWG) 1191/69 i.d.F. der VO (EWG) 1893/91 für die Beibehaltung der Verpflichtung des öffentlichen Dienstes entscheiden - mit der Folge, dass sie einen Ausgleich für die damit verbundenen Belastungen zu gewähren hat. Für den Aufgabenträger ändert sich dadurch letztlich nichts: Die finanzielle Belastung dürfte identisch sein, nur dass die Finanzierung nunmehr transparenter und rechtmäßig erfolgt. Durch diese Vorgehensweise erhalten die Verkehrsunternehmen die Möglichkeit, ihre Verkehrsleistungen bis zum Ablauf der Konzession geordnet durchzuführen. Erst wenn die Konzession ausläuft, ergibt sich eine wesentliche Änderung für das Verkehrsunternehmen: Von der Beibehaltung der Verpflichtung des öffentlichen Dienstes kann dann nicht mehr gesprochen werden, mit der Folge, dass der Verkehr nunmehr als gemeinwirtschaftlicher auszuschreiben oder aufzuerlegen ist[646].

---

644 Die Stadtwerke Braunschweig GmbH, Holdinggesellschaft der Braunschweiger Verkehrs-AG und der Braunschweiger Versorgungs-AG, verfügt z.B. über 170 Mio. DM Rücklagen, vgl. Braunschweiger Zeitung vom 07.04.2000.

645 Allerdings besteht, dies sei an dieser Stelle zugegeben, zumindest theoretisch die Möglichkeit, dass die Kommission die Rückforderung der rechtswidrig gewährten Beihilfen verlangt. Da die Unternehmen jahrelang rechtswidrige Beihilfen erhalten haben, könnte dies tatsächlich zum Wegfall der finanziellen Leistungsfähigkeit führen - die Reserven wären in diesem Fall schnell aufgebraucht.

646 Ähnlich zur Ausgestaltung einer eigenwirtschaftlichen Konzession durch gemeinwirtschaftliche Auferlegungen im Rahmen der §§ 39 Abs. 2 S. 2, 40 Abs. 3 S. 2 PBefG: *Werner*, Nach der Regionalisierung - der Nahverkehr im Wettbewerb, S. 180 f.; *Fromm*, Zur Neuordnung des Personenbeförderungsrechts, TranspR 1994, 425 (432). S. auch *Berschin*, Europäisches Recht der Finanzierung im ÖPNV bringt Wettbewerb um Subventionen, ZUR 1997, 4 (7).

4. Bestandsschutz bei mehreren Bewerbern

§ 13 Abs. 3 PBefG verleiht dem Inhaber einer Konzession für einen eigenwirtschaftlichen Verkehr einen Besitzstandsschutz, der jedoch durch den neu eingeführten Verweis auf § 8 Abs. 3 PBefG erheblich relativiert wird. Demnach ist der Umstand, dass ein Verkehrsunternehmen jahrelang den öffentlichen Verkehrsinteressen entsprochen hat, im öffentlichen Personennahverkehr entsprechend zu berücksichtigen, was auch im Falle des § 13 Abs. 2 Nr. 2 PBefG gilt. Dagegen existiert für den Linienverkehr mit Kraftfahrzeugen keine dem § 13 Abs. 5 S. 1 PBefG entsprechende Regelung, die bestimmt, dass bei der Erteilung einer Genehmigung für den Taxenverkehr Neubewerber und vorhandene Unternehmen angemessen zu berücksichtigen sind.

a.) Allgemeine Voraussetzungen des Besitzstandsschutzes
Da die abgelaufene Genehmigung bei einer Beeinträchtigung der öffentlichen Interessen nicht hätte erteilt werden dürfen, hat jeder Altunternehmer mit seinem Verkehr den öffentlichen Interessen entsprochen. Folglich müsste an sich allen Altunternehmern der Besitzstandsschutz zukommen[647]. Dies würde - in Verbindung mit der europarechtswidrigen weiten Interpretation der Eigenwirtschaftlichkeit - dazu führen, dass der ÖSPV-Markt in Deutschland für Unternehmen aus anderen Mitgliedstaaten verschlossen bliebe[648]. Für diese Beschränkung der Niederlassungs- und Dienstleistungsfreiheit besteht jedoch kein berechtigtes Interesse der Allgemeinheit, so dass darin ein Verstoß gegen den EG-Vertrag zu erblicken wäre. Damit korrespondieren verfassungsrechtliche Bedenken: Ein Schutz des Besitzstandes für jeden Altunternehmer würde für andere deutsche Verkehrsunternehmer zumindest eine Beschränkung der Berufsfreiheit und des Eigentums darstellen, die zumindest einer sachlichen Rechtfertigung bedürften. Demnach muss § 13 Abs. 3 PBefG so ausgelegt werden, dass der Schutz des Besitzstandes nur denjenigen Altunternehmern zukommen kann, die in einem außergewöhnlichen Maß dem öffentlichen Interesse entsprochen haben. Er kann demnach nur einem Unternehmer zukommen, der zu Gunsten einer langfristigen Gewinnerwartung auf laufende Erträge zu Gunsten weiterer Investitionen und Angebotsausweitungen verzichtet hat[649]. Dies ist nicht schon der Fall, wenn zum Ende der Genehmigungszeit Neuanschaffungen getätigt werden oder eine Verbesserung des Angebots stattfindet[650] - ansonsten wäre die Ausnahme wieder die Regel. Schließlich ist jedem Unternehmer bei der Konzessionserteilung deren Laufzeit bekannt, so dass er mit dieser planen kann. Diese eingeschränkte Auslegung des Besitzstandsschutzes dürfte auch mit dem EG-Vertrag vereinbar sein: Der Altunternehmer hat in außergewöhnlichem Maß den öffentlichen Interessen entsprochen und damit eine ausreichende Bedienung der Bevölkerung mit Verkehrsleistun-

---

647 Diese Ansicht vertreten: *Batzill/ Zuck*, Personenbeförderungsrecht im Spannungsfeld von Bahnstrukturreform, PBefG-Novelle, ÖPNV-Recht der Länder und EG-Recht, S. 67.
648 *Zeiselmair*, Die Novelle zum PBefG, Der Nahverkehr 11/ 1995, 8 (12), spricht von einem „Trick". *Fromm/ Fey*, Personenbeförderungsrecht, § 13 PBefG Rn. 16, vertreten, dass dem Altunternehmer zumindest gegenüber Neubewerbern regelmäßig der Besitzstandsschutz zukommt und eine Versagung der Genehmigung nur aus gewichtigen Gründen in Betracht kommt. Damit bestände für Neubewerber aus anderen EU-Staaten im Ergebnis kaum eine Chance, auf dem deutschen Markt Fuß zu fassen - wenn man die Eigenwirtschaftlichkeit nicht europarechtskonform auslegt.
649 Zustimmend: *Werner*, Nach der Regionalisierung - der Nahverkehr im Wettbewerb, S. 178.
650 So aber: *Werner*, a.a.O. (vorherige Fn.).

gen mit gewährleistet - zu der es ohne das entsprechende unternehmerische Engagement nicht gekommen wäre. Wenn dies auch noch bezüglich der Wiedererteilung gilt, ist diese geringfügige, weil begrenzte, Beschränkung der Niederlassungs- und Dienstleistungsfreiheit durch ein berechtigtes Interesse der Allgemeinheit gedeckt.

Ansonsten muss § 13 Abs. 3 PBefG m.E. ähnlich wie der Grundsatz „Bekannt und Bewährt" im Rahmen des § 70 GewO verstanden werden. In § 70 GewO ist das Recht zur Teilnahme an Veranstaltungen (Messen, Märkte u.ä.) geregelt. Gibt es einen Bewerberüberhang, so können nach dem vorgenannten Grundsatz Teilnehmer, die sich bei vorherigen Veranstaltungen desselben Veranstalters bewährt haben, bevorzugt behandelt werden - soweit dies nicht zum völligen Ausschluss von Neubewerbern führt. Übertragen auf § 13 Abs. 3 PBefG bedeutet dies: Existieren mehrere Anträge auf Genehmigung einer Linie oder einer Bündelung von Linien, die von dem geplanten Angebot und der Qualität dieses Angebots (nahezu) identisch sind, könnte der Altunternehmer, der sich in diesem Bereich bereits bewährt hat, die Genehmigung erhalten. Allerdings dürften Neubewerber dadurch nicht vollständig ausgeschlossen werden - gerade im Hinblick auf die Niederlassungs- und Dienstleistungsfreiheit von Verkehrsunternehmen aus anderen Mitgliedstaaten. Der Widerspruch zum EG-Vertrag lässt sich aber vermeiden, wenn Verkehrsunternehmen aus anderen Mitgliedstaaten, die sich in ihrem Heimatland oder einem anderen Mitgliedstaat bereits bewährt haben, dieser Grundsatz auch zugute kommt.

Auf ein anderes Problem ist in diesem Zusammenhang hinzuweisen: Da eigenwirtschaftliche Verkehre nicht ausgeschrieben werden, haben Konkurrenten Schwierigkeiten zu erfahren, wann und wo welche Konzession ausläuft. Nur wenn sie diese Kenntnis erlangen, haben sie überhaupt die Chance, einen Konkurrenzantrag zu stellen. Vorgenannte Problematik dürfte bei potentiellen Anbietern aus anderen Mitgliedstaaten verschärft sein. Diese erfahren ebenfalls nichts über die bevorstehende Neukonzessionierung, so dass sie keinen (Konkurrenz-) Antrag auf Genehmigung stellen können[651]. Da aber die mit der Konzessionierung verbundenen ausschließlichen Rechte den Marktzugang beschränken, liegt in der Konzessionierung ein indirekter Verstoß gegen die Niederlassungsfreiheit. Die Niederlassung dieser Unternehmen in Deutschland ohne entsprechende Konzessionen ist sinnlos - ohne Konzession können sie keinen ÖPNV betreiben.

Der eigentliche Verstoß gegen die Niederlassungsfreiheit und die Dienstleistungsfreiheit bezüglich der ausländischen Verkehrsunternehmen im grenznahen Bereich kann nur nach Art. 86 Abs. (2) EG gerechtfertigt sein, wenn er wichtigen Interessen der Allgemeinheit dient, die letztlich abschließend in der VO (EWG) 1191/ 69 i.d.F. der VO (EWG) 1893/ 91 bzw. der VO (EWG) 1107/ 70 geregelt sind, und die zu Grunde liegende Maßnahme den Wettbewerb nur soweit beschränkt bzw. beeinträchtigt, als dies zum

---

651 Deshalb schlägt *Muthesius*, Das deutsche Genehmigungsrecht für den straßengebundenen Nahverkehr im Lichte der Bestimmungen des Vertrages zur Gründung der Europäischen Gemeinschaft (EGV), in: Püttner (Hrsg.), ÖPNV in Bewegung. Konzepte, Probleme, Chancen, 71 (88 f.), eine Veröffentlichung des Ablaufes der eigenwirtschaftlichen Konzession 6 Monate vor deren Ablaufen im entsprechenden amtlichen Veröffentlichungsblatt vor.

angestrebten Zweck erforderlich ist[652]. Auch die Konzessionierung von eigenwirtschaftlichen Verkehren dient der ausreichenden Versorgung der Bevölkerung mit Verkehrsleistungen - ohne sie würden sich die Verkehrsunternehmen die lukrativen Strecken „herauspicken", mit der Folge, dass der Subventionsbedarf für die übrigen Strecken steigen würde. Dieser Zweck lässt sich ebenfalls erreichen, wenn das Auslaufen einer Konzession in geeigneter Weise veröffentlicht wird, so dass potentielle Anbieter aus anderen Mitgliedstaaten die Möglichkeit der Kenntnisnahme haben. Die Konzessionsvergabe ohne Bekanntmachung der auslaufenden Konzession ist dafür keinesfalls erforderlich. Damit verstößt die Neukonzessionierung ohne vorherige und rechtzeitige Bekanntmachung des Auslaufens der Altkonzession gegen die Niederlassungsfreiheit des Art. 43 EG sowie die - wenn auch im Verkehrsbereich nicht direkt geltende - Dienstleistungsfreiheit. Eine entsprechende Bekanntgabe ist deshalb bei der Neukonzessionierung eines eigenwirtschaftlichen Verkehrs zwingend erforderlich[653]. Bewerben sich dann tatsächlich mehrere Unternehmen, u.a. aus anderen Mitgliedstaaten, so verlangt die Niederlassungsfreiheit bzw. die Dienstleistungsfreiheit i.V.m. Art. 86 Abs. (2) EG und dem allgemeinen Diskriminierungsverbot weiter, dass zwischen diesen diskriminierungsfrei und nach nachvollziehbaren Kriterien ausgewählt wird. Für dieses Auswahlverfahren enthält das Vergaberecht ein sachgemäßes Verfahren, so dass dessen - gegebenenfalls zu modifizierende - Anwendung auch bei der Vergabe eigenwirtschaftlicher Verkehre angezeigt ist[654]. Da eigenwirtschaftliche Verkehre einen Unternehmergewinn erwarten lassen, wäre der Zuschlag demjenigen Unternehmen zu erteilen, das die qualitativ beste Verkehrsleistung anbietet, wenn es bei gleichartigen Konkurrenzangeboten den höchs-

---

652 Zum Grundsatz: Calliess/ Ruffert - *Jung*, EUV/ EGV, Art. 86 EG Rn. 47; S. dazu auch: Kommission, Vorschlag für eine Verordnung des Europäischen Parlaments und des Rates über Maßnahmen der Mitgliedstaaten im Zusammenhang mit Anforderungen des öffentlichen Dienstes und der Vergabe öffentlicher Dienstleistungsaufträge für den Personenverkehr auf der Schiene, der Straße und auf Binnenschiffahrtswegen, KOM (2000) 7 endg., Begründung, Ziff. 2.3.3.

653 Im Ergebnis wohl zustimmend: *Scheele/ Sterzel*, Öffentlicher Personennahverkehr zwischen Gemeinwohlinteressen und Markt, S. 38, unter Berufung auf NEA Transport, Research and Training, Untersuchung des Gemeinschaftsrechts bezüglich der gemeinwirtschaftlichen Verpflichtungen und der öffentlichen Dienstleistungsaufträge im Bereich des Inlandspersonenverkehrs, vorgelegt bei der Europäischen Kommission GD VII, Rijswijk, Niederlande, Erster Zwischenbericht Januar 1998 und Zweiter Zwischenbericht März 1998.

654 Vgl. auch *Werner*, Nach der Regionalisierung - der Nahverkehr im Wettbewerb, S. 72, der geplante Vorgaben für die Vergabe von derartigen Konzessionen begrüßt, und Kommission, Vorschlag für eine Verordnung des Europäischen Parlaments und des Rates über Maßnahmen der Mitgliedstaaten im Zusammenhang mit Anforderungen des öffentlichen Dienstes und der Vergabe öffentlicher Dienstleistungsaufträge für den Personenverkehr auf der Schiene, der Straße und auf Binnenschifffahrtswegen, KOM (2000) 7 endg., deren Vorschlag die Gewährung ausschließlicher Rechte in Art. 5 des Vorschlages als öffentlichen Dienstleistungsauftrag betrachtet und deren Vergabe (abgesehen von einigen Ausnahmefällen) nach Art. 6 des Vorschlages vorsieht; a.A.: *Batzill/ Zuck*, Personenbeförderungsrecht im Spannungsfeld von Bahnstrukturreform, PBefG-Novelle, ÖPNV-Recht der Länder und EG-Recht, S. 51; *Fey*, Zur Verordnung „Geringste Kosten" als Abschluß des Gesetzeswerkes zur Regionalisierung des ÖPNV-Marktes sowie zu anderen Fragen des novellierten PBefG, NZV 1996, 132 (135), der die Notwendigkeit einer Ausschreibung verneint; *Muthesius*, Das deutsche Genehmigungsrecht für den straßengebundenen Nahverkehr im Lichte der Bestimmungen des Vertrages zur Gründung der Europäischen Gemeinschaft (EGV), in: Püttner (Hrsg.), ÖPNV in Bewegung. Konzepte, Probleme, Chancen, 71 (87), u.a. mit dem Hinweis auf die hohen Kosten und den Aufwand eines Ausschreibungsverfahrens. Auf das Vergaberecht wird im Zusammenhang mit den gemeinwirtschaftlichen Verkehren näher eingegangen.

ten Preis an den Aufgabenträger dafür entrichten will. Existiert dagegen kein qualitativ gleichwertiges oder gar besseres Angebot, so ist der Zuschlag dem Unternehmer mit dem qualitativ besten Angebot zu erteilen. Die so erzielten Einnahmen könnten dann vom Aufgabenträger zur Finanzierung des gemeinwirtschaftlichen Verkehrs benutzt werden.

b.) Verweis auf § 13 Abs. 2 Nr. 2 PBefG
Aus der Geltung des § 13 Abs. 2 Nr. 2 PBefG im Rahmen des § 13 Abs. 3 PBefG wird geschlossen, dass die Genehmigung regelmäßig auch dann zu erteilen sei, wenn der Verkehr auf Grund eingetretener Änderungen auch ohne die Wiedererteilung der Genehmigung befriedigend bedient würde, oder er gegenüber den anderen Verkehren keine wesentliche Verbesserung bringen würde[655]. Dieser Schluss ist in seiner Allgemeinheit jedoch nicht haltbar: In § 13 Abs. 3 PBefG wird nur davon gesprochen, dass der Umstand der jahrelangen, den öffentlichen Verkehrsinteressen entsprechenden Verkehrsbedienung angemessen zu berücksichtigen ist. Dies kann nur dazu führen, dass die Genehmigungsbehörde diesen Umstand u.a. berücksichtigt, wenn öffentliche Verkehrsinteressen der Wiedererteilung entgegenstehen. Ein genereller Vorrang der Interessen des Altunternehmers folgt daraus nicht[656]. Vielmehr verliert der Besitzstand des Altunternehmers deutlich an Gewicht, wenn ein anderer Unternehmer den beantragten Verkehr bereits befriedigend bedient oder durch eine Ausgestaltung seines Verkehrs dazu in der Lage ist[657]. Schon vor der Änderung des PBefG wurde festgestellt, dass der Bestandsschutz für den Altunternehmer nicht so weit gehen kann, dass andere Verkehrsaufgaben nur deshalb nicht wahrgenommen werden können, weil sich möglicherweise Auswirkungen auf dessen Linienverkehr ergeben[658]. Damit wird letztlich nur berücksichtigt, dass sich die Verkehrsbedürfnisse ändern und die Genehmigungen an diese anzupassen sind.

c.) Einschränkung durch den Hinweis auf § 8 Abs. 3 PBefG
Der Besitzstandsschutz kommt einem Altunternehmer nur unter den weiteren Voraussetzungen des § 8 Abs. 3 PBefG zu. Dies bedeutet zunächst, dass der Altunternehmer bereit sein muss, sich an Maßnahmen zur Integration im Interesse einer ausreichenden Bedienung der Bevölkerung mit Verkehrsleistungen sowie einer wirtschaftlichen Ver-

---

655 S. *Batzill/ Zuck*, Personenbeförderungsrecht im Spannungsfeld von Bahnstrukturreform, PBefG-Novelle, ÖPNV-Recht der Länder und EG-Recht, S. 66 f.; ähnlich: *Fey*, Zur Verordnung „Geringste Kosten" als Abschluß des Gesetzeswerkes zur Regionalisierung des ÖPNV-Marktes sowie zu anderen Fragen des novellierten PBefG, NZV 1996, 132 (134).
656 Zustimmend: *Fromm/ Fey*, Personenbeförderungsrecht, § 13 PBefG Rn. 16; *Muthesius*, Das mit der Novelle zum Personenbeförderungsgesetz neu eingeführte Rechtsinstitut des Nahverkehrsplans, in: Püttner (Hrsg.), Der regionalisierte Nahverkehr, 103 (112 f.), sieht die bisherige Tätigkeit ebenfalls nur als ein Kriterium der Abwägung.
657 Vgl. BVerwGE 30, 242.
658 BayVGH, Urteil vom 23.1.1981, mitgeteilt von: *Fromm*, Rechtsprechung zum Personenbeförderungsgesetz, BB 1983, 862 (863).

kehrsgestaltung im Sinne des § 8 Abs. 3 S. 1 PBefG zu beteiligen[659]. Der Wirtschaftlichkeit der Verkehrsbedienung kommt dabei eine besondere Bedeutung zu: Ist der mit den örtlichen Gegebenheiten bestens vertraute Unternehmer nicht in der Lage, einen qualitativ gleichwertigen Antrag zu stellen wie ein auswärtiger Bewerber, so spricht dies dafür, dass er nicht fähig ist, eine wirtschaftliche Ausgestaltung des Verkehrs vorzunehmen. In diesem Fall ist wie bei einer Weigerung, an der Integration der Verkehrsbedienung mitzuwirken, die Genehmigung auf jeden Fall zu versagen[660]. Zur wirtschaftlichen Gestaltung ist noch anzumerken, dass die Genehmigungsbehörde andererseits eine Verdrängung durch Dumpingangebote verhindern muss. Angebote, denen ein besonders gutes Leistungsangebot oder aber ungewöhnlich niedrige Tarife zu Grunde liegen, müssen deshalb besonders auf ihre wirtschaftliche Tragfähigkeit hin überprüft werden.

Der Besitzstandsschutz kann weiter dadurch eingeschränkt sein, dass die erneut beantragte Konzession im Widerspruch zu dem zulässigen und verbindlichen Inhalt des Nahverkehrsplans steht, den die Genehmigungsbehörde gem. § 8 Abs. 3 S. 2 PBefG zu berücksichtigen hat. Dabei ist die Genehmigungsbehörde an die Festsetzungen des Nahverkehrsplans gebunden, soweit diese durch die Selbstverwaltungsgarantie des kommunalen Aufgabenträgers geschützt werden. Demnach ist die Wiedererteilung einer Genehmigung entgegen den Vorgaben des Nahverkehrsplans in der Regel nicht möglich[661]. Etwas anderes kann nur gelten, wenn der erneut beantragte Verkehr zwar im Widerspruch zum Nahverkehrsplan steht, der Aufgabenträger aber noch keine konkreten Schritte zur Umsetzung des Nahverkehrsplans getroffen hat[662]. Eine weitere Möglichkeit, gegen die Vorgaben des Nahverkehrsplans eine Genehmigung zu erteilen, besteht, wenn dieser einen gemeinwirtschaftlichen Verkehr vorsieht. Da der Antrag für einen eigenwirtschaftlichen Verkehr gestellt wird, ist der Nahverkehrsplan offensichtlich fehlerhaft[663]. Weitere Möglichkeiten, dass die Genehmigungsbehörde sich über die Vorgaben des Nahverkehrsplans hinwegsetzt, bestehen nicht, soweit nicht überörtliche Gesichts-

---

659 S. dazu auch: Stellungnahme des Bundesrates: „*Ein Besitzstandsschutz im Falle einer Wiedererteilung für bestimmte Linien ist daher nur im Rahmen der in § 8 aufgestellten allgemeinen Zielvorgaben und Voraussetzungen für eine ÖPNV-Gestaltung zu berücksichtigen und gerechtfertigt.*", BT-Drucks. 12/ 5014, 33; Der Bundestag hat dem nicht widersprochen, s. BT-Drucks. 12/ 5014, 53. Zur Rechtslage vor der Gesetzesänderung s.: *Sellmann*, Die Entwicklung des öffentlichen Verkehrsrechts, NVwZ 1996, 857 (864).

660 Im Ergebnis zustimmend: *Werner*, Nach der Regionalisierung - der Nahverkehr im Wettbewerb, S. 179; *Batzill/ Zuck*, Personenbeförderungsrecht im Spannungsfeld von Bahnstrukturreform, PBefG-Novelle, ÖPNV-Recht der Länder und EG-Recht, S. 67.

661 *Bidinger*, Änderungen des Personenbeförderungsrechts durch das Planvereinfachungsgesetz und das Eisenbahn-Neuordnungsgesetz, NVwZ 1994, 209 (213 f.), lässt dies weitgehend offen und spricht pauschal von einer Relativierung und der damit verbundenen Aufweichung des Besitzstandsschutzes.

662 Umkehrschluss aus: *Batzill/ Zuck*, Personenbeförderungsrecht im Spannungsfeld von Bahnstrukturreform, PBefG-Novelle, ÖPNV-Recht der Länder und EG-Recht, S. 67. In diesem Fall sollte die Genehmigungsbehörde aber gegebenenfalls eine kürzere Laufzeit der Genehmigung festsetzen, falls dies erforderlich ist.

663 Ähnlich: *Muthesius*, Das mit der Novelle zum Personenbeförderungsgesetz neu eingeführte Rechtsinstitut des Nahverkehrsplans, in: Püttner (Hrsg.), Der regionalisierte Nahverkehr, 103 (113), mit Hinweis auf den Vorrang eines eigenwirtschaftlichen Verkehrs in § 8 Abs. 4 S. 1 PBefG.

punkte dies erfordern. Insbesondere kann das Fehlen eines Konkurrenzantrages nicht dazu führen[664]. Dies folgt zunächst aus dem Wortlaut des § 13 Abs. 3 PBefG. Von der Voraussetzung eines Konkurrenzantrages steht dort nichts. Außerdem können die Vorgaben des Nahverkehrsplans so nicht einfach umgangen werden: Man stelle sich nur vor, dass der beantragte Verkehr den wirtschaftlich lukrativen Teil eines insgesamt gemeinwirtschaftlichen Verkehrs darstellt und dieser gemeinwirtschaftliche Verkehr bereits ausgeschrieben ist und die Vergabe unmittelbar bevorsteht. Würde nun der beantragte eigenwirtschaftliche Verkehr in Ermangelung eines Konkurrenzantrages erneut genehmigt, so wäre die Planung des örtlichen Aufgabenträgers hinfällig[665]. Dagegen ist der Besitzstandsschutz zu versagen, wenn der Konkurrenzantrag entgegen dem Antrag des Altunternehmers den Vorgaben des Nahverkehrsplans entspricht[666].

Ob die Einschränkungen des Besitzstandsschutzes in Fällen uneingeschränkt anwendbar sind, in denen der Altunternehmer den Verkehr seit Jahrzehnten bedient, wird bezweifelt[667]. Für diese Zweifel könnte sprechen, dass im Prinzip jahrzehntelang kein Konzessionswechsel stattgefunden hat. Dagegen spricht allerdings, dass der betroffene Altunternehmer an der Aufstellung des Nahverkehrsplans mitgewirkt hat. Durch diese Mitwirkung konnte er seine Vorstellungen zu dem nunmehr erneut beantragten Verkehr einbringen. Darüber hinaus hätte er auch die Möglichkeit gehabt, den beantragten Verkehr an die Vorgaben des Nahverkehrsplans anzupassen - soweit dies möglich ist[668]. Andererseits ist nach der hier vertretenen Auffassung bereits eine Einschränkung bezüglich des Betreibens in einer dem öffentlichen Verkehrsinteresse entsprechenden Weise vorgenommen worden, so dass der Gesichtspunkt des Vertrauensschutzes nur in sehr wenigen Ausnahmefällen zum Tragen kommen dürfte. Der Vertrauensschutz dürfte darüber hinaus voraussetzen, dass der Unternehmer im Vertrauen auf die Wiedererteilung erhebliche Investitionen vorgenommen hat, die anderweitig nicht zu nutzen sind. Folglich dürfte in diesen Fällen die Einräumung einer Übergangsfrist, sprich die Konzessionierung für weitere acht Jahre oder auch für einen kürzeren Zeitraum, vertretbar sein. Europarechtliche Bedenken bestehen aus den oben genannten Gründen nicht[669].

d.) Zusammenfassung
Der Besitzstandsschutz des § 13 Abs. 3 PBefG kann nur Verkehren zukommen, die im europarechtskonformen Sinne eigenwirtschaftlich sind. Damit ist der Anwendungsbereich bereits erheblich eingeschränkt. Er setzt weiter voraus, dass den öffentlichen Interessen in der Vergangenheit in besonders hohem Maß entsprochen worden ist und der

---

664 So aber: *Batzill/ Zuck*, Personenbeförderungsrecht im Spannungsfeld von Bahnstrukturreform, PBefG-Novelle, ÖPNV-Recht der Länder und EG-Recht, S. 67.
665 Vgl. *Barth/ Baumeister*, Umweltwirksame Gestaltung des öffentlichen Personennahverkehrs durch die kommunalen Aufgabenträger, ZUR 1997, 17 (22), die ein vergleichbares Beispiel anführen und von einem Überschreiten der Schwelle der nachhaltigen Störung des Nahverkehrsplans ausgehen.
666 Im Ergebnis diesbezüglich zustimmend: *Batzill/ Zuck*, a.a.O. (oben Fn. 664).
667 *Fromm/ Fey*, Personenbeförderungsrecht, § 13 PBefG Rn. 17, die unter Hinweis auf das Recht am eingerichteten und ausgeübten Gewerbebetrieb eine angemessene und zumutbare Übergangsfrist vorschlagen; *Werner*, Nach der Regionalisierung - der Nahverkehr im Wettbewerb, S. 179, fordert zumindest für die nächste Genehmigungsperiode Vertrauensschutz.
668 Eine derartige Möglichkeit besteht z.B. nicht, wenn der Nahverkehrsplan eine Schienenverbindung vorsieht, der beantragende Unternehmer aber nur ÖSPV betreibt.
669 S. Teil 2, II.4.a.).

Altunternehmer im Vertrauen auf die Wiedererteilung besondere Investitionen oder Angebotsausweitungen vorgenommen hat. Ansonsten kann die vorherige Betätigung lediglich als Bewährung angesehen werden, die aber jedes andere Unternehmen aus einem Mitgliedstaat ebenfalls vorweisen kann, das irgendwo in einem Mitgliedstaat ÖPNV erfolgreich und zuverlässig angeboten hat.

Der Besitzstandsschutz kommt mit Ausnahme weniger Fälle, in denen ein erhöhter Vertrauensschutz besteht, der Nahverkehrsplan nicht umgesetzt ist und auf absehbare Zeit nicht umgesetzt werden wird oder der Nahverkehrsplan fehlerhaft ist, nicht zum Tragen, wenn der beantragte Verkehr den Vorgaben des Nahverkehrsplans nicht entspricht - soweit nicht überörtliche Gesichtspunkte ausnahmsweise eine Abweichung erfordern.

Auf Grund der Niederlassungsfreiheit, Art. 43 EG, und der Dienstleistungsfreiheit i.V.m. Art. 86 Abs. (2) EG und dem allgemeinen Diskriminierungsverbot (Art. 12 EG) ist - entgegen der bisherigen Praxis in Deutschland - das Auslaufen einer eigenwirtschaftlichen Konzession in geeigneter Form bekanntzugeben, so dass potentielle Anbieter aus allen Mitgliedstaaten davon Kenntnis erlangen können, und die Vergabe bei mehreren Bewerbern im Rahmen eines diskriminierungsfreien und transparenten Verfahrens vorzunehmen.

5. Betriebspflicht, § 21 PBefG

a.) Inhalt der Betriebspflicht
Gem. § 21 Abs. 1 PBefG ist der Unternehmer verpflichtet, den ihm genehmigten Betrieb aufzunehmen und während der Geltungsdauer der Genehmigung den öffentlichen Verkehrsinteressen und dem Stand der Technik entsprechend aufrechtzuerhalten. Die Betriebspflicht ist öffentlich-rechtlicher Natur und verleiht dem einzelnen Verkehrsteilnehmer keinen Rechtsanspruch auf Einhaltung. Dem Unternehmer kann nach § 21 Abs. 2 PBefG zur Aufnahme des Betriebes eine Frist gesetzt werden. Die Nichteinhaltung der Frist führt gem. § 26 Nr. 1 lit. a) PBefG bei einem Linienverkehr mit Kraftfahrzeugen zum Erlöschen der Genehmigung.

Neben der ordnungsgemäßen Einrichtung des Betriebes umfasst die Betriebspflicht die ordnungsgemäße Aufrechterhaltung desselben. Dies bedeutet auch, dass der Betrieb nur mit einer Genehmigung nach § 21 Abs. 4 PBefG eingestellt werden darf. Der Hinweis auf die öffentlichen Interessen bewirkt, dass der Umfang des Betriebes nicht unverändert beibehalten werden darf, wenn sich die Verkehrsbedürfnisse geändert haben[670]. Außerdem ist bei dem Betrieb der Stand der Technik zu berücksichtigen, der von dem Deutschen Patentamt München nach der Verordnung über die Erteilung von Auskünften zum Stand der Technik[671] ermittelt werden kann. Allerdings bedeutet der Hinweis auf den Stand der Technik nicht, dass jede technische Neuerung übernommen werden muss[672].

---

670 Vgl. *Fromm/ Fey*, Personenbeförderungsrecht, § 21 PBefG Rn. 2.
671 Vom 25.02.1982 (BGBl. I S. 313).
672 BGH VRS 20, 134.

Der genaue Inhalt der Betriebspflicht ergibt sich jeweils aus den Fahrplänen[673], denen die Genehmigungsbehörde nach § 40 Abs. 2 S. 1 PBefG zugestimmt hat[674] und die von dem jeweiligen Unternehmer einzuhalten sind. Eine Verletzung der Betriebspflicht führt zwar nicht zu einer Geldbuße, kann aber mit Zwangsmaßnahmen nach § 27 PBefG belegt werden oder zu der Zurücknahme der Genehmigung nach § 25 Abs. 1 Nr. 2 PBefG führen.

Europarechtlich ist die Bestimmung des § 21 Abs. 1 PBefG nicht zu beanstanden, da sie zum einen alle Konzessionsinhaber trifft und zum anderen der ausreichenden Bedienung der Bevölkerung mit Verkehrsleistungen dient. Die Betriebspflicht für einen eigenwirtschaftlichen Verkehr kollidiert auch nicht mit der VO (EWG) 1191/69 i.d.F. der VO (EWG) 1893/91. Die dort in Art. 2 Abs. (3) definierte Betriebspflicht ist nur als eine Verpflichtung des öffentlichen Dienstes zu betrachten, wenn das Verkehrsunternehmen sie im eigenen wirtschaftlichen Interesse oder nicht in gleichem Umfang übernehmen würde. Hier wird der Inhalt der Betriebspflicht dagegen durch den Antrag des Verkehrsunternehmens bestimmt, das einen eigenwirtschaftlichen Verkehr durchführen möchte.

b.) Änderung des Umfangs der Betriebspflicht nach § 21 Abs. 3 PBefG
Die Genehmigungsbehörde kann dem Unternehmer gem. § 21 Abs. 3 S. 1 PBefG auferlegen, den von ihm betriebenen Verkehr zu erweitern (Anzahl der Fahrten) oder zu ändern (Änderung des Linienverlaufs), wenn die öffentlichen Verkehrsinteressen es erfordern und es dem Unternehmer unter Berücksichtigung seiner wirtschaftlichen Lage, einer ausreichenden Verzinsung und Tilgung des Anlagekapitals und der notwendigen technischen Entwicklung zugemutet werden kann.

Das Erfordernis einer ausreichenden Verzinsung und Tilgung sowie letztlich eines angemessenen Unternehmerlohns zeigt auf, dass es für die Anwendung des § 21 Abs. 3 PBefG nicht unbedingt ausreicht, dass ein eigenwirtschaftlicher Verkehr i.S. des § 8 Abs. 4 PBefG vorliegt[675]. Eigenwirtschaftlich sind bekanntlich noch Verkehre[676], die eine Kostendeckung durch Erträge im - europarechtskonform ausgelegten - handelsrechtlichen Sinn erreichen. Eine ausreichende Verzinsung etc. ist für das Vorliegen eines eigenwirtschaftlichen Verkehrs nicht erforderlich. Wenn im Rahmen des § 21 Abs. 3 PBefG aber der ausreichenden Verzinsung usw. Rechnung getragen werden muss, so wird die geringe Bedeutung dieser Vorschrift deutlich: Ein Verkehrsunterneh-

---

673 Zum Inhalt der Fahrpläne s.: § 40 Abs. 1 PBefG: Der Fahrplan muss die Führung der Linie, ihren Ausgangspunkt und Endpunkt sowie die Haltestellen und Fahrzeiten enthalten.
674 Auf diese Zustimmung besteht ein Rechtsanspruch, vgl. *Fromm*, Zur Neuordnung des Personenbeförderungsrechts, TranspR 1994, 425 (432).
675 Zustimmend: *Batzill/ Zuck*, Personenbeförderungsrecht im Spannungsfeld von Bahnstrukturreform, PBefG-Novelle, ÖPNV-Recht der Länder und EG-Recht, S. 74; *Fromm/ Fey*, Personenbeförderungsrecht, § 21 PBefG Rn. 7, nehmen diese Differenzierung dagegen nicht vor und sprechen nur von der Forderung nach voller Eigenwirtschaftlichkeit.
676 Entgegen *Batzill/ Zuck*, Personenbeförderungsrecht im Spannungsfeld von Bahnstrukturreform, PBefG-Novelle, ÖPNV-Recht der Länder und EG-Recht, S. 74, ist bei § 21 Abs. 3 PBefG nicht auf die einzelne Linie abzustellen, da es ansonsten zu einer „Rosinenpickerei" bzgl. der lukrativen Strecken käme, während andere Strecken nur durch Zahlungen der Aufgabenträger kostendeckend zu betreiben wären, so zu § 22 Abs. 4 PBefG: VG Neustadt a.d. Weinstraße, Urteil vom 30.01.1998 - 7 K 3477/ 96.NW (rechtskräftig), Urteilsbegründung S. 19 f.

men wird bei geänderten Verkehrsbedürfnissen bei entsprechenden wirtschaftlichen Vorzeichen von sich aus die Änderungen vornehmen bzw. die Änderung bei der Genehmigungsbehörde beantragen[677]. Eine Betriebspflicht, die das Verkehrsunternehmen nicht aus eigenem Interesse übernehmen würde, liegt somit nicht vor.

Würde die Auflage der Genehmigungsbehörde dagegen zu einer derartigen wirtschaftlichen Belastung führen, dass die Auflagen nur gemeinwirtschaftlich erfüllt werden können, gilt § 21 Abs. 3 PBefG mit folgender Ergänzung: Für diese Auferlegung muss der in § 21 Abs. 4 S. 2 PBefG enthaltene Verweis auf § 8 Abs. 4 PBefG entsprechend angewandt werden, da die Auferlegung keine ausreichende Verzinsung und Tilgung usw. erwarten lässt[678]. Die Genehmigungsbehörde hat sich demnach in derartigen Fällen mit dem zuständigen Aufgabenträger in Verbindung zu setzen. Der Aufgabenträger muss dann entscheiden, ob er die von der Genehmigungsbehörde angeregte Erweiterung der Betriebspflicht wünscht. Ist dies der Fall, so muss er mit dem betroffenen Unternehmen einen entsprechenden Vertrag schließen oder ihm die Betriebspflicht auferlegen. Bei beiden Möglichkeiten erfolgt eine Kostenerstattung durch den Aufgabenträger für die gemeinwirtschaftliche Zusatzleistung. Eine andere Möglichkeit besteht nicht: Während des Bestandes der Konzession scheidet die Wahl eines anderen Unternehmens aus. Erst mit Ablauf der Konzession kann der nunmehr insgesamt gemeinwirtschaftliche Verkehr ausgeschrieben werden[679].

Europarechtlich würde diese Bestimmung bedenklich, wenn die Auferlegung den Rahmen der Ausgestaltung in § 13 Abs. 2 Nr. 2 PBefG überschreiten würde. Zur Erinnerung: Eine Ausgestaltung i.S. des § 13 Abs. 2 Nr. 2 PBefG ist nur zulässig, soweit der bestehende Verkehr in seinem Kern erhalten bleibt. Dies muss entsprechend auch im Rahmen des § 21 Abs. 3 PBefG gelten, da die Auferlegung anderer Linien eine Umgehung der europarechtlichen Vorschriften über die Konzessionierung gemeinwirtschaftlicher Verkehre bedeuten würde, verbunden mit entsprechenden Verstößen gegen die Niederlassungs- und Dienstleistungsfreiheit sowie das Beihilfeverbot. Mit anderen Worten kann über § 21 Abs. 3 PBefG nicht erreicht werden, dass ein eigenständiger, gemeinwirtschaftlicher Verkehr außerhalb des Wettbewerbs vergeben wird.

---

677 So übereinstimmend zur geringen Bedeutung: *Batzill/ Zuck*, Personenbeförderungsrecht im Spannungsfeld von Bahnstrukturreform, PBefG-Novelle, ÖPNV-Recht der Länder und EG-Recht, S. 74; *Fromm/ Fey*, Personenbeförderungsrecht, § 21 PBefG Rn. 7; *Grafberger*, Der Öffentliche Personennahverkehr - Aufgabe, Organisation und verkehrsgewerberechtlicher Rahmen, S. 161. *Werner*, Nach der Regionalisierung - der Nahverkehr im Wettbewerb, S. 180, weist dagegen nur darauf hin, dass diese Bestimmung eine Handhabe biete, um die Monopolrenten der Unternehmen in Angebotsverbesserungen zu wandeln.

678 Zustimmend: *Fromm*, Zur Neuordnung des Personenbeförderungsrechts, TranspR 1994, 425 (433); *Fromm/ Fey*, Personenbeförderungsrecht, § 21 PBefG Rn. 7; *Sellmann*, Das neue Personenbeförderungsrecht, NVwZ 1995, 1167 (1171); *Werner*, Nach der Regionalisierung - der Nahverkehr im Wettbewerb, S. 180, behandelt diese Konstellation überhaupt nicht.

679 A.A.: *Batzill/ Zuck*, Personenbeförderungsrecht im Spannungsfeld von Bahnstrukturreform, PBefG-Novelle, ÖPNV-Recht der Länder und EG-Recht, S. 55, 60. Die dabei allerdings die wettbewerbsverfälschende Wirkung der Auferlegung der im Kern eigenwirtschaftlichen Verkehrsleistung mit der gemeinwirtschaftlichen Zusatzleistung und das Erfordernis der wirtschaftlichen Verkehrsgestaltung in § 8 Abs. 3 S. 1 PBefG völlig außer Acht lassen. Wohl auch a.A.: *Bidinger*, Personenbeförderungsrecht, § 39 PBefG Rn. 119. Der hier vertretenen Auffassung zustimmend: *Werner*, Nach der Regionalisierung - der Nahverkehr im Wettbewerb, S. 181; *Barth*, Nahverkehr in kommunaler Verantwortung, S. 239.

c.) Entbindung von der Betriebspflicht nach § 21 Abs. 4 PBefG
Der Unternehmer kann gem. § 21 Abs. 4 PBefG auf Antrag durch die Genehmigungsbehörde von der Betriebspflicht für den gesamten oder einen Teil des von ihm betriebenen Verkehrs vorübergehend oder dauernd entbunden werden, wenn dem Unternehmer die Erfüllung derselben nicht mehr möglich ist oder ihm unter Berücksichtigung seiner wirtschaftlichen Lage, einer ausreichenden Verzinsung und Tilgung des Anlagekapitals und der notwendigen technischen Entwicklung nicht mehr zugemutet werden kann. Steht dieser Entbindung das öffentliche Verkehrsinteresse entgegen, so gilt § 8 Abs. 4 PBefG entsprechend. Bis zu einer Entscheidung der Genehmigungsbehörde muss der Unternehmen gem. § 21 Abs. 4 S. 3 PBefG die Betriebspflicht weiter erfüllen.

Die Unzumutbarkeit der Erfüllung der Betriebspflicht ist anhand einer Analyse der Wirtschaftlichkeit des Unternehmens festzustellen - und nicht anhand einer linienbezogenen Verlust- bzw. Gewinnrechnung[680]. Dies korrespondiert mit der Regelung des Art. 5 Abs. (1) Unterabsatz 5 VO (EWG) 1191/ 69 i.d.F. der VO (EWG) 1893/ 91, wonach die Auswirkungen der auferlegten Verpflichtungen auf die Gesamttätigkeit des Unternehmens zu berücksichtigen sind. Dadurch wird vermieden, dass ein Verkehrsunternehmen sich auf die lukrativen Linien zurückzieht, während die übrigen Leistungen der öffentlichen Finanzierung überlassen bleiben, obwohl sich unternehmensintern die Vor- und Nachteile der Auferlegung ausgleichen. Diese „Rosinenpickerei" ist genauso wenig zulässig wie die Abgabe eines besonders günstigen Angebots, das später auf den gewinnbringenden Teil der Verkehrsleistung beschränkt wird. Insoweit müssen die verlustreichen Bestandteile der beantragten Verkehrsleistung bereits im Leistungsangebot eingerechnet sein. Das „Kann" in § 21 Abs. 4 PBefG verleiht der Genehmigungsbehörde bei ihrer Entscheidung einen Ermessensspielraum. Dieser ist jedoch auf Null reduziert, wenn ohne die begehrte Befreiung die Existenz des gesamten Linienverkehrs gefährdet wäre[681]. Eine derartige Situation dürfte vorliegen, wenn sich die Kommunen endlich an die europarechtlichen Vorgaben halten und die verbotene Beihilfepraxis einstellen würden.

Stehen der Entbindung von der Betriebspflicht öffentliche Verkehrsinteressen entgegen, so hat sich die Genehmigungsbehörde mit dem zuständigen Aufgabenträger in Verbindung zu setzen. Will dieser den entsprechenden Verkehr ganz oder teilweise aufrechterhalten, so muss er diesen mit dem Verkehrsunternehmen vereinbaren oder diesem auferlegen - gegen eine entsprechende Kostenerstattung[682]. Eine Beteiligung anderer Verkehrsunternehmen ist erst nach Ablauf der Konzession, also mit Erlöschen der Betriebspflicht, zulässig, wenn die Leistung im Wettbewerb vergeben wird[683]. Fraglich ist, ob diese Regelung mit den Vorgaben der VO (EWG) 1191/ 69 i.d.F. der VO (EWG) 1893/ 91 vereinbar ist.

Auf den Antrag eines Verkehrsunternehmens nach Art. 4 Abs. (1), 6 Abs. (1) VO (EWG) 1191/ 69 i.d.F. der VO (EWG) 1893/ 91 auf Aufhebung einer Verpflichtung des öffentlichen Dienstes wegen wirtschaftlicher Nachteile, kann die zuständige Behörde bezüglich Betriebs- oder Beförderungspflichten innerhalb eines Jahres und bezüglich

---
680 Zustimmend: *Werner*, Nach der Regionalisierung - der Nahverkehr im Wettbewerb, S. 181.
681 Vgl. *Fromm/ Fey*, Personenbeförderungsrecht, § 21 PBefG Rn. 9.
682 S. *Fromm*, Neuordnung des Personenbeförderungsrechts, TranspR 1994, 425 (433); *Fromm/ Fey*, Personenbeförderungsrecht, § 21 PBefG Rn. 10.
683 S. Nachweis in Fn. 679.

einer Tarifpflicht innerhalb von 6 Monaten nach Antragstellung[684] die (teilweise) Beibehaltung anordnen[685] - verbunden mit einer Entscheidung über die Gewährung eines Ausgleichs dafür, der nach den gemeinsamen Methoden der Art. 10-13 der genannten Verordnung zu errechnen ist.

Art. 10 Abs. 1 VO (EWG) 1191/ 69 i.d.F. der VO (EWG) 1893/ 91 bestimmt, dass sich die Höhe des Ausgleichs bei einer Betriebs- oder Beförderungspflicht nach dem Unterschied zwischen der Verringerung der Belastung und der Verringerung der Einnahmen des Unternehmens im Falle der völligen oder teilweisen Aufhebung der Verpflichtung für den in Betracht kommenden Zeitraum richtet. Wenn die wirtschaftlichen Nachteile an Hand einer Aufschlüsselung der dem Unternehmen aus seiner Verkehrstätigkeit entstehenden Gesamtkosten nach den einzelnen Teilen dieser Verkehrstätigkeit errechnet werden, entspricht der Ausgleichsbetrag dem Unterschied zwischen den Kosten, die dem von der Verpflichtung des öffentlichen Dienstes betroffenen Teil der Tätigkeit des Unternehmens anzulasten sind, und den entsprechenden Einnahmen. Letztgenannte Regelung lässt sich nur in Verbindung mit Art. 5 Abs. (1) VO (EWG) 1191/ 69 i.d.F. der VO (EWG) 1893/ 91 verstehen, nach dessen Unterabsatz 3 im Falle einer teilweisen Aufhebung der Betriebs- oder Beförderungspflicht die Kosten, die bei der Aufhebung der Verpflichtung wegfallen können, anhand einer Aufschlüsselung der dem Unternehmen aus seiner Verkehrstätigkeit entstehenden Gesamtkosten nach den einzelnen Teilen seiner Verkehrstätigkeit zu ermitteln sind. Aus beiden Bestimmungen wird deutlich, dass die Verordnung für den Fall einer auf einen Betriebssektor beschränkten Aufrechterhaltung von Verpflichtungen des öffentlichen Dienstes eine Verteilung der Gesamtkosten des Unternehmens auf die verschiedenen Verkehrstätigkeiten vorsieht, um zu verhindern, dass die Gesamtkosten in mehr oder weniger vollem Umfang auf die zwangsweise aufrechterhaltene Tätigkeit übergewälzt werden[686]. Die Verordnung sieht allerdings kein Verfahren dafür vor, wie die Gesamtkosten auf die einzelnen Tätigkeiten aufzuschlüsseln sind, so dass sämtliche, gegebenenfalls pauschalierende Verfahren als mit der Verordnung vereinbar anzusehen sind, die den Besonderheiten und dem Umfang der jeweiligen Verkehrstätigkeiten gerecht werden[687]. Ein derartiges Verfahren könnte der nationale Gesetzgeber im Rahmen einer Durchführungsvorschrift regeln, zu welchen er nach Art. 18 Abs. (1) VO (EWG) 1191/ 69 i.d.F. der VO (EWG) 1893/ 91 in angemessener Zeit verpflichtet ist. Dem entgegen hat der Gesetzgeber keinerlei Durch-

---

684 Lässt die Behörde diese Frist verstreichen, ohne eine Entscheidung zu treffen, so gilt die Verpflichtung, deren Aufhebung beantragt worden ist, gem. Art. 6 Abs. (5) VO (EWG) 1191/ 69 i.d.F. der VO (EWG) 1893/ 91 als aufgehoben.

685 Dass § 21 Abs. 4 PBefG durch die analoge Anwendung des § 8 Abs. 4 PBefG anstelle einer Auferlegung eine Vereinbarung zulassen würde, spricht nicht gegen das Anordnen der Beibehaltung, weil eine Auferlegung auch durch einen verwaltungsrechtlichen Vertrag erfolgen kann. Zustimmend: *Barth*, Nahverkehr in kommunaler Verantwortung, S. 141. Allerdings ist eine Vereinbarung nur zulässig, wenn sie zu den geringsten Kosten für die Allgemeinheit i.S. des Art. 3 Abs. (1) VO (EWG) 1169/ 91 i.d.F. der VO (EWG) 1893/ 91 führt. Unschädlich ist ebenfalls, dass die Ausgleichszahlung von einer anderen Behörde als der anordnenden Behörde erfolgt, da der betroffene Verkehrsunternehmer die unzumutbar gewordene Betriebspflicht nur gegen eine entsprechende Ausgleichszahlung weiterhin erfüllen muss.

686 Vgl. EuGH Rs. 36/ 73, Slg. 1973, 1299 (Rn. 29 f.) - *Niederländische Eisenbahnaktiengesellschaft/ Niederländischer Minister für Verkehr und Wasserbau*.

687 EuGH, a.a.O. (Rn. 31 f.).

führungsvorschriften über die Aufschlüsselung der Gesamtkosten erlassen[688]. Die Aufschlüsselung bleibt vielmehr allein den Verkehrsunternehmen überlassen[689], die allerdings der Überprüfung durch den zuständigen Aufgabenträger bei der Vereinbarung oder Auferlegung unterliegen. Der Aufgabenträger wird nämlich - gerade im Hinblick auf die bereits bestehenden Defizite in den öffentlichen Haushalten und der folgenden Kontrolle durch die Genehmigungsbehörde, ob die geringsten Kosten für die Allgemeinheit entstehen - darauf achten, dass nur die tatsächlichen Kosten für die entsprechende Tätigkeit angerechnet werden. Die Methoden zur Berechnung des Ausgleichs bei der Auferlegung einer Tarifpflicht sind im Art. 11 VO (EWG) 1191/ 69 i.d.F. der VO (EWG) 1893/ 91 enthalten. Der Ausgleich bestimmt sich demnach aus der Differenz der folgenden Größen: Die erste Größe ergibt sich aus dem Unterschied zwischen dem realistischen Marktpreis und dem behördlich geforderten Preis (Abs. 1 lit. a.). Die zweite Größe entspricht dem Unterschied zwischen den Kosten des Marktpreis-Tarifs und den Kosten des behördlich geforderten Tarifs. Dabei fallen unter die Kosten sowohl Mehraufwendungen, die durch einen durch die Tarifmaßnahmen ausgelösten Fahrgastzuwachs oder den begünstigten Personenkreis verursacht werden, als auch zusätzliche Aufwendungen für den Vertriebsbereich[690]. Zum Nachweis dieser Kosten bedarf es einer nationalen Regelung, in der die Anforderungen an diesen Nachweis näher festgelegt werden. Bei der Berechnung der Kosten ist allerdings Art. 1 Abs. (5) Unterabs. 2 VO (EWG) 1191/ 69 i.d.F. der VO (EWG) 1893/ 91 zu beachten[691]. Verkehrsunternehmen, die außer auf dem Gebiet der Verkehrsdienste, für die Verpflichtungen des öffentlichen Dienstes gelten, noch in anderen Bereichen tätig sind, müssen die Verkehrsdienste auf Grund von Verpflichtungen des öffentlichen Dienstes in einem gesonderten Unternehmensbereich erbringen. Für jeden Unternehmensbereich muss eine getrennte Rechnungsführung und eine entsprechende Zuordnung der Aktiva nach den geltenden Buchungsregeln erfolgen. Für den Unternehmensbereich, der Verkehrsdienste mit Verpflichtungen des öffentlichen Dienstes erbringt, muss der Ausgleich der Ausgaben durch die Betriebseinnahmen und durch Zahlungen der öffentlichen Hand ohne die Möglichkeit des Transfers zu oder von anderen Unternehmensbereichen erfolgen. Durch diese Regelung soll vermieden werden, dass die Ausgleichsansprüche durch unternehmensinterne Kostenverschiebungen[692] künstlich erhöht werden und gemeinwirtschaftliche Verkehre eigenwirtschaftliche quersubventionieren. Ausgleichszahlungen können

---

688 S. auch den Überblick zu den erlassenen nationalen Verordnungen bei: *Fromm/ Fey*, Personenbeförderungsrecht, § 57 PBefG Rn. 1.
689 Bereits Art. 4 Abs. (2) S. 2 VO (EWG) 1191/ 69 i.d.F. der VO (EWG) 1893/ 91 bestimmt, dass es Sache der Verkehrsunternehmer ist, nach Art. 5 dieser VO zu errechnen, wie ihre Finanzlage durch Einsparungen zu verbessern ist. Damit unterstreicht bereits die VO die Verantwortung der Verkehrsunternehmen.
690 Zu den Kosten s.: *Bidinger*, Personenbeförderungsrecht, § 39 PBefG Rn. 7.
691 Dies gilt im Übrigen auch für den Personenfernverkehr, weil Art. 1 Abs. (6) VO (EWG) 1191/ 69 i.d.F. der VO (EWG) 1893/ 91 nur Ausnahmen von der Anwendung der Abs. (3) und (4) zulässt, nicht aber eine Ausnahme von Abs. (5).
692 Vgl. dazu: *Zuck*, Das neue EG-Recht für den ÖPNV und den Reiseverkehr, S. 16, der meint, dass lit. b keinen Einfluss darauf habe, wie ein Unternehmensträger sein Verkehrsunternehmen finanziell ausstattet. Dem kann jedoch nur zugestimmt werden, soweit nicht gemeinwirtschaftliche Verkehrsdienste betroffen sind.

demnach nur zur Kompensation der tatsächlich auferlegten Verpflichtung verwendet werden[693].

Reicht der Ausgleich nach Art. 11 Abs. (1) VO (EWG) 1191/ 69 i.d.F. der VO (EWG) 1893/ 91 entgegen der Marktlage nicht aus, die gesamten Kosten des der Tarifpflicht unterliegenden Verkehrs zu decken, so entspricht die Höhe gem. Abs. 2 dieses Artikels dem Unterschied zwischen diesen Kosten und den Einnahmen dieses Verkehrs - Ausgleichsmaßnahmen nach Art. 10 VO (EWG) 1191/ 69 i.d.F. der VO (EWG) 1893/ 91 für die Auferlegung von Betriebs- und Beförderungspflichten sind dabei zu berücksichtigen[694]. Wird die Ausgleichspflicht nach Art. 10 VO (EWG) 1191/ 69 i.d.F. der VO (EWG) 1893/ 91 und nach Art. 11 Abs. (1) dieser Verordnung sachgemäß gehandhabt, so verbleibt für den Ausgleich nach Abs. 2 des letztgenannten Artikels eigentlich kein Raum mehr[695]. Dagegen kann Abs. 2 bei der isolierten Auferlegung einer Tarifpflicht zu Gunsten bestimmter Personengruppen bei einem ansonsten eigenwirtschaftlichen Verkehr zu einem vollständigen Kostenausgleich führen[696].

Schließlich bestimmt Art. 12 Abs. 1 VO (EWG) 1191/ 69 i.d.F. der VO (EWG) 1893/ 91, dass bei der Berechnung der Kosten für die auferlegte Verpflichtung von einer zweckdienlichen Geschäftsführung des Unternehmens und der Lieferung von Verkehrsleistungen in angemessener Qualität auszugehen ist. Kriterien für die Beurteilung einer zweckdienlichen Geschäftsführung sind in der Verordnung allerdings nicht enthalten und müssen deshalb noch in einer entsprechenden Vorschrift festgelegt werden. Werden die Kriterien für die zweckdienliche Geschäftsführung durch nationale Regelungen, die Art. 18 Abs. (1) VO (EWG) 1191/ 69 i.d.F. der VO (EWG) 1893/ 91 grundsätzlich zulässt, sehr gering gehalten, müssten höhere Ausgleichszahlungen erfolgen - mit der Folge fortbestehender Wettbewerbsverfälschungen im Binnenmarkt. Deshalb erscheint eine europäische Regelung angezeigt[697].

Die Höhe des Ausgleichs und die Faktoren zur Berichtigung der Höhe sind gem. Art. 13 Abs. (1) VO (EWG) 1191/69 i.d.F. der VO (EWG) 1893/ 91 in der Entscheidung über die Auferlegung eines Tarifs für einen Zeitraum von mindestens einem Jahr im Voraus festzulegen. Die im Voraus festgelegten Ausgleichsbeträge sind gem. Abs. (3) gestaffelt zu zahlen. Nähere Vorschriften für die Staffelung fehlen und sind deshalb vom nationalen Gesetzgeber festzulegen. Die Berichtigung der Ausgleichsbeträge erfolgt gem. Abs. (2) jährlich nach dem Jahresabschluss des Unternehmens. Die entsprechenden Beträge werden unmittelbar nach der Berichtigung ausgezahlt. § 21 Abs. 4 PBefG entspricht demnach als Durchführungsvorschrift, die nach Art. 18 Abs. (1) VO

---

693 Ähnlich: *Werner*, Nach der Regionalisierung - der Nahverkehr im Wettbewerb, S. 61; *Fromm*, Fortbestand des Querverbunds - ein steuerliches Problem?, BB 1994, 2366 (2369); *Barth*, Nahverkehr in kommunaler Verantwortung, S. 138.

694 Kritisch zu dieser Anrechnung: *Werner*, Nach der Regionalisierung - der Nahverkehr im Wettbewerb, S. 61, da nicht hinreichend sicher nachweisbar sei, ob die Kostenunterdeckung auf dem festgelegten Tarif oder der festgelegten Betriebsleistung beruht.

695 Zustimmend: *Bidinger*, Personenbeförderungsrecht, § 39 PBefG Rn. 7.

696 S.: *Fromm*, Die Bedeutung der Verordnung (EWG) 1893/ 91 für den Ausgleich gemeinwirtschaftlicher Leistungen in Deutschland, TranspR 1992, 256 (262 f.); *ders.*, Bedeutung und Auswirkungen der EG-Verordnung 1893/ 91 für die Omnibusunternehmen, die ÖPNV betreiben, in: Zuck (Hrsg.), Personenverkehr im Spannungsfeld zwischen EG-Recht und Verkehrspolitik, 15 (19).

697 Vgl. *Werner*, Nach der Regionalisierung - der Nahverkehr im Wettbewerb, S. 61 f., der allerdings offenlässt, ob eine europäische Regelung erforderlich ist.

(EWG) 1191/ 69 i.d.F. der VO (EWG) 1893/ 91 ausdrücklich zugelassen ist, den Vorgaben der Art. 4 ff. derselben Verordnung.

Gegen die Bestimmung des § 21 Abs. 4 PBefG würden europarechtliche Bedenken lediglich bestehen, wenn damit ein als eigenwirtschaftlich konzessionierter Verkehr nachträglich bzw. kurz nach der Betriebsaufnahme durch Auferlegungen nach S. 2 den Umfang eines gemeinwirtschaftlichen erlangen würde. Damit würde nämlich die Vergabe im Wettbewerb ausgeschlossen, die für gemeinwirtschaftliche Verkehre zwingend vorgesehen ist. Gleichzeitig würde gegen die Niederlassungs- und Dienstleistungsfreiheit sowie das Beihilfeverbot verstoßen. Ist dagegen die unzumutbare Belastung ein Resultat geänderter Verkehrsbedürfnisse, so erfolgt die Auferlegung im Dienste einer ausreichenden Bedienung der Bevölkerung mit Verkehrsleistungen, so dass die Beschränkung der Freiheiten zulässig ist. Dies gilt erst recht, wenn man die beschränkte Dauer der öffentlichen Bezuschussung bis zum Ablauf der Konzession, den geringen Umfang der zusätzlichen Leistungen und die Tatsache bedenkt, dass nach Ablauf der bestehenden Konzessionen tatsächlich eigenwirtschaftliche Verkehre nur in sehr geringem Umfang existieren werden.

6. Beförderungspflicht, § 22 PBefG

Der Unternehmer ist gem. § 22 PBefG zur Beförderung verpflichtet, wenn die Beförderungsbedingungen eingehalten werden (Nr. 1), die Beförderung mit regelmäßig eingesetzten Beförderungsmitteln möglich ist (Nr. 2) und die Beförderung nicht durch Umstände verhindert wird, die der Unternehmer nicht abwenden und denen er auch nicht abhelfen kann (Nr. 3). Die in den Nummern 1-3 genannten Gründe stehen der Beförderung allerdings nicht entgegen, soweit andere Vorschriften den Ausschluss von der Beförderung nicht zwingend vorschreiben. Insoweit besteht für den Unternehmer lediglich keine Beförderungspflicht[698].

Unter den Begriff der Beförderungsbedingungen fallen im ÖSPV die Bestimmungen der BOKraft - insbesondere die Bestimmungen über den Ausschluss bestimmter Personen und Sachen von der Beförderung in §§ 13 S. 2, 14 Abs. 4, 15 Abs. 2 BOKraft, die Bestimmungen in den allgemeinen Beförderungsbedingungen, die der Unternehmer nach Maßgabe der §§ 39 Abs. 6, 41 Abs. 3 S. 1 PBefG mit Zustimmung der Genehmigungsbehörde aufgestellt hat[699] und die tarifmäßigen Entgelte (§§ 39, 41 Abs. 3 S. 1; 51 PBefG).

Regelmäßige Beförderungsmittel sind die dem Unternehmer zur Verfügung stehenden und bei durchschnittlichem Verkehrsaufkommen zahlenmäßig und qualitativ ausreichenden Busse. Zu einer Anschaffung weiterer Fahrzeuge kann der Unternehmer durch § 22 PBefG nicht gezwungen werden. Die Frage nach der Anzahl und dem Fassungs-

---

698 Vgl. *Fromm/ Fey*, Personenbeförderungsrecht, § 22 PBefG Rn. 2.
699 Diese können auch von der BOKraft abweichen, s. *Grafberger*, Der öffentliche Personennahverkehr - Aufgabe, Organisation und verkehrsgewerberechtlicher Rahmen, S. 165.

vermögen ist in der Genehmigung beantwortet und stellt sich ansonsten nur im Rahmen der Betriebspflicht[700].

Als unabwendbare Ereignisse[701] im Sinne der Nr. 3 kommen betriebsfremde Ereignisse, wie Naturkatastrophen, Terroranschläge oder auch behördliche Anordnungen (Sperrung einer Straße), oder auch betriebsinterne, wenn der Unternehmer sie nicht durch außergewöhnliche Maßnahmen abwenden kann (z.B. Streik, wenn Ersatzfahrer nicht zu bekommen sind), in Betracht. Eine Abhilfe ist dem Unternehmer bei betriebsfremden Ereignissen möglich, wenn ihm im konkreten Einzelfall eine Umwegfahrt zumutbar ist.

Ist die Beförderungspflicht nicht aus einem der vorgenannten Gründe ausgeschlossen, so ist der Unternehmer zum Abschluss des zivilrechtlichen Beförderungsvertrages gemäß den Beförderungsbedingungen verpflichtet[702]. Lehnt er dies ab, so kann die vorsätzliche oder fahrlässige Zuwiderhandlung als Ordnungswidrigkeit gem. § 61 Abs. 1 Nr. 3 lit. c PBefG geahndet werden und gegebenenfalls gem. § 25 Abs. 1 PBefG die Genehmigung widerrufen werden[703].

Die Vorschrift des § 22 PBefG dient der ausreichenden Bedienung der Bevölkerung mit Verkehrsleistungen und gilt für sämtliche Konzessionsinhaber im Bereich des ÖSPV, so dass europarechtlich keine Bedenken gegen die Vorschrift bestehen. Insbesondere beruht die Beförderungspflicht auf dem Antrag des Verkehrsunternehmens, so dass keine Verpflichtung des öffentlichen Dienstes i.S. des Art. 5 Abs. (1), Art. 2 Abs. (1), (4) VO (EWG) 1191/ 69 i.d.F. der VO (EWG) 1893/ 91 vorliegt.

7. Beförderungsentgelte und -bedingungen, § 39 PBefG

Die Beförderungsentgelte und -bedingungen sind gem. § 39 Abs. 7 PBefG von dem Unternehmer ortsüblich bekanntzumachen, wobei die Bekanntmachung in den zum Aufenthalt der Fahrgäste bestimmten Räumen auszuhängen ist.

a.) Beförderungsentgelte
Nach § 39 Abs. 1 PBefG bedürfen die Beförderungsentgelte und deren Änderung der Zustimmung der Genehmigungsbehörde, durch die sie allgemein verbindlich werden. Gem. § 39 Abs. 2 S. 1 PBefG hat die Genehmigungsbehörde die Beförderungsentgelte insbesondere daraufhin zu prüfen, ob sie unter Berücksichtigung der wirtschaftlichen Lage des Unternehmens, einer ausreichenden Verzinsung und Tilgung des Anlagekapitals und der notwendigen technischen Entwicklung angemessen sind. Entgegen der

---

700 Zu § 22 Nr. 2 PBefG s.: *Fromm/ Fey*, Personenbeförderungsgesetz, § 22 PBefG Rn. 5; *Grafberger*, Der öffentliche Personennahverkehr - Aufgabe, Organisation und verkehrsgewerberechtlicher Rahmen, S. 165.
701 Ausführlicher Überblick bei: *Fromm/ Fey*, Personenbeförderungsrecht, § 22 PBefG Rn. 4, 6; *Bidinger*, Personenbeförderungsrecht, § 22 PBefG Ziff. 3 c).
702 Kontrahierungszwang, vgl. *Grafberger*, Der öffentliche Personennahverkehr - Aufgabe, Organisation und verkehrsgewerberechtlicher Rahmen, S. 166; *Fromm/ Fey*, Personenbeförderungsrecht, § 22 PBefG Rn. 1; *Werner*, Nach der Regionalisierung - der Nahverkehr im Wettbewerb, S. 179.
703 Zu den möglichen Schadensersatzansprüchen der Kunden: *Bidinger*, Personenbeförderungsrecht, § 22 PBefG Ziff. 5.

Rechtslage vor Änderung des PBefG[704] kommt es insoweit nicht auf die Übereinstimmung mit den öffentlichen Verkehrsinteressen und dem Gemeinwohl an. Will die Genehmigungsbehörde den Tarif hieran orientieren, so muss sie entsprechend § 8 Abs. 4 PBefG verfahren, § 39 Abs. 2 S. 2 PBefG. Der zuvor als eigenwirtschaftlich beantragte Verkehr kann in diesem Fall nicht genehmigt werden, da der Verkehr dann von Anfang an als gemeinwirtschaftlicher hätte ausgeschrieben werden müssen.

Aus Abs. 1 wird deutlich, dass grundsätzlich dem Unternehmer die Gestaltung der Tarife[705] obliegt[706]. Der Genehmigungsbehörde steht allein eine Rechtsaufsicht zu[707]. Sie hat demnach zu überprüfen, ob der beantragte Tarif auf einer Ausnutzung der (partiellen) Monopolstellung des Unternehmens gegenüber den Nachfragern beruht[708]. In diesem Fall wäre der beantragte Tarif überhöht und könnte dem beantragenden Unternehmen sogar erheblich schaden, wenn die Leistung vom Nachfrager zu diesem Preis nicht mehr akzeptiert würde. Denkbar ist aber ebenfalls, dass der beantragte Tarif zu niedrig (Dumping!) angesetzt worden ist, um Konkurrenten aus dem Markt zu drängen[709]. Insoweit ist § 39 Abs. 1, 2 PBefG das notwendige Gegenstück zu den Marktzutrittsbeschränkungen durch die Konzessionen und weist den Charakter einer Missbrauchskontrolle auf[710]. Ergibt die Prüfung nach § 39 Abs. 2 PBefG dagegen, dass die beantragten Tarife notwendig sind, damit das Unternehmen eigenwirtschaftlich i.S. dieser Vorschrift handeln kann, so besteht grundsätzlich ein Rechtsanspruch des Unternehmens auf Zustimmung[711]. Dann besteht auch keine Tarifpflicht i.S. des Art. 2 Abs. (5) VO (EWG) 1191/ 69 i.d.F. der VO (EWG) 1893/ 91.

---

704 Zur alten Rechtslage s.: *Dengler*, Zur Prüfung der Verkehrstarife im Personenverkehr nach § 39 Abs. 2 Personenbeförderungsgesetz, DÖV 1979, 662 (insbes. 663), der auch den Inhalt der Tatbestandsmerkmale „ausreichende Verzinsung und Tilgung des Anlagekapitals..." gut heraus arbeitet und den Unterschied zur wirtschaftlichen Lage zutreffend darstellt. *Ders.*, Die preisrechtlichen Eingriffsbefugnisse in die Tarifgestaltung kommunaler Verkehrsunternehmen und die Verantwortlichkeit für die Finanzierung ihrer Defizite, VerwArch 1982, 292 ff.; *Fromm*, Rechtsprechung zum Personenbeförderungsgesetz, BB 1980, 238 (240).
705 Als solche kommen als Leistungstarife der Kilometer-, der Teilstrecken- und Zonentarif, und als leistungsunabhängiger Tarif der Einheitstarif in Frage, vgl. *Graßberger*, Der öffentliche Personennahverkehr - Aufgabe, Organisation und verkehrsgewerberechtlicher Rahmen, S. 170 f.
706 Übereinstimmend: *Graßberger*, a.a.O., S. 169; *Fromm/ Fey*, Personenbeförderungsrecht, § 39 PBefG Rn. 2.
707 Zustimmend: *Fromm/ Fey*, Personenbeförderungsrecht, § 39 PBefG Rn. 2, mit dem Hinweis, dass § 39 Abs. 2 PBefG im Gegensatz zu § 15 Abs. 3 PBefG keine Bedingungen oder Auflagen vorsieht, und m.w.N.
708 *Dengler*, Zur Prüfung der Verkehrstarife im Personenverkehr nach § 39 Abs. 2 Personenbeförderungsgesetz, DÖV 1979, 662 (664), stimmt dem zu und sieht in § 39 Abs. 2 PBefG deshalb eine Höchstpreisvorschrift.
709 Ähnlich: *Fromm/ Fey*, Personenbeförderungsrecht, § 39 PBefG Rn. 6.
710 Dessen ungeachtet geht die wohl h.M. davon aus, dass sowohl Verkehrsnutzer als auch Konkurrenten eine Erhöhung der Entgelte nicht im Verwaltungsrechtsweg angreifen könnten, sondern die Erhöhung einer Billigkeitsprüfung durch die ordentlichen Gerichte zugänglich sei, vgl. Darstellung bei *Fromm/ Fey*, Personenbeförderungsrecht, § 39 PBefG Rn. 6.
711 *Fromm/ Fey*, Personenbeförderungsrecht, § 39 PBefG Rn. 2; ähnlich: *Barth*, Nahverkehr in kommunaler Verantwortung, S. 271, die allerdings wohl auch eine anfängliche Auferlegung bzw. Vereinbarung für zulässig hält, obwohl der Verkehr als eigenwirtschaftlicher vergeben wird. Dies wäre als Umgehung der europarechtlichen Vorgaben nicht zulässig. In diesem Fall müßte der Verkehr von Anfang an als gemeinwirtschaftlich im Wettbewerb vergeben werden.

Hält die Genehmigungsbehörde dagegen einen geringeren Tarif aus Gründen des öffentlichen Verkehrsinteresses für wünschenswert, so muss sie sich mit dem zuständigen Aufgabenträger in Verbindung setzen. Der Aufgabenträger kann, wenn er die Auffassung der Genehmigungsbehörde teilt, mit dem Inhaber einer eigenwirtschaftlichen Konzession nachträglich die niedrigeren Tarife vereinbaren oder diese auferlegen - jeweils verbunden mit der Kostenerstattung. Nach der Vereinbarung oder Auferlegung erteilt dann die Genehmigungsbehörde gegebenenfalls eine Genehmigung nach § 13a PBefG[712]. Durch die Vereinbarung bzw. Auferlegung wird der eigenwirtschaftliche Verkehr nicht zu einem gemeinwirtschaftlichen; eine Suche nach dem kostengünstigsten Angebot ist während der Laufzeit der bestehenden Konzession ausgeschlossen[713]. Erst nach Ablauf der Konzession ist der Verkehr als gemeinwirtschaftlicher auszuschreiben[714]. Ist der Aufgabenträger dagegen zu einer Vereinbarung oder Auferlegung nicht bereit, so muss die Genehmigungsbehörde den beantragten Tarif genehmigen.

Erteilt die Behörde die Zustimmung zu den Beförderungsentgelten, so berechtigt der entsprechende Verwaltungsakt das Verkehrsunternehmen nicht nur, diese Beförderungsentgelte anzuwenden, sondern verpflichtet es auch dazu, da die Zustimmung allgemeinverbindlich ist, § 39 Abs. 1 S. 2, Abs. 3 S. 1 PBefG. Vereinbarungen über einen anderen als den genehmigten Fahrpreis sind nichtig und führen gem. § 139 BGB zur Nichtigkeit des gesamten Beförderungsvertrages, wenn nicht anzunehmen ist, dass der Vertrag auch ohne den nichtigen Bestandteil geschlossen worden wäre[715]. Gem. § 39 Abs. 3 S. 2 PBefG sind aber Ermäßigungen zulässig, die unter gleichen Bedingungen jedermann zukommen. Deshalb sind insbesondere ermäßigte Preise für die regelmäßige Benutzung des ÖPNV (Mehrfachfahrkarten oder Zeitausweise) oder eine Differenzierung nach Kurz- oder Langstreckenfahrten zulässig[716].

Gegen die Bestimmungen des § 39 Abs. 1, 2 PBefG bestehen letztlich europarechtlich keine Bedenken: Die grundsätzliche Rechtsaufsicht über die Tarife ist Folge der Vergabe von Ausschließlichkeitsrechten durch die Konzession. Nur die Konzession an sich beschränkt den Wettbewerb bzw. die Niederlassungs- und Dienstleistungsfreiheit. Öffentliche Gelder, die während der bestehenden Konzession an einen Unternehmer auf Grund der Vereinbarung oder Auferlegung geleistet werden, führen nicht zu einer Wettbewerbsverfälschung und damit auch zu keiner Handelsbeeinträchtigung, so dass keine nach Art. 87 Abs. (1) EG verbotene Beihilfe vorliegt. Erfolgt eine nachträgliche Auferlegung oder Vereinbarung eines nicht i.S. von § 39 Abs. 2 PBefG eigenwirtschaftlichen Tarifs, so erfolgt dies nicht im Wettbewerb. Dies gilt aber nur bis zum Ablauf der Konzession, nach dem der Verkehr als gemeinwirtschaftlicher im Wettbewerb zu vergeben

---

712 In § 13a PBefG wird nämlich nicht zwischen einer anfänglichen und einer nachträglichen Auferlegung bzw. Vereinbarung unterschieden. Zustimmend: *Barth*, Nahverkehr in kommunaler Verantwortung, S. 255.
713 Vgl. *Fromm*, Zur Neuordnung des Personenbeförderungsrechts, TranspR 1994, 425 (432); *Fromm/ Fey*, Personenbeförderungsrecht, § 39 PBefG Rn. 4; *Sellmann*, Das neue Personenbeförderungsrecht, NVwZ 1995, 1167 (1171); *Werner*, Nach der Regionalisierung - der Nahverkehr im Wettbewerb, S. 180 f.
714 A.A.: *Batzill/ Zuck*, Personenbeförderungsrecht im Spannungsfeld von Bahnstrukturreform, PBefG-Novelle, ÖPNV-Recht der Länder und EG-Recht, S. 50.
715 So: *Bidinger*, Personenbeförderungsrecht, § 39 PBefG Rn. 94.
716 Dazu ausführlich: *Graßberger*, Der öffentliche Personennahverkehr - Aufgabe, Organisation und verkehrsgewerberechtlicher Rahmen, S. 175 f.

ist. Im Übrigen erfolgt die Auferlegung bzw. Vereinbarung des Tarifs während der bestehenden Konzession auf Grund geänderter Verkehrsbedürfnisse oder anderer neuer Umstände im Interesse einer ausreichenden Bedienung der Bevölkerung mit Verkehrsdienstleistungen, so dass diese Vorgehensweise nicht zu beanstanden ist[717]. Auch hier darf die Bedeutung der Vorschrift nicht überbewertet werden, da es nach Ablauf der bestehenden Konzessionen kaum noch eigenwirtschaftliche Verkehre geben wird[718].

b.) Beförderungsbedingungen
Beförderungsbedingungen sind vor ihrer Einführung oder Änderung der Genehmigungsbehörde gem. § 39 Abs. 6 S. 1, 2 PBefG zur Zustimmung vorzulegen, sofern sie von den Allgemeinen Beförderungsbedingungen für das Unternehmen abweichen. Unter den Voraussetzungen des § 39 Abs. 6 S. 3 PBefG kann die Genehmigungsbehörde die Änderung der Beförderungsbedingungen verlangen, insbesondere wenn sich für die Ausgestaltung des Verkehrs neue Gesichtspunkte ergeben, denen durch die Änderung Rechnung getragen werden soll[719].

8. Fahrpläne

Fahrpläne müssen gem. § 40 Abs. 1 PBefG den Ausgangs- und Endpunkt der Linie sowie die Fahrzeiten und Haltestellen enthalten und bedürfen für ihre Änderung der Zustimmung der Genehmigungsbehörde gem. § 40 Abs. 2 PBefG - letzteres gilt allerdings nicht für geringfügige Änderungen. Nach § 40 Abs. 3 PBefG kann die Genehmigungsbehörde Änderungen des Fahrplans verlangen, wenn sich maßgebliche Gesichtspunkte geändert haben oder dies für die bessere Ausgestaltung des Verkehrs notwendig ist. Insoweit gilt § 8 Abs. 4 PBefG entsprechend.

Aus den vorgenannten Bestimmungen wird deutlich, dass die Initiative zur Fahrplangestaltung grundsätzlich Sache der Verkehrsunternehmen ist[720]. Entgegen der früheren Auffassung, dass das Verkehrsunternehmen grundsätzlich einen Anspruch auf Genehmigung des Fahrplans hat, steht der Genehmigungsbehörde auf Grund des planerischen Einschlags der verkehrspolitischen Entscheidung ein Beurteilungsspielraum zu[721]. Lediglich wenn für den Unternehmer die Gefahr besteht, seine Eigenwirtschaftlichkeit zu verlieren, ist grundsätzlich die Genehmigung zu erteilen. Eine entsprechende

---

717 S. Art. 4 Abs. (1), 6 Abs. (1), (2) der VO (EWG) 1191/ 69 i.d.F. der VO (EWG) 1893/ 91, die eine entsprechende Vorgehensweise vorsehen.
718 Diese Einschätzung teilen: *Werner*, Nach der Regionalisierung - der Nahverkehr im Wettbewerb, S. 190; *Fromm/ Fey*, Personenbeförderungsrecht, § 13 PBefG Rn. 11, 14; a.A. *Zeiselmair*, Das neue PBefG, Omnibusrevue 4/ 1994, 8, der von der Möglichkeit formal eigenwirtschaftlicher Verkehre ausgeht.
719 Einzelheiten bei: *Fromm/ Fey*, Personenbeförderungsrecht, § 39 PBefG Rn. 11.
720 *Fromm/ Fey*, Personenbeförderungsrecht, § 40 PBefG Rn. 6; *Bidinger*, Personenbeförderungsrecht, § 40 PBefG Ziff. 3.
721 Nachweis bei: *Fromm/ Fey*, Personenbeförderungsrecht, § 40 PBefG Rn. 3. Dies darf allerdings nur insoweit gelten als der zuständige Aufgabenträger die örtlichen Verkehrsbedürfnisse nicht abschließend in einem Nahverkehrsplan geregelt hat.

Anwendung des § 8 Abs. 4 PBefG ist hier nicht möglich, da ansonsten der Verkehr von Anfang an als gemeinwirtschaftlicher hätte ausgeschrieben werden müssen[722].

Verlangt die Genehmigungsbehörde eine nachträgliche Änderung des Fahrplans wegen nachhaltiger Änderung der Verkehrsbedürfnisse, die die Eigenwirtschaftlichkeit des Unternehmens beeinträchtigen würde, so ist § 8 Abs. 4 PBefG entsprechend anzuwenden. Demnach muss die Genehmigungsbehörde sich mit dem zuständigen Aufgabenträger in Verbindung setzen. Diesem obliegt es, die Fahrplanänderung mit dem Verkehrsunternehmen zu vereinbaren oder diesem aufzuerlegen. Ist der Aufgabenträger dazu nicht bereit, so muss von der Änderung Abstand genommen werden. Da insoweit Idealkonkurrenz zu § 21 Abs. 3 PBefG besteht[723], ist die Eigenwirtschaftlichkeit nur gegeben, wenn dem Unternehmen unter Berücksichtigung seiner wirtschaftlichen Lage, einer ausreichenden Verzinsung und Tilgung des Anlagekapitals und der notwendigen technischen Entwicklung die Änderung zugemutet werden kann[724]. Dass gerade noch die Kosten gedeckt werden, kann dafür nicht ausreichen. Wird der geänderte Fahrplan mit dem Unternehmen nachträglich vereinbart bzw. diesem auferlegt, so bleibt der Verkehr auf Grund der bestehenden Konzession eigenwirtschaftlich[725]. Erst nach Ablauf der Konzession ist er als gemeinwirtschaftlicher Verkehr im Wettbewerb zu vergeben[726].

Zur europarechtlichen Beurteilung dieser Vorschrift ist zunächst - erneut - anzumerken, dass die Beschränkung der Dienstleistungs- und Niederlassungsfreiheit durch die Konzessionierung an sich erfolgt, nicht aber durch die dazu gehörende Zustimmung zum Fahrplan. Die nachträgliche Vereinbarung oder Auferlegung eines geänderten Fahrplans ist nur unter bestimmten, recht engen Voraussetzungen möglich und dürfte damit die Ausnahme sein. Europarechtlich verboten wäre dagegen, wenn zunächst die Konzessionierung eines eigenwirtschaftlichen Verkehrs außerhalb des Wettbewerbs erfolgt und kurz darauf eine Auferlegung oder Vereinbarung eines geänderten Fahrplans erfolgen würde, da so jeglicher Wettbewerb ausgeschlossen würde - ohne dass dafür ein berechtigtes Interesse bestehen würde.

9. Ausgleich bei der Beibehaltung eines Verkehrsdienstes trotz Kündigung

Eine weitere Möglichkeit für einen Anspruch auf Ausgleich im Zusammenhang mit einem eigenwirtschaftlichen Verkehr ergibt sich aus Art. 14 Abs. (6) VO (EWG) 1191/ 69 i.d.F. der VO (EWG) 1893/ 91. Diese Ausgleichspflicht ist im Rahmen des Artikels

---

722 Dies übersieht *Barth*, Nahverkehr in kommunaler Verantwortung, S. 272, die die Anwendbarkeit des § 8 Abs. 4 PBefG auch in diesem Fall bejaht. Dies würde eine eindeutige Umgehung der europarechtlichen Vorgaben bedeuten!
723 *Fromm/ Fey*, Personenbeförderungsrecht, § 40 PBefG Rn. 6; *Bidinger*, Personenbeförderungsrecht, § 40 PBefG Ziff. 4a. Damit dürfte § 40 Abs. 3 PBefG nur einen eingeschränkten Anwendungsbereich haben.
724 Dies dürfte im Übrigen auch für die Eigenwirtschaftlichkeit im Zusammenhang mit § 40 Abs. 2 PBefG gelten.
725 Zustimmend: *Werner*, Nach der Regionalisierung - der Nahverkehr im Wettbewerb, S. 180 f.; *Sellmann*, Das neue Personenbeförderungsrecht, NVwZ 1995, 1167 (1171).
726 A.A.: *Batzill/ Zuck*, Personenbeförderungsrecht im Spannungsfeld von Bahnstrukturreform, PBefG-Novelle, ÖPNV-Recht der Länder und EG-Recht, S. 50.

festgelegt, der eigentlich die Vereinbarung einer Pflicht des öffentlichen Dienstes regelt, und ist damit „etwas versteckt". Nach Art. 14 Abs. (4) der Verordnung kann ein Verkehrsunternehmen, das einen Verkehrsdienst anbietet, der als eigenwirtschaftlich zu beurteilen ist, und diesen einstellen oder wesentlich ändern, d.h. reduzieren[727], möchte, dies der zuständigen Behörde unter Einhaltung einer dreimonatigen Kündigungsfrist mitteilen. Wenn die zuständige Behörde den Verkehrsdienst trotzdem aufrecht erhalten will[728], kann sie von dem Verkehrsunternehmer gem. Art. 14 Abs. (5) der Verordnung die Aufrechterhaltung für höchstens ein Jahr ab dem Kündigungszeitpunkt verlangen - mit der Folge, dass über Art. 14 Abs. (6) der Verordnung die gemeinsamen Ausgleichsmethoden der Art. 9-13 der Verordnung zur Anwendung kommen. Der Regelung in der Verordnung entspricht nicht der Regelung in § 21 Abs. 4 PBefG. Nach dieser Vorschrift kann ein Unternehmer auf dessen Antrag von einer bestehenden Betriebspflicht ganz oder teilweise entbunden werden, wenn ihm die Fortsetzung nicht mehr möglich oder nicht mehr zuzumuten ist. Durch Art. 14 Abs. (4) VO (EWG) 1191/ 69 i.d.F. der VO (EWG) 1893/ 91 erhält der Unternehmer dagegen auch für den Fall, dass ihm die Fortsetzung des Betriebes zumutbar wäre, ein Kündigungsrecht, welches in § 21 PBefG nicht vorgesehen ist. Gegen dessen Willen kann der Verkehr maximal noch ein Jahr aufrechterhalten werden, wobei entstehende Kosten auszugleichen sind.

10. Zusammenfassung

Der Begriff des eigenwirtschaftlichen Verkehrs in § 8 Abs. 4 S. 2 PBefG ist europarechtskonform dahingehend auszulegen, dass ein eigenwirtschaftlicher Verkehr nur vorliegt, wenn er neben dem Erlös aus dem Fahrscheinverkauf nur durch folgende öffentliche Finanzmittel finanziert wird:
- Ausgleichszahlungen nach § 45a PBefG für den Schülerverkehr und nach § 62 SchwbG für die Beförderung Schwerbehinderter - nach Maßgabe der VO (EWG) 1191/ 69 i.d.F. der VO (EWG) 1893/ 91,
- Steuervergünstigungen für sämtliche ÖPNV-Betreiber,
- Investitionsfördermittel für den Bau von Busspuren, Anlagen zur Beeinflussung der Ampeln und Busbahnhöfen,
- Ausgleichszahlungen für ein allgemein auferlegtes Tarifniveau,
- Umstrukturierungsbeihilfen und
- Zahlungen durch den öffentlichen Eigentümer des Unternehmens, wenn ein vergleichbar großer privater Investor entsprechende Zahlungen auch vorgenommen hätte.

Weitere Finanzierungsmittel können auch nicht über den Begriff der sonstigen Erträge im handelsrechtlichen Sinn die Eigenwirtschaftlichkeit des Verkehrs bei einer Neugenehmigung begründen. Ein Antrag auf eine Konzession für einen eigenwirtschaftlichen Verkehr ist insoweit nicht zulässig. Würde der beantragte Verkehr trotzdem genehmigt, so würde ein Verstoß gegen Art. 5 Abs. 2 EG vorliegen. Da die Auslegung des

---

727 Vgl. *Werner*, Nach der Regionalisierung - der Nahverkehr im Wettbewerb, S. 66 (dort Fn. 358).
728 Die Behörden können auch ihrerseits die Einrichtung oder Änderung eines solchen Verkehrsdienstes aushandeln.

§ 8 Abs. 4 S. 2 PBefG aber nicht zwingend diese Finanzierungsmittel umfasst, stellt die Norm bei europarechtskonformer Auslegung keinen Widerspruch zum Europarecht, insbesondere zu Art. 87 Abs. (1) EG, dar.

Die Genehmigungsbehörden müssen den beantragten Fahrplänen und Beförderungsentgelten bei der Erteilung der Genehmigung zustimmen, wenn ansonsten die Eigenwirtschaftlichkeit des Unternehmens, die auch einen Gewinn umfasst, gefährdet würde. Wird ein eigenwirtschaftlicher Verkehr beantragt, so kommt eine entsprechende Anwendung des § 8 Abs. 4 PBefG nicht in Betracht, da der Verkehr dann als gemeinwirtschaftlicher Verkehr im Anschluss an ein Ausschreibungsverfahren zu vereinbaren oder gegebenenfalls aufzuerlegen wäre.

Während des Bestehens der Konzession kommt eine nachträgliche Änderung der Betriebspflicht, der Beförderungsentgelte oder des Fahrplans durch die Genehmigungsbehörde nur in Betracht, wenn die Eigenwirtschaftlichkeit des Unternehmens, einschließlich eines Gewinns, nicht beeinträchtigt wird oder anderenfalls der zuständige Aufgabenträger die Änderung mit dem Unternehmen vereinbart oder diesem auferlegt. Europarechtlich ist die nachträgliche Vereinbarung oder Auferlegung allerdings nur zulässig, wenn sich die Verkehrsbedürfnisse nachhaltig und unvorhersehbar geändert haben. Durch sie kann ein eigenwirtschaftlicher Verkehr nicht kurz nach der Konzessionserteilung betroffen sein, da ansonsten die Pflicht zur Ausschreibung des dann eigentlich gemeinwirtschaftlichen Verkehrs umgangen würde. Wird dagegen rechtmäßig später eine Auferlegung vorgenommen oder eine entsprechende Vereinbarung getroffen, so ändert sich nichts an dem Vorliegen eines eigenwirtschaftlichen Verkehrs, da für diese Einordnung nur die weiterhin bestehende Genehmigung entscheidend ist. Nur diese Genehmigung beschränkt den Wettbewerb und führt somit zu Einschränkungen der Niederlassungs- und Dienstleistungsfreiheit, während die nachträglichen Auferlegungen bzw. Vereinbarungen und der dazugehörende Kostenausgleich nicht wettbewerbsverfälschend wirken können, so dass der Kostenausgleich auch keine verbotene Beihilfe darstellt. Erst nach dem Ablaufen der eigenwirtschaftlichen Konzession ist der Verkehr als gemeinwirtschaftlicher im Wettbewerb zu vergeben.

Bei einem Antrag auf Wiedererteilung einer Genehmigung kann dem Unternehmen, das einen im europarechtskonformen Sinn eigenwirtschaftlichen Verkehr betreibt, nur ausnahmsweise Bestandsschutz zukommen, wenn es den öffentlichen Verkehrsinteressen in außergewöhnlichem Maß gedient hat und der Verkehr nicht im Widerspruch zu den Festsetzungen des Nahverkehrsplans steht. Ansonsten kann der Besitzstandsschutz nur in dem Sinne von „Bekannt und Bewährt" verstanden werden - dieser kommt aber jedem Unternehmen zu, dass bereits irgendwo in der Europäischen Union ÖSPV erfolgreich betreibt bzw. betrieben hat. Das eigentliche Problem bei eigenwirtschaftlichen Verkehren in der gegenwärtigen Praxis besteht darin, dass der Ablauf einzelner Konzessionen den Mitbewerbern nicht bekannt wird. Ohne diese Kenntnis können sie aber kein Angebot erstellen, dass den öffentlichen Verkehrsinteressen besser entspricht als das des Altunternehmers oder qualitativ höherwertiger ist. Dagegen fordert die Niederlassungsfreiheit des Art. 43 EG und gegebenenfalls die Dienstleistungsfreiheit i.V.m. Art. 86 Abs. (2), 12 EG, dass auch eigenwirtschaftliche Verkehre letztlich in einem diskriminierungsfreien und transparenten Verfahren vergeben werden müssen.

Eine Ausführungsregelung zu Art. 14 Abs. (4)-(6) VO (EWG) 1191/ 69 i.d.F. der VO (EWG) 1893/ 91 existiert im nationalen Recht nicht. Nach diesen Vorschriften der

VO kann einem Verkehrsunternehmer gegen seinen Willen auch eine eigenwirtschaftliche Verpflichtung für ein Jahr auferlegt werden - gegen Ersatz der etwaigen Kosten.

III. Gemeinwirtschaftliche Verkehre

1. Begriff

Soweit die ausreichende Verkehrsbedienung nicht durch - im europarechtskonformen Sinn - eigenwirtschaftliche Verkehre erreicht bzw. erbracht werden kann, findet gem. § 8 Abs. 4 S. 3 PBefG die VO (EWG) 1191/69 i.d.F. der VO (EWG) 1893/91 Anwendung. Negativ abgegrenzt sind demnach gemeinwirtschaftliche Verkehre diejenigen, die zwar zur Sicherstellung einer ausreichenden Verkehrsbedienung erforderlich sind, aber nicht eigenwirtschaftlich erbracht werden können. Diese Verkehre können deshalb seitens des zuständigen Aufgabenträgers mit einem Verkehrsunternehmen vereinbart oder diesem auferlegt werden. Eine entsprechende Pflicht des zuständigen Aufgabenträgers dazu besteht allerdings nicht.

Gemeinwirtschaftliche Leistungen können aber nur vorliegen, wenn der Aufgabenträger tatsächlich tätig wird[729]. Ohne eine entsprechende Auferlegung oder Vereinbarung können andererseits keine öffentlichen Gelder an das Verkehrsunternehmen fließen, die als Beihilfe einzustufen sind. Ein Antrag auf Genehmigung eines eigenwirtschaftlichen Verkehrs wäre nicht möglich, das Verkehrsunternehmen könnte den beantragten Verkehr nicht betreiben. Damit besteht kein „echtes" Wahlrecht des Unternehmers, ob er einen eigen- oder gemeinwirtschaftlichen Verkehr betreibt[730]. Wegen des Vorrangs der Eigenwirtschaftlichkeit hat der Unternehmer nur in dem Fall, in dem er den als gemeinwirtschaftlich vorgesehenen Verkehr eigenwirtschaftlich betreiben kann, die Wahl, den Verkehr eigenwirtschaftlich zu betreiben - allerdings mit dem damit verbundenen finanziellen Risiko[731].

2. Genehmigungsvoraussetzungen, § 13a PBefG

Eine Genehmigung nach § 13a Abs. 1 PBefG ist zu erteilen, soweit diese zur Umsetzung einer Verkehrsleistung auf Grund einer Auferlegung oder Vereinbarung i.S. der VO (EWG) 1191/69 i.d.F. der VO (EWG) 1893/91 des Rates erforderlich ist und dabei diejenige Lösung gewählt worden ist, die die geringsten Kosten für die Allgemeinheit mit sich bringt. Die geringsten Kosten für die Allgemeinheit sind dabei nach der Ver-

---

729 *Batzill/ Zuck*, Personenbeförderungsrecht im Spannungsfeld von Bahnstrukturreform, PBefG-Novelle, ÖPNV-Recht der Länder und EG-Recht, S. 60.
730 So aber: *VDV/ ÖTV* (Hrsg.), Der Nahverkehr und seine Unternehmen im Verkehrsmarkt der Zukunft, S. 9; ähnlich: *Batzill/ Zuck*, Personenbeförderungsrecht im Spannungsfeld von Bahnstrukturreform, PBefG-Novelle, ÖPNV-Recht der Länder und EG-Recht, S. 59 f.; *Zuck*, Eigenwirtschaftliche und gemeinwirtschaftliche Verkehrsleistungen und geringste Kosten für die Allgemeinheit, DÖV 1994, 941 (947); *Fey*, Zur Verordnung „geringste Kosten" als Abschluß des Gesetzeswerkes zur Regionalisierung des ÖPNV-Marktes sowie zu anderen Fragen des novellierten PBefG, NZV 1996, 132 (136).
731 Insgesamt zum Wahlrecht der hier vertretenen Auffassung zustimmend: *Werner*, Nach der Regionalisierung - der Nahverkehr im Wettbewerb, S. 169; *Barth*, Nahverkehr in kommunaler Verantwortung, S. 239; *Berschin*, Europäisches Recht der Finanzierung im ÖPNV bringt Wettbewerb um Subventionen, ZUR 1997, 4 (9).

ordnung zur Anwendung von § 13a Abs. 1 S. 3 PBefG vom 15.12.1995 (GKVO)[732] zu ermitteln. Gem. § 13a Abs. 2 PBefG ist die Genehmigung zu versagen, wenn nicht diejenige Lösung gewählt worden ist, die die geringsten Kosten für die Allgemeinheit mit sich bringt, oder wenn bei der Auferlegung oder Vereinbarung der Grundsatz der Gleichbehandlung verletzt worden ist.

Wegen des Vorrangs eigenwirtschaftlicher Verkehrsleistungen in § 8 Abs. 4 PBefG ist ein Antrag auf eine gemeinwirtschaftliche Verkehrsleistung nur zulässig, wenn diese nicht eigenwirtschaftlich erbracht werden kann. Der Antrag auf eine Genehmigung nach § 13a PBefG ist vom Unternehmer zu stellen und bedingt eine vorhergehende Auferlegung oder Vereinbarung der beantragten Verkehrsleistung seitens des zuständigen Aufgabenträgers[733]. Die Auferlegung ist der Genehmigungsbehörde durch den entsprechenden Bescheid, die Vereinbarung durch den Vertrag nachzuweisen[734]. Ohne eine derartige Vereinbarung oder Auferlegung fehlt eine Genehmigungsvoraussetzung[735], so dass auch die Fiktion der Genehmigung nach § 15 Abs. 1 S. 5 PBefG nicht zur Anwendung gelangen kann.

a.) Subjektive Zulassungsvoraussetzungen
Auf Grund des Verweises in § 13a Abs. 1 S. 2 PBefG gelten die gleichen subjektiven Anforderungen wie bei einer Konzession nach § 13 PBefG[736]. Aus dem Verweis auf § 14 PBefG folgt, dass eine Anhörung des beantragenden Unternehmers durchzuführen ist.

b) Objektive Zulassungsvoraussetzungen
aa.) Sicherheitsrelevante Voraussetzungen
Aus dem Verweis auf § 13 Abs. 2 Nr. 1 PBefG folgt, dass die Genehmigung zu versagen ist, wenn der beantragte Verkehr selbst einen feststellbar nachteiligen Einfluss auf die Verkehrssicherheit ausübt[737] - was dort, wo öffentlicher Straßenverkehr stattfindet, in der Regel nicht der Fall sein wird. Eine Anwendung des § 13 Abs. 2 Nr. 2 PBefG auf gemeinwirtschaftliche Verkehre ist mangels eines entsprechenden Verweises dagegen nicht möglich.

bb.) Öffentliche Verkehrsinteressen
Die Berücksichtigung des öffentlichen Verkehrsinteresses erfolgt bei gemeinwirtschaftlichen Verkehren über § 4 S. 1 RegG, nach dem der örtlich zuständige Aufgabenträger zur Sicherstellung einer ausreichenden Verkehrsbedienung zur Auferlegung oder Vereinbarung von Verkehrsleistungen berechtigt ist. Diese öffentlichen Verkehrsinteressen

---

732 BGBl. I S. 1705.
733 Vgl. *Batzill/ Zuck*, Personenbeförderungsrecht im Spannungsfeld von Bahnstrukturreform, PBefG-Novelle, ÖPNV-Recht der Länder und EG-Recht, S. 68; *Fromm/ Fey*, Personenbeförderungsrecht, § 13a PBefG Rn. 1.
734 *Bund/ Länder-Fachausschuss Straßenpersonenverkehr*, Der Nahverkehr 6/ 1997, 8 (9).
735 *Barth*, Nahverkehr in kommunaler Verantwortung, S. 255, verneint ohne eine derartige Vereinbarung/ Auferlegung die Erforderlichkeit der Genehmigung.
736 Zu den subjektiven Voraussetzungen s. oben Teil 2 II. 3. c.) aa.). Aus dem fehlenden Verweis auf § 13 Abs. 3 PBefG folgt, dass bei einer gemeinwirtschaftlichen Konzession überhaupt kein Besitzstandsschutz nach Ablauf der Konzession besteht.
737 Vgl. dazu Teil 2 II. 3. c.) bb.).

unterscheiden sich von denen des § 13 Abs. 2 Nr. 2 PBefG erheblich: Bei § 13 Abs. 2 Nr. 2 PBefG orientiert sich das öffentliche Interesse ausschließlich daran, welche Verkehrsleistungen auf eigenwirtschaftlicher Basis realisierbar sind. Dagegen umfasst die ausreichende Bedienung landesplanerische, soziale und umweltpolitische Ziele und wird durch die finanzielle Leistungsfähigkeit des zuständigen Aufgabenträgers beschränkt. Insoweit ist die Genehmigungsbehörde an die Planungsentscheidung des Aufgabenträgers gebunden[738]. Wegen des Vorrangs eigenwirtschaftlicher Verkehrsleistungen kann die Genehmigungsbehörde die Genehmigung aber versagen, wenn bereits eigenwirtschaftliche Verkehre die vom Aufgabenträger definierte ausreichende Verkehrsbedienung gewährleisten[739]. Mit anderen Worten kann die Genehmigungsbehörde nur prüfen, ob der zuständige Aufgabenträger einem Beurteilungsfehler unterlegen ist[740]. Dies entspricht der allgemeinen Kommunalaufsicht, bei der die Kontrolle auf eine Rechtsaufsicht beschränkt ist.

Das vom Bund/ Länder-Fachausschuss Straßenpersonenverkehr[741] erstellte Prüfungsschema zu § 13a PBefG verlangt eine Bewertung der Notwendigkeit der auferlegten oder vereinbarten Verkehrsleistung für die Sicherstellung einer ausreichenden Bedienung mit Verkehrsleistungen. Dazu wird vertreten, dass Luxusverkehre, die eine mehr als nur ausreichende Verkehrsbedienung vorsehen, nicht notwendig und damit nicht nach § 13a PBefG, sondern nach § 13 PBefG zu behandeln seien[742]. Zutreffend ist das Ergebnis, dass Luxusverkehre nicht als gemeinwirtschaftliche nach § 13a PBefG genehmigungsfähig sind. Sie können lediglich nach § 13 PBefG genehmigt werden - allerdings nur, wenn sie im europarechtskonformen Sinn eigenwirtschaftlich sind und bestehende Verkehre nicht beeinträchtigt werden[743].

---

738 A.A.: *Fey*, Zur Verordnung „Geringste Kosten" als Abschluß des Gesetzeswerkes zur Regionalisierung des ÖPNV-Marktes sowie zu anderen Fragen des novellierten PBefG, NZV 1996, 132 (135), der den Genehmigungsbehörden eine Entscheidungsbefugnis hinsichtlich des Vorliegens einer ausreichenden Verkehrsbedienung einräumt. Dabei übersieht er die verfassungsrechtliche Garantie der kommunalen Selbstverwaltung; s. dazu *Barth/ Baumeister*, Umweltwirksame Gestaltung des öffentlichen Personennahverkehrs durch die kommunalen Aufgabenträger, ZUR 1997, 17 (25).
739 Zustimmend: *Werner*, Nach der Regionalisierung - der Nahverkehr im Wettbewerb, S. 185; *Barth*, Nahverkehr in kommunaler Verantwortung, S. 257; *Fromm*, Zur Neuordnung des Personenbeförderungsrechts, TranspR 1994, 425 (430).
740 Ein derartiger könnte z.B. durch die Einbeziehung fehlerhafter Statistiken entstehen. *Barth*, Nahverkehr in kommunaler Verantwortung, S. 256, weist darauf hin, dass die Genehmigungsbehörde überhaupt nicht in der Lage ist, die örtlichen Verhältnisse planerisch zu beurteilen.
741 Abgedruckt in: Der Nahverkehr 6/ 1997, 8 (9).
742 So: *Fey*, Zur Verordnung „Geringste Kosten" als Abschluß des Gesetzeswerkes zur Regionalisierung des ÖPNV-Marktes sowie zu anderen Fragen des novellierten PBefG, NZV 1996, 132 (137 f.); *Zeiselmair*, Die Novelle zum PBefG, Der Nahverkehr 11/ 1995, 8 (14); *Muthesius*, Genehmigungsverfahren für Linienverkehre des ÖPNV, Der Nahverkehr 9/ 1997, 6 (7); *Batzill/ Zuck*, Personenbeförderungsrecht im Spannungsfeld von Bahnstrukturreform, PBefG-Novelle, ÖPNV-Recht der Länder und EG-Recht, S. 40 f., die von Zuschüssen zur Angebotsverbesserung außerhalb der VO (EWG) 1191/ 69 sprechen.
743 *Barth*, Nahverkehr in kommunaler Verantwortung, S. 255 f.; *Werner*, Nach der Regionalisierung - der Nahverkehr im Wettbewerb, S. 170.

cc.) Geringste Kosten für die Allgemeinheit

Gem. § 1 Abs. 1 GKVO sind als geringste Kosten für die Allgemeinheit im Rahmen des § 13a PBefG die Kosten einer gemeinwirtschaftlichen Verkehrsleistung anzusehen, die zu der niedrigsten Haushaltsbelastung für die zuständige Behörde, also den Aufgabenträger, führen. Die geringsten Kosten sind nach § 1 Abs. 2 GKVO in der Regel gegeben, wenn die zuständige Behörde eine gemeinwirtschaftliche Verkehrsleistung mit festgelegten Standards im Wettbewerb vergeben und das Vergabeverfahren nach Maßgabe der Verdingungsordnung für Leistungen Teil A (VOL/ A)[744] Abschnitt 1 durchgeführt hat. Im Falle einer Auferlegung sind die geringsten Kosten gem. § 1 Abs. 3 GKVO im Zweifel gegeben, wenn ein derartiges Vergabeverfahren zu keinem Ergebnis geführt hat oder wenn eine vertragliche Vereinbarung aus anderen Gründen nicht zustande kam und die veranschlagten Kosten den Maßgaben der Verordnung PR Nr. 30/ 53 über die Preise bei öffentlichen Aufträgen[745] (VPöA) entsprechen.

Die geringsten Kosten für die Allgemeinheit verweisen nicht auf eine gesamtwirtschaftliche Kosten-Nutzen-Rechnung. Die umwelt- und sozialpolitischen sowie die landesplanerischen Interessen wurden bereits bei der Festlegung der ausreichenden Bedienung berücksichtigt. Demnach werden die geringsten Kosten für die Allgemeinheit regelmäßig dann vorliegen, wenn der Unternehmer mit dem geringsten Subventionsbedarf ausgewählt worden ist - vor allem, wenn dem eine Ausschreibung vorangegangen ist[746]. Damit schränkt das Merkmal der geringsten Kosten den Aufgabenträger nicht weiter ein als das Haushaltsrecht.

Aus § 1 Abs. 3 GKVO wird zunächst deutlich, dass die Auferlegung subsidiär zur Vereinbarung sein soll. Ein Wahlrecht der zuständigen Behörde, ob sie eine Verkehrsleistung vereinbart oder aber auferlegt, besteht nach dem eindeutigen Wortlaut der GKVO dagegen nicht[747]. Nur wenn die vertragliche Vereinbarung bzw. das ihr vorausgehende Vergabeverfahren nicht sachgerecht ist oder zu keinem Ergebnis führt oder eine Vereinbarung aus anderen Gründen nicht zustande kommt, kann eine Auferlegung erfolgen. Nicht sachgerecht wird die Vereinbarung sein, wenn auf der gleichen Linie zusätzlich eine eigenwirtschaftliche Konzession vorhanden ist, da ansonsten der Altkonzessionär wegen der isolierten Vereinbarung der Mehrleistung einen Wettbewerbsvor-

---

744 Vom 12.05.1997 (BAnz Nr. 163a vom 02.09.1997).
745 Vom 21.11.1953 (BAnz Nr. 244 vom 18.12.1953) i.d.F. der Verordnung vom 13.06.1989 (BGBl. I S. 1094); krit. zu deren Gültigkeit: *Moritz*, Nichtigkeit der Verordnung PR Nr. 30/ 53 über Preise bei öffentlichen Aufträgen?, BB 1994, 1871 ff.
746 Dies steht im Gegensatz zur Auffassung des Bundesrates, der auch externe Effekte, wie den Verlust von Arbeitsplätzen, berücksichtigt haben wollte, s. BR-Drucks. 131/ 93, 85, entspricht aber der Gesetzesbegründung, BT-Drucks. 12/ 6269, 144. S. dazu: *Barth*, Nahverkehr in kommunaler Verantwortung, S. 257; *Fromm/ Fey*, Personenbeförderungsrecht, § 13a PBefG Rn. 2; a.A.: *Zuck*, Eigenwirtschaftliche und gemeinwirtschaftliche Verkehrsleistungen und geringste Kosten für die Allgemeinheit, DÖV 1994, 941 (948) - allerdings vor Inkrafttreten der GKVO; *VDV/ ÖTV* (Hrsg.), Der Nahverkehr und seine Unternehmen im Verkehrsmarkt der Zukunft, S. 25 ff.; *Gabler*, Öffentlicher Nahverkehr in Bayern, S. 102 f.
747 So aber: *Batzill/ Zuck*, Personenbeförderungsrecht im Spannungsfeld von Bahnstrukturreform, PBefG-Novelle, ÖPNV-Recht der Länder und EG-Recht, S. 52. Der hier geäußerten Auffassung zustimmend: *Barth*, Nahverkehr in kommunaler Verantwortung, S. 141 (unter Hinweis auf die VO (EWG) 1191/ 69 i.d.F. der VO (EWG) 1893/ 91); *Werner*, Nach der Regionalisierung - der Nahverkehr im Wettbewerb, S. 185.

teil erhalten würde[748]. Ebenfalls nicht sachgerecht wäre die Vereinbarung mit einem Monopolisten, da dieser den Preis diktieren könnte. Insoweit sind die Ängste, dass private Großunternehmen den Kommunen eines Tages die Preise der Verkehrsleistungen diktieren könnten[749], unbegründet. In derartigen Fällen kann die Kommune die Verkehrsleistungen dem Monopolisten auferlegen.

Dieses Verhältnis der Auferlegung zur Vereinbarung entspricht dem in der VO (EWG) 1191/ 69 i.d.F. der VO (EWG) 1893/ 91. Die Erwägungsgründe zur VO (EWG) 1893/ 91 und der Umstand, dass die vertragliche Vereinbarung neu eingeführt worden ist, lassen den Schluss zu, dass der vertraglichen Vereinbarung der Vorrang vor der Auferlegung zukommen soll[750]. Dieses Ergebnis wird zusätzlich durch die systematische Einordnung der Vereinbarung in Art. 1 Abs. (4) VO (EWG) 1191/ 69 i.d.F. der VO (EWG) 1893/ 91 vor der Auferlegung in Art. 1 Abs. (5) VO (EWG) 1191/ 69 i.d.F. der VO (EWG) 1893/ 91 untermauert[751]. Im Übrigen ist die Auferlegung nur ausnahmsweise, nämlich im Bereich des Stadt-, Vorort- und Regionalverkehrs zulässig, so dass die Vereinbarung die grundsätzliche Handlungsform darstellt[752].

dd.) Ausschreibung von Verkehrsleistungen und Anwendbarkeit des Vergaberechts
Die Ausschreibung von Verkehrsleistungen im ÖSPV müsste gem. § 1 Abs. 2, 3 GKVO eigentlich der Regelfall sein. Trotzdem kommen Ausschreibungen im ÖSPV in der Praxis nur sehr selten vor[753].

§ 1 Abs. 2 GKVO schreibt die Vergabe der Verkehrsleistung im Wettbewerb unter Anwendung der VOL/ A Abschnitt 1 vor. Auf den Schwellenwert des § 1a Nr. 1 VOL/ A Abschnitt 2 (200.000 ECU) kommt es insoweit nicht an. Fraglich ist aber, ob entgegen der Verweisung auf den 1. Abschnitt der VOL/ A in § 1 Abs. 2 GKVO bei Überschreiten dieses Schwellenwertes der 2. Abschnitt der VOL/ A anwendbar ist. Nur wenn dessen Anwendbarkeit zu bejahen ist, besteht nach nationalem Recht die Pflicht zu einer europaweiten Ausschreibung. Die VOL/ A Abschnitt 1 sieht dagegen nur eine nationale Ausschreibung vor.

Damit der 2. Abschnitt der VOL/ A anwendbar ist, müsste die Vereinbarung i.S. des § 13a PBefG unter das Vergaberecht[754] der §§ 97 ff. GWB fallen, wonach öffent-

---

[748] Zustimmend: *Werner*, Nach der Regionalisierung - der Nahverkehr im Wettbewerb, S. 186.
[749] S. nur: *VDV/ ÖTV* (Hrsg.), Der Nahverkehr und seine Unternehmen im Verkehrsmarkt der Zukunft, S. 22.
[750] Vgl. *Werner*, Nach der Regionalisierung - der Nahverkehr im Wettbewerb, S. 54; *Heinze*, Zur Rechtsstellung der Unternehmen in dem seit 1. Januar geltenden Personenbeförderungsrecht, DÖV 1996, 977 (982).
[751] So: *Barth*, Nahverkehr in kommunaler Verantwortung, S. 141; a.A.: *Fey*, Zwingt die Änderung der VO (EWG) 1191/ 69 zur Umgestaltung des Personenbeförderungsgesetzes?, NZV 1992, 476 (477), der von einem Wahlrecht der zuständigen Behörde ausgeht.
[752] Ähnlich: *Muthesius*, Zukünftiger Ordnungsrahmen für den allgemeinen öffentlichen Personennahverkehr in Deutschland, in: Püttner (Hrsg.), ÖPNV in Bewegung. Konzepte, Probleme, Chancen, 13 (14).
[753] DIW-Wochenbericht 19/ 98, 311 ff.; *Werner*, Nach der Regionalisierung - der Nahverkehr im Wettbewerb, S. 192, m.w.N.

liche Auftraggeber u.a. Dienstleistungen nach Maßgabe dieser Vorschriften im Wettbewerb und im Wege transparenter Vergabeverfahren zu beschaffen haben[755].
Gegen die Anwendung der §§ 97 ff. GWB wird das grundsätzliche Argument angeführt, dass die Regelung der §§ 97 ff. GWB, die die europarechtlichen Vorgaben durch die einzelnen Koordinierungsrichtlinien[756] in nationales Recht umsetzen, nicht anwendbar sei, da der Wille der Gemeinschaftsorgane zu respektieren sei, Konzessionserteilungen an private oder öffentliche Stellen nicht bzw. noch nicht den Vergaberegeln zu unterstellen[757]. Diese Auffassung verkennt jedoch, dass die Vereinbarung nicht das

---

754 Zur Entwicklung des Vergaberechts vgl.: *Boesen*, Das Vergaberechtsänderungsgesetz im Lichte der europarechtlichen Vorgaben, EuZW 1998, 551 ff.; *Brinker*, Was bringt das neue Vergaberecht?, WiB 1997, 577 f.; *Byok*, Das neue Vergaberecht, NJW 1998, 2774 ff.; *Jasper*, Das Vergaberechtsänderungsgesetz, DB 1998, 2151 ff.; *Martin-Ehlers*, Die Novellierung des deutschen Vergaberechts, EuR 1998, 648 ff.; *Neßler*, Das neue Auftragsvergaberecht - ein Beispiel für die Europäisierung des deutschen Rechts, EWS 1999, 89 ff.; *Pietzcker*, Die neue Gestalt des Vergaberechts, ZHR 162 (1998), 427 ff.; *Schneevogel/ Horn*, Das Vergaberechtsänderungsgesetz, NVwZ 1998, 1242 ff.; *Schwarze*, Die Vergabe öffentlicher Aufträge im Lichte des europäischen Wirtschaftsrechts, EuZW 2000, 133.
755 Zur wirtschaftlichen Effizienz von Ausschreibungen von Verkehrsleistungen vgl. *Giger*, Effizienzsteigerung durch Ausschreibungen von Regionalverkehr in der Schweiz, in: DVWG (Hrsg.), B 213, Die zukünftige Rolle der Kommunen bei Verkehrs- und Versorgungsnetzen, 173 ff.
756 Richtlinie 93/ 37/ EWG des Rates über die Koordinierung der Verfahren zur Vergabe öffentlicher Bauaufträge vom 14.06.1993, ABl. EG Nr. L 199/ 54 vom 09.08.1993, berichtigt in ABl. EG Nr. L 111/ 115 vom 30.04.1994 - Baukoordinierungsrichtlinie (BKR); Richtlinie 93/ 36/ EWG des Rates über die Koordinierung der Verfahren zur Vergabe öffentlicher Lieferaufträge vom 14.06.1993, ABl. EG Nr. L 199/ 1 vom 09.08.1993 - Lieferkoordinierungsrichtlinie (LKR); Richtlinie 92/ 50/ EWG des Rates über die Koordinierung der Verfahren zur Vergabe öffentlicher Dienstleistungsaufträge vom 18.06.1992, ABl. EG Nr. L 209/ 1 vom 24.07.1992 - Dienstleistungskoordinierungsrichtlinie (DKR); BKR, LKR und DKR geänd. durch die Richtlinie 97/ 52/ EG des Europäischen Parlaments und des Rates vom 13.10.1997, ABl. EG Nr. L 328/ 1 vom 28.11.1997; Richtlinie 93/ 38/ EWG des Rates zur Koordinierung der Auftragsvergabe im Bereich der Wasser-, Energie- und Verkehrsversorgung sowie im Telekommunikationssektor vom 14.06.1993, ABl. EG Nr. L 199/ 84 vom 09.08.1993 - Sektorenkoordinierungsrichtlinie (SKR); geänd. durch die Richtlinie 98/ 4/ EG des Rates vom 16.02.1998; ABl. EG Nr. L 101/ 1 vom 01.04.1998; Richtlinie 89/ 665/ EWG des Rates zur Koordinierung der Rechts- und Verwaltungsvorschriften für die Anwendung des Nachprüfungsverfahren im Rahmen der Vergabe öffentlicher Liefer- und Bauaufträge vom 21.12.1989, ABl. EG Nr. L 395/ 33 vom 30.12.1989; Richtlinie 92/ 13/ EWG des Rates zur Koordinierung des Rechts- und Verwaltungsvorschriften für die Anwendung der Gemeinschaftsvorschriften über die Auftragsvergabe durch Auftraggeber im Bereich der Wasser-, Energie- und Verkehrsversorgung sowie im Telekommunikationssektor vom 25.02.1992, ABl. EG Nr. L 76/ 14 vom 23.03.1992.
757 So: *Burgbacher*, Vergaberegeln und Nahverkehr, TranspR 1999, 1 (5), mit Hinweis darauf, dass Konzessionsverträge zunächst im Kommissionsentwurf zur SKR enthalten waren, dann aber nicht in der SKR aufgenommen worden sind. *Werner*, Nach der Regionalisierung - der Nahverkehr im Wettbewerb, S. 202, spricht dagegen nur davon, dass die Vergabe einer Konzession nicht zwingend nach Maßgabe der DKR zu erfolgen hat. Dass Konzessionen nach der Auffassung des europäischen Gesetzgebers nicht unter das Sekundärrecht fallen sollen, spricht nicht gegen die hier vertretene Auffassung, dass das Primärrecht bereits die Vergabe von eigenwirtschaftlichen Verkehren im Wettbewerb verlangt. Solange kein eigenes Vergaberecht für derartige Konzessionen besteht, erscheint die Anwendung des allgemeinen Vergaberechts sachgemäß.

ausschließliche Recht, also die Konzession begründet, sondern erst die anschließende Genehmigung nach § 13a PBefG die Konzessionserteilung darstellt[758].

Weitere Bedenken gegen die Anwendbarkeit des Vergaberechts könnten sich daraus ergeben, dass das europäische Vergaberecht (u.a.) der Umsetzung der Dienstleistungsfreiheit dient und die Vorschriften der Art. 49 f. EG im Verkehr nicht gelten[759]. Die Dienstleistungsfreiheit ist im Bereich des Verkehrs nach Maßgabe der Art. 70 ff. EG zu verwirklichen. Daraus könnte nun geschlossen werden, dass eine sekundärrechtliche Regelung aus dem Verkehrsbereich (z.B. die VO (EWG) 1191/69 i.d.F. der VO (EWG) 1893/91) auf die DKR verweisen oder die Pflicht zur Ausschreibung vorsehen müsste. Diese Bedenken sind jedoch im Ergebnis unbegründet: Die Anwendung des Vergaberechts im Zusammenhang mit der finanziellen Förderung beeinträchtigt lediglich den intermodalen Wettbewerb zwischen ÖPNV-Anbietern und dem Individualverkehr, nicht aber den intramodalen Wettbewerb zwischen den einzelnen ÖPNV-Anbietern. Die Beeinträchtigung des intermodalen Wettbewerbs ist aber durch Art. 73 EG i.V.m. der VO (EWG) 1191/69 i.d.F. der VO (WG) 1893/91 zur Sicherstellung einer ausreichenden Verkehrsbedienung gerechtfertigt. Sollte dagegen die Vergabe im Einzelfall die Integration der Verkehrsbedienung, also den intramodalen Wettbewerb, beeinträchtigen, so lässt die DKR Ausnahmen von der Anwendung des Vergaberechts zu. Außerdem kann in derartigen Fällen die Möglichkeit der Auferlegung in Betracht kommen[760]. Darüber hinaus wird der Verkehrsbereich im Gegensatz zu anderen Bereichen (Art. 1 a) DKR und Erwägungsgründe) nicht von der Anwendung der DKR ausgenommen[761], so dass der Anwendung des deutschen Vergaberechts, das der Umsetzung der DKR dient, aus europarechtlicher Sicht nichts entgegensteht[762].

Der persönliche Anwendungsbereich des Vergaberechts ist eröffnet, weil die zuständigen Behörden unter § 98 Nr. 1 (die Kommunen und Landkreise[763]) bzw. Nr. 2 und 3 (Zweckverbände etc.) GWB fallen[764].

Sachlich anwendbar ist das Vergaberecht der §§ 97 ff. GWB, wenn ein öffentlicher Auftrag i.S. des § 99 Abs. 1, 3 GWB vorliegt. Problematisch ist dabei zunächst, dass die Vereinbarung i.S. des § 13a PBefG, wie festgestellt, einen öffentlich-rechtlichen Ver-

---

758 Zustimmend: *Barth*, Nahverkehr in kommunaler Verantwortung, S. 147 f. Im Übrigen verlangt das Primärrecht bereits eine Vergabe im Wettbewerb in einem diskriminierungsfreien und transparenten Verfahren.
759 S. *Barth*, Nahverkehr in kommunaler Verantwortung, S. 148.
760 Dem insgesamt zustimmend: *Barth*, Nahverkehr in kommunaler Verantwortung, S. 148.
761 Im Ergebnis zustimmend: *Meyer*, Die Ausschreibungspflicht im gemeinwirtschaftlichen Linienverkehr und ihre Auswirkungen auf den Bestand der Genehmigung, DVBl. 1999, 1409 (1411); *Sellmann/ Blume*, Die Entwicklung des öffentlichen Verkehrsrechts, NVwZ 1999, 250 (257).
762 Außerdem verbietet bereits das Primärrecht (u.a. Art. 12 EG), Bewerber um öffentliche Aufträge auf Grund ihrer Staatsangehörigkeit zu diskriminieren. Schon deshalb ist die europaweite Vergabe im Wettbewerb geboten. Vgl. *Hermes*, Gleichheit durch Verfahren bei staatlicher Auftragsvergabe, JZ 1997, 909 (912); *Mader*, Entwicklungslinien in der neueren EuGH-Rechtsprechung zum materiellen Recht im öffentlichen Auftragswesen, EuZW 1999, 331 (332 f.).
763 Vgl. dazu: *Pietzcker*, Die neue Gestalt des Vergaberechts, ZHR 162 (1998), 427 (449).
764 Zur - entsprechenden - schwierigen Bestimmung, ob ein öffentlicher Auftraggeber i.S. des EG-Vergaberechts vorliegt: *Schlette*, Der Begriff des „öffentlichen Auftraggebers" im EG-Vergaberecht, EuR 2000, 119 (insbes. 126). S. auch: *Heise*, Der Begriff des „öffentlichen Auftraggebers" im neuen Vergaberecht, LKV 1999, 210 ff.; *Dreher*, Der Anwendungsbereich des Kartellvergaberechts, DB 1998, 2579.

trag darstellt. Nach der amtlichen Begründung beschränkt sich der Anwendungsbereich des § 99 GWB nämlich auf privatrechtliche Verträge[765]. Diese Begründung berücksichtigt jedoch nicht, dass die §§ 97 ff. GWB die Vorgaben der europäischen Koordinierungsrichtlinien umsetzen sollen. Eine Abweichung von diesen Vorgaben zur Durchführung eines Vergabeverfahrens ist nur möglich, wenn die Richtlinien dies vorsehen. Der pauschale Verweis, dass die Vergabeabrede durch einen öffentlich-rechtlichen Vertrag getroffen worden sei, würde eine verbotene Umgehung dieser Richtlinien darstellen. Deshalb kann auch ein öffentlich-rechtlicher Vertrag in den Anwendungsbereich der §§ 97 ff. GWB fallen[766].

Ein öffentlicher Dienstleistungsauftrag läge vor, wenn ein entgeltlicher Vertrag zwischen öffentlichen Auftraggebern und Unternehmen besteht, der eine Dienstleistung zum Gegenstand hat, die keine Liefer-, Bau- oder Arbeitsleistung und nicht gem. § 100 GWB vom Anwendungsbereich ausgenommen ist. Fraglich ist dabei, ob es sich bei einer Vereinbarung nach § 13 a PBefG um einen entgeltlichen Vertrag handelt. Während Ausgleichszahlungen für auferlegte Verpflichtungen i.S. der VO (EWG) 1191/69 i.d.F. der VO 1893/91 nicht als Entgelte gelten, steht der vereinbarten Verkehrsleistung eine Leistung der Behörde, nämlich der Preis für die vereinbarte Dienstleistung gem. Art. 14 Abs. (2) lit. b VO (EWG) 1191/69 i.d.F. der VO (EWG) 1893/91, gegenüber. Insoweit liegt zumindest ein teilentgeltlicher Vertrag vor[767]. Dieser Vertrag hat keine Liefer- oder Bauleistung und keine Arbeitsleistung zum Gegenstand und ist deshalb als Dienstleistungsvertrag einzustufen. Die Ausnahmen von der Anwendbarkeit nach § 100 Abs. 2 GWB sind nicht einschlägig[768]. Folglich ist das Vergaberecht der §§ 97 ff. GWB bezüglich der Vereinbarung einer gemeinwirtschaftlichen Verkehrsleistung i.S. des § 13a PBefG anwendbar[769].

Die Anwendbarkeit führt dazu, dass der Bieter einen Anspruch auf Einhaltung des Vergaberechts (§ 97 Abs. 7 GWB), d.h. auf eine transparente und diskriminierungsfreie Auswahl des Leistungserstellers, hat[770]. Die betroffenen Unternehmen können Schadensersatz verlangen und bis zur Erteilung des Zuschlages auf die Einhaltung des Ver-

---

765 BT-Drucks. 13/9340, 15.
766 Im Ergebnis zustimmend: *Pieper*, Keine Flucht ins öffentliche Recht, DVBl. 2000, 160 (insbes. 165); *Byok*, Das neue Vergaberecht, NJW 1998, 2774 (2777); *Barth*, Nahverkehr in kommunaler Verantwortung, S. 148; a.A.: *Dreher*, Der Anwendungsbereich des Kartellvergaberechts, DB 1998, 2579 (2587).
767 Vgl. *Burgbacher*, Vergaberegeln und Nahverkehr, TranspR 1999, 1 (5), der allerdings die Anwendung des Vergaberechts wegen des [scheinbaren] Vorliegens einer Konzession im Ergebnis zu Unrecht ablehnt; *Barth*, Nahverkehr in kommunaler Verantwortung, S. 147. Dass es sich dabei um einen Beihilfevertrag handelt, kann die Anwendung des Vergaberechts nicht ausschließen, da gerade derartige Verträge die Wettbewerbsfreiheit erheblich hemmen bzw. verhindern können. Die hier bejahte Teilentgeltlichkeit beseitigt nicht die Einordnung als Beihilfe; s. *Schwarze*, Die Vergabe öffentlicher Aufträge im Lichte des europäischen Wirtschaftsrechts, EuZW 2000, 133 (134).
768 Die Ausnahmen des § 100 Abs. 2 lit. f) und i) GWB betreffen Sektorenauftraggeber. Die Kommunen bzw. Landkreise und die Zweckverbände gehören jedoch nicht zu diesen, da sie keine Netzinhaber i.S. des Art. 2 der Richtlinie 93/38/EWG (SKR) sind.
769 Dies ebenfalls bejahend: *Port*, Verpflichtung zur Personalübernahme bei der Ausschreibung von gemeinwirtschaftlichen Verkehrsleistungen, in: Püttner, (Hrsg.), ÖPNV in Bewegung. Konzepte, Probleme, Chancen, 91 (91 f.), allerdings ohne genauere Einordnung des öffentlichen Auftrages.
770 S. dazu auch: *Spießhofer/Lang*, Der neue Anspruch auf Information im Vergaberecht, ZIP 2000, 446 ff. Zum Schutz der Bieter unterhalb der Schwellenwerte: *Huber*, Der Schutz des Bieters im öffentlichen Auftragswesen unterhalb der sog. Schwellenwerte, JZ 2000, 877 ff.

gaberechts drängen[771]. Dass die Genehmigungsbehörde gem. § 13a Abs. 2 PBefG die Genehmigung zu versagen hat, wenn der Grundsatz der Gleichbehandlung verletzt worden ist, kann demnach im Rahmen einer Ausschreibung einer Verkehrsleistung bei der Beachtung der Vergabebestimmungen nicht relevant werden. § 97 Abs. 6 GWB bestimmt i.V.m. der Vergabeverordnung (VgV)[772] zwingend[773], dass bei Überschreiten des Schwellenwertes von 200.000 ECU für die Vergabe von Dienstleistungen der Anwendungsbereich des 2. Abschnitts der VOL/ A eröffnet ist, § 1 Abs. 1 S. 1 VgV i.V.m. § 1a Nr. 1 VOL/ A 2. Abschnitt. Folglich ist eine Verkehrsleistung, die wertmäßig den Schwellenwert übersteigt, europaweit auszuschreiben[774]. Der Verweis in § 1 Abs. 2 GKVO ist entsprechend auszulegen. Die Anwendung der a-Paragraphen des 2. Abschnitts hat bei der Vergabe von Verträgen über gemeinwirtschaftliche Verkehre uneingeschränkt zu erfolgen, da insoweit eine prioritäre Dienstleistung i.S. des § 1a Nr. 5 I 2. Abschnitt VOL/ A i.V.m. Anhang I A vorliegt[775].

---

771 Wie gem. §§ 102 ff., 107 ff. GWB die zuständigen Vergabeprüfstellen und die Vergabekammern.
772 Verordnung über die Vergabe öffentlicher Aufträge vom 09.01.2001 (BGBl. Nr. 3 vom 18.01.2001, S. 110 ff.). Zur Vergabeverordnung vgl. *Höfler/ Bert*, Die neue Vergabeverordnung, NJW 2000, 3310 ff.; *Berrisch/ Nehl*, Novellierung der Vergabeordnung, DB 2001, S. 184 ff.
773 Damit verliert die VOL/ A ihren Charakter als bloße Verwaltungsvorschrift und erlangt den Status einer Rechtsverordnung. Vgl. *Faber*, Drittschutz bei der Vergabe öffentlicher Aufträge, DÖV 1995, 403 (406); *Martin-Ehlers*, Die Novellierung des deutschen Vergaberechts, EuR 1998, 648 (652 f.); *Voppel*, Neuerungen im Vergaberecht durch das Vergaberechtsänderungsgesetz (VgRÄG), LKV 1999, 5; *Werner*, Nach der Regionalisierung - der Nahverkehr im Wettbewerb, S. 194 f.; dazu krit.: *Elbel*, Das Recht der öffentlichen Aufträge auf dem Prüfstand des europäischen Rechts, DÖV 1999, 235 (239).
774 Im Ergebnis zustimmend: *Zuck*, Eigenwirtschaftliche und gemeinwirtschaftliche Verkehrsleistungen und geringste Kosten für die Allgemeinheit, DÖV 1994, 941 (949) - schon zur alten Rechtslage!; *Barth*, Nahverkehr in kommunaler Verantwortung, S. 150; *Scheele/ Sterzel*, Öffentlicher Personennahverkehr zwischen Gemeinwohlinteressen und Markt, S. 37 (Fn. 51); wohl auch zustimmend: *Heinze*, Zur Rechtsstellung der Unternehmen in dem seit 1. Januar geltenden Personenbeförderungsrecht, DÖV 1996, 977 (984); a.A.: *Burgbacher*, Vergaberegeln und Nahverkehr, TranspR 1999, 1 (5), der die Ausschreibungspflicht nach Gemeinschaftsrecht und damit die Pflicht zur europaweiten Ausschreibung verneint; *Batzill/ Zuck*, Personenbeförderungsrecht im Spannungsfeld von Bahnstrukturreform, PBefG-Novelle, ÖPNV-Recht der Länder und EG-Recht, S. 52 f.; *Sellmann/ Blume*, Die Entwicklung des öffentlichen Verkehrsrechts, NVwZ 1999, 250 (257 f.).
775 Zustimmend: *Werner*, Nach der Regionalisierung - der Nahverkehr im Wettbewerb, S. 203; wohl a.A.: *Benedict*, Abgestufte Harmonisierung im Vergaberecht, EuZW 1999, 77 (78), der das gesamte Verkehrswesen unter Hinweis auf Art. 9 DKR den nicht prioritären Dienstleistungen zuordnet, obwohl in den Kategorien 2, 10, 13 und 15 des Anhangs I A der VOL/ A 2. Abschnitt bzw. Art. 8 DKR der Personenverkehr auf der Straße ausdrücklich mit seinen wesentlichen Bestandteilen aufgeführt wird. Lediglich die Personenschifffahrt sowie Neben- und Hilfstätigkeiten, wie z. B. der Betrieb von Busbahnhöfen, sind im Anhang I B der VOL/ A 2. Abschnitt (Kategorien 19 und 20) bzw. Art. 9 DKR aufgeführt. Die genauere Einordnung erfolgt anhand der in den Anhängen genannten CPC-Nummern, die auf die Provisional Central Product Classification (UN-Dok.: ST/ ESA/ STAT/ SER. M/ 77 - Department of International Economic and Social Affairs, Statistical Office of the United Nations, Statistical Papers, Series M, No. 77, United Nations 1991) verweisen. Insoweit ist die hier vorgenommene Einordnung der zu vereinbarenden Verkehrsleistung als Dienstleistung im Sinne von Art. 8 DKR (CPC-Referenznummer 712, mit Ausnahme der Referenznummer 71235, die die Postbeförderung im Landverkehr beinhaltet) eindeutig.

ee.) Vereinbarung von Verkehrsleistungen
Nach der VOL/ A soll die Ausschreibung folgenden Inhalt haben: Zunächst ist die Leistung eindeutig und erschöpfend in der Ausschreibung zu benennen, d.h. dass die Beschreibung von allen Bietern im gleichen Sinne verstanden werden kann und die eingehenden Angebote miteinander vergleichbar sind, § 8 Nr. 1 Abs. 1 VOL/ A. Dabei ist der Auftraggeber verpflichtet, alle vorgesehenen Zuschlagskriterien, möglichst in der Reihenfolge ihrer Bedeutung für den Zuschlag, zu nennen, § 9a VOL/ A 2. Abschnitt, und hierfür verkehrsübliche Begriffe zu verwenden, § 8 Nr. 2 Abs. 1 VOL/ A[776]. Lediglich wenn anders eine hinreichende Beschreibung nicht möglich ist, würde gem. § 8 Nr. 2 Abs. 1 lit. a) VOL/ A eine funktionale Beschreibung der Leistung nach Zweck, Funktion und sonstigen Anforderungen genügen. Im Zusammenhang mit gemeinwirtschaftlichen Verkehrsleistungen dürfte diese Ausnahme nicht einschlägig sein: Der Aufgabenträger hat bereits vor der Ausschreibung bei der Beurteilung, was zu einer ausreichenden Bedienung der Bevölkerung mit Verkehrsleistungen notwendig ist, die Einzelheiten bezüglich des räumlichen und zeitlichen Umfangs sowie der für erforderlich erachteten Qualitätsstandards zu klären. Deshalb werden in der Ausschreibung regelmäßig konkrete Vorgaben für den räumlichen und zeitlichen Umfang sowie die Qualitätsstandards (Taktfrequenz, umsteigefreie Verbindungen bzw. Anschlüsse, Ausstattung der Busse und Haltestellen, Vertrieb, Informationssysteme und gegebenenfalls die Beteiligung an einen Tarif- bzw. Verbundsystem) enthalten sein[777].

Die Ausschreibung kann zur Wahrung mittelständischer Interessen in Losen erfolgen. Ob diese Möglichkeit besteht, hat der Auftraggeber regelmäßig im Einzelfall zu überprüfen, § 97 Abs. 3 GWB. Die Ausschreibung in Losen darf nur erfolgen, wenn die Einheitlichkeit der Leistungserbringung gesichert und die Verfolgung von Gewährleistungsansprüchen nicht erschwert wird. Vorbehalte bezüglich der losweisen Vergabe (Zahl und Größe der einzelnen Lose) müssen in der Bekanntmachung nach § 17 Nr. 2 Abs. 2 lit. d VOL/ A und zusätzlich in der Aufforderung zur Abgabe von Angeboten nach § 17 Nr. 3 Abs. 2 lit. d, Abs. 3 VOL/ A enthalten sein, § 5 Nr. 2 VOL/ A.

Bei der Festlegung der zu erbringenden Leistung ist § 8 Nr. 1 Abs. 3 VOL/ A zu beachten, nach dem dem Auftragnehmer kein ungewöhnliches Wagnis aufgebürdet werden soll. Damit sind solche Umstände und Ereignisse gemeint, auf die der Auftragnehmer keinen Einfluss hat und deren Auswirkungen auf die Preise und Fristen er nicht im Voraus abschätzen kann[778]. Dadurch wird vermieden, dass der öffentliche Auftraggeber seine Nachfragemacht missbraucht. Da der Auftragnehmer ein unabschätzbares Risiko nur eingehen wird, wenn er dafür eine entsprechende Gegenleistung erhält, kann § 8 Nr. 1 Abs. 3 VOL/A gleichzeitig ein Ausdruck von Sparsamkeit sein. Ist das Risiko dagegen leicht kalkulierbar, senkt sich der Preis, den der öffentliche Auftraggeber zu entrich-

---

776 Zum Letzeren ausführlich: *Barth*, Nahverkehr in kommunaler Verantwortung, S. 152 f.; *Werner*, Nach der Regionalisierung - der Nahverkehr im Wettbewerb, S. 212 f.
777 Ähnlich: *Barth*, Nahverkehr in kommunaler Verantwortung, S. 152, die allerdings die Verbindung zur Bestimmung einer ausreichenden Verkehrsbedienung nicht herstellt und eine funktionale Ausschreibung wohl für möglich hält - dabei weist sie allerdings zu Recht auf die Gefahr der mangelnden Vergleichbarkeit der dann eingehenden Angebote hin. *Werner*, Nach der Regionalisierung - der Nahverkehr im Wettbewerb, S. 213, hält die funktionale Ausschreibung für wettbewerbsfördernd und zieht sie deshalb vor.
778 Vgl. Daub/ Eberstein - *Zdzieblo*, Komm. zur VOL/ A § 8 Rn. 34 ff. Zu den spezifischen Risiken im Bereich des ÖSPV: *Barth*, Nahverkehr in kommunaler Verantwortung, S. 153.

ten hat. Außerdem folgt für den Auftraggeber aus der vergaberechtlichen Verpflichtung zur diskriminierungsfreien Vergabe das Gebot, dass das mit der Leistungserbringung verbundene Risiko für alle Bieter vergleichbar groß sein muss. Insoweit liegt eine inhaltliche Überschneidung mit § 13a Abs. 2 PBefG vor, nach dem die Genehmigungsbehörde die Genehmigung zu versagen hat, wenn bei der Vereinbarung der Verkehrsleistung der Grundsatz der Gleichbehandlung verletzt worden ist. Die Genehmigungsbehörde ist demnach befugt und verpflichtet, die Einhaltung des vergaberechtlichen Grundsatzes der Gleichbehandlung zu überprüfen. Die zur Überprüfung des Vergabeverfahrens notwendigen Unterlagen hat der Aufgabenträger gem. § 2 GKVO der Genehmigungsbehörde vorzulegen. Die Genehmigung ist zu versagen, wenn die Risiken für die Bieter im Ausschreibungsverfahren ungleichmäßig waren.

Als Verfahren für die Vergaben sieht § 101 Abs. 1 GWB das offene Verfahren, das nichtoffene Verfahren und das Verhandlungsverfahren vor[779]. Im offenen Verfahren erfolgt die Aufforderung zur Einreichung von Angeboten an eine unbeschränkte Anzahl von Unternehmen (§ 101 Abs. 2 GWB), während im nichtoffenen Verfahren diese Aufforderung nur an eine beschränkte Zahl von Unternehmen geht (§ 101 Abs. 3 GWB). Bei dem nichtoffenen Verfahren ist die Absicht einer Auftragsvergabe vorher europaweit öffentlich bekannt zu geben, so dass Interessenten Teilnahmeanträge stellen können. Da der Auftraggeber dann nach vorher festgelegten Kriterien diejenigen Teilnehmer auswählt, die er zur Abgabe eines Angebotes auffordert, ist eine Diskriminierung von Unternehmen aus anderen Mitgliedstaaten nicht zu befürchten - so dass im Vergleich zum offenen Verfahren aus diesem Gesichtspunkt keine Nachteile bestehen. Das Verhandlungsverfahren (§ 101 Abs. 4 GWB) beschränkt sich ebenfalls auf einen ausgewählten Bieterkreis, ist im Gegensatz zum offenen und nichtoffenen Verfahren aber nicht an strenge Form- und Fristvorschriften gebunden - wohl aber an das Gleichheitsgebot des § 97 Abs. 2 GWB und die sonstigen Grundsätze des § 97 GWB. Da das Verhandlungsverfahren ohne vorherige öffentliche Bekanntmachung durchgeführt werden kann, birgt es die Gefahr, dass sowohl inländische Unternehmen als auch solche aus Mitgliedstaaten keine Chance zur Leistungserbringung erhalten - ein klarer Verstoß gegen die Niederlassungs- und Dienstleistungsfreiheit, das allgemeine Diskriminierungsverbot und das Beihilfeverbot[780]. Nach § 101 Abs. 5 GWB haben öffentliche Auftraggeber, also auch die Aufgabenträger i.S. des § 13a PBefG, grundsätzlich das offene Verfahren anzuwenden, es sei denn, auf Grund des GWB ist etwas Anderes geregelt. Dieser Vorrang des offenen Verfahrens ist darin begründet, dass mit diesem dem Zweck des besonderen staatlichen Vergaberechts am Besten entsprochen wird. Insoweit kann in der Reihenfolge der Verfahren in § 101 GWB ein hierarchisches Verhältnis gesehen werden[781]. Ausnahmen von dem Vorrang des offenen Verfahrens können sich aus der nach § 97 Abs. 6 GWB erlassenen VgV und den einzelnen Verdingungsordnungen, hier insbesondere der VOL/ A, ergeben. Aus § 3a Nr. 1 Abs. 1 VOL/ A 2. Abschnitt folgt die Verpflichtung, Verkehrsleistungen nach § 13a PBefG als prioritäre Dienstleistungen

---

779 Ausführlich zu den einzelnen Verfahrensarten: *Pietzcker*, Die neue Gestalt des Vergaberechts, ZHR 162 (1998), 427 (452); *Jasper*, Das Vergaberechtsänderungsgesetz, DB 1998, 2151 (2154).
780 Vgl. dazu auch *Pietzcker*, Die neue Gestalt des Vergaberechts, ZHR 162 (1998), 427 (453).
781 Vgl. *Jasper*, Das Vergaberechtsänderungsgesetz, DB 1998, 2151 (2154); *Pietzcker*, Die neue Gestalt des Vergaberechts, ZHR 162 (1998), 427 (452).

oberhalb des Schwellenwertes im offenen oder nichtoffenen Verfahren zu vergeben[782]. Nur wenn die Katalogausnahmen des § 3a Nr. 1 Abs. 4, Nr. 2 VOL/ A 2. Abschnitt kumulativ erfüllt sind, kommt ausnahmsweise die Anwendung des Verhandlungsverfahrens in Betracht[783].

Die Erteilung des Zuschlags erfolgt in zwei Schritten: Zunächst wird die Eignung der Bewerber festgestellt, dann erfolgt die Wertung der Angebote. Ob die Bewerber geeignet sind, richtet sich nach deren Fachkunde, Erfahrung, Zuverlässigkeit sowie deren wirtschaftlicher und finanzieller Leistungsfähigkeit, § 97 Abs. 4 GWB i.V.m. § 7a VOL/ A 2. Abschnitt, wobei Unternehmer, die nach Gewerberecht als unzuverlässig gelten, ausgeschlossen werden können, § 7 Nr. 5 VOL/ A. Insoweit besteht eine inhaltliche Überschneidung mit § 13 Abs. 1 PBefG[784]. Da die Genehmigung nach § 13a PBefG nur einem Unternehmen bzw. einem Unternehmer erteilt werden darf, der die Voraussetzungen des § 13 Abs. 1 PBefG erfüllt, sind andere Personen von dem Vergabeverfahren auszuschließen.

In diesem Zusammenhang ist weiter zu berücksichtigen, dass die Angebote gem. § 1 Abs. 2 Satz 3 GKVO keine unmittelbaren freiwilligen Zahlungen der öffentlichen Hand an Verkehrsunternehmen oder keine Erträge aus Tätigkeiten der öffentlichen Hand im Rahmen der kommunalen Daseinsvorsorge oder aus gewerblicher Tätigkeit der öffentlichen Hand, die an den mit der Durchführung befassten Unternehmensbereich abgeführt werden, enthalten dürfen. Mit diesen ausgeschlossenen Zahlungen können nur solche gemeint sein, die die Gemeinwirtschaftlichkeit der Verkehrsleistung begründen. Tätigt die öffentliche Hand dagegen eine Investition in dem von ihr beherrschten Unternehmen, die ein vergleichbarer privater Investor ebenfalls getätigt hätte, so liegt keine Beihilfe i.S. des Art. 87 EG vor. Die Eigenwirtschaftlichkeit wird dadurch nicht berührt[785]. Dürften derartige Zahlungen nicht im Angebot enthalten sein, so läge eine sachlich nicht gerechtfertigte Schlechterstellung öffentlicher Unternehmen vor, da die Angebote privater Unternehmen derartige Zahlungen durch ihre Eigentümer enthalten dürften.

Im zweiten Prüfungsschritt der Vergabeentscheidung ist der Zuschlag gem. § 97 Abs. 5 GWB dem wirtschaftlichsten Angebot zu erteilen. Wenn dies auch nicht grundsätzlich das Angebot mit dem geringsten Preis sein muss (§ 25 Nr. 3 VOL/ A), so folgt aus den Besonderheiten der Vergabe einer gemeinwirtschaftlichen Verkehrsleistung, deren Inhalt vorher konkret vom Auftraggeber vorgegeben wird, dass regelmäßig dem Angebot mit dem niedrigsten Preis der Zuschlag zu erteilen sein wird, soweit es sich nicht um Dumpingangebote handelt, denen der Zuschlag nicht erteilt werden darf, § 25 Nr. 2 Abs. 2 VOL/ A.

Für den Inhalt der Vereinbarung enthält Art. 14 Abs. (2) VO (EWG) 1191/ 69 i.d.F. der VO (EWG) 1893/ 91 einige Vorgaben: In dem Vertrag sind die Einzelheiten des

---

782 Diese Regelung entspricht Art. 11 Abs. 4 DKR.
783 Dies entspricht Art. 11 Abs. 2, 3 DKR. Zu der Regelung unterhalb des Schwellenwertes, der regelmäßig aber überschritten sein dürfte, vgl. *Werner*, Nach der Regionalisierung - der Nahverkehr im Wettbewerb, S. 216.
784 S. dazu auch: *Burgbacher*, Vergaberegeln und Nahverkehr, TranspR 1999, 1 (6), der daraus die Forderung ableitet, die Vergabe und die Genehmigung beim kommunalen Auftraggeber zusammenzufassen.
785 Ähnlich: *Fey*, Zur Verordnung „Geringste Kosten" als Abschluß des Gesetzeswerkes zur Regionalisierung des ÖPNV-Marktes sowie zu anderen Fragen des novellierten PBefG, NZV 1996, 132 (136), unter Hinweis auf die Verordnungsbegründung, BR-Drucks. 684/ 95, zu § 1 Abs. 2 GKVO.

Verkehrsdienstes, vor allem die Anforderungen an die Kontinuität, die Regelmäßigkeit, die Leistungsfähigkeit und die Qualität zu regeln. Außerdem ist der Preis für die vertraglich vereinbarten Dienstleistungen, der die Fahrgeldeinnahmen entweder ergänzt oder miteinschließt, sowie die Einzelheiten der finanziellen Beziehungen zwischen den beiden Parteien festzulegen. Schließlich muss die Geltungsdauer des Vertrages, die im deutschen Recht gem. § 16 Abs. 2 PBefG höchstens 8 Jahre betragen darf, angegeben und Regelungen über Sanktionen bei Vertragsverletzungen getroffen werden. Für die Vereinbarung einer Verkehrsleistung gelten die Ausgleichsregelungen des Abschnitts IV VO (EWG) 1191/ 69 i.d.F. der VO (EWG) 1893/ 91 nicht. Bei der Vereinbarung wird der Verkehrsunternehmer darauf achten, dass der Preis für die Verkehrsleistung zumindest kostendeckend ist, während der Auftraggeber darauf achten wird, dass er für die eingekaufte Verkehrsleistung nicht zu viel zahlt - wofür ein ordnungsgemäßes Vergabeverfahren eine Gewähr bietet[786]. Sollte der vereinbarte Preis dennoch über dem adäquaten Marktpreis liegen, kann der entsprechende Vertrag nicht auf Art. 14 VO (EWG) 1191/ 69 i.d.F. der VO (EWG) 1893/ 91 gestützt werden, da der unternehmensspezifische Aufpreis nicht dem Interesse dient, der Allgemeinheit eine ausreichende Bedienung mit Verkehrsleistungen zu bieten. Der unternehmensspezifische Aufpreis unterliegt deshalb gem. Art. 2 VO (EWG) 1107/ 70 dem allgemeinen Beihilferegime der Art. 87 ff. EG[787].

Die Genehmigungsbehörde hat die Genehmigung gem. § 13a PBefG zu versagen, wenn nicht die Lösung gewählt worden ist, die mit den geringsten Kosten verbunden ist, oder wenn bei der Vereinbarung der Grundsatz der Gleichbehandlung verletzt worden ist. Dies bedeutet, dass die Genehmigungsbehörde neben der allgemeinen Rechtsaufsicht und der Prüfung der sicherheitsrechtlichen Anforderungen[788] eine besondere Aufsicht[789] über den zuständigen Aufgabenträger ausübt. Durch die besondere Aufsicht tritt sie bezüglich des Vergabeverfahrens neben die Vergabeprüfstellen[790]. Weitere Kompetenzen kommen der Genehmigungsbehörde im Zusammenhang mit § 13a PBefG nicht zu. Sie hat nicht die Möglichkeit, eine Genehmigung wegen Abweichens vom Nahverkehrsplan zu versagen, da die Abweichung vom eigenen Nahverkehrsplan durch den Aufgabenträger insoweit gewollt ist[791]. Die Genehmigungsbehörde hat - wie bereits festgestellt - auch keine Kompetenz, über das Vorliegen einer ausreichenden Verkehrsbedienung innerhalb der Kommune zu entscheiden. Lediglich bei Überschreiten der ge-

---

786 Zur Preisbildung vgl.: *Fromm*, Die Bedeutung der Verordnung (EWG) 1893/ 91 für den Ausgleich gemeinwirtschaftlicher Leistungen in Deutschland, TranspR 1992, 256 (260).

787 Zustimmung: *Werner*, Nach der Regionalisierung - der Nahverkehr im Wettbewerb, S. 63; ähnlich: *Burgbacher*, Vergaberegeln und Nahverkehr, TranspR 1999, 1 (2), der darauf hinweist, dass der Vertragsabschluss nichts mit der Leistungsfähigkeit des Unternehmens zu tun hat; *Barth*, Nahverkehr in kommunaler Verantwortung, S. 137 f.; vgl. auch: *Heinze*, Der Ausgleich gemeinwirtschaftlicher Leistungen und Aspekte künftiger Regulierung des ÖPNV, S. 30.

788 Zu weitgehend: *Zuck*, Eigenwirtschaftliche und gemeinwirtschaftliche Verkehrsleistungen und geringste Kosten für die Allgemeinheit, DÖV 1994, 941 (947), der im Zusammenhang mit § 13 Abs. 1, Abs. 2 Nr. 1 PBefG von einer eigenen Entscheidung der Genehmigungsbehörde über das Ob und das Wie der Vereinbarung der gemeinwirtschaftlichen Leistung spricht.

789 *Werner*, Nach der Regionalisierung - der Nahverkehr in kommunaler Verantwortung, S. 190, spricht von einer „*Sonderaufsicht*".

790 Zur Definition und Aufgabe der Vergabeprüfstellen s. § 103 GWB.

791 *Batzill/ Zuck*, Personenbeförderungsrecht im Spannungsfeld von Bahnstrukturreform, PBefG-Novelle, ÖPNV-Recht der Länder und EG-Recht, S. 79.

setzlichen Vorgaben - und natürlich auch bei einem Verstoß gegen die Beihilfevorschriften - kann die Genehmigungsbehörde die Genehmigung versagen. Dies wird nur der Fall sein, wenn an der Durchführung der vereinbarten Verkehrsleistung unter keinem Punkt ein öffentliches Interesse bestehen würde[792]. Insoweit handelt es sich um einen Teil der Rechtsaufsicht, die die Genehmigungsbehörde ausübt.

ff.) Auferlegung von Verkehrsleistungen
Gem. § 1 Abs. 3 GKVO führt die Auferlegung einer Verkehrsleistung zu den geringsten Kosten, wenn ein Vergabeverfahren nach § 1 Abs. 2 S. 1 GKVO nicht sachgerecht ist oder zu keinem Ergebnis geführt hat oder wenn eine vertragliche Vereinbarung aus anderen Gründen nicht zustande kam und die veranschlagten Kosten der Maßgabe der VPöA entsprechen. Da die Auferlegung einen Verwaltungsakt und damit einen staatlichen Eingriff in die Berufsausübungsfreiheit darstellt, bedarf sie einer gesetzlichen Grundlage, die in § 4 RegG i.V.m. § 8 Abs. 4 PBefG, Art. 1 Abs. (5), Art. 3 Abs. (1), (2) VO (EWG) 1191/ 69 i.d.F. der VO (EWG) 1893/ 91 vorliegt. Dem Unternehmer bzw. dem Unternehmen kann demnach eine Verkehrsleistung auferlegt werden, soweit dies zur Sicherstellung einer ausreichenden Verkehrsbedienung erforderlich ist. Fraglich ist jedoch, ob der Begriff der Auferlegung nicht bereits an ein vorhandenes Unternehmen, das bereits Verkehrsleistungen erbringt, anknüpft[793]. Nicht vorhandenen, d.h. noch nicht tätigen, Unternehmen kann eine Verkehrsleistung nur auferlegt werden, wenn es eine Verkehrsleistung nach § 13a PBefG erbringen will[794]. Durch die weiteren Anforderungen des § 1 Abs. 3 GKVO dürfte demnach die Auferlegung einer Verkehrsleistung bei Konzessionen nach § 13a PBefG relativ selten vorkommen - vor allem, da sie subsidiär zur Vereinbarung ist.

Aus § 1 Abs. 1 VPöA ergibt sich der Vorrang des Marktpreises und aus § 1 Abs. 2 VPöA der Grundsatz fester Preise. Als Ausnahme zum Marktpreis kommen Selbstkostenpreise nur in Betracht, wenn der Wettbewerb auf der Anbieterseite beschränkt ist, also z.B. eine Monopolstellung auf der Anbieterseite besteht, und die Preisbildung dadurch nicht nur unerheblich beeinträchtigt wird (§ 5 Abs. 1 Nr. 2 VPöA). Eine Ausnahme vom Grundsatz fester Preise ist grundsätzlich nur möglich, wenn absehbar ist, dass das Verhältnis zwischen Leistung und Gegenleistung während der Vertragsdauer nicht gewahrt bleiben wird. Allerdings sind derartige Anpassungsklauseln nur zulässig, wenn die Änderung der Kostenfaktoren absehbar ist (z.B. eine absehbare Änderung der Mobilitätsbedürfnisse), die Klausel sich nur auf diese Faktoren bezieht und erst ab einem Mindestbetrag wirksam wird sowie eine Selbstbeteiligung des Unternehmers vorsieht[795]. Bei der Anwendung der VPöA ist aber die VO (EWG) 1191/ 69 i.d.F. der VO (EWG) 1893/ 91 zu berücksichtigen, nach der sich der letztlich zu zahlende Ausgleich

---

792 *Barth*, Nahverkehr in kommunaler Verantwortung, S. 257, sieht einen derartigen Fall als gegeben an, wenn eine entsprechende Bedienung bereits besteht.
793 Derartige Auferlegungen an bereits vorhandene Unternehmen kommen z.B. bei der nicht mehr eigenwirtschaftlich zu betreibenden Ausweitung der Betriebspflicht nach § 21 Abs. 4 PBefG vor.
794 Vgl. *Batzill/ Zuck*, Personenbeförderungsrecht im Spannungsfeld von Bahnstrukturreform, PBefG-Novelle, ÖPNV-Recht der Länder und EG-Recht, S. 69; *Barth*, Nahverkehr in kommunaler Verantwortung, S. 248, 250.
795 Dazu ausführlich: *Werner*, Nach der Regionalisierung - der Nahverkehr im Wettbewerb, S. 212.

ausschließlich bestimmt. Insoweit können die nationalen Preisvorschriften lediglich eine Hilfestellung geben[796].

Die Genehmigungsbehörde hat eine Genehmigung nach § 13a PBefG zu erteilen, wenn eine gemeinwirtschaftliche Verkehrsleistung vom zuständigen Aufgabenträger auferlegt worden ist, die zu den geringsten Kosten für die Allgemeinheit, also den öffentlichen Haushalt, führt und bei der Auferlegung der Grundsatz der Gleichbehandlung gewahrt worden ist. Das Vorliegen bzw. Nichtvorliegen einer ausreichenden Verkehrsbedienung innerhalb des kommunalen Bereichs hat sie nicht zu beurteilen - es sei denn, an der Durchführung der auferlegten Verkehrsleistung besteht unter keinem Punkt ein öffentliches Interesse. Lediglich bei Überschreiten der gesetzlichen Vorgaben kann die Genehmigung versagt werden[797].

c.) Zusammenfassung
Bei der Genehmigung einer gemeinwirtschaftlichen Verkehrsleistung sind die Befugnisse der Genehmigungsbehörde beschränkt: Neben den subjektiven und sicherheitsrelevanten Voraussetzungen kann sie nur prüfen, ob bei der Auferlegung oder Vereinbarung die geringsten Kosten für die Allgemeinheit entstehen und ob dabei keine anderen Unternehmen diskriminiert worden sind. Über das Vorliegen einer ausreichenden Verkehrsbedienung im kommunalen Bereich bestimmt dagegen allein der jeweilige Aufgabenträger als zuständige Behörde.

Die geringsten Kosten für die Allgemeinheit entstehen bei einer Vereinbarung, wenn dieser bei Überschreiten des Wertes der Verkehrsleistung von 200.000 ECU eine Ausschreibung durch den Aufgabenträger nach den Bestimmungen des Vergaberechts der §§ 97 ff. GWB i.V.m. VgV, VOL/ A 2. Abschnitt vorausgegangen ist und die dort festgelegten Grundsätze eingehalten worden sind, worüber die Genehmigungsbehörde - neben der Vergabeprüfstelle - zu wachen hat, § 13a PBefG i.V.m. § 1 Abs. 2 GKVO.

Bei der im Verhältnis zur Genehmigung nachrangigen Auferlegung entstehen die geringsten Kosten für die Allgemeinheit, wenn die Durchführung eines Vergabeverfahrens nicht möglich war oder zu keinem Ergebnis geführt hat und die Kosten den Vorgaben der VPöA entsprechen. Aus der VPöA folgt i.d.R. der Vorrang des Marktpreises und das Prinzip fester Preise.

3. Änderung der Konzession

Sollten sich nach der Vereinbarung oder Auferlegung Änderungen der Mobilitätsbedürfnisse ergeben, so stellt sich die Frage, ob die Genehmigungsbehörde wie bei eigenwirtschaftlichen Verkehren eine Ausgestaltung durch weitere Auferlegung (z.B. im Rahmen des § 21 Abs. 3 PBefG) vornehmen kann.

---

796 S. *Fey*, Zur Verordnung „Geringste Kosten" als Abschluß des Gesetzeswerkes zur Regionalisierung des ÖPNV-Marktes sowie zu anderen Fragen des novellierten PBefG, NZV 1996, 132 (137).
797 Insoweit unterscheiden sich die Kompetenzen der Genehmigungsbehörde bei einer auferlegten Verkehrsleistung nicht von denen bei einer vereinbarten.

Liegt der gemeinwirtschaftlichen Verkehrsleistung eine Vereinbarung zwischen Unternehmen und zuständiger Behörde vor, so würde die weitere Auferlegung durch die Genehmigungsbehörde die der Vergabe zu Grunde liegenden Parameter der Angebotskalkulation verändern oder die Berechnung für die Ausgleichszahlung verändern. Deshalb ist die weitere Auferlegung durch die Genehmigungsbehörde ausgeschlossen[798]. Möglich bleibt aber eine weitere Auferlegung oder Vereinbarung[799] während der Dauer der Konzession durch die zuständige Behörde (z.B. nach § 21 Abs. 4 i.V.m. § 8 Abs. 4 PBefG), wenn die öffentlichen Verkehrsinteressen eine Ausweitung der Betriebspflicht verlangen, die vom Unternehmen - wie die bereits vereinbarte oder auferlegte Betriebspflicht - nicht eigenwirtschaftlich erbracht werden kann. Insoweit müsste dem Unternehmen ein weiterer Ausgleich durch die zuständige Behörde gewährt oder mit dieser vereinbart werden. Diese weitere vereinbarte oder auferlegte Verkehrsleistung unterliegt ihrerseits wieder der Genehmigungspflicht des § 2 Abs. 2 Nr. 1 PBefG, da § 13a PBefG nicht zwischen der anfänglichen und nachträglichen Vereinbarung bzw. Auferlegung unterscheidet[800].

Um das langfristige Risiko einer Leistungserbringung zu beeinflussen, können aber bereits in der ursprünglichen Vereinbarung Preisanpassungsklauseln entwickelt werden. Derartige Anpassungsklauseln senken das - von der zuständigen Behörde zu bezahlende - Wagnis für den Bieter und führen dadurch zu einer Ersparnis bei der zuständigen Behörde. Ähnliches gilt für Leistungsanpassungen: Die jeweilige Betriebsleistung muss den ständig wechselnden Anforderungen genügen. Deshalb sollte die Vereinbarung Regelungen zum Verfahren bei Leistungsanpassung und zu Auswirkungen der Veränderungen auf den vom Aufgabenträger zu zahlenden Preis enthalten. Trägt der Unternehmer das Risiko für die Tarifeinnahmen, so sind weitere Regelungen für eine Tarifänderung sinnvoll[801]. Derartige Regelungen machen eine spätere zusätzliche Vereinbarung oder Auferlegung überflüssig. Regelungen zu Vertragszusätzen und Vertragsänderungen sind gem. Art. 14 Abs. (2) lit. c) der VO (EWG) 1191/ 69 i.d.F. der VO (EWG) 1983/ 91 auch ausdrücklich für Verträge über Verkehrsdienste auf Grund von Verpflichtungen des öffentlichen Dienstes vorgeschrieben, um eine Anpassung der Dienste an den tatsächlichen Bedarf zu ermöglichen.

---

798 Zustimmend: *Werner*, Nach der Regionalisierung - der Nahverkehr im Wettbewerb, S. 186, allerdings nur bezüglich einer vorherigen Vereinbarung. Dagegen völlig zutreffend: *Barth*, Nahverkehr in kommunaler Verantwortung, S. 274. Dass einem Unternehmen, das einen gemeinwirtschaftlichen Verkehr betreibt, eine zusätzliche Leistung auferlegt werden könnte, dieses dann eigenwirtschaftlich erbringt, ist nicht denkbar.
799 Die Auferlegung der Verkehrsleistung an ein anderes Unternehmen oder ein Vereinbarung mit diesem dürfte i.d.R. nicht die Lösung darstellen, die mit den geringsten Kosten (§ 13a Abs. 2 PBefG) verbunden ist. Insoweit kommt die Vereinbarung bzw. Auferlegung nur bezüglich des vorhandenen Unternehmens in Frage.
800 S. *Barth*, Nahverkehr in kommunaler Verantwortung, S. 255.
801 Zu den notwendigen bzw. zweckmäßigen Vertragsinhalten ausführlich: *Werner*, Nach der Regionalisierung - der Nahverkehr im Wettbewerb, S. 229 ff.

4. Zusammenfassung

Gemeinwirtschaftliche Verkehre sind genehmigte Verkehre, die nicht im europarechtskonformen Sinn eigenwirtschaftlich erbracht werden können, wenn die Verkehrsleistung zum Zweck einer ausreichenden Bedienung der Bevölkerung mit Verkehrsleistungen mit dem zuständigen Aufgabenträger vereinbart bzw. durch diesen auferlegt worden ist und dabei die Lösung gewählt worden ist, die zu den geringsten Kosten der Allgemeinheit führt. Ein Wahlrecht des Unternehmens, ob es einen gemeinwirtschaftlichen oder eigenwirtschaftlichen Verkehr betreiben will, besteht dabei nicht, wenn es Finanzmittel in Anspruch nimmt, die die eigenwirtschaftliche Erbringung im europarechtskonformen Sinn ausschließen. Nach Ablauf der Konzession für den gemeinwirtschaftlichen Verkehr besteht überhaupt kein Bestandsschutz für den Altunternehmer.

Bei der Genehmigung eines gemeinwirtschaftlichen Verkehrs sind die Befugnisse der Genehmigungsbehörde beschränkt: Neben den subjektiven Zulassungsvoraussetzungen des § 13 Abs. 1 PBefG und den sicherheitsrelevanten Voraussetzungen des § 13 Abs. 2 Nr. 1 PBefG hat sie gem. § 13a Abs.1, 2 PBefG i.V.m. der GKVO darüber zu wachen, dass bei der Vereinbarung bzw. Auferlegung die Lösung gewählt worden ist, die zu den geringsten Kosten für die Allgemeinheit, d.h. den öffentlichen Haushalt, führt. Insoweit übt die Genehmigungsbehörde eine Rechtsaufsicht über den zuständigen Aufgabenträger aus. Über die ausreichende Verkehrsbedienung hat die Genehmigungsbehörde nicht zu entscheiden - soweit die Beurteilung in den Bereich der kommunalen Selbstverwaltung fällt.

Der Aufgabenträger hat bei einer Vereinbarung nicht die mit den geringsten Kosten verbundene Lösung gewählt, wenn er die Vorgaben der VOL/ A 1. Abschnitt oder bei Überschreiten des Schwellenwertes des Auftrages von 200.000 ECU die Vorgaben des Vergaberechts der §§ 97 ff. GWB i.V.m. der VgV und der VOL/ A 2. Abschnitt nicht beachtet hat. Dann liegt jeweils auch der zweite zwingende Versagungsgrund des § 13a Abs. 2 PBefG vor, da insoweit zusätzlich eine Diskriminierung anderer Unternehmen stattgefunden hat. Bei einer auferlegten Verkehrsleistung hat der Aufgabenträger nicht § 13a PBefG i.V.m. der GKVO beachtet, wenn er nicht die VPöA beachtet hat. Die Genehmigungsbehörde hat die Genehmigung auch zu versagen, wenn eine Auferlegung erfolgt ist, obwohl eine Vergabe im Wettbewerb mit einer anschließenden Vereinbarung möglich gewesen wäre - insoweit liegen eine Diskriminierung anderer potentieller Bieter und - in der Regel - nicht die kostengünstigste Lösung vor. Beachtet die Regelung zum Ausgleich der auferlegten Verkehrsleistung die Vorgaben der VO (EWG) 1191/ 69 i.d.F. der VO (EWG) 1893/ 91 nicht, so muss die Genehmigung ebenfalls versagt werden.

Um den sich während der Geltung der gemeinwirtschaftlichen Konzession ändernden Verkehrsbedürfnissen und -entwicklungen Rechnung zu tragen, sollten in der Vereinbarung bzw. der Auferlegung Regelungen zu möglichen Änderungen enthalten sein. Fehlen derartige Regelungen, so kann nur der Aufgabenträger weitere Verkehrsleistungen mit dem Konzessionsinhaber vereinbaren oder diesem auferlegen - gegen einen entsprechenden wirtschaftlichen Ausgleich. Die Genehmigungsbehörde kann dies dagegen nicht, da eine weitere Auferlegung bei einem gemeinwirtschaftlichen Verkehr nicht eigenwirtschaftlich zu erbringen ist.

IV. Ausgleich für gemeinwirtschaftliche Verpflichtungen zu Gunsten bestimmter Bevölkerungsgruppen

In Deutschland existieren Ausgleichsregelungen für besondere, möglicherweise auferlegte Tarife zu Gunsten Auszubildender bzw. Schüler (§ 45a PBefG)[802] und zu Gunsten Schwerbehinderter (§§ 62, 59 SchwbG), die bereits erwähnt worden sind.

1. Ausgleich für Beförderungsleistungen im Ausbildungsverkehr

a.) Die Ausgleichsregelung des § 45a PBefG
Der Ausgleichsanspruch nach § 45a PBefG bewirkt, dass den Unternehmen für die Beförderung von Personen mit Zeitfahrausweisen des Ausbildungsverkehrs eine begrenzte Kostenerstattung gewährt wird. Hintergrund dieser Vorschrift ist[803], dass es den Unternehmen nicht zugemutet werden soll, die Mindereinnahmen in vollem Umfang hinzunehmen, die aus der politisch und sozial motivierten, verbilligten Beförderung von Auszubildenden herrühren, bei der es sich um eine Verpflichtung des öffentlichen Dienstes i.S. des Art. 2 Abs. (1) VO (EWG) 1191/ 69 i.d.F. der VO (EWG) 1893/ 91 handelt. Auf Grund der Ermächtigung in § 57 Abs. 1 Nr. 9 PBefG hat der Bundesverkehrsminister in der Verordnung über den Ausgleich gemeinwirtschaftlicher Leistungen im Straßenpersonenverkehr (PBefAusglV)[804] vom 02.08.1977 materielle Einzelfragen und das Verfahren näher bestimmt.

Nach § 45a Abs. 1 PBefG ist u.a. im Linienverkehr mit Kraftomnibussen dem Unternehmer für die Beförderung von Personen mit Zeitfahrausweisen des Ausbildungsverkehrs[805] auf Antrag ein Ausgleich nach Maßgabe des Abs. 2 zu gewähren, wenn und soweit der Ertrag aus den für diese Beförderung genehmigten Beförderungsentgelten nicht zur Deckung der nach Abs. 2 zu errechnenden Kosten ausreicht (Nr. 1) und der Unternehmer innerhalb eines angemessenen Zeitraums die Zustimmung zu einer Anpassung der in den genannten Verkehrsformen[806] erhobenen Beförderungsent-

---

802 Die Zahlungen für Beförderungen im Ausbildungsverkehr betragen jährlich immerhin mindestens 2 Mrd. DM; vgl. *Welge*, Die Zukunft des ÖPNV aus städtischer Sicht, in: DVWG (Hrsg.), B 213, Die zukünftige Rolle der Kommunen bei Verkehrs- und Versorgungsnetzen, 117 (123); *Siekmann*, Die Aufteilung der Finanzierungslasten des ÖPNV auf Benutzer, Nutznießer und Allgemeinheit, in: Püttner (Hrsg.), ÖPNV in Bewegung. Konzepte, Probleme, Chancen, 105 (110), nennt für 1993 sogar einem Betrag von 4,546 Mrd. DM. S. dazu den Folgekostenbericht der Bundesregierung (BT-Drucks. 13/ 7552, 3).
803 Zum Zweck der Regelung: *Bidinger/ Haselau/ Krämer*, Ausgleich gemeinwirtschaftlicher Leistungen im Ausbildungsverkehr, S. 41 f.; *Fromm/ Fey*, Personenbeförderungsrecht, § 45a PBefG Rn. 1; *Bidinger*, Personenbeförderungsrecht, § 45a PBefG Ziff. 1.2.
804 BGBl. I S. 1460, zuletzt geändert durch Art. 3 Abs. 14 des Gesetzes zur Förderung eines freiwilligen ökologischen Jahres (FöJ-Förderungsgesetz - FöJG) vom 17.12.1993 (BGBl. I S. 2118); die PBefAusglV ist in den neuen Bundesländern am 01.01.1992 in Kraft getreten (BGBl. II S. 1105 Kap. XI Nr. 16).
805 Zum Begriff der Zeitfahrausweise des Ausbildungsverkehrs: *Bidinger*, Personenbeförderungsrecht, § 45a PBefG Ziff. 4.
806 § 45a Abs. 1 PBefG nennt neben dem Linienverkehr noch den Verkehr mit Straßenbahnen und Obussen.

gelte an die Ertrags- und Kostenlage beantragt hat (Nr. 2)[807]. Als Ausgleich werden gem. § 45a Abs. 2 PBefG 50% des Unterschiedsbetrages zwischen dem Ertrag, der in den genannten Verkehrsformen für die Beförderung von Personen mit Zeitfahrausweisen des Ausbildungsverkehrs erzielt worden ist, und dem Produkt aus den in diesem Verkehr geleisteten Personenkilometern und den durchschnittlichen verkehrsspezifischen Kosten gewährt. Die durchschnittlichen Kosten, die entsprechend betrieblicher und verkehrlicher Besonderheiten gerade zwischen dem schienen- und dem straßengebundenen Verkehr variieren können und dürfen, können dabei von den Landesbehörden oder den von ihnen durch Rechtsverordnung ermächtigten Behörden festgelegt werden. Auffällig an der Regelung des § 45a PBefG ist zunächst, dass scheinbar für die Unternehmen keine Verpflichtung zur verbilligten Beförderung von Auszubildenden mit Zeitfahrausweisen existiert[808]. Das dritte Änderungsgesetz[809], mit dem § 45a in das PBefG eingefügt worden ist, geht vielmehr davon aus, dass die Beförderung im Ausbildungsverkehr zu ermäßigten Fahrpreisen eine „de facto"-Tarifauflage aus sozialen und kulturpolitischen Gründen darstellt[810]. Diese Einschätzung erscheint im Hinblick auf die §§ 39, 13 Abs. 2 PBefG zunächst fraglich. Die ermäßigte Beförderung Auszubildender könnte ein öffentliches Verkehrsinteresse darstellen. Ein Antrag auf eine Genehmigung nach § 13 PBefG könnte demnach i.V.m. § 39 PBefG abgelehnt werden, wenn keine ermäßigte Beförderung von Auszubildenden vorgesehen ist[811]. Aus dem PBefG, insbesondere § 45a PBefG, direkt kann die Pflicht zur Beförderung von Auszubildenden zu ermäßigten Preisen jedenfalls nicht entnommen werden.

Demnach muss die Auferlegung dieser besonderen Tarife im Rahmen der Genehmigung des Tarifs nach § 39 PBefG, also auf Antrag des Verkehrsunternehmens, oder bei einem gemeinwirtschaftlichen Verkehr im Rahmen der Auferlegung (oder Vereinbarung)[812], also zusammen mit weiteren Auferlegungen hinsichtlich der Betriebs- und/ oder Beförderungspflicht, erfolgen. Wird der verbilligte Tarif nach § 39 PBefG genehmigt, stellt sich allerdings die Frage, ob er auferlegt i.S. des Art. 9 Abs. (1) VO (EWG) 1191/ 69 i.d.F. der VO (EWG) 1893/ 91 ist. Dagegen könnte sprechen, dass das Verkehrsunternehmen diese Tarife bereits seinem Antrag zu Grunde legt, die Tarifer-

---

807 Für Erfüllung dieses Antragserfordernisses ist die Stellung eines Antrages ausreichend - unabhängig davon, ob diesem ganz, teilweise oder überhaupt nicht entsprochen worden ist. Vgl. *Bidinger*, Personenbeförderungsrecht, § 45a PBefG Ziff. 7.
808 *Heinze*, Der Ausgleich gemeinwirtschaftlicher Leistungen und Aspekte künftiger Regulierung des ÖPNV, S. 47, vertritt z.B. die Auffassung, dass eine derartige Pflicht nicht besteht.
809 Vom 24.08.1976 (BGBl. I S. 2439).
810 So: *Bidinger/ Krämer/ Haselau*, Ausgleich gemeinwirtschaftlicher Leistungen im Ausbildungsverkehr, S. 43; dagegen spricht *Bidinger*, Personenbeförderungsrecht, § 45a PBefG Ziff. 1.2, von einer vom Staat auferlegten Aufgabe.
811 Eine Pflicht zur Beförderung Auszubildender zu ermäßigten Fahrpreisen mit Hilfe der Tarifpflicht bejahend: BVerwG DVBl. 1991, 59.
812 Im Fall einer Vereinbarung ist Art. 9 VO (EWG) 1191/69 i.d.F. der VO (EWG) 1893/ 91 dann allerdings nicht einschlägig, sondern der Art. 14 der VO. Bei diesen Verkehrsdiensten kommt eine Auferlegung ermäßigter Tarife zu Gunsten Auszubildender durch die Genehmigungsbehörde nicht in Betracht, da diese nur die Kompetenzen gem. § 13a PBefG besitzt und ansonsten in die Ausgleichsregelung, die von den anzuwendenden Tarifen abhängt, zwischen Aufgabenträger und Verkehrsunternehmen eingegriffen würde.

mäßigung also freiwillig gewährt[813]. Damit nimmt das Verkehrsunternehmen jedoch nur eine Entscheidung der Genehmigungsbehörde vorweg, die ansonsten ihrerseits die ermäßigten Tarife zu Gunsten bestimmter Bevölkerungskreise verlangen würde. Wirksam wird dieser Tarif außerdem erst durch die Genehmigung der Behörde, so dass der Verwaltungsakt, der die Genehmigung für den beantragten Verkehr erteilt, eine Auferlegung i.S. des Art. 9 Abs. (1) VO (EWG) 1191/ 69 i.d.F. der VO (EWG) 1893/ 91 darstellt[814]. Insoweit ist die Bezeichnung als „de facto"-Tarifauflage m.E. unzureichend. Die Problematik dürfte sich jedoch erledigen, wenn eigenwirtschaftliche Verkehre, wie hier vorgeschlagen, ausgeschrieben und an denjenigen vergeben werden, der am meisten für die Verkehrsleistung bietet. In diese Gebote wären die Einnahmeverluste für die ermäßigte Beförderung von Auszubildenden bereits eingerechnet.

Fraglich ist weiter, ob die Auferlegung auch durch eine andere Behörde als den Aufgabenträger überhaupt zulässig ist und ob dadurch die Eigenwirtschaftlichkeit des betroffenen Verkehrsdienstes beeinträchtigt wird. Die VO (EWG) 1191/ 69 i.d.F. der VO (EWG) 1893/ 91 sieht in ihrem III. Abschnitt, auf den Art. 1 Abs. (5) verweist, lediglich eine Ausgleichspflicht vor, nicht aber die Möglichkeit für die Verkehrsunternehmen, die Aufhebung der Verpflichtung zu verlangen[815]. Eine Vereinbarung zwischen dem Aufgabenträger und dem Verkehrsunternehmen ist ebenfalls nicht vorgesehen. Demnach unterliegt die Auferlegung von Tarifpflichten zu Gunsten bestimmter Bevölkerungsgruppen einem eigenständigen Verfahren, für das die Abschnitte II (Aufhebung von Verpflichtungen, die mit dem Begriff des öffentlichen Dienstes verbunden sind) und IV (Vereinbarungen über Verpflichtungen des öffentlichen Dienstes) nicht anwendbar sind. Folglich begründet die Auferlegung von ermäßigten Tarifen zu Gunsten bestimmter Bevölkerungskreise - ohne die zusätzliche Auferlegung bzw. Vereinbarung gemeinwirtschaftlicher Pflichten - nicht die Gemeinwirtschaftlichkeit des Verkehrsdienstes[816]. Für das Ausgleichsverfahren bei Tarifen zu Gunsten bestimmter Bevölkerungskreise bestimmt Art. 1 Abs. (5) VO (EWG) 1191/ 69 i.d.F. der VO (EWG) 1893/ 91,

---

813 Dies vertritt: *Heinze*, Der Ausgleich gemeinwirtschaftlicher Leistungen und Aspekte künftiger Regulierung des ÖPNV, S. 26; ähnlich: *Fromm*, Bedeutung und Auswirkungen der EG-Verordnung 1893/ 91 für die Omnibusunternehmen, die ÖPNV betreiben, in: Zuck (Hrsg.), Personenverkehr im Spannungsfeld zwischen EG-Recht und Verkehrspolitik, 15 (18).

814 Hilfsweise könnte die Ausgleichspflicht auch über Art. 1 Abs. (6) VO (EWG) 1191/ 69 i.d.F. der VO (EWG) 1893/ 91 begründet werden. So: *Fromm*, Der Fortbestand des Querverbunds - ein steuerliches Problem?, BB 1994, 2366 (2368), der bei großzügiger Betrachtungsweise die Ausgleichs- und Erstattungsregelungen als Ausnahmen im Sinne dieses Absatzes betrachten will. Diese Ansicht könnte durch die Formulierung des Absatzes in der deutschen Fassung gestützt werden, in der lediglich festgelegte Beförderungstarife erwähnt werden - allerdings im Gegensatz zur englischen Fassung, bei der imposed eindeutig auferlegt bedeutet.

815 Insoweit ist die Feststellung von *Fromm/ Fey*, Personenbeförderungsrecht, § 45a Rn. 1, dass zwar eine Verpflichtung des öffentlichen Dienstes vorläge, diese aber nicht gegen die VO (EWG) 1191/ 69 i.d.F. der VO (EWG) 1893/ 91 verstoße, weil der Ausgleich nicht von einem Antrag auf Aufhebung der Verpflichtung [der im III. Abschnitt der VO überhaupt nicht vorgesehen ist] abhängig sei, unverständlich. Dagegen der hier vertretenen Meinung folgend: *Gabler*, Öffentlicher Nahverkehr in Bayern, S. 207, allerdings nur unter Hinweis auf den 3. Erwägungsgrund der VO (EWG) 1191/ 69 i.d.F. der VO (EWG) 1893/ 91.

816 Ähnlich: *Meyer*, Die Ausschreibungspflicht im gemeinwirtschaftlichen Linienverkehr und ihre Auswirkungen auf den Bestand der Genehmigung, DVBl. 1999, 1409 (1410) - allerdings ohne die nationalen Ausgleichsregelungen auf ihre Vereinbarkeit mit der VO (EWG) 1191/ 69 i.d.F. der VO (EWG) 1893/ 91 zu überprüfen.

dass die zuständige Behörde die Auferlegung vornehmen kann. Welche Behörde zuständig ist, bestimmt sich dann nach rein innerstaatlichem Recht. Da die Genehmigungsbehörde nach dem PBefG für die Genehmigung eines eigenwirtschaftlichen Verkehrs zuständig ist, kann sie auch Tarife zu Gunsten bestimmter Bevölkerungskreise auferlegen. Insoweit ist die Möglichkeit der Auferlegung von besonderen Tarifen zu Gunsten bestimmter Bevölkerungskreise europarechtskonform.

Bedenklich an § 45a PBefG erscheint weiter, dass die Kosten i.S. des Abs. 1 Nr. 1, gem. Abs. 2 S.2 von den durch die Landesregierung ermächtigten Behörden nach Durchschnittswerten einzelner repräsentativer Unternehmen, die sparsam wirtschaften und leistungsfähig sind, pauschal festgelegt werden[817] - allerdings unter Berücksichtigung von Besonderheiten in der Kostenstruktur, sofern sie nicht nur vereinzelt vorkommen[818]. Damit stellt die Regelung nicht auf die tatsächlich durch die auferlegte ermäßigte Beförderung von Auszubildenden mit Zeitfahrausweisen bei dem jeweiligen Unternehmen verursachten Kosten ab. Dies bedeutet, dass der Ausgleichsanspruch nicht auf 50% der tatsächlichen Kosten, sondern auf 50% des Differenzbetrages zwischen Soll-Kosten und Ist-Erträgen begrenzt ist. Problematisch an dieser Berechnung ist vor allem die Auswahl der Unternehmen, deren Durchschnitt maßgeblich sein soll. Weichen deren Kosten von den tatsächlichen Durchschnittswerten ab[819], so ist der Ausgleichsanspruch möglicherweise überhaupt nicht von Verlusten abhängig. Vielmehr kann die Ausgleichszahlung höher oder niedriger ausfallen als die tatsächliche Kostenunterdeckung[820].

b.) Vereinbarkeit von § 45a PBefG mit den europarechtlichen Vorgaben
Nach Art. 9 Abs. (1) VO (EWG) 1191/ 69 i.d.F. der VO (EWG) 1893/ 91 richtet sich die Höhe des Ausgleichs für Belastungen[821], die den Unternehmen im Personenverkehr aus der Anwendung von Beförderungsentgelten und -bedingungen erwachsen, die ihnen im Interesse bestimmter Bevölkerungsgruppen auferlegt sind, nach den gemeinsamen Methoden der Art. 11 bis 13 dieser VO[822]. Die Beförderungsentgelte und -bedingungen verweisen auf die Tarifpflicht in Art. 2 Abs. (5) VO (EWG) 1191/ 69 i.d.F. der VO

---

817 Zur Ermittlung der Kosten s. § 2 PBefAusglV. Weitere Pauschalierungen werden bei der Berechnung der Personen-Kilometer vorgenommen; s. *Bidinger*, Personenbeförderungsrecht, § 3 PBefAusglV (K 1210) Ziff. 3 ff.
818 S. VGH Mannheim NVwZ 1986, 938. Deshalb kann es zu unterschiedlichen Kostensätzen für verschiedene Verkehrsregionen kommen.
819 *Heinze*, Der Ausgleich gemeinwirtschaftlicher Leistungen und Aspekte künftiger Regulierung des ÖPNV, S. 71, geht davon aus, dass diese Abweichung in der Praxis in der Regel gegeben ist!
820 Übereinstimmend: *Bidinger*, Personenbeförderungsrecht, § 45a PBefG Ziff. 10; *Heinze*, Der Ausgleich gemeinwirtschaftlicher Leistungen und Aspekte künftiger Regulierung des ÖPNV, S. 71; *Barth*, Nahverkehr in kommunaler Verantwortung, S. 135; *Scheele/ Sterzel*, Öffentlicher Personennahverkehr zwischen Gemeinwohlinteressen und Markt, S. 59. Bereits *Bidinger/ Haselau/ Krämer*, Ausgleich gemeinwirtschaftlicher Leistungen im Ausbildungsverkehr, S. 44, weisen darauf hin, dass der Ausgleichsanspruch unabhängig von einem Defizit im Linienverkehr ist.
821 Die Ausgleichsanträge sind gem. Art. 9 Abs. (3) der VO (EWG) 1191/ 69 i.d.F. der VO (EWG) 1893/ 91 bei der zuständigen Behörde des Mitgliedstaates zu stellen.
822 Zu diesen Art. s. oben Teil 2 II. 5. c.).

(EWG) 1893/ 91, die sich von der im nationalen Recht erheblich unterscheidet[823]. Tarifpflicht im Rahmen des PBefG bedeutet lediglich, dass der Verkehrsunternehmer seine Tarife nicht frei bilden kann, sondern von einer behördlichen Genehmigung gem. § 39 Abs. 1 PBefG abhängig ist. Durch die genehmigten Tarife soll erreicht werden, dass die Preise gleichmäßig angewandt werden (§ 39 Abs. 2 PBefG) - insoweit fällt die Tarifpflicht nicht unter die VO (EWG) 1191/ 69 i.d.F. der VO (EWG) 1893/ 91[824]. Die Tarifpflicht in der Verordnung meint dagegen Sozialtarife, also solche, die eine Kostendeckung und einen angemessenen Gewinn auf Seiten des Verkehrsunternehmers nicht mehr ermöglichen. Ein derartiger Sozialtarif liegt bei der ermäßigten Beförderung von Auszubildenden mit Zeitfahrausweisen vor.

Fraglich ist insbesondere, ob die Regelung zur Pauschalierung der zu ersetzenden Kosten in § 45a PBefG den Maßgaben der VO (EWG) 1191/ 69 i.d.F. der VO (EWG) 1893/ 91 standhalten. Art. 12 Abs. 1 VO (EWG) 1191/ 69 i.d.F. der VO (EWG) 1893/ 91 setzt ebenfalls eine zweckdienliche Geschäftsführung des Unternehmens und eine angemessene Qualität der gelieferten Verkehrsleistungen bei der Berechnung der Kosten voraus. Gerade die zweckdienliche Geschäftsführung kann nicht unternehmensspezifisch beurteilt werden, sondern bedarf ebenfalls einer Pauschalierung und zunächst einer abstrakten Regelung zur Nachprüfung[825]. Im Rahmen der Verordnung verschafft das Kriterium der zweckdienlichen Geschäftsführung jedoch lediglich die Möglichkeit, die Kosten bei einer unwirtschaftlichen, d.h. nicht zweckdienlichen, Geschäftsführung zu korrigieren. Im Vordergrund steht aber der tatsächliche Verlust des Unternehmens, der nach der Methode des Art. 11 Abs. (1) VO (EWG) 1191/ 69 i.d.F. der VO (EWG) 1893/ 91 zu berechnen ist und für den gegebenenfalls nach dessen Abs. (2) vollständiger Ausgleich zu zahlen ist[826]. Die Form der Pauschalierung in § 45a PBefG unabhängig von dem tatsächlichen Verlust des Verkehrsunternehmens führt dagegen zu Diskriminierungen von Unternehmen, denen auf Grund der Berechnung im Gegensatz zu anderen Unternehmen, bei denen der Ausgleich den Kosten entspricht oder diese übersteigt, kein vollständiger Kostenausgleich gewährt wird. Da die entsprechenden Ausgleichszahlungen Beihilfen darstellen und nicht durch die VO (EWG) 1191/ 69 i.d.F. der VO (EWG) 1893/ 91 gedeckt sind, verstoßen sie gegen Art. 87 Abs. (1) EG und

---

823 Ähnlich zum Unterschied: *Zuck*, Das neue EG-Recht für den ÖPNV und den Reiseverkehr, S. 18; *Heinze*, Der Ausgleich gemeinwirtschaftlicher Leistungen und Aspekte zukünftiger Regulierung des ÖPNV, S. 24; s. auch: *Bidinger*, Personenbeförderungsrecht, § 39 PBefG Rn. 88; *Fromm/ Fey*, Personenbeförderungsrecht, § 39 PBefG Rn. 2. Werden die Beförderungsentgelte dagegen wegen entgegenstehender öffentlicher Interessen nicht genehmigt (§ 39 Abs. 1 S. 2 PBefG), kann es zur Auferlegung einer Tarifpflicht im Sinne der Verordnung kommen.

824 Vgl. dazu: EuGH Rs. 36/ 73, Slg. 1973, 1299 (Rn. 11 ff.) - *Niederländische Eisenbahnaktiengesellschaft/ Niederländischer Minister für Verkehr und Wasserbau*.

825 Die Zulässigkeit von Pauschalierungen im Rahmen der Anwendung der VO (EWG) 1191/ 69 bejahend: EuGH Rs. 36/ 73, Slg. 1973, 1299 (Rn. 30 ff.) - *Niederländische Eisenbahnaktiengesellschaft/ Niederländischer Minister für Verkehr und Wasserbau*. In diesem Verfahren ging es allerdings um den Grundsatz der Aufschlüsselung der Gesamtkosten und die Verteilung dieser allgemeinen Kosten auf die einzelnen Verkehrstätigkeiten eines Unternehmens.

826 S. *Fromm*, Die Bedeutung der Verordnung (EWG) 1893/ 91 für den Ausgleich gemeinwirtschaftlicher Leistungen in Deutschland, TranspR 1992, 256 (262), der darauf hinweist, dass der Ausgleich nach dem europäischen Recht mehr betragen muss als der nach § 45a PBefG, und dass das „Gezerre" um die Höhe des Ausgleichs entfällt.

Teil 2: Überprüfung des nationalen Rechtsrahmens für den ÖPNV

sind damit m.E. europarechtswidrig[827]. Besondere Tarife für Auszubildende können allerdings gem. Art. 1 Abs. (5) VO (EWG) 1191/ 69 i.d.F. der VO (EWG) 1893/ 91 auferlegt, müssen dann aber nach den Regeln der Art. 9, 11-13 derselben VO[828] ausgeglichen werden.

2. Ausgleich für die kostenlose Beförderung Schwerbehinderter

a.) Regelung der §§ 59, 62 SchwbG
Die Pflicht für Verkehrsunternehmen, Schwerbehinderte[829] - gegebenenfalls mit einer Begleitperson[830] - gegen Vorzeigen eines entsprechenden Ausweises kostenlos im ÖPNV zu befördern, und der Anspruch auf Ersatz für die dadurch entstehenden Fahrgeldausfälle ergeben sich unmittelbar aus § 59 SchwbG[831]. Fraglich ist, ob eine derartige Auferlegung durch Gesetz auch eine Auferlegung i.S. des Art. 9 Abs. (1) VO (EWG) 1191/ 69 i.d.F. der VO (EWG) 1893/ 91 darstellt. Bei der Auferlegung handelt es sich im Gegensatz zur freiwilligen Übernahme einer Verkehrsleistung um einen belastenden Hoheitsakt. In welcher Form dieser belastende Hoheitsakt ergeht, lässt die VO (EWG) 1191/ 69 i.d.F. der VO (EWG) 1893/ 91 offen. Nach zutreffender Ansicht kann eine Auferlegung deshalb nicht nur durch einen Verwaltungsakt sondern auch durch Rechtsnormen erfolgen[832], so dass eine Auferlegung von besonderen Tarifen i.S. des Art. 9 Abs. (1) VO (EWG) 1191/ 69 i.d.F. der VO (EWG) 1893/ 91 vorliegt. Die Ausgleichspflicht für die kostenlose Beförderung von Schwerbehinderten ist in § 59 Abs. 3 SchwbG festgelegt, der für die Erstattung von Fahrgeldausfällen im Nahverkehr auf § 62 SchwbG verweist. Nach § 62 Abs. 1 SchwbG richtet sich der Ausgleich nach einem Vomhundertsatz, der gem. § 62 Abs. 4 SchwbG jährlich von der Landesregierung oder einer von ihr bestimmten Behörde bekannt gemacht wird, der von den Unternehmen nachgewiesenen Fahrgeldeinnahmen im Nahverkehr[833]. Im Gegensatz zum Ausgleich für die Beförderung von Auszubildenden mit Zeitfahrausweisen wird hier über-

---

827 Diese Einschätzung teilt: *Barth*, Nahverkehr in kommunaler Verantwortung, S. 136; ähnlich: *Berschin*, Europäisches Recht der Finanzierung im ÖPNV bringt Wettbewerb um Subventionen, ZUR 1997, 4 (8); *Burgbacher*, Vergaberegeln und Nahverkehr, TranspR 1999, 1 (3 f.); *Gabler*, Öffentlicher Nahverkehr in Bayern, S. 207 (bezogen auf das vorrangige Sekundärrecht).
828 D.h. nach dem Grundsatz der speziellen Entgeltlichkeit. Vgl. *Fromm*, Bedeutung und Auswirkungen der EG-Verordnung 1893/ 91 für die Omnibusunternehmen, die ÖPNV betreiben, in: Zuck (Hrsg.), Personenverkehr im Spannungsfeld zwischen EG-Recht und Verkehrspolitik, 15 (19).
829 Zum Kreis der unentgeltlich zu befördernden Schwerbehinderten: s. *Bidinger*, Personenbeförderungsrecht, § 59 SchwbG Rn. 15 ff.
830 Zu den Voraussetzungen: vgl. *Bidinger*, Personenbeförderungsrecht, § 59 SchwbG Rn. 37 ff.
831 Bzw. mittlerweile: § 145 SGB IX.
832 Dieser Ansicht folgend: *Heinze*, Der Ausgleich gemeinwirtschaftlicher Leistungen und Aspekte künftiger Regulierung des ÖPNV, S. 25; *Werner*, Nach der Regionalisierung - der Nahverkehr im Wettbewerb, S. 59 (Fn. 333); *Berschin*, Europäisches Recht der Finanzierung im ÖPNV bringt Wettbewerb um Subventionen, ZUR 1997, 4 (8); a.A.: *Fromm*, Der Fortbestand des Querverbunds - ein steuerliches Problem?, BB 1994, 2366 (2368) - Auferlegung soll Verwaltungsakt voraussetzen.
833 Bzw. § 148 SGB IX. Für die neuen Bundesländer gilt die Sonderregelung des Art. 7 Nr. 3 des Gesetzes über die Zwanzigste Anpassung der Leistungen nach dem Bundesversorgungsgesetz vom 21.06.1991 - KOV-AnpassungsG (BGBl. I S. 1310). Zum Umfang der anzurechnenden Fahrgeldeinnahmen: *Heinze*, Der Ausgleich gemeinwirtschaftlicher Leistungen und Aspekte künftiger Regulierung des ÖPNV, S. 37 f.

haupt nicht auf die Kosten des Unternehmens eingegangen. Demnach erfolgen zumindest keine konkrete, kostendeckende Erstattung des Aufwandes für die Beförderung von Schwerbehinderten und keine Erstattung der Erträge, die aus der Beförderung der Schwerbehinderten ohne die auferlegte unentgeltliche Beförderung erzielt würden. Der Ausgleichsbetrag wird vielmehr anhand des genannten Prozentsatzes nach Maßgabe des Anteils der mehr als 6 Jahre alten Schwerbehinderten an der um diese Zahl geminderten Gesamtbevölkerung eines Landes pauschaliert, § 62 Abs. 4 Nr. 1 SchwbG. Eine weitere Differenzierung, die z.B. auf die Berufstätigkeit oder mögliche allgemeine Tarifermäßigungen abstellt, wird nicht vorgenommen, so dass der unterschiedlichen Inanspruchnahme des ÖPNV nicht Rechnung getragen wird[834].

b.) Vereinbarkeit der Ausgleichsregelung der §§ 59, 62 SchwbG mit den europarechtlichen Vorgaben
Die in § 62 SchwbG vorgenommene Pauschalierung könnte mit der VO (EWG) 1191/69 i.d.F. der VO (EWG) 1893/91 vereinbar sein, da auch diese Pauschalierungen zulässt[835] und § 62 Abs. 5 SchwbG jedem Unternehmer die Möglichkeit eröffnet, ein abweichendes Verhältnis zwischen den unentgeltlich beförderten und den sonstigen Fahrgästen durch eine Verkehrszählung nachzuweisen. Durch diese Möglichkeit könnte eine Diskriminierung von Unternehmern vermieden werden, die auf Grund besonderer Umstände eine erhöhte Anzahl Schwerbehinderter befördern[836]. Allerdings ist dem Erstattungsbetrag nur der unternehmerische Vomhundertsatz zu Grunde zu legen, wenn er den festgestellten Durchschnitts-Vomhundertsatz um mindestens 33 $^1/_3$ % übersteigt. Wenn man die Pauschalierung möglicherweise als mit dem Art. 11 VO (EWG) 1191/69 i.d.F. der VO (EWG) 1893/91 vereinbar ansehen könnte, wenn jedem Unternehmer die Möglichkeit eingeräumt wird, höhere Belastungen durch die auferlegte unentgeltliche Beförderung nachzuweisen, weil dann die abstrakte Berechnung nur der Vereinfachung der Zahlungen im Regelfall dienen würde, so ist die beschränkte Anrechnung des unternehmerischen Vomhundertsatz mit der Verordnung nicht zu vereinbaren[837], da diese grundsätzlich von einem vollständigen Ersatz der Aufwendungen für die auferleg-

---

834 Deshalb kritisch zur Ausgleichsregelung: *Bidinger*, Personenbeförderungsrecht, § 62 SchwbG Ziff. 9; *Heinze*, Der Ausgleich gemeinwirtschaftlicher Leistungen und Aspekte künftiger Regulierung des ÖPNV, S. 36 f.
835 Deshalb hält *Fromm*, Die Bedeutung der Verordnung (EWG) 1893/91 für den Ausgleich gemeinwirtschaftlicher Leistungen in Deutschland, TranspR 1992, 256 (262), die Regelung des Ausgleichs im SchwbG für mit dem Sekundärrecht vereinbar. Das von ihm angeführte Urteil des EuGH Rs. 36/73, Slg. 1973, 1299, befasst sich allerdings nur mit der pauschalierten Verteilung von Kosten innerhalb eines Unternehmens.
836 Dieser Fall könnte z.B. eintreten, wenn sich im Bereich eines Verkehrsunternehmens eine besondere Einrichtung für Schwerbehinderte befindet oder der Verkehr in einem Kur- oder Erholungsgebiet durchgeführt wird.
837 Zu den entsprechenden verfassungsrechtlichen Bedenken vgl.: *Heinze*, Der Ausgleich gemeinwirtschaftlicher Leistungen und Aspekte künftiger Regulierung, S. 38 ff., 45; *Bidinger*, Personenbeförderungsrecht, § 62 SchwbG Ziff. 12.

te Tarifpflicht ausgeht - mit der Folge, dass die Unvereinbarkeit für die gesamte Ausgleichsregelung gelten muss[838].

Die Regelung zum Ausgleich für Fahrgeldausfälle bei der unentgeltlichen Beförderung von Schwerbehinderten verstößt gegen Art. 11 VO (EWG) 1191/ 69 i.d.F. der VO (EWG) 1893/ 91, soweit den Verkehrsunternehmen nicht uneingeschränkt die Möglichkeit eröffnet wird, höhere Ausfälle nachzuweisen[839]. Bei einer entsprechenden Korrektur des § 62 Abs. 5 SchwbG wäre die Regelung m.E. europarechtskonform.

3. Zusammenfassung

Während der Begriff der Eigenwirtschaftlichkeit in § 8 Abs. 4 S. 2 PBefG im Teil 2 noch europarechtskonform ausgelegt werden konnte, sind die Ausgleichsregelungen der §§ 45a PBefG, 59, 62 SchwbG mit der VO (EWG) 1191/ 69 i.d.F. der VO (EWG) 1893/ 91 nicht vereinbar. Nach der Verordnung sind die entsprechenden Auferlegungen zu Gunsten bestimmter Bevölkerungskreise zwar grundsätzlich zulässig, ohne die Eigenwirtschaftlichkeit des Verkehres in Frage zu stellen, aber nur, wenn sie auch nach ihren Regeln ausgeglichen werden. Die Verordnung geht im Gegensatz zu den deutschen Regelungen vom Prinzip der speziellen Entgeltlichkeit aus, d.h. dem Unternehmer sind die Kosten zu ersetzen, die aus der Auferlegung resultieren. Je nach Marktlage kann dies im Gegensatz zu den deutschen Regeln zum vollständigen Ausgleich führen. Für die Verkehrsunternehmer bedeutet dies, dass sie Ausgleichsanträge nach der VO (EWG) 1191/ 69 i.d.F. der VO (EWG) 1893/ 91 (nachträglich) stellen sollten, um so ihre etwaigen Mehrkosten ersetzt zu bekommen. Haben sie dagegen einen Ausgleich erhalten, der ihre Kosten übersteigt, so liegt eine gegen Art. 87 Abs. (1) EG verstoßende Beihilfe vor. Für die zuständigen Behörden, also die Länder bzw. den Bund, wird die Anwendung der Ausgleichsregelung der Verordnung dagegen langfristig höhere Kosten bedeuten.

V. Ergebnis zu Teil 2

Im nationalen Rechtsrahmen ist die subsidiäre Daseinsvorsorgeaufgabe „ÖPNV" den zuständigen öffentlichen Stellen, in der Regel den kommunalen Gebietskörperschaften, zugewiesen, soweit eine ausreichende Bedienung der Bevölkerung mit Verkehrsleistungen dies erfordert. Ob eine ausreichende Bedienung vorliegt, hat dabei der kommunale Aufgabenträger - wegen der Selbstverwaltungsgarantie des Art. 28 GG allein - anhand sozialer, umweltpolitischer und landesplanerischer Interessen zu entscheiden. Die kommunalen Aufgabenträger können den Rahmen für die zukünftige Entwicklung des kom-

---

838 Ähnlich: *Gabler*, Öffentlicher Nahverkehr in Bayern, S. 207 f., wegen der abweichenden Berechnungsmethode. A.A.: *Fromm*, Die Bedeutung der Verordnung (EWG) 1893/ 91 für den Ausgleich gemeinwirtschaftlicher Leistungen in Deutschland, TranspR 1992, 256 (262); *ders.*, Bedeutung und Auswirkungen der EG-Verordnung 1893/ 91 für die Omnibusunternehmen, die ÖPNV betreiben, in: Zuck (Hrsg.), Personenverkehr im Spannungsfeld zwischen EG-Recht und Verkehrspolitik, 15 (20).
839 Dies gilt entsprechend für die Regelung des § 148 SGB IX, da diese die des § 62 SchwbG übernommen hat.

munalen ÖPNV in einem Nahverkehrsplan festlegen. Dieser ist von der Genehmigungsbehörde jedoch nur zu beachten, wenn die Verkehrsunternehmen an dessen Erstellung mitgewirkt haben, der Plan nicht zu einer Ungleichbehandlung von - inländischen und auf Grund der Niederlassungs- bzw. Dienstleistungsfreiheit mitgliedstaatlichen - Unternehmen führt und nicht über eine Rahmenplanung hinausgeht. Nicht beachtlich sind deshalb insbesondere Aussagen zu den Beförderungsbedingungen und den Fahrzeugstandards, da insoweit zwingende Bundesvorschriften bestehen, und Detailaussagen zum geplanten Verkehr, die in den Kernbereich der unternehmerischen Eigenverantwortung eingreifen würden. Schließlich sind die kommunalen Aufgabenträger auch die zuständigen Stellen i.S. der VO (EWG) 1191/ 69 i.d.F. der VO (EWG) 1893/ 91.

Die Genehmigungsbehörde hat dagegen ausschließlich über die Genehmigungserteilung zu befinden und die weitere Aufgabe, auf eine Integration der Verkehrsbedienung im regionalen Bereich bzw. zwischen einzelnen Kommunen hinzuwirken.

Das jeweilige Verkehrsunternehmen hat dann die konkrete Ausgestaltung des Verkehrs im Rahmen der beantragten Genehmigung vorzunehmen. Insoweit bleibt es bei einer Trennung der Unternehmer- von der Auftraggeberebene und der gewerberechtliche Charakter des PBefG bleibt erhalten.

Die nationale Regelung bezüglich der Konzessionierung eigenwirtschaftlicher Verkehre ist nur bei einer eingeschränkten Auslegung der Legaldefinition des § 8 Abs. 4 S. 2 PBefG europarechtskonform: Sonstige Erträge im handelsrechtlichen Sinn, die die Eigenwirtschaftlichkeit begründen, können - neben den Ausgleichszahlungen nach § 45a PBefG oder nach § 62 SchwbG - steuerliche Vergünstigungen für alle ÖPNV-Unternehmer, Investitionsfördermittel für den Bau von Busspuren und -bahnhöfen sowie Anlagen zur Beeinflussung von Ampelanlagen, Ausgleichszahlungen für ein allgemein auferlegtes Tarifniveau, Umstrukturierungsbeihilfen und Zahlungen der öffentlichen (Mit-) Eigentümer an das Unternehmen, die ein vergleichbarer privater Investor auch vorgenommen hätte, sein. Weitere öffentliche Finanzierung kann nur bei einem gemeinwirtschaftlichen Verkehr erfolgen. Erfolgt trotz derartiger Finanzierung eine Genehmigung für einen eigenwirtschaftlichen Verkehr, so wird gegen das Beihilfeverbot des Art. 87 Abs. (1) EG, die Niederlassungsfreiheit, die Dienstleistungsfreiheit und Art. 5 Abs. 2 EG verstoßen.

Eine nachträgliche Änderung der Betriebspflicht, der Beförderungsentgelte oder des Fahrplans durch die Genehmigungsbehörde ist nur zulässig, wenn das betroffene Unternehmen weiterhin einen angemessenen Gewinn erwirtschaften kann. Ist dies nicht der Fall, so kann nur der zuständige Aufgabenträger mit dem Unternehmen die Mehrleistung vereinbaren bzw. diese dem Unternehmen auferlegen. Da der zunächst als eigenwirtschaftlich konzessionierte Verkehr durch die zusätzliche Vereinbarung oder Auferlegung in seinem Kern nicht verändert werden kann, bleibt die Konzession bis zu ihrem Ablauf eigenwirtschaftlich. Erst nach Ablauf der Konzession ist der nunmehr gemeinwirtschaftliche Verkehr nach Maßgabe des § 13a PBefG zu vereinbaren oder aufzuerlegen. Europarechtlich ist diese Regelung nicht zu beanstanden, wenn die nachträgliche Auferlegung bzw. Vereinbarung auf Grund einer unvorhersehbaren und nachhaltigen Änderung der Verkehrsbedürfnisse notwendig ist - ist dies nicht der Fall, so liegt eine Umgehung der europarechtlichen Vorgaben, die für einen gemeinwirtschaftlichen Verkehr i.d.R. die Vergabe im Wettbewerb vorsehen, des Beihilfeverbots, der Niederlassungs- und der Dienstleistungsfreiheit vor. Besteht dagegen eine derartige Veränderung, so wird durch die spätere Vereinbarung oder Auferlegung der Wettbewerb nicht beschränkt. Diese Beschränkung erfolgt vielmehr durch die ursprüngliche eigenwirtschaftliche Konzession, so dass deren Vergabe wegen der Art. 43 EG bzw. der Dienstleistungsfreiheit i.V.m. Art. 86 Abs. (2) EG in einem diskriminierungsfreien und transparenten Verfahren zu erfolgen hat.

Die Konzessionierung eigenwirtschaftlicher Verkehre ist als Beschränkung der Niederlassungsfreiheit, der Dienstleistungsfreiheit und des Wettbewerbs durch das öffentliche Interesse an einer ausreichenden und finanzierbaren Verkehrsbedienung der Bevölkerung i.S. des Art. 86 Abs. (2) EG gerechtfertigt - ansonsten wären gemeinwirtschaftliche Verkehrsleistungen nicht mehr durchführbar. Besitzstandsschutz nach § 13 Abs. 3 PBefG kann Unternehmen deshalb nur ausnahmsweise zukommen, wenn sie den öffentlichen Verkehrsinteressen in einem besonderen Maß dienen. Ansonsten kann der Bestandsschutz nur als „Bekannt und Bewährt" gedeutet werden, muss dann aber jedem Unternehmen zugute kommen, das irgendwo in der Gemeinschaft bereits ÖPNV zuverlässig betrieben hat. Dabei ist allerdings zu berücksichtigen, dass bei europarechtskonformer Auslegung der Eigenwirtschaftlichkeit nur sehr wenige Verkehre tatsächlich eigenwirtschaftlich betrieben werden, so dass spätestens mit Ablauf der entsprechenden Konzessionen die Relevanz des Besitzstandsschutzes verschwindend gering sein dürfte.

Jede Verkehrsdienstleistung, die nicht eigenwirtschaftlich ist, ist eine gemeinwirtschaftliche. Eine entsprechende Konzession durch die Genehmigungsbehörde setzt eine vorherige Vereinbarung zwischen Aufgabenträger und Unternehmen oder eine Auferlegung durch den Aufgabenträger voraus - ohne eine derartige Auferlegung oder Vereinbarung kann keine Konzessionserteilung erfolgen. Die Genehmigungsbehörde hat die Genehmigung zu erteilen, wenn die subjektiven und sicherheitsrelevanten Zulassungsvoraussetzungen vorliegen und der Aufgabenträger die Lösung gewählt hat, die mit den geringsten Kosten, also der geringsten Belastung des betroffenen öffentlichen Haushalts, verbunden ist. Bei einer Vereinbarung liegen die geringsten Kosten bei einer europarechtskonformen Auslegung des § 1 Abs. 2 GKVO und bei Anwendung der höherrangigen §§ 97 ff. GWB vor, wenn bei einem Auftragswert von mehr als 200.000 ECU eine europaweite Ausschreibung i.d.R. im offenen Verfahren erfolgt und das Vergabeverfahren transparent und diskriminierungsfrei - auch bezüglich der mitgliedstaatlichen Unternehmen - durchgeführt worden ist. Das Überschreiten des Schwellenwertes dürfte dabei die Regel sein. Ist die Vereinbarung nicht unter Beachtung vorgenannter Voraussetzungen zustande gekommen, so hat die Genehmigungsbehörde die Genehmigung zu versagen. Bei der gegenüber der Vereinbarung nachrangigen Auferlegung sind die geringsten Kosten gegeben, wenn keine Vereinbarung möglich war - da ansonsten auch andere Unternehmen diskriminiert worden sind - und die Grundsätze der VPöA beachtet worden sind. Weitere Vereinbarungen oder Auferlegungen während der bestehenden gemeinwirtschaftlichen Konzession kann nur der Aufgabenträger vornehmen. Diese bedürfen der erneuten anschließenden Genehmigung durch die Genehmigungsbehörde. Nach Ablauf der Konzession besteht überhaupt kein Besitzstandsschutz.

Die nationalen Vorschriften für den Ausgleich der ermäßigten Beförderung von Auszubildenden in § 45a PBefG und für den unentgeltlichen Transport von Schwerbehinderten in den §§ 59, 62 SchwbG verstoßen gegen die europarechtlichen Vorgaben, während die Auferlegungen nach Art. 1 Abs. (5) VO (EWG) 1191/ 69 i.d.F. der VO (EWG) 1893/ 91 im Bereich des ÖPNV grundsätzlich zulässig sind. Bei § 45a PBefG folgt der Verstoß gegen Art. 11 VO (EWG) 1191/ 69 i.d.F. der VO (EWG) 1893/ 91 und/ oder Art. 87 Abs. 1 EG daraus, dass die Pauschalierung des Ausgleichs dazu führen kann, dass einige Unternehmen ihre Kosten nicht vollständig ersetzt bekommen, während andere Unternehmen einen Ausgleich erhalten, der über ihren Kosten liegt. Die Ausgleichsregelung der §§ 59, 62 SchwbG verstößt gegen Art. 11 VO (EWG) 1191/ 69 i.d.F. der VO (EWG) 1893/ 91, weil den Unternehmen nicht uneingeschränkt die Möglichkeit eingeräumt wird, höhere Fahrgeldausfälle nachzuweisen.

Teil 3: Weitere Vorschriften des Sekundärrechts für den ÖPNV

I. Überblick

Nachdem bereits die Auswirkungen des Primärrechts und einiger sekundärrechtlicher Akte auf den nationalen Rechtsrahmen für den ÖPNV festgestellt worden sind, ist nunmehr die Vereinbarkeit des nationalen Rechts mit den wichtigsten, weiteren sekundärrechtlichen Vorgaben genauer zu untersuchen.

Folgende Rechtsakte existieren für die subjektiven und objektiven Zulassungsbedingungen im Bereich des öffentlichen Straßenpersonenverkehrs: die Richtlinie 96/ 26/ EG des Rates vom 29.04.1996 über den Zugang zum Beruf des Güter- und Personenkraftverkehrsunternehmers im innerstaatlichen und grenzüberschreitenden Verkehr sowie über die gegenseitige Anerkennung der Diplome, Prüfungszeugnisse und sonstigen Befähigungsnachweise für die Beförderung von Gütern und die Beförderung von Personen im Straßenverkehr und über Maßnahmen zur Förderung der tatsächlichen Inanspruchnahme der Niederlassungsfreiheit der betreffenden Verkehrsunternehmer[840], die Verordnung (EWG) Nr. 684/ 92 des Rates vom 16.03.1992 zur Einführung gemeinsamer Regeln für den grenzüberschreitenden Verkehr mit Kraftomnibussen[841] i.d.F. der Verordnung (EG) Nr. 11/ 98 des Rates vom 11.12.1997 zur Änderung der Verordnung (EWG) Nr. 684/ 92 zur Einführung gemeinsamer Regeln für den grenzüberschreitenden Personenverkehr mit Kraftomnibussen[842] und die Verordnung (EG) Nr. 12/ 98 des Rates vom 11.12.1997 über die Bedingungen zur Zulassung von Verkehrsunternehmen zum Personenkraftverkehr innerhalb eines Mitgliedstaates, in dem sie nicht ansässig sind[843]. Diese Vorschriften bewirken eine Harmonisierung der Wettbewerbsbedingungen und können deshalb gegebenenfalls als notwendige Voraussetzungen für eine Liberalisierung auch des ÖPNV-Marktes angesehen werden[844].

Bezüglich der Angleichung der Wettbewerbsbedingungen ist außerdem neben den bereits erörterten Verordnungen VO (EWG) Nr. 1191/ 69 des Rates vom 26.06.1969 über das Vorgehen der Mitgliedstaaten bei mit dem Begriff des öffentlichen Dienstes verbundenen Verpflichtungen auf dem Gebiet des Eisenbahn-, Straßen- und Binnenschiffsverkehrs[845] i.d.F. der VO (EWG) Nr. 1893/ 91 des Rates vom 20.06.1991 zur Änderung der Verordnung (EWG) Nr. 1191/ 69[846] und der VO (EWG) Nr. 1107/ 70 des

---

840 ABl. EG Nr. L 124/ 1 vom 23.05.1996, geänd. durch die Richtlinie 98/ 76/ EG des Rates vom 01.10.1998, ABl. EG Nr. L 277/ 17 vom 14.10.1998.
841 ABl. EG Nr. L 74/ 1 vom 20.03.1992.
842 ABl. EG Nr. L 4/ 1 vom 08.01.1998.
843 ABl. EG Nr. L 4/ 10 vom 08.01.1998. Diese Verordnung ersetzt die VO (EWG) Nr. 2452/ 92 des Rates vom 23.07.1992 zur Festlegung der Bedingungen für die Zulassung von Verkehrsunternehmen zum Personenverkehr mit Kraftomnibussen innerhalb eines Mitgliedstaates, in dem sie nicht ansässig sind, ABl. EG Nr. L 251/ 1 vom 29.08.1992, die durch den EuGH (Rs. C-388/ 92, Slg. 1994, I-2067 - *Europäisches Parlament/ Rat*) aus formalen Gründen für nichtig erklärt worden ist.
844 Eine vorangehende Harmonisierung fordernd: *VDV/ ÖTV* (Hrsg.), Der Nahverkehr und seine Unternehmen im Verkehrsmarkt der Zukunft, S. 23.
845 ABl. EG Nr. L 156/ 1 vom 28.06.1969.
846 ABl. EG Nr. L 169/ 1 vom 29.06.1991.

Rates vom 04.06.1970 über Beihilfen im Eisenbahn-, Straßen- und Binnenschiffsverkehr[847] insbesondere die Richtlinie 80/ 723/ EWG der Kommission vom 25.06.1980 über die Transparenz der finanziellen Beziehungen zwischen Mitgliedstaaten und den öffentlichen Unternehmen[848] i.d.F. der Richtlinie 2000/ 52/ EG der Kommission vom 26.07.2000 zur Änderung der Richtlinie 80/ 723/ EWG[849] relevant.

Am 26.07.2000 hat die Kommission endlich[850] einen ersten Vorschlag für eine Verordnung des Europäischen Parlaments und des Rates über Maßnahmen der Mitgliedstaaten im Zusammenhang mit Anforderungen des öffentlichen Dienstes und der Vergabe öffentlicher Dienstleistungsaufträge für den Personenverkehr auf der Schiene, der Straße und auf Binnenschiffahrtswegen[851] vorgelegt. Die neue Verordnung soll die VO (EWG) 1191/ 69 i.d.F. der VO (EWG) 1893/ 91 ablösen und enthält erhebliche Abweichungen zur geltenden Rechtslage. Darüber hinaus hat die Kommission am 26.07.2000 einen Vorschlag für eine Verordnung des Europäischen Parlaments und des Rates über die Gewährung von Beihilfen für die Koordinierung des Eisenbahnverkehrs, des Straßenverkehrs und der Binnenschiffahrt vorgelegt[852], welche die VO (EWG) 1107/ 70 ablösen soll. Wenn bei beiden Vorschlägen auch absehbar ist, dass die Entwürfe im Gesetzgebungsverfahren einige, möglicherweise erhebliche Änderungen erhalten werden, so erscheint die Abhandlung der wesentlichen Änderungen trotzdem angezeigt - gerade damit sich die Betroffenen auf etwaige Änderungen einstellen können.

---

847 ABl. EG Nr. L 130/ 1 vom 15.06.1970, geänd. durch VO (EWG) Nr. 1473/ 75 vom 20.05.1975, ABl. EG Nr. L 152/ 1 vom 12.06.1975; VO (EWG) Nr. 1658/ 82 vom 10.06.1982, ABl. EG Nr. L 184/ 1 vom 29.06.1982; VO (EWG) Nr. 1100/ 89 vom 27.04.1989, ABl. EG Nr. L 116/ 4 vom 28.04.1989; VO (EWG) Nr. 3578/ 92 vom 07.12.1992, ABl. EG Nr. L 364/ 11 vom 12.12.1992.
848 ABl. EG Nr. L 195/ 35 vom 29.07.1980, diese Richtlinie wurde durch die Richtlinie 85/ 413/ EWG der Kommission vom 24.07.1985, ABl. EG Nr. L 229/ 20 vom 28.08.1985, auf den Bereich des Verkehrs ausgedehnt, geänd. durch die RL 93/ 84/ EWG der Kommission vom 30.09.1993, ABl. EG Nr. L 254/ 16 vom 12.10.1993.
849 ABl. EG Nr. L 193/ 75 vom 29.07.2000.
850 Ein derartiger Vorschlag war bereits für 1997 bzw. 1998 angekündigt und wurde durch den überraschenden Rücktritt der Kommission weiter verschoben. Vgl.: *Muthesius*, Zukünftiger Ordnungsrahmen für den allgemeinen öffentlichen Personennahverkehr in Deutschland, in: Püttner (Hrsg.), ÖPNV in Bewegung. Konzepte, Probleme, Chancen, 13 (23); *Kahl*, Widersprüche zum gemeinschaftsrechtlichen Beihilfeverbot bei der Finanzierung des öffentlichen Personenverkehrs in Österreich, ZVR 1999, 326 (330 f.), der den wesentlichen Inhalt der zuvor existierenden Schlüsselempfehlungen über eine Änderung des europäischen Rechtsrahmens für die Personenbeförderung im Landverkehr mitteilt.
851 KOM (2000) 7 endg.
852 KOM (2000) 5 endg.

II. Subjektive Zulassungsbeschränkungen

1. Richtlinie 96/ 26/ EG

a.) Zugang zum Beruf des Kraftverkehrsunternehmers
Gem. Art. 3 Abs. (1) RL 96/ 26/ EG i.d.F. der RL 98/ 76/ EG müssen Personen, die den Beruf des Kraftverkehrsunternehmers ausüben wollen, zuverlässig sein (lit. a), die entsprechende finanzielle Leistungsfähigkeit besitzen (lit. b) und die Voraussetzungen der fachlichen Eignung erfüllen (lit. c). Die persönliche Zuverlässigkeit gilt nach Art. 3 Abs. (2) RL 96/ 26/ EG i.d.F. der RL 98/ 76/ EG nicht mehr als gegeben[853], wenn die Person, die als Kraftverkehrsunternehmer tätig sein möchte oder tätig ist, Gegenstand einer strafrechtlichen Verurteilung war (lit. a), auf Grund der geltenden Vorschriften für zur Ausübung des Berufs des Kraftverkehrsunternehmers ungeeignet erklärt worden ist (lit. b) oder wegen schwerer Verstöße gegen die Vorschriften über die für den Berufszweig geltenden Entlohnungs- oder Arbeitsbedingungen oder die Vorschriften über die Personenbeförderung auf der Straße, insbesondere über die Lenk- und Ruhezeiten, die Gewichte und Abmessungen der Nutzfahrzeuge, die Sicherheit im Straßenverkehr und die Sicherheit der Fahrzeuge und den Umweltschutz, sowie den sonstigen Vorschriften in Bezug auf die Berufspflichten verurteilt worden ist (lit. c).

Bereits diese Regelungen der Richtlinie verdeutlichen, dass die Argumentation deutscher Verkehrsunternehmen bzw. ihrer Vertreter[854], Unternehmen aus anderen Mitgliedstaaten würden als Billiganbieter an der Sicherheit ihrer Fahrzeuge sparen, und ähnliche Vorwürfe nicht stichhaltig sind. Derartigen Billiganbietern würde nach der Richtlinie bzw. deren nationalen Umsetzung die Zuverlässigkeit fehlen, so dass sie den Beruf des Personenkraftverkehrsunternehmers überhaupt nicht ausüben dürfen. Die Kontrolle der Unternehmen wird durch die Amtshilferegelung des Art. 7 RL 96/ 26/ EG i.d.F. der RL 98/ 76/ EG gewährleistet. Wiederholte geringfügige und schwere Verstöße sollen von dem betroffenen Mitgliedstaat dem Mitgliedstaat mitgeteilt werden, in dem das betroffene Unternehmen seinen Sitz hat. Den Widerruf der Zulassung zum Beruf des Kraftverkehrsunternehmers im grenzüberschreitenden Verkehr soll der Mitgliedstaat der Kommission mitteilen, die den Mitgliedstaat informiert, in dem der Unternehmer seinen Sitz hat. Wenn dieses Verfahren auch einige Probleme in der Praxis erwar-

---

853 Insoweit wird der Handlungsspielraum der Mitgliedstaaten im Vergleich zur vorangegangenen Richtlinie 74/ 562/ EWG (ABl. EG Nr. L 308/ 23 vom 19.11.1974) erheblich eingeschränkt - diese sah in Art. 2 nur vor, dass die Mitgliedstaaten bis zu einer Koordinierung selbst die Voraussetzungen an die Zuverlässigkeit festlegen; deshalb kritisch zur alten Regelung: *Brandt*, Die europäische Verkehrspolitik vor dem Ministerrat - eine Gesetzgebungsübersicht, TranspR 1989, 245 (246).
854 Vgl. *Klink*, Konsequenzen der Deregulierungs- und Regionalisierungspolitik für den privaten regionalen Busunternehmer, in: DVWG (Hrsg.), B 191, Reformkonzepte im Nahverkehr: Deregulierung, Privatisierung, Regionalisierung, 46 (47); *Welge*, Die Zukunft des ÖPNV aus städtischer Sicht, in: DVWG (Hrsg.), B 213, Die zukünftige Rolle der Kommunen bei Verkehrs- und Versorgungsnetzen, 117 (127 f.); *VDV/ ÖTV* (Hrsg.), Der Nahverkehr und seine Unternehmen im Verkehrsmarkt der Zukunft, S. 21.

ten lässt[855], ist es immerhin geeignet, „schwarze Schafe" europaweit aus dem Verkehr zu ziehen.

Die finanzielle Leistungsfähigkeit ist gegeben, wenn die zur ordnungsgemäßen Inbetriebnahme und Führung des Unternehmens erforderlichen Finanzmittel verfügbar sind, Art. 3 Abs. (3) lit. a RL 96/ 26/ EG i.d.F. der RL 98/ 76/ EG. Ob dies der Fall ist, richtet sich nach dem etwaigen Jahresabschluss des Unternehmens, den verfügbaren Mitteln einschließlich Bankguthaben, möglichen Überziehungskrediten und Darlehen, den als Sicherheit für das Unternehmen verfügbaren Guthaben und Vermögensgegenständen, den Kosten, einschließlich der Erwerbskosten oder Anzahlungen für Fahrzeuge, Grundstücke, Gebäude, Anlagen und Ausrüstungen, sowie dem Betriebskapital (lit. b). Jedenfalls muss das Unternehmen über ein Eigenkapital und Reserven verfügen, die sich mindestens auf 9000 Euro für das erste Fahrzeug und auf 5000 Euro für jedes weitere Fahrzeug belaufen (lit. c). Gegebenenfalls kann die finanzielle Leistungsfähigkeit durch eine Bestätigung oder Versicherung einer Bank oder eines anderen entsprechend befähigten Instituts nachgewiesen werden (lit. d). Allerdings gelten die Buchstaben b-d nur für Unternehmen, die in einem Mitgliedstaat ab 1. Januar 1990 eine Genehmigung zur Ausübung des Berufs des Kraftverkehrsunternehmers beantragen (lit. e).

Fachliche Eignung liegt vor, wenn die dem Ausbildungsniveau gemäß des Richtlinienanhangs I entsprechenden Kenntnisse in den dort aufgeführten Sachgebieten in einer schriftlichen und gegebenenfalls ergänzenden mündlichen Prüfung nachgewiesen werden, Art. 3 Abs. (4) lit. a RL 96/ 26/ EG i.d.F. der RL 98/ 76/ EG. Von diesem Prüfungserfordernis können Bewerber nach einer Kontrollprüfung befreit werden, wenn sie bereits fünf Jahre in leitender Funktion in einem Verkehrsunternehmen tätig waren, oder Bewerber, die Inhaber bestimmter Hochschul- oder Fachschuldiplome sind, die gründliche Kenntnisse auf den im Richtlinienanhang I aufgeführten Sachgebieten gewährleisten (lit. b und c). Schließlich können die Prüfungsanforderungen bei Bewerbern beschränkt werden, die lediglich im nationalen Bereich tätig werden wollen (lit. d).

b.) Gegenseitige Anerkennung der Diplome, Prüfungszeugnisse und sonstigen Befähigungsnachweise

Der Nachweis für die Zuverlässigkeit im Aufnahmestaat kann durch Vorlage eines Strafregisterauszugs oder durch Vorlage einer gleichwertigen Bescheinigung einer hierfür zuständigen Verwaltungs- oder Justizbehörde des Heimat- oder Herkunftslandes oder durch eine eidesstattliche oder förmliche, d.h. beurkundete, Erklärung erbracht werden, wenn der Heimat- oder Herkunftsstaat keine der vorgenannten Bescheinigungen ausstellt (Art. 8 RL 96/ 26/ EG i.d.F. der RL 98/ 76/ EG).

Zum Nachweis der finanziellen Leistungsfähigkeit sind die Bescheinigungen von Banken des Heimat- oder Herkunftslandes oder von sonstigen von diesem Land benannten Institutionen den Bescheinigungen, die im eigenen Hoheitsgebiet ausgestellt worden sind, gleichwertig (Art. 9 RL 96/ 26/ EG i.d.F. der RL 98/ 76/ EG).

Vorstehende Ausführungen zur Zuverlässigkeit und Leistungsfähigkeit gelten auch, wenn im Aufnahmeland besondere Anforderungen an diese gestellt werden und die Erfüllung dieser Anforderungen sich aus den entsprechenden Bescheinigungen ergibt.

---

855 Ähnlich zu vorangegangenen Regelung: *Brandt*, Die europäische Verkehrspolitik vor dem Ministerrat - eine Gesetzgebungsübersicht, TranspR 1989, 245 (246).

Schließlich sollen die Mitgliedstaaten die in Art. 3 Abs. (4) Unterabs. 4 RL 96/ 26/ EG i.d.F. der RL 98/ 76/ EG genannten, von einem anderen Mitgliedstaat ausgestellten Bescheinigungen zum Nachweis der fachlichen Eignung anerkennen (Art. 10 Abs. (1), Art. 10b RL 96/ 26/ EG i.d.F. der RL 98/ 76/ EG).

2. Die Umsetzung: Berufszugangsverordnung für den Straßenpersonenverkehr

Die Umsetzung der RL 96/ 26/ EG i.d.F. der RL 98/ 76/ EG in nationales Recht hatte gem. Art. 2 Abs. (1) RL 98/ 76/ EG bis zum 01.10.1999 zu erfolgen.

In Deutschland sind die Voraussetzungen für die persönliche Zuverlässigkeit seit dem 01.07.2000 in § 1 PBZugV geregelt, der § 1 Berufszugangs-VO PBefG ablöst. Die Anforderungen an die finanzielle Leistungsfähigkeit sind seit demselben Zeitpunkt in § 2 PBZugV geregelt, der § 2 Berufszugangs-VO PBefG ablöst. Dagegen ergaben sich die Voraussetzungen für die fachliche Eignung bis zum 31.12.2000 aus den §§ 3 ff. Berufszugangs-VO PBefG, die dann ab dem 01.01.2001 von den §§ 3 ff. PBZugV abgelöst wurden.

a.) Persönliche Zuverlässigkeit

Als persönlich zuverlässig i.S. des § 13 Abs. 1 Nr. 1 PBefG gelten Personen, wenn keine hinreichenden Anhaltspunkte vorliegen, dass bei der Führung des Unternehmens die für den Straßenpersonenverkehr geltenden Vorschriften missachtet oder die Allgemeinheit bei dem Betrieb des Unternehmens gefährdet oder geschädigt wird, § 1 Abs. 1 PBZugV. Anhaltspunkte dagegen bestehen insbesondere, wenn rechtskräftige strafrechtliche Verurteilungen wegen schwerer Verstöße oder schwere Verstöße gegen das Personenbeförderungsgesetz oder gegen auf diesem beruhenden Verordnungen, gegen arbeits- oder sozialrechtliche Pflichten, Vorschriften des Straßenverkehrsgesetzes, der Straßenverkehrsordnung oder der Straßenverkehrszulassungsordnung, § 1 des Pflichtversicherungsgesetzes oder umweltschützende Vorschriften vorliegen, § 1 Abs. 2 PBZugV[856].

Die ausdrücklich genannten denkbaren Gesetzesverstöße entsprechen Art. 3 Abs. (2) RL 96/ 26/ EG i.d.F. der RL 98/ 76/ EG zwar, das „insbesondere" lässt aber bezüglich der korrekten Umsetzung - zunächst - Zweifel zu. Immerhin ist die Aufzählung der Gründe in der Richtlinie, die die persönliche Zuverlässigkeit entfallen lassen, abschließend, ein „insbesondere" sieht sie nicht vor. Andererseits enthält Art. 3 Abs. (2) lit. b, c RL 96/ 26/ EG i.d.F. der RL 98/ 76/ EG ebenfalls sehr weite Formulierungen. Bedenkt man weiterhin den Zweck der Richtlinie, durch die Angleichung der Zugangsvoraussetzungen die Niederlassungsfreiheit im Bereich des Verkehrs durchzusetzen[857], so ist das „insbesondere" richtlinienkonform, wenn dadurch nur allgemein für den Bereich der Personenbeförderung geltende Vorschriften zur Verneinung der persönlichen Zuverlässigkeit führen können.

---

856 Insoweit liegt eine Änderung gegenüber § 1 Berufszugangs-VO PBefG vor, der in Abs. 1 die Zuverlässigkeit bejahte, wenn nicht davon ausgegangen werden konnte, dass das Unternehmen die geltenden Vorschriften beachtet und der Allgemeinheit keinen Schaden zufügt. Im Rahmen der Neuregelung ist die fehlende Eignung dagegen durch hinreichende Anhaltspunkte darzulegen.
857 Erwägungsgrund 2 RL 96/ 26/ EG.

Zur Prüfung, ob Verstöße vorliegen, die die fehlende persönliche Zuverlässigkeit begründen, kann die Genehmigungsbehörde die Vorlage entsprechender Unbedenklichkeitsbescheinigungen und Auszüge aus Registern, in denen derartige Verstöße registriert sind, vom Antragsteller verlangen oder mit dessen Einverständnis anfordern, § 1 Abs. 2 Unterabs. 2 PBZugV. In dieser Regelung wird nicht nach dem Herkunfts- oder Heimatland des Antragstellers unterschieden, so dass nach dieser Vorschrift entsprechende Bescheinigungen aus dessen Land verlangt werden können. Wenn dies auch nicht ausdrücklich erwähnt wird, kann die Vorschrift des § 1 Abs. 2 Unterabs. 2 PBZugV richtlinienkonform dahingehend ausgelegt werden, dass die entsprechenden ausländischen Bescheinigungen zum Nachweis der persönlichen Zuverlässigkeit ausreichend sind.

Problematisch erscheint jedoch, dass § 13 Abs. 6 PBefG bestimmt, dass § 13 Abs. 1 PBefG bezüglich juristischer Personen des öffentlichen Rechts als gegeben angesehen wird. Immerhin enthält die RL 96/ 26/ EG i.d.F. der RL 98/ 76/ EG keine derartige Ausnahmevorschrift. Insoweit könnte eine - möglicherweise ungerechtfertigte - Privilegierung der kommunalen Eigenbetriebe im Bereich des ÖPNV vorliegen. Da der Träger dieser Eigenbetriebe jedoch selbst Träger staatlicher Gewalt ist, sind entsprechende Gesetzesverstöße auch nicht zu erwarten, so dass die Regelung bezüglich der persönlichen Zuverlässigkeit unbedenklich ist. Gleiches muss allerdings für die juristischen Personen des öffentlichen Rechtes aus anderen Mitgliedstaaten gelten, soweit diese überhaupt als Anbieter im deutschen ÖPNV in Frage kommen. Widrigenfalls würde eine Diskriminierung dieser Unternehmen stattfinden.

Die Umsetzung der Vorgaben zur persönlichen Eignung ist damit richtlinienkonform erfolgt, soweit § 1 Abs. 2 Unterabs. 2 PBZugV dahingehend ausgelegt wird, dass auch entsprechende Bescheinigungen aus anderen Mitgliedstaaten die persönliche Zuverlässigkeit belegen können.

b.) Finanzielle Leistungsfähigkeit
Die finanzielle Leistungsfähigkeit ist gem. § 2 Abs. 1 PBZugV zu verneinen, wenn die Zahlungsfähigkeit nicht gewährleistet ist, aus der unternehmerischen Tätigkeit Sozialbeiträge oder Steuern in erheblichem Umfang offenstehen oder das Eigenkapital zuzüglich der Reserven des Unternehmens weniger als 9000 Euro für das erste Fahrzeug oder weniger als 5000 Euro für jedes weitere Fahrzeug betragen, wobei sich die Anzahl der Fahrzeuge aus dem Umfang der Betriebspflicht ergibt. Nachgewiesen wird die finanzielle Leistungsfähigkeit durch Unbedenklichkeitsbescheinigungen des Finanzamtes, der Gemeinde, der Sozialversicherungsträger und der Berufsgenossenschaften, den Jahresabschluss (soweit einer vorhanden ist) und eine Eigenkapitalbescheinigung, die von bestimmten anerkannten Prüfern oder einem Kreditinstitut erstellt sein muss, § 2 Abs. 2 PBZugV. Dabei können dem Eigenkapital gem. § 2 Abs. 3 PBZugV nicht realisierte Reserven, Darlehen sowie Bürgschaften, die unbelasteten Vermögensgegenstände im Privatvermögen der persönlich haftenden Gesellschafter und zu Gunsten des Unternehmens beliehene Gegenstände hinzugerechnet werden, soweit sie durch eine Bescheinigung bestimmter anerkannter Prüfer oder eines Kreditinstitutes nachgewiesen werden. In Zweifelsfällen kann die Genehmigungsbehörde die Vorlage der Unterlagen verlangen, auf Grund derer die Eigenkapitalbescheinigung oder Vermögensübersicht angefertigt worden ist.

Ähnlich wie bei der persönlichen Zuverlässigkeit in § 1 PBZugV wird auch in § 2 PBZugV keine Aussage über Bescheinigungen aus anderen Mitgliedstaaten getroffen. Einzelne Formulierungen, wie z.B. der Hinweis auf eine Prüfung gem. § 316 Abs. 1 HGB in § 2 Abs. 2 Nr. 2 PBZugV, lassen darauf schließen, dass nur deutsche Bescheinigungen als Nachweis gelten sollen. Zwingend ist diese Auslegung allerdings nicht. Vielmehr kann § 2 PBZugV richtlinienkonform dahingehend ausgelegt werden, dass die Nachweise auch durch entsprechende Bescheinigungen vergleichbarer Institutionen aus anderen Mitgliedstaaten erbracht werden können.

Dass § 2 PBZugV wegen § 13 Abs. 6 PBefG in Bezug auf juristische Personen des öffentlichen Rechtes nicht geprüft wird, ist letztlich unschädlich: An deren finanzieller Leistungsfähigkeit können keine Zweifel bestehen. Da die Genehmigungsbehörden unabhängig von § 13 Abs. 1 PBefG bei einem Antrag zunächst zu prüfen haben, ob überhaupt ein eigenwirtschaftlicher oder aber ein gemeinwirtschaftlicher Verkehr vorliegt, besteht auch nicht die Gefahr, dass verbotene Beihilfen zur Finanzierung des Verkehrs herangezogen werden. Allerdings muss die finanzielle Leistungsfähigkeit bei ausländischen juristischen Personen des öffentlichen Rechts ebenfalls unterstellt werden.

c.) Fachliche Eignung

Der ab dem 01.01.2001 geltende § 3 PBZugV regelt, dass derjenige i.S. des § 13 Abs. 1 Nr. 3 PBefG fachlich geeignet ist, der über die zur ordnungsgemäßen Führung eines Unternehmens erforderlichen Kenntnisse in den Sachgebieten verfügt, die im Anhang I unter Ziffer I der RL 96/ 26/ EG i.d.F. der RL 98/ 76/ EG aufgeführt sind. Insoweit wird die Richtlinie unmittelbar ins nationale Recht übernommen[858]. Die Kenntnisse sind gem. § 4 PBZugV in zwei schriftlichen Arbeiten und einer etwaigen ergänzenden mündlichen Prüfung vor der Industrie- und Handelskammer (§ 5 PBZugV) nachzuweisen[859]. Insoweit hat die Bundesrepublik die Anforderungen an die Prüfung der fachlichen Eignung entsprechend Art. 3 Abs. (4) der RL 96/ 26/ EG i.d.F. der RL 98/ 76/EG erlassen.

Von dem Prüfungserfordernis sind gem. § 6 PBZugV Personen befreit, die über einen Berufsabschluss verfügen, der in der Anlage 6 zur PBZugV aufgeführt ist und hinreichende Kenntnisse in den notwendigen Sachgebieten gewährleistet. Da Art. 3 Abs. (4) RL 96/ 26/ EG i.d.F. der RL 98/ 76/ EG diese Möglichkeit ausdrücklich für bestimmte Hochschul- und Fachschuldiplome vorsieht und Diplom dabei wohl i.S. von Abschluss zu verstehen sein dürfte, ist diese Bestimmung unproblematisch. Ergänzt wird diese Bestimmung durch § 4 Abs. 8 PBZugV, der bestimmt, dass Diplome, Prüfungszeugnisse und andere Befähigungsnachweise aus anderen Mitgliedstaaten in unmittelbarer Anwendung der Art. 8 bis 10 der RL 96/ 26/ EG in der jeweils geltenden Fassung anerkannt werden. Schließlich bestimmt § 7 PBZugV, dass leitende Angestellte mit mindestens fünfjähriger Tätigkeit in einem Unternehmen von dem Prüfungserfordernis befreit werden können, und § 8 PBZugV, dass bestimmte Unternehmen vom

---

[858] § 3 Abs. 1 Berufszugangs-VO PBefG verwies dagegen auf einen eigenen Anhang, der letztlich zwar dieselben Sachgebiete wie der Anhang I unter Ziffer I nennt, dies aber weniger detailliert.
[859] Nach § 4 Abs. 2 Berufszugangs-VO PBefG bestand die Prüfung aus einem schriftlichen und einem mündlichen Teil, wobei in begründeten Fällen von der mündlichen Prüfung abgesehen werden konnte.

Nachweis der fachlichen Eignung befreit sind[860]. Letzteres ist in der Richtlinie nicht vorgesehen. Da die dort genannten Unternehmen die fachliche Eignung bereits früher im Rahmen einer anderen Genehmigung nachgewiesen haben, liegt letztlich überhaupt keine Befreiung von dem Prüfungserfordernis vor, so dass die Regelung mit der RL 96/ 26/ EG i.d.F. der RL 98/ 76/ EG vereinbar ist - vorausgesetzt, sie wird auch zu Gunsten von Unternehmen angewandt, die aus anderen Mitgliedstaaten kommen und dort bereits ihre Fachkunde nachgewiesen haben.

Der Sachkundenachweis ist wegen § 13 Abs. 6 PBefG bei juristischen Personen des öffentlichen Rechts überhaupt nicht erforderlich. Dies ist in der Richtlinie nicht vorgesehen. Andererseits muss (wohl) davon ausgegangen werden, dass bei juristischen Personen des öffentlichen Rechts der jeweilige Träger auf die Sachkunde seiner leitenden Angestellten achten wird, so dass die Sachkunde auf diese Weise hinreichend geprüft wird. Allerdings muss diese Ausnahme ebenfalls wieder für juristische Personen des öffentlichen Rechts aus anderen Mitgliedstaaten gelten, da diese ansonsten diskriminiert würden.

3. Zwischenergebnis

Die Vorgaben der RL 96/ 26/ EG in der derzeit gültigen Fassung der RL 98/ 76/ EG, dass Personenkraftverkehrsunternehmer persönlich zuverlässig, finanziell leistungsfähig und fachlich geeignet sein müssen, wurden in der PBZugV weitgehend umgesetzt. Allerdings müssen die Vorschriften zur persönlichen Zuverlässigkeit und finanziellen Leistungsfähigkeit richtlinienkonform dahingehend ausgelegt werden, dass auch Bescheinigungen zuständiger Institutionen aus anderen Mitgliedstaaten als Nachweis ausreichen. Dass die subjektiven Zulassungsvoraussetzungen gem. § 13 Abs. 6 PBefG bezüglich juristischer Personen des öffentlichen Rechts nicht zu prüfen sind, ist wegen der verwaltungsinternen Kontrolle letztlich unschädlich, sofern dies auch für juristische Personen des öffentlichen Rechts aus anderen Mitgliedstaaten gilt, soweit diese überhaupt auf dem deutschen ÖPNV-Markt tätig werden wollen.

Mit den gemeinsamen Regeln für den Zugang zum Beruf des Verkehrsunternehmers (und deren Umsetzung) wurden wichtige Voraussetzungen zur tatsächlichen Inanspruchnahme der Niederlassungsfreiheit geschaffen. Außerdem führen sie zu einer besseren Qualifikation der Verkehrsunternehmer und somit zu einer besseren Dienstleistung im Interesse der Verkehrsnutzer und -anbieter, einer Gesundung des Marktes, indem „schwarze Schafe" aussortiert werden, sowie zu erhöhter Verkehrssicherheit. Die von Seiten der deutschen ÖPNV-Unternehmen geäußerte Angst vor Billiganbietern, die sich nicht an die üblichen Standards halten, ist damit gegenstandslos. Sind die aus-

---

[860] Bis zum 01.01.2001 sind diese Befreiungsmöglichkeiten in § 6 Berufszugangs-VO PBefG enthalten.

ländischen Konkurrenten billiger, so liegt dies an einer besseren Wettbewerbsfähigkeit - weil z.B. die Kosten geringer sind[861].

---

861 Dieses „Phänomen" ist im Übrigen auch im rein nationalen ÖPNV nicht ganz unbekannt: ein Busfahrer eines privaten Unternehmens in Mönchengladbach kostet z.B. nur halb soviel im Jahr wie sein Kollege bei der städtischen Möbus - und das, obwohl beide nach (allerdings verschiedenen) Tarifverträgen bezahlt werden und gegebenenfalls auf der gleichen Strecke fahren! Nach *Muthesius*, Zukünftiger Ordnungsrahmen für den allgemeinen öffentlichen Personennahverkehr in Deutschland, in: Püttner (Hrsg.), ÖPNV in Bewegung. Konzepte, Probleme, Chancen, 13 (19), betragen die Kostenunterschiede bei Personalaufwendungen zwischen 30 und 50%.

III. Objektive Zulassungsbeschränkungen

Die am 11.12.1997 vom Rat der Europäischen Union erlassenen Verordnungen (EG) 11/ 98 und 12/ 98 auf dem Gebiet der Verkehrspolitik sollen der Vereinheitlichung der Personenbeförderung mit Kraftomnibussen im grenzüberschreitenden Verkehr innerhalb der Union sowie der gemeinschaftsweiten Kabotage und somit vor dem Hintergrund der Vollendung des Binnenmarktes der Liberalisierung des Personenverkehrs mit Kraftomnibussen und der Harmonisierung des Personenbeförderungsrechts[862] in der gesamten EU dienen[863]. Insbesondere sollen sie die Verwirklichung der Dienstleistungsfreiheit durch die Beseitigung von Diskriminierungen von Verkehrsunternehmen auf Grund ihrer Staatsangehörigkeit oder auf Grund des Umstandes, dass sie Verkehrsleistungen in einem Mitgliedstaat erbringen, in dem sie nicht niedergelassen sind, bewirken[864]. Außerdem bewirken die Verordnungen, einen möglichst hohen Beschäftigungsgrad innerhalb der EU zu erreichen, indem für die Unternehmen durch die gemeinschaftsweite Ausdehnung neue Betätigungsfelder eingeräumt und den Bürgern neue Kommunikations- und Arbeitsmöglichkeiten geschaffen werden[865].

1. Grenzüberschreitender Personenverkehr

Die VO (EG) 11/ 98, die die VO (EWG) 684/ 92 in wesentlichen Teilen abändert, ist am 09.01.1998 in Kraft getreten und findet seit dem 11.12.1998 auch Anwendung. Die zeitliche Differenz sollte den Mitgliedstaaten die Zeit einräumen, sich auf die geänderte Rechtslage einzustellen und notwendige Durchführungsvorschriften zu erlassen.

Die wesentlichste Veränderung ist die neu eingeführte Gemeinschaftslizenz, die die bisherige rein innerstaatliche Personenbeförderungslizenz ablöst[866] und eine Vereinheit-

---

862 Vgl. Erwägungsgrund Nr. 4 VO (EG) 12/ 98 des Rates vom 11.12.1997 über die Bedingungen für die Zulassung von Verkehrsunternehmen zum Personenkraftverkehr innerhalb eines Mitgliedstaates, in dem sie nicht ansässig sind.
863 Zusammenfassend zu den Intentionen: *Heinz/ Seltenreich*, Freie Fahrt für die Dienstleistungsfreiheit im Personenbeförderungswesen, TranspR 1999, 221 (221 f.).
864 S. auch Erwägungsgrund Nr. 2 VO (EWG) 684/ 92 des Rates vom 16.03.1992 zur Einführung gemeinsamer Regelungen für den grenzüberschreitenden Personenverkehr mit Kraftomnibussen, ABl. EG Nr. L 74/ 1 vom 20.03.1992.
865 Dazu: Begründung des Vorschlags der Kommission für eine Verordnung (EG) des Rates über die Bedingungen für die Zulassung von Verkehrsunternehmen zum Personenkraftverkehr innerhalb eines Mitgliedstaates, in dem sie nicht ansässig sind, KOM (95) 729 endg., S. 6; Begründung des Vorschlags der Kommission für eine Verordnung (EG) des Rates zur Änderung der Verordnung (EWG) Nr. 684/ 92 des Rates zur Einführung gemeinsamer Regeln für den grenzüberschreitenden Personenverkehr mit Kraftomnibussen, KOM (96) 190 endg., S. 2a f.
866 Zur alten Regelung: *Basedow/ Dolfen*, in: Dauses, Handbuch des EU-Wirtschaftsrechts, Teil L, Rn. 206; *Ipsen*, Neues EG-Reiserecht, in: Zuck (Hrsg.), Personenverkehr im Spannungsfeld zwischen EG-Recht und Verkehrspolitik, 23 (24 f.); *Bidinger*, Die neuen Vorschriften für den grenzüberschreitenden Personenverkehr mit Omnibussen in der EG, NZV 1993, 289 ff.; s. auch: *Carl*, Der Verkehr im europäischen Binnenmarkt, TranspR 1992, 81 (86 f.); *Haselau*, Internationaler Straßenpersonenverkehr, TranspR 1980, 1 ff.; *ders.*, Grenzüberschreitender Omnibusverkehr, TranspR 1980, 79 ff.

lichung des Lizenzverfahrens und der Voraussetzungen für die Lizenzerteilung bewirkt. Die Vorschriften über die Gemeinschaftslizenz sind erst seit dem 11.06.1999 anzuwenden.
Die Mitgliedstaaten haben gem. Art. 19 VO (EWG) 684/ 92 i.d.F. der VO (EG) 11/ 98 Maßnahmen zur Überwachung und Ahndung von Verstößen zu ergreifen.

a.) Die Gemeinschaftslizenz
Gem. Art. 3a Abs. (1) VO (EWG) 684/ 92 i.d.F. der VO (EG) 11/ 98 muss jeder Verkehrsunternehmer, der Linienverkehr, Sonderformen des Linienverkehrs, Gelegenheits- oder Werkverkehr im grenzüberschreitenden Personenverkehr mit Kraftomnibussen betreibt, im Besitz einer Gemeinschaftslizenz sein. Durch die Gemeinschaftslizenz wird der Nachweis erbracht, dass der Inhaber im Mitgliedstaat der Niederlassung die Genehmigung zur Personenbeförderung mit Kraftomnibussen erhalten hat und dass er die Voraussetzungen der gemeinschaftlichen Rechtsvorschriften über den Zugang zum Beruf des Personenkraftverkehrsunternehmers und über die Sicherheit im Straßenverkehr erfüllt und somit auch grenzüberschreitend tätig werden darf[867]. Darüber hinaus soll die Gemeinschaftslizenz die Kontrolle der Verkehrsbewegungen erleichtern[868]. Die Mitgliedstaaten können außerdem festlegen, dass die Gemeinschaftslizenz auch im innerstaatlichen Verkehr als Genehmigung für die Personenbeförderung gilt, Art. 3a Abs. (10) VO (EWG) 684/ 92 i.d.F. der VO (EG) 11/ 98[869]. Dieses ist in der Bundesrepublik noch nicht ausdrücklich erfolgt[870].
Linienverkehr ist nach der unverändert gebliebenen Definition des Art. 2 Nr. 1.1 VO (EWG) 684/ 92 i.d.F. der VO (EG) 11/ 98 die regelmäßige, jedermann zugängliche Beförderung von Fahrgästen auf einer bestimmten Verkehrsverbindung, bei der Fahrgäste an vorher festgelegten Haltestellen aufgenommen oder abgesetzt werden können. Diese Definition unterscheidet sich nicht von der rein innerstaatlichen Definition des Linienverkehrs in § 42 PBefG[871]. Da der Nahverkehr durch Art. 1 Nr. 1 1. Spiegelstrich VO (EG) 11/ 98 aus dem Katalog der Sonderformen des Linienverkehrs herausgenommen worden ist, fällt der ÖPNV unter den Begriff des Linienverkehrs i.S. der VO (EWG) 684/ 92 i.d.F. der VO (EG) 11/ 98, so dass für den grenzüberschreitenden ÖPNV eine Gemeinschaftslizenz erforderlich ist.
Auf Antrag des Verkehrsunternehmers wird die Gemeinschaftslizenz von der zuständigen Behörde des Mitgliedstaates, in dem der Antragsteller seine Niederlassung

---

867 Dies ergibt sich aus Art. 3 Abs. (1) VO (EWG) 684/ 92 i.d.F. der VO (EG) 11/ 98. Der Verkehrsunternehmer muss folglich u.a. den Anforderungen der RL 96/ 26/ EG (bzw. denen der jeweiligen innerstaatlichen Umsetzung) genügen.
868 Erwägungsgrund Nr. 8 VO (EG) 11/ 98.
869 Von dieser Möglichkeit hat die Bundesrepublik bisher keinen Gebrauch gebracht. Deshalb ist auch eine europarechtskonforme Auslegung der Anforderungen an den Nachweis der persönlichen Zuverlässigkeit und finanziellen Leistungsfähigkeit im Rahmen der PBZugV erforderlich. Würde die Gemeinschaftslizenz auch für den rein innerstaatlichen Verkehr anerkannt, würde sich dies erledigen.
870 Eine Anerkennung der Gemeinschaftslizenz für den rein innerstaatlichen Verkehr dürfte sich allerdings vereinfachend auswirken, da dann die Voraussetzungen für jeglichen Verkehr mit Kraftomnibussen in einem einheitlichen Verfahren festgestellt würden.
871 Unstreitig, s.: *Heinz/ Seltenreich*, Freie Fahrt für die Dienstleistungsfreiheit im Personenbeförderungswesen, TranspR 1999, 221 (224); *Bidinger*, Personenbeförderungsrecht, VO 684/ 92 (N 130), Nr. 2a; *Zuck*, Das neue EG-Recht für den ÖPNV und den Reiseverkehr, S. 49.

hat, erteilt, Art. 3a Abs. (2), (6) VO (EWG) 684/ 92 i.d.F. der VO (EG) 11/ 98. Das anschließende Genehmigungsverfahren richtet sich nach den nationalen Verwaltungsvorschriften. Aus Art. 3a Abs. (7) i.V.m. Art. 3 Abs. (1) VO (EWG) 684/ 92 i.d.F. der VO (EG) 11/ 98 ergibt sich, dass die Genehmigungsbehörde die Gemeinschaftslizenz nach pflichtgemäßem Ermessen zu erteilen hat, wenn der Verkehrsunternehmer die dort genannten Voraussetzungen erfüllt. Dem Verkehrsunternehmer kommt insoweit ein Rechtsanspruch auf Erteilung zu[872].

Die Lizenz wird in der Form des im Anhang zur VO (EG) 11/ 98 enthaltenen Musters unübertragbar dem jeweiligen Verkehrsunternehmer für einen Zeitraum von 5 Jahren erteilt und kann auf Antrag für jeweils weitere fünf Jahre nach Prüfung der Voraussetzungen verlängert werden[873]. Während das Original der Lizenz beim Verkehrsunternehmer aufzubewahren ist, muss sich zusätzlich eine beglaubigte Kopie in jedem Fahrzeug befinden, das von dem Unternehmer im grenzüberschreitenden Personenverkehr benutzt wird[874].

Liegen die Voraussetzungen des Art. 3 Abs. (1) VO (EWG) 684/ 92 i.d.F. der VO (EG) 11/ 98 nicht vor, so hat die zuständige Behörde die Ausstellung der Lizenz durch eine mit Gründen versehene Entscheidung zu verweigern[875]. Gem. Art. 3a Abs. (8) VO (EWG) 684/ 92 i.d.F. der VO (EG) 11/ 98 muss den Verkehrsunternehmern gegen diese ablehnende Entscheidung die Möglichkeit eines Widerspruchs eröffnet werden. Schließlich sind die Mitgliedstaaten verpflichtet, der Kommission die Anzahl der Lizenzinhaber und die Anzahl der beglaubigten Lizenzkopien mitzuteilen, damit die Kommission die Einhaltung der Vorschriften überwachen und die Angaben statistisch auswerten kann[876].

b.) Genehmigungspflicht
Grenzüberschreitender Linienverkehr unterliegt nicht nur den Vorschriften über die Gemeinschaftslizenz, sondern ist zusätzlich gem. Art. 5-8 VO (EWG) 684/ 92 i.d.F. der VO (EG) 11/ 98 genehmigungspflichtig, Art. 4 Abs. (4) VO (EWG) 684/ 92 i.d.F. der VO (EG) 11/ 98. Aus der Dienstleistungsfreiheit, die durch die VO (EWG) 684/ 92 i.d.F. der VO (EG) 11/ 98 im Bereich der Personenbeförderung verwirklicht und konkretisiert wird, folgt, dass der Verkehrsunternehmer grundsätzlich einen Rechtsanspruch darauf hat, in jedem anderen Mitgliedstaat zum grenzüberschreitenden Linienverkehr zugelassen zu werden[877]. Diese Feststellung wird auch durch die Änderung der Vorschriften zur Verweigerung der Genehmigung deutlich: Während Art. 7 Abs. (4) lit. a

---

872 Zustimmend: *Heinz/ Seltenreich*, Freie Fahrt für die Dienstleistungsfreiheit im Personenbeförderungswesen, TranspR 1999, 221 (223).
873 Art. 3a Abs. (1), (3) S. 2, (4), (6) VO (EWG) 684/ 92 i.d.F. der VO (EG) 11/ 98; Überblick zum Verfahren der Lizenzerteilung bei: *Fey*, Neue Vorschriften der Europäischen Union (EU) für den Personenverkehr mit Omnibussen, TranspR 1998, 286 (287).
874 Art. 3a Abs. (2), (3) VO (EWG) 684/ 92 i.d.F. der VO (EG) 11/ 98.
875 Art. 3a Abs. (7) VO (EWG) 684/ 92 i.d.F. der VO (EG) 11/ 98.
876 Art. 3a Abs. (9) VO (EWG) 684/ 92 i.d.F. der VO (EG) 11/ 98. S. dazu: *Heinz/ Seltenreich*, Freie Fahrt für die Dienstleistungsfreiheit im Personenbeförderungswesen, TranspR 1999, 221 (223).
877 So zur Rechtslage vor der VO (EG) 11/ 98: *Zuck*, Das neue EG-Recht für den ÖPNV und den Reiseverkehr, S. 52; *Ipsen*, Neues EG-Reiserecht; in: Zuck (Hrsg.), Personenverkehr im Spannungsfeld zwischen EG-Recht und Verkehrspolitik, 23 (24) - „Es gibt kaum noch Möglichkeiten, Anträge auf neue Linienverkehre abzulehnen.".

VO (EWG) 684/ 92 formulierte „*Der Antrag kann abgelehnt werden, wenn...*", lautet Art. 7 Abs. 4 S. 1 VO (EWG) 684/ 92 i.d.F. der VO (EG) 11/ 98 nunmehr: „*Die Genehmigung wird erteilt, es sei denn...*". Damit wird der Akzent auf die Genehmigungspflicht verschoben[878] und ein Ermessensspielraum der zuständigen Behörde ausgeschlossen[879]. Insbesondere kommt eine Ablehnung der Genehmigung nicht aus Gründen der Staatsangehörigkeit oder mangels Niederlassung im Antragsstaat in Betracht.

aa.) Ablehnungsgründe
Die zulässigen Ablehnungsgründe sind abschließend in Art. 7 Abs. (4) S. 1 VO (EWG) 684/ 92 i.d.F. der VO (EG) 11/ 98 aufgezählt: Keine (erneute) Genehmigung wird erteilt, wenn der Verkehrsunternehmer mit den ihm zur Verfügung stehenden Fahrzeugen nicht in der Lage ist, den beantragten Verkehr durchzuführen (lit. a). Die Genehmigung wird ebenfalls versagt, wenn der antragstellende Unternehmer früher einzelstaatliche oder internationale Rechtsvorschriften über die Beförderung im Straßenverkehr, insbesondere für den grenzüberschreitenden Verkehr, nicht eingehalten oder schwerwiegend gegen Vorschriften über die Sicherheit im Straßenverkehr verstoßen hat (lit. b).

Neben diesen subjektiven Verweigerungsgründen kann die Genehmigung auch versagt werden, wenn nachgewiesen wird, dass der beantragte Verkehrsdienst das Bestehen bereits genehmigter Liniendienste unmittelbar gefährden würde - das gilt allerdings nicht, wenn die betreffenden Liniendienste nur von einem einzigen Verkehrsunternehmen oder einer einzigen Gruppe von Verkehrsunternehmen erbracht werden (lit. c). Demnach stellt es allein keinen Ablehnungsgrund dar, dass ein Unternehmen einen Parallelverkehr anbietet[880]. Insoweit besteht eine erhebliche Abweichung zu § 13 Abs. 2 Nr. 2 PBefG. Art. 7 Abs. (4) S. 3 VO (EWG) 684/ 92 i.d.F. der VO (EG) 11/ 98 stellt darüber hinaus klar, dass selbst dann kein Versagungsgrund besteht, wenn mehrere Verkehrsunternehmen die beantragte Verbindung bereits bedienen. Dieser Grund besteht erst bei einer nachweislichen Existenzgefährdung dieser und dürfte zumindest bei der Gefährdung der ausreichenden Verkehrsbedienung vorliegen. Ein weiterer Grund zur Ablehnung der Genehmigung ist, dass der beantragte Verkehrsdienst nur auf die erträglichsten Dienste unter den bereits vorhandenen Verkehrsdiensten auf den betreffenden Verbindungen abzielt (lit. e). Eine „Rosinenpickerei" ist damit auch im grenzüberschreitenden Personenverkehr nicht zulässig. Außerdem wird so bereits einer Existenzgefährdung der vorhandenen Verkehrsdienste entgegengewirkt, die auch die weniger ertragreichen Verbindungen bedienen. Andererseits reicht gem. Art. 7 Abs. (4) S. 3

---

878 Zustimmend: *Heinz/ Seltenreich*, Freie Fahrt für die Dienstleistungsfreiheit im Personenbeförderungswesen, TranspR 1999, 221 (225).
879 Vgl. Begründung des Vorschlags der Kommission für eine Verordnung (EG) des Rates zur Änderung der Verordnung (EWG) 684/ 92 des Rates zur Einführung gemeinsamer Regeln für den grenzüberschreitenden Personenverkehr mit Kraftomnibussen, KOM (96) 190 endg., S. 10a; Calliess/ Ruffert - *Jung*, EUV/ EGV, Art. 71 EG Rn. 7.
880 S. *Heinz/ Seltenreich*, Freie Fahrt für die Dienstleistungsfreiheit im Personenbeförderungswesen, TranspR 1999, 221 (225); zur Rechtslage vor der VO (EG) 11/ 98: *Basedow/ Dolfen*, in: Dauses, Handbuch des EU-Wirtschaftsrechts, Teil L, Rn. 206; *Ipsen*, Neues EG-Reiserecht, in: Zuck (Hrsg.), Personenverkehr im Spannungsfeld zwischen EG-Recht und Verkehrspolitik, 23 (24), der zu Recht auf die Betonung des Plurals in der Vorschrift hinweist; insoweit mißverständlich: *Bidinger*, Personenbeförderungsrecht, VO 684/ 92 (N 130), Nr. 2d: „...*ob die Strecke schon von anderen Verkehrsdiensten bedient wird...*".

VO (EWG) 684/ 92 i.d.F. der VO (EG) 11/ 98 allein der Umstand, dass das beantragende Unternehmen niedrigere Preise als die vorhandenen anbietet, nicht für die Versagung der Genehmigung.

In Abweichung zu S. 1 lit. d und S. 3 des Art. 7 Abs. (4) VO (EWG) 684/ 92 i.d.F. der VO (EG) 11/ 98, nach denen das Schicksal eines einzelnen Kraftverkehrsunternehmens, das einen Parallelverkehr betreibt, unerheblich ist, kann die Genehmigung gem. lit. f versagt werden, wenn eine eingehende Analyse ergibt, dass die Funktionsfähigkeit eines vergleichbaren Eisenbahndienstes auf den betreffenden direkten Teilstrecken ernsthaft beeinträchtigt würde. Aus demselben Grund kann ab dem 01.01.2000 eine bereits erteilte Genehmigung mit Zustimmung der Kommission sechs Monate nach Unterrichtung des Verkehrsunternehmens ausgesetzt oder entzogen werden, Art. 7 Abs. (4) S. 2 VO (EWG) 684/ 92 i.d.F. der VO (EG) 11/ 98. Beide Bestimmungen sind im Vorfeld von der Kommission abgelehnt worden[881] und nicht unproblematisch: Entgegen der Intention der VO (EG) 11/ 98, die den freien Wettbewerb zwischen den Verkehrsträgern beabsichtigt[882], werden die Kraftverkehrsunternehmen gegenüber den Schienenverkehrsunternehmen, die in einigen Mitgliedstaaten sogar private Unternehmen sind, benachteiligt bzw. diskriminiert[883]. Darin kann jedoch noch kein Verstoß gegen die Dienstleistungsfreiheit gesehen werden[884], da die Vorschriften des Art. 49 ff. EG gem. Art. 51 EG für den Verkehrsbereich zumindest nicht direkt anwendbar sind. Da die Dienstleistungsfreiheit nach Maßgabe der Bestimmungen des Titels über den Verkehr zu verwirklichen ist, erscheint die Privilegierung der Eisenbahnunternehmen für eine - allerdings kurz zu bemessende - Übergangszeit m.E. hinnehmbar. Diese Übergangszeiten sind in den bestehenden „Besonderheiten des Verkehrsbereichs", d.h. den unterschiedlichen Rechtsordnungen gerade für den Bereich des Schienenverkehrs und der zumindest ehemaligen Eigentümerstellung des Staates, wohl noch begründet[885].

---

881 Nach der Begründung des Vorschlags der Kommission für eine Verordnung (EG) des Rates zur Änderung der Verordnung (EWG) Nr. 684/ 92 des Rates zur Einführung gemeinsamer Regeln für den grenzüberschreitenden Personenverkehr mit Kraftomnibussen, KOM (96) 190 endg., S. 10a, sollte der Passus „*wenn nachgewiesen wird, daß dieser Verkehrsdienst die Funktionsfähigkeit eines vergleichbaren Eisenbahndienstes auf direkten Teilstrecken ernsthaft beeinträchtigt würde.*" gestrichen werden - u.a. mit dem Hinweis darauf, dass dieser Passus niemals zur Ablehnung einer Genehmigung geführt hat.
882 S. Erwägungsgrund Nr. 7 VO (EG) 11/ 98, der immerhin besagt, dass der Vorrang des Schienenverkehrs vor neuen Verkehrsdiensten mit Kraftomnibussen zur Erhaltung des Wettbewerbs zwischen den Verkehrsträgern nach einer bestimmten Frist aufgehoben werden soll.
883 Deshalb zu Recht sehr kritisch: *Heinz/ Seltenreich*, Freie Fahrt für die Dienstleistungsfreiheit im Personenbeförderungswesen, TranspR 1999, 221 (226); *Fey*, Neue Vorschriften der Europäischen Union (EU) für den Personenverkehr mit Omnibussen, TranspR 1998, 286 (288), spricht dagegen lediglich „*von besonderem Interesse*" im Zusammenhang mit der entsprechenden Vorschrift. Dagegen wurde übrigens in § 13 Abs. 2 Nr. 2 lit. c PBefG der Vorrang des Schienenparallelverkehrs und des Schienenersatzverkehrs ersatzlos gestrichen; s. dazu *Sellmann*, Das neue Personenbeförderungsrecht, NVwZ 1995, 1167 (1169 f.).
884 So aber: *Heinz/ Seltenreich*, a.a.O., S. 226.
885 Zu den Besonderheiten des Verkehrs s. oben Teil 1 I 2 a.) cc.); zu den langen Übergangsregelungen: Lenz - *Mückenhausen*, EG-Vertrag, Art. 71 EG Rn. 5, 8.

bb.) Genehmigungsverfahren
Der Antragsteller hat den Antrag, versehen mit allen zur Begründung des Antrages notwendigen bzw. zweckdienlichen zusätzlichen Angaben, bei der zuständigen Behörde des Ausgangsortes, d.h. des Ortes einer der Endhaltestellen, nach dem von der Kommission festgelegten Muster zu stellen[886]. Der weitere Verfahrensablauf[887] sieht vor, dass die Genehmigung im Einvernehmen mit den zuständigen Behörden der Mitgliedstaaten, in denen Fahrgäste aufgenommen bzw. abgesetzt werden, innerhalb einer Frist von vier Monaten erteilt wird. Die Genehmigungsbehörde hat dazu diesen Behörden den Antrag sowie alle weiteren zweckdienlichen Unterlagen in Kopie zuzuleiten. Diese Behörden haben dann innerhalb von zwei Monaten nach Eingang der Anfrage mitzuteilen, ob sie dem Antrag zustimmen. Bei Untätigkeit dieser Behörden gilt die Zustimmung als erteilt. Verweigert eine zuständige Behörde die Zustimmung, welches nur aus Gründen geschehen darf, die sich aus der VO selbst ergeben, so darf die Genehmigungsbehörde die Genehmigung nicht erteilen. Sie kann in diesem Fall - nach pflichtgemäßem Ermessen - allerdings innerhalb einer Frist von 5 Monaten nach Antragstellung die Kommission mit dem Fall befassen, die ihrerseits innerhalb einer Frist von 10 Wochen zu Gunsten des Antragstellers entscheiden kann - mit der Folge, dass die Genehmigungsbehörde die Genehmigung zu erteilen hat. Die Genehmigungsbehörde hat zusätzlich die zuständigen Behörden der Mitgliedstaaten anzuhören, deren Hoheitsgebiet lediglich durchfahren wird. Lehnen diese ihre Zustimmung ab, so kann die Genehmigungsbehörde trotzdem eine Genehmigung erteilen.

Wenn durch die VO (EG) 11/ 98 die jeweiligen Fristen auch erheblich verlängert worden sind, so dürfte die Durchführung des Verfahrens bzw. die Einhaltung der Fristen in der Praxis trotzdem weiterhin schwierig sein[888]: Bei der Übermittlung der Anträge an die zuständigen Behörden der anderen Mitgliedstaaten ist zum einen der Dienstweg einzuhalten und zum anderen müssen gegebenenfalls umfangreiche Übersetzungen angefertigt werden. Insoweit wird das Verfahren auch nicht durch die Zustimmungsfiktion nach Ablauf von zwei Monaten beschleunigt, da bereits eine einfache unbegründete und/ oder vorsorgliche Ablehnung als Zustimmungsverweigerung ausreicht[889]. Problematisch ist auch, dass die etwaige Befassung der Kommission mit der Angelegenheit im Ermessen der Genehmigungsbehörde steht. Lehnt also eine Behörde, deren Zustimmung erforderlich ist, diese aus Gründen ab, die (offensichtlich) nicht in der VO (EWG) 684/ 92 i.d.F. der VO (EG) 11/ 98 verankert sind, und legt die Genehmigungsbehörde den Fall nicht der Kommission vor, besteht faktisch keine Rechtsschutzmöglichkeit für den Antragsteller: An die Kommission kann er sich nicht direkt

---

886 Art. 6 VO (EWG) 684/ 92 i.d.F. der VO (EG) 11/ 98.
887 Art. 7 Abs. (1), (2), (3), (5)-(9) VO (EWG) 684/ 92 i.d.F. der VO (EG) 11/ 98. Überblick zum Verfahrensablauf bei: *Fey*, Neue Vorschriften der Europäischen Union (EU) für den Personenverkehr mit Omnibussen, TranspR 1998, 286 (287 f.).
888 Mit Bedenken zu den alten Fristen: *Ipsen*, Neues EG-Reiserecht, in: Zuck (Hrsg.), Personenverkehr im Spannungsfeld zwischen EG-Recht und Verkehrspolitik, 23 (24), der u.a. darauf hinweist, dass der etwaige Vorrang von Schienenunternehmens bzw. die nachhaltige Existenzgefährdung mehrerer Verkehrsunternehmen in der damals geltenden Verfahrensfrist von 3 Monaten (nunmehr 4 Monate) tatsächlich nur schwer zu belegen sein dürfte. Insoweit erübrigt sich die obige Diskussion zur Einschränkung der Dienstleistungsfreiheit bzw. des Wettbewerbs zwischen den Verkehrsträgern.
889 Überzeugende Kritik von: *Heinz/ Seltenreich*, Freie Fahrt für die Dienstleistungsfreiheit im Personenbeförderungswesen, TranspR 1999, 221 (226).

wenden und eine Klage gegen die Genehmigungsbehörde auf fehlerfreie Ermessensausübung ist innerhalb der Frist von 5 Monaten nicht durchzuführen[890].

cc.) Erteilung der Genehmigung
Liegen keine Ablehnungsgründe i.S. des Art. 7 Abs. (4) S. 1 VO (EWG) 684/ 92 i.d.F. der VO (EG) 11/ 98 vor und besteht Einvernehmen mit den zuständigen Behörden, so erteilt die Genehmigungsbehörde die Genehmigung nach dem Muster des Anhangs zur VO (EG) 11/ 98 - unübertragbar[891] - auf den Namen des Antragstellers für maximal fünf Jahre[892]. Die Genehmigung muss weiter die Art des Verkehrsdienstes, die Streckenführung (insbesondere Ausgangs- und Zielort, Haltestellen), die Gültigkeitsdauer und die Fahrpläne enthalten[893]. Die Genehmigung berechtigt und - wenn nicht höhere Gewalt vorliegt - verpflichtet den Genehmigungsinhaber zum grenzüberschreitenden Personenverkehr nach Maßgabe der in ihr festgelegten Einzelheiten.

dd.) Ablehnung der Genehmigung
Lehnt die Genehmigungsbehörde die Genehmigung ab, weil die Ablehnungsgründe des Art. 7 Abs. (4) S. 1 VO (EWG) 684/ 92 i.d.F. der VO (EG) 11/ 98 vorliegen, wird ein Einvernehmen mit den ausländischen Zustimmungsbehörden aus denselben Gründen nicht erzielt oder fällt die Entscheidung der Kommission zu Ungunsten des Antragstellers aus, so muss die Entscheidung mit Gründen versehen werden. Gegen diese ablehnende Entscheidung muss dem Antragsteller gem. Art. 8 Abs. (2) VO (EWG) 684/ 92 i.d.F. der VO (EG) 11/ 98 der Rechtsweg offenstehen. Trifft dagegen die Kommission eine ablehnende Entscheidung, so kann der Antragsteller gegen diese mit einer Nichtigkeitsklage i.S. des Art. 230 Abs. 4 EG vorgehen.

c.) Regelung im nationalen Recht
Gem. § 52 Abs. 1 PBefG gelten für die Beförderung von Personen im grenzüberschreitenden Verkehr mit Kraftomnibussen durch Unternehmer, die ihren Betriebssitz im In- oder Ausland haben, die Vorschriften des PBefG und der zu diesem erlassenen Rechtsverordnungen, soweit nichts anderes bestimmt ist. Derartige abweichende Regelungen

---

890 Einstweiliger Rechtsschutz nach § 123 VwGO wäre zwar denkbar, ist aber wegen der Vorwegnahme der Hauptsache nicht unproblematisch, s. dazu: *Heinz/ Seltenreich*, Freie Fahrt für die Dienstleistungsfreiheit im Personenbeförderungswesen, TranspR 1999, 221 (227).
891 Allerdings kann der Genehmigungsinhaber mit Einverständnis der Genehmigungsbehörde gem. Art. 6 Abs. (1) VO (EWG) 684/ 92 i.d.F. der VO (EG) 11/ 98 den Verkehrsdienst durch einen Unterauftragnehmer durchführen lassen.
892 Die Genehmigung kann jeweils um weitere fünf Jahre verlängert werden. Zur Genehmigung s. Art. 5 VO (EWG) 684/ 92 i.d.F. der VO (EG) 11/ 98 und Art. 7 der Verordnung (EG) Nr. 2121/ 98 der Kommission vom 02.10.1998 mit Durchführungsvorschriften zu den Verordnungen (EWG) 684/ 92 und (EG) 12/ 98 des Rates hinsichtlich der Beförderungsdokumente für den Personenverkehr mit Kraftomnibussen, ABl. EG Nr. L 268/ 10 vom 03.10.1998.
893 Der Genehmigungsinhaber ist seinerseits verpflichtet, die Streckenführung, die Haltestellen, den Fahrplan, die Fahrpreise und sonstigen Beförderungsbedingungen für alle Benutzer leicht zugänglich anzuzeigen, also zu veröffentlichen, falls diese nicht gesetzlich festgelegt sind, Art. 10 Abs. (2) VO (EWG) 684/ 92 i.d.F. der VO (EG) 11/ 98.

sind in der VO (EWG) 684/ 92 i.d.F. der VO (EG) 11/ 98[894], der dazugehörigen VO (EG) 2121/ 98 und in der zu § 57 Abs. 1 Nr. 3, 4, 6, 10 PBefG ergangenen Verordnung zur Durchführung der Verordnungen (EWG) Nr. 684/ 92 zur Einführung gemeinsamer Regeln für den grenzüberschreitenden Personenverkehr mit Kraftomnibussen und (EWG) 1839/ 92 mit Durchführungsvorschriften zur Verordnung (EWG) Nr. 684/ 92 hinsichtlich der Beförderungsdokumente für den grenzüberschreitenden Personenverkehr[895] (Busverordnung EG-PBefG) vom 26.11.1993 enthalten[896]. Die Busverordnung EG-PBefG berücksichtigt nicht die Änderungen der VO (EWG) 684/ 92 durch die spätere VO (EG) 11/ 98 - insbesondere nicht die zur Gemeinschaftslizenz[897].

Gem. § 1 Busverordnung EG-PBefG gelten für die Erteilung der Genehmigung nach Art. 5 VO (EWG) 684/ 92 die Vorschriften des § 13 Abs. 1 und 6 PBefG und der Berufszugangs-VO PBefG entsprechend. Dabei ist der Verweis auf die Berufszugangs-VO PBefG überholt, da diese Verordnung mittlerweile durch die PBZugV abgelöst worden ist, und müsste entsprechend geändert werden. Dann würde der Verweis nochmals darauf hinweisen, dass für die Genehmigung die subjektiven Zulassungsvoraussetzungen vorliegen müssen, wie dies bereits Art. 3a Abs. (1) i.V.m. Art. 3 Abs. 1 VO (EWG) 684/ 92 i.d.F. der VO (EG) 11/ 98 festlegt. Da diese Verordnung unmittelbar gilt und auf die RL 96/ 26/ EWG hinweist, die ihrerseits durch die PBZugV ins deutsche Recht umgesetzt worden ist, ist eine entsprechende Änderung wegen des fehlenden Verweises auf die PBZugV nicht unbedingt erforderlich - andererseits wäre dies zur Klarstellung gerade auch für die betroffenen Verkehrsunternehmer wünschenswert.

Der Verweis auf § 13 Abs. 6 PBefG ist in Bezug auf die Gemeinschaftslizenz unproblematisch, da diese nach Art. 3a VO (EWG) 684/ 92 i.d.F. der VO (EG) 11/ 98 im Niederlassungsstaat zu beantragen ist, so dass juristische Personen des öffentlichen Rechts aus anderen Mitgliedstaaten in Deutschland keine entsprechende Lizenz beantragen werden. Bezüglich der Genehmigung nach Art. 5 VO (EWG) 684/ 92 i.d.F. der VO (EG) 11/ 98 muss der Verweis allerdings dahingehend ausgelegt werden, dass auch bei juristischen Personen des öffentlichen Rechts aus anderen Mitgliedstaaten das Vorliegen der Voraussetzungen des § 13 Abs. 1 PBefG vermutet werden muss, da die Genehmigung bei der zuständigen Behörde des Mitgliedstaates, in dem sich eine der Endhaltestellen befindet, beantragt werden kann.

Die Zuständigkeit für Entscheidungen nach der VO (EWG) 684/ 92 und der VO (EWG) 1839/ 92 ergibt sich gem. § 2 Busverordnung EG-PBefG aus der entsprechenden Anwendung der §§ 11 Abs. 2-4, 52 Abs. 2 und 3, 53 Abs. 2 und 3 S. 1 PBefG. Da die VO (EG) 11/ 98 nur eine Änderung der VO (EWG) 684/ 92 darstellt, gilt diese Zu-

---

894 Diesbezüglich ebenfalls eine abweichende Regelung bejahend: *Bidinger*, Gemeinsame Regeln und Beförderungsdokumente für den grenzüberschreitenden Personenverkehr mit Kraftomnibussen, NZV 1994, 137 (138).
895 Diese VO (EWG) 1839/ 92 der Kommission vom 01.07.1992 (ABl. EG Nr. L 187/ 5 vom 07.07.1992) wurde durch die VO (EG) 2121/ 98 der Kommission mit Ablauf des 31.12.1999 aufgehoben.
896 BGBl. I S. 2000.
897 Deshalb hält *Fey*, Neue Vorschriften der Europäischen Union (EU) für den Personenverkehr mit Omnibussen, TranspR 1998, 286 (287), gerade wegen der Vorgaben zur Gemeinschaftslizenz eine Änderung der Busverordnung EG-PBefG für denkbar.

ständigkeitsregelung auch für die Erteilung einer Gemeinschaftslizenz[898]. Zuständig ist demnach die nach Landesrecht zuständige Behörde im Benehmen mit dem Bundesminister für Verkehr, wobei sich die örtliche Zuständigkeit aus § 11 Abs. 2-4 PBefG ergibt. Die Genehmigungsbehörde ist gem. § 6 Busverordnung EG-PBefG auch für die Aufsicht (§§ 54, 54a PBefG analog) hinsichtlich der Erfüllung der Vorgaben der VO (EWG) 684/ 92 i.d.F. der VO (EG) 11/ 98 zuständig.

Die Voraussetzungen an den Genehmigungsantrag in § 3 Busverordnung EG-PBefG entsprechen den Vorgaben der Art. 5 Abs. (1) VO (EWG) 684/ 92 i.d.F. der VO (EG) 11/ 98, Art. 7 VO (EWG) 1839/ 92 bzw. dem verbindlichen Muster im Anhang III dieser VO[899]. Allerdings muss der Antrag gem. § 3 Abs. 1 S. 2 Busverordnung EG-PBefG in mindestens 20facher Ausfertigung eingereicht werden. Diese hohe Anzahl von Ausfertigungen ist jedoch im Hinblick auf die gleichzeitige Beteiligung bzw. Anhörung der zuständigen Behörden betroffener Mitgliedstaaten und das gem. § 4 Busverordnung EG-PBefG durchzuführende Anhörungsverfahren (analog § 14 Abs. 1-4 PBefG) verständlich[900].

Insgesamt ist festzuhalten, dass die Durchführungsvorschriften in der Busverordnung EG-PBefG den Maßgaben der VO (EWG) 684/ 92 i.d.F. der VO (EG) 11/ 98 genügen - wenn der Bundesminister für Verkehr auch eine Anpassung dieser an die geänderte Rechtslage durch die VO (EG) 11/ 98 bisher nicht vorgenommen hat. Dies liegt allerdings vorwiegend daran, dass die Vorschriften über die Gemeinschaftslizenz auf die RL 96/ 26/ EWG i.d.F. der RL 98/ 76/ EG, die ins deutsche Recht umgesetzt worden ist, hinweisen und die Zuständigkeit in der Busverordnung EG-PBefG für alle Entscheidungen nach der VO (EWG) 684/ 92, also auch in der geänderten Fassung, geregelt ist.

d.) Zwischenergebnis
Im Bereich des grenzüberschreitenden Verkehrs ist die Dienstleistungsfreiheit mit Ausnahme des etwaigen Vorrangs des Schienenverkehrs durch die VO (EWG) 684/ 92 i.d.F. der VO (EG) 11/ 98 und die VO (EG) 2121/ 98 weitgehend verwirklicht und das deutsche Recht entsprechend angepasst. Insbesondere wurden in diesem Bereich die subjektiven Zulassungsanforderungen durch die Einführung der Gemeinschaftslizenz vereinheitlicht.

Verkehrsunternehmen, die im ÖPNV im grenznahen Bereich in Deutschland tätig sind, müssen sich allerdings damit abfinden, dass ein Unternehmen aus einem anderen Mitgliedstaat auf einer mehr oder minder großen Teilstrecke einen Parallelverkehr durchführt, da insoweit eine erhebliche Abweichung zu § 13 Abs. 2 Nr. 2 PBefG besteht - und gegebenenfalls entsprechende Verluste in ihre Kalkulation aufnehmen. Nur wenn mehrere genehmigte Liniendienste nachhaltig in ihrer Existenz gefährdet sind oder der

---

898 Dies übersehen *Heinz/ Seltenreich*, Freie Fahrt für die Dienstleistungsfreiheit im Personenbeförderungswesen, TranspR 1999, 221 (223), wenn sie davon sprechen, dass davon ausgegangen werden kann, dass die für die Genehmigung nach Art. 5 VO (EWG) 684/ 92 und § 11 PBefG zuständige Behörde erst nach Erlass einer Zuständigkeitsregelung auch für die Erteilung der Gemeinschaftslizenz zuständig sein wird.
899 Anstelle der Unterlagen nach § 3 Abs. 1 S. 1 lit. e Busverordnung EG-PBefG ist allerdings nunmehr die Vorlage der Gemeinschaftslizenz erforderlich.
900 Vgl. *Bidinger*, Gemeinsame Regeln und Beförderungsdokumente für den grenzüberschreitenden Personenverkehr mit Kraftomnibussen, NZV 1994, 137 (139).

Konkurrent aus dem anderen Mitgliedstaat sich die „Rosinen" herauspickt, kann die Genehmigung versagt werden. Diese Versagungsgründe schützen im Übrigen auch das Interesse der Allgemeinheit an einer ausreichenden Bedienung mit Verkehrsleistungen. Andererseits darf nicht übersehen werden, dass sich durch die VO (EWG) 684/ 92 i.d.F. der VO (EG) 11/ 98 auch Chancen für die deutschen ÖPNV-Anbieter im grenznahen Bereich ergeben, die ihre Verkehrsleistungen auf das Hoheitsgebiet des benachbarten Mitgliedstaates bzw. der benachbarten Mitgliedstaaten ausweiten können, was ihnen nur aus den in der VO genannten Gründen verwehrt werden kann.

2. Zulassung von Verkehrsunternehmern zum Verkehr in einem Mitgliedstaat, in dem sie nicht ansässig sind

Mit der am 09.01.1998 in Kraft getretenen und ab dem 11.06.1999 anwendbaren VO (EG) 12/ 98 soll die Kabotage zur Verwirklichung der Dienstleistungsfreiheit weitgehend genehmigungsfrei gestaltet und ein gemeinschaftsrechtlicher Anspruch auf Zulassung zum Binnenmarkt geschaffen werden[901]. Damit wird der völkerrechtliche Grundsatz, dass Kabotageverkehre immer den im Hoheitsgebiet ansässigen Verkehrsunternehmen vorbehalten sind[902], im Anwendungsbereich der VO (EG) 12/ 98 aufgehoben.

Die Kabotagebeförderung im Linienverkehr ist gem. Art. 3 Nr. 3 VO (EG) 12/ 98 zugelassen, sofern der Linienverkehr im Rahmen eines grenzüberschreitenden Linienverkehrs entsprechend der VO (EWG) 684/ 92 i.d.F. der VO (EG) 11/ 98 durchgeführt wird, d.h. die Kabotagebeförderung darf nicht unabhängig von dem grenzüberschreitenden Linienverkehr erfolgen. Durch diese Abhängigkeit wird die Dienstleistungsfreiheit im Bereich der Kabotage immer noch erheblich eingeschränkt: Will ein Unternehmen aus einem Mitgliedstaat in einem anderen Mitgliedstaat eine Kabotagebeförderung ohne Grenzüberschreitung durchführen, so unterliegt er den innerstaatlichen Regelungen des Aufnahmestaates und bedarf regelmäßig einer Genehmigung für den geplanten Verkehr. Insoweit besteht die Gefahr einer Diskriminierung ausländischer Unternehmen[903], die jedoch durch die Geltung der allgemeinen Vorschriften des EG-Vertrages, insbesondere dem allgemeinen Diskriminierungsverbot des Art. 12 EG, abgemildert wird.

Gem. Art. 3 Nr. 3 S. 3 VO (EG) 12/ 98 gilt die Zulassung der Kabotagebeförderung nicht für Stadt- und Vorortdienste. Unter diese Dienste fallen Verkehrsdienste, die die Verkehrsbedürfnisse sowohl in einem Stadtgebiet oder in einem Ballungsraum als auch zwischen einem Stadtgebiet und seinem Umland befriedigen[904]. Damit ist der öffentliche Personennahverkehr i.S. des § 8 Abs. 1 PBefG bzw. § 2 RegG von der Kabotagere-

---

901 Vgl. Erwägungsgründe Nr. 4 ff. VO (EG) 12/ 98; zum Zweck s. auch: Vorschlag der Kommission für eine Verordnung (EG) des Rates über die Bedingungen für die Zulassung von Verkehrsunternehmen zum Personenkraftverkehr innerhalb eines Mitgliedstaates, in dem sie nicht ansässig sind, KOM (95) 729 endg., S. 4 f.
902 Zu diesem Grundsatz: *Fey*, in: Klatt/ Wahl (Hrsg.), Recht der Touristik, Teil 5, Bustouristik, Rn. 120; *ders.*, Zu neuen Regelungen für die Personenbeförderung mit Kraftomnibussen im grenzüberschreitenden und im Kabotageverkehr innerhalb der EG - soweit sie den Bustouristiker betreffen, TranspR 1993, 281 (285).
903 Darauf weisen *Heinz/ Seltenreich*, Freie Fahrt für die Dienstleistungsfreiheit im Personenbeförderungswesen, TranspR 1999, 221 (228), hin.
904 S. Art. 3 Nr. 3 S. 4 VO (EG) 12/ 98.

III. 2. Zulassung von Verkehrsunternehmen in einem Mitgliedstaat, in dem sie nicht ansässig sind

gelung der VO (EG) 12/ 98 ausgeschlossen[905]. Der Ausschluss dieser Verkehrsdienste wird damit begründet, dass es sich bei diesen um Dienste von allgemeinem Interesse und somit um besondere Dienste handele[906]. Ein Verkehrsunternehmer, der sich im Rahmen eines grenzüberschreitenden Linienverkehrs nur kurzfristig und eher zufällig im Aufnahmestaat aufhalte, könne die Anforderungen an die Berechenbarkeit und Zuverlässigkeit im ÖPNV nicht erfüllen[907]. Insbesondere könne er die notwendige Verfügbarkeit von Ersatzfahrzeugen nicht gewährleisten, da insoweit die räumliche Nähe zu einer Niederlassung oder einem Betriebshof fehlt - dieses relativiere sich allerdings in grenznahen Regionen[908]. Wenn auch vorgenannte Argumente nicht von der Hand zu weisen sind, dürfte die Herausnahme des ÖPNV aus der gemeinschaftlichen Kabotageregelung letztlich im Subsidiaritätsprinzip begründet sein[909]. Insoweit können die Ziele des Vertrages auf der Ebene der Mitgliedstaaten verwirklicht werden, da es keiner Abstimmung zwischen verschiedenen Mitgliedstaaten bedarf - insbesondere weil die subjektiven Zulassungsbedingungen durch das Sekundärrecht einheitlich geregelt sind. Dies führt zu keiner Diskriminierung von Verkehrsunternehmen aus anderen Mitgliedstaaten, soweit der „Aufnahmestaat" die Regeln des EG-Vertrages und des zu diesem ergangenen Sekundärrechts beachtet. Erfolgt also die Vergabe von Verkehrsleistungen des ÖPNV im Wettbewerb und unter Beachtung der VO (EWG) 1191/ 69 i.d.F. der VO (EWG) 1893/ 91, der VO (EWG) 1107/ 70 und der VO (EWG) 684/ 92 i.d.F. der VO (EG) 11/ 98, so ist eine Diskriminierung jeglicher Verkehrsunternehmen ausgeschlossen und die Dienstleistungsfreiheit in diesem Bereich verwirklicht. Dabei kann es allerdings nicht erheblich sein, ob die Niederlassung des Verkehrsunternehmers sich im grenznahen Bereich des Nachbarmitgliedstaates oder im Bereich des Inlandes befindet - wenn nur die Erfüllung der Bedienungs- und Beförderungspflicht gewährleistet ist. Die Verkehrsunternehmen mit einer Niederlassung im Grenzbereich des benachbarten Mitgliedstaates werden durch die Dienstleistungsfreiheit geschützt, die insoweit von den Mitgliedstaaten zu verwirklichen ist.

---

905 Vgl. *Heinz/ Seltenreich*, Freie Fahrt für die Dienstleistungsfreiheit im Personenbeförderungswesen, TranspR 1999, 221 (228), die allerdings nur von einer weitgehenden Entsprechung des Art. 3 Nr. 3 S. 4 VO (EG) 12/ 98 mit § 8 Abs. 1 PBefG sprechen. Dass in der VO der Regionalverkehr im Gegensatz zum § 8 Abs. 1 PBefG nicht ausdrücklich genannt wird, ist aber letztlich unerheblich, da der Regionalverkehr sich unter den Verkehr zwischen einem Stadtgebiet und seinen Umland bzw. in einem Ballungsraum subsumieren lässt.
906 Vgl. Erwägungsgrund 9 (der im ursprünglichen Entwurf noch nicht enthalten war) des geänderten Vorschlags der Kommission für eine Verordnung (EG) des Rates zur Festlegung der Bedingungen für die Zulassung von nicht in einem Mitgliedstaat niedergelassenen Verkehrsunternehmern zum Personenkraftverkehr, ABl. EG Nr. C 124/ 73 vom 21.04.1997.
907 So: *Heinz/ Seltenreich*, Freie Fahrt für die Dienstleistungsfreiheit im Personenbeförderungswesen, TranspR 1999, 221 (228).
908 Argumentation bei: *Ipsen*, Neues EG-Reiserecht, in: Zuck (Hrsg.), Personenverkehr im Spannungsfeld zwischen EG-Recht und Verkehrspolitik, 23 (27), zu der für nichtig erklärten VO (EWG) 2457/ 92, die den Linienverkehr von der Kabotageregelung ausschloss.
909 S. auch: *Ipsen*, a.a.O., S. 27.

3. Zusammenfassung

Während die Dienstleistungsfreiheit im Bereich des grenzüberschreitenden Verkehrs auch für den ÖPNV mit Hilfe des europäischen Sekundärrechts mit Ausnahme der Privilegierung der Eisenbahnen verwirklicht worden ist, ist diese im Bereich der Kabotagebeförderung auf Grund des Subsidiaritätsprinzips durch die Mitgliedstaaten zu verwirklichen.

Für den grenzüberschreitenden Verkehr sind insbesondere die subjektiven Anforderungen an den Verkehrsunternehmer durch die Einführung der Gemeinschaftslizenz vereinheitlicht worden, die zu gleichen Wettbewerbsbedingungen führt. Objektive Zulassungsbeschränkungen bestehen sekundärrechtlich nur, wenn eine nachhaltige Störung bestehender Linienverkehre bzw. eines Eisenbahndienstes nachgewiesen wird. Einen Gebietsschutz für die vorhandenen Unternehmen bzw. einen Ausschluss von Parallelverkehren sieht das Sekundärrecht im Gegensatz zu § 13 Abs. 2 Nr. 2 PBefG nicht vor. Deutsche ÖPNV-Anbieter müssen folglich mit entsprechender Konkurrenz aus anderen Mitgliedstaaten rechnen und können andererseits Unternehmen in anderen Mitgliedstaaten Konkurrenz machen.

Da das Sekundärrecht auf Grund des Subsidiaritätsprinzips die Kabotage für den öffentlichen Personennahverkehr, der dann ausschließlich in einem Mitgliedstaat stattfindet, nicht regeln darf, sind die Mitgliedstaaten ihrerseits verpflichtet, die Dienstleistungsfreiheit in diesem Bereich durchzusetzen. Dabei haben sie nicht nur die Bestimmungen des EG-Vertrages einzuhalten, sondern insbesondere auch die Vorgaben der VO (EWG) 1191/ 69 i.d.F. der VO (EWG) 1893/ 91, die ihrerseits die Dienstleistungsfreiheit bzw. die Niederlassungsfreiheit insoweit verwirklicht, als dass durch sie eine transparente und diskriminierungsfreie Vergabe subventionierter Verkehrsdienste im Wettbewerb zu erfolgen hat. Im Zusammenhang mit der Vergabe kann es nicht erheblich sein, ob der potentielle Anbieter aus einem benachbarten Mitgliedstaat seine Niederlassung in unmittelbarer Nähe diesseits oder jenseits der Grenze hat. Im ersten Fall schützt ihn die Niederlassungsfreiheit und im zweiten die Dienstleistungsfreiheit. Entscheidend ist dagegen ausschließlich, ob er in der Lage ist, den beantragten Verkehr durchzuführen. Die Feststellung, dass die Kabotage im ÖPNV zur Zeit nicht zulässig ist[910], ist folglich insoweit nicht zutreffend.

---

910 So allerdings: *VDV/ ÖTV* (Hrsg.), Der Nahverkehr und seine Unternehmen im Verkehrsmarkt der Zukunft, S. 23.

IV. Transparenzpflichten

Die Transparenzrichtlinie[911] verfolgt das Ziel, die finanziellen Beziehungen zwischen den Mitgliedstaaten und den öffentlichen Unternehmen zu erhellen, um so eine effiziente Anwendung der Beihilfevorschriften der Art. 87 ff. EG zu ermöglichen[912]. Rechtsgrundlage für diese Richtlinie der Kommission ist Art. 86 Abs. (3) EG: Die Kommission kann zur Überwachung, ob die Mitgliedstaaten nach Maßgabe des Art. 86 Abs. (1) und (2) EG bezüglich ihrer öffentlichen Unternehmen und bezüglich der Unternehmen, denen ausschließliche oder besondere Rechte verliehen worden sind, die Vorschriften des Vertrages - also auch die Beihilfevorschriften - einhalten, die erforderlichen Richtlinien oder Entscheidungen an die Mitgliedstaaten erlassen[913].

1. Mitgliedstaatsbezogene Transparenzpflicht

Gem. Art. 1 Abs. (1) RL 80/ 723/ EWG i.d.F. der RL 2000/ 52 / EG müssen die Mitgliedstaaten die Transparenz der finanziellen Beziehungen zwischen der öffentlichen Hand und den öffentlichen Unternehmen[914] gewährleisten, indem sie die unmittelbare Bereitstellung öffentlicher Mittel durch die öffentliche Hand bzw. die mittelbare Bereitstellung durch öffentliche Unternehmen oder Finanzinstitute sowie die tatsächliche Verwendung dieser Mittel offenlegen. Dabei betreffen die finanziellen Beziehungen gem. Art. 3 RL 80/ 723/ EWG i.d.F. der RL 2000/ 52 / EG den Ausgleich von Betriebsverlusten, Kapitalanlagen oder Kapitalausstattungen, nicht zurückzuzahlende Zuschüsse oder Darlehen zu Vorzugsbedingungen, die Gewährung von finanziellen Vergünstigungen durch Verzicht auf Gewinne oder Nichteinziehung von Schuldforderungen, den Verzicht auf eine normale Verzinsung der eingesetzten öffentlichen Mittel und den Ausgleich von durch die öffentliche Hand auferlegten Belastungen. Im Bereich des ÖPNV müssten diese finanziellen Beziehungen zwischen den öffentlichen Eigentümern und deren kommunalen Verkehrsunternehmen und zwischen dem Bund und den Busverkehrsunternehmen, die Teil bzw. Tochterunternehmen der Deutschen Bahn AG sind, offengelegt werden, wenn nicht eine Ausnahme nach Art. 4 Abs. 1 RL 80/ 723/ EWG i.d.F. der RL 2000/ 52 / EG vorliegt.

---

911 RL 80/ 723/ EWG der Kommission vom 25.06.1980 über die Transparenz der finanziellen Beziehungen zwischen den Mitgliedstaaten und den öffentlichen Unternehmen (ABl. EG Nr. L 195/ 35 vom 29.07.1980, geänd. durch die RL 85/ 413/ EWG der Kommission vom 24.07.1985 (ABl. EG Nr. L 229/ 20 vom 28.08.1985), die RL 93/ 84/ EWG der Kommission vom 30.09.1993 (ABl. EG Nr. L 254/ 16 vom 12.10.1993) und die RL 2000/ 52/ EG der Kommission vom 26.07.2000 (ABl. EG Nr. L 193/ 75 vom 29.07.2000).
912 Vgl. Erwägungsgrund Nr. 5 RL 80/ 723/ EWG.
913 Zur Befugnis der Kommission im Rahmen des Art. 86 Abs. (3) EG: EuGH verb. Rs. 188-190/ 80, Slg. 1982, 2545 (2575) - *Transparenzrichtlinie*.
914 Zum Begriff des öffentlichen Unternehmens: s. oben Teil 1 II. a.) aa.).

Eine Ausnahme[915] von der Transparenzpflicht nach Art. 4 Abs. (1) lit. a) RL 80/ 723/ EWG i.d.F. der RL 2000/ 52 / EG kommt nicht in Frage, da Verkehrsdienstleistungen, die durch öffentliche Unternehmen erbracht werden, durchaus den Handel zwischen den Mitgliedstaaten erheblich beeinträchtigen können[916]. Dies wird insbesondere durch die zuvor dargestellten Maßnahmen der Gemeinschaft zur Öffnung des Verkehrsmarktes auch im Bereich des ÖPNV deutlich.

Dagegen kann gem. Art. 4 Abs. (1) lit. d) RL 80/ 723/ EWG i.d.F. der RL 2000/ 52 / EG bezüglich einiger öffentlicher Verkehrsunternehmen im Bereich des ÖPNV eine Ausnahme von der Transparenzpflicht des Art. 1 Abs. 1 derselben Richtlinie bestehen. Voraussetzung dafür ist, dass diese Unternehmen in den zwei der Bereitstellung der öffentlichen Mittel vorausgehenden Jahren einen Nettoumsatz von weniger als insgesamt 40 Mio. Euro erzielt haben. Diese Ausnahme dürfte aber nur bezüglich der kleineren öffentlichen Unternehmen gelten und jedenfalls nicht für die Verkehrsunternehmen, die im Rahmen eines kommunalen Querverbunds geführt werden.

2. Unternehmensbezogene Transparenzpflicht

Die unternehmensbezogene Transparenzpflicht des Art. 1 Abs. (2) RL 80/ 723/ EWG wurde erst durch die Änderungsrichtlinie 2000/ 52/ EG in die Transparenzrichtlinie eingefügt. Nach dieser Bestimmung haben die Mitgliedstaaten unbeschadet besonderer gemeinschaftlicher Verpflichtungen zu gewährleisten[917], dass die Finanz- und Organisationsstruktur der Unternehmen, die zur Erstellung einer getrennten Buchführung verpflichtet sind, sich in den getrennten Büchern widerspiegelt, so dass sowohl eine nach verschiedenen Geschäftsbereichen getrennte Aufstellung der Kosten und Erlöse als auch eine genaue Angabe zur Methode der Zuordnung der Kosten und Erlöse zu den einzelnen Tätigkeitsbereichen klar ersichtlich sind. Begründet wird diese neue Transparenzpflicht mit den Gefahren für die Märkte, die auf Grund gemeinsamer Rechtsvorschriften gerade erst dem Wettbewerb geöffnet werden. In diesen Sektoren müsse der Missbrauch einer marktbeherrschenden Stellung i.S. des Art. 82 EG verhindert und dafür Sorge getragen werden, dass nur solche staatlichen Beihilfen gewährt werden, die gem. Art. 87 EG mit dem Gemeinsamen Markt vereinbar sind[918].

---

915 Die Ausnahmen des Art. 4 Abs. (1) lit. b) und lit. c) RL 80/ 723/ EWG i.d.F. der RL 2000/ 52 / EG sind nicht einschlägig, da sie nur Ausnahmen zu Gunsten von Zentralbanken und öffentlichen Kreditanstalten vorsehen.
916 S. dazu auch: oben Teil 1 I. 4. a) cc).
917 Diese Verpflichtung der Mitgliedstaaten wird in Art. 3a Abs. (1) RL 80/ 723/ EWG i.d.F. der RL 2000/ 52/ EG weiter ausgeführt. Die Mitgliedstaaten müssen die Maßnahmen treffen, um sicherzustellen, dass bei jedem Unternehmen, das zu einer getrennten Buchführung verpflichtet ist, die internen Kosten, die den verschiedenen Geschäftsbereichen entsprechen, getrennt geführt werden (lit. a)), alle Kosten und Erlöse auf der Grundlage einheitlich angewandter und objektiv gerechtfertigter Kostenrechnungsgrundsätze korrekt zugeordnet und zugewiesen werden (lit. b)) und die Kostenrechnungsgrundsätze, die der getrennten Buchführung zu Grunde liegen, eindeutig bestimmt sind. Dies gilt allerdings nach dem Abs. 2 dieses Art. nicht, wenn Spezialvorschriften der Gemeinschaft bestehen.
918 Vgl. Erwägungsgrund Nr. 2 der RL 2000/ 52/ EG.

IV. 2. Unternehmensbezogene Transparenzpflicht

Zur Erstellung einer getrennten Buchführung sollen gem. Art. 2 lit. d) RL 80/ 723/ EWG i.d.F. der RL 2000/ 52/ EG alle Unternehmen durch die Mitgliedstaaten verpflichtet werden, denen ausschließliche oder besondere Rechte i.S. des Art. 86 Abs. (1) EG gewährt werden oder die mit Dienstleistungen von allgemeinem wirtschaftlichem Interesse betraut sind und die für diese Dienstleistungen staatliche Beihilfen in jedweder Form einschließlich Geld- und Ausgleichsleistungen erhalten und die in verschiedenen Geschäftsbereichen tätig sind. Da die öffentlichen und privaten Verkehrsunternehmen nach der hier vertretenen Meinung sowohl Inhaber ausschließlicher Rechte sind als auch mit einer Dienstleistung von allgemeinem wirtschaftlichem Interesse betraut sind, wären sie zu der getrennten Buchführung verpflichtet[919], wenn die RL 80/ 723/ EWG i.d.F. der RL 2000/ 52/ EG nicht eine Ausnahme vorsieht. Durch die getrennte Buchführung soll erreicht werden, dass die Unternehmen, die öffentliche oder private Unternehmen i.S. des Art. 86 Abs. (1) EG oder die mit der Wahrnehmung von Aufgaben i.S. des Art. 86 Abs. (2) EG betraut sind, nicht die im Rahmen dieser Tätigkeit erlangten Vorteile in Bereiche transferieren, in denen sie im Wettbewerb mit anderen Anbietern stehen[920]. Mit anderen Worten soll die Möglichkeit einer Quersubventionierung verhindert werden. In Anwendung der neuen Richtlinie könnte die Kommission aber auch Leistungen, die auf der Ebene der Mitgliedstaaten als solche von allgemeinem wirtschaftlichem Interesse beurteilt werden, dem Beihilfeverbot des Art. 87 Abs. (1) EG unterwerfen - mit dem Argument, dass die Gewinnerzielung in diesem Bereich, durch die andere Bereiche quersubventioniert werden, zeige, dass die Erbringung der Leistung auch ohne staatliche Unterstützung möglich wäre und von anderen Wettbewerbern genauso erbracht werden könne[921]. Deshalb wurde zum Richtlinienentwurf der Vorwurf erhoben, dass die Kommission die gemeinschaftliche Kompetenzordnung durch die Einführung einer nicht nach Sektoren unterscheidenden Pflicht zur getrennten Buchführung nicht hinreichend berücksichtige: Nur in Sektoren, in denen der vom Gemeinschaftsrecht ausgenommene Bereich bereits gemeinschaftsrechtlich vorgegeben sei, könne die Kommission Buchführungspflichten einführen, während im Übrigen die Mitgliedstaaten zur Festlegung des spezifischen öffentlichen Auftrags befugt seien[922]. Diese Auffassung verkennt die Kompetenzen der Kommission zur Rechtsetzung im Rahmen des Art. 86 Abs. (3) EG und die Funktion der Transparenzrichtlinie: Die Kommission ist in der Rechtsetzung auf

---

919 Ähnlich zu den Plänen der Kommission im Vorfeld: *Metz*, Europäische Kommission will mehr Transparenz, Bus & Bahn 9/ 1997, 3, der allerdings das Vorliegen ausschließlicher Rechte verneint.
920 Vgl. Erwägungsgrund Nr. 2 und 3 RL 2000/ 52/ EG. Zur entsprechenden Intention im Richtlinienentwurf ausführlich: *Bartosch*, Neue Transparenzpflichten - eine kritische Analyse des Kommissionsentwurfs einer neuen Transparenzrichtlinie, EuZW 2000, 333 (334).
921 Deshalb kritisch (bereits zum Richtlinienentwurf): *Bartosch*, Neue Transparenzpflichten - eine kritische Analyse des Kommissionsentwurfs einer neuen Transparenzrichtlinie, EuZW 2000, 333 (335 f.).
922 So zum Entwurf: *Bartosch*, Neue Transparenzpflichten - eine kritische Analyse des Kommissionsentwurfs einer neuen Transparenzrichtlinie, EuZW 2000, 333 (336 f); *ders.*, Neubestimmung des EG-Wettbewerbsrechts in liberalisierten Märkten, ZIP 1999, 1787 (1792 f.). Allgemein zur Kompetenzordnung bzw. zum Gleichgewicht der Gemeinschaftsorgane im Zusammenhang mit Art. 86 Abs. (3) EG: *v.Burchard*, Die Kompetenzen der EG-Kommission nach Art. 90 III EWGV, EuZW 1991, 339 (341). Diese Problematik ist in der RL im Gegensatz zum Entwurf allerdings dadurch entschärft, dass Art. 1 Abs. (2) RL 80/ 723/ EWF i.d.F. der RL 2000/ 52/ EG unbeschadet besonderer gemeinschaftlicher Regelungen und Art. 3a derselben Richtlinie nur für Geschäftsbereiche gilt, die nicht bereits von anderen gemeinschaftlichen Spezialvorschriften erfasst werden.

die Anwendung des Art. 86 EG beschränkt, wodurch gewährleistet ist, dass die Kommission im Rahmen der ihr zustehenden Überwachung nur Rechtsakte erlässt, *„die sich durch einen instrumentalen, technischen Charakter auszeichnen"*[923]. Dem entspricht die Richtlinie trotz der neuen Transparenzpflicht noch immer, da sie nur dem Aufspüren gemeinschaftswidriger Maßnahmen dient. Ob und wie die Kommission gegen die Maßnahmen vorgehen kann, richtet sich dann nach der jeweils verletzten Vertragsbestimmung oder gegebenenfalls nach Art. 86 Abs. (3) EG. Würde die Kommission anhand der vorgelegten Unterlagen die Erforderlichkeit der öffentlichen Mittel zur Erfüllung der Dienstleistung von allgemeinem öffentlichem Interesse verneinen, so gibt die Richtlinie für ihr weiteres Handeln keine Kompetenzen, insbesondere werden die öffentlichen Mittel nicht durch die Transparenzrichtlinie als Beihilfen eingestuft[924]. Vielmehr würde die Kommission dann nach den Beihilfevorschriften vorgehen oder eine Entscheidung nach Art. 86 Abs. (3) EG gegen den Mitgliedstaat erlassen müssen[925]. Die Befugnisse der Kommission hängen demnach von der Tragweite der Vorschriften ab, deren Beachtung die Kommission durchsetzen will[926]. Damit überschreitet die Kommission mit der eingeführten neuen Transparenzpflicht nicht die von Art. 86 Abs. (3) EG gesetzten Kompetenzen. Für den Bereich des ÖPNV stellt sich die gesamte Problematik allerdings schon deshalb nicht, weil sekundärrechtlich der von Art. 86 Abs. (2) EG erfasste Bereich bereits festgelegt worden ist[927].

Weiter stellt sich die Frage, inwieweit verschiedene Geschäftsbereiche i.S. der RL 80/ 723/ EWG i.d.F. der RL 2000/ 52/ EG vorliegen. Nach Art. 2 lit. e) dieser RL sind verschiedene Geschäftsbereiche derart zu bestimmen, dass auf der einen Seite alle Produkte und Dienstleistungen stehen, für die ein Unternehmen besondere oder ausschließliche Rechte erhalten hat, oder alle Dienstleistungen von allgemeinem wirtschaftlichem Interesse, mit denen ein Unternehmen betraut worden ist, und auf der anderen Seite jedes andere getrennte Produkt oder jede andere Dienstleistung des Unternehmens. Aus der Formulierung *„auf der einen Seite ... auf der anderen Seite"* wird zunächst deutlich, dass zumindest zwei getrennte Geschäftsbereiche geführt werden müssen[928].

Ob darüber hinaus auch für jedes Produkt oder jede Tätigkeit, für die Unternehmen ausschließliche oder besondere Rechte erhalten haben, bzw. für jeden Bereich, in dem eine Tätigkeit von allgemeinem wirtschaftlichem Interesse wahrgenommen wird, eine getrennte Buchführung erforderlich ist, ergibt sich aus der Vorschrift des Art. 2 lit. e) RL 80/ 723/ EWG i.d.F. der RL 2000/ 52/ EG nicht eindeutig. Der Satz 4 des Erwägungsgrundes Nr. 7 der RL 2000/ 52/ EG besagt, dass die getrennte Buchführung innerhalb des Bereichs der Dienstleistungen von allgemeinem wirtschaftlichem Interesse oder innerhalb des Bereichs der besonderen oder ausschließlichen Rechte nur vorzuschreiben ist, wenn dies zur Zuweisung von Kosten und Einnahmen zwischen diesen

---

923 Schlussantrag des GA Reischl, EuGH Rs. 188-190/ 80, Slg. 1982, 2545 (2586) - *Transparenzrichtlinie*.
924 Ähnlich zur alten Transparenzrichtlinie: GA Reischl, EuGH Rs. 188-190/ 80, Slg. 1982, 2545 (2590) - *Transparenzrichtlinie*. Gleiches gilt sinngemäß im Zusammenhang mit dem Mißbrauch der marktbeherrschenden Stellung und Verstößen gegen die Dienstleistungsfreiheit.
925 Zur Möglichkeit einer Entscheidung in diesem Zusammenhang s.: Grabitz / Hilf - *Pernice*, EU-, EG-Vertrag, Art. 90 [a.F., Art. 86 EG] Rn. 66. Für den Bereich des ÖPNV: s. oben Teil 1 II. 1. d).
926 EuGH Rs. 202/ 88, Slg. 1991, I-1223 (1265) - *Endgeräte-Richtlinie*.
927 S. oben Teil 1 II. 1. b.) ee.).
928 S. dazu: Erwägungsgrund Nr. 7 RL 2000/ 52/ EG.

Dienstleistungen und Waren und Produkten außerhalb dieser Dienstleistungen erforderlich ist. Aus der Zusammenschau mit Art. 3a RL 80/ 723/ EWG i.d.F. der RL 2000/ 52 / EG ergibt sich, dass getrennte Bücher nur für getrennte Geschäftsbereiche geführt werden müssen, so dass die Kommission in ihrer Richtlinie von verschiedenen Geschäftsbereichen innerhalb der Dienstleistungen von allgemeinem wirtschaftlichem Interesse bzw. des Bereichs ausschließlicher oder besonderer Rechte ausgeht. Demnach muss jedes Sonderrecht und jedes Betrautsein mit Dienstleistungen von allgemeinem wirtschaftlichem Interesse getrennt bilanziert werden[929]. Diese getrennte Buchführungspflicht für jede einzelne Konzession würde demnach grundsätzlich für sämtliche Verkehrsunternehmen, die ÖPNV betreiben, gelten, da die Konzession ein ausschließliches Recht beinhaltet oder bei gemeinwirtschaftlichen Konzessionen zusätzlich Dienste von allgemeinem wirtschaftlichem Interesse geleistet werden.

Ausgenommen von der Transparenzpflicht des Art. 1 Abs. (2) RL 80/ 723/ EWG i.d.F. der RL 2000/ 52/ EG sind gem. des Art. 4 Abs. (2) lit. a) dieser RL[930] wieder Unternehmen, welche die Erbringung von Dienstleistungen betreffen, die den Handel zwischen den Mitgliedstaaten nicht merklich zu beeinträchtigen geeignet sind. Diese Voraussetzung kann bei Unternehmen, die ÖPNV betreiben, nicht vorliegen - wie bereits mehrfach dargelegt. Die Ausnahme des Art. 4 Abs. (2) lit. b) dieser RL dürfte nur für die kleineren Unternehmen gelten, die Dienstleistungen von allgemeinem wirtschaftlichem Interesse erbringen oder im Bereich der ausschließlichen oder besonderen Rechte tätig sind, da nur diese in den zwei der Betrauung oder Gewährung vorausgegangenen Jahren einen Nettoumsatz von jeweils weniger als 40 Mio. Euro[931] aufweisen dürften. Nach Art. 4 Abs. (2) lit. c) RL 80/ 723/ EWG i.d.F. der RL 2000/ 52/ EG sind schließlich Unternehmen von der Transparenzpflicht des Art. 1 Abs. (2) der RL ausgenommen, die mit Dienstleistungen von allgemeinem wirtschaftlichem Interesse i.S. des Art. 86 Abs. (2) EG betraut wurden, sofern die ihnen gewährten staatlichen Beihilfen in jeglicher Form einschließlich Zuschüssen, Unterstützung oder Ausgleichsleistungen für einen angemessenen Zeitraum im Rahmen eines offenen, transparenten und nicht diskri-

---

929 Dieses Ergebnis befürchtete *Metz*, Europäische Kommission will mehr Transparenz, Bus & Bahn 9/ 1997, 3 (3 f.), bereits im Rahmen des Richtlinienentwurfs. Wohl (zur neuen Transparenzrichtlinie) a.A.: *Britz*, Staatliche Förderung gemeinwirtschaftlicher Dienstleistungen in liberalisierten Märkten und Europäisches Wettbewerbsrecht, DVBl. 2000, 1641 (1648), die nur zwischen zwei Bereichen trennt.
930 Diese Ausnahme wird nur vorliegen können, wenn ein Unternehmen sich auf eine spezifische Tätigkeit in einem rein regionalen Markt beschränkt. Vgl. *Bartosch*, Neue Transparenzpflichten - eine kritische Analyse des Kommissionsentwurfs einer neuen Transparenzrichtlinie, EuZW 2000, 333 (336); Lenz - *Rawlinson*, EG-Vertrag, Art. 87 EG Rn. 14.
931 Im Gegensatz zu Art. 4 Abs. (1) lit. d) RL 80/ 723/ EWG i.d.F. der RL 2000/ 52/ EG fehlt hier das „*insgesamt*", so dass in beiden Jahren jeweils ein Nettoumsatz von 40 Mio. Euro erzielt werden darf. Insoweit ist der Erwägungsgrund Nr. 10 RL 2000/ 52/ EG missverständlich, als dass dort von einem Jahresnettoumsatz von insgesamt weniger als 40 Mio. Euro die Rede ist.

minierenden Verfahrens festgesetzt wurden[932]. Durch eine derartige Ausnahmebestimmung sollen angeblich ehemalige Monopolunternehmen, die auch nach Abschaffung sämtlicher Sonderrechte weiterhin mit Aufgaben von allgemeinem wirtschaftlichem Interesse betraut sind, diskriminiert werden[933]. Zu dieser Einschätzung kann man jedoch nur gelangen, wenn ehemalige Monopolisten, also in der Regel öffentliche Unternehmen, im Gegensatz zu privaten Unternehmen mit Aufgaben von allgemeinem wirtschaftlichem Interesse ohne vorausgehendes Ausschreibungs- oder Vergabeverfahren betraut werden und deshalb zur getrennten Buchführung verpflichtet sind, während private Unternehmen, die die Aufgaben im Wettbewerb mit anderen Unternehmen für sich gewonnen haben, davon befreit sind. Damit wären aber bereits die Grundkonstellationen derart unterschiedlich[934], dass die daraus jeweils folgenden Konsequenzen nicht mehr vergleichbar sind. Von einer Diskriminierung ehemaliger Monopolisten kann demnach nicht die Rede sein[935]. Im Übrigen ist gegen die angeführte Meinung anzuführen, dass bereits die Übertragung einer Aufgabe von allgemeinem wirtschaftlichem Interesse außerhalb des Wettbewerbs auf Grund des Art. 86 Abs. (2) EG danach zu überprüfen ist, ob der Ausschluss des Wettbewerbs überhaupt zur Erfüllung der Aufgabe erforderlich war. Dies wird bereits in den meisten Sektoren zu verneinen sein[936]. Unter die Bestimmung des Art. 4 Abs. (2) lit. c) RL 80/ 723/ EWG i.d.F. der RL 2000/ 52/ EG dürften sämtliche Verkehrsunternehmen fallen, die einen gemeinwirtschaftlichen Verkehr durchführen, der im Rahmen eines Vergabeverfahrens nach der DKR vergeben worden ist. Dagegen gilt die Ausnahme nicht für auferlegte gemeinwirtschaftliche Verkehre, da bei diesen keine Vergabe im Wettbewerb stattfindet, und nicht für eigenwirtschaftliche Verkehre, da diese keine Aufgabe von allgemeinem wirtschaftlichem Interesse i.S. des Art. 86 Abs. (2) EG wahrnehmen[937].

---

932 Aus dem Erwägungsgrund Nr. 11 RL 80/ 723/ EWG i.d.F. der RL 2000/ 52/ EG wird deutlich, dass es sich soweit nur um eine gegenwärtige Einschätzung handelt und die Kommission es sich offenhält, diese Ausnahme gegebenenfalls in der Zukunft abzuschaffen. Dem ist zu entgegnen, dass die öffentlichen Mittel, die für eine Leistung gezahlt werden, streng genommen überhaupt keine Beihilfen mehr sind, wenn eine Ausschreibung und Vergabe im Wettbewerb erfolgt ist. Die Zahlungen gelten dann nur den Marktpreis ab. Vgl. *Britz*, Staatliche Förderung gemeinwirtschaftlicher Dienstleistungen in liberalisierten Märkten und Europäisches Wettbewerbsrecht, DVBl. 2000, 1641 (1648 f.).
933 Diese Auffassung vertritt: *Bartosch*, Neue Transparenzpflichten - eine kritische Analyse des Kommissionsentwurfs einer neuen Transparenzrichtlinie, EuZW 1999, 333 (336); *ders.*, Neubestimmung des EG-Wettbewerbsrechts in liberalisierten Märkten, ZIP 1999, 1787 (1793).
934 Zu den unterschiedlichen Ausgangsbedingungen: s. Schlussantrag des GA Reischl, EuGH Rs. 188-190/ 80, Slg, 1982, 2545 (2596 ff.) - *Transparenzrichtlinie*.
935 Erwägungsgrund Nr. 12 RL 2000/ 52/ EG stellt darüber hinaus ausdrücklich klar, dass sich die neue Transparenzpflicht sowohl auf öffentliche wie auf private Unternehmen bezieht.
936 Bartosch ist allerdings zuzugeben, dass die Situation bezüglich des von ihm angeführten Rundfunksektors anders zu beurteilen ist. Diese Ausnahmestellung des Rundfunks wird nunmehr im Erwägungsgrund Nr. 5 der RL 2000/ 52/ EG auch ausdrücklich anerkannt.
937 S. oben Teil 1 II. 1. b.) aa.

3. Aufbewahrungs- und Informationspflichten

Gem. Art. 5 RL 80/ 723/ EWG i.d.F. der RL 2000/ 52/ EG müssen die Mitgliedstaaten die erforderlichen Maßnahmen treffen, damit die Angaben zu den finanziellen Beziehungen nach Art. 1 Abs. (1) der RL und die Angaben über die Finanz- und Organisationsstruktur gem. Art. 1 Abs. (2) der RL fünf Jahre lang der Kommission zur Verfügung stehen. Die Angaben sind von den Mitgliedstaaten der Kommission zu übermitteln, soweit sie dies verlangt. Gem. Art. 6 der RL darf die Kommission die derart erlangten Angaben zwar nicht preisgeben, soweit diese ihrem Wesen nach unter das Betriebsgeheimnis fallen, aber Übersichten und Zusammenfassungen veröffentlichen, die nicht unternehmensbezogen sind.

4. Bedeutung für den ÖPNV?

Ob die RL 80/ 723/ EG i.d.F. der RL 2000/ 52/ EG für die auferlegten gemeinwirtschaftlichen Verkehre eine Buchführungspflicht für jeden Geschäftsbereich verlangt, hängt zum einen davon ab, wie der Passus *„unbeschadet besonderer gemeinschaftsrechtlicher Vorschriften"* in Art. 1 Abs. (2) der RL auszulegen ist. Zum anderen besteht gem. Art. 3a Abs. (2) der RL keine Pflicht zur getrennten Buchführung für Geschäftsbereiche, die von anderen Spezialvorschriften der Gemeinschaft erfasst sind, da die Verpflichtungen der Mitgliedstaaten und der Unternehmen aus dem EG-Vertrag und aus solchen Spezialvorschriften von der Richtlinie unberührt bleiben sollen.

Die Transparenzpflicht des Art. 1 Abs. (2) der RL 80/ 723/ EWG i.d.F. der RL 2000/ 52/ EG könnte nicht anwendbar sein, soweit der Art. 1 Abs. (5) VO (EWG) 1191/ 69 i.d.F. der VO (EWG) 1893/ 91 bereits eine Pflicht für Verkehrsunternehmen, die gemeinwirtschaftliche Verkehre durchführen, zu einer getrennten Rechnungsführung festlegt - wenn der Passus *„unbeschadet besonderer gemeinschaftsrechtlicher Vorschriften"* dahingehend auszulegen ist, dass jegliche andere gemeinschaftsrechtliche Regelung die Anwendung von Art. 1 Abs. (2) RL 80/ 723/ EWG i.d.F. der RL 2000/ 52/ EG unabhängig davon verhindert, ob die Anforderungen an die Rechnungsführung der Unternehmen geringer oder höher sind[938]. Aus dem Erwägungsgrund Nr. 10 RL 2000/ 52/ EG kann kein Anhaltspunkt für die Auslegung gewonnen werden, weil dort nur festgestellt wird, dass die Richtlinie unbeschadet anderer Vorschriften über die Mitteilung von Informationen durch die Mitgliedstaaten an die Kommission gelten soll. Demnach kann die Auslegung nur anhand des Zweckes der RL 2000/ 52/ EG erfolgen. Die RL soll in den Wirtschaftssektoren, die gerade dem Wettbewerb geöffnet worden sind, für eine angemessene und wirksame Anwendung der Wettbewerbsregeln des EG-Vertrages sorgen[939]. Wird dieses Ziel durch eine andere Vorschrift des Gemeinschaftsrechts bereits verwirklicht, so bedarf es nicht der Anwendung der Transparenzrichtlinie.

---

[938] Diese Problematik wurde bereits zu einem Entwurf der Richtlinie von *Metz*, Europäische Kommission will mehr Transparenz, Bus & Bahn 9/ 1997, 3 (4), aufgezeigt.
[939] Erwägungsgrund Nr. 2 RL 2000/ 52/ EG. S. dazu auch; *Britz*, Staatliche Förderung gemeinwirtschaftlicher Dienstleistungen in liberalisierten Märkten und Europäisches Wettbewerbsrecht, DVBl. 2000, 1641 (1642).

Für gemeinwirtschaftliche Verkehre enthält Art. 1 Abs. (5) Unterabsatz 2 VO (EWG) 1191/ 69 i.d.F. der VO (EWG) 1893/ 91 eine Pflicht zur getrennten Rechnungsführung. Dass dort im Gegensatz zur Transparenzrichtlinie eine getrennte Rechnungsführung für jeden einzelnen Tätigkeitsbereich und entsprechende Zuordnung nur der Aktiva (nicht aber der Passiva) nach den geltenden Buchungsregeln verlangt wird, bedeutet letztlich keinen Unterschied,[940] da zusätzlich der Ausgleich der Ausgaben durch die Betriebseinnahmen und durch Zahlungen der öffentlichen Hand ohne die Möglichkeit von Transfers von oder zu anderen Bereichen festgelegt ist. Durch die weiteren Vorschriften zum Kostenausgleich und zur Überwachung durch die Kommission in dieser Verordnung ist insgesamt sichergestellt, dass Quersubventionen ausgeschlossen und die Wettbewerbsregeln, insbesondere die Beihilfevorschriften des EG-Vertrages, beachtet werden. Damit ist die Transparenzrichtlinie für gemeinwirtschaftliche Verkehre nicht anwendbar, da insoweit in der VO (EWG) 1191/ 69 i.d.F. der VO (EWG) 1893/ 91 eine Spezialregelung existiert. Dies muss auch bezüglich der zusätzlichen Auferlegung bzw. Vereinbarung einer Verkehrsleistung während des Bestandes einer eigenwirtschaftlichen Konzession gelten, da auch in diesen Fällen die Pflicht zur getrennten Rechnungslegung nach der Verordnung besteht.

Die Spezialregelung der VO (EWG) 1191/ 69 i.d.F. der VO (EWG) 1893/ 91 gilt jedoch nicht für rein eigenwirtschaftliche Verkehre, so dass für diese Unternehmen als Inhaber eines ausschließlichen Rechts die Transparenzrichtlinie anwendbar ist. Gerade die Handhabung der eigenwirtschaftlichen Verkehre in Deutschland verdeutlicht die Notwendigkeit der neuen Transparenzpflicht des Art. 1 Abs. (2) RL 80/ 723/ EWG i.d.F. der RL 2000/ 52/ EG: Mit der „trickreichen" Definition der Eigenwirtschaftlichkeit in § 8 Abs. 4 S. 2 PBefG bzw. deren praktischen Umsetzung werden Beihilfen an die Inhaber der entsprechenden ausschließlichen Rechte geleistet, die wettbewerbsverfälschend und handelsbeeinträchtigend und damit mit dem Gemeinsamen Markt nicht vereinbar sind. Auf Grund der neuen Transparenzpflicht wird die Kommission in die Lage versetzt, diese gemeinschaftswidrigen Beihilfepraktiken aufzudecken und Beihilfeverfahren einzuleiten. In dem Vorschlag der Kommission für eine Verordnung des Europäischen Parlaments und des Rates über Maßnahmen der Mitgliedstaaten im Zusammenhang mit Anforderungen des öffentlichen Dienstes und der Vergabe öffentlicher Dienstleistungsaufträge für den Personenverkehr auf der Schiene, der Straße und Binnenschiffahrtswegen[941] ist in Art. 15 auch für die Betreiber von - derzeit - im europarechtskonformen Sinn eigenwirtschaftlichen Verkehrsdienstleistungen eine Pflicht zu getrennten Rechnungsführung vorgesehen, so dass diese Regelung eine Spezialvorschrift darstellen würde, die bei Inkrafttreten die Transparenzpflicht des Art. 1 Abs. (2) RL 80/ 723/ EWG i.d.F. der RL 2000/ 52/ EG verdrängen würde.

---

940 Scheinbar a.A.: *Metz*, Europäische Kommission will mehr Transparenz, Bus & Bahn 9/ 1997, 3 (4), der von geringeren Buchführungspflichten im Rahmen der Verordnung ausgeht. Dass die Passiva nicht ausdrücklich in der Verordnung genannt werden, dürfte keinen Unterschied machen, da diese für die Kosten des Unternehmens jedenfalls berücksichtigt werden müssen.

941 KOM (2000) 7 endg. vom 26.07.2000. Dieser Verordnungsentwurf wird im Anschluss unter V. 1. ausführlich erörtert.

Folglich bewirkt die Transparenzpflicht des Art. 1 Abs. (2) RL 80/ 723/ EWG i.d.F. der RL 2000/ 52/ EG bzw. deren (ausstehende) Umsetzung[942] durch den nationalen Gesetzgeber zur Zeit nur für rein eigenwirtschaftliche Verkehre eine Pflicht zur getrennten Buchführung, während sich die entsprechende Pflicht für gemeinwirtschaftliche Verkehre aus der VO (EWG) 1191/ 69 i.d.F. der VO (EWG) 1893/ 91 ergibt.

Die Transparenzpflicht des Art. 1 Abs. (1) RL 80/ 723/ EWG i.d.F. der RL 2000/ 52/ EG gilt dagegen für die Mitgliedstaaten auch im Bereich des ÖPNV. Demnach müssen die Mitgliedstaaten die mittelbaren und unmittelbaren finanziellen Beziehungen zu den öffentlichen Verkehrsunternehmen offenlegen[943].

---

942 Zu den derzeit der Transparenzrichtlinie nicht genügenden Transparenzvorschriften im nationalen Recht: s. *Britz*, Staatliche Förderung gemeinwirtschaftlicher Dienstleistungen in liberalisierten Märkten und Europäisches Wettbewerbsrecht, DVBl. 2000, 1641 (1650).

943 Diese Transparenzpflicht wird auch nicht durch den Vorschlag (bzw. die etwaige Umsetzung dieses Vorschlags) der Kommission für eine Verordnung des Europäischen Parlaments und des Rates über Maßnahmen der Mitgliedstaaten im Zusammenhang mit Anforderungen des öffentlichen Dienstes und der Vergabe öffentlicher Dienstleistungsaufträge für den Personenverkehr auf der Schiene, der Straße und auf Binnenschiffahrtswegen gegenstandslos werden, da dort in Art. 13 aufgestellten Transparenzpflichten die Beziehungen der öffentlichen Hand zu ihren öffentlichen Unternehmen überhaupt nicht betreffen und die Transparenzpflicht nach der RL 80/ 723/ EWG i.d.F. der RL 2000/ 52/ EG weiterhin benötigt werden wird, um die Vergabe von Beihilfen außerhalb der dann neuen Verordnung aufzudecken.

V. Die Pläne der Kommission

1. Zu den mit dem Begriff des öffentlichen Dienstes verbundenen Verpflichtungen

Nach dem Vorschlag der Kommission soll die neue Verordnung[944] gem. ihres Art. 1 sowohl für den innerstaatlichen als auch den grenzüberschreitenden öffentlichen Personenverkehr gelten und bestätigen, dass berechtigte Ziele des öffentlichen Dienstes in der Regel im Rahmen eines kontrollierten Wettbewerbs verfolgt werden sollen. Eine völlige Freigabe des Personenverkehrs ist seitens der Kommission nicht geplant.

a.) Gewährleistung der Qualität
Anstelle der „ausreichenden Verkehrsbedienung" in Art. 3 VO (EWG) 1191/ 69 i.d.F. der VO (EWG) 1893/ 91 bestimmt Art. 4 Abs. 1 VO-Entwurf, dass die zuständige Behörden[945] angemessene öffentliche Personenverkehrsdienste von hoher Qualität und Verfügbarkeit gewährleisten, indem sie öffentliche Dienstleistungsverträge vergeben oder Mindestkriterien für den öffentlichen Personenverkehr festlegen. In der Begründung des Entwurfs steht dazu, dass der angemessene öffentliche Personenverkehr zu gewährleisten ist[946]. Dies kann jedoch nicht bedeuten, dass die zuständige Behörde ihn gewährleisten muss, wenn ihr die nötige Mittel zur Finanzierung fehlen. Insoweit kann das neue Konzept von dem angemessenen öffentlichen Personenverkehr keine Abweichung zur ausreichenden Verkehrsbedienung darstellen.

Dagegen ist der Katalog von Kriterien zur Sicherung der angemessenen Personenverkehrsdienste neu und mit den Kriterien zur Beurteilung der ausreichenden Verkehrsbedienung kaum noch vergleichbar. So werden öffentliche Interessen nunmehr ausdrücklich in Art. 4 Abs. 2 VO-Entwurf benannt, wobei die Aufzählung dort nicht abschließend ist, wie aus dem „zumindest" in Art. 4 Abs. 2 VO-Entwurf deutlich wird. Die Angemessenheit eines öffentlichen Personenverkehrs bestimmt sich demnach nach Verbraucherschutzfaktoren (lit. a), der Tarifhöhe und -transparenz (lit. b.)[947], der Integration verschiedener Verkehrsdienste (lit. c), der Zugänglichkeit für in ihrer Mobilität eingeschränkte Personen (lit. d), Umweltfaktoren (lit. e), der ausgewogenen Entwicklung der Regionen (lit. f), den Bedürfnissen der Menschen in weniger dicht bevölkerten Regionen (lit. g), der Gesundheit und Sicherheit der Fahrgäste (lit. h), der Qualifikation des Personals (lit. i) und der Art des Beschwerdemanagements (lit. j). Diese aufgestell-

---

944 Vorschlag der Kommission für eine Verordnung des Europäischen Parlaments und des Rates über Maßnahmen der Mitgliedstaaten im Zusammenhang mit Anforderungen des öffentlichen Dienstes und der Vergabe öffentlicher Dienstleistungsaufträge für den Personenverkehr auf der Schiene, der Straße und Binnenschiffahrtswegen, KOM (2000) 7 endg. vom 26.07.2000. Im Folgenden werden Art. des Kommissionsvorschlages mit dem Zusatz „VO-Entwurf" versehen.
945 Das ist gem. Art. 3 lit. a) VO-Entwurf jede staatliche Einrichtung, die befugt ist, in die Märkte des öffentlichen Personenverkehrs einzugreifen, oder jede andere Einrichtung, der solche staatlichen Befugnisse übertragen wurden. Demnach ist die zuständige Behörde anhand des nationalen Rechts festzulegen.
946 KOM (2000) 7 endg., S. 11.
947 Dieses Kriterium ist mit Art. 3 Abs. (2) lit. c VO (EWG) 1191/ 69 i.d.F. der VO (EWG) 1893/ 91 vergleichbar.

ten Kriterien ergeben sich eigentlich direkt aus den Zielen des EG-Vertrages in den Art. 2 f. EG, so dass der VO-Entwurf deren Verwirklichung im Rahmen der Verkehrspolitik lediglich ausdrücklich feststellt. Mit der ausdrücklichen Nennung der Kriterien müßten auch die Ängste der deutschen ÖPNV-Anbieter, ausländische Billiganbieter könnten die Qualität des ÖPNV-Angebots in Deutschland vermindern[948], endgültig überwunden sein. Dem entgegen wird nunmehr von betroffenen Verbänden die zusätzliche Forderung erhoben, dass die Einhaltung von Tarifverträgen sowie von arbeits- und sozialrechtlichen Standards bei der Vergabe von Verkehrsleistungen zu verankern seien[949]. Dahinter steht allerdings eigentlich nur die Angst vor ausländischer Konkurrenz - wie unumwunden zugegeben wird[950]. Vor dieser kann es in einem Binnenmarkt aber keinen Schutz geben. Geschützt werden kann nur das Interesse der Allgemeinheit an einem funktionierenden öffentlichen Personen(nah)verkehr.

b.) Öffentliche Dienstleistungsaufträge
Mit dem Begriff des öffentlichen Dienstleistungsauftrages in Art. 5 bekommt der VO-Entwurf einen neuen, gegenüber der VO (EWG) 1191/ 69 i.d.F. der VO (EWG) 1893/ 91 erheblich erweiterten Inhalt: Neben den bisherigen gemeinwirtschaftlichen Verträgen[951] fallen nunmehr sämtliche Verträge, die im Bereich des Personenverkehrs ein ausschließliches Recht gewähren, in den Anwendungsbereich der Verordnung[952]. Dabei muss die Gewährung ausschließlicher Rechte grundsätzlich durch einen öffentlichen Dienstleistungsauftrag erfolgen. Für den nationalen Rechtsrahmen würde dies zunächst bedeuten, dass Verkehrsdienste, die bisher eigenwirtschaftlich im - europarechtskonformen - Sinn des § 8 Abs. 4 S. 2 PBefG sind, dann ebenfalls durch öffentliche Dienstleistungsaufträge zu vergeben wären, da die Konzession ein ausschließliches Recht zur Bedienung eines bestimmten Verkehrs verleiht und andere von dieser Bedienung ausschließt.

Zur Zeit erfolgt die Gewährung eigenwirtschaftlicher Konzessionen in Deutschland dagegen nicht durch einen öffentlichen Auftrag, sondern durch einen Verwaltungsakt. Ein öffentlicher Dienstleistungsauftrag i.S. des VO-Entwurfs ist gem. dessen Art. 3 lit. h) aber jede rechtlich durchsetzbare Vereinbarung zwischen einer zuständigen Behörde und einem Betreiber über die Erfüllung der Anforderungen des öffentlichen Dienstes. Wenn ein Verwaltungsakt auch einseitig durch die Behörde erlassen wird, so erfolgt dies jedoch auf Antrag bzw. infolge des Angebots des betreffenden Verkehrsunternehmens. Berücksichtigt man weiter den Zweck des VO-Entwurfs, den kontrollierten Wettbewerb im Bereich des Personen(nah)verkehrs einzuführen, so dürfte weiterhin die Gewährung einer Konzession durch Verwaltungsakt zulässig bleiben.

---

948 S. nur: *VDV/ ÖTV* (Hrsg.), Der Nahverkehr und seine Unternehmen im Verkehrsmarkt der Zukunft, S. 24 f.
949 Städtetag, Verkehrsunternehmen und ÖTV sorgen sich um die Zukunft des öffentlichen Nahverkehrs, Pressemitteilung des VDV vom 24.08.2000, unter www.vdv.de [VDV-News].
950 a.a.O.: „*Es gelte daher mit allen Mitteln eine Situation zu verhindern, bei der große ausländische Verkehrsunternehmen ... versuchten, über einen harten Preiswettbewerb die vorwiegend mittelständisch organisierten privaten und kommunalen Verkehrsbetriebe in Deutschland auszuschalten.*"
951 Diese Verkehrsdienstleistungen sind behördeninitiiert. Vgl. dazu: *Muthesius*, Zukünftiger Ordnungsrahmen für den allgemeinen öffentlichen Personennahverkehr in Deutschland, in: Püttner (Hrsg.), ÖPNV in Bewegung. Konzepte, Probleme, Chancen, 13 (22).
952 Diese Gruppe von Verkehrsleistungen ist marktinitiiert. Dazu ebenfalls: *Muthesius*, a.a.O.

Die öffentlichen Dienstleistungsaufträge sind gem. Art. 6 lit. a) VO-Entwurf in der Regel im Wege der Ausschreibung zu vergeben[953]. Soweit die DKR oder die SKR anwendbar sind, soll die neue Verordnung nicht gelten, Art. 2 VO-Entwurf. Damit wären die Vergaberegeln der neuen Verordnung nach der hier vertretenen Auffassung für die Vergabe gemeinwirtschaftlicher Leistungen i.S. der bisherigen VO (EWG) 1191/ 69 i.d.F. der VO (EWG) 1893/ 91, also für Verpflichtungen, für die ein Finanzausgleich durch die öffentliche Hand gewährt wird, nicht anwendbar, da insoweit die DKR Anwendung findet.

Die öffentlichen Dienstleistungsaufträge sollen gem. Art. 6 lit. c) S. 1 VO-Entwurf mit einer Laufzeit von lediglich fünf Jahren vergeben werden. Durch diese relativ kurze Laufzeit soll eine möglichst geringe Beeinträchtigung des Wettbewerbs erreicht und die Qualität der Dienste geschützt werden[954]. Insoweit bewirkt die zeitliche Beschränkung der ausschließlichen Rechte wie die räumliche Begrenzung, dass die Beschränkung des Marktzugangs durch die Maßnahme des Mitgliedstaates verhältnismäßig i.S. des Art. 86 Abs. (2) EG ist. Im nationalen Recht ist gem. § 16 Abs. 2 PBefG bisher eine Laufzeit von bis zu acht Jahren vorgesehen. Damit würde sich die Laufzeit der Konzessionen - gerade für die bisher eigenwirtschaftlich geführten Verkehrsdienste - erheblich reduzieren. Hinzu kommt, dass der VO-Entwurf nach Ablauf eines Auftrages keinen Besitzstandsschutz vorsieht, wodurch § 13 Abs. 3 PBefG völlig gegenstandslos würde. Ausnahmsweise kommt nach dem VO-Entwurf eine längere Laufzeit in Betracht, wenn der Betreiber[955] nach dem öffentlichen Dienstleistungsauftrag Investitionen in Infrastruktur, rollendes Material oder andere Fahrzeuge tätigen muss, die an spezifische, geographisch festgelegte Verkehrsdienste gebunden sind und eine lange Amortisationsdauer[956] haben, Art. 6 lit. c) S. 2 VO-Entwurf. Diesen Unternehmen kommt ebenfalls kein Besitzstandsschutz bei Ablauf der Genehmigung zu. Vielmehr erfolgt von vornherein eine längere Befristung. Die Voraussetzungen für eine längere Befristung dürften bei Verkehren mit Kraftomnibussen jedoch nur ausnahmsweise vorliegen, wenn vertraglich vereinbart werden soll, dass Haltestellen oder gar Busbahnhöfe von dem Verkehrsunternehmer bereitzustellen sind, die noch zu errichten sind. In der Regel wird eine längere Laufzeit der Verträge im Bereich des ÖSPV nicht in Frage kommen - gerade weil Kraftomnibusse ortsungebunden eingesetzt werden können. Schließlich müssen die Betreiber den zuständigen Behörden jährlich für jede Strecke getrennt Informationen zu den erbrachten Verkehrsdiensten vorlegen, Art. 6 lit. d) VO-Entwurf. Dies könnte zu einem erhöhten Verwaltungsaufwand bei den Verkehrsunternehmen führen.

---

953 Dies mit dem Argument ablehnend, dass die Städte auch zukünftig darüber entscheiden können müssen, ob sie die Verkehrsleistung selber erbringen oder vergeben: Städtetag, Verkehrsunternehmen und ÖTV sorgen sich um die Zukunft des öffentlichen Nahverkehrs, Pressemitteilung des VDV vom 24.08.2000, unter www.vdv.de [VDV-News].
954 S. Erwägungsgrund Nr. 21 VO-Entwurf.
955 Betreiber ist gem. Art. 3 lit. e) VO-Entwurf ein privat- oder öffentlich-rechtliches Unternehmen, das öffentlichen Personenverkehr durchführt, oder ein Teil einer öffentlichen Verwaltung, der öffentlichen Personenverkehr durchführt.
956 Gem. Art. 3 lit. f) VO-Entwurf ist die Amortisationsdauer eines Wirtschaftsguts für einen Betreiber der Zeitraum, in dem, unter Zugrundelegung angemessener Abzinsungssätze, zu erwarten ist, dass die Kosten des Wirtschaftsgutes für den Betreiber abzüglich des Wiederverkaufswertes die Nettoeinnahmen des Betreibers im Zusammenhang mit dem Wirtschaftsgut, insbesondere aus den Fahrgastentgelten und von Behörden, übersteigen.

Abweichend von der Grundregel, dass öffentliche Dienstleistungsaufträge im Wege einer Ausschreibung zu vergeben sind, lässt Art. 7 VO-Entwurf unter bestimmten Umständen die Direktvergabe zu - allerdings nur im Einzelfall. Bezüglich des Verkehrs mit Kraftomnibussen ist die Direktvergabe gem. Art. 7 Abs. 4 VO-Entwurf jedoch nur zulässig, wenn ein Betreiber[957] zum Zeitpunkt des Inkrafttretens unmittelbar integrierte Verkehrsdienste erbringt und entweder die Sicherheitsstandards für den Schienenverkehr ansonsten gefährdet wären (Art. 7 Abs. 1 VO-Entwurf) oder eine Direktvergabe von Metro- und Stadtbahndiensten angezeigt ist, weil eine andere Lösung zu zusätzlichen Kosten für die Koordinierung zwischen dem Betreiber und dem Inhaber der Infrastruktur führen würde (Art. 7 Abs. 2 VO-Entwurf). In beiden Fällen werden die Busverkehrsdienste in die Direktvergabe der anderen Verkehre unmittelbar einbezogen. Voraussetzung ist aber, dass der Mitgliedstaat dies - im Einzelfall - genehmigt und die Kommission hiervon unter Vorlage geeigneter vergleichender Leistungsindikatoren unterrichtet wird. Da es sich um einen Betreiber handeln muß und der Betreiber i.S. des VO-Entwurfs, derjenige ist, der den Verkehr durchführt, können m.E. Verkehrsverbünde nicht unter diese Ausnahmebestimmung fallen. Der jeweilige Verkehr wird nämlich nach nationalem Recht vom Konzessionsinhaber, auf dessen Namen die Konzession besteht, durchgeführt, nicht aber vom Verkehrsverbund, der für die Koordinierung der Konzessionsinhaber untereinander und für die gemeinsame Vermarktung usw. zuständig ist[958]. Dagegen könnten städtische Unternehmen, wie z.B. die Rostocker Straßenbahn AG und die Braunschweiger Verkehrs AG, die beide sowohl Straßenbahn- als auch Busverkehre anbieten, unter diese Ausnahmeregel fallen - allerdings nur im Einzelfall, wenn die Bedingungen des Art. 7 Abs. 1 oder 2 VO-Entwurf erfüllt sind. Darüber hinaus ist zu bedenken, dass es sich bei dieser Ausnahme um eine einmalige handelt: Die Ausnahme kann nur Betreibern zugute kommen, die zum Zeitpunkt des Inkrafttretens der Verordnung bereits Dienste anbieten. Selbst dann kommt es nur zur Vergabe eines öffentlichen Dienstleistungsauftrags an diesen Betreiber, der nach der Regelung des Art. 6 lit. c) S. 1 VO-Entwurf grundsätzlich auf 5 Jahre befristet ist[959].

Eine weitere Ausnahme von dem Erfordernis einer Ausschreibung und die Möglichkeit zur Direktvergabe bestehen - wieder nur - im Einzelfall, wenn öffentliche Dienstleistungsaufträge für Dienste mit einem geschätzten jährlichen Wert unter

---

957 Insofern „rächt" es sich möglicherweise, wenn Betriebsteile eines kommunalen Unternehmens privatisiert worden sind, um so Personalkosten zu sparen: Hat dieser private Betrieb eigene Konzessionen, während z.B. die Straßenbahnkonzession sich in Händen des kommunalen Unternehmens befindet, wird der integrierte Verkehr nicht mehr von einem Betreiber angeboten.
958 Insoweit dürfte die Einschätzung (allerdings der Presse, vgl. z.B. Braunschweiger Zeitung vom 27.07.2000), dass z.B. der Rhein-Ruhr-Verbund unter diese Regelung fallen könnte, unzutreffend sein.
959 Dagegen kommt eine Ausnahme für schienengebundene Verkehre nach Art. 7 Abs. 1 bzw. 2 VO-Entwurf auch später noch im Einzelfall in Frage. Die zuständigen Behörden, die einen derartigen direkt vergeben wollen, müssen diese vorläufige Entscheidung gem. Art. 7 Abs. 3 VO-Entwurf jedoch bereits ein Jahr vor der angestrebten Direktvergabe bekannt machen und dabei die Untersuchungen und Nachweise veröffentlichen, die sie zu einer Direktvergabe veranlassen. Diese Regelung lässt bereits erkennen, dass die Anforderungen an die Voraussetzungen für das Vorliegen eines Einzelfalles sehr streng seien sollen.

400.000 Euro[960] vergeben werden sollen. Gleiches gilt, wenn eine zuständige Behörde sämtliche öffentliche Dienstleistungsaufträge in einem einzigen Vertrag zusammenfasst und dessen geschätzter jährlicher Wert unter 800.000 Euro liegt, Art. 7 Abs. 5 VO-Entwurf. Zu beachten ist dabei, dass eine derartige Entscheidung nur im Einzelfall zulässig ist, so dass es eines besonderen Grundes für die Direktvergabe bedarf. Eine Umgehung dieser Vorschrift durch Aufspaltung der öffentlichen Dienstleistungsaufträge ist ausdrücklich unzulässig.

Schließlich ist die Direktvergabe eines ausschließlichen Rechts gem. Art. 7 Abs. 6 VO-Entwurf bei innovativen Verkehrsdiensten möglich, sofern dafür kein finanzieller Ausgleich im Rahmen eines öffentlichen Dienstleistungsauftrags vorgesehen ist - ansonsten wäre nach der hier vertretenen Meinung die DKR anzuwenden. Allerdings ist diese Direktvergabe nur einmal möglich, Besitzstandsschutz wird auch hier nicht gewährt.

Neben der Ausschreibung von öffentlichen Dienstleistungsaufträgen und deren Direktvergabe besteht gem. Art. 8 VO-Entwurf die Möglichkeit, öffentliche Dienstleistungsaufträge für einzelne Strecken ohne finanziellen Ausgleich nach einem Qualitätsvergleich ohne Ausschreibung zu vergeben, wenn eine Aufforderung zur Einreichung von Vorschlägen veröffentlicht wurde und nach dem Vergleich der eingegangenen Vorschläge der Betreiber mit der besten Dienstleistung für die Öffentlichkeit gewählt wird. Dieses Verfahren entspricht weitgehend dem im Teil 2 der Arbeit vorgeschlagenen Vergabeverfahren für eigenwirtschaftliche Verkehrsleistungen. Dass der erfolgreiche Bieter für die Verkehrsleistung einen Preis zahlen muss, wird im VO-Entwurf zwar nicht erwähnt, dürfte aber trotzdem zulässig sein. Insoweit kann das europäische Sekundärrecht auf Grund des Subsidiaritätsprinzips den Mitgliedstaaten keine Vorgaben machen.

Da nach der hier vertretenen Meinung die DKR für die Vergabe gemeinwirtschaftlicher Leistungen im bisherigen Sinn, also solcher Leistungen für die ein finanzieller Ausgleich durch die öffentliche Hand erfolgt, der als Beihilfe einzuordnen ist, erschöpft sich der Anwendungsbereich des Vergabeverfahrens des VO-Entwurfs auf Fälle, in denen lediglich ein ausschließliches Recht, nämlich eine Linienkonzession, vergeben wird. Festzuhalten ist allerdings, dass auch für diese endlich eine grundsätzliche Pflicht zur Ausschreibung eingeführt werden soll.

In Art. 9 VO-Entwurf werden verschiedene Schutzmaßnahmen im Zusammenhang mit der Vergabe öffentlicher Dienstleistungsaufträge eingeführt. Da der Anwendungsbereich dieses Artikels nicht durch Art. 2 Abs. 2 VO-Entwurf beschränkt wird, gilt er auch für Ausschreibungen nach der DKR. In Abs. 2 wird erstmals ein Instrument eingeführt, um eine Oligopolbildung zu verhindern: Bereits bei einem Marktanteil von 25%[961] auf dem entsprechenden Markt der öffentlichen Personenverkehrsdienste kann die zuständige Behörde entscheiden, an diesen Betreiber keine öffentlichen Dienstleistungsaufträge mehr zu vergeben. Damit besteht neben der üblichen Fusionskontrolle

---

960 *Muthesius*, Zukünftiger Ordnungsrahmen für den allgemeinen öffentlichen Personennahverkehr in Deutschland, in: Püttner (Hrsg.), ÖPNV in Bewegung. Konzepte, Probleme, Chancen, 13 (23), weist zu diesem Wert auf die Parallelität zu anderen Schwellenwerten im Bereich der öffentlichen Aufträge hin.

961 Dieser Wert sollte nach den Planungen der Kommission ursprünglich 20% betragen. Vgl. *Muthesius*, Zukünftiger Ordnungsrahmen für den allgemeinen öffentlichen Personennahverkehr, in: Püttner (Hrsg.), ÖPNV in Bewegung. Konzepte, Probleme, Chancen, 13 (23).

und dem Institut der missbräuchlichen Ausnutzung einer marktbeherrschenden Stellung eine weitere Möglichkeit, die Oligopolbildung zu verhindern. Die Angst der betroffenen Verbände vor dieser Oligopolbildung ist damit hinfällig[962], soweit die zuständige Behörde diese Vorschrift anwendet.

Neu eingeführt wird der Schutz der Arbeitnehmer. Die zuständige Behörde kann den gewählten Betreiber bei der Vergabe eines ausschließlichen Rechtes durch einen öffentlichen Dienstleistungsauftrag nämlich verpflichten, den Arbeitnehmern, die vor der Vertragsvergabe eingestellt worden sind, die Rechte anzubieten, die sie bei Übergang des Betriebes gem. der RL 77/ 187/ EWG[963] hätten. Aus der deutschen Umsetzung dieser Richtlinie in § 613a BGB ergibt sich, dass den Arbeitnehmern das Angebot zu machen ist, in den neuen Betrieb übernommen zu werden. Diese Übernahme ist allerdings für die Arbeitnehmer gegebenenfalls mit Einkommenseinbußen verbunden: Unterliegt der neue Arbeitgeber einen anderen Tarifvertrag, so ist dieser maßgeblich[964]. Gerade für die derzeit im öffentlichen Dienst beschäftigten ÖPNV-Angestellten kann dies eine Einkommenseinbuße von ca. 30-50% bedeuten, wenn der neue Arbeitgeber unter den entsprechenden Tarifvertrag für private Verkehrsunternehmen fällt. Für die Allgemeinheit bedeutet dies andererseits, dass die Kosten für das ÖPNV-Angebot sinken. Die von den betroffenen Verbänden geforderte Einhaltung von (allerdings unterschiedlichen) Tarifverträgen würde demnach gewährleistet[965].

Schließlich stellt Art. 9 Abs. 4 VO-Entwurf ausdrücklich fest, dass eine bisher fehlende Niederlassung potentieller Bewerber nicht zu deren Diskriminierung führen darf. Andererseits sind die Mitgliedstaaten berechtigt, den ausgewählten Betreiber zu verpflichten, eine Niederlassung im Inland zu begründen. Diese Ermächtigung ist für den Bereich des ÖPNV eigentlich überflüssig, weil ein Betreiber, der über keine Niederlassung in der Nähe verfügt, diese schon aus eigenem Interesse einrichten wird. Andererseits kann durch eine entsprechende Verpflichtung die Durchführung bzw. Erfüllung der Betriebs- und Beförderungspflicht gewährleistet werden.

c.) Mindestkriterien für öffentliche Verkehrsdienste
Neben den öffentlichen Dienstleistungsaufträgen soll die zuständige Behörde gem. Art. 10 VO-Entwurf zusätzlich[966] allgemeine Vorschriften oder Mindestkriterien, die von al-

---

962 S. zu dieser Angst: Städtetag, Verkehrsunternehmen und ÖTV sorgen sich um die Zukunft des öffentlichen Nahverkehrs, Pressemitteilung des VDV vom 24.08.2000, unter www.vdv.de [VDV-News].
963 Des Rates vom 14.02.1977 zur Angleichung der Rechtsvorschriften der Mitgliedstaaten über die Wahrung von Ansprüchen der Arbeitnehmer beim Übergang von Unternehmen, Betrieben oder Betriebsteilen (ABl. EG Nr. L 61/ 26 vom 05.03.1977); zuletzt geänd. durch die RL 98/ 50/ EG des Rates vom 29.06.1998 (ABl. EG Nr. L 201/ 88 vom 17.07.1998).
964 Vgl. zum Vorrang anderer Kollektivverträge: Palandt - *Putzo*, § 613a Rn. 24.
965 Städtetag, Verkehrsunternehmen und ÖTV sorgen sich um die Zukunft des öffentlichen Nahverkehrs, Pressemitteilung des VDV vom 24.08.2000, unter www.vdv.de [VDV-News]. Wenn auch zu vermuten ist, dass gerade die Gewerkschaft ÖTV (neuerdings: ver.di) mit den Einbußen für ihre Mitglieder im öffentlichen Dienst nicht zufrieden sein wird. Gleichzeitig wird mit der neuen Regelung dem Ziel eines hohen Beschäftigungsniveaus entsprochen - wie dies die Bundesregierung fordert. S. Eckpunkte für einen leistungsfähigen und attraktiven öffentlichen Personennahverkehr, Berlin, im Mai 2000, unter I. 8., [www.baunetz.de/bmvbw/verkehr/eckpunkte.htm].
966 Und nicht etwa alternativ zu den gemeinwirtschaftlichen Verträgen. Vgl. die Begründung des Vorschlags der Kommission, KOM (2000) 7 endg., S. 12.

len Betreibern im entsprechenden geographischen Bereich einzuhalten sind, festlegen können. Insbesondere können durch diese Vorschriften oder Kriterien Tarife für bestimmte Kategorien von Fahrgästen begrenzt werden. Unter diese Bestimmung würde die kostenlose Beförderung von Schwerbehinderten fallen. Möglich ist weiterhin nach dem VO-Entwurf, dass die zuständige Behörde für alle in ihrem Bereich tätigen Verkehrsunternehmen festlegt, dass Auszubildende zu einem bestimmten, ermäßigten Tarif (z.B. 75% des normalen Fahrpreises[967]) zu befördern sind. Im Vergleich zur geltenden Rechtslage würde sich insoweit nichts verändern, da nach der hier vertretenen Meinung die Auferlegung von besonderen Tarifen zu Gunsten bestimmter Bevölkerungsgruppen außerhalb von gemeinwirtschaftlichen Verträgen möglich ist. Neu eingeführt wird mit dem Vorschlag allerdings, dass der Ausgleichsbetrag für die Vorschriften bzw. Kriterien nur einem Fünftel des Wertes des entsprechenden Dienstes entsprechen darf[968].

d.) Verfahrensvorschriften
Sämtliche Ausgleichszahlungen im Rahmen des VO-Entwurfs sollen von dem Notifikationsverfahren des Art. 88 Abs. (3) EG befreit sein - wie dies auch bei Ausgleichszahlungen nach der VO (EWG) 1191/ 69 i.d.F. der VO (EWG) 1893/ 91 der Fall ist.

In Art. 12 VO-Entwurf wird ein eigenes Vergabeverfahren eingeführt, das allerdings gem. Art. 2 Abs. 2 VO-Entwurf nur gilt, soweit nicht die DKR anwendbar ist - also nur für die Vergabe ausschließlicher Rechte ohne finanziellen Ausgleich[969]. Abs. 1 bestimmt zunächst, dass das Verfahren der Ausschreibung bzw. des Qualitätsvergleichs gerecht, offen und diskriminierungsfrei erfolgen soll, wozu sämtliche Entscheidungen oder Mitteilungen nach Art. 13 VO-Entwurf zu veröffentlichen und gegebenenfalls der Kommission mitzuteilen sind. In der Ausschreibung sind zunächst die Auswahlkriterien festzulegen, die sich aus den Kriterien zusammensetzen sollen, die Art. 4 Abs. (2) VO-Entwurf zur Bewertung der Angemessenheit der öffentlichen Personenverkehrsdienste aufzählt. Diese Auswahlkriterien müssen bereits in der Ausschreibung derart geordnet werden, dass erkennbar wird, auf Grund welcher Elemente die Behörde zwischen den Angeboten[970] auswählen wird, die die Auswahlkriterien erfüllen (Vergabekriterien). Schließlich sollen die technischen Spezifikationen in der Ausschreibung angegeben werden, in denen die Anforderungen des öffentlichen Dienstes, die der Vertrag abdeckt, sowie alle Wirtschaftsgüter aufgeführt sind, die unter entsprechenden Bedingungen dem Bieter zur Verfügung gestellt werden, der den Zuschlag erhält. Wesentliches Merkmal des Vergabeverfahrens des VO-Entwurfs ist, dass die Kriterien, die für die Angemessenheit des öffentlichen Personenverkehrs nach Ansicht der zuständigen Behörde ent-

---

[967] Dieser Prozentsatz entspricht dem derzeitigen minimalen Spannungsverhältnis zwischen den Preisen für Jedermann-Zeitfahrausweisen und den Preisen der Zeitfahrausweise des Ausbildungsverkehrs, das i.d.R. von den Ländern im Zusammenhang mit § 45a PBefG gefordert wird. Vgl. *Bidinger*, Personenbeförderungsrecht, § 45a Ziff. 7.

[968] Zu dieser „20%-Marke" s.: Pressemitteilung des VDV vom 31.07.2000, unter www.vdv.de [VDV-News]. Dort wird allerdings übersehen, dass die Mindestkriterien nicht nur alternativ zu den gemeinwirtschaftlichen Verträgen sondern zusätzlich möglich sind.

[969] Soweit der Schwellenwert der DKR nicht überschritten wird, wäre ebenfalls die Anwendung des Vergaberechts des VO-Entwurfs möglich, wenn nicht im Einzelfall eine Direktvergabe gem. Art. 7 Abs. 5 VO-Entwurf erfolgen soll.

[970] Für die Abgabe der Angebote gilt gem. Art. 12 Abs. 3 S. 2 VO-Entwurf eine Frist von 52 Tagen, die vom Tag der Absendung der Ausschreibung gerechnet werden soll.

scheidend sind, ausdrücklich Gegenstand der Ausschreibung sein sollen, wobei den einzelnen Bietern in diesem Rahmen eine eigene Entscheidung ermöglicht werden soll, die sich dann in deren Angebot widerspiegelt.

Während Art. 16 VO (EWG) 1191/ 69 i.d.F. der VO (EWG) 1893/ 91 die Mitgliedstaaten lediglich verpflichtete, den Verkehrsunternehmen die Möglichkeit einzuräumen, ihre Interessen mit geeigneten Mitteln geltend machen zu können, verpflichtet Art. 14 Abs. 1 VO-Entwurf die Mitgliedstaaten ausdrücklich, den Betreibern und anderen Beteiligten die Möglichkeit eines Rechtsbehelfs gegen (vorläufige) Entscheidungen bei einer von allen zuständigen Behörden und den Betreibern unabhängigen Stelle einzuräumen. Insoweit sollen nach dem Entwurf die Rechte unterlegener Bieter oder aber von potentiellen Betreibern, die mangels einer Ausschreibung oder ähnlichem benachteiligt worden sind, verbessert werden.

Nach Art. 15 VO-Entwurf soll an der getrennten Rechnungsführung für Dienste, die Gegenstand eines öffentlichen Dienstleistungsauftrags sind, festgehalten werden. Insbesondere wird ausdrücklich festgestellt, dass diese Dienste von anderen Diensten als getrennte Rechnungseinheit betrieben werden sollen - unabhängig davon, ob diese anderen Dienste mit dem Personenverkehr in Zusammenhang stehen oder nicht.

Schließlich räumt Art. 17 VO-Entwurf eine Übergangsfrist von drei Jahren ein, innerhalb derer Verträge oder Vereinbarungen, die mit dem Entwurf nicht in Einklang stehen, außer Kraft zu setzen sind[971]. Diese Frist kann lediglich für Eisenbahnverkehre um weitere drei Jahre verlängert werden, wenn die Amortisationsdauer mehr als drei Jahre beträgt. Für den Kraftomnibusverkehr besteht über die Drei-Jahresfrist hinaus über die bereits vorgestellte Regelung des Art. 7 Abs. 4 VO-Entwurf die Möglichkeit einer Direktvergabe, wenn dieser Verkehr in einen Eisen- oder Straßenbahnverkehr desselben Betreibers integriert ist. Diese Regelung bewirkt de facto im Einzelfall die Gewährung einer Übergangsfrist von 5 Jahren.

e.) Zusammenfassung

Der VO-Entwurf der Kommission stellt erstmalig für den Bereich des öffentlichen Personenverkehrs ausdrücklich fest, dass ausschließliche Rechte wegen ihrer wettbewerbsbeschränkenden Wirkung in einem fairen und transparenten Verfahren und nur befristet, d.h. vor allem grundsätzlich ohne jeglichen Besitzstandsschutz, zu vergeben sind. Bei gemeinwirtschaftlichen Verträgen, in denen neben dem ausschließlichen Recht öffentliche Ausgleichszahlungen geregelt werden, verbleibt es bei der Anwendung der DKR.

---

971 Die Übergangsregelungen mit Hinweis auf die Sozialverträglichkeit bereits im Vorfeld begrüßend: *Muthesius*, Zukünftiger Ordnungsrahmen für den allgemeinen öffentlichen Personennahverkehr in Deutschland; in: Püttner (Hrsg.), ÖPNV in Bewegung. Konzepte, Probleme, Chancen, 13 (23). Die Frist ist nach Ansicht des VDV allerdings zu kurz für die Verkehrsunternehmen, um Wettbewerbsfähigkeit zu erlangen, s. Pressemitteilung des VDV vom 31.07.2000, unter www.vdv.de [VDV-News]. Dieses Argument erscheint jedoch nicht stichhaltig, da bereits seit der VO (EWG) 1107/ 70 bzw. spätestens seit der VO (EWG) 1893/ 91 die Situation für die Nahverkehrsunternehmen erkennbar war!

Damit bekennt sich der Entwurf ausdrücklich zum Prinzip des regulierten Wettbewerbs im Bereich des öffentlichen Personenverkehrs. „Englische Verhältnisse", also ein völlig deregulierter öffentlicher Personennahverkehr, sind demnach nicht zu befürchten. Sollte der Entwurf in seinen wesentlichen Regelungen eines Tages in Kraft treten, so erledigt sich allerdings die „trickreiche"[972] Verbindung einer europarechtswidrigen Anwendung des Begriffs der „eigenwirtschaftlichen Leistungen" mit dem Besitzstandsschutz zur Abwendung ausländischer Konkurrenz spätestens. Darauf sollten sich die Verkehrsunternehmen einstellen.

2. Beihilfen im Eisenbahn-, Straßen- und Binnenschiffsverkehr

Mit der vorgeschlagenen Verordnung[973] soll dem Umstand Rechnung tragen, dass seit dem Inkrafttreten der VO (EWG) 1107/ 70 rund 30 Jahre vergangen sind und in diesem Zeitraum in allen Bereichen der betroffenen Verkehrsarten erhebliche Liberalisierungsschritte stattgefunden haben, und klären, auf welche Weise die Durchführung des Art. 73 EG diesen Veränderungen Rechnung tragen muss[974]. Der Vorschlag stützt sich auf den Teil des Art. 73 EG, der Beihilfen für zulässig erklärt, die den Erfordernissen einer Koordinierung des Verkehrs entsprechen - wie sich aus dem Geltungsbereich des Art. 1 VO-Vorschlag ergibt. Unter diese Beihilfen sollen nur solche fallen, die Infrastrukturbetreiber[975] für den Ausbau und den Betrieb der Verkehrsinfrastruktur[976] erhalten oder die Nutzer der Verkehrsinfrastruktur allerdings nur im - hier nicht interessierenden - Frachtsektor erhalten. Dagegen sollen Beihilfen zur Förderung und Entwicklung des Wirtschaftszweiges Verkehr nicht (mehr) unter Art. 73 EG sondern unter Art. 87 Abs. (3) lit. c EG fallen[977]. Umstrukturierungsbeihilfen wären demnach nur nach der allgemeinen Vorschrift des Art. 87 Abs. (3) lit. c EG gegebenenfalls zulässig[978]. Damit wären Umstrukturierungsbeihilfen nur noch zulässig, wenn die Unterstützung der Unter-

---

972 In Anlehnung an: *Zeiselmair*, Die Novelle zum PBefG, Der Nahverkehr 11/ 1995. 8 (12), der von einem „Trick" spricht.
973 Vorschlag der Kommission für eine Verordnung des Europäischen Parlaments und des Rates über die Gewährung von Beihilfen für die Koordinierung des Eisenbahnverkehrs, des Straßenverkehrs und der Binnenschiffahrt, KOM (2000) 5 endg. vom 26.07.2000.
974 Vgl. Begründung für den Vorschlag für eine Verordnung des Europäischen Parlaments und des Rates über die Gewährung von Beihilfen für die Koordinierung des Eisenbahnverkehrs, des Straßenverkehrs und der Binnenschiffahrt, KOM (2000) 5 endg., S. 2 (Rn. 1 ff.).
975 Zum Begriff: s. Art. 1 2.Unterabsatz VO-Vorschlag.
976 Zur Definition: s. Art. 1 1.Unterabsatz VO-Vorschlag.
977 Begründung für den Vorschlag für eine Verordnung des Europäischen Parlaments und des Rates über die Gewährung von Beihilfen für die Koordinierung des Eisenbahnverkehrs, des Straßenverkehrs und der Binnenschiffahrt, KOM (2000) 5 endg., S. 8 f. (Rn. 28).
978 Zur Anwendung des Art. 87 Abs. (3) lit. c EG auf die Verkehrsunternehmen vgl.: *Metz*, Finanzielles Engagement kommunaler Gebietskörperschaften zugunsten ihrer Nahverkehrsunternehmen und europäisches Beihilferecht, in: Püttner (Hrsg.), ÖPNV in Bewegung. Konzepte, Probleme, Chancen, 53 (59 ff.)

nehmen im Interesse der Gemeinschaft liegt[979]. Dagegen sind Umstrukturierungsbeihilfen nach Art. 73 EG i.V.m. Art. 3 Nr. 1 lit. d) VO (EWG) 1107/ 70 zur Zeit bis zum Inkrafttreten gemeinschaftlicher Regelungen über den freien Marktzugang zulässig. Gemeinschaftliche Regelungen zur Liberalisierung im Bereich des ÖPNV existieren für den Zugang zum grenzüberschreitenden Personenverkehr und bezüglich der subjektiven Zulassungsbedingungen. Für die nur im grenznahen Bereich mögliche Durchführung eines Verkehrsdienstes durch ein Unternehmen aus einem anderen Mitgliedstaat ohne eigene Niederlassung im Mitgliedstaat, in dem der Dienst angeboten wird, ist keine gemeinschaftliche Regelung für diesen speziellen Fall notwendig und wegen des Subsidiaritätsprinzips auch nicht zulässig, da nur ein Mitgliedstaat betroffen ist und die subjektiven Zulassungsbedingungen einheitlich geregelt sind. Dagegen fehlt derzeit - bis möglicherweise der zuvor skizzierte Verordnungsvorschlag die VO (EWG) 1191/ 69 i.d.F. der VO (EWG) 1893/ 91 ablöst - eine gemeinschaftliche Regelung über die diskriminierungsfreie Vergabe von ausschließlichen Rechten zur Durchführung eigenwirtschaftlicher Verkehre, so dass der freie Zugang zum Markt des ÖPNV letztlich doch noch aussteht[980]. Sollte dies entgegen der hier geäußerten Meinung verneint werden, müssten die Umstrukturierungsbeihilfen auf Art. 87 Abs. (3) lit. c EG gestützt werden, der dann einen eigenen Anwendungsbereich erhält, weil die speziellere Regelung auf Grund des Art. 73 EG nicht mehr bestehen würde. Die Notwendigkeit der Anpassung eines Unternehmens an einen geöffneten Markt würde nach dem Verordnungsvorschlag und bei Anwendung des Art. 87 Abs. (3) lit. c EG nicht mehr ausreichen. Deshalb kann die Aufforderung an die öffentlichen Eigentümer, ihre Unternehmen bei Bedarf durch entsprechende Umstrukturierungen möglichst schnell wettbewerbsfähig zu machen, nur unterstrichen werden.

a.) Zulässige Beihilfen
Nach Art. 3 VO-Vorschlag sollen Beihilfen, die einem Betreiber der Infrastruktur für den Betrieb, die Instandhaltung oder die Bereitstellung von Teilen der Landverkehrsinfrastruktur gewährt worden sind, mit dem EG-Vertrag vereinbar sein, sofern die Beihilfe in Relation zur Gesamtfinanzierung des Projekts notwendig ist, damit das Projekt oder die Tätigkeit verwirklicht werden kann, und nicht zu einer Wettbewerbsverzerrung führt, die auf Grund ihres Umfangs dem gemeinschaftlichen Interesse zuwiderläuft, wobei zur Bewertung alle zum Entscheidungszeitpunkt geltenden Rechtsvorschriften über die Erhebung von Infrastrukturgebühren zu berücksichtigen sind. Demnach muss die Beihilfe der ausschlaggebende Aspekt für die Durchführung des geförderten Projekts sein, das die Marktkräfte nicht oder nicht auf dieselbe Weise verwirklicht hät-

---

979 Zur Zulässigkeit von Umstrukturierungsbeihilfen, die sich auf Art. 87 Abs. (3) lit. c EG stützen, s.: Mitteilung der Kommission - Leitlinien für die Beurteilung von Staatlichen Beihilfen zur Rettung und Umstrukturierung von Unternehmen in Schwierigkeiten, ABl. EG Nr. C 368/ 12 vom 23.12.1994. Diese wurden 1997 erweitert (ABl. EG Nr. C 283/ 2 vom 19.09.1997) und bis zum 31.12.1999 verlängert (ABl. EG Nr. C 67/ 11 vom 10.03.1999).
980 Diese Einschätzung wird von der Kommission im Ergebnis nicht geteilt, s. die Begründung für den Vorschlag für eine Verordnung des Europäischen Parlaments und des Rates über die Gewährung von Beihilfen für die Koordinierung des Eisenbahnverkehrs, des Straßenverkehrs und der Binnenschifffahrt, KOM (2000) 5 endg., S. 24 (Rn. 87), die Art. 3 Nr. 1 lit. d VO (EWG) 1107/ 70 wegen der teilweisen Existenz von Vorschriften über den Marktzugang für nicht mehr anwendbar hält.

ten[981]. Dieser Nachweis dürfte sich in der Praxis allerdings sehr schwer führen lassen, da jedes Unternehmen angeben wird, dass es die Infrastruktur ohne die Beihilfe nicht eingerichtet hätte. Die weitere Voraussetzung, dass die Beihilfe nicht zu einer gemeinschaftswidrigen Wettbewerbsverzerrung führt, kann dadurch erfüllt werden, dass das Projekt mit den Zielen der gemeinsamen Verkehrspolitik übereinstimmt, oder durch die geringe Höhe der Beihilfe und die langfristige Perspektive des Projektes nachgewiesen werden.

Neben dieser Ausnahmemöglichkeit nach Art. 3 VO-Vorschlag besteht zusätzlich die Möglichkeit, dass eine Beihilfe für die Verkehrsinfrastruktur mit dem gemeinsamen Markt vereinbar ist, wenn diese in einem offenen, nichtdiskriminierenden Ausschreibungsverfahren vergeben worden ist. In diesem Fall entspräche nämlich das von der öffentlichen Hand zu zahlende Entgelt dem Marktpreis und der Betreiber erhielte nur Vorteile, die die Konkurrenten ebenso hätten erlangen können[982].

b.) Allgemeine Vorschriften
Um den Missbrauch der Beihilfe zu verhindern, bestimmt Art. 5 Abs. 1 VO-Vorschlag, dass die Fördermittel auf getrennten Konten verbucht und dahingehend überwacht werden müssen, dass eine Verbuchung in andere Tätigkeiten, die neben der geförderten betrieben werden, nicht möglich ist, und Art. 5 Abs. 2 VO-Vorschlag, dass bei der Berechnung der zulässigen Höhe einer Beihilfe alle für denselben Zweck bereits gewährten staatlichen oder Gemeinschaftsbeihilfen berücksichtigt werden müssen. Durch die Bestimmung des Abs. 1 wird insbesondere die Quersubventionierung durch den Betreiber einer Infrastruktur für Aktivitäten, die mit der Nutzung der Infrastruktur zusammenhängen, vorliegend also für die Durchführung der ÖPNV-Verkehrsdienste, verhindert.

Art. 6 Abs. 1 VO-Vorschlag stellt Beihilfen für den Betrieb, die Instandhaltung oder die Bereitstellung eines offenen Netzes von der Notifizierungspflicht des Art. 88 Abs. (3) EG frei, sofern es sich nicht um Beihilfen für Terminals für den kombinierten Verkehr sowie für Betriebsleistungen u.a. im Straßenpersonenverkehr handelt, wenn die Infrastruktur integraler Bestandteil eines Netzes ist, das denselben Betreiber hat wie diese Infrastruktur und das auf nicht diskriminierende Weise allen natürlichen und juristischen Personen zugänglich ist, die es nutzen wollen, und die Kapazität der Infrastruktur nicht vollständig oder teilweise einem oder mehreren Verkehrsunternehmern vorbehalten wird. Eine Pflicht zur Notifizierung besteht demnach nur noch in den Fällen, in denen eine größere Auswirkung auf den Wettbewerb zu erwarten ist[983], während ansonsten die Überwachung durch die Kommission anhand der ihr nach Art. 7 VO-Vorschlag in regelmäßigen Abständen vorzulegenden Unterlagen erfolgt. Dabei ist Art. 7 VO-Vorschlag nicht lediglich eine Wiedergabe der bisherigen Informationspflichten der VO

---

981 S. Begründung für den Vorschlag für eine Verordnung des Europäischen Parlaments und des Rates über die Gewährung von Beihilfen für die Koordinierung des Eisenbahnverkehrs, des Straßenverkehrs und der Binnenschiffahrt, KOM (2000) 5 endg., S. 16 (Rn. 57).
982 So ausdrücklich: Erwägungsgrund Nr. 10 VO-Vorschlag.
983 Ausführlich dazu: Begründung für den Vorschlag für eine Verordnung des Europäischen Parlaments und des Rates über die Gewährung von Beihilfen für die Koordinierung des Eisenbahnverkehrs, des Straßenverkehrs und der Binnenschiffahrt, KOM (2000) 5 endg., S. 20 f (Rn. 65 ff.).

(EWG) Nr. 1108/ 70[984], nach der die Investitionen und Betriebsausgaben für die einzelnen Kategorien der Landverkehrsinfrastruktur der Kommission jährlich mitzuteilen sind. Vielmehr sind nun zielgerichtetere Informationen über die einzelnen Projekte mit genauen Einzelangaben, z.B. Name des Begünstigten, Projektkosten, künftige Pläne oder Regelung, erforderlich. Wenn diese erweiterten Informationspflichten im Interesse einer gesteigerten Transparenz und stärkeren Kontrolle durch die Kommission auch zu begrüßen sind, so dürfte der Verwaltungsaufwand für die erforderlichen Nachweise erheblich steigen.

Schließlich soll gem. Art. 8 VO-Vorschlag ein beratender Ausschuss eingesetzt werden, der alle allgemeinen Fragen, die im Zusammenhang mit der Verordnung stehen, prüfen und dazu Stellung nehmen soll. Nach Art. 10 Abs. 1 VO-Vorschlag sollen Beihilferegelungen, die bisher durch die VO 1107/ 70 - ausnahmsweise - von dem Notifizierungsverfahren ausgenommen waren, für die Dauer von 12 Monaten weiterhin von diesem Verfahren ausgenommen bleiben. Nach Art. 10 Abs. 2 VO-Vorschlag sollen die Mitgliedstaaten ihre Beihilferegelungen an Art. 6 des Vorschlags anpassen und die Kommission von entsprechenden Maßnahmen unterrichten.

c.) Zusammenfassung
Wesentliche Neuerung des Vorschlags für den ÖPNV ist, dass nunmehr nur noch Beihilfen an einen Infrastrukturbetreiber für den Betrieb, die Instandhaltung oder Bereitstellung von Teilen der Landverkehrsinfrastruktur nach dieser Verordnung möglich sein sollen. Dagegen fallen Umstrukturierungsbeihilfen aus dem Vorschlag heraus, so dass sie nach der allgemeinen Vorschrift des Art. 87 Abs. (3) lit. c EG von der Kommission zu beurteilen sind, wobei im Gegensatz zur alten Regelung in der VO (EWG) 1107/ 70 das Gemeinschaftsinteresse entscheidend für die Vereinbarkeit der Beihilfe mit dem Gemeinsamen Markt ist. Folglich sollten Umstrukturierungen schnell, also vor Abschluss des Gesetzgebungsverfahrens zu der neuen Verordnung, von den öffentlichen Eigentümern in die Wege geleitet werden.

An der Begründung des Vorschlags fällt weiterhin auf, dass die Kommission die Ausschreibung von Beihilfen auch für den Bereich der Infrastruktur bevorzugt. Dem liegt der sicherlich zutreffende Gedanke zu Grunde, dass dann alle potentiellen Interessenten die gleiche Chance haben, die Beihilfe zu bekommen - mit der Folge, dass die Wettbewerbsverzerrung und damit das Vorliegen einer Beihilfe i.S. des Art. 87 Abs. (1) EG entfällt.

---

984 Verordnung (EWG) Nr. 1108/ 70 des Rates vom 04.06.1970 zur Einführung einer Buchführung über die Ausgaben für die Verkehrswege des Eisenbahn-, Straßen- und Binnenschiffsverkehrs, ABl. EG Nr. L 130/ 4 vom 15.06.1970.

VI. Ergebnis zu Teil 3

Die Überprüfung des innerstaatlichen ÖPNV-Rechts anhand des europäischen Sekundärrechts hat ergeben, dass nur einige Vorschriften mit ihm vereinbar sind, während andere sekundärrechtliche Vorschriften nicht umgesetzt worden sind und gegen andere Vorgaben verstoßen wird.

Vollständig umgesetzt wurden die Vorschriften der RL 96/ 26/ EG i.d.F. der RL 98/ 76/ EG über die subjektiven Zulassungsbedingungen zum Beruf des Verkehrsunternehmers. Die entsprechenden Vorschriften zur persönlichen Zuverlässigkeit und zur finanziellen Leistungsfähigkeit in den §§ 1, 2 PBZugV sind allerdings richtlinienkonform dahingehend auszulegen, dass jeweils der entsprechende Nachweis auch durch Bescheinigungen zuständiger Institutionen aus anderen Mitgliedstaaten erbracht werden kann. Außerdem ist § 13 Abs. 6 PBefG zu Gunsten von juristischen Personen des öffentlichen Rechts aus anderen Mitgliedstaaten anzuwenden, so dass das Vorliegen der subjektiven Zulassungsbedingungen zu unterstellen ist. Durch die Vereinheitlichung der subjektiven Zulassungsbedingungen innerhalb der EU wird nicht nur der Verkehrssicherheit und dem Interesse der Verkehrsnutzer entsprochen, sondern gleichzeitig ein Qualitätsstandard gesichert, indem die „schwarzen Schafe" auf Seiten der Verkehrsunternehmer europaweit aussortiert werden.

Der grenzüberschreitende Personennahverkehr wurde durch die VO (EWG) 684/ 92 i.d.F. der VO (EG) 11/ 98 - mit Ausnahme der noch bestehenden Privilegierung des Schienenverkehrs - liberalisiert. In diesem Bereich sind die subjektiven Zulassungsbedingungen durch das Einführen einer Gemeinschaftslizenz, die letztlich ein Zeugnis über die Voraussetzungen der RL 96/ 26/ EG i.d.F. der RL 98/ 76/ EG darstellt, weiter vereinheitlicht. Im nationalen Recht fehlen allerdings entsprechende Durchführungsvorschriften. Dies ist jedoch unschädlich, da die alte Verordnung zur Durchführung der VO (EWG) 684/ 92 im Zusammenspiel mit der Umsetzung der RL 96/ 26/ EG i.d.F. der RL 98/ 76/ EG und der unmittelbar geltenden VO (EWG) 684/ 92 i.d.F. der VO (EG) 11/ 98 diese Lücke füllt. Objektive Zulassungsbeschränkungen im grenzüberschreitenden Verkehr bestehen nur, wenn eine nachhaltige Störung bestehender Linienverkehre bzw. eines Eisenbahndienstes nachgewiesen wird. Insoweit ist der Gebietsschutz nach § 13 Abs. 2 Nr. 2 PBefG eingeschränkt. Die deutschen ÖPNV-Unternehmen im Grenzbereich zu einem anderen Mitgliedstaat müssen demnach mit Konkurrenz auf ihren Strecken rechnen und können ihrerseits mit den Unternehmen aus den anderen Mitgliedstaaten in deren Herkunftsland konkurrieren. Dagegen wird die Kabotage im Bereich des ÖPNV nicht durch die VO (EG) 12/ 98 zulässig, da der ÖPNV vom Anwendungsbereich dieser Verordnung ausgenommen ist.

Durch die Transparenzrichtlinie erhält die Kommission insbesondere die Möglichkeit, versteckte Beihilfen aufzuspüren. Die Mitgliedstaaten müssen zum einen ihre finanziellen Beziehungen zu ihren öffentlichen Verkehrsunternehmen der Kommission gegenüber offenlegen. Zum anderen müssen die Mitgliedstaaten dafür sorgen, dass Verkehrsunternehmen, die einen rein eigenwirtschaftlichen Verkehr durchführen, getrennte Bücher für diesen Dienst führen. Dagegen folgt die Pflicht zur getrennten Buchführung bei gemeinwirtschaftlichen Verkehren und bei eigenwirtschaftlichen Verkehren, bei denen eine nachträgliche Vereinbarung oder Auferlegung existiert, aus den spezielleren Vorschriften der VO (EWG) 1191/ 69 i.d.F. der VO (EWG) 1893/ 91.

Eine sekundärrechtliche Regelung, die die Kabotage im ÖPNV erlauben würde, existiert folgerichtig nicht, da das Subsidiaritätsprinzip eine derartige Regelung ausschließt. Nachdem die Gemeinschaft die subjektiven Zulassungs- und Wettbewerbsbedingungen (weitgehend) vereinheitlicht hat, ist es Aufgabe des jeweiligen Mitgliedstaates die Dienstleistungsfreiheit zu verwirklichen. Allerdings bestehen bezüglich des Marktzugangs noch Mängel, soweit ausschließliche Rechte vergeben werden. Diese sollen nach dem Vorschlag der Kommission zu einer neuen Verordnung über die Anforderungen des öffentlichen Dienstes behoben werden, indem ausschließliche Rechte mittels eines transparenten und fairen Verfahrens und i.d.R. nur für fünf Jahre ohne jeglichen Besitzstandsschutz nach Ablauf der Konzession vergeben werden sollen. Sollte dieser Vorschlag in der endgültigen Verordnung enthalten sein, so ist die „trickreiche" Verbindung zwischen der europarechtswidrigen Anwendung des Begriffs der „eigenwirtschaftlichen" Leistungen und dem Besitzstandsschutz zur Abwendung europäischer Konkurrenz endgültig überholt.

Zur Zeit sind noch Umstrukturierungsbeihilfen nach Art. 3 Nr. 1 lit. d) VO (EWG) 1107/ 70 zulässig. Da diese Verordnung nach Auffassung der Kommission durch eine neue Verordnung abgelöst werden soll, die keine Regelung für Umstrukturierungsbeihilfen sondern nur solche für Infrastrukturbeihilfen enthält, wäre zum Zeitpunkt des Inkrafttretens der neuen Verordnung eine derartige Beihilfe nur nach Art. 87 Abs. (3) lit. c EG gegebenenfalls zulässig. Damit müsste dann die Umstrukturierung im Interesse der Gemeinschaft liegen, während die Anpassung eines Unternehmens an einen geöffneten Markt nicht mehr für die Zulässigkeit der Beihilfe ausreichen würde. Insofern ist gerade den öffentlichen Eigentümern anzuraten, möglichst schnell mit der Umstrukturierung ihrer Unternehmen zu beginnen und die entsprechenden Beihilfen gem. Art. 88 Abs. (3) EG der Kommission zu melden.

Insgesamt zeigt der Blick ins europäische Sekundärrecht, dass die Zulassungsvoraussetzungen harmonisiert und der Bereich des ÖPNV weitgehend liberalisiert ist. Die Pläne der Kommission lassen erkennen, dass es einen regulierten Wettbewerb in diesem Bereich geben soll. „Englische Verhältnisse", also einen völlig deregulierten ÖPNV, wird es nicht geben. Insoweit haben alle Beteiligten aus den schlechten Erfahrungen in Großbritannien gelernt.

Teil 4: Ergebnisse und Ausblick

I. Ergebnisse

Die Ergebnisse der Arbeit lassen sich wie folgt zusammenfassen:

1. ÖPNV im System des EU-Primärrechts

(1) Der öffentliche Personennahverkehr wird von mehreren Zielen des EG-Vertrages, insbesondere auch der Schaffung eines Binnenmarktes, betroffen und ist seinerseits Mittel zur Verwirklichung der Vertragsziele, so dass er Teil der gemeinsamen Verkehrspolitik der Art. 70 ff. EG ist.

(2) Für das Subsidiaritätsprinzip bleibt im Bereich des ÖPNV nur ein eingeschränkter Anwendungsbereich, da entweder schon Sekundärrecht existiert oder andere Vorschriften des Vertrages der Gemeinschaft eine ausschließliche Zuständigkeit einräumen. Das Subsidiaritätsprinzip bewirkt aber, dass die Gemeinschaft auf die Regelung des rechtlichen Rahmens im Bereich des ÖPNV beschränkt ist, während den Mitgliedstaaten die Ausgestaltung obliegt. Eine Ausnahme ist die Kabotage im ÖPNV, für die die Gemeinschaft nicht zuständig ist, sondern die einzelnen Mitgliedstaaten.

(3) Die zentrale Rechtsgrundlage, die der Gemeinschaft eine Kompetenz zur Rechtsetzung verleiht, ist Art. 71 Abs. (1) EG, während Art. 71 Abs. (2) EG, also die Erforderlichkeit einstimmiger Beschlüsse, im Bereich des ÖPNV nicht relevant ist, da die dort genannten ernsthaften Beeinträchtigungen nicht vorliegen können. Im Rahmen des Art. 71 Abs. (1) EG bestehen die Besonderheiten des Verkehrs zum einen in der Aufteilung in verschiedene Teilmärkte mit verschiedenen Ordnungen und staatlichen Wettbewerbsverfälschungen, welche gerade durch die Politik der Gemeinschaft abgebaut werden sollen, und zum anderen in der Bedeutung des ÖPNV für eine harmonische Entwicklung der Gemeinschaft und die Umwelt sowie weitere Vertragsziele. Nur zu Gunsten dieser Vertragsziele kann das Binnenmarkt- und Wettbewerbsprinzip eingeschränkt werden, während die unterschiedlichen Rechtsordnungen und die Beteiligungen der Staaten am ÖPNV höchstens die Einräumung einer Übergangsfrist rechtfertigen können.

(4) Den Verpflichtungen aus Art. 71 Abs. (1) lit. a und lit. b EG ist der Rat durch den Erlass der VO (EWG) 684/ 92 i.d.F. der VO (EG) 11/ 98 und den Erlass der VO (EG) 12/ 98 nachgekommen. Durch die Maßnahmen zur Verbesserung der Verkehrssicherheit nach Art. 71 Abs. (1) lit. c ist eine Harmonisierung der Wettbewerbsbedingungen eingetreten. Außerdem ermächtigt Art. 71 Abs. (1) lit. d EG den Rat unter Mitwirkung des Europäischen Parlaments zum Erlass aller sonstigen zweckdienlichen Maßnahmen. Zweckdienlich sind alle Maßnahmen, die Ziele des

Vertrages verwirklichen, so dass der Rat letztlich unter Wahrung des Subsidiaritätsprinzips sämtliche Richtlinien und Verordnungen im Bereich des Verkehrs auch auf diese Norm stützen kann.

(5) Art. 72 EG verbietet der Bundesrepublik Deutschland, Vorschriften über die Finanzierung und Genehmigung des ÖPNV zu Ungunsten von Unternehmen aus anderen Mitgliedstaaten abzuändern. Dies gilt auch, wenn diese Unternehmen bisher eine günstigere Position innehaben als inländische Verkehrsunternehmen.

(6) Das grundsätzliche Beihilfeverbot des Art. 87 Abs. (1) EG gilt für den Bereich des ÖPNV. Ausnahmen aus diesem Verbot können sich nur aus den zu Art. 73 EG erlassenen Verordnungen (EWG) 1191/69 i.d.F. der Verordnung (EWG) 1893/91 und (EWG) 1107/70 ergeben. Dagegen können die Regelungen des Art. 87 Abs. (2) und (3) EG im Bereich des ÖPNV keine Ausnahme von dem Beihilfeverbot rechtfertigen, da die Regelungen der vorgenannten Verordnungen spezieller sind, wodurch für die Regelungen des Vertrages bezüglich der allgemeinen Finanzierung des ÖPNV kein Anwendungsbereich mehr verbleibt.

(a) Staatliche Leistungen an Unternehmen außerhalb von Austauschverträgen und Kapitalhilfen, die ein vergleichbar großer, privater Investor nicht vornehmen würde, sind Beihilfen i.S. des Art. 87 Abs. (1) EG. Da sie die Marktchancen der Begünstigten im Vergleich zu anderen Unternehmen verbessern, wirken sie wettbewerbsverfälschend. Die Beeinträchtigung des zwischenstaatlichen Handels ergibt sich dadurch, dass Unternehmen aus anderen Mitgliedstaaten der Marktzutritt zumindest erschwert wird. Folglich sind die Beihilfen mit dem Gemeinsamen Markt nicht vereinbar, soweit sie nicht nach den zu Art. 73 EG erlassenen Verordnungen ausnahmsweise zulässig sind.

(b) Zur Abgeltung von Belastungen, die mit dem Begriff des öffentlichen Dienstes verbunden sind, sind im Bereich des straßengebundenen ÖPNV nur folgende Beihilfen zulässig:
- für Tarifermäßigungen, die im Interesse bestimmter sozialer Gruppen vorzuhalten sind, Art. 1 Abs. (5) bzw. (6) S. 1 VO (EWG) 1191/69 i.d.F. der VO (EWG) 1893/91;
- sofern sie zur Sicherstellung der ausreichenden Bedienung der Bevölkerung mit Verkehrsleistungen unerlässlich sind, Art. 1 Abs. (4), (5) VO (EWG) 1191/69 i.d.F. der VO (EWG) 1893/91;
- und für Tarifpflichten, die nicht in Art. 2 Abs. (5) VO (EWG) 1191/69 i.d.F. der VO (EWG) 1893/91 enthalten sind, also die Auferlegung eines allgemeinen Tarifniveaus Art. 3 Nr. 2 2.Alt. VO (EWG) 1107/70.

(c) Zur Koordinierung sind im Bereich des ÖSPV folgende Beihilfen zulässig:
- Wegekostendeckungsbeiträge der öffentlichen Hand gem. Art. 3 Nr. 1 lit. b der VO (EWG) 1107/70, bis zum Inkrafttreten einer gemeinsamen Regelung;
- zu Forschungszwecken außerhalb der kommerziellen Betriebsführung, Art. 3 Nr. 1 lit. c VO (EWG) 1107/70;

- und gem. Art. 3 Nr. 1 lit. d der VO (EWG) 1107/ 70 Umstrukturierungsbeihilfen im Rahmen eines Sanierungsplans bis zum Inkrafttreten einer gemeinschaftlichen Regelung zum Marktzugang. Die Zulässigkeit dieser Beihilfen ist im Gegensatz zu Beihilfen nach Art. 87 Abs. (3) lit. c EG nicht von dem Interesse der Gemeinschaft abhängig.

(d) Beihilfen nach der VO (EWG) 1191/ 69 i.d.F. der VO (EWG) 1893/ 91 unterliegen nicht der Notifizierungspflicht des Art. 88 Abs. (3) EG und gelten als bestehende Beihilfen. Sie unterliegen wie alle bestehenden Beihilfen der Kontrolle der Kommission nach Art. 88 Abs. (1) EG und können von dieser im Verfahren nach Art. 88 Abs. (2) EG für die Zukunft als mit dem Gemeinsamen Markt unvereinbar erklärt werden, wenn sie nicht mit der Verordnung übereinstimmen.

(e) Dagegen unterliegen Beihilfen nach der VO (EWG) 1107/ 70 der Notifizierungspflicht und dem Durchführungsverbot des Art. 88 Abs. (3) EG. Werden derartige Begünstigungen gewährt, bevor die Kommission deren Vereinbarkeit mit dem Gemeinsamen Markt festgestellt hat, so müssen die Mitgliedstaaten nach Aufforderung durch die Kommission sie zurückfordern, wenn sie auch materiell rechtswidrig sind. Die Rückforderung im nationalen Recht richtet sich dann entweder nach § 48 VwVfG, wobei der Behörde kein Ermessen zukommt, die Überschreitung der Frist des § 48 Abs. 4 VwVfG unbeachtlich ist und das begünstigte Unternehmen keinen Vertrauensschutz genießt, oder nach § 812 Abs. 1 S. 1 1.Alt BGB i.V.m. § 184 BGB analog, wobei das begünstigte Unternehmen sich nicht auf den Fortfall der Bereicherung berufen kann.

(7) Die Bedeutung des Art. 74 EG erschöpft sich darin, dass die auferlegten, nicht den kommerziellen Interessen der Verkehrsunternehmen entsprechenden Verpflichtungen auszugleichen sind. Dafür sorgen die VO (EWG) 1191/ 69 i.d.F. der VO (EWG) 1893/ 91 bzw. die VO (EWG) 1107/ 70.

(8) Die Begründung ausschließlicher Rechte, also die Vergabe von Konzessionen nach dem PBefG, und die damit verbundene Beschränkung des Wettbewerbs bzw. weitere Ausnahmen aus den Bestimmungen des Vertrages können im Bereich des Art. 86 Abs. (1) EG nicht auf Art. 86 Abs. (2) EG gestützt werden, da die allgemeinen wirtschaftlichen Interessen abschließend und hinreichend in der VO (EWG) 1191/ 69 i.d.F. der VO (EWG) 1893/ 91 bzw. der VO (EWG) 1107/ 70 berücksichtigt worden sind. Eine darüber hinausgehende Aufgabenübertragung würde dem Gemeinschaftsinteresse zuwiderlaufen, da der Mitgliedstaat einseitig Regelungen der Gemeinschaft zurücknehmen würde. Deshalb sind Konzessionen grundsätzlich im Wettbewerb zu vergeben, weil eine Vergabe unter Ausschluss jeglichen Wettbewerbs i.d.R. nicht zur Erreichung des allgemeinen wirtschaftlichen Interesses erforderlich ist. Zulässig bleibt jedoch die Gewährung ausschließlicher Rechte, soweit diese der Finanzierung oder Absicherung der Verkehre i.S. der VO (EWG) 1191/ 69 i.d.F. der VO (EWG) 1893/ 91 dienen. Weitere Abweichungen von den Bestimmungen des Vertrages zu Gunsten der ÖPNV-Unternehmen sind nicht zulässig.

Damit sind die Freiheiten des EG-Vertrages für den Bereich des ÖPNV i.V.m. den Verordnungen zu Art. 71 Abs. (1) lit. a, b EG weitgehend verwirklicht.

(9) Bei der Genehmigung und Finanzierung des ÖPNV hat jeder Mitgliedstaat die Niederlassungsfreiheit des Art. 43 EG zu beachten und darf diese nur aus Gründen beschränken, die dem Schutz eines berechtigten öffentlichen Interesses dienen. Bezüglich der berechtigten Interessen gilt das zuvor zu Art. 86 Abs. (2) EG Gesagte sinngemäß.

2. Überprüfung des nationalen Rechtsrahmens für den ÖPNV

(10) ÖPNV ist als Aufgabe der Daseinsvorsorge den zuständigen öffentlichen Stellen zugewiesen. Die Wahrnehmung dieser Aufgabe bedingt das Fehlen einer ausreichenden Verkehrsbedienung. Die ausreichende Verkehrsbedienung hat die zuständige Stelle anhand angebotsorientierter Kriterien, d.h. anhand der sozialen, landesplanerischen und umweltpolitischen Interessen, und anhand nachfrageorientierter Interessen zu beurteilen. Eine ausreichende Verkehrsbedienung fehlt, wenn sie durch verbesserte Fahrplan- oder Tarifgestaltung, durch geänderte Beförderungsbedingungen oder durch eingeschränkte oder erweiterte Linienführung verbessert werden kann.

(11) Träger dieser Aufgabe und zuständige Behörden i.S. der VO (EWG) 1191/69 i.d.F. der VO (EWG) 1893/91 sind in den Bundesländern meist die kreisfreien Städte und die Landkreise. Sie haben ausschließlich über das Vorliegen einer ausreichenden Verkehrsbedienung zu befinden, soweit sie Teil des Rechts auf kommunale Selbstverwaltung ist. Die übergeordnete Genehmigungsbehörde hat lediglich im Rahmen des § 8 Abs. 3 S. 1 PBefG im Interesse einer ausreichenden Bedienung der Bevölkerung mit Verkehrsdienstleistungen für eine (überörtliche bzw. regionale) Integration der Nahverkehrsleistungen zu sorgen.

(12) Die Aufgabenträger können mit dem neuen Instrument des Nahverkehrsplans Vorgaben für die zu erbringenden Verkehrsleistungen in ihrem Zuständigkeitsbereich festlegen. Diese Vorgaben sind von der Genehmigungsbehörde zu beachten, wenn die Verkehrsunternehmen an der Aufstellung mitgewirkt haben und der Plan nicht Aussagen enthält, die abschließend durch das ranghöhere Bundesrecht festgelegt sind oder in das Ausgestaltungsrecht der Unternehmen eingreifen. Derartige Aussagen würden nur den Aufgabenträger selbst binden.

(13) Die Genehmigungsbehörde regelt den Marktzugang und bindet die Unternehmen durch die Genehmigung an genaue Vorgaben bezüglich der zu erbringenden Verkehrsleistung.

(14) Eigenwirtschaftliche Verkehre:

(a) Der Begriff der Eigenwirtschaftlichkeit in § 8 Abs. 4 S. 2 PBefG ist europarechtskonform dahingehend auszulegen, dass unter den Begriff der sonstigen Erträge im handelsrechtlichen Sinn keine Investitionsförderungen zur Anschaffung neuer Busse und zum Bau eines Betriebshofes und keine vertraglichen Ausgleichs- und Zuschusszahlungen (globale Verlustabdeckungen, Zahlungen für besondere Fahrplanleistungen und Tarife, für Marketing und Service, Leistungen aus dem steuerlichen Querverbund, Ausgleich von Harmonisierungsverlusten und sonstigen verbundbedingten Lasten), mit Ausnahme von Umstrukturierungsbeihilfen und solchen für allgemeine Tarife, fallen - soweit ein privater vergleichbarer Investor die Kapitalhilfe nicht auch gewährt hätte. Die aufgezählten Finanzierungsmittel sind zwar grundsätzlich erlaubt, jedoch nur im Rahmen der VO (EWG) 1191/ 69 i.d.F. der VO (EWG) 1893/ 91 - mit der Folge, dass die entsprechenden Verkehrsleistungen als gemeinwirtschaftliche Leistungen zu vereinbaren oder aufzulegen sind.

(b) Die Einordnung als eigenwirtschaftlicher Verkehr wird nicht durch Beihilfen nach der VO (EWG) 1107/ 70, nicht durch Steuervergünstigungen sowie ebenfalls nicht durch gesetzliche Erstattungs- und Ausgleichsansprüche gem. §§ 45a BefG, 59, 62 SchwbG beeinträchtigt. Für letztgenannte Ansprüche folgt dies daraus, dass der Ausgleichsanspruch für diese besonderen Tarife in der VO (EWG) 1191/ 69 i.d.F. der VO (EWG) 1893/ 91 außerhalb des Systems der vereinbarten und auferlegten Verpflichtungen erfolgt.

(c) Ein Antrag auf Genehmigung eines eigenwirtschaftlichen Verkehrs nach § 13 PBefG, dessen Finanzierung unter die VO (EWG) 1191/ 69 i.d.F. der VO (EWG) 1893/ 91 fällt, ist von der Genehmigungsbehörde als unzulässig zurückzuweisen. Insoweit handelt es sich nicht um eine Frage der finanziellen Leistungsfähigkeit des Unternehmens, die erst im Rahmen des § 13 Abs. 1 PBefG zu untersuchen wäre.

(d) Die Genehmigungsbehörden haben den beantragten Beförderungsentgelten und Fahrplänen bei der Erteilung der Genehmigung zuzustimmen, wenn ansonsten die Eigenwirtschaftlichkeit der Unternehmen gefährdet würde. Im Rahmen des Genehmigungsverfahrens hat die Genehmigungsbehörde neben den subjektiven Zulassungsbedingungen das Vorliegen eines öffentlichen Verkehrsinteresses zu überprüfen. Ein öffentliches Verkehrsinteresse steht der Genehmigung insbesondere entgegen, wenn bereits ein Parallelverkehr besteht und der neue Verkehr in den Gebietsschutz des bestehenden eingreifen würde. Insoweit kommt dem bestehenden Verkehr ein Ausgestaltungsrecht zu, dass allerdings voraussetzt, dass der bestehende Verkehr in seinem Kern erhalten bleibt.

(e) Während des Bestehens einer eigenwirtschaftlichen Konzession können nachträglich veränderte Betriebspflichten, Beförderungsentgelte und Fahrpläne auferlegt werden, wenn dies dem Interesse des Unternehmens entspricht, also die Eigenwirtschaftlichkeit gewahrt bleibt, oder anderenfalls eine Vereinbarung mit oder Auferlegung durch den zuständigen Aufgabenträger (§§ 21 Abs. 4, 39 Abs. 2, 40 Abs. 3

PBefG) erfolgt, weil sich die Verkehrsbedürfnisse nachhaltig und unvorhersehbar geändert haben. Im zweiten Fall bleibt der Verkehr auf Grund der Konzession ein eigenwirtschaftlicher; die Auferlegung bzw. Vereinbarung bedarf der Genehmigung durch die Genehmigungsbehörde. Die Einschränkung des Wettbewerbs erfolgt durch die ursprüngliche Konzession und nicht durch die spätere Auferlegung oder Vereinbarung, die deshalb nicht wettbewerbsverfälschend wirken kann, so dass keine verbotene Beihilfe i.S. des Art. 87 Abs. (1) EG vorliegt. Voraussetzung für die fehlende Wettbewerbsverzerrung ist allerdings, dass nur die tatsächlichen Kosten für die Verpflichtung des öffentlichen Dienstes abgegolten werden. Erst nach Ablauf der eigenwirtschaftlichen Konzession ist der Verkehr als gemeinwirtschaftlicher Verkehr auszuschreiben.

(f) Stellen die öffentlichen Stellen ihre europarechtswidrige Beihilfegewährung im Bereich des eigenwirtschaftlichen Verkehrs ein, fehlen den Verkehrsunternehmen, die scheinbar einen eigenwirtschaftlichen Verkehr betreiben, die Mittel, um diesen gewinnbringend bzw. zumindest kostenneutral zu erbringen, da sie tatsächlich einen gemeinwirtschaftlichen Verkehr durchführen. Sie können Anträge nach Art. 4 Abs. (1) VO (EWG) 1191/ 69 i.d.F. der VO (EWG) 1893/ 91 auf Aufhebung der Verpflichtungen des öffentlichen Dienstes stellen. Entscheidet sich die zuständige Behörde für die Beibehaltung des jeweiligen Verkehrs, so muss sie die Beibehaltung der Verpflichtung anordnen und einen entsprechenden Ausgleich zahlen. Die finanzielle Belastung für die öffentliche Hand dürfte dabei identisch sein, während die Finanzierung nunmehr transparenter und rechtmäßig erfolgt. Die Verkehrsunternehmen erhalten so die Möglichkeit den entsprechenden Verkehrsdienst bis zum Ablauf der eigenwirtschaftlichen Konzession geordnet durchzuführen. Erst mit Ablauf der Konzession kann und muss der Verkehr als gemeinwirtschaftlicher ausgeschrieben werden.

(g) Bei einem Antrag auf Wiedererteilung einer eigenwirtschaftlichen Konzession besteht für ein Unternehmen nur Besitzstandsschutz nach § 13 Abs. 3 PBefG, wenn es den öffentlichen Verkehrsinteressen in einem außergewöhnlichen Maß gedient hat und die Wiedererteilung nicht im Widerspruch zu den Festsetzungen des Nahverkehrsplans steht. Ansonsten kann der Besitzstandsschutz nur im Sinne von „Bekannt und Bewährt" verstanden werden und muss auch zu Gunsten von Unternehmen gelten, die sich irgendwo in der Gemeinschaft bewährt haben. Insoweit ist darauf hinzuweisen, dass der Besitzstandsschutz für eigenwirtschaftliche Verkehre nach einem Vorschlag der Kommission in einer Verordnung, die die VO (EWG) 1191/ 69 i.d.F. der VO (EWG) 1893/ 91 ablösen soll, zukünftig wegfallen soll.

(h) Bei Ablauf einer eigenwirtschaftlichen Konzession haben potentielle Mitbewerber Schwierigkeiten davon zu erfahren und können mangels Kenntnis keine eigenen, den öffentlichen Verkehrsinteressen möglicherweise besser entsprechenden Angebote erstellen. Aus der Niederlassungs- und gegebenenfalls aus der Dienstleistungsfreiheit folgt im Zusammenhang mit Art. 86 Abs. (2) EG, dass auch eigenwirtschaftliche Konzessionen in einem fairen und transparenten Verfahren vergeben werden müssen. Folglich müssen auslaufende Konzessionen zumindest rechtzeitig in geeigneter Form bekannt gegeben werden. Der Verordnungsvorschlag der Kommission sieht dafür - wie für gemeinwirtschaftliche Leistungen - die Pflicht zur Vergabe im Wettbewerb vor, da eine über die Ausschließlichkeit des Rechts hinausgehende Beschränkung des Wettbewerbs nicht erforderlich ist. Spätestens mit Inkrafttreten einer derartigen Regelung wäre die „trickreiche" Verbindung der rechtswidrigen Auslegung des Begriffs der Eigenwirtschaftlichkeit mit dem Besitzstandsschutz des § 13 Abs. 3 PBefG zum Ausschluss ausländischer Konkurrenz nicht mehr möglich.

(15) Gemeinwirtschaftliche Verkehre:

(a) Gemeinwirtschaftlich ist jede Verkehrsleistung, die nicht eigenwirtschaftlich erbracht werden kann. Eine entsprechende Konzession durch die Genehmigungsbehörde setzt jedoch das vorherige Tätigwerden des zuständigen Aufgabenträgers voraus. Dieser kann (muss es aber nicht) mit einem Verkehrsunternehmen die Verkehrsleistung vereinbaren oder dem Verkehrsunternehmen auferlegen - gegen einen entsprechenden Ausgleich für die Verpflichtungen des öffentlichen Dienstes, also für die Leistungen, die das Verkehrsunternehmen nicht in eigenem wirtschaftlichem Interesse übernehmen würde.

(b) Ein echtes Wahlrecht des Verkehrsunternehmens, ob es einen eigenwirtschaftlichen oder einen gemeinwirtschaftlichen Verkehr betreiben will, existiert nicht. Sobald Verpflichtungen des öffentlichen Dienstes i.S. der VO (EWG) 1191/ 69 i.d.F. der VO (EWG) 1893/ 91 gegen Kostenausgleich auferlegt oder vereinbart werden sollen, liegt ein gemeinwirtschaftlicher Verkehr vor. Auf Grund des Beihilfeverbots des Art. 87 Abs. (1) EG können diese Verpflichtungen nur im Rahmen eines gemeinwirtschaftlichen Verkehrs i.S. der vorgenannten Verordnung abgegolten werden. Wegen des Vorrangs der Eigenwirtschaftlichkeit kann der Unternehmer allerdings beantragen, die entsprechende Verkehrsleistung eigenwirtschaftlich durchzuführen, wodurch er allerdings keinen Anspruch auf Kostenausgleich hat und das wirtschaftliche Risiko allein tragen muss.

(c) Die Genehmigungsbehörde hat eine gemeinwirtschaftliche Konzession gem. § 13a PBefG zu erteilen, wenn die subjektiven und sicherheitsrelevanten Zulassungsvoraussetzungen vorliegen, und der Aufgabenträger die Lösung gewählt hat, die zu den geringsten Kosten für die Allgemeinheit führt, sowie den Grundsatz der Gleichbehandlung gewahrt hat.

(d) Bei einer Vereinbarung liegen die geringsten Kosten, also die geringste Belastung des betroffenen öffentlichen Haushaltes, bei einer europarechtskonformen Auslegung des § 1 Abs. 2 GKVO und bei Anwendung der höherrangigen §§ 97 ff. GWB vor, wenn bei einem Auftragswert von mehr als 200.000 ECU, der regelmäßig erreicht werden dürfte, eine europaweite Ausschreibung i.d.R. im offenen Verfahren erfolgt und das Vergabeverfahren transparent und diskriminierungsfrei durchgeführt worden ist. Widrigenfalls hat die Genehmigungsbehörde die Genehmigung zu verweigern.

(e) Bei der gegenüber der Vereinbarung nachrangigen Auferlegung sind die geringsten Kosten gegeben, wenn keine Vereinbarung möglich war und die Grundsätze der VPöA beachtet worden sind. Wäre dagegen eine Vereinbarung möglich gewesen, diskriminiert die Auferlegung nicht berücksichtigte Verkehrsunternehmen, so dass die Genehmigungsbehörde keine Genehmigung nach § 13a PBefG erteilen darf.

(f) Weitere Vereinbarungen oder Auferlegungen während der bestehenden gemeinwirtschaftlichen Konzession kann nur der Aufgabenträger vornehmen, während eine eigenwirtschaftliche Auferlegung durch die Genehmigungsbehörde nicht möglich ist. Die weitere Vereinbarung oder Auferlegung bedarf der erneuten Genehmigung seitens der Genehmigungsbehörde, da § 13a PBefG nicht zwischen einer anfänglichen und einer nachträglichen Auferlegung bzw. Vereinbarung unterscheidet.

(g) Nach Ablauf der gemeinwirtschaftlichen Konzession besteht überhaupt kein Besitzstandsschutz, da § 13 Abs. 3 PBefG nicht anwendbar ist.

(16) Obwohl Ausgleichszahlungen für im Interesse bestimmter Bevölkerungsgruppen auferlegte Tarife - wie sie die §§ 45a PBefG, 59, 62 SchwbG (§§ 145 ff. SGB IX) vorsehen - nach Art. 1 Abs. (5) VO (EWG) 1191/ 69 i.d.F. der VO (EWG) 1893/ 91 grundsätzlich zulässig sind, verstoßen die jeweiligen Ausgleichsregelungen gegen Art. 9 und 11 dieser Verordnung, weil nicht die durch die jeweilige Auferlegung verursachten Kosten ersetzt werden. Vielmehr wird im Rahmen des § 45a PBefG auf die Kosten durchschnittlicher Unternehmen abgestellt, mit der Folge, dass entweder die Kosten nicht vollständig ersetzt werden oder ein Ausgleich gewährt wird, der die Kosten übersteigt. Der Verstoß der §§ 59, 62 SchwbG liegt darin, dass trotz eines entsprechenden Nachweises des Unternehmers der tatsächlichen Anzahl von Beförderungen von Schwerbehinderten, die über den behördlich errechneten Vomhundertsatz liegen, nur bei einer Abweichung von mindestens 33 $^1/_3$ % ein höherer Ausgleich gezahlt wird. Die entsprechenden Ausgleichszahlungen müssen dem höherrangigen Sekundärrecht angepasst werden.

3. Weitere Vorschriften des Sekundärrechts für den ÖPNV

(17) Die Vorschriften der Richtlinie 96/ 26/ EG i.d.F. der Richtlinie 98/ 76/ EG, die die subjektiven Zulassungsvoraussetzungen für den Beruf des Personenkraftverkehrsunternehmers gemeinschaftsweit vereinheitlicht, wurden mit Erlass der PBZugV in das deutsche Recht umgesetzt. Bezüglich der persönlichen Zuverlässigkeit und der finanziellen Leistungsfähigkeit müssen die Vorschriften der PBZugV europarechtskonform dahingehend ausgelegt werden, dass jeweils der entsprechende Nachweis auch durch Bescheinigungen zuständiger Institutionen aus anderen Mitgliedstaaten erbracht werden kann. Außerdem muss § 13 Abs. 6 PBefG, nach dem das Vorliegen der subjektiven Zulassungsvoraussetzungen zu Gunsten juristischer Personen des öffentlichen Rechts vermutet wird, ebenfalls zu Gunsten juristischer Personen des öffentlichen Rechts aus anderen Mitgliedstaaten angewandt werden.

I. 3. Weitere Vorschriften des Sekundärrechts für den ÖPNV

(18) Der grenzüberschreitende Personenverkehr wurde bis auf die weiterhin bestehende Privilegierung des Schienenverkehrs durch die VO (EWG) 684/ 92 i.d.F. der VO (EG) 11/ 98 liberalisiert.

(a) Insbesondere wird nunmehr das Vorliegen der subjektiven Zulassungsvoraussetzungen durch eine Gemeinschaftslizenz im grenzüberschreitenden Verkehr nachgewiesen.

(b) Die nationalen Durchführungsvorschriften wurden der neuen Fassung der VO allerdings nicht angepasst. Dies ist jedoch im Ergebnis unschädlich, weil die unmittelbar geltende VO (EWG) 684/ 92 i.d.f. der VO (EG) 11/ 98 auf die Vorschriften der RL 96/ 26/ EG i.d.F. der RL 98/ 76/ EG über die subjektiven Zulassungsvorschriften verweist, die mit der PBZugV ins deutsche Recht umgesetzt worden ist, und die alte Verordnung zur Durchführung der (ursprünglichen) VO (EWG) 684/ 92 für die jeweils geltende Fassung dieser Verordnung gelten soll. Lediglich zur Klarstellung wäre demnach eine Veränderung der Durchführungsverordnung wünschenswert.

(c) Objektive Zulassungsbeschränkungen im grenzüberschreitenden Verkehr bestehen nur bei einer nachgewiesenen nachhaltigen Störung bestehender Linienverkehre oder eines Eisenbahndienstes. Eine nachhaltige Störung ist jedenfalls gegeben, wenn die ausreichende Bedienung der Bevölkerung mit Verkehrsleistungen insgesamt gefährdet würde. Da insoweit die Interessen lediglich einzelner Unternehmer nicht ausreichend sind, wird der Gebietsschutz dieser im Sinne des § 13 Abs. 2 Nr. 2 PBefG gegebenenfalls wertlos. Andererseits können die deutschen ÖPNV-Anbieter ihre Dienste auch im Nachbarland anbieten und dort mit Unternehmen aus dem anderen Mitgliedstaat konkurrieren, so dass sich Vor- und Nachteile die Waage halten dürften.

(19) Eine sekundärrechtliche Vorschrift, die die Kabotage im ÖPNV regelt, existiert nicht. Nachdem die subjektiven Zulassungsbedingungen gemeinschaftlich vereinheitlicht worden sind und durch die VO (EWG) 1191/ 69 i.d.F. der VO (EWG) 1893/ 91 zumindest gemeinwirtschaftliche Verkehrsleistungen im Wettbewerb zu vergeben sind, wäre eine derartige Regelung mit dem Subsidiaritätsprinzip nicht vereinbar, da die Aufgabe, die Dienstleistungsfreiheit zu verwirklichen, von den Mitgliedstaaten verwirklicht werden kann. Dabei ist zu berücksichtigen, dass Kabotage im ÖPNV auf Grund der Notwendigkeit einer Niederlassung oder eines Betriebshofs in der Nähe lediglich im Grenzbereich zu einem anderen Mitgliedstaat möglich ist. Lediglich auf Grund der derzeit bestehenden Marktzutrittsschranken bei der Gewährung eigenwirtschaftlicher Konzessionen, die ausschließliche Rechte darstellen, besteht Handlungsbedarf der Gemeinschaft, der von der Kommission im Vorschlag für eine neue Verordnung, die die zuvor genannte Verordnung ablösen soll, berücksichtigt worden ist. Nach diesem Vorschlag sollen auch eigenwirtschaftliche Konzessionen in einem offenen und fairen Verfahren zeitlich befristet und i.d.R. ohne jeglichen Besitzstandsschutz nach Ablauf der Konzession vergeben werden.

(20) Durch die Transparenzrichtlinie erhält die Kommission im Bereich des ÖPNV die Möglichkeit, versteckte Beihilfen aufzuspüren, da zunächst die Mitgliedstaaten ihre finanziellen Beziehungen (bzw. der untergeordneten Behörden oder Körperschaften) zu öffentlichen Verkehrsunternehmen der Kommission mitteilen müssen. Bezüglich der rein eigenwirtschaftlichen Verkehre wird diese (alte) Transparenzpflicht durch die neue Pflicht der Mitgliedstaaten ergänzt, dafür zu sorgen, dass die entsprechenden Verkehrsunternehmen als Inhaber ausschließlicher Rechte getrennte Bücher für die Bereiche, in denen diese Rechte bestehen, führen. Soweit eine Vereinbarung oder Auferlegung i.S. der VO (EWG) 1191/ 69 i.d.F. der VO (EWG) 1893/ 91 vorliegt, folgt die Pflicht zur getrennten Buchführung dagegen aus der spezielleren Verordnung.

II. Ausblick

Als Ergebnis der Untersuchung ist festzustellen, dass die Deregulierung des ÖPNV durch Maßnahmen der Europäischen Union bereits beinahe vollständig erfolgt ist. Lediglich bezüglich des freien Zugangs zu den eigenwirtschaftlichen Verkehren fehlt noch eine notwendige Regelung. Diese Lücke soll nach Ansicht der Kommission durch eine neue Verordnung, die die VO (EWG) 1191/ 69 i.d.F. der VO (EWG) 1893/ 91 ablösen soll, geschlossen werden. Sollte dies in der endgültigen Verordnung übernommen werden, so wären auch eigenwirtschaftliche Konzessionen im Wettbewerb für eine befristete Zeit zu vergeben. Die in der Vorbemerkung erwähnten Ängste der beteiligten deutschen Verkehrsunternehmen und der im ÖPNV Beschäftigten können demnach nur in Verbindung mit der tatsächlichen Umsetzung der europarechtlichen Vorgaben gebracht werden. Eine Gefahr für den ÖPNV als Aufgabe der Daseinsvorsorge besteht bei einer Anwendung bzw. Umsetzung der Vorgaben allerdings nicht, da die Gemeinschaft nur einen regulierten Wettbewerb für den ÖPNV eingeführt hat bzw. einführen wird. Die zuständigen Aufgabenträger können mit dem ÖPNV weiterhin weitere Ziele, wie die Raumgestaltung und soziale Umverteilungen, verfolgen. Gegenwärtig sind diese Ziele als Kriterien für die ausreichende Bedienung der Bevölkerung mit Verkehrsleistungen ausdrücklich anerkannt. Diese Anerkennung bliebe erhalten, wenn die Pläne der Kommission verwirklicht werden sollten - nur, dass diese Ziele dann Kriterien der Angemessenheit der öffentlichen Personenverkehrsdienste würden.

Für den Bundesgesetzgeber besteht Handlungsbedarf, einige Durchführungsvorschriften zu ergänzen, das gesamte System der Finanzierung des ÖPNV einschließlich der Ausgleichszahlungen für die Beförderung Schwerbehinderter und Auszubildender mit Zeitfahrausweisen neu zu ordnen und insbesondere den Begriff der Eigenwirtschaftlichkeit in § 8 Abs. 4 S. 2 PBefG neu zu definieren. Wenn der Begriff auch europarechtskonform ausgelegt werden kann, so führt er in der Praxis zu eindeutigen Verstößen gegen das ranghöhere Europarecht, insbesondere gegen Art. 87 Abs. (1) EG und die unmittelbar geltende VO (EWG) 1191/ 69 i.d.F. der VO (EWG) 1893/ 91. Dass die Kommission gegen diese Verstöße bisher nicht vorgegangen ist, kann nur als glücklicher Umstand gewertet werden. Sollten die Pläne der Kommission zur Vergabe eigenwirtschaftlicher Verkehre im Wettbewerb nicht in absehbarer Zeit umgesetzt werden, wodurch sich die europarechtswidrige Anwendung des Begriffs der Eigenwirtschaftlichkeit erledigen würde, muss allerdings mit dem Einschreiten der Kommission gerechnet werden.

Da nur ein regulierter Wettbewerb im Bereich des ÖPNV eingeführt werden soll, ist die geäußerte Angst vor Billiganbietern aus anderen Mitgliedstaaten, die ihre Kosten nur durch verminderte Fahrzeugsicherheit, fehlende Ausbildung der Mitarbeiter und mangelndem Service niedrig halten, unbegründet. Entweder bestehen gemeinschaftsweit einheitliche Vorgaben, wie z.B. bezüglich der subjektiven Zulassungsvoraussetzungen und der Führerscheine, oder die Möglichkeit für den Aufgabenträger, bei der Festlegung der ausreichenden Verkehrsbedienung oder in der Ausschreibung, z.B. für den Service, Vorgaben zu bestimmen[985].

Angst müssen die deutschen und unter diesen insbesondere die öffentlichen Verkehrsunternehmer dagegen vor billigeren Anbietern aus anderen Mitgliedstaaten haben. Es kann nämlich nicht ausgeschlossen werden, dass diese Unternehmen dieselbe Verkehrsleistung wie ein deutsches Unternehmen zu einem günstigeren Preis anbieten können - mit der Folge, dass die deutschen Unternehmen in einem wettbewerbsorientierten ÖPNV-Markt nicht überleben können. Hauptursache für die kostengünstigeren Angebote ausländischer Unternehmen gegenüber denen öffentlicher Unternehmen könnte das höhere Tarifniveau im öffentlichen Dienst sein. Die derzeitige Differenz von ca. 30-50% zwischen den Personalkosten für einen Busfahrer eines privaten Verkehrsunternehmens und den Personalkosten für einen Busfahrer eines öffentlichen Unternehmens macht den Kostenvorteil bereits deutlich. Daraus wird für die öffentlichen Unternehmen gefolgert, dass sie die Bindung an den für den öffentlichen Dienst geltenden Tarifvertrag bzw. die entsprechenden Tarife beseitigen müssten, wenn sie eine Chance im Wettbewerb haben wollten[986]. Dies könnte durch eine Privatisierung der öffentlichen Verkehrsbetriebe z.B. durch Verkauf an einen privaten Investor oder ein Verkehrsunternehmen aus einem anderen Mitgliedstaat oder durch Ausgliederung von Betriebsteilen erreicht werden. Sollte ein Verkehrsunternehmen ein Überangebot produzieren oder ineffektiv sein, könnten die öffentlichen Eigentümer bzw. die öffentliche Hand für nötige Umstrukturierungen, d.h. zur Anpassung der Verkehrsunternehmen an die Bedürfnisse des dem Wettbewerb geöffneten Marktes, derzeit noch Beihilfen nach der VO (EWG) 1107/ 70 im Rahmen eines Sanierungsplanes gewähren. Da diese Verordnung nach den Plänen der Kommission durch eine neue ersetzt werden soll, die keine Umstrukturierungsbeihilfen mehr zulassen soll, und Umstrukturierungsbeihilfen dann nur noch nach Art. 87 Abs. (3) lit. c EG zulässig ist, wenn sie den gemeinsamen Interessen entsprechen, muss die Umstrukturierung umgehend erfolgen. Zusätzlich müssten die öffentlichen Unternehmen die Möglichkeiten erhalten, außerhalb des Bereiches des kommunalen Eigentümers tätig zu werden, damit sie z.B. auch in anderen Mitgliedstaaten in den Wettbewerb um Verkehrsleistungen eintreten können. Insoweit bestehen entsprechende Ansätze zur Umgestaltung des Gemeindewirtschaftsrechts[987].

Für die im Bereich des ÖPNV Beschäftigten könnten die Veränderungen des rechtlichen Rahmens und die Öffnung des ÖPNV-Marktes für den Wettbewerb den Verlust

---

985 S. dazu: Teil 1 unter I. 2. b.), Teil 2 unter I. 1. b.), III. 2. b.) ee.) und Teil 3 unter II., III., V. 1. a.).
986 Insoweit sehr deutlich: Pressemitteilung des VDV vom 06.12.1999, unter www.vdv.de [VDV-News]: „... *Fesseln des öffentlichen Dienstrechts* ...".
987 Dazu ausführlich: Nachweise in Teil I, Fn. 388.

einiger Arbeitsplätze zur Folge haben - gerade Im Rahmen einer als nötig empfundenen Umstrukturierung oder des Verkaufs der öffentlichen Unternehmen. Deshalb müssen die öffentlichen Eigentümer bzw. die öffentliche Stelle, die die Umstrukturierungsbeihilfe gewährt, auf die Sozialverträglichkeit bei einem gegebenenfalls notwendigen Arbeitsplatzabbau achten.

Zur Gefährdung von Arbeitsplätzen kann es aber auch kommen, wenn eine örtliche Konzession für einen gemeinwirtschaftlichen oder eigenwirtschaftlichen Verkehr an ein Unternehmen von außerhalb, sei es aus einem anderen Mitgliedstaat oder einer anderen Gegend der Bundesrepublik, vergeben wird. In diesem Fall ist allerdings nicht zu erwarten, dass der neue Konzessionsinhaber das gesamte Personal von außerhalb mitbringen wird. Vielmehr wird er daran interessiert sein, ortskundige Beschäftigte des ehemaligen Konzessionsinhabers einzustellen. Insoweit bedeuten die Pläne der Kommission für eine neue Verordnung, die die VO (EWG) 1191/ 69 i.d.F. der VO (EWG) 1893/ 91 ablösen soll, nach der den Arbeitnehmern in dieser Situation vom Neuinhaber der Konzession die Rechte, die ihnen bei Übergang des Betriebes zustehen würden, angeboten werden müssen, nur eine zusätzliche Sicherheit für alle Beschäftigten. Wenn die Arbeitsplätze soweit auch gesichert sind, so bedeutet der Übergang der Konzession an ein neues Unternehmen für die Angestellten möglicherweise einen Einkommensverlust. Werden sie in den Betrieb des neuen Konzessionsinhabers eingestellt, so besteht nach der derzeitigen Rechtslage für diesen keine Bindung an den entsprechenden für die Angestellten günstigeren Tarifvertrag für den öffentlichen Dienst, sondern gegebenenfalls nur an einen für private Unternehmen im ÖPNV geltenden. Entsprechend würde sich die Situation bei Anwendung des Vorschlags der Kommission darstellen, soweit die Nachwirkung des alten Tarifvertrages (§ 613a BGB) beseitigt wird.

Durch die konsequente Umsetzung der europarechtlichen Vorgaben und der tatsächlichen Einführung des Wettbewerbs um Konzessionen könnten die Haushalte der zuständigen Aufgabenträger spürbar entlastet werden. Kurzfristig könnte es eventuell zu Einsparungen kommen, falls sich nach Einstellung der rechtswidrigen Beihilfepraxis im Zusammenhang mit den als eigenwirtschaftlich konzessionierten Verkehren herausstellen sollte, dass der für die Beibehaltung der Verpflichtung des öffentlichen Dienstes auf Antrag der Verkehrsunternehmen zu zahlende Ausgleich unter dem Betrag der bisher zugeführten öffentlichen Mittel liegen sollte. Auf jeden Fall würde die Finanzierung der als eigenwirtschaftlich konzessionierten Verkehre damit rechtmäßig und transparenter erfolgen[988]. Langfristig könnte es zu Einsparungen kommen, wenn nach Ablauf dieser eigenwirtschaftlichen Konzessionen der Verkehr europarechtskonform als nunmehr gemeinwirtschaftlicher ausgeschrieben wird. Die Vergabe im Wettbewerb würde nämlich dafür sorgen, dass lediglich ein Marktpreis von dem zuständigen Aufgabenträger zu entrichten ist. Einsparungen für die öffentliche Haushalte entstehen zusätzlich, wenn tatsächlich eigenwirtschaftliche Konzessionen, wie vorgeschlagen[989], nach einer frühzeitigen Mitteilung des Auslaufens der alten Konzession gegen das höchste Gebot zeitlich befristet verkauft werden. Schließlich würde sich durch den Druck des Wettbewerbs die Qualität der Verkehrsleistungen zum Nutzen der Verkehrsbenutzer erhöhen. „Englische Verhältnisse", also eine Situation, in der nur die lukrativsten Strecken von

---

988 S. dazu und zum Folgenden: Teil 2 II. 3. e.), III. 2. b.) ee.).
989 Vgl. Teil 2 II. 4. a.).

jedermann bedient werden, mit ihren negativen Auswirkungen auf das Streckenangebot und die Verkehrssicherheit usw., wird es in Deutschland auf Grund des europäischen Rechts jedenfalls nicht geben. Vielmehr wird es einen Wettbewerb um Konzessionen geben, auf Grund derer dann ein regulierter ÖPNV zur Erfüllung der Aufgabe der Daseinsvorsorge durchgeführt wird. Insoweit haben die Beteiligten aus der englischen „Vorarbeit" gelernt.

Die Verhältnisse auf dem ÖPNV-Markt sind demnach von letztlich gravierenden Änderungen betroffen. Es wäre auch überraschend gewesen, wenn gerade dieser Markt von der Deregulierung bzw. aus dem System, das den Binnenmarkt vor Verfälschungen schützt, ausgenommen wäre. Die damit zusammenhängenden Ängste der Beteiligten sind zu verstehen. Andererseits wiederholen sich im Bereich des ÖPNV derzeit Erfahrungen aus anderen ehemals regulierten Dienstleistungsbereichen. Auch in der Energiewirtschaft und im Bereich der Telekommunikation wurden Bedenken gegen die Einführung des Wettbewerbs erhoben[990]. Nach der Durchsetzung des Wettbewerbsprinzips in diesen Bereichen sind die Leistungen für die Allgemeinheit dagegen keineswegs schlechter geworden - flächendeckend kann in der Bundesrepublik Deutschland zu günstigeren Preisen (vorwiegend bei Ferngesprächen auf Grund des dort bestehenden intensiven Preiswettbewerbs[991]) telefoniert und ausreichend Strom bezogen werden. Die entsprechende Grundversorgung der Allgemeinheit ist gesichert. Handlungsbedarf besteht in diesen Bereichen lediglich, um den existierenden Wettbewerb zu schützen (z.B. durch die Offenhaltung des Netzzugangs) und zu erweitern[992]. Im Bereich des ÖPNV wird die Entwicklung nicht anders sein.

---

990 So wurde bei einer Liberalisierung des Marktes für Energiewirtschaft z.B. erwartet, dass nur Großkunden von Preisnachlässen profitieren würden, nicht aber der private Endverbraucher. Außerdem würden besondere Rahmenbedingungen der Einführung des Wettbewerbs entgegenstehen. Dagegen sind die Energiepreise auch für private Abnehmer gesunken. Vgl. zu dem alten Argument die Darstellung bei: *Büdenbender*, Energierecht nach der Energierechtsreform, JZ 1999, 62 (63).
991 Vgl. zu diesem Preiswettbewerb und zu der im Jahr 1999 steigenden Anzahl von Anbietern im Telekommunikationsbereich: *Scherer*, Die Entwicklung des Telekommunikationsrechts in den Jahren 1998 und 1999, NJW 2000, 772 (772 f.).
992 *Scherer*, Die Entwicklung des Telekommunikationsrechts in den Jahren 1998 und 1999, NJW 2000, 772 (785), nennt diesbezüglich für den Bereich der Telekommunikation die Verhinderung unzulässiger Preisnachlässe in Verdrängungsabsicht und die Förderung des Wettbewerbs im Ortsnetz.

Literaturverzeichnis

Aberle, Gerd, Öffentlicher Personennahverkehr in der Fläche, Darmstadt 1981
Ders., Europäische Verkehrspolitik. Harmonisierung der Wettbewerbsbedingungen im Kraftverkehr, Schriftenreihe der Klaus-Dieter Arndt-Stiftung e.V., Heft 14, Bonn 1988
Ders., Die ökonomischen Grundlagen der Europäischen Verkehrspolitik, in: Jürgen Basedow (Hrsg.), Europäische Verkehrspolitik, Max-Planck-Institut für ausländisches und nationales Privatrecht. Studien zum ausländisches und internationalen Privatrecht, 16, Tübingen 1987, S. 29 ff.
Ders., Intermodaler Wettbewerb zwischen Bus und Bahn im Regionalverkehr; in: DVWG (Hrsg.), Reformkonzepte im Nahverkehr: Deregulierung, Privatisierung, Regionalisierung, Schriftenreihe der Deutschen Verkehrswissenschaftlichen Gesellschaft e.V., Reihe B, Band 191, Bergisch-Gladbach 1996, S. 39 ff.
Arndt, Hans-Wolfgang, Rechtsprobleme der gemeinschaftlichen Koordinierung und Finanzierung des öffentlichen Personennahverkehrs durch Bund, Länder und Gemeinden, Berlin 1990
Badura, Peter, Das öffentliche Unternehmen im europäischen Binnenmarkt, ZGR 1997, S. 291 ff.
Ders., Wirtschaftliche Betätigung der Gemeinde zur Erledigung von Angelegenheiten der örtlichen Gemeinschaft im Rahmen der Gesetze, DÖV 1998, S. 818 ff.
Barth, Sybille, Anmerkung zu OVG Magdeburg, Urt. v. 07.04.1998 - A 1/ 4 S 221/ 97, ZUR 1998, S. 215 ff.
Dies., Nahverkehr in kommunaler Verantwortung, Bielefeld 2000, zugleich Diss. Konstanz WS 1999/ 2000.
Barth, Sybille/ **Baumeister**, Hubertus, Umweltwirksame Gestaltung des öffentlichen Personennahverkehrs durch die kommunalen Aufgabenträger, ZUR 1997, S. 17 ff.
Bartl, Harald, Tourismus - Liberalisierung und Harmonisierung des Verkehrs in der Europäischen Gemeinschaft, TranspR 1988, S. 253 ff.
Bartosch, Andreas, Europäisches Telekommunikationsrecht im Jahr 1998, EuZW 1999, S. 421 ff.
Ders., Neubestimmung des EG-Wettbewerbsrechts in liberalisierten Märkten, ZIP 1999, S. 1787 ff.
Ders., Beihilfenrechtliches Verfahren und gerichtlicher Rechtsschutz, ZIP 2000, S. 601 ff.
Ders., Neue Transparenzpflichten - eine kritische Analyse des Kommissionsentwurfs einer neuen Transparenzrichtlinie, EuZW 2000, S. 333 ff.
Basedow, Jürgen, Verkehrsrecht und Verkehrspolitik als europäische Aufgabe, in: Jürgen Basedow (Hrsg.), Europäisches Verkehrspolitik, Max-Planck-Institut für ausländisches und nationales Privatrecht. Studien zum ausländischen und internationalen Privatrecht, 16, Tübingen 1987, S. 1 ff.
Ders., Wettbewerb auf den Verkehrsmärkten. Eine rechtsvergleichende Untersuchung zur Verkehrspolitik, Heidelberg 1989
Ders., Anmerkung zu EuGH JZ 1992, S. 870, JZ 1992, S. 870 ff.
Bast, Joachim/ **Blank**, Klaus Günther, Beihilfen in der EG und Rechtsschutzmöglichkeiten für Mitbewerber, WuW 1993, S. 181 ff.

Batzill, Roland, Unausweichlicher Wettbewerb, Der Nahverkehr 1-2/ 1995, S. 81 ff.
Ders., Der steuerliche Querverbund bleibt unberührt erhalten, Der Nahverkehr 7-8/ 1994, S. 12 ff.
Batzill, Roland/ **Zuck**, Holger, Personenbeförderungsrecht im Spannungsfeld von Bahnstrukturreform, PbefG-Novelle, ÖPNV-Recht der Länder und EG-Recht, Baden-Baden 1997
Baumeister, Hubertus, Erteilung von Linienverkehrsgenehmigungen, LKV 1999, S. 12 ff
Benedict, Christoph G., Abgestufte Harmonisierung im Vergaberecht, EuZW 1999, S. 77 ff.
Berrisch, Georg M./ **Nehl**, Hans-Peter, Novellierung der Vergabeordnung, DB 2001, S. 184 ff.
Berschin, Felix, Europäisches Recht der Finanzierung des ÖPNV bringt Wettbewerb um Subventionen, ZUR 1997, S. 4 ff.
Ders., Anmerkung zum OVG Magdeburg, Urteil vom 07.04.1998, A 1/ 4 S 221/ 97 , TranspR 1999, S. 33 ff.
Berschin, Felix/ **Werner**, Jan, Begriffserklärungen im Verkehrsbereich, ZUR 1997, S. 26 f.
Beutler, Bengt/ **Bieber**, Roland/ **Pipkorn**, Jörn/ **Streil**, Jochen, Die Europäische Union. Rechtsordnung und Politik, 4. Aufl. 1993
Bidinger, Helmuth, Die neuen Vorschriften für den grenzüberschreitenden Personenverkehr mit Omnibussen in der EG, NZV 1993, S. 289 ff.
Ders., Gemeinsame Regeln und Beförderungsdokumente für den grenzüberschreitenden Personenverkehr mit Kraftomnibussen, NZV 1994, S. 137 ff.
Ders., Änderungen des Personenbeförderungsrechts durch das Planvereinfachungsgesetz und das Eisenbahn-Neuordnungsgesetz, NVwZ 1994, S. 209 ff.
Ders., Personenbeförderungsrecht, Kommentar zum Personenbeförderungsrecht nebst sonstigen einschlägigen Vorschriften, Band 1 und 2, Berlin/ Bielefeld/ München, Loseblattsammlung, Stand Dezember 2000
Bidinger, Helmuth/ **Haselau**, Klaus/ **Krämer**, Horst, Ausgleich gemeinwirtschaftlicher Leistungen im Ausbildungsverkehr, München 1977
Bidinger, Rita/ **Müller-Bidinger**, Ralph, Überblick über neue Entscheidungen zum Personenbeförderungsrecht im Jahre 1996, NZV 1996, S. 383 ff.
Bierwagen, Rainer M., Läutet der Europäische Gerichtshof das Ende des Remailing ein?, ZIP 2000, S. 569 ff.
Birkenmaier, Dieter, Gemeinsamer Markt, nationales Interesse und Art. 90 EWGV - Zur Debatte der grenzüberschreitenden Elektrizitätslieferungen, EuR 1988, S. 144 ff.
Bleckmann, Albert, Europarecht, 6. Aufl. Köln/ Berlin/ Bonn/ München 1997
Ders., Die umgekehrte Diskriminierung (discrimination à rebours) im EWG-Vertrag, RIW 1985, S. 917 ff.
Ders., Zur Dogmatik des Niederlassungsrechts im EWG-Vertrag, WiVerw 1987, S. 119 ff.
Boesen, Arnold, Das Vergaberechtsänderungsgesetz im Lichte der europarechtlichen Vorgaben, EuZW 1998, S. 551 ff.

Brandt, Eberhardt, Untätigkeit in der europäischen Verkehrspolitik, TranspR 1986, S. 89 ff.
Ders., Die europäische Verkehrspolitik vor dem Ministerrat - eine Gesetzgebungsübersicht, TranspR 1989, S. 245 ff.
Brandt, Eberhard/ **Bausch**, Fritz, Zum Güterkraftverkehrsrecht der Europäischen Gemeinschaften, AWD 1974, S. 590 ff.
Brinker, Ingo, Was bringt das neue Vergaberecht, WiB 1997, S. 577 f.
Britz, Gabriele, Staatliche Förderung gemeinwirtschaftlicher Dienstleistungen in liberalisierten Märkten und Europäisches Wettbewerbsrecht, DVBl. 2000, S. 1641 ff.
Büdenbender, Ulrich, Energierecht nach der Energierechtsreform, JZ 1999, S. 62 ff.
Burchard von, Friedrich, Die Kompetenzen der EG-Kommission nach Art. 90 III EWGV, EuZW 1991, S. 339 ff.
Burgbacher, H.G., Vergaberegeln und Nahverkehr, TranspR 1999, S. 1 ff.
Burgi, Martin, Die öffentlichen Unternehmen im Gefüge des primären Gemeinschaftsrechts, EuR 1997, S. 261 ff.
Busch, Berthold, Die Verkehrspolitik der EG unter dem Einfluß der Binnenmarktvollendung, Beiträge zur Wirtschafts- und Sozialpolitik des Instituts der Deutschen Wirtschaft Köln, Beitrag 188, Köln 1991
Byok, Jan, Das neue Vergaberecht, NJW 1998, S. 2774 ff.
Calliess, Christian/ **Ruffert**, Matthias (Hrsg.), Kommentar zu EU-Vertrag und EG-Vertrag, Neuwied/ Kriftel 1999
Carl, Dieter, Der Verkehr im europäischen Binnenmarkt, TranspR 1992, S. 81 ff.
Daub, Walter/ **Eberstein**, Hermann, Kommentar zur VOL/ A. Verdingungsordnung für Leistungen - ausgenommen Bauleistungen - Teil A. Allgemeine Bestimmungen für die Vergabe von Leistungen, 4. Aufl. Düsseldorf 1998
Danwitz von, Thomas, Grundfragen der Europäischen Beihilfeaufsicht, JZ 2000, S. 429 ff.
Dauses, Manfred A., Die rechtliche Dimension des Binnenmarktes, EuZW 1990, S. 8 ff.
Ders. (Hrsg.), Handbuch des EU-Wirtschaftsrechts, Band 1 u. 2, München, Loseblattsammlung, Stand Aug. 2000.
Deckert, Martina/ **Schroeder**, Werner, Öffentliche Unternehmen und EG-Beihilferecht. Gemeinschaftsrechtliche und zivilrechtliche Implikationen, EuR 1998, S. 291 ff.
Dengler, Fritz, Zur Prüfung der Verkehrstarife im Personenverkehr nach § 39 Abs. 2 Personenbeförderungsgesetz, DÖV 1979, S. 662 ff.
Ders., Die preisrechtlichen Eingriffsbefugnisse in die Tarifgestaltung kommunaler Verkehrsunternehmen und die Verantwortlichkeit für die Finanzierung ihrer Defizite, VerwArch 1982, S. 292 ff.
Dolfen, Michael, Der Verkehr im europäischen Wettbewerbsrecht, Tübingen 1991, zugleich Diss. Augsburg 1990.
Dreher, Meinrad, Der Anwendungsbereich des Kartellvergaberechts, DB 1998, S. 2579 ff.
Ehlermann, Claus-Dieter, The internal market following the Single European Act, CMLRev. 1987, S. 361ff.
Ders., EG-Binnenmarkt für die Energiewirtschaft, EuZW 1992, S. 689 ff.

Ders., Telekommunikationsrecht und Europäisches Wettbewerbsrecht, EuR 1993, S. 134 ff.

Ehlers, Dirk, Die Einwirkungen des Rechts der Europäischen Gemeinschaften auf das Verwaltungsrecht, DVBl. 1991, S. 605 ff.

Ehricke, Ulrich, Der Art. 90 EWGV - eine Neubetrachtung, EuZW 1993, S. 211 ff.

Ders., Zur Konzeption von Art. 37 I und Art. 90 II EGV, EuZW 1998, S. 741 ff.

Eichenhofer, Eberhard, Das Arbeitsvermittlungsmonopol der Bundesanstalt für Arbeit und das EG-Recht, NJW 1991, S. 2857 ff.

Eichenhorn, Peter/ **Greiling**, Dorothea, Öffentlicher Personennahverkehr durch öffentliche und/ oder private Unternehmen ?, in: Günter Püttner (Hrsg.), Der regionalisierte Nahverkehr, Schriftenreihe der Gesellschaft für öffentliche Wirtschaft, Heft 42, Baden-Baden 1997, S. 51 ff.

Eiermann, Rudolf, Rechtsbeziehungen im Schienenpersonennahverkehr (SPNV) zwischen Aufgabenträgern, Dienstleistungserbringern und Fahrwegbetreibern, in: Günter Püttner (Hrsg.), Der regionalisierte Nahverkehr, Schriftenreihe der Gesellschaft für öffentliche Wirtschaft, Heft 42, Baden-Baden 1997, S. 115 ff.

Elbel, Thomas, Das Recht der öffentlichen Aufträge auf dem Prüfstand des europäischen Rechts, DÖV 1999, S. 235 ff.

Emmerich, Volker, Nationale Postmonopole und Europäisches Gemeinschaftsrecht, EuR 1983, S. 216 ff.

Ders., Internationale Personalberatung im Lichte des EWG-Vertrages, BB 1989, Beilage 3, S. 9 ff.

Erdmenger, Jürgen, EG unterwegs - Wege zur Gemeinsamen Verkehrspolitik, Baden-Baden 1981

Ders., Die EG-Verkehrspolitik vor Gericht. Das EuGH-Urteil Rs. 13/ 83 vom 22.5.1985 und seine Folgen, EuR 1985, S. 375 ff.

Ders., Die gemeinsame Binnenverkehrspolitik der EG nach dem Gerichtsurteil vom 22. Mai 1985, in: Jürgen Basedow (Hrsg.), Europäische Verkehrspolitik, Max-Planck-Institut für ausländisches und nationales Privatrecht. Studien zum ausländischen und internationalen Privatrecht, 16, Tübingen 1987, S. 83 ff.

Erlbacher, Friedrich, Die neuen Leitlinien der Kommission für die Vergabe staatlicher Regionalbeihilfen, EuZW 1998, S. 517 ff.

Everling, Ulrich, Das Niederlassungsrecht in der Europäischen Gemeinschaft, DB 1990, S. 1853 ff.

Faber, Angela, Drittschutz bei der Vergabe öffentlicher Aufträge, DÖV 1995, S. 403 ff.

Falk, Hermann, Die materielle Beurteilung des deutschen Stromeinspeisungsgesetzes nach europäischem Beihilferecht, ZIP 1999, S. 738 ff.

Fey, Michael, Zwingt die Änderung der VO (EWG) 1191/ 69 zur Umgestaltung des Personenbeförderungsgesetzes ?, NZV 1992, 476 ff.

Ders., Zu neuen Regelungen für die Personenbeförderung mit Kraftomnibussen im grenzüberschreitenden und im Kabotageverkehr innerhalb der EG - soweit sie den Bustouristiker betreffen, TranspR 1993, S. 281 ff.

Ders., Zur Verordnung „Geringste Kosten" als Abschluß des Gesetzeswerkes zur Regionalisierung des ÖPNV-Marktes sowie zu anderen Fragen des novellierten PBefG, NZV 1996, S. 132 ff.

Ders., Bustouristik, in: Heinz Klatt/ Frithjof Wahl (Hrsg.), Recht der Touristik, Loseblattsammlung, Stand Dezember 1997, Neuwied/ Kriftel/ Berlin, Teil 5.
Ders., Neue Vorschriften der Europäischen Union (EU) für den Personenverkehr mit Omnibussen, TranspR 1998, S. 286 ff.
Fischer, Christian, Die neue Rolle der DB AG im SPNV, in: DVWG (Hrsg.), Reformkonzepte im Nahverkehr: Deregulierung, Privatisierung, Regionalisierung, Schriftenreihe der Deutschen Verkehrswissenschaftlichen Gesellschaft e.V., Reihe B, Band 191, Bergisch-Gladbach 1996, S. 32 ff.
Fischer, Hans-Georg, Die neue Verfahrensordnung zur Überwachung staatlicher Beihilfen nach Art. 93 (jetzt Art. 88) EGV, ZIP 1999, S. 1426 ff.
Frenz, Walter, Energiesteuer und Beihilfenverbot, EuZW 1999, S. 616 ff.
Friesen von, Alexander, Umgestaltung des öffentlichrechtlichen Bankensektors angesichts des Europäischen Beihilfenrechts, EuZW 1999, S. 581 ff.
Frisinger, Jürgen/ **Behr**, Andreas, Staatsbürgschaften, Banken und EU-Beihilfenverbot, RIW 1995, S. 708 ff.
Fromm, Günter, Rechtsprechung zum Personenbeförderungsgesetz, BB 1980, S. 238 ff.
Ders., Rechtsprechung zum Personenbeförderungsgesetz, BB 1983, S. 862 ff.
Ders., Der öffentliche Personennahverkehr in der kommunalen Verkehrspolitik, in: Mutius von, Albert (Hrsg.), Selbstverwaltung im Staat der Industriegesellschaft: Festgabe zum 70. Geburtstag von Georg Christoph von Unruh, Schriftenreihe der Lorenz-v.-Stein-Instituts für Verwaltungswissenschaften Kiel, Band 4, 1983, S. 703 ff.
Ders., Der öffentliche Personennahverkehr als pflichtige Selbstverwaltungsaufgabe der Landkreise ?, ZögU 1986, S. 73 ff.
Ders., Die Bedeutung der Verordnung (EWG) Nr. 1893/ 91 für den Ausgleich gemeinwirtschaftlicher Leistungen in Deutschland, TranspR 1992, S. 256 ff.
Ders., Bedeutung und Auswirkungen der EG-Verordnung 1893 für die Omnibusunternehmen, die ÖPNV betreiben, in: Rüdiger Zuck (Hrsg.), Personenverkehr im Spannungsfeld zwischen EG-Recht und Verkehrspolitik, Bildungswerk der Omnibusunternehmer, Filderstadt 1992, S. 15 ff.
Ders., Der Fortbestand des Querverbundes - ein steuerliches Problem ?, BB 1994, S. 2366 ff.
Ders., Die Reorganisation der Deutschen Bahn, DVBl. 1994, S. 187 ff.
Ders., Die Neuordnung des Personenbeförderungsrechts, TranspR 1994, S. 425 ff.
Fromm, Günther/ **Fey**, Michael, Personenbeförderungsrecht, 3. Auflage München 2001
Fromm, Günter/ **Sellmann**, Klaus-A., Die Entwicklung des öffentlichen Verkehrsrechts, NVwZ 1994, S. 547 ff.
Gabler, Elisabeth M., Öffentlicher Nahverkehr in Bayern, Frankfurt/ Main (u.a.) 2000, zugleich Diss. Regensburg 1999
Geiger, Rudolf, EUV/ EGV, 3. Aufl. München 2000
Gellermann, Martin, Das Stromeinspeisungsgesetz auf dem Prüfstand des Europäischen Gemeinschaftsrechts, DVBl. 2000, S. 509 ff.
Giger, Markus, Effizienzsteigerung durch Ausschreibungen von Regionalverkehr in der Schweiz, in: DVWG (Hrsg.), Die zukünftige Rolle der Kommunen bei Verkehrs- und Versorgungsnetzen, Schriftenreihe der Deutschen Verkehrswissenschaftlichen Gesellschaft e.V., Reihe B, Band 213, Bergisch-Gladbach 1998, S. 173 ff.

Grabitz, Eberhard/ **Bogdandy** v., Armin, Vom Gemeinsamen Markt zum Binnenmarkt - Statik und Dynamik des Europäischen Marktes, JuS 1990, S. 170 ff.

Grabitz, Eberhard/ **Hilf**, Meinhard, Kommentar zur Europäischen Union, Altband I: EUV, Art. 1-136a EGV, Loseblattsammlung (Stand: Mai 1998), München

Dies., Das Recht der Europäischen Union, Kommentar, Band 1, Loseblattsammlung (Stand: Juli 2000), München

Grafberger, Walter, Der öffentliche Personennahverkehr - Aufgabe, Organisation und verkehrsgewerberechtlicher Rahmen, Diss. Nürnberg-Erlangen 1992

Gramlich, Ludwig, Ende gut, alles gut? - Anmerkungen zum neuen Postgesetz, NJW 1998, S. 866 ff.

Groeben von der, Hans/ **Thiesing**, Jochen/ **Ehlermann**, Claus-Dieter, Kommentar zum EU-/ EG-Vertrag, 5. Aufl. Baden-Baden 1997

Dies., Kommentar zum EWG-Vertrag, 3. Aufl. Baden-Baden 1983.

Gündisch, Jürgen, Rückforderung von nationalen Beihilfen - Kein Konflikt zwischen europäischem Gemeinschaftsrecht und deutschem Verfassungsrecht, NVwZ 2000, S. 1125 f.

Hailbronner, Kay, Öffentliche Unternehmen im Binnenmarkt - Dienstleistungsmonopole und Gemeinschaftsrecht, NJW 1991, S. 593 ff.

Ders., Prüfungspflicht der Mitgliedstaaten zur Vergleichbarkeit ausländischer Diplome und Prüfungszeugnisse - EuGH NJW 1991, 2073, JuS 1991, S. 917 ff.

Hakenberg, Waltraud/ **Tremmel**, Ernst, Die Rechtsprechung des EuGH und EuGeI auf dem Gebiet der staatlichen Beihilfen in den Jahren 1997 und 1998, EuZW 1999, S. 167 ff.

Harings, Lothar, Europäische Beihilfenkontrolle zwischen Konkurrentenschutz und Staatenbezogenheit, EWS 1999, S. 286 ff.

Haselau, Klaus, Internationaler Straßenpersonenverkehr, TranspR 1980, S. 1 ff.

Ders., Grenzüberschreitender Personenverkehr, TranspR 1980, S. 79 ff.

Heinz, Kersten/ **Seltenreich**, Stephan, Freie Fahrt für die Dienstleistungsfreiheit im Personenbeförderungswesen, TranspR 1999, S. 221 ff.

Heinze, Christian, Der Ausgleich gemeinwirtschaftlicher Leistungen und Aspekte künftiger Regulierung des ÖPNV - unter Berücksichtigung der EG-Verordnung 1893/ 91, Schriftenreihe für Verkehr und Technik, Band 79, Bielefeld 1993

Ders., Das Gesetz zur Änderung des Verfassungsrechts der Eisenbahnen vom 20.12.1993, BayVBl. 1994, S. 266 ff.

Ders., Zur Rechtsstellung der Unternehmen in dem seit 1. Januar 1996 geltenden Personenbeförderungsrecht, DÖV 1996, S. 977 ff.

Heise, Gabriele, Der Begriff des „öffentlichen Auftraggebers" im neuen Vergaberecht, LKV 1999, S. 210 ff.

Herdegen, Matthias, Die vom Bundesrat angestrebte Festschreibung der Privilegien öffentlich-rechtlicher Kreditinstitute: Gefahr für die EG-Wettbewerbsordnung, WM 1997, S. 1130 ff.

Hermes, Georg, Gleichheit durch Verfahren bei der staatlichen Auftragsvergabe, JZ 1997, S. 909 ff.

Hill, Hermann, In welchen Grenzen ist kommunalwirtschaftliche Betätigung Daseinsvorsorge ?, BB 1997, S. 425 ff.

Höfler, Heiko/ **Bert**, Birgit, Die neue Vergabeverordnung, NJW 2000, S. 3310 ff.

Hoenike, Mark, Anmerkung zu EuGH EuZW 1997, 276, EuZW 1997, S. 278 f.
Hommelhoff, Peter/ **Schmidt-Aßmann**, Klaus-A., Die Deutsche Bahn AG als Wirtschaftsunternehmen, ZHR 160 (1996), S. 521 ff.
Hopt, Klaus J./ **Mestmäcker**, Ernst-Joachim, Die Rückforderung staatlicher Beihilfen nach europäischem und deutschem Recht, Teil I, WM 1996, S. 753 ff.
Dies., Die Rückforderung staatlicher Beihilfen nach europäischem und deutschem Recht, Teil II, WM 1996, S. 801 ff.
Huber, Peter M., Der Schutz des Bieters im öffentlichen Auftragswesen unterhalb der sog. Schwellenwerte, JZ 2000, S. 877 ff.
Immenga, Ulrich, Binnenmarkt durch europäisches Gemeinschaftsrecht, JA 1993, S. 257 ff.
Ders., Wettbewerbspolitik contra Industriepolitik nach Maastricht, EuZW 1994, S. 14 ff.
Ipsen, Winrich, Neues EG-Reiserecht, in: Rüdiger Zuck (Hrsg.), Personenverkehr im Spannungsfeld zwischen EG-Recht und Verkehrspolitik, Bildungswerk der Omnibusunternehmer, Filderstadt 1992, S. 23 ff.
Jacob, André, Nahverkehrsgesetze der neuen Bundesländer im Vergleich, LKV 1996, S. 262 ff.
Jansen, Bernd, 1992: Das Ende der Dienstleistungsmonopole ?, EuZW 1991, S. 609.
Jasper, Ute, Das Vergaberechtsänderungsgesetz, DB 1998, S. 2151 ff.
Jestaedt, Thomas, Das Rückzahlungsrisiko bei „formell rechtswidrigen" Beihilfen, EuZW 1993, S. 49 ff.
Jestaedt, Thomas/ **Häsemeyer**, Ulrike, Die Bindungswirkung von Gemeinschaftsrahmen und Leitlinien im EG-Beihilfenrecht, EuZW 1995, S. 787 ff.
Jestaedt, Thomas/ **Miehle**, Andreas, Rettungs- und Umstrukturierungsbeihilfen für Unternehmen in Schwierigkeiten, EuZW 1995, S. 659 ff.
Jung, Christian, Der europarechtliche Rahmen der Verkehrspolitik, TranspR 1998, S. 133 ff.
Ders., Subsidiarität in der europäischen Verkehrspolitik, TranspR 1999, S. 129 ff.
Kahl, Arno, Widersprüche zum gemeinschaftsrechtlichen Beihilfeverbot bei der Finanzierung des öffentlichen Personennahverkehrs in Österreich, ZVR 1999, S. 326 ff.
Kahl, Wolfgang, Das öffentliche Unternehmen im Gegenwind des europäischen Beihilferegimes, NVwZ 1996, S. 1082 ff.
Kapteyn, Paul J., Europa sucht eine gemeinsame Verkehrspolitik, Brugge 1968.
Kenntner, Markus, Das Subsidiaritätsprotokoll des Amsterdamer Vertrages, NJW 1998, S. 2871 ff.
Keßler, Werner, Zur Auslegung des Art. 92 Abs. 1 EWGV, DÖV 1977, S. 619 ff.
Kewenig, Wilhelm A., Niederlassungsfreiheit, Freiheit des Dienstleistungsverkehrs und Inländerdiskriminierung, JZ 1990, S. 20 ff.
Kirchhoff, Peter, Methodische Grundlagen und Inhalte von Nahverkehrsplänen für den ÖPNV, Internationales Verkehrswesen 1997, S. 306 ff.
Klanten, Thomas, Staatliche Kreditabsicherung durch Bürgschaft oder Exportkreditversicherung und EG Beihilfeverbot, ZIP 1995, S. 535 ff.
Kleier, Ulrich F., Freier Warenverkehr (Art. 30 EWG-Vertrag) und die Diskriminierung inländischer Erzeugnisse, RIW 1988, S. 623 ff.

Klein, Norbert, Strategien für neue Betätigungsfelder der Kommunen im Nahverkehr, in der Telekommunikation und in der Energieversorgung, in: DVWG (Hrsg.), Die zukünftige Rolle der Kommunen bei Verkehrs- und Versorgungsnetzen, Schriftenreihe der Deutschen Verkehrswissenschaftlichen Gesellschaft e.V., Reihe B, Band 213, Bergisch-Gladbach 1998, S. 181 ff.

Klink, Rainer, Konsequenzen der Deregulierungs- und Regionalisierungspolitik für den privaten regionalen Busunternehmer, in: DVWG (Hrsg.), Reformkonzepte im Nahverkehr: Deregulierung, Privatisierung, Regionalisierung, Schriftenreihe der Deutschen Verkehrswissenschaftlichen Gesellschaft e.V., Reihe B, Band 191, Bergisch-Gladbach 1996, S. 46 ff.

Knemeyer, Franz-Ludwig, Vom kommunalen Wirtschaftsrecht zum kommunalen Unternehmensrecht, BayVBl. 1999, S. 1 ff.

Knieps, Günter, Regionalisierung, Privatisierung und Deregulierung im Nahverkehr: Neue Institutionen und neue Lösungsansätze, in: DVWG (Hrsg.), Reformkonzepte im Nahverkehr: Deregulierung, Privatisierung, Regionalisierung, Schriftenreihe der Deutschen Verkehrswissenschaftlichen Gesellschaft e.V., Reihe B, Band 191, Bergisch-Gladbach 1996, S. 7 ff.

Ders., Neue Perspektiven für die Gemeinden als Anbieterinnen von Verkehrs- und Versorgungsnetzen, in: DVWG (Hrsg.), Die zukünftige Rolle der Kommunen bei Verkehrs- und Versorgungsnetzen, Schriftenreihe der Deutschen Verkehrswissenschaftlichen Gesellschaft e.V., Reihe B, Band 213, Bergisch-Gladbach 1998, S. 7 ff.

Knobbe-Keuk, Brigitte, Niederlassungsfreiheit: Diskriminierungs- oder Beschränkungsverbot?, DB 1990, S. 2573 ff.

Koenig, Christian, Fremd- und Eigenkapitalzufuhr an Unternehmen durch die öffentliche Hand auf dem Prüfstand des EG-Beihilfenrechts, ZIP 2000, S. 53 ff.

Koenig, Christian/ **Kühling**, Jürgen, Grundfragen des EG-Beihilfenrechts, NJW 2000, S. 1065 ff.

Koenig, Christian/ **Ritter**, Nicolai, Die EG-beihilfenrechtliche Behandlung von Gesellschafterdarlehen, ZIP 2000, S. 769 ff.

Kruse, Eberhard, Die Rechtsstellung Dritter im Beihilfekontrollverfahren, EuR 1999, S. 119 ff.

Ders., Bemerkungen zur gemeinschaftsrechtlichen Verfahrensordnung für die Beihilfekontrolle, NVwZ 1999, S. 1049 ff.

Laaser, Claus-Friedrich, Wettbewerb im Verkehrswesen: Chancen für eine Deregulierung in der Bundesrepublik, Tübingen 1991.

Lange, Gerd, Erste Erfahrungen bei der Durchführung des Gesetzes über den öffentlichen Personennahverkehr im Land Brandenburg, LKV 1997, S. 117 ff.

Leihbrock, Gero, Der Rechtsschutz im Beihilfeaufsichtsverfahren des EWG-Vertrages, EuR 1990, S. 20 ff.

Lenz, Carl Otto, Die Verkehrspolitik der Europäischen Gemeinschaften im Lichte der Rechtsprechung des Gerichtshofes, EuR 1988, S. 158 ff.

Ders., EG-Vertrag, 2. Aufl. Köln 1999

Lukes, Rudolf, Zur Geltung der Vertragsbestimmungen über den freien Dienstleistungsverkehr im Verkehrsbereich nach der EuGH-Rechtsprechung, in: Jürgen F. Baur, Peter-Christian Müller-Graf, Manfred Zuleeg (Hrsg.), Festschrift für Bodo Börner zum 70. Geburtstag, 1992, S. 195 ff.

Ders., Stromlieferverträge im liberalisierten Strommarkt, BB 1999, Beilage 8, S. 1 ff.

Ders., Die Neuregelung des Energiewirtschaftsrechts, BB 1999, S. 1217 ff.

Mader, Oliver, Entwicklungslinien in der neueren EuGH-Rechtsprechung zum materiellen Recht im öffentlichen Auftragswesen, EuZW 1999, S. 331 ff.

Martin-Ehlers, Andrés, Die Novellierung des deutschen Vergaberechts, EuR 1998, S. 648 ff.

Ders., Der „Private Investor" als Maßstab für das Vorliegen staatlicher Beihilfen, EWS 1999, S. 244 ff.

Mestmäcker, Ernst-Joachim, Staat und Unternehmen im europäischen Gemeinschaftsrecht, RabelsZ 52 (1988), S. 526 ff.

Metz, Reiner, Europäische Kommission will mehr Transparenz, Bus & Bahn 9/ 1997, S. 3 ff.

Ders., Ein „Bosman"-Urteil gegen Kommunen und Verkehrsunternehmen ?, Bus & Bahn 7 -8/ 1998, S. 2 f.

Ders., Finanzielles Engagement kommunaler Gebietskörperschaften zugunsten ihrer Nahverkehrsunternehmen und europäisches Beihilferecht, in: Günter Püttner (Hrsg.), ÖPNV in Bewegung. Konzepte, Probleme, Chancen, Schriftenreihe der Gesellschaft für öffentliche Wirtschaft, Heft 46, Baden-Baden 2000, S. 53 ff.

Meyer, Susanne, Die Ausschreibungspflicht im gemeinwirtschaftlichen Linienverkehr und ihre Auswirkungen auf den Bestand der Genehmigung, DVBl. 1999, S. 1409 ff.

Moraing, Markus/ **Püttner**, Günter, Entwicklungen im Gemeindewirtschaftsrecht, in: Günter Püttner (Hrsg.), ÖPNV in Bewegung. Konzepte, Probleme, Chancen, Schriftenreihe der Gesellschaft für öffentliche Wirtschaft, Heft 46, Baden-Baden 2000, S. 45 ff.

Moritz, Hans-Werner, Nichtigkeit der Verordnung PR Nr. 30/ 53 über Preise bei öffentlichen Aufträgen ?, BB 1994, S. 1871 ff.

Müller, Wolfgang, Chancen und Herausforderungen an einen Verkehrsverbund, in: DVWG (Hrsg.), Reformkonzepte im Nahverkehr: Deregulierung, Privatisierung, Regionalisierung, Schriftenreihe der Deutschen Verkehrswissenschaftlichen Gesellschaft e.V., Reihe B, Band 191, Bergisch-Gladbach 1996, S. 80 ff.

Müller-Graf, Peter-Christian, Die Erscheinungsformen der Leistungssubventionstatbestände aus wirtschaftsrechtlicher Sicht, ZHR 152 (1988), S. 403 ff.

Ders., Grundelemente des Gemeinschaftsrechtsrahmens für Verkehrsdienstleistungen, in: Karl Bruchhausen, Wolfgang Hefermehl (Hrsg.), Festschrift für Rudolf Nirk zum 70. Geburtstag, 1992, S. 715 ff.

Ders., Eigenkapitalerhöhung öffentlicher Banken durch Fusion in den beihilferechtlichen Wettbewerbsregeln des EG-Vertrages, in: Jürgen F. Baur (Hrsg.), Festschrift für Ralf Vieregge zum 70. Geburtstag am 6. November 1995, 1995, S. 661 ff.

Muthesius, Thomas, Die gesetzlichen Regelungen für den regionalisierten Nahverkehr: Ein Überblick, in: Günter Püttner (Hrsg.), Der regionalisierte Nahverkehr, Schriftenreihe der Gesellschaft für öffentliche Wirtschaft, Heft 42, Baden-Baden 1997, S. 71 ff.

Ders., Das mit der Novelle zum Personenbeförderungsgesetz neu eingeführte Rechtsinstitut des Nahverkehrsplans, in: Günter Püttner (Hrsg.), Der regionalisierte Nahverkehr, Schriftenreihe der Gesellschaft für öffentliche Wirtschaft, Heft 42, Baden-Baden 1997, S. 103 ff.

Ders., Genehmigungsverfahren für Linienverkehre des ÖPNV, Der Nahverkehr 9/ 1997, S. 6 ff.

Ders., Zukünftiger Ordnungsrahmen für den allgemeinen öffentlichen Personennahverkehr in Deutschland, in: Günter Püttner (Hrsg.), ÖPNV in Bewegung. Konzepte, Probleme, Chancen, Schriftenreihe der Gesellschaft für öffentliche Wirtschaft, Heft 46, Baden-Baden 2000,S. 13 ff.

Ders., Das deutsche Genehmigungsrecht für den straßengebundenen Nahverkehr im Lichte der Bestimmungen des Vertrages zur Gründung der Europäischen Gemeinschaft (EGV), in: Günter Püttner (Hrsg.), ÖPNV in Bewegung. Konzepte, Probleme, Chancen, Schriftenreihe der Gesellschaft für öffentliche Wirtschaft, Heft 46, Baden-Baden 2000, S. 71 ff.

Neßler, Volker, Das neue Auftragsvergaberecht - ein Beispiel für die Europäisierung des deutschen Rechts, EWS 1999, S. 89 ff.

Nettesheim, Martin, Das Umweltrecht der Europäischen Gemeinschaften, Jura 1994, S. 337 ff.

Nicolaysen, Gert, Europarecht II. Das Wirtschaftsrecht im Binnenmarkt, 1. Aufl. Baden-Baden 1996.

Niemeyer, Hans-Jörg, Recent Developments in EC State Aid Law, EuZW 1993, S. 273 ff.

Nitsche, Rainer, Liberalisierung und Privatisierung des „London Transport", in: DVWG (Hrsg.), Die zukünftige Rolle der Kommunen bei Verkehrs- und Versorgungsnetzen, Schriftenreihe der Deutschen Verkehrswissenschaftlichen Gesellschaft e.V., Reihe B, Band 213, Bergisch-Gladbach 1998, S. 83 ff.

Nowak, Carsten, Grundrechtlicher Drittschutz im EG-Beihilfenkontrollverfahren, DVBl. 2000, S. 20 ff.

Núñez Müller, Marco/ **Kamann**, Hans-Georg, Erweiterter Beteiligtenschutz im Beihilfenrecht der EG - die Untätigkeitsklage, EWS 1999, S. 332 ff.

Ophüls, C. F., Grundzüge europäischer Wirtschaftsverfassung, ZHR 124 (1962), S. 136 ff.

Oppermann, Thomas, Europarecht, 2. Aufl. München 1999

Ossenbühl, Fritz, Daseinsvorsorge und Verwaltungsprivatrecht, DÖV 1971, S. 513 ff.

Ders., Europarechtliche Beihilfenaufsicht und nationales Gesetzgebungsverfahren, DÖV 1998, S. 811 ff.

Pache, Eckhard, Die Kontrolldichte in der Rechtsprechung des Gerichtshofs der Europäischen Gemeinschaften, DVBl. 1998, S. 380 ff.

Palandt, Otto, Bürgerliches Gesetzbuch, Kommentar, 60. Aufl. München 2001

Pappermann, Ernst, Grundzüge eines kommunalen Kulturverfassungsrechts, DVBl. 1980, S. 701 ff.

Pechstein, Matthias, Nichtigkeit beihilfegewährender Verträge nach Art. 93 III 3 EGV, EuZW 1998, S. 495 ff.

Pescatore, Pierre, Die „Einheitliche Europäische Akte" - eine ernste Gefahr für den Gemeinsamen Markt, EuR 1986, S. 153 ff.
Pieper, Stefan Ulrich, Keine Flucht ins öffentliche Recht, DVBl. 2000, S. 160 ff.
Pietzcker, Jost, Die neue Gestalt des Vergaberechts, ZHR 162 (1998), S. 427 ff.
Port, Iris, Verpflichtung zur Personalübernahme bei der Ausschreibung von gemeinwirtschaftlichen Verkehrsleistungen, in: Günter Püttner (Hrsg.), ÖPNV in Bewegung. Konzepte, Probleme, Chancen, Schriftenreihe der Gesellschaft für öffentliche Wirtschaft, Heft 46, Baden-Baden 2000, S. 91 ff.
Püttner, Günter, Die künftigen Träger des Nahverkehrs, deren Organisation und Kooperation, in: Günter Püttner (Hrsg.), Der regionalisierte Nahverkehr, Schriftenreihe der Gesellschaft für öffentliche Wirtschaft, Heft 42, Baden-Baden 1997, S. 89 ff.
Pützenbacher, Stefan, Rechtliche Auswirkungen von Nahverkehrsplänen i.s. des § 8 III PBefG auf die Erteilung von Genehmigungen für Verkehrsleistungen, NZV 1998, S. 104 ff.
Räpple, Wilfried, Probleme des regulierten ÖPNV aus der Sicht eines kommunalen Verkehrsunternehmens auf dem Hintergrund gegebener Rahmenbedingungen, in: Günter Püttner (Hrsg.), Der regionalisierte Nahverkehr, Schriftenreihe der Gesellschaft für öffentliche Wirtschaft, Heft 42, Baden-Baden 1997, S. 135 ff.
Rapp-Jung, Barbara, Der Energiesektor zwischen Marktwirtschaft und öffentlicher Aufgabe, EuZW 1994, S. 464 ff.
Rebmann, Kurt/ **Säcker**, Franz Jürgen (Hrsg.), Münchener Kommentar zum Bürgerlichen Gesetzbuch, Band 1, Allgemeiner Teil (§§ 1-240), 3. Auflage München 1993.
Reich, Norbert, Binnenmarkt als Rechtsbegriff, EuZW 1991, S. 203 ff.
Remmert, Barbara, Nichtigkeit von Verwaltungsverträgen wegen Verstoßes gegen das EG-Beihilfenrecht, EuR 2000, S. 469 ff.
Ress, Georg, EG-Beihilfenaufsicht und nationales Privatrecht, EuZW 1992, S. 161.
Rösler, Michael, Möglichkeiten und Grenzen wettbewerblicher Verkehrslösungen im Regionalverkehr der neuen Bundesländer, in: DVWG (Hrsg.), Reformkonzepte im Nahverkehr: Deregulierung, Privatisierung, Regionalisierung, Schriftenreihe der Deutschen Verkehrswissenschaftlichen Gesellschaft e.V., Reihe B, Band 191, Bergisch-Gladbach 1996, S. 96 ff.
Rüttinger, Gerd, Zuschuß oder Entgelt - „grundsätzlich geklärt" ?, BB 1989, S. 2160 ff.
Scheele, Ulrich/ **Sterzel**, Dieter, Öffentlicher Personennahverkehr zwischen Gemeinwohlinteressen und Markt, Baden-Baden 2000
Scherer, Joachim, Die Entwicklung des Telekommunikationsrechts in den Jahren 1998 und 1999, NJW 2000, S. 772 ff.
Scheuner, Ulrich, Fragen des internationalen Verkehrs in der Europäischen Gemeinschaft, in: Institut für Völkerrecht und ausländisches öffentliches Recht der Universität Köln (Hrsg.), Festschrift für Hermann Jahreiß zum 80. Geburtstag, 19. August 1974, S. 209 ff.
Schlette, Volker, Der Begriff des „öffentlichen Auftraggebers" im EG-Vergaberecht, EuR 2000, S. 119 ff.
Schliesky, Utz, Über die Notwendigkeit und Gestalt eines öffentlichen Wettbewerbsrechts, DVBl. 1999, S. 78 ff.
Schmidt-Aßmann, Eberhard/ **Röhl**, Hans-Chr., Grundpositionen des neuen Eisenbahnverfassungsrechts (Art. 87e GG), DÖV 1994, S. 577 ff.

Schmidhuber, Peter M./ **Hitzler**, Gerhard, Binnenmarkt und Subsidiaritätsprinzip, EuZW 1993, S. 8 ff.
Schmitt, Veit, Die Rechtsgrundlagen der gemeinsamen Verkehrspolitik der EWG, in: Verkehr und Gemeinschaftsrecht, KSE 18, Köln 1972, S. 1 ff.
Ders., Die Harmonisierung der Wettbewerbsbedingungen in der EG-Binnenverkehrspolitik, EuZW 1993, S. 305 ff.
Schmuck, Herbert, Eisenbahnen in der gemeinsamen Verkehrspolitik der EG, TranspR 1992, S. 41 ff.
Schneevogel, Kai-Uwe/ **Horn**, Lutz, Das Vergaberechtsänderungsgesetz, NVwZ 1998, S. 1242 ff.
Schneider, Jens-Peter, Konkurrentenklagen als Instrumente der europäischen Beihilfeaufsicht, DVBl. 1996, S. 1301 ff.
Schnelle, Ulrich, Remailing im Lichte des Europarechts - eine Zwischenbilanz, BB 1999, S. 2465 ff.
Schöne, Franz-Josef, Die „umgekehrte Diskriminierung" im EWG-Vertrag nach der Rechtsprechung des Europäischen Gerichtshofs, RIW 1989, S. 450 ff.
Schröder, Werner, Vernünftige Investition oder Beihilfe ?, ZHR 161 (1997), S. 805 ff.
Schütterle, Peter, EG-Beihilfenkontrolle und kommunale Grundstücksverkäufe, EuZW 1993, S. 625 ff.
Ders., Die Beihilfenkontrollpraxis der Europäischen Kommission im Spannungsfeld zwischen Recht und Politik, EuZW 1995, S. 391 ff.
Schwarze, Jürgen, Die Vergabe öffentlicher Aufträge im Lichte des europäischen Wirtschaftsrechts, EuZW 2000, S. 133 ff.
Schwarze, Jürgen (Hrsg.), EU-Kommentar, 1. Aufl. Baden-Baden 2000
Schweitzer, Michael/ **Hummer**, Waldemar, Europarecht, 5. Aufl. Neuwied/ Kriftel/ Berlin 1996
Seidel, Martin, Das Verwaltungsverfahren in Beihilfesachen, EuR 1985, S. 22 ff.
Seitz, Christine, Die deutsche Bahnreform in der gemeinsamen Verkehrspolitik der EG, EuZW 1994, S. 33.
Sellmann, Klaus-A., Das neue Personenbeförderungsrecht, NVwZ 1995, S. 1167 ff.
Ders., Die Entwicklung des öffentlichen Verkehrsrechts, NVwZ 1996, S. 857 ff.
Ders., Anmerkung [*zu den Entscheidungen des BVerwG vom 06.04.2000 in den Rechtssachen 3 C 6.99 und 3 C 7.99, Anm. des Verf.*], DVBl. 2000, 1619 f.
Sellmann, Klaus-A./ **Blume**, Alexander, Die Entwicklung des öffentlichen Verkehrsrechts, NVwZ 1999, S. 250 ff.
Siebert, Horst/ **Klodt**, Henning u.a., Die Strukturpolitik der EG, Kieler Studien, Institut für Weltwirtschaft an der Universität Kiel, Tübingen 1992.
Sickmann, Helmut, Die Aufteilung der Finanzierungslasten des ÖPNV auf Benutzer, Nutznießer und Allgemeinheit, in: Günter Püttner (Hrsg.), ÖPNV in Bewegung. Konzepte, Probleme, Chancen, Schriftenreihe der Gesellschaft für öffentliche Wirtschaft, Heft 46, Baden-Baden 2000, S. 105 ff.
Sinnaeve, Adinda, Der Kommissionsvorschlag zu einer Verfahrensverordnung für die Beihilfenkontrolle, EuZW 1998, S. 268 ff.
Dies., Die neue Verfahrensordnung in Beihilfesachen, EuZW 1999, S. 270 ff.
Sinnaeve, Adinda/ **Slot**, Piet Jan, The new Regulation on State aid procedures, CMLRev. 1999, S. 1153 ff.

Spießhofer, Birgit/ **Lang**, Matthias, Der neue Anspruch auf Information im Vergaberecht, ZIP 2000, S. 446 ff.
Stabenow, Wolfgang, Die Rechtsgrundlagen der europäischen Verkehrsintegration, ZHR 126 (1964), S. 228 ff.
Stein, Edgar/ **Martius**, Alexander, Kommunale Wirtschaftsförderung und europäisches Beihilferecht, der städtetag 1998, S. 362 ff.
Steindorff, Ernst, Rückabwicklung unzulässiger Beihilfen nach Gemeinschaftsrecht, ZHR 152 (1988), S. 474 ff.
Ders., Nichtigkeitsrisiko bei Staatsbürgschaften, EuZW 1997, S. 7 ff.
Ders., Mehr staatliche Identität, Bürgernähe und Subsidiarität in Europa?, ZHR 163 (1999), S. 395 ff.
Streinz, Rudolf, Europarecht, 4. Aufl. Heidelberg 1999
Thieffry, Jean/ **van Doorn**, Philip/ **Radtke**, Christoph Martin, Die Vollendung des Europäischen Binnenmarktes bis 1992, RIW 1989, S. 123 ff.
Verband Deutscher Verkehrsunternehmen und Gewerkschaft Öffentliche Dienste, Transport und Verkehr (Hrsg.), Der Nahverkehr und seine Unternehmen im Verkehrsmarkt der Zukunft - gemeinsame Positionen von VDV und ÖTV, Köln 1995.
Voppel, Reinhard, Neuerungen im Vergaberecht durch das Vergaberechtsänderungsgesetz (VgRÄG), LKV 1999, S. 5 ff.
Wachinger, Lorenz/ **Wittemann**, Martin, Regionalisierung des ÖPNV: Der rechtliche Rahmen in Bund und Ländern nach der Bahnreform, Schriftenreihe für Verkehr und Technik, Band 82, Bielefeld 1996
Wägenbaur, Rolf, Die Mineralölfernleitungen in der Europäischen Wirtschaftsgemeinschaft, AWD 1964, S. 206 ff.
Ders., Unterstützungstarife, Regionalpolitik und Wettbewerb im Gemeinsamen Markt, ZHR 128 (1966), S. 180 ff.
Ders., Wettbewerbsregeln für den Verkehr in der EWG, AWD 1968, S. 415 ff.
Ders., Die nationale Ordnung des Verkehrs und der EWG-Vertrag, in: Angleichung des Rechts der Wirtschaft, KSE Band 11, Köln 1971, S. 406 ff.
Weinstock, Ulrich, Einige Gedanken zur gemeinsamen Verkehrspolitik - Vom Legalismus zum Pragmatismus, in: Bibermann, Bleckmann, Capotorti u.a. (Hrsg.), Das Europa der zweiten Generation, Gedächtnisschrift für Christoph Sasse, 1981, S. 511 ff.
Weiß, Hans-Jörg, Koordinationsprobleme im ÖPNV: Die Rolle der Verkehrsverbünde im Wettbewerb, in: DVWG (Hrsg.), Die zukünftige Rolle der Kommunen bei Verkehrs- und Versorgungsnetzen, Schriftenreihe der Deutschen Verkehrswissenschaftlichen Gesellschaft e.V., Reihe B, Band 213, Bergisch-Gladbach 1998, S. 150 ff.
Welge, Axel, Die Zukunft des ÖPNV aus städtischer Sicht, in: DVWG (Hrsg.), Die zukünftige Rolle der Kommunen bei Verkehrs- und Versorgungsnetzen, Schriftenreihe der Deutschen Verkehrswissenschaftlichen Gesellschaft e.V., Reihe B, Band 213, Bergisch-Gladbach 1998, S. 117 ff.
Ders., Regionalisierung des ÖPNV, der städtetag 1996, S. 681 ff.
Werner, Jan, Die Verantwortung der öffentlichen Hand für das Verkehrsleistungsangebot im ÖPNV, ZUR 1997, S.12 ff.

Ders., Nach der Regionalisierung - der Nahverkehr im Wettbewerb, Dortmund 1998, zugl. Diss. Bayreuth 1997/ 1998.
Wildberg, Hans Jürgen, Quo vadis EuGH: Verkehrspolitik oder Verfahrensrecht?, NJW 1985, S. 1261 ff.
Wilmowsky von, Peter, Mit besonderen Aufgaben betraute Unternehmen unter dem EWG-Vertrag, ZHR 155 (1991), S. 545 ff.
Zacker, Christian, Binnenmarkt und Gemeinsamer Markt, RIW 1989, S. 489 f.
Zeiselmair, Josef, Die Novelle zum PBefG, Der Nahverkehr 11/ 1995, S. 8 ff.
Ders., Das neue PBefG, Omnibusrevue 4/ 1994, S. 8 ff.
Zeitler, Franz-Christoph, Der Europäische Binnenmarkt, ZfZ 1993, S. 338 ff.
Zuck, Holger, Eigenwirtschaftliche und gemeinwirtschaftliche Verkehrsleistungen und geringste Kosten für die Allgemeinheit, DÖV 1994, S. 941 ff.
Zuck, Rüdiger, Das neue EG-Recht für den ÖPNV und den Reiseverkehr, Schriftenreihe des Bildungswerkes der Omnibusunternehmer e.V., Heft 10, Filderstadt 1993.

Manuel Stiff

Die Umsetzung der Pauschalreiserichtlinie 90/314/EWG in Spanien

Unter Berücksichtigung der Gemeinsamkeiten und Unterschiede zur Rechtslage in Deutschland

Die Arbeit untersucht die spanische und deutsche Rechtslage vor und nach Inkrafttreten der zivilrechtlich und verwaltungsrechtlich wirkenden Pauschalreiserichtlinie der EU. Dabei wird ein in Spanien ursprüngliches verwaltungsrechtliches Übergewicht festgestellt, während in Deutschland ein zivilrechtliches Übergewicht vorhanden war. Durch die Richtlinie wurde das jeweils weniger bedeutsame Rechtsgebiet gestärkt und die Angleichung herbeigeführt.

Die Arbeit stellt auch die nach wie vor gültige spanische Zulassungsverordnung für Reiseveranstalter und Reisebüros dar und gibt hier für die Tourismusindustrie brauchbare Erläuterungen, die in der Praxis bedeutsam sind.

2002, 298 S., brosch., 55,– €, ISBN 3-7890-8249-X
(Schriften zum Reise- und Verkehrsrecht, Bd. 11)

**NOMOS Verlagsgesellschaft
76520 Baden-Baden**

Schriften zum Reise- und Verkehrsrecht

Manuel Stiff Band 11
Die Umsetzung der Pauschalreiserichtlinie 90/314/EWG in Spanien
Unter Berücksichtigung der Gemeinsamkeiten und Unterschiede zur Rechtslage in Deutschland
2002, 298 S., brosch., 55,– €,
ISBN 3-7890-8249-X

Klaus Tonner Band 9
Die Insolvenzabsicherung im Pauschalreiserecht
und das Zweite Rechtsänderungsgesetz
2002, 136 S., brosch., 25,– €,
ISBN 3-7890-7746-1

Deutsche Gesellschaft für Reiserecht e.V. (Hrsg.) Band 8
DGfR Jahrbuch 2001
Beiträge, Diskussionsberichte, Materialien der Herbsttagung 2001 in Erfurt
2002, 143 S., brosch., 26,– €,
ISBN 3-7890-7942-1

Deutsche Gesellschaft für Reiserecht e.V. (Hrsg.) Band 7
DGfR Jahrbuch 2000
Beiträge, Diskussionsberichte und Materialien der Herbsttagung 2000 in Bonn
2001, 133 S., brosch., 24,– €,
ISBN 3-7890-7294-X

Panajota Papadopoulou Band 6
Reiserecht in Griechenland
Verbraucherschutz und Schutz des mittelständischen Hoteliers
2002, 324 S., brosch., 59,– €,
ISBN 3-7890-8072-1

Deutsche Gesellschaft für Reiserecht e.V. (Hrsg.) Band 5
Zur Notwendigkeit einer weiteren Reiserechts-Novelle
Beiträge von Mitgliedern der DGfR
2000, 145 S., brosch., 28,– €,
ISBN 3-7890-6855-1

Deutsche Gesellschaft für Reiserecht e.V. (Hrsg.) Band 4
DGfR Jahrbuch 1999
Beiträge, Diskussionsberichte und Materialien der Herbsttagung 1999 in Baden-Baden
2000, 171 S., brosch., 32,– €,
ISBN 3-7890-6787-3

Susanne Appel Band 3
Reisen im Nationalsozialismus
Eine rechtshistorische Untersuchung
2001, 140 S., brosch., 25,– €,
ISBN 3-7890-6381-9

Jörg Dewenter Band 2
Die rechtliche Stellung des Reisebüros
2000, 169 S., brosch., 33,– €,
ISBN 3-7890-6380-0

Deutsche Gesellschaft für Reiserecht e.V. (Hrsg.) Band 1
DGfR Jahrbuch 1998
Beiträge, Diskussionberichte und Materialien der Herbsttagung 1998 in Wiesbaden
1999, 137 S., brosch., 26,– €,
ISBN 3-7890-6325-8

 NOMOS Verlagsgesellschaft
76520 Baden-Baden · Fax 0 72 21 / 21 04 43